公司财务政策与战略

理论和案例

赵自强 等 编著

Corporate Financial Policy and Strategy
Theory and Cases

北京大学出版社
PEKING UNIVERSITY PRESS

图书在版编目(CIP)数据

公司财务政策与战略:理论和案例/赵自强等编著.北京:北京大学出版社,2025.1.--
ISBN 978-7-301-35599-2
Ⅰ.F279.246
中国国家版本馆 CIP 数据核字第 2024EK6793 号

书　　　名	公司财务政策与战略:理论和案例
	GONGSI CAIWU ZHENGCE YU ZHANLÜE: LILUN HE ANLI
著作责任者	赵自强 等 编著
责 任 编 辑	黄炜婷
标 准 书 号	ISBN 978-7-301-35599-2
出 版 发 行	北京大学出版社
地　　　址	北京市海淀区成府路 205 号　100871
网　　　址	http://www.pup.cn
微信公众号	北京大学经管书苑(pupembook)
电 子 邮 箱	编辑部 em@pup.cn　　总编室 zpup@pup.cn
电　　　话	邮购部 010-62752015　发行部 010-62750672　编辑部 010-62752926
印 刷 者	大厂回族自治县彩虹印刷有限公司
经 销 者	新华书店
	787 毫米×1092 毫米　16 开本　28 印张　664 千字
	2025 年 1 月第 1 版　2025 年 1 月第 1 次印刷
定　　　价	78.00 元

未经许可,不得以任何方式复制或抄袭本书之部分或全部内容。
版权所有,侵权必究
举报电话: 010-62752024　电子邮箱: fd@pup.cn
图书如有印装质量问题,请与出版部联系,电话: 010-62756370

前　言

随着IPO注册制的落地,中国资本市场进入一个全新的发展阶段。企业将面临更自由、更复杂的金融环境,企业私募股权融资、股票发行上市、上市后的增发、转债和全球存托凭证(GDR)等融资活动,以及兼并、收购及重组活动日益活跃。因此,公司财务政策与战略的影响日益增强,对企业的业务发展、竞争地位和公司价值的重要性日益凸现。这些变化对会计专业硕士(MPAcc)、金融硕士(MF)、工商管理硕士(MBA)和财经类专业本科及相关专业研究生的公司财务课程教学提出了新的要求。

本书旨在详细并系统地介绍公司成长全生命周期财务政策与战略的核心理论、实证研究成果和现实典型案例,从而使学生能够对公司的财务政策与战略的理解更全面、更深入。

本书有组织、全面地讨论公司财务政策与战略的理论和案例,共分三篇:第一篇讲述资本结构视角下的财务分析与政策选择,第二篇阐释外源融资视角下的财务分析与政策选择,第三篇是高级财务专题。

第一篇,资本结构下的财务分析与政策选择。第一章分析了各种现实市场因素对公司财务杠杆的影响。该章通过回溯资本结构理论的发展,综合资本结构决策不同因素的影响,得出关于公司资本结构决策的一般性结论,并展望资本结构理论的未来研究方向。第二章讨论了公司所在行业对公司财务政策与战略的影响。该章进行一系列的结构化分析,聚焦于行业因素与公司财务决策的关系。这些分析显示,一家公司的财务决策不是孤立形成的,而是反映公司所在行业的特点和动态,以及公司的行业地位。第三章全面介绍公司的经营环境、外部和内部的治理结构、商业模式、运营和财务结构、风险和或有事项。该章进一步从公司的商业环境和外部治理、内部治理和商业战略、运营结构和财务结构、风险和意外事件四个维度较为全面地分析公司治理,还重新审视了委托-代理冲突和信息不对称对公司各个方面的影响。

第二篇,外源融资下的财务分析与政策选择。第四章聚焦与公司市场价值密切相关的市场有效性、事件研究与权益资本成本等的决定因素,并介绍来自中国A股市场的经验证据。第五章主要介绍公开发行公司债券的合同条款、发行过程和债券估值等相关知识。第六章重点分析私募股权投资、风险投资以及风险资本管理中的委托-代理冲突问题。第七章重点探讨IPO流程、IPO市场化改革和IPO抑价现象,包括相应的理论解释和实证分析,有助于学生更好地理解IPO定价效率问题。第八章重点介绍股权再融资的方式、相关基础理论、动机和经济后果。该章分别从资本结构、信息不对称、公司控制权和有效监管角度阐述了股权再融资的基础理论,探讨了上市公司股权再融资的偏好动机,揭示了上市公司股权再融资的经济后果。

第三篇,高级财务专题。第九章重点讨论股利政策理论与实践。该章系统回顾了包括现金股利、股票分配与股票回购的股利政策相关机制,介绍了股利政策在实践中的经验证据。第十章聚焦于公司债务战略性选择。该章主要介绍了与公司债务相关的债权人与合同条款的战略性选择问题,包括银行贷款和关系型借贷的选择、租赁信贷的动机和选择、公司债务结构的选择等问题。第十一章重点讨论财务危机和财务重组。该章广泛分析了公司在财务危机下做出的决策,包括业务缩减、资产出售、财务重组等,并从两个不同的角度阐述了理论观点:一是从事后的角度,阐述了一家公司在陷入财务危机时,其经营可能面临的事件、影响和决策;二是从事前的角度,通过更好地理解财务危机产生的原因,反思公司应采取预防性的财务政策和战略,以避免或减轻财务危机以及随之而来的负面影响。第十二章主要围绕公司破产法规中债务重组、被收购、破产、改组和清算,分析国内外学者对相关问题的研究。该章讨论以下问题:困境企业将面临的几种选择和企业的最终结局;私人债务重组,重点研究困境企业在庭外重组中或将面临的现实问题;合并、兼并及收购交易作为财务困境应对战略的操作路径。第十三章重点研究财务结构与证券设计。该章的主题是公司财务结构的组成构件——衍生品和相关合约,公司使用衍生品工具(包括远期合约、期货合约、互换和期权)来对冲各类风险(包括利率风险、货币风险和商品价格风险);该章还拓展讨论证券设计的相关主题,认为公司设计、发行的证券应以股东财富最大化为目标,将证券出售给对其而言价值最高的投资者群体。

本书的分析表明,公司财务政策和战略的制定是涉及诸多因素的复杂任务,而且其中的许多因素并不能为管理层所控制。因此,管理层必须全面了解和理解与这些因素有关的公司环境,确定公司能够在多大程度上改变或优化环境,从而制定适宜的财务政策与战略。

本书借鉴了国内外有关公司财务的经典教材和专业书籍,重点参考了约瑟夫·P. 奥格登(Joseph P. Ogden)、弗兰克·C. 杰恩(Frank C. Jen)和菲利普·F. 奥康纳(Philip F. O'Connor)所著《高级公司财务:政策与战略》(Advanced Corporate Finance:Policies and Strategies)的部分结构安排。在此基础上,我们查阅了国内外大量文献,对相关财务主题进行了有价值的补充和完善;同时,我们基于不同主题研究的理论发展和经验证据,结合中国资本市场发生的事件,在每章加入现实企业教学案例,帮助学生在学习过程中将理论与中国企业实践相结合,从而加深对中国资本市场发展的理解。本书适合财会、金融类专业的本科高年级和专硕研究生使用,对管理类从业人员而言也具有较高的参考价值。

本书在南京师范大学金陵女子学院会计与财务管理研究中心赵自强教授(南京航空航天大学金城学院特聘教授)的主持下完成。本书的编写与出版得到南京师范大学金陵女子学院薛传会书记、赵媛院长(已退休)、边霞院长、封思贤副院长以及会计与财务管理研究中心主任熊筱燕教授的大力支持,还受惠于南京师范大学金陵女子学院会计与财务管理系李芸副教授、刘博副教授、王水娟副教授以及其他老师们的积极配合,在此一并表示衷心感谢。

本书由南京师范大学金陵女子学院2022年会计学科发展（课题号：1610401012）配套支持出版。本书还得到教育部产学合作协同育人项目"财务共享中心应用实践研究"（项目号：231100512092343）的支持，引入的拓展性案例主要来自赵自强主持完成的中国管理案例共享中心入库案例、MPAcc（会计硕士专业学位）案例中心入库案例和中国金融专业学位案例中心入库案例。全书内容由赵自强统一策划安排，其中朱润田、杜文琪撰写第一章，赵自强、薄汝青和屠颖撰写第二章，赵自强、纪苏源撰写第三章，颜琪、纪苏源撰写第四章，魏向冉、杨欣语撰写第五章，杜文琪撰写第六章，徐勤勤撰写第七章和第八章，庄艳撰写第九章，张皖宁撰写第十章，赵自强、陈紫莹撰写第十一章，赵自强、郭庆撰写第十二章，李思琪撰写第十三章，最后由赵自强审核和统稿。本书是在国内外大量书籍和研究文献的基础上编写而成的，在此对相关作者表示诚挚的谢意。作者水平有限，不当之处在所难免，恳请读者批评指正，以期共同进步。

赵自强

2024年季夏

数字资源使用说明

《公司财务政策与战略:理论和案例》分别在资本结构、外源融资、高级财务专题视角下,阐释财务分析与政策选择的理论和案例,突出现实案例教程的解析,具有理论经典与实证前沿、可操作性强的特点,为了培养融合专业知识、实践技能与价值理念的专业财务管理者,我们围绕案例教程,引入丰富的数字化学习资源,方便学生进行自主学习。数字资源学习包的内容如下:

1. 学习路径、思维导图与学习目标
2. 课后习题参考答案要点
3. 延伸阅读资料
4. 参考文献

数字资源下载步骤

第一步,关注"博雅学与练"微信公众号。

第二步,扫描右侧二维码,获取上述数字资源。

公司财务政策与战略:
理论和案例请
刮开后扫码获取数字资源
本码2029年12月31日前有效

一书一码,相关资源仅供一人使用。

读者在使用过程中遇到技术问题,可发邮件至 em@ pup.cn。

此外,为了方便教师开展综合性案例教学,我们还准备了配套的"教学课件"和"案例教学手册"供参考,有需要的任课教师请根据书后的"教辅申请说明"反馈信息,索取教辅资料。

目 录

第一篇 资本结构下的财务分析与政策选择

第一章 资本结构决策 ··· 003
第一节 税收对资本结构决策的影响 ··· 004
第二节 传统权衡理论 ·· 009
第三节 传统权衡理论的实证研究 ··· 012
第四节 米勒均衡 ·· 013
第五节 代理成本、信息不对称与资本结构决策 ··························· 015
第六节 资本结构理论的发展 ··· 019
案例解析 TL地产的资本结构优化决策 ··· 023

第二章 行业分析、财务政策和战略 ··· 029
第一节 行业环境视角下的委托-代理冲突 ····································· 030
第二节 行业竞争与财务决策 ··· 032
案例解析 牧原股份能否借百亿元短债破万里风浪 ······················· 037

第三章 环境、治理、战略、运营和财务结构 ····································· 051
第一节 商业环境和外部治理 ··· 052
第二节 内部治理和商业战略 ··· 056
第三节 运营结构 ·· 061
第四节 财务结构 ·· 062
第五节 风险和意外事件 ·· 069
案例解析 蛋壳公寓的商业模式创新如何平衡收益与风险 ·········· 070

第二篇 外源融资下的财务分析与政策选择

第四章 市场有效性、事件研究与权益资本成本 ································· 085
第一节 有效市场假说 ·· 086
第二节 事件研究:衡量事件的价值 ··· 087

第三节　权益资本成本 …………………………………………………… 095
　　第四节　基本公司估值模型 ……………………………………………… 097
　　第五节　基本股权估值模型 ……………………………………………… 107
　　第六节　实物期权与研发的市场定价 …………………………………… 110
　　第七节　中国A股市场的经验证据 ……………………………………… 113
　　案例解析　澜起科技财务报表分析、事件研究与估值 ………………… 116

第五章　公司债券：合同、发行、估值 …………………………………… 129
　　第一节　公司债券合同 …………………………………………………… 130
　　第二节　公司债券发行 …………………………………………………… 136
　　第三节　债券风险 ………………………………………………………… 142
　　第四节　债券评级 ………………………………………………………… 146
　　第五节　债券收益 ………………………………………………………… 154
　　第六节　可转换债券 ……………………………………………………… 160
　　案例解析　新劲刚饮得头啖汤，定向可转债助力新发展 ……………… 170

第六章　私募股权投资 ……………………………………………………… 185
　　第一节　私募股权投资与风险投资 ……………………………………… 186
　　第二节　企业估值 ………………………………………………………… 189
　　第三节　企业发展阶段与融资来源 ……………………………………… 192
　　第四节　风险投资公司 …………………………………………………… 195
　　第五节　风险资本管理中的委托-代理冲突 …………………………… 202
　　案例解析　腾格里对民丰种业的私募股权投资 ………………………… 207

第七章　首次公开募股 ……………………………………………………… 216
　　第一节　公司上市决策 …………………………………………………… 217
　　第二节　IPO流程 ………………………………………………………… 218
　　第三节　IPO上市地点选择 ……………………………………………… 226
　　第四节　IPO市场化改革 ………………………………………………… 228
　　第五节　IPO上市后市场异象：IPO抑价 ……………………………… 237
　　案例解析　蚂蚁集团暂停上市的原因分析 ……………………………… 242

第八章　股权再融资 ………………………………………………………… 253
　　第一节　股权再融资方式 ………………………………………………… 254
　　第二节　股权再融资基础理论 …………………………………………… 263
　　第三节　股权再融资动机 ………………………………………………… 265

第四节　股权再融资经济后果 266
　案例解析　中国太保发行GDR：机遇还是挑战 268

第三篇　高级财务专题

第九章　股利政策 283
　　第一节　股利理论 284
　　第二节　现金股利政策 293
　　第三节　股票分配政策 296
　　第四节　股票回购 299
　案例解析　美的股利政策之选：回购股份意欲何为 302

第十章　债务的战略性选择 315
　　第一节　银行贷款和关系型借贷 316
　　第二节　租赁信贷 321
　　第三节　债务结构 328
　案例解析　未名医药折价回购债券 332

第十一章　财务危机与财务重组 347
　　第一节　财务危机的影响因素与影响后果 348
　　第二节　削减业务 358
　　第三节　资产出售 359
　　第四节　财务重组 360
　案例解析　友好集团终止经营　解决财务危机 373

第十二章　债务重组、收购、破产、改组和清算 381
　　第一节　财务困境 382
　　第二节　债务重组 386
　　第三节　合并、兼并及收购 393
　　第四节　破产、改组和破产后的幸存 394
　案例解析　泰禾陷囹圄，债务重组困难重重 401

第十三章　财务结构与证券设计 410
　　第一节　财务结构 411
　　第二节　证券设计 421
　案例解析　青岛啤酒：发行分离交易可转债融资 429

第一篇

资本结构下的
财务分析与政策选择

第一章　资本结构决策
第二章　行业分析、财务政策和战略
第三章　环境、治理、战略、运营和财务结构

第一章 资本结构决策

本章主要阐述公司最重要的财务决策之一：资本结构决策。资本结构是指公司各种资本的构成及其比例关系。资本结构决策是指公司在若干可行的资本结构方案中选取最佳资本结构。由此而引发的关于资本结构问题的讨论一直是学术界和实务界关注的焦点。

党的二十大擘画了以中国式现代化全面推进中华民族伟大复兴的宏伟蓝图。建设中国特色现代资本市场，是中国式现代化的应有之义，是走好中国特色金融发展之路的内在要求。在二十大精神指引下，中国将打造一个更加规范、透明、开放、有活力、有韧性的中国特色现代资本市场，而资本结构的优化对于公司的可持续发展、资本市场的平稳健康发展都有着重要意义。

公司的资本结构决策是复杂的。研究表明，公司的杠杆率在不同时间和不同主体间有着巨大的差异。此外，杠杆率还涉及许多因素之间的复杂权衡：(1)公司债务和股权的风险随杠杆率的增大而增加；(2)委托-代理冲突(股东和管理层之间以及股东和债权人之间)与杠杆率相互影响；(3)信息不对称会影响公司最佳杠杆率；(4)即使通过一些途径减轻委托-代理冲突以及信息不对称程度，但这些因素依旧会影响公司的杠杆率。除了以上因素会影响资本结构决策，税收以及财务困境与破产相关的混合成本也会影响资本结构决策。

本章回溯资本结构理论的发展，将资本结构决策不同因素的影响综合起来，得到关于公司资本结构决策的总体结论，并展望资本结构理论未来的研究方向。

第一节 税收对资本结构决策的影响

本节重点讨论税收是否会影响公司的资本结构决策。

一、公司税对资本结构决策的影响

公司是一个独特的法律实体。根据税法的规定，向债权人支付的利息可从公司的应纳税收入中扣除，向股东支付的股利则不能扣除，因此债务似乎给公司带来了重要的税收优势，从而激励公司在其资本结构中置入更多的债务。然而，资本结构决策并非如此简单，本章将对债务税收优势对公司价值的影响做进一步分析。

总体而言，税收是公司的一种负担，限制了公司项目的盈利能力以及公司可以提供给股东的回报，并最终限制了公司的价值。

二、个人税对资本结构决策的影响

个人也要缴纳所得税。个人的大部分收入来自就业薪酬，但也有其他收入来源，包括股利、已实现的资本利得、利息收入等。

个人分配所得的股利不但要缴纳个人所得税，而且公司分配的股利也不能在税前扣除，必须按盈余利润缴纳企业所得税，因此需要对股利在公司层面和个人层面进行双重征税，对个人已实现的股票资本利得也进行双重征税。因为资本利得只有在出售资产获利时才被征税，投资者通过长期持有一只股票，可以推迟资本利得的实现，从而降低收入的实际税率。

个人取得的公司债券收益依照我国个人所得税法的有关规定，作为"利息、股利、红利所得"应税项目按比例税率缴纳个人所得税，但国债利息属于免税收入。

关于个人税对资本结构决策的影响，依据米勒均衡假说，个人税的存在会在某种程度上抵销债务利息的税盾效应，并会引起公司税与个人税的权衡问题。

三、有公司税的 M&M 修正命题

本节回顾 Modigliani 和 Miller（1963）考虑公司税的修正命题（简称"M&M 修正命题"），分析税收对公司资本结构决策的影响。M&M 修正命题适用于有可扣除性债务利息的公司。

（一）利息节税性对公司价值的影响

下面通过一个数值示例具体阐释 M&M 修正命题。

数值示例 1.1

A 公司每年息税前利润为 200 万元，并将所有税后利润作为股利分配。A 公司所得税税率为 25%。分别计算在两种替代性资本结构下 A 公司所有资本持有人的税后现金流总额。第一种情况，公司完全通过股权融资；第二种情况，公司有 400 万元的债务（杠杆式），

债务的利息成本是每年10%,即每年40万元。两种资本结构下的现金流如表1-1所示。

表1-1 A公司不同资本结构下的公司税以及股东和债券持有人的现金流 （单位:元）

项目	全股权	杠杆式	差异
息税前利润	2 000 000	2 000 000	
减:利息支出	0	400 000	
税前利润	2 000 000	1 600 000	
减:25%的税收	500 000	400 000	-100 000
税后利润(作为股利支付)	1 500 000	1 200 000	
流向股东和债券持有人的现金流总额	1 500 000	1 600 000	100 000

如果A公司的资本结构中包含债务资本,那么流向公司股东和债券持有人的年度现金流量比全股权融资方式下的年度现金流量更充足,差额是100 000元(1 600 000-1 500 000)。由于债务的利息费用具有可扣除性,对证券持有人(即股东)会有额外回报,即减少了100 000元(400 000-500 000)的税额。

这个数值例子强调了公司税的两个重要影响。其一,政府以要求获得公司利润的利益相关者的身份出现;其二,管理层可以通过增加公司资本结构中的债务数额来减少流向政府的现金流量,从而增加股东和债券持有人的现金流量。

(二) 利息税盾的现值

Modigliani和Miller(1958)提出两种简化假设。第一个假设是公司的债务由单一发行的永久债务组成,它以利率$c=r_D$提供每年的债务利息,其中r_D是必要报酬率,债务的价值记为D。第二个假设是公司税的税率τ_c和利息的节税性是永久固定的。

使用上述符号,公司的年度税盾(因债务利息税前扣除而产生的年度减税额)可以表示为税率和年利息的乘积:

$$\text{年度税盾} = \tau_c cD \tag{1.1}$$

假设债务和税盾都是永久的,使用恒定公式计算税盾的现值(PV),r_D为折现率:

$$PV = \frac{\tau_c cD}{r_D} = \frac{\tau_c r_D D}{r_D} = \tau_c D \tag{1.2}$$

也就是说,在资本结构中用额外的一元债务代替一元股权,公司价值会增加τ_c。

(三) 杠杆公司税收调整后的价值

由于税收影响,M&M命题Ⅰ(指无税条件下的M&M命题)需要进一步修正。具体来说,一个有负债公司经税收调整后的价值(记为V_L^*),等于无负债公司的价值V_U加上税盾的现值:

$$V_L^* = V_U + PV(\text{税盾}) = V_U + \tau_c D \tag{1.3}$$

公式(1.3)说明了修正M&M命题Ⅰ后,公司价值不再保持不变,而是随着杠杆增大(即D增加)而增加。从公式(1.3)中可以得出一个看似荒谬的结果:管理层为了使公司的市场价值最大化,应该做出100%债务融资的决策。这一结果引发了关于公司最佳杠杆率的争议,并一直持续到今天。

数值示例 1.2

为了说明 M&M 修正命题,沿用 A 公司的数值例子。假设 A 公司存在债务融资,债务利率 $c=10\%$,债务价值 $D=400$ 万元,税率 $=25\%$,因此每年的税盾是 $25\%\times10\%\times400=10$ 万元。假设必要报酬率 $r_D=10\%$,A 公司税盾的现值为

$$PV(税盾) = 25\% \times 400 = 100(万元)$$

因此,有杠杆的 A 公司价值 V_L^* 比无杠杆的 A 公司价值 V_U 高 100 万元。

虽然以上分析公平地反映了债务利息税前扣除对公司真实价值的影响,但根据 M&M 套利观点,即使公司完全采用股权融资,公司的市场价值也很可能会反映出债务的税收优势。

本示例的完整内容可参阅数字资源:示例之"M&M 套利理论"。

(四)杠杆公司税收调整后的加权平均资本成本

本小节将分析公司税收调整后的加权平均资本成本(Weighted Average Cost of Capital, WACC)。在考虑公司税收和债务利息税前扣除的情况下,M&M 修正命题Ⅱ的推导如下:

1. A 公司的无杠杆价值

下面继续以 A 公司的例子说明税收对公司加权平均资本成本的影响,并推导一般公式。表 1-1 的计算结果表明,作为一家全股权公司,A 公司预计每年将产生 150 万元的税后利润。假设 A 公司的无杠杆资本成本率(即股权资本成本率)为 $r_A=r_E=15\%$,股利预计将永久发放,因此 A 公司资产的总价值 V_U,即公司的无杠杆股权价值 E_U 等于:

$$V_U = E_U = \frac{1\,500\,000}{0.15} = 10\,000\,000(元)$$

2. A 公司的杠杆价值和资本成本(不考虑税前扣除债务利息)

假设 A 公司有永久性的无风险债务,债务利率为 10%,债务价值 D 为 400 万元。不考虑利息扣除情况下计算股权价值,其结果与考虑利息扣除情况下的股权价值进行比较,凸显债务利息节税优势。根据 M&M 命题Ⅰ得出 A 公司的杠杆股权价值为 $E_L=6\,000\,000$ 元($10\,000\,000-4\,000\,000$),并且根据 M&M 命题Ⅱ,A 公司的杠杆股权成本 r_{LE} 可以使用初始的 WACC 公式计算:

$$r_A = r_D\left(\frac{D}{D+E}\right) + r_{LE}\left(\frac{E}{D+E}\right) \tag{1.4}$$

$$15\% = 10\% \times \frac{4\,000\,000}{10\,000\,000} + r_{LE} \times \frac{6\,000\,000}{10\,000\,000}$$

$$r_{LE} = 18.333\%$$

3. A 公司的杠杆价值和资本成本(考虑税前扣除债务利息)

利用公式(1.3)探讨债务利息税前扣除的优势。以下是 A 公司有杠杆下经税收调整

后的价值：

$$V_L^* = V_U + \text{PV}(税盾) = V_U + \tau_C D$$
$$= 10\,000\,000 + 25\% \times 4\,000\,000$$
$$= 11\,000\,000(元)$$

利用这个结果可以计算出 A 公司杠杆股权的税收调整价值 E_L^*：

$$E_L^* = V_L^* - D$$
$$= 11\,000\,000 - 4\,000\,000$$
$$= 7\,000\,000(元)$$

A 公司杠杆股权的价值增加了 100 万元（从 600 万元增加到 700 万元），这一增长反映了税盾的现值。

将公司的税后加权平均资本成本记为 r_A^*，即向所有证券持有人（股东和债权人）提供的预期税后现金流（ATCF）现值的折现率，当年数值记为 ATCF_t，则有：

$$V_L^* = \frac{\text{ATCF}_t}{r_A^*} \tag{1.5}$$

以 A 公司为例，从表 1-1 中可以发现，$\text{ATCF}_t = 1\,600\,000$ 元，则

$$V_L^* = 11\,000\,000 = \frac{1\,600\,000}{r_A^*}$$
$$r_A^* = 14.545\%$$

接下来使用公式（1.6）计算公司杠杆股权的税收调整成本 r_{LE}^*：

$$r_A^* = r_D\left(\frac{D}{D + E_L^*}\right) + r_{LE}^*\left(\frac{E_L^*}{D + E_L^*}\right) \tag{1.6}$$

$$14.545\% = 10\% \times \frac{4\,000\,000}{11\,000\,000} + r_{LE}^* \times \frac{7\,000\,000}{11\,000\,000}$$

$$r_{LE}^* = 17.142\%$$

以 17.142% 作为股东年度预期税后现金流现值的折现率，A 公司税后利润为 1 200 000 元（见表 1-1），可以计算出 A 公司的杠杆股权价值为：

$$E_L^* = \frac{1\,200\,000}{17.142\%} = 7\,000\,350 \approx 7\,000\,000(元)$$

（五）税前扣除债务利息对公司加权平均资本成本的影响

基于以上分析会产生两个重要问题：第一，为什么公式（1.6）使用债务税前成本而非债务税后成本来计算一家公司税收调整后的加权平均资本成本？第二，对于有杠杆的 A 公司，债务税收优势被确认后的股权资本成本为什么低于债务税收优势未被确认时的股权资本成本（即 17.142% 对比 18.333%）？

问题一：为什么税收调整后的加权平均资本成本公式使用债务税前成本？

第一个问题涉及公司税收调整后的加权平均资本成本的另一种计算公式，大多数公司财务教科书有相关介绍。设 A 公司税收调整后的加权平均资本成本和股权资本成本分别为 r_A° 和 r_{LE}°，则其对应公式为：

$$r_A^\circ = r_D(1-\tau_C)\left(\frac{D}{D+E_L^*}\right) + r_{LE}^\circ\left(\frac{E_L^*}{D+E_L^*}\right) \tag{1.7}$$

公式(1.7)似乎是合理的,因为它将利息税前扣除的利益附加到债务本身,将债务资本成本从 r_D 更改为 $r_D(1-\tau_C)$。下面以 A 公司为例使用公式(1.7),采用前例中税收调整后的数据,$V_L=1\,100$ 万元,$E_L^*=700$ 万元。为了保持一致性,令 $r_A^\circ=14.545\%$。将除 r_{LE}° 以外的数据代入公式(1.7),计算出 r_{LE}°:

$$14.545\% = 10\% \times (1-25\%) \times \frac{4\,000\,000}{11\,000\,000} + r_{LE}^\circ \times \frac{7\,000\,000}{11\,000\,000}$$

$$r_{LE}^\circ = 18.571\%$$

上式计算出的 r_{LE}° 与用公式(1.6)计算出的 r_{LE}^*(17.142%)数值不同。使用 r_{LE}° 值计算 A 公司的杠杆股权价值,记为 E_L°。

$$E_L^\circ = \frac{1\,200\,000}{18.571\%} = 6\,461\,687(元)$$

这显然不是根据考虑税收调整的 M&M 修正命题 I 计算出的 A 公司杠杆股权的正确价值(700 万元)。

公式(1.7)的问题在于没有认识到股权持有人将从利息税前扣除中受益,而这种利益不仅影响到公司的杠杆股权,还影响到风险和成本。为了正确地解释利息税前扣除的影响,我们应当认识到平等的股权持有人现在对两种不同的收入流拥有要求权。第一种收入流是在没有利息税前扣除情况下对税后利润的要求权,预期每年支付 1 100 000 元 $[(1-25\%) \times 2\,000\,000 - 400\,000]$。

第二种收入流是因利息税前扣除而减少的所得税,预期每年为 10 万元。因此,杠杆股权的总成本是这两种收入流的成本的价值加权平均值。在确认利息扣除额之前,第一种收入流的价值为 600 万元,成本为 $r_E=18.333\%$。第二种收入流的计算公式为 $\tau_C D$,在本例中为 1 000 000 元(25%×4 000 000),成本为 r_D,在本例中为 10%。因此,杠杆股权的税收调整成本为:

$$r_{LE}^* = r_{LE}\left(\frac{E_L}{E_L+\tau_C D}\right) + r_D\left(\frac{\tau_C D}{E_L+\tau_C D}\right) \tag{1.8}$$

其中,r_{LE} 和 E_L 分别为未调整的成本和有负债公司的股权价值。对于 A 公司而言,

$$r_{LE}^* = 18.333\% \times \frac{6\,000\,000}{7\,000\,000} + 10\% \times \frac{1\,000\,000}{7\,000\,000}$$

$$r_{LE}^* = 17.142\%$$

这个数值与之前通过公式(1.6)得到的数值一致。

问题二:当确认利息可扣除时,为什么杠杆股权的成本会下降?

关于第二个问题,公式(1.8)说明了为什么杠杆公司的税收调整后的股权成本低于未经税收调整的股权成本。利息税前扣除不但提高了股权价值,而且降低了杠杆股权的风险,因为股权持有人现在获得了第二种风险较低的收入。虽然没有明确地表明,但股东风险的降低实际上是由于作为利益相关方的政府对公司利润持有准股权主张,因此政府可获得扣除利息后固定比例的公司利润。

（六）小结

本节的分析可以简要地总结为：将一个重要的现实因素——公司税收与债务利息节税优势——结合起来，可以得出看似荒谬的结论，即公司的价值随杠杆率增大而增加。但这意味着，为了最大化公司的市场价值，管理层应构建几乎 100% 债务的资本结构债务。但事实上，没有一家公司拥有如此极端的影响力，甚至许多公司并没有债务。

由此产生一个基本问题：为什么公司不能更好地利用债务利息节税来增加其股权价值？

公司财务相关研究文献为这个问题提供了几个相互竞争的答案，这将在下节中讨论。

第二节 传统权衡理论

M&M 理论只是单方面考虑了负债给企业带来的节税优势，而没有考虑负债可能给企业带来的预期成本或损失。传统权衡理论同时考虑负债的节税利益与预期成本或损失，并适当权衡利益与成本以确定企业价值。根据传统权衡理论，把负债给企业带来的预期成本分为财务困境成本与破产成本。财务困境成本是指随着负债的增加，企业不能按期还本付息，可能导致企业破产所付出的代价。当破产发生时，破产危机成本即为破产成本。破产成本可表现为直接成本和间接成本。比如，资产评估与清理费用、诉讼费用等是直接成本；企业清理资产时低价出售或因履行破产程序而丧失的销售盈利等损失则是间接成本。

传统权衡理论提出以下观点：(1) 公司存在一个独特的、由有限杠杆构成的最佳资本结构；(2) 不同公司的最佳资本结构不同或者源于不同公司的税率不同，或者源于不同公司随杠杆率上升而产生的未来财务困境和破产的预期成本不同。

为了解释传统权衡理论，下面将依次解决四个问题：(1) 如何才能更精确地量化债务利息节税优势对公司股权价值的影响？(2) 陷入财务困境的公司一般会经历哪些阶段？(3) 财务困境成本有哪些？(4) 未来的财务困境对公司的资本结构决策有什么影响？

一、资本结构决策对股权价值的影响

上一节得出如下结论：只考虑债务利息节税性，公司市场价值随着杠杆率的增大而增加，增值部分归属于公司股东。本节将分析公司的市场价值和账面价值比（市账比）将如何受影响。

假设 A 公司考虑出售资产来收购一个项目。该项目预计将永久地产生收益；然而，项目只产生普通的税后收益。也就是说，项目公司的净现值为零。A 公司似乎没有为公司股东创造价值，但 A 公司的开发商打算用永久性债务为公司提供部分融资，并利用利息节税性为股东创造价值。上一节分析得到，如果公司资本结构中使用了永久债务金额 D，那么公司价值就会增加 $\tau_c D$——股东获得这个附加值 $\tau_c D$。随着杠杆率的提升，公司拥有的股权数额相应减少。因此，随着杠杆率的提升，越来越大的债务税收优惠将集中在越来越少的股权之上。综上所述，开发商使用杠杆不仅是为了利用债务利息可税前扣除的特性，

还因为随着杠杆率的提升,杠杆会在越来越集中的股权的基础上为股东创造价值。

根据假设,如果 A 公司完全用股权融资,那么股权的市场价值将等于公司资产的账面价值。因此,A 公司的市账比为 1.0。然而,随着 A 公司提高杠杆率,债务的税收优惠会增大市账比。从这个角度分析可以得出利息节税性对公司市账比的影响,即市账比是关于 τ_c 和杠杆率的函数。公司股权的账面价值代表了在没有或忽略债务税收优惠情况下的价值。正如预期的那样,公司的市场账面价值比随着 τ_c 和杠杆率的提升而增大。

二、财务困境的三个阶段

什么情况会导致一家公司陷入财务困境或破产?假设 A 公司已经制订了商业计划,并即将购买执行该计划所需的资产,可以通过从全股权到高杠杆的各种方式获得融资以购买这些资产。通过后续的运营,公司会得到两种结果:(1)商业计划成功,在这种情况下公司会及时支付所有必要的利息和本金,股东也会获得投资回报;(2)商业计划失败,致使现金流出长期超过现金流入。下面主要关注后一种情况。

显然,如果 A 公司正在经历长期的净现金流出,公司的可持续经营就会受到重大影响。在某个时候,公司将面临财务困境,即可用的现金不足以支付供应商的货款、员工工资,或偿还债权人债务。第一阶段财务困境的现象包括净现金流和盈余为负值,以及股票市场价值下降。如果这种状况继续下去,管理层就必须采取行动加以纠正。第二阶段财务困境的现象包括管理层试图降低成本,比如裁员和临时关闭工厂。如果这种状况持续下去,那么公司将进入第三阶段财务困境,其特征是逾期支付供应商货款、员工工资和债权人债务本金和利息,并可能采取更激进的行动。比如,(1)在可能的情况下发行新债券或权益证券;(2)出售资产;(3)与业内更成功的公司合并;(4)与债权人谈判,进行债务重组。如果这些行动都不能解决问题,那么公司将进入最终的财务困境阶段——破产。

三、财务困境和破产成本

(一)财务困境成本

当一家公司的财务状况走下坡路时,即使公司没有宣布破产,也会产生一些致命的成本——财务困境成本。而破产涉及额外的致命成本。当一家公司考虑在资本结构中提高负债比例时,借款公司及其债权人都应关注公司在未来可能会产生这样的成本。

一般来说,任何由公司财务状况恶化带来的价值损失都是财务困境成本。大多数这样的成本可分为三类:(1)失去产品/服务市场的竞争力;(2)为补偿利益相关者以及处于财务困境公司做生意所承担的风险而做出的让步;(3)损失的利息税盾价值及折旧价值所形成的税盾。

也许一家陷入财务困境的公司的最大损失是竞争力的丧失,这可能有以下几个原因:第一,公司可能会因缺乏内部资本而被迫放弃有价值的项目,且很少或根本无法进入外部资本市场;第二,陷入财务困境的公司可能会被迫出售有价值的资产、子公司或业务部门,以支撑资金的流动;第三,它的竞争对手可能会推出新产品或降低产品价格,以努力在经济上排挤陷入财务困境的公司而迫使它破产。

一家陷入财务困境的公司也可能被迫与供应商、员工、客户和债权人重新谈判合同。其一,供应商需要及时付款和继续开展业务,虽然供应商通常愿意提供贸易信用,但往往只提供给经济安全的买家。在一个供应商很少的行业,一家陷入财务困境的公司可能会被迫向供应商支付更高的价格以补偿风险,并可能被供应商拒绝提供贸易信用。其二,员工可能会要求更高的工资或薪水来补偿他们失去工作的风险。陷入财务困境的公司如果不同意,就可能会失去优秀的员工,从而因失去劳动力、人才和经验而产生额外的损失。

客户通常要求公司提供保修和售后服务,而对于一家陷入财务困境的公司来说,它的长期保修和售后服务是有问题的。因此,买家可能要求按低价购买以作为补偿,或者将业务转移到其他地方。接着,陷入财务困境的公司也可能会失去与债权人的关系。例如,一家迄今为止向公司持续提供信贷额度的银行,在公司面临财务困境时可能会撤销信贷额度;或者,公司可能被迫在借贷重新谈判中接受苛刻的条款。

一家陷入财务困境的公司也可能会失去其债务的利息节税利益,因为债务的税收优势只有在公司有盈利的情况下才能实现。正如之前的计算所表明的,利息的税盾价值很大,并且随着杠杆率的提升而增加。从另一个角度分析,失去利息税盾的机会成本很大,并且随着杠杆率的提升而增加。

(二)破产成本

破产成本包括与破产程序相关的法律、行政和会计成本,以及额外成本。额外成本与随后的债务解决方案相关,或与清算公司部分或全部资产有关,因为资产通常会被贱卖。

四、财务困境对资本结构决策的影响

未来潜在的财务困境对公司的资本结构决策有什么影响?为了回答这个问题,本节构建了一个简单的模型来表示财务困境总成本与杠杆的关系。假设未来财务困境的预期成本为 $E(\text{CFFD})$,可以表示为未来财务困境发生概率 $\text{Prob}(\text{FFD})$ 与实际发生的未来财务困境成本 CFFD 的乘积:

$$E(\text{CFFD}) = \text{Prob}(\text{FFD}) \times \text{CFFD} \tag{1.9}$$

下面关注财务困境对公司当前市场价值的影响,特别是未来财务困境预期成本的现值,用 $\text{PV}[E(\text{CFFD})]$ 表示。进一步简化假设,假如财务困境确实发生且即将发生在第 T 年,适用于 $E(\text{CFFD})$ 的折现率为 r_{cfd}。基于这些假设得到以下公式:

$$\text{PV}[E(\text{CFFD})] = \frac{E(\text{CFFD})}{(1+r_{\text{cfd}})^T} \tag{1.10}$$

当然,即使公司的资本结构中没有债务资本,它也可能会经历财务困境,也可能会遭受长期损失,耗尽财务资源,影响它与供应商、客户和员工的关系,最终影响其竞争地位。然而,$\text{PV}[E(\text{CFFD})]$ 可能会随着杠杆率的提升而增加,原因有以下两个:其一,债务使公司有义务定期支付固定利息,若遭受长期损失,则公司可能无法支付这些款项;其二,参考公式(1.10),债务证券的定期支付是一个持续的负担,可能会缩短财务困境发生时间 T。

为了衡量杠杆率对 $\text{PV}[E(\text{CFFD})]$ 的影响,并据此衡量公司价值,我们必须认识到这是一种增量效应。$\text{PV}[E(\text{CFFD})]$ 随着杠杆率的提升而增加,每一个边际增量都可归因于相关的债务边际增值。因此,在公司资本结构中增加一定数额的债务资本对 $PV[E(CFFD)]$ 以及公司价值的影响会随着 $PV[E(CFFD)]$ 的增加而累积。在 $PV[E(CFFD)]$ 的总价值中,特定数额的债务所产生的部分表示为 $PV(CFFD_{debt})$。①

基于以上规范,可以得出一个有负债公司价值的计量公式,它解释了债务的积极影响和消极影响——税盾价值和杠杆对未来财务困境的预期成本现值的影响:

$$V_L = V_U + \tau_c D - PV[E(CFFD_{debt})] \tag{1.11}$$

根据传统权衡理论,在低杠杆水平下,$\tau_c D$ 的边际值超过 $PV[E(CFFD_{debt})]$ 的边际值,因此公司价值随着杠杆率的提升而增加。然而,在高杠杆水平下,$PV[E(CFFD_{debt})]$ 的边际增长大于 τ_c(税盾的边际价值),公司价值将随着杠杆率的提升而减少。因此,最优或者说使公司价值最大化的债务资本是有限的,即存在最佳杠杆率。

正如前面所指出的,传统权衡理论的另一个含义是,不同公司的最佳杠杆水平是不同的,因为不同公司的税率和 $PV[E(CFFD_{debt})]$ 随着杠杆率提升而产生的增长有所不同。

第三节 传统权衡理论的实证研究

基于传统权衡理论的实证研究已有丰硕的成果。本节简要讨论其中几项研究,并关注学者在实证检验中使用的关键变量。

一、传统权衡理论的实证研究

基于传统权衡理论的实证研究包括时间序列检验或横截面检验,所有检验都集中于对权衡理论的基本预测。时间序列检验通常基于公司杠杆率随时间变化的两个方面:其一,如果最佳杠杆水平的概念是有意义的,那么每家公司的杠杆率都应该随着时间的推移而趋于稳定;其二,公司的运营和融资活动很可能会导致公司杠杆率发生变化,从而暂时偏离最佳杠杆水平。例如,如果公司最近实现了异常高的收益并且保留收益,那么公司目前的杠杆率可能会暂时低于最佳水平;或者,公司借入特定项目所需的所有资金,导致其杠杆率暂时高于最佳水平。

假设对公司管理层采取的行动逐步恢复公司杠杆率到最佳水平是合理的,那么公司杠杆水平将随着时间的推移表现出均衡的趋势。也就是说,如果公司目前的杠杆率高于其历史平均水平,那么公司随后会降低其杠杆率;反之亦然。Jalilvand 和 Harris(1984)、Opler 和 Titman(1994)等对传统权衡理论进行了时间序列检验,并找到了均值回归的证据。

在横截面检验中,学者们关注的是权衡的双方。关于债务的税收优势,学者们尝试找出公司税收状况的影响因素,包括公司特征变量与政策变量。此处,利润是衡量公司利用债务利息节税性的能力的一个指标。

关于债务的抵税成本,学者关注的是与以下几个方面相关的变量:(1)公司未来面临

---

① Andrade 和 Kaplan(1998)强调,有必要区分与经济困境相关的成本(经营损失)和纯粹与杠杆相关的成本,由此被定义为财务困境成本。

财务困境或破产的可能性;(2)公司发生财务困境或破产可能产生的成本。一些学者提出另一种假说,即公司的债务能力(它在信贷市场上借款的能力)受限于其可抵押资产的价值——基本上是公司的金融资产、工厂和设备(PP&E),其他资产特别是无形资产是不可抵押的,不能支持债务融资。这个假说与传统权衡理论有关,即当公司破产时,其可抵押品资产更有可能在破产或清算中保持价值。所以,若公司破产,则债权人的损失会更小。因此,公司的债务比率应该与其资本强度正相关,例如与 PP&E 与总资产之比正相关。

二、对传统权衡理论的批评

上述实证结果与传统权衡理论基本一致。然而,这一理论不乏批评者。学者从权衡中涉及的盈利和成本两方面批评权衡理论。下一节将讨论 Miller(1977)提出的理论,该理论推翻了所谓的利息节税性优势。

从成本方面来看,Haugen 和 Senbet(1978)认为将成本归因于破产比归因于清算更恰当,并且认为清算是独立于破产事件的资本预算决策。他们还认为如果破产成本巨大,那么有竞争力的资本市场将为公司提供低成本的替代性选择。例如,一家陷入财务困境的公司可以按公允的价格发行新的股票,以取得足够的资金来回购公司部分或全部债务。一家公司经营处于盈利状态,但目前受债务约束,行业中另一家财务实力更强的公司会发现该公司是一个优质的收购选择,从而避免了许多可能的财务困境成本。

传统权衡理论难以解释一些重要的实证现象。第一,传统权衡理论难以解释公司的平均债务比率较低的现实。正如前文所说,尽管许多公司面临沉重的税收负担,但它们的杠杆率很低甚至为 0。除非债务比率非常高,否则债务的税盾价值远远超过财务危机成本(Graham,2000)。第二,盈利能力和杠杆率之间的负相关关系似乎与权衡理论的推导结果不一致。根据权衡理论,在其他条件不变的情况下,盈利水平更高的公司应该更重视债务的税盾利益。第三,传统权衡理论难以解释可观察到的资本结构变化。Lemmon 等(2008)指出,许多盈余的变化都是公司特有的、非时变的。此外,传统权衡理论难以解释的现象还包括择时发行、杠杆率反转速度缓慢以及冲击对杠杆率影响的持久性。

第四节 米勒均衡

有税 M&M 定理和无税 M&M 定理在逻辑上是合理的,但在考虑了公司所得税的情况后,公司价值随债务比率的上升而增加,而且当负债达到 100% 时公司价值将最大。这在理论上意味着公司应该完全使用负债来筹措所需资金——这个推论显然与客观事实相悖,因为正常经营的公司不会为了使公司实际价值最大化而完全使用负债来筹措资金。1977 年,米勒(Miller)发表了《债务与税收》(Debt and Taxes)一文,为了探讨负债对公司价值的影响,他建立了一个同时考虑公司所得税与个人所得税的模型。经过理论推导,米勒得出以下结论:个人所得税的存在,会在某种程度上抵销债务利息的税盾效应;但是在正常的所得税税率情况下,债务利息的税盾效应不会因此而完全消失。此外,米勒模型产生了关于企业债务总额的均衡关系,即债务应该是公司所得税税率和个人所得税税率的函数。这种均衡被称为米勒均衡。

一、个人所得税

米勒的论点是:基于投资者,普通收入(如股利和利息)适用的税率与资本利得适用的税率存在差异,大多数投资者的普通收入适用的税率相对较高而资本利得适用的实际税率相对较低。这一方面是由于在很长一段时间内已实现资本利得税率一直低于普通收入税率,另一方面是由于资本利得只有在实现时才要征税。因此,长期持有所购买股票的投资者会推迟股票收益的实现,从而降低此类收益的实际税率。投资者购买一只股票的总回报的大部分来自享受税收优惠的资本利得,其余部分是作为普通收入征税的股利。相比之下,公司债券的大部分回报来自利息收入,而利息收入作为普通收入征税。在面临税收的个人投资者层面,相比于公司债务,公司股权更可能享受到税收优惠。

当然,其他个人可能对普通收入和资本利得均承担较低的实际税率。实际上,许多投资者持有的证券属于免税工具,如养老基金、保险公司可转换年金;其他投资者,如非营利机构因免税而不存在投资收益或资本利得的税率差异问题。

不同的个人所得税税率对投资者的证券选择偏好以及公司对债务融资和股权融资的选择有什么影响?个人投资者层面,在忽略其他因素的情况下,每个投资者都会理性地投资为自己提供最高税后回报的证券。例如,高收入投资者可能会避免购买高股利股票和高利率公司债券,而选择购买无派息股票和免税的政府债券。免税的个人或非营利机构根据自身对当前收入的需求,会更偏向于高收益的股票或公司债券。因此,公司证券可能会吸引特定的投资者客户,对特定客户而言该证券具有相应的税收优势,而公司可能会分析不同证券类型与投资者类型组合的税后收益率以确定最佳融资方式。

二、米勒均衡

各种税率使用以下符号:

τ_p = 投资者股利或利息等普通收入的个人所得税税率;

τ_{cg} = 投资者已实现资本利得的实际税率;

τ_{pe} = 投资者股权投资获得收益的实际税率,取决于τ_p、τ_{cg}以及发行公司规定的提供回报形式,如股利或者资本利得形式等;

τ_c = 企业所得税税率。

为了简化分析,米勒提出一个有争议的假设:所有投资者的股权收益的总体实际税率等于零,即$\tau_{pe}=0$。因此,投资者只考虑利息收入的个人所得税税率。具体来说,在横截面基础上,投资者对利息收入的连续税率的范围从$\tau_p=0$到某个最大值τ_p^{max}。米勒还假设:所有公司面临相同的企业所得税税率τ_c,要实现均衡,$\tau_c < \tau_p^{max}$必须成立。

根据米勒的设想,公司债券为所有受公式(1.12)中税收关系约束的投资者提供更高的税后回报。

$$(1-\tau_p) > (1-\tau_c) \tag{1.12}$$

等价于

$$\tau_p < \tau_c$$

相比之下,股票为符合公式(1.13)中税收关系约束的投资者提供更高的税后回报:

$$(1-\tau_p) < (1-\tau_c) \tag{1.13}$$

等价于 $\tau_p > \tau_c$

为了形成米勒均衡,假设所有公司都完全用股权融资。虽然这个条件满足了符合公式(1.13)中税收关系的投资者税后收益最大化的需求,但对符合公式(1.12)中税收关系的投资者来说并不是最佳方案。基于此方面的考虑,公司产生了发行债券的动机,以吸引符合公式(1.12)中税收关系的投资者。公司可以采取这一措施获得利润,因为债券为不满意的投资者提供了比股票更高的税后回报。假设公司开始发行可转换债券来吸引此类投资者,第一批发行可转换债券的公司将合理地吸引税率最低为 $\tau_p = 0$ 的投资者,因为这类投资者能从可转换债券交易中获得最大回报。

当这类投资者的节税所得资金被耗尽时,发行可转换债券的其他公司必须吸引更高税率的投资者。最终,公司未偿债务总额将足以满足符合公式(1.12)中税收关系的所有投资者,公司证券市场将达到均衡。

米勒均衡有三个重要的含义。第一,存在一个最优的公司债务总额。第二,一旦达到米勒均衡,任何一家公司都不能通过改变资本结构来影响其市场价值。这是因为在均衡状态下,每家公司都面临 $\tau_p = \tau_c$ 的边际投资者,无论公司选择股权(在公司层面纳税)还是债务(在个人层面缴纳同等税额),公司都将向边际投资者提供相同的税后回报。第三,如果个人普通收入所得税税率相对于企业所得税税率发生变化,公司总体债务的最佳水平就会发生变化;反之亦然。

米勒均衡模型证明了个人所得税的存在一定程度地抵消了公司负债的税盾利益,从而降低了负债公司的价值;然而,它仍然坚守了公司负债率越高其市场价值越大的论点,当负债率为100%时,公司的市场价值最大。尽管米勒均衡模型具有逻辑上的合理性,但由于其假设条件不能准确反映市场的实际运行情况,因此模型存在一定的局限性。

三、考虑公司税与个人税的权衡模型

DeAngelo 和 Masulis(1980)提出的理论与传统权衡理论和米勒均衡相关,但有所区别。他们的研究表明,仅考虑公司税收和个人税收,可以设想一个有限且特定的最佳杠杆率。在公司层面,因为公司最终会进入较低的边际税率范畴,税盾的增量价值会随着杠杆率的提升而减少。

如果公司有其他税盾(如会计折旧、投资税收抵免和损失结转),那么额外债务的杠杆水平较低。在不同的公司间以及随着时间的推移,这些因素会有所不同。同时,在个人层面,DeAngelo 和 Masulis(1980)假设债务相对于股权不具有税收优势,就像米勒模型所展现的那样。然而,DeAngelo-Masulis 模型关注的是个人公司,此时债务相对于股权的劣势被认为是永久性的。因此,公司应该提升杠杆率,直到公司层面随着杠杆率提升而减少的债务边际税收利益与个人投资者层面的债务边际税收劣势持平。

第五节 代理成本、信息不对称与资本结构决策

本节将重点讨论代理成本、信息不对称对资本结构决策的影响。首先介绍了关于委托-代理冲突影响资本结构决策的几个理论观点;其次讨论了信息不对称问题对资本结构

决策的影响,并介绍了融资优序理论;最后重点讨论了信息不对称情态下的代理成本权衡问题,即如何合理安排资本结构以缓解信息不对称下的投资不足与投资过度问题。

一、代理成本与资本结构决策

本部分讨论委托-代理冲突影响资本结构决策的几个理论观点。从代理成本视角分析债务的消极与积极影响,讨论代理利益与代理成本的权衡问题,并简要介绍将资本结构决策与更广泛的公司治理和证券设计问题相联系的理论。

(一) 债务的消极影响——债务的代理成本

利益冲突可能影响公司股东和债权人之间的关系。在有关委托-代理冲突的讨论中,假设公司管理层秉持股东利益为上的观点,以股东利益为行事基准。如果公司的股东和债权人产生利益冲突,管理层的责任是以符合股东利益的方式解决冲突,使公司股权的市场价值最大。

债权人意识到,公司管理层为了股东利益有动机减少公司债权的价值。这种行为被称为股东损害债权人利益。公司管理层损害债权人利益的主要手段包括:(1)增加公司资产的风险;(2)发行额外债务;(3)通过支付巨额股利或回购股票来攫取公司资产。

由此会产生投资不足或债务过剩问题。假设问题发生在企业陷入财务困境且有较高比例的债务(企业有风险债务)时,新投资项目的回报往往由债权人和股东共同享有,债权人有权获得项目回报从而降低了违约风险。假设股权资金被用于初始投资,在这种情况下,无论股权资金是通过出售新的股票获取的还是来自原本用于支付股利的留存收益,债权人都会获得更高回报,因为投资项目的部分收益被转移给了公司债权人。值得关注的问题是,在该项目中股东的净收益是否为正,这将影响到管理层会不会做出投资决策。若净收益不为正,则股东预计接受新投资项目会以牺牲自身利益为代价补偿债权人,因股东与债权人之间存在利益冲突,即使项目本身有利可图,公司管理层(代表股东利益)也不会投资这个项目。因此,有未偿风险债务的公司可能会面临长期的投资不足。

当然,如果公司债务没有违约风险,就不存在这样股东损害债权人利益的问题,因为管理层不能采取影响债务价值的行动。任何关于股东损害债权人利益的讨论都仅限于公司债务有违约风险的情况。此外,管理层损害债权人财富或利益的动机与违约风险直接相关,因为更高的违约风险意味着债权人的债权价值更容易因管理层的行为而发生变化。但现实中,考虑到事后管理层可能的损害债权人利益的行为,债权人将要求以高债务利息成本的形式取得事先补偿。因此,股东最终要承担这种利益冲突成本。

(二) 债务的积极影响——契约管理

债务可能通过减少公司股东和管理层之间的利益冲突成本,对公司价值产生积极影响。管理层出于自身利益考虑会选择低于公司最佳杠杆水平的杠杆率,原因至少有三个:(1)公司存在破产的可能,管理层的收入损失随着杠杆率的提升而增加;(2)债权人为了自身利益,将倾向于以实施监督和签订债务契约的方式限制管理层的行为,包括管理层的自利行为;(3)债务合同要求的固定、定期、强制性支付会限制管理层的自利行为,包括帝国建设和过度消费。因此,如果公司董事会能够在一定程度上对公司施加更高水平的债务契约限制,股东价值就可能会提高。

Hanka(1998)提供了与债务契约治理作用一致的经验证据,他关注的是公司的利益相关者,尤其是员工和债权人。他检验了这样一个命题:债务较多的公司对员工不会那么慷慨,因为根据合同承诺,公司更多的盈利应支付给债权人。换句话说,负债公司员工的工资往往会被压减。Hanka(1998)利用1973—1993年间的数据,通过实证研究发现在考察期内,债务水平较高的公司会更频繁地少雇用员工,使用更多的兼职和季节性员工,支付更低的工资,对养老金计划的资助也不那么慷慨。这些影响在经济上意义重大,不能用业绩表现变化加以解释。因此,债务似乎约束了雇佣关系。

(三)代理利益与代理成本的权衡

Jung等(1996)构建了一个最佳资本结构模型(见图1-1),重点关注债务对公司价值的抵消效应,还考虑了公司的投资机会对这种权衡的影响。

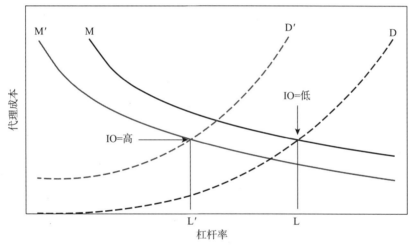

图1-1 最佳杠杆率(L,L′)由债务的边际代理成本(D,D′)、管理决策的边际代理成本(M,M′)和投资机会(IO)决定

曲线M和曲线D分别代表公司管理层自由裁量权的边际代理成本和债务的边际代理成本。前者是杠杆率的递减函数,而后者是杠杆率的递增函数。在这种情况下,公司的最佳杠杆水平就是这两个边际成本相等的位置(两条曲线的交点)。

若公司的投资机会有所改善,则会降低管理决策的边际代理成本,图中曲线M移动到曲线M′。这是因为,当投资机会变得更好时,管理层和股东的目标就会更加一致。然而,投资更多将导致公司在财务困境中遭受更多的损失,债的边际代理成本会增加,图中曲线D移动到D′。最终的结果是,公司的最佳杠杆率从L下降到L′。

(四)资本结构,公司治理和证券设计

Aghion和Bolton(1992)提出一种基于公司内部控制权配置的资本结构理论。在他们的模型中,公司由一个需要项目资金的经理人和一个富有的投资者组成。经理人关注普通的管理者薪酬和额外津贴,投资者则只关注投资回报。由于无法设想出未来所有可能的情况和决定,我们无法设计出一份经理人和投资者之间的完整且详细说明未来投资与经营决策的合同。

这种情况会产生一个关键问题:应该向投资者出售什么类型的证券、债券或股票?答案取决于控制权的最优分配。如果发行股票,那么投资者立即获得控制权;如果发行债券,那么投资者只获得或有控制权,即只有公司表现不佳(破产)投资者才会获得控制权。

Aghion 和 Bolton(1992)的分析表明,公司的股票和债务的最佳组合(最佳资本结构)可能反映了公司经理人、股东和债权人之间控制权的最佳配置。

二、信息不对称与融资优序理论

Myers 和 Majluf(1984)在公司融资决策中引入了管理层和外部投资者之间的信息不对称因素,提出了融资优序假说。该假说认为,公司在为新项目融资时,将优先考虑使用内部盈余,其次采用债券融资,最后才考虑股权融资。由于外部投资者与内部管理者之间可能存在信息不对称,投资者不了解公司的实际经营状况与前景,只能按照对公司价值的期望来确定公司价值。因此,如果公司采用外部融资方式,就会引起公司价值下降。总之,当存在信息不对称时,债务会影响公司价值。当然,代理问题可以通过一些途径来解决。以 Leland 和 Toft(1996)为代表的学者们发现,无论是直接通过金融中介机构发行还是通过承销商向公众发行,债券都可以缓解信息不对称。因为金融中介机构的资产是"私有产品",不能随意出售,金融中介机构在信息生产过程中不用担心信息的外溢;通过对资产的合理定价,也间接解决了信息的质量和可信性问题,因为信息的质量已经体现在资产的价格中。在代理问题得到解决的情况下,如果公司有一个正净现值的项目而需要外部资金,债务就是仅次于内部融资的资金来源。

融资优序理论能否解释资本结构的变化? Shyam-Sunder 和 Myers(1999)对此进行了实证检验,他们将传统的权衡理论与资本结构的融资优序理论相结合,提出了一个关于融资优序理论影响公司资本结构的有趣见解:

在融资优序理论中,没有明确定义的最优资本结构。债务利息节税优势的吸引力和财务困境的威胁并不属于应予优先考虑的因素。当内部现金流、股利和实际投资机会不平衡时,资本结构会发生变化。投资机会有限的高盈利公司的债务比率一直很低。投资机会所需资金超过内部产生资金的公司的借债越来越多,其债务比率的变化是由对外部资金的需求所驱动,而不是由任何试图达到最佳资本结构的尝试所驱动。

基于这些推论,实证检验集中于衡量公司当前的现金流赤字或盈余,以及预期公司后续融资决策的能力,特别是公司债务比率的变化。这一模型对比了基于传统权衡理论的预测变量,即公司当前债务比率与历史平均债务比率之间的差异。实证检验结果强烈支持融资优序理论,而非传统权衡理论。他们发现,当存在现金流赤字时,公司会发行债券而非股票,以弥补资金缺口(Frank 和 Goyal,2003)。然而,Chirinko 和 Singha(2000)批评了 Shyam-Sunder 和 Myers(1999)所使用的实证分析结构,认为该模型不能充分区分融资优序和权衡两种假设。至今,学术界关于权衡理论与融资优序理论的讨论仍未停止。

三、信息不对称下的代理成本权衡问题

Stulz(1990)提出了最优资本结构理论,其中包含了信息不对称问题。其模型的设置原理如下:在实际中,信息不对称问题很明显,股东既不能观察到公司的真实现金流,也不能观察到管理层的投资决策,管理层却可以同时观察到两者;委托-代理冲突也存在,管理层可以从任何企业投资中获得私人利益,他们有过度投资的动机。管理层总是声称当前的现金流不足以投资所有有利可图的项目,但股东知道管理层存在机会主义动机,因此他们一旦发现管理层的主张缺乏信誉就会拒绝提供资金,即使现金流确实不足以投资所有可盈利项目。

如果不能解决这个问题,当现金流确实可以满足所有有利可图的投资时,管理层往往会过度投资;当现金流确实不足以支持所有有利可图的投资时,管理层往往会投资不足。在第一种情形下,代理成本是股东低效(超额)投资项目造成的损失;在第二种情形下,代理成本是放弃有盈利投资项目造成的收益损失的机会成本。

Stulz(1990)认为,如果公司的资本结构由债务和股权的合理组合构成,那么投资不足和过度投资的问题都可以得到缓解。

第六节 资本结构理论的发展

一、传统资本结构理论的缺陷

传统的资本结构理论,如 M&M 假说、融资优序理论,既有成功之处,也存在需要进一步探索的问题。每一种理论都成功地为所观察到的资本结构提供了一定的解释,例如杠杆率与企业各种特征之间的联系。然而,这两种观点都没有成功地解释在资本结构、杠杆率变化或证券发行决策中观察到的许多异质性现象。

学者们在研究中指出了传统资本结构理论的缺点,这些阐释基于对传统资本结构理论所面临问题的不同假设与影响。关于传统资本结构理论表现不佳的阐释大致可以分为以下七类:

(1)重要的被解释变量和解释变量被错误测量;
(2)杠杆作用对非财务利益相关者的影响重大;
(3)资本的供给侧影响公司的资本结构;
(4)应考虑财务契约条款或形式更丰富的趋势,增加新的考量维度;
(5)资本结构的变化对公司价值的影响是适度的;
(6)对资本结构调整速度的有偏估计;
(7)未充分考虑资本结构的动态调整。

二、资本结构理论未来的研究方向

鉴于传统资本结构理论尚不能解释其在实际应用中出现的所有问题,学者们从未停下探索资本结构理论的脚步,比如 Fischer 等(1989)提出的动态权衡模型以及 Baker 和

Wurgler(2002)提出的市场择时理论,均是资本结构理论新的发展。以传统资本结构理论缺陷为导向,学者们提出了资本结构理论未来的研究方向。

(一) 误测

现有的研究表明,关键利益变量(如边际税率和预期破产成本)的测量对于检验市场摩擦对资本结构选择的影响是至关重要的。一些学者认为经验资本结构的推断被杠杆率、财务困境、破产成本、税盾等关键变量的错误测量影响。在其他条件相同的情况下,一家非金融负债较多的公司似乎有着更低的杠杆率。Rampini 和 Viswanathan(2010)、Roberts 和 Sufi (2009)等建议将经营租赁的资本化价值纳入债务衡量指标。

对于财务困境与破产成本的测量,"节税利益—破产成本"权衡理论中一个棘手的问题是,以历史违约率来衡量的财务困境发生概率数值很小,也就说明财务困境成本似乎比承担更多债务可获得的明显巨额节税利益要小得多,从而使观察到的债务比率小于传统的静态权衡模型计算出的最优债务比率。Almeida 和 Philippon(2007)认为不应该使用标准的历史违约率来计算预期的财务困境成本,而应使用剔除风险调整后(风险中性)的违约发生概率。以这种方式衡量,预期的财务困境成本可以抵销债务的节税利益,公司的债务选择也可能接近权衡模型中的事前最优值。Molina(2005)认为由于忽略了变量偏差,财务困境发生概率被低估了,建议使用边际税率和过去的市场估值作为杠杆的工具变量。假设这些工具变量与信用评级无关,据此估计出的预期财务困境发生概率更大,再次为"杠杆不足之谜"提供了一个可能的解决方案。

税盾价值的测量也受到质疑,增量债务利息的税收优惠可能被夸大了。DeAngelo 和 Masulis(1980)表明仅基于标准财务报表数据的研究会遗漏大量的非债务税盾。Graham 和 Tucker(2006)发现法律文件所允许的合理避税优惠力度是巨大的,考虑到如此大额的"资产负债表外"扣减,这些公司未能发现增量债务利息扣减非常有价值。Huizinga 等(2008)认为跨国公司面临国际税收优惠,而大多数研究都聚焦于国内公司,更关注转移跨国公司内部子公司的债务,以应对子公司所在国家的税率变化。

综上所述,如何解决传统模型的缺点(包括无法解释大部分资本结构变化的问题)是未来研究的一个挑战。尽管这些调整改进了资本结构的统计模型,但每项调整只是部分修正,仍有许多资本结构的变化无法得到解释,目前尚没有研究试图将这些修正合并在一个统一的分析框架内。即使所有的调整都是同时进行的,人们也不清楚最终的结果能否解释巨大的资本结构差异。此外,还有研究发现用于衡量资本结构的常见解释变量似乎与被解释变量存在非线性关系,但很少有实证检验能够明确地解释这种非线性关系。

(二) 劳动合同

传统的资本结构研究侧重于公司与股东、债权人之间的关系,而没有涉及员工或其他利益相关者。后续研究关注资本结构的激励效应如何影响公司和非财务利益相关者之间的契约,特别是与员工、客户和供应商之间的契约。现有证据表明,企业与投资者签订合同和与非金融利益相关者签订合同之间确实存在相互影响。需要进一步探索的问题是,这种效应是否集中在某些行业,还是存在于广泛的样本中。Graham 和 Harvey(2001)发现,被调查的首席财务官并没有广泛承认劳动合同的影响,尽管这是一个很难通过调查得出结论的问题。在某种程度上,特定行业比其他行业会更多地考虑劳动力的重要影响。那么,劳动力能否解释行业内部的资本结构差异?劳动合同的影响是资本结构决策优先考虑的因素吗?这是未来研究值得探索的方向。

(三)供给效应

与 Modigliani 和 Miller(1958)的理论一致,许多现存的资本结构文献假设资本供给是完全有弹性的,这意味着资本结构完全由公司对债务的需求决定。然而已经有研究挑战了这一假设,并表明资本市场细分和供给条件显著影响所观察到的资本结构。在信贷供给研究方面,Faulkender 和 Petersen(2006)的研究发现,即使在控制了债务需求的代理变量的情况下,有信用评级公司的债务比率也明显高于没有信用评级公司的债务比率。不少学者也进行了股票市场时机的研究,认为供给条件可以通过三条渠道来影响股票发行时机。(1)管理层试图利用证券价格与基本价值的偏差(Baker 等,2003;Campello 和 Graham,2010);(2)如果逆向选择成本与市场回报负相关,那么当市场价格较高时,股票发行成本可能会较低(Bayless 和 Chaplinsky,1996);(3)Graham 和 Harvey(2001)的证据表明,发行股票的倾向与近期的股权回报水平正相关。这些模式是否可以再次归因于股票的供应状况,取决于学者分离供给与需求的影响因素的能力。例如,股票的发行和回报可能都与公司增长机会相关,如果投资者情绪的变化与强劲的公司基本面相关,那么确定单独的供给效应尤其有挑战性。

总之,已有文献证实,供给是个别企业选择融资方式的决定性因素,也是解释截面杠杆差异的重要因素。但该研究方向尚存在许多需要进一步证实的内容。例如,这些影响在多大程度上是通过数量限制和价格机制来运作的?在哪些条件下以及哪些领域的资金供应冲击对资本结构的影响最大?减少市场摩擦的创新在多大程度上削弱供应因素的作用?负长期回报意味着公司没有在"机会窗口"中发行足额的股票,因为在增发新股公告后,股票价值仍然很高。什么力量使得股票发行价格低于当前股东价值最大化的水平?这都是留待未来研究深入解决的问题。

(四)财务契约

最优财务契约理论拓宽了我们对资本结构的理解。传统模型使用给定的证券类型,并探究这些证券的最佳组合能否提高公司价值。后来的研究以一个潜在的冲突(通常是管理层、所有者和投资者之间的激励冲突)为起点,并得出减轻冲突影响的最佳契约。财务契约的观点超越了传统模型对现有证券的认识,提供了新的见解。这些文献有助于理解为什么观察到的财务合同是结构化的,并可能为改进合同结构提供指导。尚不清楚的问题是,这些见解在多大程度上有助于解释杠杆率变化及其与财务契约有关的问题。

一个有帮助的契约见解是资产清算价值和借债能力之间的联系,这是由经验确定的。悬而未决的问题包括,契约和重新谈判等合同特征在多大程度上影响公司对债务与股权的选择。Roberts 和 Sufi(2009)表明违反契约会引发控制权的变化,从而影响公司事后的筹资选择。担心失去控制权或者限制重新谈判,会促使公司进行非债务融资。迄今为止,鲜有基于动态契约模型的实证检验(DeMarzo 和 Fishman,2007)。

(五) 动态权衡模型

涂瑞(2014)总结了国内外关于资本结构动态调整的理论和实证研究。资本结构动态调整的理论可以分为两类：一类以融资优序理论和市场择时理论为代表,认为企业不存在目标资本结构,管理者会根据资本市场的定价错误,理性地进行外部融资；另一类以动态权衡理论为代表,支持企业存在随时间变化的目标资本结构的论点。动态权衡理论在静态权衡理论的基础上进行了拓展,具体体现为：目标资本结构随公司特征和制度环境而动态变化,当调整收益大于调整成本时,资本结构会趋向目标水平,呈现均值回归的趋势。在资本结构动态调整的过程中,调整成本的作用举足轻重。当调整成本很高时,公司不会立即向目标水平调整其资本结构。如果调整成本超过调整收益,那么公司可能会选择等待,从而导致资本结构偏离目标水平(Myers, 1984)。由于调整成本对公司的融资政策有着显著的影响,因此动态权衡理论比静态权衡理论具有更好的解释力。

资本结构动态权衡理论是资本结构理论的新发展,逐渐成为资本结构动态调整的主流理论。对动态权衡理论模型的研究和实证检验近年来发展迅猛,国内外学者从公司特征与制度环境等多方面探究资本结构调整与资本结构动态调整速度的影响因素。

对于资本结构调整的影响因素,Fan等(2010)发现,一个国家的法律和税收体系、腐败程度和资本提供者偏好可以解释很大一部分的杠杆率和债务期限的变化。Dangl和Zechner(2020)研究债务期限结构与资本结构动态调整的关系,发现因为大量的债务到期需要再融资,所以期限较短债务的交易成本较高。在低盈利能力的状态下,较高的预期交易成本与降低杠杆率的承诺之间的权衡将推动公司债务最佳期限结构的形成。王志强和洪艺珣(2009)发现,资金缺口、市场时机和股价变化确实导致公司偏离目标资本结构,虽然公司的历史状况会显著影响其资本结构,但经过一段时间之后,公司的资本结构会趋近其动态的目标资本结构,资本结构变化的决定性因素是目标资本结构。王朝阳等(2018)发现,经济政策不确定性经由不确定性规避这一渠道阻碍资本结构的动态调整；随着经济政策不确定性的增强,为有效规避不确定性带来的资本结构调整收益下降和资本结构调整成本上升,企业投资决策更为谨慎,以银行为代表的金融中介因"惜贷"而减弱融资可得性,最终导致资本结构调整速度放缓。张志强等(2021)采用文本挖掘的方法,度量2007—2018年中国A股上市公司的"管理层讨论与分析"(MD&A)披露的信息,考察其对公司资本结构动态调整的影响。研究发现,MD&A文本相似度的提升会显著降低企业资本结构动态调整速度,而MD&A文本复杂度的提升与资本结构动态调整速度存在倒U形关系。

对于资本结构调整速度的影响因素,姜付秀和黄继承(2011)表明,市场化程度越高,资本结构调整速度越快；从市场化进程的动态角度来看,市场化程度提高得越快,资本结构调整速度也越快。同时,市场化程度越高,资本结构偏离目标资本结构的程度越低；从市场化进程的动态角度看,市场化程度提高得越快,资本结构偏离目标的程度也越低。王晓亮和赵世琳(2022)分析审计质量对资本结构动态调整速度的影响,认为高质量审计能够加快资本结构动态调整速度,并且相较于向下偏离目标资本结构,高质量审计更可能加快向上偏离目标资本结构的动态调整速度。同时,该研究发现高质量审计更可能降低企业利益相关方的信息不对称水平,从而加快资本结构动态调整速度。李四海和李娜娜

(2018)从微观视角考察盈余信息透明度对资本结构偏离度以及资本结构调整速度的作用,发现盈余信息透明度对资本结构偏离度和资本结构调整速度均有显著影响,信息透明度越高,企业资本结构的偏离度越低、调整速度越快。

(六) 资本结构选择的价值相关性

关于资本结构价值效应的研究发现,大多数公司的最佳资本结构选择对公司价值的贡献是适度的,尽管对一些公司来说贡献可能很大。然而,学者们很难在广泛的样本中记录统计上显著的结果,还要考虑为什么许多公司的资本结构与公司价值的函数关系是平坦的。是资本结构对这些公司来说真的不重要,还是价值函数估计了大范围的公司从而因公司之间的抵消作用而使这一关系效应平均化?适度杠杆的公司是否没有动机采用与可观察变量相关的方式优化资本结构政策?

有学者认为资本结构可能反映了经理人的个人偏好。Bertrand 和 Schoar(2003)发现,可以从首席财务官从一家公司离职到另一家公司中识别出管理者的固定效应,这意味着当新任首席财务官就职时,公司债务政策会发生变化。受数据所限,相关研究不能说明是首席财务官将自己的资本结构偏好强加于公司,还是公司决定想要一个新的资本结构,因而聘用一个过去在类似资本结构环境中工作过的首席财务官。Graham 和 Narasimhan(2004)记录了一种基于大萧条时期的个人经历的资本结构效应。他们指出,在大萧条期间,债务比率下降约三分之一;更有趣的结果是,只要大萧条时期的总裁继续掌权,企业的债务比率就仍然很低。一旦这位大萧条时期的总裁离职,公司的债务比率就会回到大萧条前的水平。Malmendier 和 Tate(2005)将首席执行官的个人特征与企业财务政策联系起来,发现经历大萧条时期的首席执行官使用较少的外部融资。此外,过度自信的经理人(他们可能认为自己公司的价值被低估)更依赖内部融资。有研究表明,CEO 薪酬合同中的风险激励会显著影响杠杆决策。Lewellen(2006)利用 CEO 投资组合的信息来估计杠杆率的变化对每个 CEO 的确定性等效财富的影响,他根据经验将 CEO 的财富与发行决策和杠杆率联系起来。Brockman 等(2010)还发现,CEO 薪酬方案会影响公司的债务融资结构。短期债务可以用来减弱 CEO 承担风险的动机,这种影响在高风险环境中更为普遍,但在低风险环境中不那么普遍。

案例解析
TL 地产的资本结构优化决策[①]

核心概念 资本结构优化 权衡理论

学习脉络 一方面,查阅相关背景资料与财务数据,对公司的资本结构现状进行分析,并识别相应的风险;另一方面,从财务均衡理论出发,探究 TL 地产的最佳资本结构以及优化、调整资本结构的方式,并提出相应的建议。

---

① 南京师范大学的杜文琪、朱润田改编自张倩荷. 基于权衡理论的 TL 公司资本结构优化研究 [D]. 三峡大学, 2021。本案例只供课堂讨论之用,并无意暗示或说明某种管理行为是否有效。

学习要求

1. 分析并简要说明 TL 地产的资本结构是否存在风险。
2. 运用静态权衡理论，计算 TL 地产最佳资本结构。
3. 简要说明如何利用动态权衡理论优化资本结构。
4. TL 地产想要调整资本结构、降低资产负债率，请提出相关建议。

近年来，国内上市房地产公司为了提升业绩而采取措施进行资本结构优化的现象层出不穷。其中，TL 地产作为国内排名前十的上市房地产公司，经营状况良好，公司资产规模与营业收入规模逐年扩大，引起社会各界的广泛关注。

2020 年对于中国房地产公司可谓难关一个接一个。新冠疫情带来多重严峻挑战，且"三道红线"实施后，行业挑战增大，经营面临更多不确定性。

TL 地产作为上市房地产公司，走在行业较前列。由于业务的特殊性，房地产公司需要较多资金作为支撑，融资需求较大。然而，由于 TL 地产主要以债务融资为主，资产负债率常年较高且通过发行新债来偿还旧债，资本结构情况并不明朗，影响公司未来可持续发展。公司管理层充分意识到资本结构问题以及融资风险，积极采取措施优化资本结构。

1. 公司发展情况

TL 地产的全称为广州 TL 地产股份有限公司，成立于 1994 年，总部在广州，注册资本为 8.06 亿元人民币，集房地产设计、开发、工程监理、房产销售、物业管理、中介等业务为一体，拥有国家建设部（原）颁发的一级开发资质、甲级设计资质、甲级工程监理资质、一级物业管理资质及一级房地产中介资质，是中国综合实力最强的房地产企业之一。

自成立至 2001 年年末，TL 地产进行旧厂改造，在广州完成旧改项目超 10 个，总开发建筑面积超 250 万平方米。2002 年，TL 地产以 32 亿元投得当时国内最大的公开招标地块项目——北京 TL 城，开启"北上进军"之路。2005 年 7 月 14 日，TL 地产在香港联合交易所主板上市，股票代码为 02777。

自上市以来，TL 地产凭借业绩成果与综合实力，多次蝉联国内上市房企 10 强。2017 年，TL 地产合约销售总金额约 818.6 亿元人民币，销售面积约 632.42 万平方米。与上年同期相比，销售收入和销售面积分别上升 35% 和 37%。2019 年 8 月 22 日，2019 中国民营企业服务业 100 强发布，广州 TL 地产股份有限公司排名第 30，并且在"一带一路"中国企业 100 强榜单中排名第 87。此外，TL 地产还在 2020 年《财富》（*Fortune*）中国 500 强中排名第 111；入选全国工商联发布的 2020 中国服务业民营企业 100 强榜单，排名第 25；在 2020 年中国民营企业 500 强榜单中位列第 69。

2. 行业基本状况

2019 年，上市房地产企业总固定资产均值为 1 409.37 亿元，同比上年增长 25.67%；净资产均值为 296.17 亿元，同比上一季度增长 25.02%；全行业房地产经营性收入均值为 270.00 亿元，同比上年增长 34.39%；净利润均值为 28.68 亿元，同比上一季度增长 11.94%。在各项规模化指标中，行业的总资产均值、净资产均值及房地产经营性业务收入均值都实现了更加稳步的提升。2019 年，上市房地产公司中规模优势型企业约占 33%，规模稳健型企业约占 16%，两类企业合计占比约为 49%；规模追赶型和规模滞后型两个阵营的企业占比分别约为 17% 和 34%,合计占比约为 51%。总体来看,行业规模和行业类型分布基本保持稳定。

2019—2020 年,房地产融资前松后紧,房地产企业融资额较高,随着政策的逐步传导,融资环境趋冷。从总体情况来看,房地产企业的债务融资能力保持稳定,偿债能力有所上升。从 2020 年全行业资产负债率的情况来看,全年约 27% 规模以上房地产企业的资产负债率为 80%~90%,约 26% 规模以上房地产企业的资产负债率为 70%~80%,约 25% 房地产企业的资产负债率应当不超过 60%,约 16% 房地产企业的资产负债率为 60%~70%,约 6% 房地产企业的资产负债率高于 90%。资产负债率是反映企业整体资本结构的指标,正常情况下,我国企业的资产负债率在 50% 左右。由于房地产行业前期资金需求量大,有预收款项数额多、资金需求量大等特点,行业实际资产负债率相较其他行业更高一些。

3. TL 地产财务分析

下面从资产规模、收入规模、负债结构、股权结构等维度,展示 TL 地产近五年的财务状况。

3.1 资产规模与构成

如表 1 所示,TL 地产 2016—2020 年资产规模逐年增长。同时,房地产行业作为资金密集型行业之一,由于其存货的特殊性,公司需要花费巨额资金购置地块。存货等固定资产代表房地产企业的核心竞争力,TL 地产前期处于大量买地、囤地的状态,存货占比不断增大。

表 1　TL 地产资产情况　　　　　　　　　　　　单位:亿元

指标	2016 年	2017 年	2018 年	2019 年	2020 年
总资产	2 264.00	2 981.00	3 662.00	4 273.00	4 422.00
流动资产	1 784.00	2 137.00	2 711.00	3 237.00	3 278.00
应收账款	215.80	330.60	368.80	577.30	463.20
存货	3.26	4.19	9.74	9.70	11.42

如表 2 所示,公司扩张性战略布局最终导致存货的积压和资金的大量占用,而应收账款回款率较低,公司频频输血且背负较大的偿债压力,严重影响公司的营运能力。

表 2　TL 地产资产周转情况　　　　　　　　　　单位:%

指标	2016 年	2017 年	2018 年	2019 年	2020 年
存货周转率	0.35	0.30	0.28	0.29	0.29
应收账款周转率	3.05	2.17	2.20	1.92	1.65
固定资产周转率	1.75	1.29	1.25	1.38	1.19
总资产周转率	0.26	0.23	0.23	0.23	0.23

3.2 收入规模与质量

2016—2019 年 TL 地产营业收入逐年增长,但 2020 年有所减少。同时,TL 地产净利润变动幅度较大,特别是 2017 年,TL 地产收购酒店资产,成为全球范围内最大的五星级酒店业主之一,取得近六年最优财务表现,当年酒店收购所得占收购当年净利润的60%以上。然而,这种高利润状况并没有持续多久,下一会计年度(2018年)公司净利润大幅减少。

与同行业其他企业相比,TL地产的营业收入与销售净利率均偏低,盈利能力尚有提升空间。在盈利能力分析中,这里重点分析净资产收益率、销售净利率和销售毛利率三个指标。由表3可知,除2017年外,TL地产的净资产收益率和销售净利率在12%上下波动,但总体呈下降趋势。同时,因为酒店类的重资产投资回报率不高,导致总体利润率不高,但整体盈利较为平稳。

表3 TL地产盈利状况

指标	2016年	2017年	2018年	2019年	2020年
营业收入(亿元)	537.00	593.00	769.00	908.00	859.00
净利润(亿元)	67.56	211.86	87.28	100.93	91.46
净资产收益率(%)	14.24	38.48	12.67	13.28	10.79
销售净利率(%)	13.13	36.14	11.36	11.11	10.65
销售毛利率(%)	28.26	35.36	36.37	32.78	23.74

3.3 负债结构与融资

TL地产作为我国一家老牌房地产企业,"中国500强"的声誉在一定程度上为公司的融资活动带来了积极影响。通过长期的资本积累,TL地产形成的资本结构具有自身的特点:融资渠道主要包括银行长期借款、债券发行和固定资产融资租赁。长期融资是房地产企业债务结构的重要组成部分,因为债务周期越长债权的流动性越差,所以长期融资成本高于短期融资成本。根据TL地产年报,公司2019年提早赎回或延长年内到期债务,包括5.5亿美元的债务和3亿美元的票据,年末公司在全球范围的优先票据收入规模已经超过20亿美元。此外,继2018年发行9次短期投资证券后,公司2019年上半年分别发行4次此类证券,总金额为48亿元人民币;2020年2月,附属上市公司拟发行4亿美元、利率为8.625%的优先票据——优先债(企业在破产清算时需要优先偿还),半年后又拟发行3.6亿美元、利率为12.375%的优先票据。

尽管TL地产利用自身声誉频繁借债,但如表4所示,公司的偿债能力并不乐观。

表4 TL地产资产情况

指标	2016年	2017年	2018年	2019年	2020年
流动比率	2.04	1.90	1.53	1.58	1.35
速动比率	0.80	0.61	0.44	0.49	0.40
利息保障倍数	1.62	4.15	1.68	1.35	1.24

3.4 股权结构

TL地产两大股东的持股比例分别为28.97%和27.5%,都是公司的实际控制人。其中,一人主管公司的资本运作和营销工作;另一人侧重于公司的业务拓展,主管工程开发和前期项目拓展工作。

经过多年的股东变更,2020年形成的股权结构如图1所示。公司前一、二名股东的合计持股比例维持在50%以上,而其他股东的股权极为分散,因此公司股权集中度很高,第一、二大股东拥有绝对控股权,并不受其他中小股东的制衡与影响。

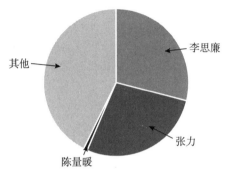

图1　2020年TL地产股权结构

4. 优化资本结构,降债控制成本

TL地产2018年度财务报告显示其资产负债率已达到80.93%,超过房地产企业资产负债率警戒线;之后的2019年,公司资产负债率的上升之势并未改变,达到81.33%;2020年公司资产负债率为79.19%。资产负债率能够充分反映企业的偿债压力,在债务发生和清算时债务人都会对此加以考虑。因高负债带来的高风险,企业借债能力的降低将削弱债权人提供信贷的意愿。

由于房地产行业整体负债率高且融资风险大,公司实际资本结构状况并不明朗,TL地产开始采取措施,旨在降低公司的资产负债率,优化资本结构,在募资的同时还要"省着花"。公司联席主席李思廉在2020年中期业绩会上说:"大型的100多亿元的项目,我们尽量不参与,大多数招拍挂控制在10亿元左右。"对于房地产企业来说,频繁拿地会在短期内造成大量资金流出,于是TL地产放缓储备土地的速度。

2020年,TL地产购置的土地储备权益可售面积约为243万平方米,总投资金额约为60亿元,且主要是在12个月内可以产生现金流、回报快的资产周转项目,多位于广州及太原。资产周转速度加快后,资金流入增多,对公司整体财务状况的改善起到积极作用。仅2020年上半年,TL地产的总负债就减少94亿元,净负债率下降22个百分点。2020年2月,TL地产利用市场窗口期发行4亿美元优先票据,以赎回将于2021年1月到期的债务,延长到期期限。除债务再融资外,公司还在2020年上半年处理了108亿元境内债券,缩小了整体负债规模。为了解决短期融资问题,TL地产拥有境内资本市场中长期直接融资额度约180亿元,将在融资环境改善的情况下以较低的成本发行。

2020年9月,TL地产被传拟分拆酒店上市,并采取证券化方式加速盘活酒店资产以进一步改善现金流。此时,TL地产作为"全球最大的豪华酒店资产拥有人",旗下经营的酒店及商业资产市值已达910亿元。

通过多元化的融资以及资本结构的优化,TL地产平均融资成本得以降低……

本章小结

中国未来发展要从重视数量转向提升质量,从规模扩张转向结构升级,从追求规模最大转向追求实力最强,这对公司在未来确定战略决策和发展规划具有重要的指导作用。在此背景下,资本结构优化作为公司财务决策的重要部分,对于公司的可持续发展、资本市场的平稳健康发展具有重要意义。

本章主要讨论了资本结构决策。首先着重介绍了公司税、个人税对资本结构决策的影响,并通过具体示例阐释了考虑公司税的M&M修正命题。其次回溯了资本结构理论的发展,如传统权衡理论、米勒均衡模型以及融资优序理论,分析了信息不对称及代理成本问题对资本结构决策的影响。最后总结了传统资本结构理论存在的缺陷,并为未来研究指出了新的方向。

 思考题

1. 描述公司所得税与个人所得税的特征及其对资本结构决策的影响。
2. 计算当 C 公司发行 500 万元、利率为 8% 的永久债务时所产生的税盾现值。公司所得税的税率为 25%。
3. 讨论财务困境各个阶段的直接成本,以及与财务困境相关的间接成本。
4. 简述投资不足(债务过剩)的问题。
5. 基于代理成本,简述债务的积极影响与消极影响
6. 简述信息不对称对公司资本结构决策的影响。
7. 解释股权和债务的合理组合如何缓解投资不足和投资过度的问题。

 应用题

1. 为什么政府允许税前扣除利息而非股利?
2. 一个有趣的现象是,美国非金融公司在过去二十多年的时间内提高了杠杆率,并减少了股利支付。理论上,股利和债务都可以被用来吸收自由现金流以约束管理者。根据上述证据判断,公司是否正尝试用债务代替股利作为一种契约管理手段?请解释。

分析题

收集一家公司债务比率的时间序列数据并进行实证检验,以确定公司的债务比率是否表现出均值回归趋势。对于每一个时期,确定公司是否出现现金盈余或现金赤字,并确定现金盈余或现金赤字的范围能否预测:

ⓐ 公司发行或偿还(赎回)债务和股本的倾向;
ⓑ 公司资本结构的变化。

第二章　行业分析、财务政策和战略

本章聚焦于行业因素与公司财务决策之间的关系,并提供一系列的结构化分析。这些分析显示,单家公司的财务决策不是孤立的;相反,它们反映了公司所在行业的特点和动态,以及公司的行业地位。

党的二十大报告提出要健全资本市场功能,提高直接融资比重,为优化融资结构、增强金融服务实体经济能力指明了方向。

在过去很长的一段时间内,企业资本结构与产品市场竞争是两个相互隔离的研究主题,前者属于公司财务领域,后者则属于产业组织领域。直至20世纪80年代,人们才真正对此质疑,意识到公司所在行业的任何方面都会影响其经营策略、盈利能力和风险,也会影响公司的财务政策和战略。由此开创新的研究领域,即融合公司财务和产业组织理论,开始探讨公司负债对其产品市场竞争行为的影响。

第一节 行业环境视角下的委托-代理冲突

本部分回顾了两个有关委托-代理冲突的理论,即行业环境视角下的"股东-管理层冲突"和"股东-债权人冲突"。

一、委托-代理视角下的财务结构与产业结构

Williams(1983)建立了一个行业均衡模型,融入股东-管理层冲突和股东-债权人冲突引起的代理成本,通过解释传统代理理论仅适用于单个孤立公司这一局限性来佐证论点。传统文献认为,管理者追求个人利益最大化,他可能会选择相对于公司来说风险过高的项目而放弃有盈利项目,也会耗费额外的支出。这些标准化的结论是根据多个孤立公司的经验证据总结出来的,并没有考虑行业均衡的影响;而公司要在产品市场中竞争,行业均衡可能会产生多重属性。这表明,上述预测结果仅在有限的实证研究中成立。更重要的是,有关公司委托-代理问题的理论文献尚未针对财务政策和产业结构的有限经验证据给出解释,包括公司的盈利能力、有形资本以及债务账面价值之间的相关性。

Williams(1983)认为,行业均衡能够体现管理者自由裁量权(经理人自主权)的代理成本(具体指额外支出的消耗)对资本投资的影响。有的公司选择外部筹资来投资高盈利项目,有的公司却不这样做,因为这些公司不相信管理者能信守承诺、不追求超额利润。由此,行业均衡下的众多企业可以分为两个类型:(1)少数资本密集型、大规模、高利润、有杠杆的企业;(2)多数劳动密集型、规模较小、利润较低、杠杆较小或者根本没有杠杆的企业。

在行业均衡模型中,行业中的每家企业都可以使用以下两种方式之一生产同质产品:一种是劳动密集型;另一种是资本密集型。劳动密集型的生产方式不需要初始投资,但变动生产成本较高;资本密集型企业则可以在完全竞争的资本市场上发行股票或债券来筹集生产所需的资金。在给定关键参数而形成的行业均衡下,劳动密集型企业被迫放弃净现值为正的投资项目,虽然管理者希望进行投资,但无法从外部筹集到资金。由于放弃净现值为正的投资项目,劳动密集型企业的经营净盈余为负,而资本密集型企业能够获利。这种投资放弃是行业竞争的结果,以前关于单个孤立公司做出最佳投资决策的理论无法对此给出解释。资本密集型企业的风险通常较低,而且规模比劳动密集型企业大得多。此外,资本密集型企业应当适度举债,不存在最佳资本结构。简而言之,行业的核心是规模庞大、盈利能力强、风险较小的资本密集型企业,每家企业至少有部分外债;还有一个由规模较小、盈利微薄或无利可图、风险较大的企业组成的竞争性边缘群体,即劳动密集型企业。即使进入成本收敛于零,少数资本密集型企业仍能够继续赚取超额利润,这时所有劳动密集型企业都可能失败,从而退出行业。从这个意义上说,由于代理成本高昂,即使进入成本低至零,行业也可以形成集聚效应,以至于融资能力成为一个强大的行业进入障碍。

二、行业背景下的资产替代问题

Maksimovic 和 Zechner(1991)证明了在行业框架下,企业必须考虑债务特定的代理成

本,也就是资产替代问题。他们认为,行业均衡下项目现金流量的风险是内生决定的,取决于所有企业的投资决策。企业对资本结构本身并不关心,但债务的税收优势会促使企业纷纷投资于高风险项目。因此,有些企业发现通过限制债务规模来投资低风险项目是最佳做法。在行业均衡状态下,来自低风险项目的现金流入补偿了企业放弃的税盾收益。大规模发债后投资于低风险项目的企业与选择高杠杆、高风险投资项目的企业之间并无不同。这种分析有以下几个经验含义:

第一,即使财务结构影响股东的投资动机,同一行业企业的财务结构也是不同的。这与同一行业中资产结构明显相似的企业却表现出不同财务结构的经验结果完全吻合。

第二,投资项目的风险取决于行业所有公司的决策。一家采用行业通用技术的公司,其生产成本的波动风险会得到一定程度的对冲,因为这些波动会反映在产品的售价上。这种天然的对冲效应不发生在少数公司身上——采用非行业通用技术的公司,其现金流应该更不稳定。此模型也揭示了技术决策和财务结构之间的联系:采用行业通用技术的公司比采用非通用技术的公司具有更高的息税前利润水平和更低的杠杆率。

第三,由于税盾效应会影响行业均衡分配,公司所得税税率的变化对公司的最佳债务水平产生强烈的影响。税率的升高会使债务水平较高、借债能力较强的项目更具吸引力,因此会有更多公司选择该项目。这往往会减少项目产生的现金流量,从而降低选择该项目的公司的债务规模。因此,选择高风险项目的公司会随着公司所得税税率的提高而降低债务水平。相比之下,当公司所得税税率提高时,选择低风险项目的公司可能会提升债务水平。

后续的相关研究将债务对企业竞争行为的影响归为两类:一类是刺激效应,即有限责任效应;另一类是抑制效应,即破产清算效应。考虑不同债务效应的研究得出的结论也有所差异,具体可分为以下三类。

(1)仅考虑负债有限责任效应的学者认为,企业负债会刺激其产品市场竞争行为,同时会抑制竞争对手的产品市场竞争行为。在古诺竞争市场结构下,Brander 和 lewis(1986)研究了负债对企业在产品市场中产出策略的影响,结果显示负债导致企业的产品市场竞争行为更激进。Maksimovic(1988)考虑伯川德价格竞争市场,研究企业负债对其产品市场价格竞争行为的影响,得出类似的结论。Court 等(1996)也进行了类似的研究,发现面临还债压力的企业将变得更短视且富有进攻性,还债压力迫使企业取得更多的短期现金。部分国内学者基于我国经验数据的研究也支持负债刺激企业竞争行为的结论,如姜付秀和刘志彪(2005)、陈有华(2013)、王进富和张耀汀(2018)。

(2)考虑债务的破产清算效应,负债率的提高将导致企业产品市场竞争行为更保守。Bolton 和 Scharfstein(1990)基于行业均衡理论模型认为,行业中的公司应该根据自身在产品竞争市场中预期的地位调整财务政策。Jensen(1986)的自由现金流论有着类似的观点,即公司董事会应强制发行债券以吸收自由现金流,从而抑制管理层的过度投资动机。然而,在行业竞争的背景下,杠杆率的上升使得公司更容易受到竞争对手掠夺性战略的影响,从而提高公司失败的风险。因此,公司应该适当增加杠杆,直到减少代理成本的边际收益与竞争对手掠夺性的边际成本达到平衡。童盼和陆正飞(2005)研究发现负债和企业投资规模负相关,而史晓芳(2019)、赵敏(2017)发现债务会减少企业研发投入。

（3）综合分析两种效应。Showalter(1995)认为负债如何影响企业产品市场竞争行为依赖于企业面临的不确定性类型。当企业面临的是需求不确定时，负债会刺激企业积极竞争；当企业面临的是成本不确定时，负债会导致企业采取保守的竞争行为。Povel 和 Raith(2004)发现，企业受到的财务约束越强，则产出越多，产品定价越高。两类企业的产出都依赖受约束企业的资金状况；有财务约束企业的产出与资本约束呈 U 形关系，没有财务约束企业的产出与资本约束呈倒 U 形关系。

第二节 行业竞争与财务决策

本节回顾若干理论和实证研究，它们认为公司的财务决策是公司整体竞争战略的重要组成部分。

一、产品市场竞争对财务结构的影响

（一）举债扩张还是拥有"深口袋"

根据学者达成的普遍共识——负债对企业竞争行为具有刺激与抑制的双重影响，当前关于产品市场竞争与公司资本结构相互关系的研究成果可以分为两大类。第一类是 Brander 和 Lewis(1986)、Maksimovic(1988)的债务融资有限责任效应，认为负债有助于促进公司销售增长并超越行业竞争对手。这是由于公司通过举债使得产品市场的竞争越来越激烈，导致竞争力不强的对手退出市场。第二类是"深口袋"理论，也称掠夺效应理论，认为有些公司可能会故意选择低杠杆率，采取保守的财务政策，追求掠夺性市场策略以挤压高杠杆、财务储备不足的竞争对手。

Bernhardt 和 Campello(2003)提供了与上述两个观点一致的经验证据。一方面，一家公司的销售增长与杠杆率正相关，符合战略贡献假说；另一方面，这种关系只适用于各公司之间杠杆率差别很大的行业。此外，他们发现杠杆率和销售额增长的关系正在发生逆转，这表明在困难时期，杠杆水平较高公司可能容易受到杠杆水平较低竞争对手（即"深口袋"竞争对手）的掠夺性市场策略的影响。

在中国，诸多学者针对市场竞争与资本结构的关系展开了研究，验证了在竞争激烈时期企业倾向于采取保守的资本结构的假说。朱武祥等(2002)建立了二阶段模型，以我国啤酒市场竞争为例，得出了"企业资本结构与产品市场竞争存在一定的关系"的结论，并对燕京啤酒选择财务保守策略的合理性予以解释。他们认为，公司预期未来市场竞争越激烈，当前债务比例越低，从而形成保守的财务策略，也就是选择较低的财务杠杆率。赵蒲和孙爱英(2004)使用 Logit 非线性回归模型，基于中国上市公司的经验数据，从产业组织、资本市场和治理结构三个方面考察保守财务行为的影响因素，结果表明产品市场竞争是导致企业采取保守财务行为非常重要的原因。李曜和丛菲菲(2015)以苏宁云商为例，提出企业低杠杆经营的竞争优势和财务弹性的理论模型，通过实证分析发现行业竞争强度和企业资产负债率负相关，在激烈的产业竞争来临之前，低杠杆是民营企业为建立竞争优势而自主选择的一种财务战略。

在此基础上,黄继承和姜付秀(2015)使用动态面板数据模型,发现产品市场竞争会影响公司对目标资本结构的调整速度,产品市场竞争越激烈,公司趋向目标资本结构的调整速度就越快;在区分不同负债水平后,发现产品市场竞争对调整速度的影响仅在资本结构低于目标水平时才成立,证实产品市场竞争影响资本结构动态调整的治理效应机制。许新亮(2019)发现市场竞争程度与资本结构动态调整速度存在显著正相关关系,市场竞争程度能够正向影响会计盈余与资本结构动态调整速度之间的相关性。

(二)资产流动性与最佳财务杠杆的权衡

Shleifer和Vishny(1992)讨论了陷入财务困境与破产公司的清算问题,毕竟当整个行业不景气时,财务困境和破产时有发生。他们的分析与传统权衡理论密切相关,但从行业角度来看,资产的潜在购买者是资产清算价值的决定性因素。当一家陷入财务困境的公司需要出售资产时,其众多同行也可能遭遇同样的境遇,从而导致它只能以低于最佳使用价值的价格出售资产;而且,较差的流动性使得资产在经济不景气时售价更低。这就是财务杠杆重要的私人成本。

资产流动性是决定财务困境成本的重要因素,与之相关的主要论点如下:

(1)通过拍卖或其他销售方式进行的资产清算不一定会将资产分配给能最大化资产价值的用户。因此,没有替代用途的专用性资产在行业或整个经济衰退期间,或者在监管部门禁止行业买家竞价的情况下,其出售价格可能会低于最佳使用价值。这种贱卖可能会带来巨大的私人成本和社会成本。张二震和安礼伟(2002)的分析认为,20世纪90年代以来日本经济进入衰退期,日本制造业累积的大量专用性很强的实物资产成了企业的退出障碍,从产业层面阻碍了主导产业的转换。董晓波和常向阳(2016)、曾艳和杨钢桥(2016)等学者针对我国农业领域资产专用性与交易费用的关系展开研究。罗必良和李尚蒲(2010)对农地流转的交易费用进行实证分析,发现资产专用性对农地流转交易费用的影响显著。

(2)最佳债务水平受限于资产非流动性。例如,即使保持现金流量波动水平不变,周期性和增长性资产的最佳债务水平也较低。类似地,在相同的现金流量波动水平下,多元化、多部门公司的最佳债务水平往往更高。Williamson(1988)认为资产专用性程度与资本结构中的负债水平成反比,即资产流动性与负债水平正相关。Vilasusoh和Minkler(2001)、王永海和范明(2004)、李青原和王永海(2006)等学者的实证结果证实了这一观点。孟艳玲和张俊瑞(2013)认为资产流动性比较高的企业,其管理层往往会提高资产负债率,以增强对企业的控制。戴书松和张伟欣(2014)的实证研究进一步表明,企业的资产专用性与经营性负债率和往来性负债率呈负相关关系,与金融性负债率呈正相关关系。

(3)一家公司的最佳杠杆水平取决于行业中其他公司的杠杆情况。行业可能存在最佳债务水平,尽管其中的公司个体可能不存在最佳债务水平。大量学者对同业效应与资本结构的关系展开了研究。Graham和Campbell(2001)观察到,许多CFO将同业企业的财务决策作为自己企业财务决策的重要参考。Michael和Gregg(1984)、陆正飞和辛宇(1998)证实,同行业的企业与不同行业的企业相比存在更为相似的资本结构。Leary和

Roberts(2014)从学习动机的角度解释同业效应如何影响企业的杠杆率,得出同业的融资决策行为而非同业企业的特征对企业杠杆率产生影响的结论。

（4）资产流动性以及最佳债务水平会随时间变化。

（三）保持财务柔性

Fries 等(1997)建立了一个行业竞争均衡模型,发现行业竞争对公司的最优资本结构有影响。在该模型下,公司可以自由进入和退出行业,但每家公司的初始投资资本是不可逆的。他们还假设债务的税收收益超过破产成本,因此债务融资优于权益融资。然而,受"搭便车"动机驱使,公司可以加大杠杆却不能随着时间的推移而减小其资本结构中的债务规模。他们的模型证明,公司的最佳初始资本结构取决于必要产出的需求弹性——通常相对较低,但公司往往保留提高杠杆的能力以备不时之需。

同样,Kim 和 Maksimovic(1990)讨论了在行业竞争下公司从银行获得的贷款合同类型的重要性。商业贷款合同有两种基本类型:(1)普通贷款,银行不做出在未来向公司提供额外借款的承诺;(2)承诺合同,公司可以立即借款,并有权在未来按预定的利率(可能是短期利率的函数)借入额外的资金。这项选择权很有价值,因此公司通常必须向银行支付一笔相当高的费用才能获得贷款承诺。由此产生一个问题:为什么公司选择支付这些费用,而不是在需要贷款时继续向银行借款?

Kim 和 Maksimovic(1990)认为,公司可以将贷款承诺作为一种战略手段,从而更有效地与对手展开竞争。以 A 公司为例:它在一个未来市场需求不确定的行业中与对手展开竞争。假设行业中的所有公司都根据当前市场需求建立初始产出水平,随后市场需求可能会出人意料地增加或减少。如果市场需求增加,有能力迅速扩大产出的公司(例如可以通过贷款承诺获得借款的公司)就会抢占市场份额,而其他公司只能蒙受损失。如果市场需求减少,任何一家储备过多生产能力的公司(例如通过普通贷款借了一大笔钱)遭受的损失就可能远远超过预期。换句话说,贷款承诺为公司提供了宝贵的财务灵活性,使它能够在竞争激烈、充满不确定性的产品市场中展开战略性竞争。

Kim 和 Maksimovic(1990)的观点在 18 年后得到了印证。2008 年国际金融危机爆发后,大量企业破产倒闭,各国实体经济遭受巨大冲击。大多数在金融危机中衰亡的企业有一个共同特征,那就是缺乏财务柔性,资金链断裂。此后诞生了大量有关财务柔性的理论和实证研究。

Gamba 和 Triantis(2008)将财务柔性定义为"企业低成本地获取资金和调整资本结构的能力"。他们认为在财务方面具备充分财务柔性的企业,一方面在面对不利冲击时能免于陷入财务困境;另一方面在有利可图的投资机遇降临时能低成本地筹集到项目所需资金。Goldstein 等(2001)、Billett 等(2007)及 Byoun(2011)等认为,采取低财务杠杆率政策的公司保存了未来通过提高杠杆率为投资或增长机会筹集资金的能力。

（四）利用债务形成行业进入障碍

很多学者的研究发现,杠杆收购和并购可以提高企业的盈利能力,这源于杠杆聚集效应而非效率的提升,即使不考虑债务的税收优势,现有企业也可以通过提高杠杆率来形成行业进入障碍。

二、产品市场竞争和企业现金持有

Maksimovic 和 Zechner(1991)认为,采用行业通用技术企业的生产成本的波动风险会受到一定程度的对冲,这种天然的对冲使得其现金流量比采用非行业通用技术的企业更加稳定。还有很多研究涉及产品市场竞争与企业现金持有之间关系的分析,主要依据市场竞争的掠夺性动机和企业现金持有的预防性动机。Fresard(2010)的研究表明,大量的现金持有提高了企业从竞争对手处夺取市场份额的能力。这与 Chevalier 和 Scharfstein(1996)提出的现金匮乏企业很少追求市场份额的结论一致。Qiu 和 Wan(2015)发现,企业持有现金一方面可以更积极、更有效地吸收技术外溢的外部经济性,另一方面有利于企业应对技术外溢带来的市场竞争的加剧。由此现金持有为企业未来可能的变化提供了更大的应变空间,而这恰恰是现金持有本身所具备的财务弹性的价值所在。Hoberg(2014)定义了新的产品市场威胁指标——产品市场流动性,衡量了企业在产品市场上因竞争对手变化而导致的市场份额改变。在这个指标的基础上,他发现产品市场流动性削弱了企业通过股利或回购进行支付的倾向,提高了企业的现金持有水平。对有融资约束的企业来说,更高的产品市场威胁促使企业采取更保守的财务政策。陈志斌和王诗雨(2015)发现,行业竞争越激烈,受到市场上其他竞争者的制约,掠夺性效应对企业现金流的影响越小。同时,行业中高竞争地位的企业具有消除现金流波动的"自然防护效应",低竞争地位的企业受行业竞争程度的影响更强烈,并基于 2003—2013 年沪深两市上市公司面板数据进行验证。朱文莉和王奥运(2018)通过实证分析得出结论:在不同的生命周期阶段,超额现金持有和剩余债务能力对企业产品市场竞争优势的影响不同。超额现金持有影响力最大是在成长期,其次是在成熟期;剩余债务能力影响力最大是在成熟期,其次是在成长期。

三、产品市场竞争与企业投资

多项实证证据表明,企业投资受到来自产品市场竞争强度的影响。韩忠雪等(2019)以 2007—2016 年 280 家民营上市公司为研究样本,考察产品市场竞争强度与企业投资效率的相互作用。实证结果表明,产品市场竞争能有效提高企业投资效率,降低企业的过度投资和投资不足程度,且对过度投资的干预作用要大于对投资不足的干预作用。何青和商维雷(2014)来自 2006—2011 年沪深两地主板市场 13 个行业大类数据的实证结果显示,产品市场竞争对企业投资行为具有显著的影响作用,激烈的产品市场竞争不但不会刺激企业进行更多的投资,相反会抑制企业投资;产品市场竞争能显著抚平企业投资行为的波动性。刘星等(2008)的实证结果表明,企业投资支出与产品市场竞争强度显著负相关,这表明各行业企业投资规模的差异部分源于产品市场竞争强度的差异;分别以行业集中度和标准化主营业务收入增长率衡量产品市场竞争强度,研究结果不会改变。

四、财务决策、生产和产品市场决策之间的关联

研究人员指出,公司的生产和产品市场决策与其财务决策相互作用。例如,公司的产品质量、保修和定价决策取决于破产风险。如果一家公司有很高的破产风险,高杠杆下它就可能选择削减成本,进而损害产品质量,而且其产品保修对消费者也没有价值。再如,

公司可能会通过故意增加杠杆来提高破产风险,迫使员工、供应商或者客户妥协让步。朱武祥等(2002)通过模型分析发现,企业当前的负债水平与企业预期的未来竞争激烈程度相关,企业预期未来竞争越激烈,企业当前选择的负债水平越低,从而产生财务保守行为。屈耀辉等(2007)实证检验发现,公司资本结构的变化与其所在产品市场的竞争强度密切相关,公司总体负债水平与短期负债具有显著的战略效应,而且这种效应具有时滞性。姜付秀等(2008)研究发现,产品市场竞争会显著促使公司资本结构偏离目标资本结构水平,但产品市场竞争的动态变化不影响资本结构调整速度。

实证研究还表明,对于某一特定行业的企业,财务决策影响其生产和产品市场决策。Showalter(1995)分析了四个行业中的产品生产和定价决策,发现企业都显著提高了财务杠杆水平,四个行业中有三个行业的产出与行业平均负债率呈负相关关系,随着资本重组杠杆率的提高,经理人追求股东财富最大化的动机显著增强,公司利润水平提高并且成本费用减少,这表明杠杆率的上升降低了代理成本和减少了非效率投资;同时,这些行业内的企业基本上同时增加杠杆。可以说,企业必须对同行业内一个或多个竞争对手的财务决策做出协调一致的应对,从而提升行业整体产出效率。刘志彪等(2003)构造一个两阶段双寡头垄断竞争模型,发现企业的资本结构选择向行业内其他企业传递了它的竞争行为将更加强硬还是更加温和的信号,企业的资本结构与其产品市场的竞争强度具有显著的正相关关系。他们基于沪深两地的上市公司进行了实证分析,结果有效地支持了上述推论。

五、将高管薪酬合约设计为一种竞争战略

激励在高管薪酬合约中具有重要的作用,它是协调高管利益与公司股东利益的一种手段,高管薪酬合约通常包含促使管理层提高公司盈利水平或股价的激励手段。有些学者认为,董事会在设计高管薪酬合约中的激励措施时应考虑激励对公司竞争战略的影响。

在 Reitman(1993)的模型中,最优的高管薪酬合约不仅包括传统意义上的销售额和利润激励、股份授予,还包括股票期权。股票期权有助于抑制管理者面对市场竞争的过度激进行为,因为当股票价格低于执行价格时,股票期权毫无价值。Habib 等(2005)在分析1981—1986年间美国上市公司后发现,代理问题的确存在且会导致公司不能实现价值最大。由于委托-代理问题的存在,高管会存在违背股东利益并为自身牟利的动机,而当高管能够从长期股票价格上涨中获利时,这种道德风险就会降低。Wiseman(1998)指出,有价值的股票期权能够让高管产生危机感,因此获得股票期权的高管会尽力确保公司财务行为的合法性,防止出现负面舆论而降低股票期权价值。介迎疆等(2012)发现,上市公司实施高管股权激励计划对公司投资水平有显著的正向影响,并能提高投资效率。赵惠芳等(2010)指出,对高管实施股权激励可以一定程度地减少公司的过度投资行为,提高投资效率。宋玉臣等(2017)发现,股权激励计划的实施整体上提高上市公司的投资效率,既能缓解上市公司的投资不足,也能抑制其过度投资行为。

Aggarwal 和 Samwickt(1999)提出并回答以下问题:为什么薪酬合约通常将管理层薪酬与公司绩效挂钩,而不是与公司相对于行业竞争对手的绩效挂钩?为什么即使盈利水平低于同行,高利润行业公司的管理层依然享受丰厚的绩效奖金,而低利润行业公司的管

理层只能领取微薄的薪资,即便其公司绩效优于同行?他们的答案是,相对绩效激励的应用并不普及的现象可以用各公司之间战略的相互影响来解释。因为在这种激励下,管理层的薪酬水平随着竞争对手业绩的提升而下降。为缓和产品市场的竞争强度,一种优化的薪酬合约应运而生,它对竞争双方的业绩都有更加积极的影响。他们发现在竞争更激烈的行业中,公司更重视竞争对手的绩效而非自身的绩效。实际上,产品市场竞争并不是越激烈越好,竞争强度越高,意味着产品利润率越低,这反而不利于公司绩效的优化。因此,将管理层薪酬与公司绩效而非行业竞争对手绩效挂钩,能够缓和产品市场的竞争,有利于提升与改善公司长期绩效。

此后,越来越多的学者开始从市场竞争视角讨论高管薪酬的机会成本,其中"高管薪酬同群效应"是最重要的话题之一。Gabaix 和 Landier(2008)提出高管薪酬同群竞争的理论模型,发现高管薪酬同群效应确实会一定程度地促进高管薪酬不断上涨,进而影响高管努力为企业创造价值的动机或者直接影响高管的职业选择。Michael 和 Yang(2013)的研究显示,高管和董事会已经开始重视这种同群效应可能产生的影响,并逐渐使之成为确定行业内高管薪酬的重要依据。赵颖(2016)讨论中国情境下的高管薪酬同群效应,将获取人力资本作为内在动因进行异质性分析,结果显示高管薪酬同群效应有助于企业价值的创造,并在一定程度上降低盈利水平方面的风险。潘子成(2020)在赵颖(2016)的基础上,从内在动因、情境因素和经济后果等方面进行了拓展,实证结果证明了同群关系会受到环境不确定性的影响,模仿是薪酬同群效应的内在机制,而薪酬同群效应降低了高管薪酬业绩敏感性。

案例解析
牧原股份能否借百亿元短债破万里风浪[①]

核心概念　财务激进　超级猪周期　扩产能

学习脉络　当内部融资已经不能满足企业资金需求时,外部融资尤其是债务融资相对大企业来说比较容易,因此选择财务激进政策还是财务保守政策成为影响企业未来发展的重要战略。本案例描述牧原股份选择财务激进政策的整个过程以及采取此政策对企业财务状况的具体影响,据此判断牧原股份有可能面临的风险与挑战。

学习要求

1. 什么是财务激进?牧原股份在制定财务战略时行业环境背景如何?

2. 结合公司的经营情况探究牧原股份实施财务激进战略的根源。

3. 结合案例资料,探究牧原股份财务激进政策是否会对公司资金链的稳健性产生威胁。

4. 结合案例资料,试判断以牧原股份当前的财务能力能否应对财务激进政策带来的风险?

---

① 本案例由南京师范大学的赵自强、张皖宁和陈紫莹撰写,作者拥有著作权中的署名权、修改权、改编权。本案例授权中国管理案例共享中心使用,中国管理案例共享中心享有复制权、修改权、发表权、发行权、信息网络传播权、改编权、汇编权和翻译权。本案例只供课堂讨论之用,并无意暗示或说明某种管理行为是否有效。

5. 财务激进战略是一把双刃剑,牧原股份应如何平衡财务战略与企业核心竞争力的关系?

十月的河南秋意正浓,甚至透着几分刺骨的凉意。此时已是凌晨3点,整个世界仿佛被按下了暂停键,一切都静悄悄的。普通人早已安心地进入深度睡眠,而牧原股份的掌舵人秦英林躺在床上翻来覆去,久久不能入眠。他闭着眼睛,试图逼迫自己入眠,但脑海中总是不停地闪现着今天午时看到的有关牧原股份的新闻以及股民评论:"盈利惊人!欠款吓人!猪中'茅台'举债扩张,前三个季度新增借款近200亿元。"有不少股民认为牧原股份有财务造假的嫌疑,纷纷质疑公司利润从何而来,并且担心公司可能即将爆雷,甚至还有人干脆调侃一句"呵呵,下一个康美!"……

1. 酒酣增意气,忽忆少年时

1.1 牧原股份的发展历程

河南省内乡县河西村在改革开放前是一个贫穷且封闭的小村庄,这里不但消息闭塞,而且家家户户都很贫穷,甚至连基本温饱问题都难以解决,秦英林就出生于此。但是,他一直怀揣着创业梦,不仅想要靠养猪帮家里脱贫,甚至还想要助全村人致富。之后经过一点一滴的努力,秦英林劈风斩浪,终于成就了自己的商业帝国,实现了最初的梦想。

牧原股份历经近三十年的发展,形成独有的商业特色,在行业中处于领先地位。公司经过大规模发展,现已形成一套相对完备的生猪全产业链,主要包括科研、饲料加工、生猪育种、种猪扩繁、商品猪饲养、生猪屠宰,包揽产业链的上下游。公司将产业链的各个环节都掌控在手,实现高效率生产,以增强自身在行业中的核心竞争力,形成独属于自己的竞争优势。

1.2 牧原股份的组织架构

牧原股份的组织架构如图1所示。

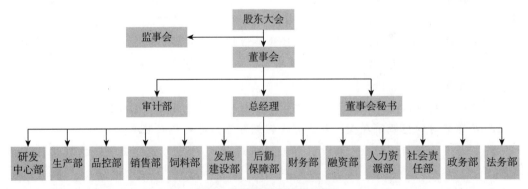

图1 牧原股份的组织架构

资料来源:东方财富的牧原股份年报。

1.3 牧原股份的模式创新

1.3.1 自育自繁自养模式

同业竞争对手温氏股份的核心经营模式是"公司+农户",而牧原股份坚守的经营模式是"自育自繁自养"。牧原股份自己育种、自己扩繁、自己饲养,并在这些流程的上下游分别加上饲料的加工以及生猪屠宰,最终形成生猪全产业链以增强企业的核心竞争力。在饲料加工阶段,公司自建饲料厂,自主组织研发团队研究营养配方并进行生产,实施定时定点定量的投喂;在培育与养殖阶段,公司自主设计猪舍和自动化培育设备,建立科学的育种体系,坚持选育优良品种,后期再将育种体系与繁育体系相结合,筛选符合市场预期的种猪和商品猪;从产业链的开始到结束都采取自养模式,并且以质量管理体系为标准。

1.3.2 高效生态农业

牧原股份一直注重科学高效生态循环农业的发展,在生态农业技术及有机肥生产技术方面投入很多心血。在实践过往种养结合模式的过程中,牧原股份在循环农业方面逐渐变得专业,再通过后期的不断研究与实验,逐渐摸索出一条独有的高效生态循环农业发展道路。牧原股份借助以色列的控温、控光、控水、控肥、控气的"五控合一"成套高端设施和农业技术,同时建立新技术的研发基地,开发新品种,学习交流先进经验,共同商讨合作新项目,将农业与观光旅游和餐饮旅游相结合,形成现代化高新技术与高效生态农业。发展高效生态农业,不但为公司节约了产业链上游端的饲料成本,而且保护了生态环境,为国家生态农业发展提供了一份自己的经验,积极履行了企业社会责任。

1.3.3 智能化养猪

在智能化养猪方面,牧原股份主要集中于两大方面,分别是对猪舍的创新和节水方面的创新。其一,牧原股份自主设计现代化猪舍,在猪舍内部安装空气过滤系统,前端主要过滤防疫病;后端过滤大分子物质,主要用于除臭,将猪舍的臭气值尽量降到最低水平,最终实现科学化、智能化猪舍的养殖。其二,牧原股份在养猪用水方面投入很多心血,节水是生猪养殖的关键环节,也决定着养猪成本。牧原股份采用全漏缝地板免水冲工艺,即免水冲猪舍,并且贯穿整个饲养期,由此大大减少猪舍的用水量。在后期,牧原股份继续加大公司技术研发投入,不断改进各种设备,其中就包括饮水器,技术研发团队将饮水器研发成以喷雾形式降温,不形成径流,同时还能做到精准把控温度,实现恒温。此外,牧原股份还有专门的管理人员严格把控猪舍用水量,并且使用高压水枪清洗猪圈以减少用水量。这样,牧原股份将猪舍用水量控制在可计划的最低范围内,在同行业的节水方面遥遥领先。

2. 欲渡黄河冰塞川,将登太行雪满山

在非洲猪瘟暴发、新冠疫情全球大流行以及中美贸易摩擦不断升级的三重压力下,猪行业的发展举步维艰,猪肉供需关系极其不平衡,同时还受到超级猪周期的影响,由此形成猪肉价格居高不下的现象。一方面,国家出面积极调控使猪价稳定;另一方面,各大猪企也想要在市场上分一杯羹。中小型猪企还处于艰难发展阶段,能够提供的产能基本固定,大型猪企则可以凭借多余的自有资金或者通过有效的融资途径来积极扩大产能以抢占市场并获得市场主动权。因此,市场上基本变成各大龙头企业之间的竞争,能否渡过"黄河"、登上"太行山",就要看哪家企业能够优先融"冰川"、化"雪山",即如何巧妙化解

超级猪周期的影响以及快速扩产能、增规模。

2.1 "冰川"——超级猪周期

亥——"家"字的组成部分之一,由此可见猪的地位之高,它在人们日常生活中发挥着不可忽略的作用,猪肉也是一个国家经济发展的重要保障。一头猪从猪仔变为成熟的商品猪需要一定的周期,由此像猪肉这样的产品在生产的过程中也具有周期性,从而猪肉市场也具有周期性,这种周期性恰恰反映在猪肉的资本市场上,易产生"价高伤民,价贱伤农"的现象。

从理论上说,一个完整的猪周期是这样的:猪价见底—12个月后产能见底—12个月后供应见底,猪价到顶—12个月后存栏(产能)到顶—12个月后供应到顶,猪价见底。基本上四五年为一个完整的周期。

与此同时,非洲猪瘟对猪周期产生了很大影响。从表1猪周期的理论时间和实际时间中可以看出,产能到顶的实际时间与理论推测时间存在差异。在产能到顶阶段,理论猪周期应为2017年5月,实际却是向后顺延了10个月。但需要注意的是,在实际时间往后顺延将近10个月的基础上,猪价见底的时间仍然与理论时间保持一致。从理论上说,猪价见底是基于2017年5月产能到顶来说的,前后时间相隔近一年;而在实际情况中,若按照理论情况推理则猪价见底时间应为2019年3月,正是受到非洲猪瘟的控制,现实中的猪价并未跌破前低。

表1 现实中一轮猪周期的理论时间与实际时间

阶段	理论时间	实际时间
供应到顶,猪价见底	2014年5月	2014年5月
产能见底	2015年5月	2015年5月
供应见底,猪价到顶	2016年5月	2016年5月
产能到顶	2017年5月	2018年3月
供应到顶,猪价见底	2018年5月	2018年5月

资料来源:搜狐新闻网的相关报道。

2.2 "雪山"——扩产能、增规模需求

面对猪周期的存在,2018年之后,猪周期给大型猪企带来了很多商机,各大猪企纷纷开始扩产能、增规模。伴随着非洲猪瘟、全球新冠疫情等外部大环境的影响,全国生猪价格涨势良好,虽然其间稍有下跌,但整体呈现稳步上涨趋势。因此,多家生猪养殖上市公司暗中竞争,相继通过增投资扩产的方式准备快速进入市场、抢占先机,都想从中获得一份利益,其中就包括长期与牧原股份竞争的温氏股份、新希望、正邦科技、大佑吉集团以及一些中小散户群体。这些企业都在争先恐后地增投资扩规模、提高公司产能以适应市场的需求。同行竞争企业扩产能的具体措施如表2所示。

表2　2019年同行竞争企业扩产能的具体措施

企业	扩产能的具体措施
温氏股份	以"加快发展养猪业、稳定发展养鸡业、完善配套业务"为总体发展思路,加快种猪育种基地建设,优化高效工厂化猪场建设标准,加强技术研发与创新和优化市场布局
新希望	计划在未来2—3年,每年以不低于1万—2万人规模继续扩充养猪队伍
正邦科技	通过并购、新建、改扩建等多种方式扩大繁殖场、自繁自养场、育肥场的规模,并且扩大与农户、合作农场主的合作规模
大佑吉集团	在全国布局"9+1"养殖平台,储备近3 000万头生猪出栏土地;母猪扩繁扩产,在建和准备开工建设的猪场拥有41万头母猪存栏能力
中小散户	养殖主体的数量爆发式增长,同比增幅高达150%

面对来自同行竞争对手的压力,牧原集团融资扩张的需求巨大。于是,牧原股份希望运用财务战略积极扩产能、增规模,提高公司科技研发水平,例如提升场区生物安全防控等级、扩大生猪养殖产能以及建设屠宰场等。

3. 雪消冰又释,景和风复暄——牧原股份财务战略[①]

2019年以来在非洲猪瘟、全球新冠疫情大流行以及中美贸易摩擦升级的三重冲击下,我国生猪养殖迎来行业大洗牌,中小散户大多加速退出,规模化生猪养殖场迎来大扩张红利期。作为养殖行业龙头企业的牧原股份,在本轮扩张中毫不示弱,一路高歌猛进。牧原股份的财务战略主要体现在筹资、投资、营运资本和收益分配四个方面。

3.1　筹资财务战略

3.1.1　短期融资券

短期融资券是企业重要的债券融资形式,具有成本低、灵活性强等优势。表3显示了牧原股份2019—2020年的短期融资券融资概况。

表3　牧原股份2019—2020年发行短期融资券融资概况

发行日期	形式	融资额度(亿元)	票面利率(%)
2019年6月	短期融资券	3	6.0
2019年10月	短期融资券	5	5.5
2020年1月	短期融资券	5	4.5
2020年2月	短期融资券	5	3.5
2020年3月	短期融资券	5	3.1
2020年5月	短期融资券	5	2.8

牧原股份最大的竞争对手温氏股份在2019—2020年间并没有发行短期融资券,其主要融资形式是中期票据、公司债,如表4所示。

---

① 案例的财务数据来自牧原股份和温氏股份相关年报。

表 4　温氏股份 2019—2020 年发行债券融资概况

发行日期	形式	融资额度（亿元）	票面利率（%）	债券期限（年）
2019 年 9 月	公司债	5	3.80	5
2020 年 6 月	公司债	23	3.77	5
2020 年 8 月	中期票据	9	4.00	3

温氏股份与牧原股份的融资方式存在较大的差异，牧原股份总体更偏向于短期融资券，在短短两年内就进行了 6 次短期融资券融资；而温氏股份更倾向于期限较长的公司债及中期票据。

3.1.2　银行借款

银行借款是很多企业重要的资金来源，牧原股份也不例外，表 5 和图 2 展示了牧原股份与温氏股份 2016—2020 年银行借款情况。

表 5　牧原股份与温氏股份 2016—2020 年银行借款概况

时间	银行借款（亿元）		有息负债（亿元）		银行借款占比（%）	
	牧原股份	温氏股份	牧原股份	温氏股份	牧原股份	温氏股份
2016 年	25.00	9.10	53.54	19.31	46.7	47.1
2017 年	35.60	25.00	68.40	59.47	52.0	42.0
2018 年	47.15	18.02	98.65	71.32	47.8	25.3
2019 年	42.56	20.72	118.32	72.13	36.0	28.7
2020 年前三个季度	152.50	48.23	297.72	162.52	51.2	29.7

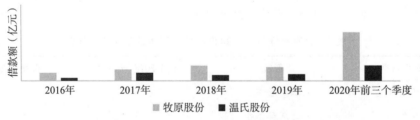

图 2　牧原股份与温氏股份 2016—2020 年银行借款情况对比分析

温氏股份银行借款规模的不稳定且总量较小，始终保持在 50 亿元以下，并没有较大的提升；牧原股份银行借款规模整体呈现稳步上升的趋势，而且 2019—2020 年有较大幅度的跳跃，几乎是 2019 年银行借款规模的四倍。

牧原股份的短期债券融资时间短、频次多，银行借款融资也是规模大、借款时间较短。从牧原股份选择的外部融资渠道及其借款情况来看，公司更倾向于短期融资，甚至是超短期融资，财务政策整体偏激进。在拥有大量的短期资金后，公司可以更好地进行投资扩张，有利于增强核心竞争力，提高公司在行业中的话语权；相反，若资金使用不当，则会增加公司的债务负担，使公司负债累累，甚至导致破产，产生适得其反的作用。

图 3 显示,牧原股份银行借款占有息负债的比例虽然呈现波动状态,但整体上远高于温氏股份,并且在 2018 年两者有 22 个百分点的差距,差距最大;到了 2019 年差距缩小,牧原股份银行借款占比急剧减小至最小值(36%),温氏股份银行借款占比则加大;但是 2019 年之后,牧原股份又逐渐拉大差距,其银行借款占比呈明显上升趋势且增长速度较快,而温氏股份银行借款增长趋势逐渐趋缓。

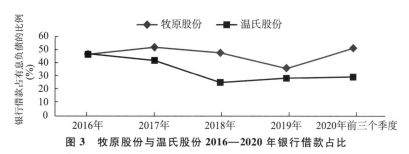

图 3　牧原股份与温氏股份 2016—2020 年银行借款占比

3.2　投资财务战略

公司的投资方式可以分为对内投资和对外投资,从财务角度来说,2016—2020 年牧原股份用于投资活动的现金流出巨大,但经营现金流不足以弥补投资需求,所以公司进行投资活动的资金来源主要是融资现金流入(见表 6)。而融资现金流主要依靠公司的借债——各种短期借款融资行为,如短期融资券、银行借款等。

表 6　牧原股份 2016—2020 年现金流量对比

年份	经营现金流(亿元)	投资现金流(亿元)	融资现金流(亿元)
2016	12.82	−38.66	26.71
2017	17.87	−64.41	80.52
2018	13.58	−57.81	26.47
2019	99.89	−127.99	103.66
2020	191.00	−309.73	238.15

3.3　营运资本财务战略

营运资本是指公司流动资产减去流动负债后的差额,是公司合理配置资金资源、降低经营风险的重要体现。接下来以温氏股份作为比较对象,分别从营运资本结构组成和营运资金使用效率两方面分析牧原股份的营运资本财务战略情况。

3.3.1　营运资本结构组成对比

如表 7 和图 4 所示,牧原股份流动资产增长速度较快,在 2020 年达到近 400 亿元,而此时的温氏股份只有 200 多亿元,与上年相比还略有下降。但是,牧原股份流动负债增长速度同样很快,在 2020 年已经达到 300 多亿元,而温氏股份流动负债整体增长较为平缓,基本上为 100 多亿元。牧原股份的营运资本水平整体上低于温氏股份,特别是在 2018 年两者差距最大,但在 2018 年之后这一差距不断缩小至非常接近;并且,牧原股份的营运资本呈现高速增长趋势,而温氏股份的营运资本不是很稳定且有明显下降趋势。

表 7　牧原股份与温氏股份 2016—2020 年营运资本对比

时间	流动资产（亿元）		流动负债（亿元）		营运资本（亿元）	
	牧原股份	温氏股份	牧原股份	温氏股份	牧原股份	温氏股份
2016 年	37.18	184.46	51.94	98.35	-14.76	86.11
2017 年	87.42	196.74	83.23	121.04	4.19	75.70
2018 年	97.81	218.02	135.88	132.83	-38.07	85.19
2019 年	195.92	260.94	181.69	138.97	14.23	121.97
2020 年前三个季度	391.96	245.38	343.14	172.02	48.82	73.36

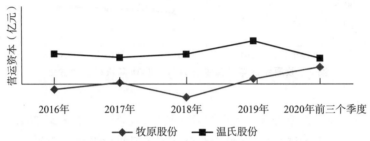

图 4　牧原股份与温氏股份 2016—2020 年营运资本对比

3.3.2　营运资本使用效率对比

如表 8 与图 5 所示，在存货周转率方面，相较于温氏股份，牧原股份整体处于较低水平，基本在 2.00 左右，而温氏股份为牧原股份的 2 倍左右；在应付账款周转率方面，牧原股份整体上也不如温氏股份，温氏股份的应付账款周转率是牧原股份的 3 倍左右；在营运资本周转率方面，牧原股份的波动幅度较大，整体呈振荡下降态势，而温氏股份整体处于较平缓的水平。相较于温氏股份，牧原股份的营运资本周转率逐渐下降，公司营运资本使用效率整体较低。

表 8　牧原股份与温氏股份 2016—2020 年营运资本周转率概况

时间	存货周转率		应付账款周转率		营运资本周转率	
	牧原股份	温氏股份	牧原股份	温氏股份	牧原股份	温氏股份
2016 年	1.61	4.38	5.56	14.92	-3.80	6.89
2017 年	2.07	4.07	6.56	19.22	23.97	7.35
2018 年	2.41	3.93	6.47	18.77	-3.52	6.72
2019 年	2.00	4.17	3.66	17.83	14.21	6.00
2020 年前三个季度	1.31	3.16	3.38	19.70	8.02	7.56

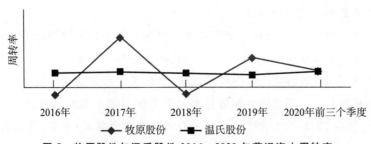

图 5　牧原股份与温氏股份 2016—2020 年营运资本周转率

3.4 收益分配财务战略

收益分配是财务战略的最后一个环节,它主要以筹资战略和投资战略为基础,对公司的利润进行具体分配(见表9、表10和表11),主要包括股利的发放方式、发放数量以及发放时间。下面主要以温氏股份作为比较对象,介绍牧原股份的股利分配概况。

表9 牧原股份与温氏股份2016—2020年股利分配概况

年份	牧原股份股利分配	温氏股份股利分配
2016	10转增10派3.53元(含税)	10派5元(含税)
2017	10派6.91元(含税)	10转增2派10元(含税)
2018	10转增8股派6.9元(含税)	10派3.92963元(含税)
2019	10派0.5元(含税)	10派5元(含税)
2020	10转增7股派5.5元(含税)	10派3元(含税)

表10 牧原股份2016—2020年股利分配概况

年份	每股收益(元)	每股现金分红(元)	股利支付率(%)	每股经营净现金(元)
2016	2.25	0.353	15.69	1.24
2017	2.12	0.691	32.60	1.54
2018	0.17	0.690	405.88	0.65
2019	2.82	0.050	1.77	4.53
2020	5.70	0.550	9.65	5.09

表11 温氏股份2016—2020年股利分配概况

年份	每股收益(元)	每股现金分红(元)	股利支付率(%)	每股经营净现金(元)
2016	2.71	0.50	18.50	3.37
2017	1.29	1.00	77.52	1.53
2018	0.75	0.39	52.00	1.22
2019	2.66	0.50	18.80	3.45
2020	1.30	0.30	23.10	0.93

如表9所示,牧原股份大多采用现金股利加股票股利的混合分配方式,而温氏股份大多采用现金股利的分配方式。如表10和表11所示,牧原股份与温氏股份的每股现金分红和股利支付率均呈现先升后降的趋势,而且牧原股份的股利支付率极其不稳定,最高可达到400%以上,最低又会降至1.77%。2019年和2020年,牧原股份的每股收益相对较高,2020年达到5.70元,但是公司的每股现金分红并不高,例如在2019年虽然每股收益达到2.82元,但每股现金分红只有0.05元,股利支付率只有1.77%;而温氏股份2019年每股收益为2.66元,与牧原股份相差不大,但每股现金分红为0.50元,股利支付率

达到 18.80%,远超牧原股份。这表明在 2018 年以后,牧原股份的股利分配率较低,公司利润分配较少,而且大部分利润用于再投资、扩规模,以期达成牧原股份增强核心竞争力的最终目标。

4. 行路难,行路难,多歧路,今安在?

企业的融资方式很多种,主要包括内源融资、股权融资和债务融资三大类。牧原股份选择债券融资,而且以短债融资为主,虽然成本低、灵活性强,但也会增加企业短期偿债压力。实际上,每一种融资方式都有自己的利与弊,可供企业选择的融资方式有很多种,但真正适合企业的融资方式又是哪一种呢?道路纷乱且复杂,真正的大道又究竟在何处呢?

4.1 筹资风险

在关注公司财务战略中的筹资战略时,我们不仅要关注筹资的方式、规模等,还要关注筹资风险。下面以温氏股份作为比较对象,展示牧原股份的筹资风险状况,如表 12 所示。

表 12 牧原股份与温氏股份 2016—2020 年的筹资风险

时间	资产负债率(%)		经营现金流利息保障倍数		现金比率	
	牧原股份	温氏股份	牧原股份	温氏股份	牧原	温氏股份
2016 年	56.22	24.27	7.31	267.34	1.00	0.98
2017 年	47.03	31.95	5.53	49.41	1.00	0.98
2018 年	54.07	34.06	2.46	21.56	1.00	0.99
2019 年	40.04	28.90	17.84	50.07	1.01	0.97
2020 年前三个季度	43.34	37.55	—	—	1.01	0.88

根据图 6 至图 8,在资产负债率方面,牧原股份的资产负债率始终高于温氏股份,处于相对较高的水平;在经营现金流利息保障倍数方面,相较于温氏股份,牧原股份处于较低的水平,其经营现金流对利息费用的保障力度不够,公司的经营现金流不是很充足;在现金比率方面,牧原股份的现金比率始终高于温氏股份,温氏股份的现金比率非但没有提高反而呈现大幅下降趋势。总之,牧原股份的流动负债有充足的现金流予以担保,并且其大多数现金流来自融资活动而非经营活动;而且,牧原股份主要的融资活动就是大量举债,还是期限比较短的短期融资券、银行借款等,整体上牧原股份的筹资风险较高。

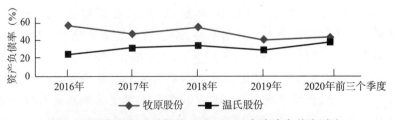

图 6 牧原股份与温氏股份 2016—2020 年资产负债率对比

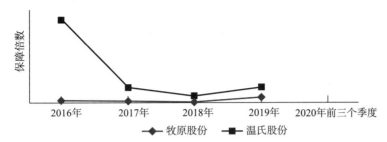

图7 牧原股份与温氏股份2016—2020年经营现金流利息保障倍数对比

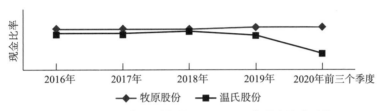

图8 牧原股份与温氏股份2016—2020年现金比率对比

4.2 新冠疫情的影响

随着新冠疫情在全球大流行,世界经济存在很强的不确定性风险,对牧原股份当然也不例外。由于新冠疫情形势难以预判,并且全国相关疫苗当时还处于临床试验阶段,疫苗技术不够成熟,这无论是对牧原股份日常的经营(比如繁育种猪、工人管理等)还是生产建设活动(包括公司的规模扩张、投资增产等)都会产生不利的影响。面对这种情况,牧原股份积极成立疫情防控小组,做好疫情防控工作计划,履行好疫情防控工作,严格执行各项防疫措施,专门派人监督管理核查工作成果,紧跟国家各项政策,确保公司持续健康、高效地发展。

4.3 生猪价格波动和原材料价格波动的风险

根据图9和图10,2016年以来全国生猪平均价格波动幅度较大,生猪价格从2016年下半年开始震荡下行,年底出现较为明显的反弹;2017年整体处于下降阶段;2018年上半年生猪价格持续下降,至6月下旬商品猪销售价格才出现逐步回升态势,9月逐步趋稳;

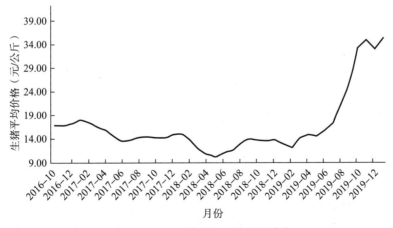

图9 2016年以来全国生猪平均价格

资料来源:iFinD数据库。

2019年受到非洲猪瘟疫情影响,全国生猪价格基本处于低位,但到了年底,相比上年仍有较大幅度的提升。影响生猪销售价格之一的原材料(玉米)批发价同样具有较大的波动幅度。自2018年6月以来,市场节奏多变,临储玉米拍卖、干旱减产炒作、非洲猪瘟、中美贸易摩擦、基层严重惜售等影响因素轮番上阵,使得玉米价格震荡不止;2019年开始虽然有较大幅度的提升,但8月以后玉米价格又有所回落,整体价格不稳定,企业风险较大。

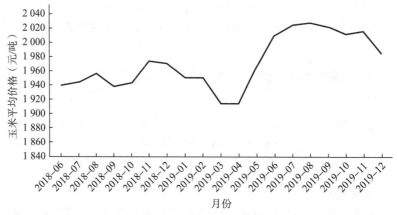

图10 2018年以来全国玉米平均价格

资料来源:iFinD数据库。

4.4 疫病的影响

2018年8月爆发了非洲猪瘟,此后瘟疫就像阴云般一直笼罩在生猪行业的上空。各大猪企积极重视这个问题,开始寻求应对方法,这对生猪养殖行业各企业的生物安全防护体系提出更高的要求。公司周边地区疫情发生频繁,必定会导致自身场区疫病的发生;又或者公司自身疫情防控体系不完善、执行监督力度不够,就面临疫病所引发的产量减少、销售下降,从而盈利减少甚至导致亏损等风险。另外,在生猪养殖过程中,疫病也是一大难题,只要有一头猪感染就有可能造成公司的猪都传染上,极易导致全军覆没。常见的有关生猪的疫病主要有蓝耳病、猪瘟、猪呼吸道病、猪流行性腹泻、猪伪狂犬病等,这些疫病会给牧原股份带来极大的经营风险。一方面,疫病会造成生猪在养殖过程中死亡,导致公司产量减少,生产能力下降;另一方面,疫情大规模的流行与发生会使消费者人心惶惶,影响消费者心理,使消费者对生猪失去信心而去寻求其他替代品,导致市场需求萎缩、产品价格下降,对生猪的销售产生消极的影响。

5. 长风破浪会有时,直挂云帆济沧海

秦英林起身走到房间的落地窗前,点燃一根香烟,猛吸一口,眉头紧锁,一言不发。他回想起牧原股份一路走来的风风雨雨,以及当初公司决定实施激进财务战略时自己力排众议并顶着巨大的压力一直坚持着。虽然现在小有成效,但是他觉得前途仍然充满无限的未知与挑战……牧原股份应该如何挽回投资者的信心?当今国内外形势严峻,每家企业都面临重大的考验,自己的企业能否安全挺过这一关?当初为抢占市场先机而顶着巨大压力所实行的激进财务政策能够一劳永逸吗?以企业目前的能力能否渡过债务难关?

企业的未来又会如何发展呢?他看着远处天边逐渐泛起的白光,却难以看透市场的风云变幻……

本章小结

本章回顾了行业竞争视角下企业财务政策与战略之间关系的理论和实证,总结如下:

(1) 委托-代理理论。一个行业的企业之间会分为两类:少数几家企业规模大、资本密集、杠杆率较高、利润丰厚;其余企业则规模小、劳动密集、杠杆率较低、利润微薄。

(2) 债务的资产替代问题。特定行业的企业倾向于隔离资产,一些企业高度杠杆化,并追求风险更高的项目;其余企业则有较低的杠杆率,并追求风险较低的项目。

(3) 最佳杠杆率。一个行业可能存在最佳负债水平,即便个别企业没有。发生这种情况是因为行业内的破产和清算往往会在行业萧条时期聚集,由此资产必须以甩卖价格出售;反过来,这会增加未来财务困境和破产的预期成本,从而限制行业的综合借债能力。

(4) 平衡代理成本与竞争对手掠夺性成本。公司的杠杆率应设置为能够最佳地平衡代理成本(随着公司的杠杆率提高而减少)与竞争对手在产品市场战略方面的掠夺性相关成本(随着公司的杠杆率提高而增加)。

(5) 保持借债能力。在竞争激烈的行业中经营的企业应保持灵活的借债能力,对此银行贷款合约可以有所助益。

思考题

1. 利用资产替代问题解释特定行业中公司之间杠杆率差异的导因,为何有些公司采用高杠杆、追求高风险项目,另一些公司则相反?

2. 解释资产流动性如何引发行业中这一现象:一家公司的最佳杠杆水平取决于行业中其他公司的财务决策。

3. 学者就"公司的财务决策可以作为竞争策略"这一观点展开讨论,主要依据掠夺性假说和"深口袋"理论,请举例说明。

4. 公司的最佳资本结构是如何通过管理层代理成本与竞争对手掠夺性成本来决定的?

5. 从行业竞争的角度,解释企业保留借债能力的重要性。

6. 市场份额高的企业如何利用杠杆来阻止行业中的其他进入者?

7. 讨论公司产品生产和市场定价决策与财务政策之间可能存在的相互影响。

8. 解释高管薪酬合约中的条款如何影响一家公司的竞争战略。

应用题

1. 本章讨论的相关理论分析是否有助于你理解公司财务杠杆的决定性因素?若是,则给出说明。

2. 你会检验哪些财务变量来确定行业中两个竞争对手中的获胜方?你会检验哪些变量来确定这两个竞争对手中哪一个更有可能在未来占据主导地位?

3. 假设你是一家在行业中拥有强大竞争对手的公司的董事会成员。就公司的资本结构政策和首席执行官的薪酬合约细节向董事会提出建议。(给出所有必要的假设,做具体讨论。)

4. 根据波特的行业竞争五种力量:①进入/退出壁垒;②供应商的议价能力;③买方的议价能力;④替代产品的威胁;⑤竞争公司之间的竞争。选择特定行业的一家公司,并讨论上述力量中的每一个对公司财务政策和战略可能产生的影响。

分析题

1. 对特定行业样本公司的资本结构进行分析。这些公司之间的杠杆率变化是否与本章讨论的理论模型一致?

2. 本题涉及多元化折扣的计算。选择特定的多部门公司,并确定其经营所处的细分市场。然后,确定与细分公司的每个部门在同一行业的单部门公司,并用基于单部门公司的相应市净率(或者价格与销售比)计算多部门公司股权的公允价值。将基于公允价值的公司估价与焦点公司的实际市场股权价值进行比较,并将多元化折扣(或溢价)换算为实际市场价值与公允价值的比率。

第三章 环境、治理、战略、运营和财务结构

  市场主体是经济力量的载体,企业的高质量发展是中国经济高质量发展的微观基础。想要实现高质量发展,企业不仅要逐步适应市场变化,更要奋勇争先。

  本章进一步从企业的商业环境和外部治理、内部治理和商业战略、运营结构和财务结构、风险和意外事件四个维度对公司治理进行了全面分析。此外,本章还重新审视了委托-代理冲突和信息不对称对公司各个方面的影响。

第一节　商业环境和外部治理

本节简要介绍企业商业环境和外部治理的组成要素,以及各要素如何影响企业的内部结构和运营。

一、宏观经济

宏观经济即宏观层面的国民经济,指总量经济活动,是国民经济不同方面或国民经济总体及其经济活动和运行状态,相关经济指标包括国内生产总值(GDP)增长率、通货膨胀(以消费者价格指数CPI衡量)、一年期国债收益率、税收和劳动生产率等。当前和预计的经济状况都会对企业的商业战略、运营结构、财务结构、风险和绩效等产生深远影响。

（一）宏观经济变量与企业总体绩效

这里通过对1960年以来的美国商业环境历史的简要回顾来探讨宏观经济变量对企业总体绩效的影响。在美国,从20世纪60年代到80年代初,企业不仅面临高额税收,还面临政府以监管、对并购的反垄断限制等形式施行的实质性干预,且干预强度持续增大。1974—1982年,除了上述负担,企业还面临高通货膨胀率与高波动利率和两次严重的经济衰退。1983—2000年间利率波动、通货膨胀情况和监管强度有所缓解,并且科技有了长足的进步,外部和内部的公司治理结构都得到优化。表3-1比较了1960—2000年三个不同时期的宏观经济变量和企业总体绩效指标,宏观经济变量包括国内生产总值增长率、通货膨胀率、一年期美国国债利率、税收率和劳动生产率增长率,企业总体绩效指标包括净资产收益率、盈利增长率、股票回报率和市盈率。从表3-1可以看出,1974—1982年的美国国内生产总值增长率比之前和之后的时期低得多,通货膨胀率和利率则高得多,劳动生产率的增长也较慢,同期企业总体绩效也有所提升。Ogden等(2003)发现净资产收益率在1974—1982年间最高,但在扣除通货膨胀因素后却是最低,同期企业的盈利增长率也是最低的。

表3-1　宏观经济变量值和企业总体绩效指标

时期	宏观经济变量					企业总体绩效			
	国内生产总值增长率(%)	通货膨胀率(%)	一年期美国国债利率(%)	税收率(%)	劳动生产率增长率(%)	净资产收益率(%)	盈利增长率(%)	股票回报率(%)	市盈率
1960—1973年	4.2	3.3	4.9	44.3	2.8	10.4	8.7	6.4	1.7
1974—1982年	2.0	8.7	9.6	36.5	1.2	13.1	5.1	10.3	1.1
1983—2000年	3.6	3.2	6.6	37.1	2.1	10.4	8.5	14.7	3.3

资料来源：Ogden等(2003)。

股票年均(名义)回报率在1960—1973年间最低,为6.4%,1974—1982年为10.3%,1983—2000年为14.7%;然而,股票年均实际回报率(此处以年均名义回报率和年均通货膨胀率的差值来衡量)在1974—1982年最低,为1.6%,而1960—1973年为3.1%,1983—2000年为惊人的11.5%。导致股票回报率上升的两个因素为:一是通货膨胀率和利率的下降;二是公司盈利增长率的提高。从周期性的市值与净利润之比值的角度看,投资者在1982年年末对公司价值创造的看法最为消极,市盈率仅为1.1,而在2000年年末对公司价值创造的看法最为积极,市盈率为3.3。由此可知,股票的年均回报率与预期回报率变化一致,表明股票的预期回报和股本成本可能会随着经济的波动而大幅改变,从而证明宏观经济状况会影响微观企业总体绩效。

Bernanke和Kuttner(2005)利用1973—2002年美联储131次利率调整的观测,通过利率期货计算非预期的利率变化,在短窗口内考察CRSP指数市值加权回报率对非预期利率变化的市场反应,发现两者存在显著负相关关系,说明利率政策的变化会反映在资产价格上。

总之,任何管理者都必须了解宏观经济状况并尽可能预测未来的经济态势,原因有两点:经济状况似乎会影响资本投资项目的盈利能力,即经济状况的意外变化可能构成重大风险因素;经济状况通过影响债务资本和权益资本的成本来影响公司的整体加权平均资本成本(WACC)。

(二) 宏观经济政策与微观企业行为

宏观经济政策是指国家或政府有意识、有计划地运用一定的政策工具,调节控制宏观经济运行状况,以达成一定的政策目标。不同的宏观经济状况对应不同的宏观经济政策。宏观经济政策不但会对企业总体绩效产生影响,还会改变微观企业行为。Czarnitzki等(2011)发现1997—1999年间,加拿大超过三分之一的制造业企业与近三分之二的高科技企业利用了联邦和地方的研发税收抵免计划。他们研究了研发税收抵免对一系列创新指标(如新产品数量、新产品销售、原创性创新等)的影响,发现与没有研发税收抵免的情况相比,研发税收抵免受益者在大多数但并非所有绩效指标上的表现明显更好,从而得出结论:研发税收抵免会导致额外的创新产出。陆施予和李光勤(2022)基于世界银行的中国企业调查数据,考察税收征管对企业创新的影响及其作用机制,发现从研发投入的决策方式来看,税收征管通过税收负担、融资约束、企业行为及营商环境等途径对企业自身研发决策的作用强于对其合作研发决策的影响,税收征管会促进企业技术创新。李晓曦和张伯伟(2022)基于中国非金融企业杠杆结构性增大的数据,发现总体上外部宽松货币政策会推动中国非金融企业部门提升杠杆,而且非金融企业内部杠杆结构性增大问题更加严重。毕晓方等(2015)认为产业政策及其传导机制一旦传递出过度激进甚至错误的政策信号,就会使管理者的自信心理持续膨胀,进而加剧管理者对资源配置的认知偏差,导致企业流动性风险失控。杨柳勇等(2021)发现,以"督政"为核心的中央生态环境保护督察政策对企业环保投资具有显著的促进作用,且具有较好的持续性;中央生态环境保护督察对企业环保投资的促进效应在低行业竞争水平及督察"回头看"地区的企业中更显著,且能够有效缓解以往环境治理中的"政企合谋"问题。

反过来,微观企业的总体行为倾向会影响宏观经济,甚至包含未来宏观经济政策的实质性信息。自Kothari等(2006)发现汇总层面会计盈余信息含量的表现特征迥异于公司层面经验证据以来,有学者开始从企业部门这一视角出发,考察微观会计信息对宏观经济运行状态的预测和决策支持功能。Boyer(2014)指出,会计稳健性能够反映宏观经济运行风险的有效信息,可以提高美国联邦基金利率制定的政策效果。Shevlin 等(2019)利用汇总层面的现金流税费刻画企业实际税负,考察税收政策对经济增长的影响。肖志超等(2021)基于 2004 年第一季度至 2019 年第三季度中国上市公司数据,分别从偿债能力、盈利能力和现金持有水平三个维度刻画汇总层面的企业债务违约风险,实证发现利息偿付倍数、会计盈余和现金持有水平与未来货币政策宽松程度显著正相关。企业违约风险越高,未来信贷规模增速提高越显著,同时未来借贷利率下行也越显著,反之亦然;分析师对货币政策的宏观预测会受到企业债务违约风险的影响,但对预测信息的利用不足;企业债务违约风险也会相应地影响投资者的资产配置行为。他们的研究结果表明,基于汇总会计信息构建的企业债务违约风险包含未来货币政策的实质性信息,有助于提高宏观经济分析效率以及改善投资者资产配置水平。由此可见,在逆周期宏观调控框架下,企业部门生产经营情况在反映宏观经济状态的同时,也可能传递有关政策调控立场的信息,从而为探讨微观企业行为对宏观经济政策立场的预测价值提供线索。

二、可用资源

一家公司在选定的产品和服务市场上的竞争能力可能既取决于商业战略本身,也取决于公平获取资源的能力。这些资源包括房地产、厂房和设备(PP&E)等不动产、人才和管理人员、成本效益高的技术、低成本的产品和服务提供商等。一般来说,企业必须不断以较低的成本寻找资源,以获得并保持竞争优势。而技术进步使企业的收入随着时间的推移而增长,因为技术提高了劳动力和资本的生产率。从长远来看,技术的变化既会引发新公司产生,也会促使无法适应新兴技术的老公司消亡。

企业要从产品和服务提供商处获得各种产品和服务,包括劳动力、电力、运输、分销和法律服务等。在确保这些资源的安全方面,规模经济是企业成功的决定性因素之一。一家企业的管理层必须与各种利益相关者有效地谈判并订立一系列合同。

Dyer 和 Singh(1998)发现,公司与供应商保持紧密关系不仅能给日常管理和库存周转带来优势,还能依托供应商进行供应链上下游的资源整合,形成"关系租金"。Bozarth 等(2009)认为供应商集中对企业的好处在于:企业的供应商越集中,企业的供应链管理越简单;简单的供应链管理要求付出的时间成本与财务成本都较低,企业能够把更多的精力放在生产经营上,进而提高生产质量。其实证结果显示,供应商集中的企业的财务绩效更加出色。但覃志刚和陈茂南(2020)基于 2010—2017 年我国 A 股制造业上市公司的数据发现,公司供应商集中对公司价值具有不利影响,供应商分散相对于供应商集中更有利于最大化公司价值;但是,这种不利影响可以通过股东间的相互协作、加强监督以及给予公司高管较多的薪酬激励来缓解。

三、金融市场

金融市场主要包括股票市场、债务市场和衍生品市场。

(一)股票市场

股票市场是指已发行股票转让、买卖和流通的场所,包括交易所市场和场外交易市场。股票市场的流动性对一家公司来说十分重要,因为它提高了股票的价值,提供了更好的外部股权和债务融资渠道。然而,所有权和控制权分离引致了委托-代理冲突与信息不对称两个根本问题。上市公司的结构、合同和运营在一定程度上是为了缓解这些问题、减少其成本,同时保障公共股本的利益。此外,股票市场还给股票投资者带来了公司业绩的最终衡量标准:公司股票价格。本章所说的投资者不仅指目前持有公司股票的人,还指持续监控公司股票价格并将该价格与相应股权的真实价值进行比较的潜在投资者,也指自认为价格过高的做空股票的投资者以及其他公司和市场上的主要投资者。他们定期审查公司管理层的效率,并随时准备在公司管理层表现不佳时接管公司。管理层还必须了解投资者的风险承受能力和股利偏好。

(二)债务市场

债务市场是指交易的对象为债务工具,包括公司债券和抵押票据等。债务市场对公司来说也很重要,因为上市公司的大部分外部资金依赖于债务市场。公司特征决定了其资本结构中债务资金的相对数量。

(三)衍生品市场

衍生品包括远期合约、期权和掉期等,在公司的财务政策和战略中发挥着越来越重要的作用,尤其是在对冲业务风险、利率风险或货币风险方面。Guay(1999)认为衍生金融工具可以降低企业风险,而不是提高企业整体风险。Afza 和 Alam(2011)以在卡拉奇证券交易所上市的 105 家非金融公司为样本,研究企业使用衍生金融工具与外汇风险和利率风险的关系,发现外汇风险暴露越高的企业越倾向于使用衍生金融工具进行套期保值。Magee(2013)认为企业使用衍生品进行套期保值可以降低陷入财务困境的可能性。邱琼等(2016)以 2010—2014 年 123 家连续 5 年使用衍生金融工具的上市公司和 812 家没有使用衍生金融工具的上市公司作为研究对象,发现使用衍生金融工具的上市公司的总负债水平和短期负债水平高于未使用衍生金融工具的上市公司,但 Z 值相比更大。这表明使用衍生金融工具虽然会提高企业资本结构中的总负债比例和短期负债比例,表面上加大了财务风险,实际上却能有效提高企业的财务风险管理水平。这将有助于财务报表使用者对已经使用衍生金融工具的公司的财务风险做出更为准确的判断。

四、外部治理

外部治理团体是指对企业活动施加某种控制或约束的外部群体,包括政府、债权人、商业媒体以及专业的分析师和评论员。

(1)政府构成一个外部治理团体。政府扮演双重角色:一方面为企业提供服务和保护,另一方面施加税收、法规和限制。政府向企业提供的基本服务是通过立法确立产权,并通过司法系统强制执行法律合同,从而保护产权。

(2)债权人构成第二个外部治理团体,债权人通过债务合同的契约和监督功能来约束公司的活动。Smith 和 Warner(1979)认为,企业在债务契约中设置限制性条款很可能会影响管理者的有效决策。吴木洋和刘玉洁(2022)发现,稳定的银企关系有助于企业降低债务再融资风险;企业与更多银行建立合作关系能够降低债务再融资风险,且建立合作关系的银行数量越多,企业债务再融资风险越低。然而,银企关系的改变会提高企业债务再融资风险,存在较大的转换成本。债权人治理机制的主要原理是解决企业与债权人之间的利益冲突。

(3) 商业媒体以及专业分析师和评论员构成第三个外部治理团体。电视和报纸媒体不断更新有关公司活动的信息,并迅速将信息传送给感兴趣的投资者和消费大众。此外,金融分析师定期审查大部分上市公司的战略和运营情况,并判断其投资价值。因此,企业投资价值的提高不仅来自上市公司向监管机构提交的定期财务报告,更重要的可能来自商业媒体和分析师。

媒体和分析师的审查对一家公司至少有两方面重要影响。其一,所产生的信息降低了公司和投资者之间的信息不对称程度。当然,这是一把双刃剑。积极的一面是,当信息不对称程度降低时,公司股票的市场有效性和流动性将增强;消极的一面是,公司可能更难将有价值的战略信息保密。如果一家公司要保持对竞争对手的竞争优势,从而为股东创造价值,保密往往是至关重要的。其二,分析师和评论员间接监督公司的管理,这符合股东利益。分析师和评论员及时对公司决策进行评价有利于保护股东利益,比如指出管理层似乎在过度消耗特权、逃避职责,或者试图扩大个人或组织权力和影响力的规模与范围。因此,这一外部治理团体在降低管理层自由裁量权的代理成本方面发挥间接作用。

第二节 内部治理和商业战略

本节讨论公司内部治理结构和商业战略的组成要素。公司内部治理结构本应置于公司商业战略之上,但对于大多数公司来说,创业者很久以前可能就已经确定公司的目标产品或服务市场。一方面,公司的经营战略在很大程度上可能决定了董事会组成及其监督作用的性质;另一方面,高级管理层与董事会合作,决定公司的商业战略以及运营和财务结构。基于这些原因,本章将公司内部治理结构和商业战略置于同等地位。

一、内部治理

上市公司的内部治理结构由股东、董事会、公司管理层和内部资本市场组成。

(一) 投票权和股东行动主义

1. 代理权争夺

代理权争夺是股东行动主义的一个例子。典型的代理权争夺涉及公司不同股东组成的不同利益集团,通过争夺在公司董事会选举中代表股东投票或代理投票的权利,从而达到更换公司管理者或改变公司战略目标的目的,是持有异议的股东(指希望推翻现任董事以影响变革的外部人)与公司管理层或公司实际控制者争夺公司控制权的一种方式。

Pound(1991)从历史的角度介绍了 SEC(美国证券交易委员会)关于代理的立法,并进行了实证分析以确定这些法规对股东行为的影响。作为最低限度的披露要求和禁止欺诈的规定,代理规则始于 1935 年;到 1956 年,代理规则对任何希望就投票问题进行沟通的人施加广泛的披露要求,并要求所有此类沟通都必须事先得到 SEC 的批准,无论是本质上的还是审查上的。自此以后,股东之间的沟通和协调行动的成本大幅增加。因此,代理规则阻碍了股东的主动行动,并抑制了有关投票问题私人信息市场的进一步发展。

2. 股东发起的提案

股东行动主义的另一个例子是股东发起的提案。股东提案是由 SEC 根据《1934 年证券交易法案》设计的一种治理机制,最早出现于 1942 年,简单地说就是由股东提交的要求管理层采取特定措施的报告。向公司递交股东提案是美国机构股东使用得较多的一种方式。1987—1994 年间,美国五家最大的养老基金(TIAA-CREF、CalPERS、CalSTRS、SWIB、NYC)递交了 266 份股东提案,占所有股东提案总数的 18%(Guercio 和 Hawkins,1999)。20 世纪 80 年代之前,有关公司治理方面的股东提案内容一般涉及经理人员的报酬、累积投票权以及股东大会召开地点等。80 年代以后,机构股东提案的内容重点涉及阻止反并购措施、限制经理人过高薪酬和董事会独立性等方面(Romano,2001)。尤其在 1992 年后,机构投资者针对公司治理的焦点开始转向董事会,许多股东提案要求聘请独立的个人担任董事会主席和主要执行官,要求提名委员会完全由独立外部董事组成,并要求董事会中大多数成员应为外部人。机构投资者提案的内容基本上可以归纳为:改进公司治理结构、维护股东基本权益、反对管理层的自利行为、改变不利的股东行使权规则、要求公司关注社会责任问题,等等。这些提案的目的是改善公司绩效,从而提高其市场价值。然而,关于这些提案对企业价值是否产生影响目前学界并无定论。

一方面,有学者认为股东提案可能会增加企业价值。Gordon 和 Pound(1993)分析了 266 份股东发起的提案,这些提案旨在改变委托-代理期间公司治理结构的特定方面。他们发现赞成提案股东持有的股份比例与公司内部人和董事会中非管理层大股东持有的股份比例之间存在负相关关系,且提案投票权与外部人所持股份比例之间存在正相关关系。Karpoff 等(1996)探究股东发起的公司治理提案,并认为这样的提案可以增加公司市场价值的原因至少有两个:第一,即使提案没有成功,管理层也可能得到这样一个信息,即股东对他们的表现不满意;第二,如果股东提案能够作为一种补充手段来获得对一家公司的控制权,或者对具体政策变化施加压力,那么股东提案也可以增加公司市场价值。Renneboog 和 Szilagyi(2011)利用 1996—2005 年间的 2 436 份提案,使用样本选择模型来测试目标公司的治理结构是否有效,发现股东提案对公司股价产生较小但显著为正的影响,表明股东提案实际上是一种有效的外部控制手段,有助于减轻机构的担忧;市场还将有意义的利益归因于提案的通过和首次提交提案,特别是在股市高峰期市场溢价很高的情境下。因此,股东提案对规范公司运营、提升公司价值起到积极作用。

另一方面,有学者认为股东提案可能会损害公司价值。股东激进主义倾向于削减公司管理层的权力,最终导致降低经营绩效,减少公司价值。Wohlstetter(1993)认为,大多数股东和养老基金经理既没有技能也没有经验来优化管理层的决策,因此试图影响公司决策的行为往往会扰乱其运营。Heard 与 Sherman(1987)认为,机构股东更注重企业短期市场表现,因而会阻碍管理层提出的只有在长期才能见效益的投资计划,这将不利于企业的长远发展。Romano(1993)观察到公共机构投资者最终受到政治控制,有时会追求经济价值最大化以外的目标。公共机构有可能利用公司治理提案来影响目标公司的决策,并诱导公司追求政治动机,投资有损价值的项目。如果这种观点是正确的,那么由公共机构专门发起的公司治理提案将倾向于降低公司价值和经营绩效。他们使用 1986—1990 年的 522 份提案样本,通过实验检验假设,发现大多数提案涉及的问题可分为三类:外部公司控制、内部公司治理和薪酬。他们研究了这些提案是否会对样本公司的股价、经营业绩或财务政策产生一致的影响,结果发现没有令人信服的证据表明提案会提高公司价值、改善经营业绩或正向影响财务政策。

Gillan 和 Starks(2000)发现,由于提案的发起人可以口头上收集代理投票权而不需要 SEC 的许可,机构投资者逐渐成为股东提案的主要发起人。他们分析 1987—1994 年间 2 042 份股东发起的治理提案,重点分析发起人类型和提案类型对投票结果与市场反应的影响,结果显示股东投票和市场反应取决于提案解决的问题以及提案发起人的身份。由所谓的活跃个人投资者发起的提案获得的票数较少,并且对股价有轻微的积极影响;相比之下,由机构投资者(如公共养老基金)或协调的投资者团体发起的提案获得的票数多得多,而且对股价产生虽小但可测的负面影响。总的来说,以投票结果衡量,不协调的股东行动主义相对无效,而机构投资者和协调的股东行动主义略微成功。投票结果表明,虽然赞成提案的票数平均少于多数票的标准,但在样本期内,赞成比例有所上升。此外,随着提案的平均投票支持率接近 35%,活跃股东在与企业管理层谈判时有了更坚实的基础。

(二) 董事会监督

1. 董事会人员组成

董事会组成的一个重要方面是内部人与外部人的比例关系。如果董事会成员是公司的长期雇员,由公司管理层晋升,或凭借与高级管理层的某种关系(如家庭关系,尤其是在亲缘关系密切的公司中)被任命,那么董事会成员被视为内部人。外部人没有受雇于公司,且与首席执行官不存在长期关系。

人们经常认为,董事会内部人的监督作用不那么有效,其论点是:内部人与首席执行官有着长期的关系,他们对首席执行官负有责任,而不只是首席执行官决策的"橡皮图章"。推而广之,如果大多数董事会成员是内部人,公司董事会就被视为弱小;如果大多数董事会成员是外部人,公司董事会就被视为强大。

实际上,最优董事会结构应包括内部人和外部人,因为两类成员都会给董事会带来独特的经验。内部人从长期受雇于公司中获得丰富的经验、观点和洞察力;外部人则从受雇于本行业或其他行业的其他公司,或者从他们对商业战略的一般知识中获得另一套经验。正如前面提到的,外部人更有可能拥有独立的发言权,如果他们认为首席执行官在鼓吹一个糟糕或自私的决定,就可能更愿意挑战首席执行官的权威。

在董事会中有一类外部人——银行家的价值可能令人怀疑。Kroszner 和 Strahan(2001)调查了当银行在一家公司董事会中有代表时,银行监管的好处来自贷款人和股东间利益冲突的成本的权衡。美国法律体系要求,陷入财务困境公司董事会中的银行负有贷款人责任。根据经验,与积极参与的高成本一致,银行家是高稳定大型公司的董事会成员。这些公司拥有高比例的可抵押资产,对短期融资的依赖程度较低。虽然允许银行拥有股权可以缓解代理冲突,但对股东与债权人权益的保护可能会削弱银行在公司治理中的作用。但也有研究指出,银行关联董事有效发挥了监督职能,提升了企业价值(Kaplan 和 Minton,1994)。现有文献从咨询职能与监督职能两个角度对银行关联董事进行了研究。银行关联董事的咨询职能主要体现为银行关联董事能够帮助企业建立银企关系,从而助力企业获得债务融资和提高债务管理水平(祝继高等,2015)。在监督职能方面,Mitchell 和 Walker(2008)指出,银行关联董事在一定程度上代表银行的利益,擅长的是固定收益(按期付息,到期还本)最优化而不是剩余收益最大化,表现在投资决策上就是银行关联董事更有可能拒绝高风险、高净现值的投资项目,而接受低风险、低净现值的投资项目。

2. 董事会与高管变更

如果董事会发现公司业绩长期不佳,CEO 就可能被解雇。然而,有证据表明,CEO 因表现不佳而被解雇的可能性取决于首席执行官与董事会之间的权力平衡,公司层级结构中的其他高级管理人员是否会迫使表现不佳的 CEO 下台以及是否存在积极的股东。

关于首席执行官与董事会之间的权力平衡,一方面,如果董事会由外部人主导,那么首席执行官被解聘的可能性应该与公司业绩显著负相关;另一方面,如果董事会充满首席执行官的亲信,那么即使业绩非常糟糕,首席执行官也不太可能被解雇。

Warner 等(1988)探究公司股票表现与高层管理人员变更的相关性,发现高层管理人员变更的可能性与公司过去的股价表现成反比,认为这种关系可能源于董事会的监督或其他高管或大股东的压力。Weisbach(1998)发现 CEO 解聘与公司过去的股价表现和盈利水平负相关。然而,对于外部董事占主导地位的公司而言,这种负相关关系比内部董事占主导地位的公司更强。Weisbach(1998)的研究结果强调了独立董事的重要性。Borokhovich 等(1996)的实证结果同样强调了外部董事的重要性。他们研究了 1970—1988 年间 588 家大型上市公司 969 名 CEO 的继任情况,以确定董事会组成与新任 CEO 从公司外部遴选的可能性之间的关系,结果表明外部董事比例与外部 CEO 继任频率存在很强的正相关关系。来自公司外部的高管被任命为 CEO 的可能性随着外部董事比例的提升而单调增大。这种单调关系在自愿离职 CEO 和强迫离职 CEO 中都可以观察到。来自继任公告的股票回报状况表明,平均而言股东从外部任命 CEO 中受益,但当内部人取代被解雇的 CEO 时股东利益会受损。

梁权熙和曾海舰(2016)的研究也证明在中国独立董事在公司治理中的重要性。他们利用证监会强制要求上市公司独董比例在 2003 年 6 月 30 日之前至少达到 1/3 的政策性外生冲击,使用面板双重差分估计模型,发现独立董事制度的正式引入会显著降低公司股价崩盘风险。

3. 董事责任保障

被股东起诉的董事会因涉嫌管理不善而蒙受损失。Brook 和 Rao(1994)发现 1984—1987 年间由于对公司董事提起诉讼速度的加快,出现董事责任危机,诉讼引发的威慑减少了全美合格外部董事的供应。为了应对这场危机,美国许多州通过了董事责任限制法规,允许公司采用新的有限责任合伙(LLP)以保护董事免受股东诉讼。

许多公司为高管购买责任保险,即董事和高管(D&O)保险。Holderness(1990)认为,提供责任保险的公司有监督公司业绩的动机。Chalmers 等（2002）对 1992—1996 年上市的 72 家公司进行调查，发现公司 IPO 后的股价表现与经理人购买的保险金额存在负相关关系。Boyer 和 Stern（2014）也认为，当保险公司决定为投保人提供保险时会评估可能被要求承保的索赔概率和严重性。D&O 保险索赔通常与股东或其他利益相关者对公司高管提起的诉讼有关。当股票表现不佳或股价波动性较大时，诉讼的严重性更大、频率更高。因此，出售 D&O 保险的保险公司必须运用审计技术对预期损失进行估计，预期损失越大，相应的 D&O 保险收取的保险价格越高。他们还认为 D&O 保险信息可以成为商业治理指数的潜在替代。

（三）管理层级与内部资本市场

大公司有更多的管理层级。例如，大型制造和零售企业有区域或部门经理，负责企业在各自领域内的运营，并执行高级管理层的指令。高级管理层与区域或部门管理层之间的运营责任平衡决定公司管理层级的稳定性。如果责任的平衡掌握在高级管理层手中，那么公司管理层级一般相对较多；如果中层管理者做大部分决策，那么公司管理层级结构一般相对扁平。公司行业和运营结构的各个方面可能在很大程度上决定公司层级结构是陡峭还是扁平，而首席执行官的理念和战略也会影响公司的层级结构。

相关文献论述了企业管理层级结构的决定性因素及其对企业效率、盈利能力和财务政策的影响。

第一，组织经济学文献充斥着关于企业最优层级的理论。相关文献包括 Aghion 和 Tirole（1997）、Radner（1992）、Stiglitz（1975）、Laux（2008）、林旭东等（2003）、邹薇和钱雪松（2005）等，其中反复出现的主题涉及激励和信息成本对最优管理层级结构的影响。

第二，大量文献探究了与多部门公司资本预算决策相关的重要问题，这里统称为内部资本市场理论。简言之，多部门公司高级管理层通常面临可用于公司范围内的资本投资的内部现金限制。高级管理层通常指示部门经理提交投资方案。如果部门经理提议的支出总额超过可用现金，高级管理层就必须分配现金。因此，部门经理有动机从总部争取更大份额的现金。关于这一主题的理论解决了一些问题，比如分配是如何进行的，以及公司内部资本的分配是否有效。公司内部资本市场的资本运作方式包括资金的集中与分配、项目投资成员间股权与资产的重组或置换或收购、关联交易（如抵押贷款、委托贷款等）。李秉成（2011）对我国上市公司的实证分析结果表明，内部资本市场的经营业务多元化能降低资金成本，增加分部与子公司数量同样能降低资金成本但不显著。而在内部资本市场交易方面，交易性质对资金成本的影响不同。邱穆青等（2016）利用手工收集的 2007—2012 年上市公司内部资金往来数据，发现内部资金往来可以显著降低公司出于预防性动机而持有的现金水平，并且在民营企业、非经营性资金往来以及货币政策偏紧时期的降幅更明显。同时，这一作用不仅显著提高了公司持有现金的市场价值，也提高了公司的市场价值。

二、商业战略

一家公司的商业战略有三个基本要素：一是针对特定的产品或服务市场；二是树立市

场份额和利润方面的目标;三是制定有效的竞争战略来对抗行业内的竞争对手。对于这些问题,尤其是与公司财务政策和战略有关的问题,第二章已经讨论过。本节在此重申,企业的经营战略与规模将在很大程度上决定其运营结构和财务结构。例如 Williams(1995)的观点:典型的行业包括少数资本密集型、高利润水平的大企业,这些企业的资本结构中至少含有部分债务;许多较小的、劳动密集型、低利润水平的企业,它们几乎没有债务。此外,一家公司可能会采取高杠杆策略作为积极竞争并阻止其他竞争者进入市场的信号,或者采取低杠杆策略使自身能够挤出杠杆率较高的公司。

第三节 运营结构

本节讨论公司运营结构的相关方面。公司运营结构包括资本预算、公司规模和内部审计。其中,内部审计监督整个产品开发过程,并对产品的成本和质量进行有效的控制。因此,有效的内部审计对公司运营是十分重要的。

一、资本预算

资本投资决策可以说是公司管理层所做的最重要决策之一,因为它决定了公司如何为股东创造价值。资本预算决策中的净现值规则为:公司应接受任何及所有正净现值项目,而公司基于 WACC 折现项目的预期现金流来确定净现值。

在理想市场上,企业如何获得实施正净现值项目所需的资金(发行股权、债务或使用留存收益)这一问题并不重要,因为证券都以公允价格出售,所有资本结构产生相同的 WACC。所以,资本预算和融资决策是一个"谎言"。

然而,与委托-代理冲突和信息不对称相关的成本可能会对公司的资本投资与融资决策产生不利影响。例如,一个自私的管理者在建立商业帝国的过程中可能会接受负净现值项目;一个风险债务未偿的公司有动机提高运营风险,以此作为从债权人那里攫取财富的手段。

此外,公司部门经理可能比高级管理层更了解本部门在议项目的盈利能力。如果部门经理也有建立部门商业帝国的自利动机,他就可能会夸大在议项目的质量,以便从总部获取更多的资本金。因此,高级管理层必须与部门经理签订激励相容的合同,以缓解这种代理问题。

二、公司规模

前几章反复出现的一个证据主题是,大公司通常利润水平更高、风险更低。为什么一些公司变得规模庞大仍有利可图,另一些公司却没有?这个问题目前尚没有一个明确的答案。

然而,多数大公司都走了类似的成功之路。第一,这些公司都有创新的、战略明智的创始人,他们的伙伴或继任者都是同样称职的首席执行官。第二,大多数的大型工业公司能提供国家(或全球)市场上存在的产品或服务,而这些公司都是最早进入市场的。作为先行者,它们有机会获得准垄断利润(至少暂时如此),并能够在 IPO 后有效地利用这些机会,从而更可能进入债务和股票市场获得额外资本。第三,这些公司利用规模经济优势以较低的成本生产产品和提供服务,从而实现更高的利润水平,挤压竞争对手。第四,大多数公司利用内部权益为扩张提供资金。根据融资优序假说,在信息不对称的条件下,内部盈余是增加融资的首选来源,而有盈利企业在融资增长方面具有绝对优势。

对此,Cannolly 和 Hirschey(2005)认为规模优势对研发活动的市场估值非常重要,基于市场价值的角度来看,规模较大公司比规模较小公司的研发活动更为有效。规模经济的存在使得大公司的单位研发成本更低,而且大公司在科技竞争中更具优势(Ryan 和 Wiggins,2002)。颉茂华等(2015)基于我国 2007—2011 年上市公司相关数据进行实证研究,发现公司规模、成长性和市场占有率方面的特质对研发投入与公司价值的影响是积极的。

三、内部审计

资本投资项目的成立始于董事会批准支出,而此时内部审计系统已开始运行。这是因为明确项目必要的不动产和营销策略细节是一个需要不断调整的过程。在许多公司,内部审计委员会监督整个产品开发过程。内部审计团队提供有价值的服务,以确保:①参与项目的各方在协调和及时的基础上开展工作;②遵循初始的计划和规范,或者由高级管理层批准必要的变更;③产品质量和成本控制在生产过程的每个阶段都得到有效实施;④所有活动的报告都是准确的。内部审计和成本控制程序是公司运营的重要方面,尤其是在竞争激烈的产品或服务市场的情况下。

对此,Alzeban(2020)探究内部审计特征对吸引外国直接投资的作用,发现外国直接投资流入量的增加是有效内部审计的结果。吴勇等(2018)以 2012—2015 年我国 A 股上市公司为研究对象,基于强制性内部控制审计及评价报告,发现公司内部控制缺陷与真实盈余管理显著正相关,内部控制存在缺陷公司的盈余管理程度更大,财务报告质量更差。赵保卿和徐豪萍(2017)基于 2013—2014 年深交所 A 股上市公司样本,研究内部审计质量与企业投资效率的相关性,发现企业内部审计质量越高,企业投资过度和投资不足程度越低,即内部审计质量越高越能抑制企业非效率投资。

第四节 财务结构

本节讨论公司财务结构的四个要素:所有权结构、财务规划和财务杠杆、股利和股票回购政策、高管薪酬。其中,高管薪酬作为协调管理者和股东利益的手段,是公司财务结构的重要组成部分。

一、所有权结构

从委托-代理理论的角度来看,所有权结构问题的关键是分散所有权(多元化、流动性和获取外部资本)的优势与管理层自由裁量权的成本之间的权衡。由于影响这种权衡的因素不同,各公司的最优(股权价值最大化)所有权结构可能会有所不同。例如,股东和管理层的冲突在多大程度上可以或不能通过监督机制(如董事会)使管理层利益与股东利益达成一致的工具(如 CEO 薪酬激励合约)组合来解决,各公司之间会有很大差异,这些差异可能会导致公司所有权结构发生改变。最优所有权结构也可能取决于公司所在行业和公司规模。在这里,本节简要讨论关于这些问题的两项研究。

可以通过激励机制对企业市场价值的影响来检验上述权衡。如果通过这种手段可以解决代理冲突,那么所有权分散的更多好处就可以实现。Morck 等(1988)的研究发现,随着高管持股从 0 增加到 3%—5%,公司价值(以托宾 Q 衡量)会如预期的那样增大,然而随着高管持股超过 5%,公司价值不再增加。也许在更高的内部持股水平下,股票流动性会降低,或者管理层开始扭曲公司的投资政策。针对在更高的内部持股水平下管理层是否会扭曲公司投资政策这一问题,梅世强和位豪强(2014)以 2010 年和 2011 年我国创业板上市公司为研究对象,探讨高管持股对公司价值的影响,实证结果发现高管持股的利益趋同效应与壕沟防御效应同时存在。随着高管持股比例的变化,两种效应的力量对比发生此消彼长的变化:在高管持股比例低于 20%和高于 50%的区域,利益趋同效应强于壕沟防御效应,高管持股对公司价值起到积极作用;在高管持股比例为 20%—50%的区域,壕沟防御效应强于利益趋同效应,高管持股对公司价值的隧道挖掘动机更加明显,对公司价值起到消极作用。

探索上述权衡的另一种方法是确定高管变更的可能性是否与公司所有权结构有关。Denis 等(1997)研究发现,高管人员变更概率与高管和董事持股比例负相关、与外部人持股比例正相关。换言之,当高管持有公司大量股份时,他们或许能够在业绩不佳的情况下站稳脚跟;然而,当外部个人投资者持有公司相当高比例股份时,高管则无法做到这一点。前者至少部分解释了当内部人持股比例较大时,内部人持股比例与公司绩效欠佳的正相关关系,因为内部人实际上可以利用所持股份来夯实自身的地位;后者暗示了次要的权衡,即如果要求外部持有人削减管理层权力带来的负面价值影响,那么这将以所有权分散程度较低及其附带利益损失为代价。

二、财务规划和财务杠杆

这里简要讨论影响企业杠杆的几个因素。

(一) 财务规划

财务规划解决两个问题:①项目未来资本支出的时间、金额及其产生的收益;②企业如何为资本支出、债务偿付、股利支付和股票回购提供资金。财务预算/规划揭示了公司对外债或股权的未来预期资金需求。换言之,财务规划的目的是平衡未来现金流出的金额和时间与经营活动产生的现金净流入以及债务或股权发行的收益。例如,一家公司的杠杆率可能会随着时间的推移而变化,这取决于公司最近是否因缺乏足够的内部现金而争取用于资本投资的债务资金。

(二) 财务杠杆、投资和公司增长

有研究表明,对于所有公司,杠杆率和增长存在负相关关系。Lang 等(1996)测试了关于这一关系的两个相互矛盾的论点。一方面,杠杆率和增长的负相关可能源于以下两个因素之一:①根据 Myers 和 Majluf(1984)的投资不足假说,债务融资对一家未来有大量增

长机会的公司来说可能成本高昂;②有盈利增长机会的公司可能拥有有价值的私人战略信息,因此信息不对称使公司无法以公允价格获得外部融资,包括债务融资。另一方面,一家有望实现高盈利公司的当前资本支出超过可用的内部资金,它很难获得债务融资。这听起来有些奇怪。

为了探析这些问题,Lang 等(1996)进行了测试以确定按托宾 Q 高低分组公司的杠杆率和增长的关系是否不同,其中托宾 Q 衡量市场对公司投资未来盈利能力的认可程度,可以观察到两家公司以相同的速度增长;然而,公司的托宾 Q 可能有所不同,因为一家公司的管理层追求高盈利投资,而另一家公司的管理层追求边际利润或无利可图的投资以实施扩张规模的商业帝国建设。他们发现,只有在托宾 Q 较低的公司中杠杆率和增长才存在负相关关系,在托宾 Q 较高的公司中没有发现这种关系。低托宾 Q 公司中这种负相关关系表明,杠杆被用于扼制管理层的无目的增长趋势;高托宾 Q 公司中缺乏这种负相关关系表明,公司可以自由选择杠杆率,而不需要考虑融资问题——拥有高盈利投资机会的公司可以自由地利用债务市场获得所需的外部融资。

(三)私募股权公司

Lang 等(1996)的分析可以解释微软等高盈利、高增长公司的全股权资本结构。多年来,微软一直是商务服务业最赚钱的公司之一,它当然也利用了许多有利可图的投资机会。此外,基于微软一贯较高的市盈率,市场已经清楚地认识到未来投资的巨大获利潜力。微软的资本结构中几乎没有债务,当然无债务政策可能只反映其创始人、首席执行官和最大股东的个人偏好。然而,微软的自由现金流一直超过资本支出,这表明公司几乎不需要利用债务市场进行扩张。

Agrawal 和 Mandelker(1990)将公开交易的全股权公司的特征与有杠杆的类似规模公司进行比较,探讨公司没有债务的原因。他们发现全股权公司往往是小公司,并且在以下几个方面与有杠杆公司不同:①全股权公司的股东往往较少;②全股权公司的管理层持有更高比例的股份;③家族成员更多地参与全股权公司的运营;④全股权公司管理层的持股比例与家族参与程度正相关;⑤全股权公司拥有更大的流动性头寸。他们认为管理层选择全股权资本结构旨在降低与公司相关的个人财富和家庭人力资本的大规模、不可分散、与投资相关的风险。

这项研究强调了与集中控股公司有关的三个要点。第一,所有权结构影响杠杆的使用,部分原因是所有者或管理层的风险承受能力直接影响公司的杠杆选择;第二,在一个封闭的公司里,不需要债务作为一种强制性手段来应对自私自利的管理层;第三,封闭式全股权公司的价值可能较差,因为股票流动性较差,或许还因为公司没有利用债务的税盾利益。

三、股利和股票回购政策

(一)股利政策

现实世界中的几个因素可能会影响公司的股利政策。一方面,股利在公司层面是不可扣税的,投资者收到的股利是完全应税的,因此公司价值最大化战略可能是不发放股利。此外,在一个债务或股权发行成本高昂的市场里,资本支出等于或超过自由现金流的公司可能会发现发放股利成本高昂,因为它使公司更频繁地进入外部资本市场。

另一方面,股利可以缓解委托-代理和信息不对称问题。例如,股利会约束公司的管理层,若没有股利约束则他们可能会倾向于使用闲置现金过度消费从而获得额外福利或建立商业帝国;或者在信息不对称的情况下,股利可以作为公司未来盈利能力的有效信号。此外,如果公司有未偿债务,保留闲置现金基本上是为了债权人的利益而非股东的利益,从而降低了公司的违约风险。因此,有杠杆公司存在发放股利的动机,以此作为攫取债权人财富的手段。

对此,Dhillon 和 Johnson(1994)认为大额股利的变化对债权人非常不利。这说明在过度分配股利的情况下,财富转移假说对市场反应的解释力更强。不过,史金艳等(2019)以2008—2017 年发行公司债券的中国 A 股上市公司为样本,发现在股利分配较少的情况下,信用价差与股利支付率负相关,信号传递假说成立,此时上市公司可以通过增加发放现金股利向债券投资者传递利好信息。当股利发放数额较多时,信用价差与股利支付率正相关,符合财富转移假说,此时上市公司可以适当减少现金股利发放数额以避免引起债券市场的消极反应。

(二)股票回购计划

股票回购是指上市公司用现金等,从股票市场上购回本公司发行在外的一定数量的股票的行为。股票回购在美国非金融公司中变得越来越普遍,就综合现金流而言,股票回购额已经超过股利总额。当公司管理层决定回购股份时,通常会采用正式的股份回购计划且向公众公布,并在较长的时间内继续回购股份。

公司采用股票回购计划有几个原因。第一,管理层可能认为公司股票的市场定价过低,股东收益可通过购买股票来实现,至少可用闲置资金购买股票作为投资,也可能是为了推高股价。第二,股票回购是一种更灵活的方式,可以释放多余的现金,从而减少管理层建设商业帝国的机会。第三,股票回购计划的灵活性还允许管理层随着时间的推移而调整杠杆率,或阻止收购企图。

Bedchuk 和 Fried(2005)发现通过回购价格被低估的股票,财富从出售股票的股东转移给未出售股票的股东。他们认为通过回购低于公允价值的股票,知情人士(他们不太可能按这样的价格出售)从出售股票的股东(他们往往不知情)处攫取财富,未出售股票的股东按比例受益于这种财富转移;内部人的持股比例越高将受益越多,于是越有动力选择回购时机。这种财富转移效应可以预测内部所有者的回购时机和回购利润。黄虹和肖超顺(2016)基于 2011—2014 年间我国沪深两市的股票回购数据,以上市公司实际的股票回购行为作为"窗口机会",证明上市公司具有明显的股票回购择时能力,中小板上市公司尤为突出,并发现回购期间的平均超额收益越高、回购前后的价格波动率越大和回购持续的时间越长,越有利于管理者选择回购时机;同时,回购期间的其他信息发布也会增强管理者把握回购时机的能力。

四、高管薪酬

高管激励措施通常包括要求管理层拥有公司部分股份、与公司盈利挂钩的年度奖金、授予限制性股票或股票期权(股票或股票期权在设计上使其提供的回报严格取决于未来的股价表现)。

(一)"激励机制"的问题

当高管的大部分财富与薪酬挂钩时,即使没有绩效激励,高管的个人投资组合也很难有效实现多元化。高管的个人投资组合严重暴露在公司的总体风险之下,与多元化投资的股东形成鲜明对比,后者只承担公司的系统性风险。因此,风险厌恶的高管有动机降低公司的经营风险,通过次优选择降低运营杠杆率或仅接受低风险项目和承担低财务风险,以便将公司杠杆降至最佳水平以下(Haubrich, 1994)。

正如 Shleifer 和 Vishny(1997)所解释的,绩效激励可能会诱导高管参与有可能损害公司价值的活动:高激励合同为管理者创造了巨大的自我交易机会,尤其在这些合同是与动机不佳的董事会而非大股东谈判而达成之时。当管理层知道盈利或股价可能提升时,他们可能会自行协商此类合同,甚至会操纵会计数字和投资政策以增加高管薪酬。例如,Yermack(1997)发现,管理层选择在好消息宣布前接受股票期权授予,但在坏消息宣布后接受股票期权授予。他的研究结果表明,期权与其说是一种激励手段,不如说是一种隐性的自我交易机制。

尽管如此,激励机制在高管薪酬合同中的普及性证明其重要性和具有正净值。然而,学者们也观察到激励机制的横截面变化极其复杂,发现很难通过薪酬合同中的条款来协调高级管理层和股东的利益。

对于管理层是否可以通过将注意力集中在盈利或股票价格表现上从而更好地服务于股东的利益,目前仍存在相当大的争议。一方面,基于盈利的奖金计划可能更好,因为它会奖励 CEO 实现的绩效;另一方面,股票和股票期权授予可以使得管理层直接关注股东的利益——提高公司股权的市场价值。事实证明,这两种激励手段都存在问题。

关于以年度盈利为基础的奖金,一个问题是:管理层会专注于短期会计利润,这可能会损害公司的长期盈利能力,而公司股票价值最终取决于长期盈利能力。另一个问题是:管理层至少在短期内可以操纵利润。对于报告利润,管理层有相当大的自由裁量权,例如转换折旧方法、延迟确认或减记收入。

与股票相关的补偿的问题是,股票价格不仅取决于公司的业绩,还取决于管理层无法控制的其他因素,包括影响股票价格的市场因素。由于存在信息不对称,市场对股票的估值部分依赖于直接来自公司管理层的信息,管理层就有可能操纵股票价格,例如夸大现有或未决项目的盈利潜力,或操纵利润以影响股票市场价格的变化。

(二)长期激励计划

基于年度利润的奖金计划以及与股票相关的补偿存在一定的问题,由此市场上出现了新的激励手段,包括已有两种激励机制的改进,或者包含多种激励的相当复杂的一揽子计划。此外,许多公司已经放弃基于利润的年度奖金和与股票相关的奖金,转而采用长期激励计划。该计划根据公司 3—5 年的利润或股价表现来奖励高管,而不是像基于利润的奖金那样每年奖励一次。

长期激励计划的一个积极影响是,管理层可能更愿意放弃表现不佳的资产,即使这样做会因资产减记而对公司的短期利润产生不利影响。Tehranian 等(1987)发现,如果公司有管理层长期激励计划,市场对资产出售公告的反应就会比没有管理层长期激励计划下更积极,认为"长期激励计划是激励管理层做更好决策的有效机制"。

Kumar 和 Sopariwala(1992)调查了市场对采取长期激励计划公告的反应以及施行计划后公司绩效的变化,报告了在宣布采用长期激励计划前后的显著正超额回报。此外,这项研究发现公司采用长期激励计划与随后的盈利能力提升存在关联,表明长期激励计划可能已经取得成功,激励计划下管理层有动机优化盈利能力等会计指标;同时,激励计划公告前后的超额回报与常用的会计业绩指标(如每股收益增长)的后续变化正相关。但 Pepper 等(2013)对 350 名高管的实证研究发现,长期激励计划对组织目标的实现并没有激励作用,除了长期激励,企业还应当给予其他的补偿性激励;只有有效把握激励兑现时机并确定切合实际的兑现方式,才能建立合理的高管薪酬激励机制。

我国目前关于长期激励计划的研究多集中于案例分析和最优长期激励的构建,实证研究相对较少。吕洁等(2017)对 2010—2014 年间实施股权激励的 528 家上市国企和民企进行实证分析,将高管的经营管理行为分为两类:一类偏重提升企业的短期业绩,另一类偏重提升企业的长期价值。他们从理论和实证角度论证,合理的薪酬制度应该是与高管两类行为匹配的激励机制,引入以股权激励为主的长期激励,并在长期激励和短期激励之间建立一个适宜的分配比例。

(三)高管薪酬的前因和经济后果

公司的高管薪酬与财务政策的关系是复杂的。高管薪酬合同涉及的意外事件可能既会影响财务变量,也会受到财务变量的影响。因此,无论是从理论上还是从经验上,它们之间的关系都不容易看出。然而,研究人员已经能够确定薪酬合同条款中与理论一致的特定规律,而人们的注意力集中于高管薪酬的前因和经济后果。

1. 高管薪酬的前因

(1)企业绩效。高管薪酬和企业绩效的关系是代理理论中的根本问题,也是企业薪酬激励设计的基点(Murphy,1985)。方法上,学者们对绩效的测量不再局限于单纯的利润或股价指标。Nguyen 和 Nielsen(2014)以市场对高管猝死的反应(股票价格的变动)衡量股东价值预期贡献;刘浩等(2014)用收入是否达标衡量非利润绩效指标,用更多元的测量指标论证绩效对薪酬的正向影响。内容上,关于绩效的研究重点逐渐转至薪酬业绩敏感性。研究发现,美国 CEO 薪酬绝对值和相对值自 1990 年以来显著增长,而这种增长很大程度地归因于增加支付的股票和股票期权薪酬组合,由此美国公司的高管薪酬业绩敏感性得以增强(Bebchuk 等,2011)。

(2)董事会治理。良好的董事会治理可以抑制 CEO 自利行为和机会主义,使 CEO 薪酬呈下降趋势,进而最大化所有者利益。董事会治理往往体现在董事会规模、独立董事比例、薪酬委员会和董事会任期等方面。在独立董事方面,传统代理理论认为董事会应该由大多数外部独立董事组成,从而增强董事会的客观性,使其整体监控能力得到提升。Chhaochharia 和 Grinstein(2009)的研究表明,从前没有遵守纽约证券交易所和纳斯达克董事会独立性要求的公司,在相关规则实施后其 CEO 薪酬比遵守要求的公司多下降 17 个百分点,从而证实董事会独立性要求导致 CEO 薪酬水平下降。然而,Guthrie 等(2012)推翻了 Chhaochharia 和 Grinstein(2009)的实证结果,证实后者研究结果的 74% 可归因于 865 家样本公司的两个异常值,并发现薪酬委员会独立性要求反而会提高 CEO 总薪酬;进一步研究表明,过强的董事会独立性会提升 CEO 薪酬,因为大量外部人会提高信息不对称程度,并且外部观察者会高估 CEO 控制和决定公司绩效的能力。这有利于 CEO 的自我服务行为却不利于董事会监管,从而使 CEO 获得超出预期的薪酬。

(3)行业薪酬基准。董事会通常以相似公司管理层薪酬为基准,并按等于或高于基准的原则制定管理层薪酬契约。当这种比较方法被公司普遍使用时,会形成比较基准和管理层薪酬之间的螺旋式上升,由此导致管理层薪酬持续增长。薪酬基准通常涉及一组同行业公司的集合,并以此作为评估 CEO 薪酬水平的参照。企业往往倾向于以规模更大或薪酬水平更高的同行业群体为基准,并且这种现象在规模较小或不太显眼的企业中更加明显。De Vaan 等(2019)认为这体现了企业的自我服务行为,并发现当企业财务目标未达成或 CEO 行使管理自主权选择的同行业企业无可非议时,这种偏差会增大。Bizjak 等(2008)发现企业使用较高参照基准是为了提供有竞争力的薪酬方案,以获得管理层的人力资本,因为参照基准与企业绩效和劳动力市场紧缩状况正相关。同样,中国上市公司高管薪酬契约也呈现明显的参照效应,高管薪酬多以同行业、本地区高管薪酬均值为基准(李维安等,2010;徐细雄和谭瑾,2014)。

(4)政府治理。传统最优契约理论认为,政府、法律等因素独立于高管薪酬安排,是外生变量。然而,也有文献认为政府干预、立法等外部因素同样会制约 CEO 薪酬,强有力的政府治理会导致高管薪酬水平下降。2000—2012 年 11 个发达国家通过立法,赋予股东直接影响高管薪酬政策的权力。Ferri 和 Maber(2013)研究发现,立法无法控制 CEO 薪酬。然而,Correa 和 Lel(2016)认为,上述研究样本太过单一,于是使用 38 个国家的大样本并发现,在施行薪酬标准法律后,股东影响力得到提升,CEO 薪酬水平下降。同样,因为强制增加信息披露可以降低高管劳动力市场的信息不对称程度,《萨班斯-奥克斯利法案》(SOX)规定的加强信息披露使内部控制薄弱公司的首席财务官薪酬水平下降。Robinson 等(2011)也发现,美国证券交易委员会公布公司违规行为之后,其高管薪酬水平会随之下降。

2. 高管薪酬的经济后果

(1)盈余管理。当高管追求自身利益最大化时,可能会因薪酬与会计利润的高度相关性而实施盈余操纵,从而极大损害公司和股东的利益。王克敏和王志超(2007)研究发现盈余管理对管理层薪酬业绩敏感性有显著正向影响,这表明当管理层薪酬契约基于会计业绩时,管理层有动机为增加薪酬而利用盈余管理调增会计利润。

(2)投资行为。目前,上市公司越来越普遍地采用双指标的薪酬体系。高管薪酬结构中不仅有与会计利润相关的奖金,还会被授予与公司长期价值挂钩的股票期权,这样就将短期利益和长期利益有效捆绑起来,从而约束高管的自利行为。公司的资本结构和资本成本都会影响公司的长短期价值,所以高管会基于薪酬激励计划,相应选择融资、投资、风险管理等政策。辛清泉等(2007)研究高管薪酬在公司资本投资决策方面的治理效应,发现当高管薪酬对业绩不敏感时,地方政府控制的上市公司存在因薪酬契约失效而导致的投资过度现象。代理理论认为相比于股东,高管控制更多的资源,对公司的经营管理更了解,高管可以获取更多的私人利益,当其薪酬业绩敏感性较弱或薪酬契约激励不足时,高管更倾向于与他人进行私下交易以获取项目回扣等,因此高管经常会过度投资,追求投资规模而非投资效益。但罗富碧等(2008)发现实行股票增值权激励公司的投资量较实行其他激励模式公司的投资量更大,表明高管股权激励对投资有显著的正向影响。当高管拥有公司的股票期权时,就有足够的动机去提高公司的长期价值以兑现股票期权。所以,高管会积极投资于正净现值项目,从而增强公司发展动力,实现长期价值增值。

第五节 风险和意外事件

一、股权风险

业务风险和财务风险是股权风险的决定性因素,下面从这两个方面进行讨论。

(一)业务风险

一旦管理层决定了商业战略和运营结构,公司运营风险(即业务风险)就会得到很好的定义。决定企业业务风险的经营战略中,一个重要方面是企业选择经营的行业。企业运营结构中的规模和资本强度影响其业务风险。就公司规模而言,大公司具有降低业务风险的优势。第一,大公司在地理位置上通常更加多样化,表现在客户群、替代供应商、员工、工厂等方面。第二,大公司通常凭借规模经济在行业内享有准垄断地位。尽管准垄断地位不会使公司免受行业产品总需求减少的影响,但确实会削弱来自规模较小、效率较低行业竞争对手的竞争力。

传统观点认为企业的业务风险与资本密集度或经营杠杆正相关。由于资本密集型企业背负巨额的固定成本,因此其营业收入对成本变动更为敏感。相比之下,劳动密集型企业的业务风险较低,因为它能够在相对较短的时间内调整劳动力成本以应对营业收入的变动。然而,资本密集度和业务风险的关系很难从经验上辨别,因为典型的资本密集型企业规模较大,难以取得大规模企业的业务风险降低效应。

(二)财务风险

公司股权风险不仅取决于业务风险,还取决于财务杠杆,因为财务杠杆的作用是将业务风险集中于较小比例的股权。财务风险是指公司破产风险或财务杠杆对盈余和股价波动的影响。对于给定的一组风险资产和经营活动,公司的财务风险会随着杠杆率的提高而增加。

业务风险和财务杠杆的结合可以确定公司股权风险。股权风险是公司股权持有人利益的一个重要方面。因此,如果管理层关注公司股权持有人的利益,那么预计管理层的杠杆决策将至少部分取决于业务风险。有理由认为,业务风险较高公司的杠杆率往往较低。考虑一家公司的管理层最初决定其最优经营战略和业务结构的情景:先定义业务风险,然后考虑杠杆作用。如果管理层希望将公司股权风险限制在某种可容忍的水平下,那么当业务风险较高时,管理层必须选择较低的杠杆率。现金流变现可以提供以相对较低的边际成本调整杠杆的机会,因此公司的现金流特征不仅会影响杠杆率,还会影响朝着目标杠杆调整的速度。秦海林等(2022)基于2014—2019年我国A股上市公司数据,发现不论是"减债"还是"增权",去杠杆政策都会提高股权集中度。这有助于实际控制人防止"搭便车"行为,抑制管理层的卸责行为,所以去杠杆政策可能会降低企业的财务风险。

二、意外事件

管理层经常会因过去的表现而遭遇意外事件,具体可分为四类意外事件:①增长机会(现有产品或服务市场的扩张;投资其他产品或服务市场的机会);②重组(例如削减或放弃现有的产品或服务线);③合并、收购或并购;④破产或清算。

最终,决定公司未来盈利能力和股东价值的可能是与意外事件相关的决策,而不是公司投资项目的盈利能力。因此,管理层和股东的利益保持一致至关重要;否则,与意外事件相关的决策将是次优的。例如,许多公司可能正处于增长阶段,但只有其中一些公司在追求盈利增长机会,而其他一些公司管理层则在从事自我服务的商业帝国建设。

20世纪80年代和90年代,美国公司发展的两个标志是:①内部公司治理的改善;②通过高管薪酬合约中的激励机制,使管理层和股东的利益保持一致。这导致管理层更加追求盈利增长和提升核心竞争力,而不是建立商业帝国,这主要体现在企业分拆、股份分拆和关联交易的激增上。

并购对收购公司和目标公司来说都是重要的意外事件。对于收购公司而言,收购可能会使它在现有产品市场上获得关键的规模经济,或在互补产品市场上寻求获利的机会。对于目标公司而言,被收购通常会给股东带来相对可观的收益,无论公司是有盈利还是陷入财务困境。公众公司的管理层(或其他各相关方)在贷款人的帮助下,可以考虑购买公司股权,并将公司私有化。

对于陷入财务困境的公司来说,破产和清算通常是最后的应急措施。通过宣布破产,公司可以获得债权人保护,并有机会在重组资产和财务结构后重新合并。在清算中,公司的资产被出售,所得收入被优先分配给索赔人,公司不再存在。

案例解析
蛋壳公寓的商业模式创新如何平衡收益与风险[①]

核心概念　商业模式　银行风险　资金链

学习脉络　以长租公寓行业为背景,从蛋壳公寓的商业模式、银行风险和金融监管等方面分析蛋壳公寓爆雷的原因及其后续影响。

---

① 本案例由南京师范大学的赵自强、纪苏源、周慧敏和徐张君撰写,作者拥有著作权中的署名权、修改权、改编权。本案例授权中国管理案例共享中心使用,中国管理案例共享中心享有复制权、修改权、发表权、发行权、信息网络传播权、改编权、汇编权和翻译权。出于保密的要求,本案例对有关名称、数据等做了必要的掩饰性处理。本案例只供课堂讨论之用,并无意暗示或说明某种管理行为是否有效。

学习要求

1. 蛋壳公寓的商业模式是什么?
2. 蛋壳公寓的商业模式在此次危机中暴露出怎样的风险?
3. 面对这些风险,企业应如何构建财务风险预警体系?
4. 在蛋壳公寓的商业模式下,企业应如何通过风险管控来保障资金链安全?
5. 如何监管商业模式与银行金融创新相结合所带来的风险?

近年来,长租公寓企业频频爆雷、风波不断,引起社会各界的广泛关注。作为长租公寓头部知名企业的蛋壳公寓也接连传出拖欠房东租金和供应商账款等负面消息,引发市场热议。蛋壳公寓爆雷的直接原因是资金链断裂。那么,引爆蛋壳公寓的根本原因是什么呢?

2020年的冬天对韩女士来说格外寒冷。她被房东逐出房屋,这让她难以置信,并认为被逐毫无道理。她早已向蛋壳公寓预付一年房租,并为之欠下租金贷,至今仍要每月定期还贷,如今却是钱交了,贷款欠了,却没地方住了。"真真是万家灯火通明,没有我一盏。"她哭道。然而,驱逐她的房东李先生认为自己并非无理取闹。因为没有收到蛋壳公寓所支付的房租,他只能及时止损,在与蛋壳公寓的合同失效后才向租客要求收回房子另租。毕竟,他年纪也大了,租金又是他唯一的收入来源,实在是无法承受损失。租客与房东各执一词,让人不禁疑惑他们所言的蛋壳公寓在其中扮演什么样的角色。作为一家企业,蛋壳公寓谋求利益的商业模式是怎样的?长租公寓这一市场又该何去何从?

1. 乘东风长租兴起,求扩张蛋壳破碎

1.1 蛋壳公寓乘风起

蛋壳公寓是紫梧桐(北京)资产管理有限公司旗下的长租公寓品牌,2015年1月在北京成立,是国内几大长租公寓运营商之一。随着长租公寓行业在中国的兴起,蛋壳公寓在这片红海中不断稳定自己的地位。蛋壳公寓早在2016年就启动了"椋鸟计划",针对毕业生客群初入社会、收入较低、工作和生活不稳定等特征,为他们提供一系列优惠的租房服务,吸引更多毕业生入住,迅速占领长租公寓市场。2020年1月17日,蛋壳公寓在纽交所风光上市,成为2020年登陆纽交所首只中概股,作为第二家上市的长租公寓品牌,蛋壳公寓受到很多投资人的追捧,上市时市场价值约为27.4亿美元。

1.2 求扩张资本介入

尽管蛋壳公寓顺应了租赁政策的召唤,但在长租行业市场朝着规模化、专业化前进时,其经营业绩并不尽如人意。从蛋壳公寓2017—2019年财务报告中可以看出,其营业收入由6.57亿元增至71.29亿元,净利润却从-2.7亿元降至-34亿元。不难发现,在营业收入增长的同时,蛋壳公寓的亏损却不断加大。蛋壳公寓2020年发布的第一季度财务报告显示,其第一季度营业收入为19.396亿元,与上一季度相比增长62.5%;净亏损为12.344亿元,亏损也同比增长;产品研发费用为6 100万元,同比增长25.6%;租赁费用为19.557亿元,同比增长67.5%。蛋壳公寓的经营状况着实令人担忧。截至2020年第一季度,蛋壳公寓的自有资金为42.26亿元。不仅如此,2017—2019年蛋壳公寓的房屋出租率不断下降,分别为86.5%、76.9%和76.7%。根据历年财报,蛋壳公寓2017—2019年的资产负债率长期居高不下,资金链一直紧绷,其资产负债率分别为119.89%、82.62%和95.79%,同期经营活动现金流净额也由-1.15亿元降至-19.11亿元。蛋壳公寓的经营模式本身不是引发债务危机的关键,导致爆雷的问题在于蛋壳公寓这个平台过度加杠杆,突发疫情后其资金链断裂,如图1所示。

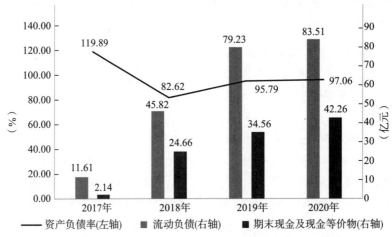

图1 2017—2020年蛋壳公寓流动负债、现金和资产负债率

尽管蛋壳公寓经营状况每况愈下,近年来却一直在长租公寓市场上不断扩张领土。2015年年末蛋壳公寓运营的房产只有2 434套,经过几年的积累,到2019年年末它运营的房产迅速增至438 309套,四年时间增长近17 908%。蛋壳公寓何以实现野蛮生长?答案是"股权融资+租金贷"。这些年,董事长沈博阳一直为蛋壳公寓做信任背书,他向投资者表示维持蛋壳公寓的商业模式运行到规模扩大到一定程度就可以获得租金市场定价权,届时蛋壳公寓可以利用增值服务来提升用户体验感及用户黏性,进而获得长期收益。但在这之前,蛋壳公寓要扩大规模,需要利用融资为蛋壳公寓带来鲜活的发展能量。而随着投资者对蛋壳公寓商业模式的逐渐认可以及对管理层的信任,蛋壳公寓拉来了越来越强大的投资阵容。2015—2020年,蛋壳公寓先后完成8轮融资,总共筹集高达67亿元(含IPO融资1.49亿美元),主要投资方包括蚂蚁金服、愉悦资本、老虎环球基金和CMC资本等,如表1所示。

表1 蛋壳公寓融资历程

披露日期	交易金额	融资轮次	投资方
2015-01-01	数百万元人民币	天使轮	公开发行
2015-07-29	数千万元人民币	A轮	CMC资本、春华资本
2017-06-28	超亿元人民币	A+轮	老虎环球基金、蚂蚁金服、春华资本、CMC资本、高榕资本、愉悦资本
2013-02-26	1亿美元	B轮	老虎环球基金、贝塔斯曼亚洲投资基金、元璟资本、酉金资本、愉悦资本、高榕资本、CMC资本

(续表)

披露日期	交易金额	融资轮次	投资方
2013-06-06	7 000万美元	B+轮	高榕资本、CMC资本、酉金资本、元璟资本、贝塔斯曼亚洲投资基金、愉悦资本
2019-03-01	5亿美元	C轮	开物投资、愉悦资本、优客工场
2019-10-29	1.9亿美元	D轮	开物投资
2020-01-17	1.49亿美元	IPO上市	领英中国总裁沈博阳

租金贷在蛋壳公寓运营模式中主要针对那些在季付、半年付上仍然有压力的租客。蛋壳公寓和第三方金融机构(如微众银行)合作开发租金分期产品(如"微租贷"),在租客和微众银行签订租金贷协议之后,微众银行向蛋壳公寓一次性支付一年的租金,租客则每月向微众银行还款并支付利息,并且蛋壳公寓向房东付租金也是按月支付。在租金贷模式之下,租客不必一次性支付租金而是按月还款,减轻了资金压力。

蛋壳公寓也可利用资金错配形成的资金池进行高收益的投资或继续收房扩大市场规模和占有率,而且租金贷还是蛋壳公寓重要的融资渠道。由表2可以看出,蛋壳公寓的大部分资金来自外源融资,而外源融资中债务融资占比一直低于股权融资。从表3中可以看出,蛋壳公寓的债务融资一直以银行租金贷为主,也就是蛋壳公寓资金链的正常运转离不开租金贷这一融资方式。

表2 蛋壳公寓融资方式占比

年份	内源融资		外源融资			
			股权融资		债务融资	
	金额(万元)	占比(%)	金额(万元)	占比(%)	金额(万元)	占比(%)
2017	9 898.40	7.69	104 695.40	81.37	14 069.60	10.94
2018	37 323.10	5.67	335 447.80	50.92	285 966.70	43.41
2019	113 822.50	8.46	620 279.70	46.13	610 623.80	45.41

表3 蛋壳公寓债务融资

年份	银行租金贷		租客预付款		其他融资	
	金额(万元)	占比(%)	金额(万元)	占比(%)	金额(万元)	占比(%)
2017	93 755.80	89.55	10 565.60	10.09	374.00	0.36
2018	212 698.80	63.41	27 953.40	8.33	94 795.60	28.25
2019	275 319.10	44.39	97 634.80	15.74	247 325.80	39.87

虽然这种商业模式看起来十分美好,但是一旦遇到"黑天鹅"事件(如新冠疫情)就无法运行下去。由于蛋壳公寓的经营模式有着资金回收周期较长、重资产等特征,其资产负债率往往偏高,资金链容易断裂,2019年蛋壳公寓的资产负债率就高达95.79%。新冠疫情导致的高房屋空置率对长租公寓行业可谓致命打击。此外,长租公寓行业受市场周期

性影响较强,在每年的春节后返乡潮和毕业季都会迎来租房小高峰。然而,在新冠疫情影响之下,企业停工停产,返乡潮并未来临。大量租客在春节之后因假期延长而推迟返程计划,很有可能退租。租房市场的"小阳春"并未如期而至,租房需求蛰伏,长租公寓寒冬被迫拉长。

2. 四全其美真存在?脆弱核心引爆雷

蛋壳公寓爆雷其实并不令人意外。受新冠疫情影响,2020年上半年一些中小型长租公寓接连被曝出跑路,比如位于上海的长租公寓"岚越"、位于杭州的长租公寓"巢客"和"友客"等。据统计,截至2020年上半年,多达82家长租公寓面临不同程度的资金链断裂,陷入跑路或倒闭危机,被各大媒体公开报道,其中比较知名的有青客公寓,这是国内第一家上市的长租公寓品牌,现已陷入破产危机。

在中国,成功上市的长租公寓品牌不多,蛋壳公寓作为成功品牌之一,一直受到社会高度关注。在这个寒冬,作为巨头之一的蛋壳公寓也出现问题。回想起蛋壳公寓在2020年年初的表现,也许危机早就埋下伏笔。

蛋壳公寓为何会爆雷?在回答这个问题之前,我们有必要谈谈蛋壳公寓的商业模式。

2.1 蛋壳发展如何?

蛋壳公寓如何收房租?以蛋壳公寓在上海某房源为例,租金为1 640元/月,另外加收服务费和维修金,具体金额根据付款方式有所不同。若按季付款,则租金为1 720元/月,服务费为1 848元/年,维修金为204元/年;若按半年付款则有租金优惠,租金为1 640元/月,另加服务费1 416元/年和维修金192元/年;若按年付款,则租金为1 640元/月,另加服务费168元/年和维修金192元/年。蛋壳公寓一般以不包含服务费等附加费的月租金为标准收取押金。因此,上述三种支付期限对应的年租分别为24 412元/年、22 928元/年和21 680元/年。

蛋壳公寓费用说明如下:

(1)押金为1个月的房屋租金,用于保障租客租住期间履行合同义务,维护蛋壳公寓和房东的权益。如果租约到期房屋状况良好,并且租住期间租客没有任何违规情况,则押金返还租客。具体规则为:住满一年及以上者,押金全部退还;未住满一年且提前1个月报备,退还30%押金;未提前报备,押金不退。

(2)服务费为每月房租价格的10%,120元/月起,租客交纳服务费可以享受包含网络通信、公共区域保洁等服务,服务费金额会随租客一次性交纳金额的大小提供不同程度的优惠。

(3)维修金是为租客提供基础维修服务和房屋修缮工作而收取的。

蛋壳公寓的收费标准总体而言与租赁行业是一样的,如图3-2所示。如果蛋壳公寓的收房数量和出租数量差别不大且出租率较高,蛋壳公寓就可以赚取两者差价的中介费,最小化空置损失。另外,蛋壳公寓向租客收取的服务费和维修金也有一定的利差空间。

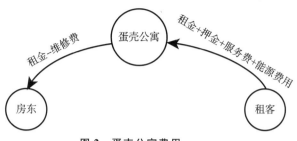

图 2　蛋壳公寓费用

从业主的角度,蛋壳公寓每个月会向房东收取一笔"维修金"。例如,蛋壳公寓从张先生名下收来一套 80 平方米的三居室,合同约定租期为 3 年,每月房租为 3 000 元,但每月会扣除 59 元维修金,实际到账 2 941 元。

另外,蛋壳公寓向业主收来的大多是毛坯房,需要简单修缮、添置家具才能对外出租。因此,蛋壳公寓会向业主索求 5 个月的免租期。即使房屋在此期间修整完成出租给租客,业主也不得向蛋壳公寓要求房租。在新冠疫情期间,蛋壳公寓还发布房东计划,将两个月的租金拆分成 24 期支付给房东。

整体来看,虽然蛋壳公寓的收房价略高于市场价,但从服务体验上看,蛋壳公寓已经对传统租房中介公司造成降维式打击。年轻人偏好服务到位的中介和价格透明的房屋,他们宁可多出几百块也会选择这种一目了然的租房方式。

从这个角度看,如果蛋壳公寓控制好扩张速度,那么即使发生短暂的亏损,蛋壳公寓的市场竞争力也将远胜于传统中介,不至于落得资金链断裂的下场。

2.2　四全其美真存在?

现在的长租公寓从业者开拓了思路,创新性地提出了一种商业模式。在这种商业模式下,企业采取高买低卖的出租方式,高价从业主手里收房,以较低的价格租给租户。在实际的操作中,长租公司一方面尽可能地一次性从租客手中收取更多的钱,另一方面尽可能地晚一些把钱交付房东,这样就形成一个资金池。

蛋壳公寓 2016 年启动的"椋鸟计划"就是采用这种模式。"椋鸟计划"的目标客户是应届毕业生,这类群体的典型特征是初入社会、收入较低但未来发展潜力大。因此,"椋鸟计划"的一大特色就是提供免费换租和零押金的优惠服务,从而吸引更多租户,增强租户对品牌的好感,提升行业影响力。2020 年 3 月 23 日,蛋壳公寓正式推出优惠租房项目"椋鸟计划"第五季。

在推出"椋鸟计划"的同时,蛋壳公寓还与第三方金融机构合作开发租赁分期付款新产品(例如,与微众银行合作推出的"微租贷"产品),租客可以在享受季付或半年付优惠的同时,实际上仍按月还款,从而减轻支付租金压力。

租金贷模式相当于租客向银行借款租房。蛋壳公寓按年付租金标准向租客提供折扣力度最大的优惠,租客向微众银行按月还款并支付利息,微众银行根据年付租金收费标准向蛋壳公寓一次性支付租金,而蛋壳公寓按月向房东支付租金。这样对蛋壳公寓而言是百利而无一害——虽然收入的租金现金数额少了,但收款时间的提前大大降低了收款风险,增加了手中的现金流,有利于蛋壳公寓继续收房出租、扩大市场占有率。

这样看来,蛋壳公寓的运营模式简直是四全其美(见图3):其一,租客不需要一次性支出大笔资金,可以缓解房租压力;其二,金融机构可以省去寻找客户的中间环节,直接向意向客户发放信贷;其三,长租公寓方可以快速回笼资金,抢占市场;其四,房东将房屋交给中介统一打理,省事省心。近些年国家政策对住房租赁市场十分友好,频频下发指导意见。背靠国家支持,长租公寓行业一举站上市场风口。

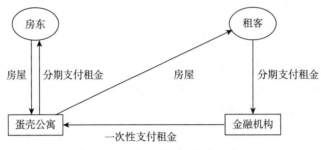

图3　蛋壳公寓运营模式

但遗憾的是,长租公寓利用杠杆过度扩张带来的风险超过了它所能承受的范围。在运营闭环中,任何一个环节的脱节(比如租约率下降、客户提前解约)都会对企业资金流产生巨大冲击,导致运营模式崩溃。

蛋壳公寓也意识到这一风险,并在招股说明书中注明:"如果我们的客户寻求提前终止租赁、未能履行其租赁义务或违反租约而对企业的业务、财务状况和经营成果产生负面影响,我们需要将预付款余额退还给租客或向租客提供资金融资的金融机构,这会对我们的现金流产生不利影响。"同时,蛋壳公寓明确表示企业未来能否保持盈利能力在很大程度上取决于其扩张公寓网络、保持健康入住率的能力。

2020年1月17日,蛋壳公寓在美国纽交所成功上市,成为2020年纽交所上市第一只中概股。

2.3　脆弱核心引爆雷

突发的新冠疫情加剧了房屋租赁行业的整体风险,一线、二线城市退租行为增加,出租率下降,给长租公寓行业带来致命一击。地产公司的自有房产可以勉强撑一段时间,但是主打中间商的长租公司就面临巨大的市场危机。入住率下滑,蛋壳公寓从主要资金来源——租金贷中获得的资金大幅减少,资金流捉襟见肘。

2020年2月,蛋壳公寓的房屋空置率高达30%,这个数字十分惊人。一般而言,房屋租赁企业需要保证90%以上的房屋出租率才能实现盈利。蛋壳公寓出租率(70%)与行业基准(90%)间高达20个百分点的差距就需要蛋壳公寓自己填上这个窟窿。

短暂的资金短缺不会对蛋壳公寓造成致命打击,但是疫情冲击使得出租率持续低迷,蛋壳公寓最担心的风险成为现实。

2020年上半年,蛋壳公寓多次以疫情为由向公寓的服务提供方(比如装修公司、保洁公司、电力燃气公司等)提出延期付款的请求。鉴于以往蛋壳公寓的款项支付一直存在拖欠的情况,再加上疫情防控期间各大公司普遍存在现金流周转困难,服务提供方接受了蛋壳公寓短暂延期支付的请求。同时,蛋壳公寓向业主提出"房东计划",要求疫情防控期间的租金分24期支付,但即便这个计划也未能按预期执行,蛋壳公寓依旧没法支付现金给房东。蛋壳公寓的资金链已经濒临崩溃的边缘,彻底断裂已经是板上钉钉的结果。

随着蛋壳公寓多次提出延期付款的要求,服务提供方拒绝继续提供服务。众多蛋壳公寓租户遭遇断网、停气、无保洁、无维修服务等诸多问题。随着事件波及范围的不断扩大,蛋壳公寓爆雷事件迅速发酵,相关话题也登上微博热搜。

3. 长租界"雷声阵阵",中国式"次贷危机"

3.1 "二房东"危机四伏

蛋壳公寓在其运营模式中充当的其实是"二房东"的角色:向业主租房,经过一系列改造装修之后出租给租客,从中赚取租金差价和服务费。为了应对其他竞争对手的挑战,蛋壳公寓需要向规模经营发展,不断增加房源数量,扩大市场规模。但是,增加运营的房屋数量需要大量的资金支持,于是蛋壳公寓打起租金贷的主意。在租金贷模式下,租客签订协议之后,第三方金融机构就会替租客将一年租金支付给蛋壳公寓,而租客可以先支付部分租金,然后按月向金融机构还款。蛋壳公寓的招股书显示,选择使用租金贷的租客占比非常高,2017—2019年此类租客的占比分别为91.3%、75.8%、67.9%。仅2019年前九个月蛋壳公寓通过租金贷模式就获得7.9亿元的预付租金,占总租金的80%。理论上说,这种运营模式形成了多方共赢的局面:租客不必一次性支付租金而是按月还款,减轻了资金压力;蛋壳公寓可利用资金错配形成的资金池进行高收益的投资或继续收房扩大市场规模和占有率。然而,资金池正是此次蛋壳公寓爆雷的导火索,因为资金池里的资金如何使用并没有相应的监管机构进行监管,蛋壳公寓可以使用资金进行高风险的投资,一旦投资收不回成本就会连锁式地影响此运营模式下的其他参与者,如图4所示。

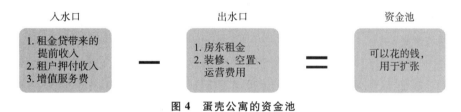

图4 蛋壳公寓的资金池

这种商业或运营模式最大的风险在于是否有足够的房源和租客,在这种加杠杆抢底盘的运营模式下,一旦杠杆利用过度使风险超过蛋壳公寓所能承受的范围,就会使租金贷无法维持下去。运营模式闭环中任何一个环节出现问题,比如出租率下降、房源大量闲置、房东或租客提前解约,都会对蛋壳公寓的资金流动性造成巨大冲击,导致运营模式全面崩溃。

3.2 金融依赖终成瘾

随着蛋壳公寓爆雷事件愈演愈烈,与之一同被推上风口浪尖的还有与蛋壳公寓合作、发放租金贷的微众银行。微众银行是腾讯旗下的互联网银行,也是中国首家互联网银行。在长租公寓频繁爆雷的2018年,微众银行却逆向而为地开始设计长租公寓租金贷业务。实际上,在2018年多家长租公寓爆雷之际,许多传统银行纷纷终止租金贷业务,微众银行却选择继续深入该领域,并且成为蛋壳公寓和自如公寓的租金贷合作方。至2019年微众银行与蛋壳公寓合作的租金贷业务金额已超过 15 亿元,与自如、相寓合作的租金贷业务加起来不到 8 亿元(见图 5)。

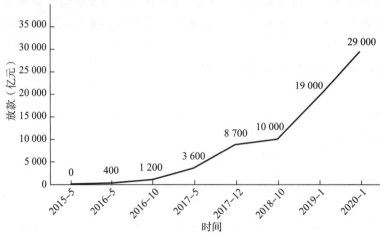

图 5　微众银行累计放款规模

微众银行财务报告显示,其主要业务为"微粒贷",截至 2019 年,"微粒贷"累计放款额已超过 3.7 万亿元,各项贷款余额为 1 630 亿元。由此看来,租金贷业务在微众银行总体业务中的占比较小。但是,由于微众获得了大量租客的租金收益权,可以将收益权打包为诸如 ABS 的产品并卖给市场上的投机者。这不禁让人想到 2007 年美国次贷危机。当时全美房屋贷款合计不到 12 万亿美元。这个数字虽然表面上很小却可以在此基础上利用金融衍生工具创造出几十万亿美元的抵押资产债券和上百万亿美元的衍生金融产品。随着次级贷款无法偿还,衍生金融产品体系在不经意间轰然倒塌,最终引发波及全球的金融危机和经济衰退。

当然,长租市场还不至于像美国次级房屋贷款那么容易爆雷,要爆雷也是由于大多数租客付不起房租,这个风险相对当时的次贷危机而言还是比较小的,毕竟租房不像买房对资金的需求量那么大。尽管付不起房租引发链式风险的概率确实极小且很容易解决,但是自 2019 年以来全国用于出租的房屋大约有 7 500 万套,平均每套房子的年租金为 3 万元,总市场规模大约为 2.2 万亿元,再加上 10% 的服务增值费,整个租赁市场规模在 2019 年达到近 2.5 万亿元。10 年后可能会达到 5 万亿元,这是一个极其庞大的市场!这 5 万亿元的市场一旦出事,所引发的后果将不堪设想。

4. 各方合作伸援手,同心协力谋方案

蛋壳公寓"破壳"事件只是近年来长租行业负面消息的一个缩影,值得我们关注的是当下租房市场的混乱状态。蛋壳公寓不是第一家出现危机的长租公寓运营商,如果长租行业内的企业不及时汲取经验教训,那么蛋壳公寓也绝不会是最后一家。根据不完全统计,截至 2020 年上半年,陷入各类危机的长租公寓企业多达 80 余家。

蛋壳公寓引发市场广泛关注的原因在于它关系许许多多普通民众的生存与生计,不论是房东还是租客。蛋壳公寓爆雷后,政府、事件参与方、民间等各方力量通力合作、协力解决，形成一整套综合救济体系。

4.1 租赁新规的出台

面对2020年上半年问题频出的租赁市场，住建部意识到背后潜藏的危机，力图通过颁布新规来规范租赁市场。

2020年9月7日，住建部向全社会公开征求意见以完善《住房租赁条例（征求意见稿）》，这是我国住房租赁领域首部规范性文件，旨在规范住房租赁市场。征求意见稿包括8章共66条，内容涵盖租赁参与方、租赁中介企业等多个维度，综合保证租赁的合理合规。

4.2 微众银行的"兜底"

作为蛋壳公寓房屋租赁的重要一环，微众银行受到多方关注。面对社会大众的质疑，微众银行积极回应，至2020年年末累计对外发布三则公告。2020年12月4日，微众银行发布的一则公告称，已经制定出合法合规的方案，用于解决租金贷使用者的偿还问题（见图6）。即使租金贷客户短期内不能顺利按期偿还贷款，也不用担心自身征信等问题。具体方案为：蛋壳租金贷客户退租后，与微众银行签署协议，将退租后蛋壳公寓所欠客户的预付金用于抵偿客户在微众银行的贷款。随着公告的发布，租金贷客户和社会关注者都认可微众银行的措施，使之顺利摆脱舆论的指责。

公告

致微众银行租房消费贷款客户：

2020年12月2日，我行发布公告，承诺在2023年12月31日前，对蛋壳租金贷客户的剩余贷款本金给予免息延期安排，同时将继续研究保护客户权益的措施，现将最新进展公告如下：

一、我行已研究制定出合法合规的方案，可以实现即使蛋壳租金贷客户不继续还贷，仍能结清贷款。

二、具体方案是：蛋壳租金贷客户退租后，与我行签署协议，将退租后蛋壳公寓所欠客户的预付租金，用于抵偿客户在我行的贷款。然后我行结清该笔贷款。

三、上述方案涉及诸多工作且需多方协作，我行将尽快推动落实，并不晚于2020年12月31日前开放予客户办理。

四、在此之前，我行仍将执行不催收、不扣款、不计息、不影响信用纪录的措施。请尚未完成居住信息登记的蛋壳租金贷客户，尽快登录"微众银行租住消费贷款"公众号进行相关信息登记。

各项准备工作完成后，我行将另行发出公告，提供前述方案的具体操作指引，敬请留意。

特此公告。

深圳前海微众银行股份有限公司
2020年12月4日

图6 微众银行公告

微众银行当前的做法很让大众意外，将原先和租金贷客户单独签订的贷款合约转变为和蛋壳公寓运营方的债权关系，尤其是在蛋壳公寓面临生存危机的情况下，微众银行实质上承担了更大的风险，相当于主动承担了一笔坏账。正是这种勇于承担社会责任的举措,让微众银行在这一事件中的社会形象反而更为正面。

4.3 自如的"暖冬计划"

在蛋壳公寓事件暴发初期,自如就迅速开展"暖冬守护"计划,帮助受蛋壳公寓爆雷事件影响的房东和租客渡过难关。

"暖冬守护"计划向原蛋壳公寓房东和租客提供重新签约的服务。对于租客,自如承诺可以在一年的时间内按原租约价格向原租客提供房屋租赁服务,符合优惠条件下可以最高减免一个月房租。对于房东,自如承诺减免一年的房屋服务费,同时免费提供房屋修整、租务处理等服务。不论是通过拨打热线电话还是通过线上申请,申请者都可以参与这个计划。在"暖冬守护"计划书中自如表示:"我们深知,再大的困难都需要靠行动去解决,我们将用心听取所有建议,不断优化举措。"

长租行业爆雷事件频频发生,蛋壳公寓"破壳"更是将社会对长租行业的质疑推到顶峰。在这样的情况下,自如主动回应,积极探索解决方案,为民众对住房租赁市场树立信心具有重要意义。

4.4 政府部门的介入

2020年11月18日,北京市住建委针对蛋壳公寓事件成立专办小组,希望能平稳解决此事,后续处理方案会及时公布。在专办小组指导下,蛋壳公寓已经在北京的各个街道社区设立100多个矛盾纠纷接待点,用于向蛋壳公寓的房东和租客提供咨询与纠纷处理服务。

除了政府的行动,中国住房租赁诚信守约经营企业公会(简称"租赁公会")也对蛋壳公寓事件投以高度关注。2020年12月1日,租赁公会就蛋壳危机事件发布一份倡议书称,蛋壳公寓是有全国影响力的租赁企业,其经营困境会严重损害租客的利益。租赁公会倡议各企业积极行动,为受影响的租客提供短期过渡住房,帮助他们渡过难关。12月7日,南京市住房租赁行业协会积极响应号召,宣布已经整理出第一批共计30套房屋,可以让租客免费租住1—2个月,租客可以向协会提出申请,根据个人需求选择鼓楼、建邺、栖霞、浦口等区的房屋。

在蛋壳公寓爆雷事件中,政府引导、协会倡议、企业行动,社会各方积极承担社会责任,这才是化解风险、解决社会问题的有效办法。尽管目前住房租赁市场问题频出,但房屋作为刚需,租房仍存在庞大的市场需求。涌入这一市场的玩家们要仔细打算,在市场占有率和企业盈利能力之间做好权衡。

5. 雷声过后雨不断,长租何去何从

5.1 正视租金贷积极作用

随着我国城镇化的不断推进,进入一线、二线城市的新市民流动人口出现家庭化、年轻化等特征。因此,住房租赁市场的出现是必然的,它能在一定程度上满足新市民尤其是中低收入群体的居住需求。

与之相似的是,租金贷也很好地减轻了经济压力较大承租人的资金负担。租金贷频频爆雷的原因不在于自身,而在于它在蛋壳公寓商业模式下发生了异化。在信息对称和

利率合理的情况下,租金贷有着存在的合理性和一定的独有优势。因此,我们不应完全杜绝租金贷产品,而应正视租金贷的积极作用,适当考虑部分刚需租房者的正常需要,满足租户合理贷款需求。

5.2 建立健全住房租赁市场监管体系

蛋壳公寓商业模式中的重要一环是租金贷,而租金贷所形成的是多头双层法律关系,牵涉主体较多,而且涉及多个部门的职责职权。因此,构建以行为监管为核心的监管架构,完善对住房租赁行为的监管刻不容缓。此外,这种法律关系涉及多个部门的职责,我们应细化相关部门的监管职能,从而有效监管开展住房租赁贷款业务的金融机构和互联网金融平台。

5.3 确立并实施资金托管制度

为了有效监管信贷资金,防止企业因过度扩张而引发经营危机,相关机构应强制要求长租公寓运营企业按一定比例提取租户预支的资金,并存入银行进行资金委托管理;同时,应强制要求运营主体保有一定比例的流动资金,从而提高抗风险能力;此外,还应加强对长租公寓运营商资金用途的监管,保证资金账目清楚。

5.4 完善优化商业模式

虽然蛋壳公寓的租金贷模式创新最终失败了,但仍应鼓励长租公寓企业不断创新商业模式,不断深化与金融机构的合作,满足行业融资需求。因为租金贷不仅反映了资本市场与租赁住宅类市场之间的对接程度不断加深,也反映了长租公寓提供商对投资回报率、缩短投资回报期的金融诉求。

6. 尾声

参加自如"暖冬守护"计划的韩女士再一次住进了温暖的房屋。屋里开着暖气,冬日里难得的阳光斜斜地洒在地板上,明媚惬意。但有了被赶出房屋的经历的她,就像惊慌的鸟儿一样,一边时时刻刻担心自己什么时候被赶出来,一边忧心忡忡地关注维权群的消息。

群里还有好些至今住房没有着落的租客们和韩女士一样关心着维权进展,但已经好久好久没有什么新的让他们欣喜若狂的消息了。和韩女士境况一样的还有李先生,还有其他租客、普通民众,有人焦虑,有人好奇,大家都知道长租公寓势在必行,但都迷茫长租公寓路在何方。

本章小结

本章对公司的环境、内外部治理、商业战略、运营结构和财务结构、风险、绩效和意外事件进行了全面的介绍。首先,介绍了公司商业环境和外部治理的组成部分,包括经济状况、公司可用的资源、金融市场以及外部治理;其次,讨论了公司的两个主要内部结构——内部治理和商业战略;再次,探讨了公司内部治理和商业战略所决定的运营结构与财务结构;最后,讨论了公司的风险、绩效和意外事件。总之,公司的商业环境、外部治理、内部治理、商业战略、运营结构和财务结构决定了公司的业务风险和财务风险以及遭遇意外事件的可能性。

 **思考题**

1. 列出几个外部治理团体,并说明每个团体的监督作用。
2. 讨论公司董事会的监督职权和职权受限因素。
3. 列出并简要讨论公司内部治理结构的三个要素。
4. 讨论大公司的各种优势。
5. 为什么许多小企业的资本结构中没有债务?
6. 列出并简要讨论公司财务结构的四个要素。

 应用题

假设你被要求为制药行业两家公司的首席执行官设计独立的激励相容合同。第一家公司规模大、利润水平高、业务风险较低、杠杆率较高、所有权相对分散;第二家公司规模小、利润微薄、业务风险较高、没有财务杠杆、所有权相对集中。两者的激励合同有何不同?

 分析题

1. 选择一家公司并确定其外部和内部治理结构、业务战略、运营结构和财务结构,以及风险、绩效和意外事件。
2. 阅读并讨论多家公司首席执行官薪酬合同的细节。

第二篇

外源融资下的
财务分析与政策选择

第四章　市场有效性、事件研究与权益资本成本
第五章　公司债券：合同、发行、估值
第六章　私募股权投资
第七章　首次公开募股
第八章　股权再融资

第四章　市场有效性、事件研究与权益资本成本

党的二十大以来，我国政府提出并贯彻了新发展理念，着力推进了高质量发展，推动构建了新发展格局，实施了供给侧结构性改革，制定了一系列具有全局性意义的区域重大战略，国家经济实力实现了历史性跃升；营造了良好的营商环境，激发了市场主体活力，越来越多的投资者开始重视市场效率和价值投资。第三章描述公司商业环境和外部治理、内部治理和商业战略、运营结构、财务结构、风险、绩效和意外事件，本章则聚焦于与市场价值密切相关的决定性因素，即权益资本成本，或称股本成本。

第一节 有效市场假说

有效市场假说(Efficient Markets Hypothesis,EMH)是美国经济学家尤金·法玛(Eugene Fama)(1970)提出的理论,也是最重要、最普遍、最有争议的金融理论之一。即便如此,在现代金融市场主流理论的基本框架中,有效市场假说仍然占据重要地位。

一、有效市场假说

有效市场假说基于理想资本市场的假设而产生。根据 EMH,在法律制度健全、定价效能良好、信息透明度高、竞争充分的股票市场上,证券的市场价格能完全反映真实、合理的证券价值,即价格是公允的。在这种情况下,证券的市场价格必须合理地反映所有可用的价值相关信息。理性投资者能够根据所有可用的有效信息去判断:①证券的预期未来现金流量;②预期未来现金流量的风险;③预期未来现金流量合适的折现率。

法玛明确了 EMH 的三种形式,分别是弱式有效(Weak Form Efficiency)市场假说、半强式有效(Semi-strong Form Efficiency)市场假说和强式有效(Strong Form Efficiency)市场假说。在弱式有效市场中,证券的价格反映所有历史证券价格信息(过去价格模式)。在半强式有效市场中,证券的价格反映所有公开的信息,包括公司管理状况及公开披露的财务信息等。在强式有效市场中,证券的价格反映所有的信息,包括公开信息和未公开信息,如内部人或分析师把持的信息。

二、有效市场理论的表现形式

EMH 可以用数学术语描述。假设一只股票在第 t 日的价格可以为市场所决定。为简化起见,假定发行股票的公司将此时的所有资产进行清算,那么在第 $t+1$ 日,此次清算的资产构成投资者在股票上获得的确定股票净值的唯一回报,将投资者确定的第 $t+1$ 日预期清算价格记作 $E(P_{t+1})$。

根据 EMH,此证券在第 t 日的市场价格为 P_t,完全反映第 t 日可得信息,记为 I_t。换句话说,P_t 是基于 I_t 对证券在第 $t+1$ 日价格的合理期望值 $E[P_{t+1}|I_t]$,通过基于 I_t 的合理折现率 $r(I_t)$ 进行折现,则 P_t 可以表示为:

$$P_t = \frac{E[P_{t+1} \mid I_t]}{1 + r(I_t)} \tag{4.1}$$

如果市场预期 $[P_{t+1}|I_t]$ 的概率分布是真实的,那么 $E[P_{t+1}|I_t]$ 是一个合理期望。但如果 P_t 不是一个有效定价,那么证券的实际预期回报率将不等于 $r(I_t)$,从而得到一个错误的证券价格。

假设证券价格的合理期望 $E[P_{t+1}|I_t]=50$ 元,并且折现率(预期回报率)$r(I_t)=10\%$,那么第 t 日证券的有效价值为 $P_t=50/1.1=45.45$ 元;然而,当前市场价格为 40 元,那么证券的实际预期回报率为 $[(50/40-1)\times100\%]=25\%$ 而非 10%,即证券价格被低估了。

请注意,价值被低估的原因可能是投资者对证券在第 $t+1$ 日的价格估计不准确或对折现率的设定不合理。但无论是哪种情况,市场竞争都会迫使证券价格迅速上涨至 45.45 元的有效价格。根据 EMH,证券价格在任何时候都是有效的,它从一开始就不会偏离有效价格。

公司管理者坚持以股东利益为目标就是最大化权益市场价值。管理者必须了解市场确定股票价格的过程,而 EMH 为这一过程提供了新的解读视角。然而,要进行定量的价值评估,必须借助专门的定价模型。

三、信息不对称、证券分析和市场效率的局限性

信息不对称可能存在于公司管理者与外部投资者之间,而外部投资者在确定公司的真实价值时通常处于信息匮乏的状态。在这种情况下,市场如何才能有效呢?我们可以从以下角度进行解读:信息不对称的范围是有限的。投资者如果没有掌握有关一家公司的可靠信息,他们就无法确定公司证券的合理价值。证券行业对公司的信息披露行为有相关规定,如美国证券交易委员会(SEC)的强制性披露规则有助于缓解证券市场的信息不对称性问题。2021 年 3 月,我国证券监督管理委员会令第 182 号文件《上市公司信息披露管理办法》也要求规范企业的信息披露情况,这些披露规则提升了投资者可得信息的质量,使得公司证券的市场价格变得更有效。

虽然公司提供给投资者的有效信息是有限的,但证券分析一定程度地缓解了信息不对称问题。投资者可以通过公司管理层的披露及证券分析师的研报来获取有效信息。投资者能够收集并正确解读公司相关信息对正确计量证券价格是十分重要的。

然而,收集和处理证券信息的成本很高,证券交易也要付出成本。投资者通过证券分析,可以从中发现价格被低估的证券从而实现投资组合的高回报。一方面,如果市场完全有效且收集到的信息也有效,投资者就无法获取超额收益,也没有投资者或机构进行成本高昂的证券分析;另一方面,如果没有人收集信息,市场就不可能是有效的。这就是市场效率悖论(Grossman 和 Hart,1988)。

想要解决这一悖论,我们就应认识到市场不可能完全有效;相反,证券价格倾向于偏离真实价值。这种偏离会促使分析师付出成本进行证券分析和交易,使证券价格与真实价值保持一致。因此,证券市场的有效性限于一定范围内,有着或大或小的偏差。价格对价值的偏离往往很小,只有有效分析才能获利。此外,分析师必须意识到证券分析行业本身存在竞争。

证券市场的有效性最终取决于以下几个因素:①证券特征和发行者;②证券交易的市场特征;③分析师收集、处理信息的技术与效率。数据表明,大公司股票比小公司股票更能体现市场效率的有效性;同时,市场效率也取决于交易费用,包括佣金和价差。为了识别价格的偏离和价格波动的偏差,交易者必须掌握有效的信息处理和交易技术。

第二节 事件研究:衡量事件的价值

在法玛发表"有效市场假说"(Fama,1970)一文之前,他与同事就已经对此进行了探索,其中一项研究成果是 Fama 等(1969)这一里程碑式的论文,基于半强式有效市场开发

了一种技术——事件研究法(Event Study Methodology, ESM),以揭示新信息对证券市场价值的影响。

一、事件研究法的产生背景

根据 EMH 的半强式有效市场假设,当前股价准确地再现了关于公司的公开信息,包括刚刚公布的新信息,如果这个假设正确,那么当一家公司出现新的相关信息时,公司股票的市场价格就会产生内在、无偏的变化。

新信息可能是政府发布的有关经济形势的消息,或者是关于国内生产总值增长、通货膨胀率或劳动生产率的最新数据。企业也会发布一些信息:①最近一个季度的收入;②计划拓展一个新项目或放弃现有业务的决定;③收购或并购一家公司的计划;④新的债务或股权融资计划;⑤股利分配或股票回购政策的变化。

股东可以通过研究市场对管理层公告的反应来判断公司的资本投资计划、融资政策和战略的效果。与此同时,通过研究市场对公司宣告的决策和绩效的反应,管理者可以更好地理解市场确定公司权益价值的过程,从而能够更好地管理公司以实现其市场价值最大化。

二、事件研究法

衡量一项特定公告的价值效应并不是一件简单的事情,衡量过程会出现两个基本的干扰因素:第一,我们永远无法确定在多大程度上,市场已经反馈公告中包含的信息。例如,市场可能已经完全预料到信息,或者内部人可能把信息泄露给一些投资者。假设我们关注的是新信息,但实际上它是陈旧信息该怎么办?第二,必须认识到市场在不断地接收新的、有价值的相关信息,包括整个市场的信息、特定行业的信息以及特定公司的信息。那么,当各种信息同时出现时,我们如何才能分析并区分市场对某一特定新信息的反应?

(一) 市场参与问题

假设市场对某家公司的一项声明没有明显的反应,我们很难区分:①信息是新的,但对公司价值没有影响;②信息对公司价值存在影响,但在公告发布之前市场就已经意识到并做出相关反应。在研究公告对公司价值的影响时,争议较多的问题是如何衡量市场对特定信息的反应。

为了解决这个问题,学者使用两个主要工具进行处理。第一,学者可以通过研究公告发布日前后几日或一周的股票价格上升或下降情况,以确定市场是否参与相关公告信息。第二,学者可以估计信息提供者对市场的预期,随后把注意力集中在实际情况与预期的偏差方面。

假设有一家公司定期派发季度股利,有证据表明公司每季度派发的股利都与上季度相同。因此,公司股利的任何变化都是不寻常的事件。那么,当这家公司宣布下季度的派息时,我们通常会假设市场预期它与上季度派发的股利相同。在此基础上,这家公司任何一次派息的变化对市场而言都属于意外信息。

一家公司的盈余状况是投资者判定公司价值的基础。因此,所有上市公司的分析师都会关注宏观经济、行业和公司特定信息,以更新盈余预期。当一家公司公布盈余状况时,公司股价很可能反映了分析师对盈余预期的共识。因此,公司盈余公告后的股价变化应该与公司实际盈余与一致估计盈余之间的差异成正比。这种差异被称为盈余超预期。

（二）同步信息问题

学者使用两步法来调整其他同期信息的价值效应,以分离特定事件的估值效果。这些调整结合在一起形成所谓的事件研究法,即衡量公告(或称"事件")对公司股票价值的影响的标准方法。

步骤一:调整市场投资组合的同期回报率。

将特定公司股票在事件周期的初始回报率调整为股票市场的同期回报率,从而得出事件周期的股票异常回报率。这一调整消除了整个股票市场因同期信息的影响而产生的股票回报部分。

数值示例 4.1

1984 年 2 月 13 日,A 公司宣布将季度股利从每股 3 元上调至每股 4 元,增长率为 33.3%。一般来说,市场对一家公司宣布大幅增加股利的反应应该是积极的。然而,A 公司股价当天仅上涨 0.85%。价格小幅上涨的一个原因是当天股票市场行情下跌了,按照沪深 300 指数回报率衡量为 -0.92%。因此相对于市场,A 公司的股价上涨了 1.77 个百分点 [0.85%-(-0.92%)]。

随后,利用市场模型对同期市场回报率进行调整。我们一般运用市场模型对同期市场回报率进行敏感性调整。市场模型涉及目标公司股票回报率与市场组合同期回报率的回归关系:

$$R_{i,t} = \alpha_i + \beta_i R_{m,t} + \varepsilon_{i,t} \tag{4.2}$$

其中,$R_{i,t}$ 和 $R_{m,t}$ 分别是股票 i 和市场组合 m 在第 t 日的市场回报率,α_i 和 β_i 分别是股票 i 回归方程的截距和斜率,$\varepsilon_{i,t}$ 是回归残差。市场模型之所以能提供更敏感的股票同期市场回报率,原因有二:第一,回归方程的截距 α_i 在市场回报率为 0 的条件下,能捕获股票 i 的平均回报率;第二,$\beta_i R_{m,t}$ 能捕获股票 i 基于同期市场回报率的敏感程度。回归残差 $\varepsilon_{i,t}$ 捕获了第 t 日的股票回报率与市场回报率的正常关系的偏差,因此第 t 日被称为股票异常回报率日。在一项事件研究中,我们会关注股票异常回报率,根据理论,这意味着捕捉到新的特定公司相关信息对股票价格的影响。

为了建立回归模型(4.2),我们通常使用股票的当日回报率和不包括目标事件期间的市场回报率来获得截距与斜率,记作 $\widehat{\alpha_i}$ 和 $\widehat{\beta_i}$。通过这些估计,计算事件期股票 i 的异常回报率,当日异常回报率记作 $\varepsilon_{i,0}$,使用公式(4.3)计算:

$$\varepsilon_{i,0} = R_{i,0} - (\widehat{\alpha_i} + \widehat{\beta_i} R_{m,0}) \tag{4.3}$$

> **数值示例 4.2**

以 A 公司 1984 年宣布股利事件为例,根据公告前两个日历年(1982—1983)的沪深 300 指数和 A 公司的股票日回报率,估计回归方程(4.2)为:

$$R_{A,t} = 0.12\% + 1.46 R_{S\&P,t} + \varepsilon_{A,t}$$

截距和斜率的 t 统计量分别为 1.91 和 23.73,调整后 R^2 为 52.7%。随后将截距和斜率的估计值代入方程(4.3),可以得到 A 公司在股利宣布日的股票异常回报率为:

$$\varepsilon_{A,t} = 0.85\% - [0.12\% + 1.46 \times (-0.92\%)] = 2.07\%$$

步骤二:去除其他同期宣告信息的影响。

这一步是为了去除企业其他可能会影响股票价格的特定因素的干扰,通过独立事件得到目标事件更精确的效果。步骤二主要包含以下程序:①收集不同年份中所有存在类似公告的样本公司;②计算每只股票在事件期的异常回报率;③计算各股票异常回报率的平均数,得出以下公式:

$$\bar{\varepsilon}_0 = \frac{1}{N} \sum_{i=1}^{N} \varepsilon_{i,0} \tag{4.4}$$

其中,N 是样本中的事件数。对类似事件的股票异常回报率进行平均暴露了事件研究法的另一个局限性:不能准确衡量单家公司单起事件的估值效果。

研究者通常会用两天而非一天的事件窗口来计算异常回报,包括公告日和下一个交易日。因为许多公告在一定程度上是在公告日交易结束后发布的,所以有必要将股票在下一个交易日(即第一天)的异常回报包括在内,以充分捕捉市场对新信息的反应。$\varepsilon_{i,(0,+1)}$ 表示公司的两天异常回报,一家公司的 $\varepsilon_{i,(0,+1)}$ 采用公式(4.5)计算:

$$\varepsilon_{i,(0,+1)} = R_{i,(0,+1)} - (2\hat{\alpha}_i + \hat{\beta}_i R_{m,(0,+1)}) \tag{4.5}$$

> **数值示例 4.3**

根据 A 公司的股利公告,第一天(1984 年 2 月 14 日)A 公司的股票回报率和沪深 300 指数回报率分别为 4.23% 和 1.07%。因此,两天的股票回报率分别为 4.59% 和 0.20%(复利)。为了计算市场模型下 A 公司两天的股票异常回报率,必须将以市场模型估计的回归截距加倍,因为所使用的是两天回报率而非一天回报率。也就是说,截距是 0.24%,而不是 0.12%。调整后 A 公司两天的股票异常回报率为:

$$\varepsilon_{A,(0,+1)} = 4.59\% - (0.24\% + 1.46 \times 0.20\%) = 4.06\%$$

最后,使用公式(4.6)计算样本公司(事件)平均两天的股票异常回报率:

$$\bar{\varepsilon}_{(0,+1)} = \frac{1}{N} \sum_{i=1}^{N} \varepsilon_{i,(0,+1)} \tag{4.6}$$

市场对某家公司发布的公告的积极反应或消极反应并不一定代表市场对该公司管理效能看法的相应调整。当然,盈余或股利的意外增加通常会给公司管理层带来有利影响,而盈余或股利的意外减少通常会给公司管理层带来不利影响。然而,即使是糟糕的基金经理的表现偶尔也会好于市场预期,而优秀的基金经理的表现偶尔也会差于市场预期。换句话说,管理层可能会宣布削减股利而令市场失望,但对公司而言这仍可能是正确的决定。

三、事件研究法的应用前景

事件研究法自问世以来就受到国内外学者的广泛关注。多年来,事件研究法已经取得了许多进步,并涌现了越来越多的运用事件研究法的文章。图4-1展示了中文期刊关键词出现"事件研究法"的频率,可以发现近十年来学者对事件研究法的使用频率有上升趋势,该词被广泛用于金融、会计、经济、市场等学科领域。由此可推测,在未来一段时间内,事件研究法仍然是主流研究方法之一。

图4-1 中文期刊"事件研究法"关键词出现频率

注:检索范围为2000—2021年中国知网的源数据库,包括期刊库、博士论文库、硕士论文库、报纸库、会议库等。

由于事件研究法在多个领域被广泛应用,不少学者对其适用性进行了深入探讨。Corrado(2011)对事件研究法进行了系统总结,主要集中于方法运用方面。有关事件研究法的参数与非参数检验问题,他认为参数检验适用于诸如来自证券交易所的交易或股价数据,对于非正态分布数据则建议使用非参数检验。此外,他还考虑了事件引起的方差问题,认为事件引起的方差与试图将推论扩展到大于所选样本的事件研究相关。

黄炜等(2022)认为事件研究法本质上可视为去除控制组的动态双重差分法。他们认为事件研究法与动态双重差分法一样,都需要注意窗口期的选择,总体来看事件窗口不宜过长。由于事件研究法的估计结果对事件窗口的选择较敏感,在实际研究中通常需要更换事件窗口宽度做进一步的稳健性检验。

四、特定事件研究

本小节将着重讨论六项经典事件研究结果。这些研究侧重于企业宣告的资本支出计划、公司盈余、换股发行(资本结构变化,即杠杆率变化)、股权再融资、股利(季度股利)变化、企业合并。此外,随着信息披露制度的日益完善,企业披露的公告类型日益丰富,本小节补充了近年对企业宣布其他信息公告的事件研究结果。表4-1总结了关于这些事件的研究结果。

表4-1 特定事件研究结果

公告类型		平均异常收益率(%)
资本支出计划(McConnell 和 Muscarella, 1985)		
企业类型	变动类型	
工业	增加	1.12
工业	减少	−1.93
公共事业	增加	0.03
公共事业	减少	−1.06
公司盈余(Joy 等, 1977):与预期相比的实际盈余情况		
	超出预期	6.71
	与预期基本一致	−0.45
	低于预期	−8.16
资本结构变化(DeAngelo 和 Masulis, 1980)		
	杠杆率减小	−5.37
	杠杆率增大	7.63
股权再融资(Masulis 和 Korwar, 1986)		
工业		−3.25
公共事业		−0.68
股利变化(Pettit, 1972)		
	增加>10%	1.48
	增加1%—10%	0.88
	削减或取消	−4.23
企业合并(Dodd, 1980)		
收购公司		−1.16
目标公司		13.04

(一)资本支出计划公告

McConnell 和 Muscarella(1985)分析了公司宣布改变资本支出计划所带来的估值效应。他们认为,一家公司宣布增加资本支出揭示其掌握着更有利可图的投资机会,因此公司股价预计在公告后会上涨;而减少资本支出则表明可盈利投资业务状况正在恶化,因此预计其股价在公告后会下跌。

随后有学者提出了相反的观点作为替代性假设,如果管理层倾向于从事无利可图的资本支出活动以建立自己的商业帝国,那么宣布增加资本支出是一个坏消息——管理层支出失控,减少资本支出反而是好消息——管理层的过度开支正被削减。

McConnell 和 Muscarella(1985)研究了工业和公共事业两种类型公司的资本支出公告,工业样本包括 285 家不同公司发布的 547 份公告,而公用事业样本包括 72 家不同公司发布的 111 份公告。他们得出的经验结果与预测一致。一般而言,宣布增加资本支出的工业公司实现了 1.12% 的异常收益,而宣布减少资本支出的工业公司产生了 -1.93% 的异常收益;公共事业公司对应的结果相对较小,分别为 0.03% 和 -1.06%。研究者认为因为公共事业公司受到监管以致无法获得超过资本成本的上限资本投资回报率,所以公共事业公司的资本预算削减对其股价的影响较小。

考虑到资本支出决策的重要性,即使对工业企业而言,报告的平均异常收益也似乎相当小。以上提到的替代性假设提供了一个潜在的解释:对于一些宣布增加资本支出的公司来说,市场可能做出了负向反应,因为这些信息可能意味着管理层有意偏离公司价值而谋求实现自身利益最大化;相反,对于一些宣布减少资本支出的公司来说,市场反应可能是积极的,因为这样的信息可能传递了一些暗示,比如会产生一个更强势的董事并积极处理管理层引起的代理问题,或者市场可能已经预见到这样的消息。

(二) 公司盈余公告

Joy 等(1977)着重研究了公司季度盈余声明。与前文讨论的一致,研究的假设前提是市场会对公司盈余产生预期,这样才能根据公司实际盈余与市场预期盈余的偏差对公司进行分类。Joy 等(1977)开发了几种盈余预期模型,包括基础无变化模型和根据过去趋势预测盈余的模型。随后,他们根据公司实际盈余区分为超出预期盈余、未超出预期盈余和低于预期盈余。表 4-1 展示的是基础无变化模型下的结果,其余模型的结果基本一致,从中可以发现,超出预期盈余的公司实现了可观的正异常收益率(6.71%),而接近预期盈余的公司产生了微不足道的负异常收益率(-0.45%),低于预期盈余的公司产生了显著的负异常收益率(-8.16%)。这些结果表明,盈余公告向市场传达了相当多的信息。因此,盈余预期和盈余公告在金融媒体中受到相当大的关注也就不足为奇了。

(三) 换股发行公告

DeAngelo 和 Masulis(1980)研究了市场对一家公司宣布改变资本结构的反应。他们关注了两次相反的资本结构变化:第一次是以股权置换债务,这导致杠杆率下降;第二次是以债务置换股权,这导致杠杆率上升。他们的研究证据表明,杠杆率下降类公告通常会产生负异常收益,平均为 -5.37%;杠杆率上升类公告通常会产生正异常收益,平均为 7.63%。

DeAngelo 和 Masulis(1980)讨论了对这些结果的几种解释。第一,杠杆率上升增强了公司的税盾效应,从而增加了公司股权价值;杠杆率下降则产生了相反的结果,与股东利益不一致。第二,通过换股增加公司的债务会导致从现有债权人手中攫取财富,而债务的减少则会产生相反的结果。

(四) 股权再融资公告

Masulis 和 Korwar(1986)研究了一家上市公司宣布发行股票即股权再融资(SEO)的价

值效应。他们发现,工业企业产生了相当大的负平均异常收益(-3.25%),公共事业企业的平均异常收益(-0.68%)虽然也为负,但幅度较小。

这些结果与后续的许多研究结果保持一致,即市场会对 SEO 公告产生负向反应。一个简单的解释是:在信息不对称的情况下,管理层比市场掌握更多关于企业真实价值的信息。因此,通常情况下一家公司股票的市场价格会偏离管理层对公司价值的评估。假设公司的管理行为符合现有股东的利益,那么当市场价格超过管理层对其真实价值的评估时,管理层倾向于发行新股。当然,市场也会慢慢意识到公司倾向于发行新股是因为管理层认为股票定价过高,由此市场对 SEO 公告通常会产生负向反应(Myers 和 Majluf,1984)。

(五)股利公告

Pettit(1972)关注市场对公司股利公告的反应。他假设:只有在未来现金流量能够支持更高的股利支付率的情况下,公司才会倾向于增发股利;而只有当管理层认为现金流不足以支持目前的股利支付率时才会减少分红。也就是说,股利支付的变化为市场提供了关于管理层评估公司长期现金流水平的信息。

Pettit(1972)的研究样本包括 52 家宣布股利增长超过 10%的公司,其中 39 家公司宣布股利率从 1%升至 10%,44 家公司宣布削减或取消股利。Pettit(1972)发现,宣布大幅增加股利的公司平均实现 1.48%的显著正异常收益,而宣布股利略有增加的公司实现较小的 0.88%的正异常收益,宣布削减或取消股利的公司产生相当大的负异常收益(-4.23%)。这些结果与假设一致,并表明改变股利的决定向市场传递了相当多的信息。

(六)企业合并公告

Dodd(1980)研究了企业合并公告对投标公司和目标公司的股票价格的影响,发现在宣布收购时,投标公司产生了轻微的负异常收益,平均为-1.16%;而目标公司则实现了大幅的正异常收益,平均为 13.04%。

(七)信息披露公告

随着公司信息披露制度的不断完善,企业发布的公告类型也日益丰富,学者对企业披露的信息及其带来的市场反应进行了更细致的研究。龚光明和李沁原(2014)认为,企业的自愿性信息披露能够引起市场的正向反应,并与企业的财务业绩存在互补关系。他们比照证监会发布的《公开发行证券的公司信息披露内容与格式准则》(2007 年修订)剔除了企业的强制性披露项目以确定自愿性披露内容,并将自愿性披露内容区分为预测性信息、扩展性财务信息和关键非财务信息,包含主营业务收入和成本的地区分布、企业文化和研发政策等 43 个小项,构建的模型分别以年报公布前后 1 个交易日和 5 个交易日的累计超额收益(即市场反应)作为被解释变量,自愿性信息披露作为解释变量,最终验证了假设。

史青春和徐露莹(2014)则研究了负面舆情和公司公告回应所引发的市场反应。其中,负面舆情会造成公司股价下跌和-1.96%的平均异常收益。当公司发布临时公告回应时,虽然能缓解一部分信息不对称问题,但仍然会产生-1.66%的异常收益。史青春和周静婷(2015)进一步对市场传闻和企业澄清公告进行研究并发现,利好传闻出现当日的平均异常收益达到3.532%;企业对利好消息发布"肯定"澄清公告的平均异常收益显著为正但低于利好传闻当日平均异常收益;企业发布"否定"澄清公告当日的平均异常收益为1.167%,到第二日之后平均异常收益则为负值。

龚浩川等(2022)对股东变更承诺议案进行研究并发现,股东大会审议并表决通过股东变更承诺议案的事件会产生-1.11%的平均累计异常收益。这表明除传统的业绩公告和并购消息之外,市场对企业的其他信息披露情况也越来越关注。

第三节 权益资本成本

公司的权益资本成本是股东对股权的期望回报。权益资本成本因公司而异,也因时间而异,这取决于不同的因素。

一、利用资本资产定价模型确定公司权益成本

资本资产定价模型(CAPM)提供了关于公司权益的均衡预期收益框架,由证券市场线(SML)关系给出:

$$r_{i,t} = r_{f,t} + \beta_{i,t}(r_{m,t} - r_{f,t}) \tag{4.7}$$

其中,$r_{i,t}$是i公司股票的均衡预期收益率,$r_{f,t}$是无风险证券收益率,$r_{m,t}$是市场投资组合预期收益率,$\beta_{i,t}$是股票系统风险。需要注意的是,公式(4.7)中所有变量都加上了时间下标,这是为了强调证券的预期收益率可以随着无风险利率、证券β值、市场投资组合预期收益率的变化而变化。

SML之所以被广泛关注至少有三个原因:其一,无风险证券是可获得的(例如定期存单和短期国库券),且有理由假设一家公司的权益成本应该大于无风险利率。其二,假设公司的投资者是多样化的,市场只对系统风险要求溢价。大多数上市公司的所有权结构非常分散,这个假设似乎是合理的。其三,虽然从技术上讲CAPM是一个单周期模型,但市场风险溢价($r_{m,t}-r_{f,t}$)可能会随着时间的推移而变化,这取决于投资者的总体风险厌恶程度或商业环境。

二、Fama-French(FF)三因子模型

资本资产定价模型自问世以来,其有效性和可测性一直是学术界争论不休的话题。早期的实证检验为CAPM提供了基本的支持,关键预测是证券的预期收益率与β值正相关。然而,Roll(1977)认为市场投资组合是不可观测的,所以CAPM是不能检验的。学者一直在市场投资组合中使用先验假设,比如纽交所所有股票的价值加权投资组合。如何设计实证检验来证明(或否定)模型的有效性呢?Fama和French(1992)发现,在考虑公司规模和账面市值比等变量后,β系数无法解释股票平均收益的截面离散性。

根据Fama和French(1992)提供的证据,Fama和French(1993)开发了另一种股票预

期收益预测模型,提出了风险性证券所需的预期收益溢价的三因子模型(简称"FF 三因子模型")。这三个因子分别是:①时间 t 的市场投资组合预期溢价($r_{m,t}-r_{f,t}$);②小公司和大公司投资组合的股票预期收益率之差,记作 SMB_t;③高资产账面市值比和低资产账面市值比的股票投资组合预期收益率之差,记作 HML_t。每个因子的预期收益溢价为正。

根据 FF 三因子模型,证券或股票 i 的预期收益率为:

$$r_{i,t} = r_{f,t} + b_{i,t}(r_{m,t} - r_{f,t}) + s_{i,t} \text{SMB}_t + h_{i,t} \text{HML}_t \tag{4.8}$$

其中,$b_{i,t}$、$s_{i,t}$ 和 $h_{i,t}$ 分别是股票 i 的收益率对构成每个因子的单独投资组合收益率的敏感性。也就是说,投资者要求股票 i 的溢价超过无风险利率,只要股票满足三个条件:一是对一般市场状况变动敏感;二是表现得像小公司股票而不是大公司股票;三是表现得像高账面市值比股票。注意,公式(4.8)包含了所有变量的时间下标,以强调每个变量的数值可能随时间的推移而变化。

Fama 和 French(1996)提供了经验证据,让我们了解到与后两个因子相关的溢价。他们使用 1963—1994 年的数据,将股票按账面市值比和公司规模五等分并交叉分类,计算出美国股票投资组合的月平均收益率。表 4-2 列示了投资组合月平均收益率,对于每个账面市值比的五等分位数,其平均收益率通常与公司规模成反比;而对于每个公司规模的五等分位数,平均收益率与账面市值比直接相关。

表 4-2　按账面市值比和公司规模的五等分位数分类的投资组合月平均收益率　　单位:%

公司规模五等分位数	账面市值比五等分位数				
	低	2	3	4	高
小	0.31	0.70	0.82	0.95	1.08
2	0.48	0.71	0.91	0.93	1.09
3	0.44	0.68	0.75	0.86	1.05
4	0.51	0.39	0.64	0.80	1.04
大	0.37	0.39	0.36	0.58	0.71

资料来源:Fama 和 French(1996)。

有学者认为 Fama 和 French(1992)提出的模型是临时性的,缺乏理论基础。而 Fama 等则认为账面市值比因子和公司规模因子都是风险的代理变量。为了加深理解,从公司的账面市值比出发,考虑为什么一些公司的账面市值比会高于其他公司的账面市值比。具体的解释是,一家公司的账面市值比高意味着相对低的市场权益价值公司很可能已陷入困境。这样的公司最近可能遭受损失,有很大的破产风险,也可能有更高的杠杆率。同样,小公司相比大公司在失败方面会长期处于更不稳定的地位。

三、影响公司权益资本成本的其他因素

虽然上述模型揭示了公司权益资本成本的决定性因素,但其他因素也可能对权益资本成本产生轻微的影响。本节简要讨论以下因素:①所有权结构和管理层自由裁量权的代理成本;②内部股权与外部股权的融资成本;③非流动性溢价;④杠杆率。

（一）所有权结构与管理层自由裁量权的代理成本

资本资产定价模型假设公司股权是分散的,因此只有系统性风险与权益资本成本确定相关。然而,如果一家公司的股权比较集中,这个假设可能就不成立了。如果某一特定投资者持有一家公司相当大比例的股权,而其投资组合又不是多元化的,他或她就可能会试图影响公司管理层,将额外的溢价纳入公司权益资本成本,以补偿公司特定风险。无论大股东是内部人还是外部人,情况都可能如此。

管理层的能力也可能会对公司权益资本成本产生影响。李洋等(2022)使用沪深主板A股上市公司数据,实证检验高管能力对股权融资成本的影响机理,并将董事网络关系作为正式制度缺陷的补充机制纳入分析框架,研究发现高管能力的增强能降低股权融资成本。

（二）内部股权与外部股权:信号和发行成本

信息不对称会影响权益资本成本。在信息不对称的情况下,企业更倾向于利用内部股权融资而非外部股权融资来获取资金,若需要外部股权融资则债务优先于股权。内部股权融资成本较低,原因很简单,因为公司避开了信息不通畅的市场,这个市场可能会低估公司提供的任何证券的价格。

而外部股权融资成本特别高。一方面,市场会低估股票的发行价格,未能将公司投资项目的盈利能力纳入其中,而公司也必须承担相当大的成本向市场表明其真实价值。另一方面,从向承销商支付的费用来看,外部股权融资费用也很高,因为需要承销商协助公司出售或发行股票,所以公司管理层应该考虑将公司权益资本总成本分为内部权益资本成本和外部权益资本成本的加权平均计算。

（三）非流动性溢价

投资者对一些公司的非流动性股票要求很高的溢价,尤其是交易量不大的小公司股票。根据这类股票的市场状况,这种溢价可能高达30%—40%,会对公司股权融资成本造成影响。

（四）杠杆率

关于理想资本市场模型的分析表明,风险基础下一家公司股权的预期收益率随着杠杆率的增大而提高。基于布莱克-斯科尔斯期权定价模型,我们可以发现公司股权 β 系数随杠杆率的增大而增大,其预期收益率也随之提高。后面的章节也讨论了现实世界的一些成本,包括债务代理成本和财务困境成本,它们都与杠杆率密切相关。

Bhandari(1988)实证分析了这个问题,他研究了1948—1981年数百家公司的数据,以确定在控制股票 β 系数和公司规模后,一家公司的股票收益率是否与杠杆率有关。他发现,即使在控制 β 系数和公司规模之后,股票收益率也与杠杆率正相关。

第四节 基本公司估值模型

本节讲述应用最为广泛的现金流折现估值法,以海天公司为例。

海天味业有限公司(简称"海天公司")是中国调味品行业龙头企业,其渠道覆盖深度、广度、扁平程度极高,议价能力强,在餐饮市场上处于相对霸主的地位。公司产品大部分走餐饮渠道,技术工艺稳定,产品线齐全,草菇老抽、金标生抽等已经成为流量型产品;厨邦酱油全部用黄豆酿造,品质上乘,产品线集中于高鲜型产品。厨邦酱油以"美味鲜"为主打产品,具有多年的历史沉淀,品牌深入人心,含氮量为市场少有,出厂价高,议价力强,具有不可复制性,这也是海天公司打入空白市场、受益消费升级的重要单品。2007—2017年,海天公司在销售网络全国化、品牌基本夯实的基础上,10年收入翻五番,在管理驱动下,毛利率、净利率平均提升10%以上。

一、价值概念

(一) 企业价值

企业价值指企业本身的价值,是企业有形资产和无形资产的市场评估价值。它与企业的财务决策密切相关,体现企业资金的时间价值、风险以及持续发展能力,是企业预期自由现金流量以其加权平均资本成本为折现率的现值。

(二) 自由现金流量

自由现金流量是指企业在持续经营的基础上产生的、除满足生产经营必需的再投资外的剩余现金流量。作为企业收益的衡量标准,自由现金流量剔除了企业扩大经营和持续发展所需的现金,考虑了企业未来的盈利能力,是真实的可分配给投资者的回报。因此,自由现金流量有效地反映了企业价值。

企业整体自由现金流量:用于计算企业整体价值,包括股权价值和债务价值。

企业股权自由现金流量:用于计算企业的股权价值。

(三) 股权自由现金流量

股权自由现金流量是指企业支付所有运营费用、再投资支出、所得税和净债务支付(资产负债表中总债务减去现金及现金等价物的债务额)后可分配给股东的剩余现金流量。

二、现金流折现分析法

现金流折现分析法就是把企业未来特定时期内的预期现金流量还原为当前现值。原理是一家公司的价值可以从预测自由现金流量的现值推演得出,而预测自由现金流量则可以从公司预测财务报表中推演得出。现金流折现分析法是理解企业内在价值的有效方式,其结果是合理估值的重要参照。现金流折现估值公式为:

显性/半显性预测价值 + 终值价值 = 企业核心评估价值 + 非核心资本 + 其他业务

$$= 公司总价值 - 净负债 - 少数股东权益 = 权益评估价值 \quad (4.9)$$

公司评估价值的计算公式为:

$$公司评估价值 = \sum_{t=1}^{n} \left(\frac{自由现金流量^t}{(1+WACC)^t} + \frac{终值}{(1+WACC)^n} \right) \quad (4.10)$$

我们通常预测一家公司的显性(5年之内)及非显性(6—15年)现金流量。终值指公司在预测期外的价值,也就是它持续经营的价值。公司评估价值就是所有预测现金流量的现值之和,再加上终值的现值。永续增长法计算终值的方法是将公司最后一年的无杠杆自由现金流量按假设的比率永续增长。

$$终值 = 自由现金流量_n \times (1 + 永续增长率)/(WACC - 永续增长率) \quad (4.11)$$

其中,n 为预测期的最后一年。

三、加权平均资本成本

加权平均资本成本(WACC)法是按各类资本占总资本的权重加权平均计算公司资本成本的方法。WACC 的计算公式为:

$$WACC = \frac{股权}{债务 + 股权} \times 股权成本 + \frac{债务}{债务 + 股权} \times 债务成本 \times (1 - 所得税税率) \quad (4.12)$$

股权资本成本的计算公式为:

$$\bar{r}_a = \bar{r}_f + \beta_a(\bar{r}_m - \bar{r}_f) \quad (4.13)$$

其中,$\bar{r}_a$ 为股权资本成本,$\bar{r}_f$ 为无风险利率,$\bar{r}_m$ 为市场收益率,$\bar{r}_f$ 为无风险收益率,β_a 为 β 系数。

数值示例 4.4

海天公司的 WACC 假设要素如表 4-3 所示。

表 4-3 海天公司的 WACC 假设要素

指标	数值	来源
β 系数(β)	0.8	参照 Wind 数据库中 100 周均值
无风险利率 r_f(%)	3.9	10 年期国债
风险溢价 $r_m - r_f$(%)	6.0	行业经验数据

海天公司股权资本成本 = 3.9% + 0.8 × 6% = 8.7%,β 小于 1,属于稳健型。

参照 5 年期银行贷款,海天公司税后债务成本 = 税前债务成本 × (1 - 所得税税率) = 7%

海天公司 2017 年资本结构如表 4-4 所示。

表 4-4 海天公司 2017 年资本结构

债务总额(元)	总资产(元)	债务结构
4 571 838 748		0.279862593
所有者权益(元)	16 336 012 256	股权结构
11 764 173 508		0.720137407

海天公司 WACC 的计算如表 4-5 所示。

表 4-5 海天公司的加权平均资本成本(WACC)

债务总额(元)	总资产(元)	债务结构	税后债务成本(%)	WACC(%)
4 571 838 748	16 336 012 256	0.279862593	7.00	8.20
所有者权益(元)		股权结构	股权资本成本(%)	
11 764 173 508		0.720137407	8.70	

四、预测资产负债表、利润表和现金流量表

(一) 现金流重要假设因素

增长率的计算方式有三种：一是基于历史数据的算术平均值、几何平均值、回归模型等；二是基于公司特定信息、行业信息、未公开信息等的专业预测；三是销售百分比法，即假设企业资产、负债中有一部分与收入同比例增减，在基期或上期末的基础上预测下期由收入增长所导致的资产、负债等的增长。那么，增加的资产就等于基期敏感性资产的合计数与销售增长率的乘积。按 WACC 为 8.2%、永续增长率为 2%水平进行估计，相关参数如表 4-6 所示。

表 4-6 海天公司现金流重要假设因素

项目	显性预测期 2018—2022 年	半显性预测期 2023—2037 年	永续增长期
收入增长率	根据各年度盈余预测分别为 17%、17%、14%、14%、13%	从 11%(2023 年)逐渐降至 5%(2037 年)	
EBIT 增长率	根据各年度盈余预测，分别为 21%、24%、18%、18%、14%	从 11%(2023 年)逐渐降至 5%(2037 年)	
FCF 增长率	根据各年度盈余预测，分别为 −27%、21%、−9%、49%、40%	从 11%(2023 年)逐渐降至 5%(2037 年)	2%
资本开支	每年 7.5 亿元	2023—2027 年每年 8 亿元 2028—2032 年每年 8.7 亿元 2033—2037 年每年 9.3 亿元	
营运资本增加 折旧摊销	按各年度盈余预测数额	与企业规模增长配比，预测期最后一期折旧摊销与资本开支相当	

(二) 预测海天公司显性预测期的资产负债表、利润表和现金流量表

海天公司显性预测期的资产负债表、利润表和现金流量表分别如表 4-7、表 4-8 和表 4-9 所示。

表 4-7 海天公司显性预测期资产负债表

金额单位:元

项目	基期 2017年12月	显性预测期			
		2018年12月	2019年12月	2020年12月	2021年12月	2022年12月
收入增长率(%)		17.0	17.0	14.0	14.0	13.0
货币资金	5 612 919 179.01	6 567 115 439	7 683 525 064	8 759 218 573	9 985 509 173	11 283 625 366
应收账款	2 466 645.04	2 885 975	3 376 590	3 849 313	4 388 217	4 958 685
预付款项	18 366 401.43	21 488 690	25 141 767	28 661 614	32 674 240	36 921 892
其他应收款	12 743 950.84	14 910 422	17 445 194	19 887 522	22 671 775	25 619 105
应收利息	3 797 846.32	4 443 480	5 198 871	5 926 714	6 756 454	7 634 793
存货	1 041 120 224.59	1 218 110 663	1 425 189 475	1 624 716 002	1 852 176 242	2 092 959 154
其他流动资产	5 103 012 828.25	5 970 525 009	6 985 514 261	7 963 486 257	9 078 374 333	10 258 562 996
流动资产合计	11 794 427 075.48	13 799 479 678	16 145 391 224	18 405 745 995	20 982 550 434	23 710 281 991
可供出售金融资产	100 000.00	117 000	136 890	156 055	177 902	201 030
投资性房地产	4 705 134.66	5 505 008	6 440 850	7 342 571	8 370 540	9 458 710
累计折旧	435 603 401.00	509 655 979	596 297 496	679 779 145	774 948 225	875 691 495
固定资产	3 649 646 780.23	4 270 086 733	4 996 001 477	5 695 441 684	6 492 803 520	7 336 867 978
在建工程	615 135 578.81	719 708 627	842 059 094	959 947 367	1 094 339 998	1 236 604 198
无形资产	149 567 775.08	174 994 297	204 743 327	233 407 393	266 084 428	300 675 404
长期待摊费用	6344790.62	7 423 405	8 685 384	9 901 338	11 287 525	12 754 903
商誉	32 268 303.51	37 753 915	44 172 081	50 356 172	57 406 036	64 868 821
递延所得税资产	78 618 969.00	91 984 194	107 621 507	122 688 518	139 864 910	158 047 348
其他非流动资产	11 542 639.00	13 504 888	15 800 719	18 012 819	20 534 614	23 204 114
非流动资产合计	4 541 585 180.29	5 313 654 661	6 216 975 953	7 087 352 587	8 079 581 949	9 129 927 602
资产总计	16 336 012 255.77	19 113 134 339	22 362 367 177	25 493 098 582	29 062 132 383	32 840 209 593

(续表)

金额单位：元

项目	基期 2017年12月	2018年12月	2019年12月	显性预测期 2020年12月	2021年12月	2022年12月
应付票据	1 144 103.61	1 338 601	1 566 163	1 785 426	2 035 386	2 299 986
应付账款	554 910 079.08	649 244 792	759 616 407	865 962 704	987 197 483	1 115 533 156
预收款项	2 678 690 961.42	3 134 068 425	3 666 860 057	4 180 220 465	4 765 451 330	5 384 960 003
应付职工薪酬	326 503 266.44	382 008 822	446 950 321	509 523 366	580 856 638	656 368 001
应交税费	319 826 598.32	374 197 120	437 810 630	499 104 119	568 978 695	642 945 926
其他应付款	626 519 973.67	733 028 369	857 643 192	977 713 239	1 114 593 092	1 259 490 194
其他流动负债	6 588 265.62	7 708 271	9 018 677	10 281 292	11 720 672	13 244 360
流动负债合计	4 514 183 248.16	5 281 594 400	6 179 465 448	7 044 590 611	8 030 833 297	9 074 841 625
非流动负债合计	57 655 500.00	67 456 935	78 924 614	89 974 060	102 570 428	115 904 584
负债合计	4 571 838 748.16	5 349 051 335	6 258 390 062	7 134 564 671	8 133 403 725	9 190 746 209
所有者权益						
实收资本（或股本）	2 701 206 700.00	3 160 411 839	3 697 681 852	4 215 357 311	4 805 507 334	5 430 223 288
资本公积	1 291 572 608.60	1 511 139 952	1 768 033 744	2 015 558 468	2 297 736 654	2 596 442 419
盈余公积	1 291 224 237.63	1 510 732 358	1 767 556 855	2 015 014 819	2 297 116 894	2 595 742 090
减：库存股	37 170 173.18	43 489 103	50 882 250	58 005 765	66 126 572	74 723 027
未分配利润	6 445 076 571.28	7 540 739 588	8 822 665 318	10 057 838 463	11 465 935 848	12 956 507 508
少数股东权益	10 833 508.54	12 675 205	14 829 990	16 906 188	19 273 055	21 778 552
所有者权益合计	11 764 173 507.61	13 764 083 004	16 103 977 115	18 358 533 911	20 928 728 658	23 649 463 384
负债和所有者总计	16 336 012 255.77	19 113 134 339	22 362 367 177	25 493 098 582	29 062 132 383	32 840 209 593

注：预测数据含2位小数，本表保留至个位，因此合计结果可能存在进位误差，不予调整。

表4-8 海天显性预测期利润表

金额单位：元

项目	基期	显性预测期				
	2017年12月	2018年12月	2019年12月	2020年12月	2021年12月	2022年12月
EBIT增长率(%)		21.0	24.0	18.0	18.0	14.0
一、营业收入	14 584 310 896.60	17 647 016 185	21 882 300 069	25 821 114 082	30 468 914 616	34 734 562 663
减：营业成本	7 920 728 043.51	9 584 080 933	11 884 260 356	14 023 427 221	16 547 644 120	18 864 314 297
营业税及附加	159 108 075.40	192 520 771	238 725 756	281 696 392	332 401 743	378 937 987
销售费用	1 956 552 214.37	2 367 428 179	2 935 610 942	3 464 020 912	4 087 544 676	4 659 800 931
管理费用	606 716 187.95	734 126 587	910 316 968	1 074 174 023	1 267 525 347	1 444 978 895
财务费用	-82 004 118.81	-99 224 984	-123 038 980	-145 185 996	-171 319 476	-195 304 202
投资收益	143 663 576.05	173 832 927	215 552 830	254 352 339	300 135 760	342 154 766
二、营业利润	4 210 824 221.85	5 095 097 308	6 317 920 662	7 455 146 382	8 797 072 730	10 028 662 913
营业外收入	5 470 072.30	6 618 787	8 207 296	9 684 610	11 427 840	13 027 737
减：营业外支出	1 005 353.00	1 216 477	1 508 432	1 779 949	2 100 340	2 394 388
三、利润总额	4 215 288 941.15	5 100 499 619	6 324 619 527	7 463 051 042	8 806 400 230	10 039 296 262
减：所得税	683 810 161.82	827 410 296	1 025 988 767	1 210 666 745	1 428 586 759	1 628 588 905
四、净利润	3 531 478 779.33	4 273 089 323	5 298 630 761	6 252 384 297	7 377 813 471	8 410 707 357
归属于母公司所有者净利润	3 531 436 928.16	4 273 038 683	5 298 567 967	6 252 310 201	7 377 726 037	8 410 607 682
少数股东损益	41 851.17	50 640	62 793	74 096	87 434	99 674

注：预测数据含2位小数，本表保留至个位，因此合计结果可能存在进位误差，不予调整。

表 4-9 海天显性预测期现金流量表

金额单位：元

项目	基期 2017年12月	显性预测期 2018年12月	显性预测期 2019年12月	显性预测期 2020年12月	显性预测期 2021年12月	显性预测期 2022年12月
FCF 增长率（%）		−27.0	21.0	−9.0	49.0	40.0
一、经营活动产生的现金流量						
销售商品、提供劳务收到的现金	17 952 750 617.50	13 105 507 951	15 857 664 620	14 430 474 805	21 501 407 459	30 101 970 442
收到的税费返还	1 910 033.70	1 394 325	1 687 133	1 535 291	2 287 583	3 202 617
收到其他与经营活动有关的现金	67 273 735.83	49 109 827	59 422 891	54 074 831	80 571 498	112 800 097
经营活动现金流入小计	18 021 934 387.03	13 156 012 103	15 918 774 644	14 486 084 926	21 584 266 540	30 217 973 156
购买商品、接受劳务支付的现金	9 194 542 730.44	6 712 016 193	8 121 539 594	7 390 601 030	11 011 995 535	15 416 793 749
支付给职工以及为职工支付的现金	678 506 529.25	495 309 766	599 324 817	545 385 584	812 624 520	1 137 674 328
支付的各项税费	1 912 631 967.35	1 396 221 336	1 689 427 817	1 537 379 313	2 290 695 177	3 206 973 247
支付其他与经营活动有关的现金	1 515 275 578.22	1 106 151 172	1 338 442 918	1 217 983 056	1 814 794 753	2 540 712 654
经营活动现金流出小计	13 300 956 805.26	9 709 698 468	11 748 735 146	10 691 348 983	15 930 109 985	22 302 153 978
经营活动产生的现金流量净额	4 720 977 581.77	3 446 313 635	14 170 039 498	3 794 735 943	5 654 156 555	7 915 819 177
二、投资活动产生的现金流量						
收回投资收到的现金	5 009 000 000.00	3 656 570 000	4 424 449 700	4 026 249 227	5 999 111 348	8 398 755 888
取得投资收益收到的现金	143 663 576.00	104 874 410	126 898 037	115 477 213	172 061 048	240 885 467
处置固定资产、无形资产和其他长期资产收回的现金净额	3 385 784.03	2 471 622	2 990 663	2 721 503	4 055 040	5 677 056
处置子公司及其他营业单位收到的现金净额		0	0	0	0	0

金额单位：元 （续表）

项目	基期 2017年12月	2018年12月	2019年12月	显性预测期 2020年12月	2021年12月	2022年12月
收到其他与投资活动有关的现金	82 091 430.85	59 926 745	72 511 361	65 985 338	98 318 154	137 645 416
投资活动现金流入小计	5 238 140 790.88	3 823 842 777	4 626 849 761	4 210 433 282	6 273 545 590	8 782 963 827
购建固定资产、无形资产和其他长期资产支付的现金	262 027 920.76	191 280 382	231 449 262	210 618 829	313 822 055	439 350 877
投资支付的现金	7 409 000 000.00	5 408 570 000	6 544 369 700	5 955 376 427	8 873 510 876	12 422 915 227
支付其他与投资活动有关的现金	26 660 593.27	19 462 233	23 549 302	21 429 865	31 930 499	44 702 698
投资活动现金流出小计	7 697 688 514.03	5 619 312 615	6 799 368 264	6 187 425 121	9 219 263 430	12 906 968 802
投资活动产生的现金流量净额	(2 459 547 723.00)	(1 795 469 838)	(2 172 518 504)	(1 976 991 839)	(2 945 717 839)	(4 124 004 975)
三、筹资活动产生的现金流量						
筹资活动现金流入小计	—	0	0	0	0	0
偿还债务支付的现金	17 385 323.93	12 691 286	15 356 457	13 974 376	20 821 820	29 150 547
分配股利、利润或偿还利息支付的现金	1 839 366 476.00	1 342 737 527	1 624 712 408	1 478 488 292	2 202 947 554	3 084 126 576
支付其他与筹资活动有关的现金	—					
筹资活动现金流出小计	1 856 751 799.93	1 355 428 814	1 640 068 865	1 492 462 667	2 223 769 374	3 113 277 123
筹资活动产生的现金流量净额	(1 856 751 800.00)	(1 355 428 814)	(1 640 068 865)	(1 492 462 667)	(2 223 769 374)	(3 113 277 123)
四、汇率变动对现金的影响	—	0	0	0	0	0
五、现金及现金等价物净增加额	404 678 058.69	295 414 983	357 452 129	325 281 438	484 669 342	678 537 079
期初现金及现金等价物余额	5 168 695 172.59	3 773 147 476	4 565 508 446	4 154 612 686	6 190 372 902	8 666 522 063
期末现金及现金等价物余额	5 573 373 231.28	4 068 562 459	4 922 960 575	4 479 894 123	6 675 042 244	9 345 059 141

注：预测数据合2位小数，本表保留至个位，因此合计结果可能存在进位误差，不予调整。

五、企业价值

在预测出企业未来的现金流量和折现率后,按 WACC 8.2%、永续增长率 2%的水平进行估计,使用复利现值计算公式和永续年金计算公式将自由现金流量折为现值。这里选择 2017 年 12 月 31 日为估计时间,计算过程如表 4-10 所示。

表 4-10 自由现金流量现值计算 单位:百万元

项目	2018E	2019E	2020E	2021E	2022E
预测的自由现金流量	5 573	4 069	4 923	4 480	6 675
年数	1	2	3	4	5
自由现金流量现值	5 151	3 475	3 886	3 269	4 501
预测的自由现金流量	9 345	10 333	…	26 648	26 648
年数	6	7	…	20	永续增长
自由现金流量现值	5 824	5 952	…	5 510	90 640

注:2018E 中的 E 表示预测,以此类推。

在此基础上,按照估值公式(4.9)和(4.10),最终计算出权益评估价值为 207 509 百万元。按照 2 700 百万流通股计算,得出海天公司的每股价格为 76.86 元。

表 4-11 海天公司估值 单位:百万元

显性、半显性预测价值	110 594
+终值价值	90 640
=公司评估价值	201 234
+非核心资本	6 291
+其他业务	0
=企业总价值	207 525
-净负债	5
-少数股东权益	11
=权益评估价值	207 509

在自由现金流量折现的过程中,折现率和永续增长率对估值结果有显著影响。考虑到折现率和永续增长率涉及宏观经济状态的预测,包含的不确定因素很多,我们有必要对估值模型中的永续增长率和加权平均资本成本进行敏感性分析。基于预测值给予±0.5%浮动得到表 4-12。

表 4-12 敏感性分析

增长率	不同 WACC 下的每股价格(元)				
	7.2%	7.7%	8.2%	8.2%	9.2%
1.0%	81.03	76.22	71.91	68.02	64.49
1.5%	84.12	78.86	74.20	70.02	66.26
2.0%	87.81	81.97	76.86	72.32	68.27
2.5%	92.29	85.68	79.98	74.99	70.58
3.0%	97.83	90.18	83.70	78.13	73.26

通过敏感性分析可以看出,折现率越高,估值结果越小;永续增长率越高,估值结果越大。在折现率取 9.2%、永续增长率为 1.0% 的情况下,海天公司股票价值为 64.49 元/股。在折现率取 7.2%、永续增长率为 3.0% 的情况下,海天公司股票价值为 97.83 元/股。

第五节 基本股权估值模型

本节回顾五个为人所熟知的公司股权估值模型,包括股利增长模型、固定股利模型、两阶段股利增长模型、可持续增长模型和投资机会模型。

一、股利增长模型

股利增长模型基于两个假设:①股票的价值等于未来预期股利的现值;②股利的预期增长率恒定且直到永远。股利增长模型的计算公式为:

$$V_E = \sum_{t=1}^{\infty} \frac{DPS(1+g)^{t-1}}{(1+r_E)^t} = \frac{DPS}{r_E - g} \tag{4.14}$$

其中,V_E 为公司权益的现值,DPS 为 $t=1$ 的预期股利,g 为股利的预期年增长率,r_E 为折现率(即权益资本成本)。

数值示例 4.5

用股利增长模型估计 A 公司股票 2020 年年末的价值。第一步,预计 A 公司在 2021 年支付的股利 DPS 为 0.9 元,比 2020 年的 0.85 元增长约 6%。假设股利将永远以每年 $g=6\%$ 的速度增长。我们使用公式(4.7)估计折现率,其中 $r_f=5.4\%$(1 年期国库券的年度收益率),$r_m=12.4\%$,$\beta=0.6$(2020 年年末估值)。第二步,使用公式(4.14)估计 A 公司股票的价值为:

$$V_E = \frac{0.9}{(0.096-0.06)} = 25(元)$$

而 2020 年年末 A 公司股票的实际市场价格为每股 27.75 元。因此,如果对上述估值有信心,我们就可以得出这样的结论:A 公司股票在 2020 年年末的价格偏高。

二、固定股利模型

虽然股利增长模型抓住了公司股权价值的重要方面,但它也存在一定的问题,即股利增长模型假设股利以恒定的速度持续增长,这对许多公司至少是部分公司来说是不现实的。出于这个考量,股利增长模型演化出几种变形以贴近公司的现实情况,分别为:固定股利模型和两阶段股利增长模型。

假设一家特定的公司被期望每年支付一个不变的 DPS(股利)到永远,那么公式(4.14)可简化为固定股利模型:

$$V_E = \frac{DPS}{r_E} \tag{4.15}$$

数值示例 4.6

假设 A 公司的年股利永远保持在 0.85 元不变,根据上文的计算公式,合适的折现率 r_E 为 9.6%。A 公司股票价值的估计为:

$$V_E = \frac{0.85}{0.096} = 8.85(元)$$

这个估值只是假设 A 公司股利永远以 6% 的速度增长所得到的估值的约三分之一。这种差异凸显了股票价值对股利增长估计的敏感性,也解释了股票价格为何波动如此大,即市场对公司增长的预估或折现率的变化都会对股票价值产生放大效应。

三、两阶段股利增长模型

在两阶段股利增长模型下,股利最初预计以 g_s 的速度增长,T 年之后,股利增长恢复到正常的 g_N。两阶段股利增长模型的计算公式为:

$$V_E = \sum_{t=1}^{T} \frac{\text{DPS}(1+g_s)^{t-1}}{(1+r_E)^t} + \left[\frac{\text{DPS}(1+g_s)^T}{r_E - g_N}\right]\left(\frac{1}{1+r_E}\right)^T \tag{4.16}$$

数值示例 4.7

2020 年年末对 A 公司进行估值,假设未来 5 年股利的年增长率 g_s 为 3%,之后股利将以 $g_N = 6\%$ 的年增长率持续增长。估计 2021 年的年股利 DPS 是 0.88(0.85×1.03),再次假设 $r_E = 9.6\%$,则 A 股票的最终价值为:

$$V_E = \sum_{t=1}^{5} \frac{0.88 \times (1.03)^{t-1}}{(1.096)^t} + \left[\frac{0.88 \times (1.03)^5}{0.096 - 0.06}\right]\left(\frac{1}{1.096}\right)^5 = 21.48(元)$$

四、可持续增长模型

根据以上几种模型的估计情况,可以发现对公司权益价值的估计在很大程度上取决于对年预期股利增长率(g)的估计。本小节提供一种估计增长率的方法,涉及可持续增长的概念。

(一) 可持续增长的估计

可持续增长的概念基于以下三个假设:

假设 1 公司未来的资本投资将按固定比例的债务和股权提供资金,股权资金完全来自留存收益。因此,公司的盈利增长在一定程度上取决于管理层倾向于将至少一部分公司盈利再投资于新的资本投资项目,而不是将所有盈利以股利形式支付。

假设 2 所有未来的资本投资都是永续的,并且都期望 ROE 等于 $k(k>0)$,假设 $k>r$。

假设 3 管理层保留公司盈利中的固定比例(b)用于投资,其余的作为股利支付。b 是公司的留存收益率,因此 $(1-b)$ 为派息率。这个假设的结果是股利和盈利的增长率相等。

在这些假设下,公司股利的预期增长率为:
$$g = bk \tag{4.17}$$

g 被称为公司的可持续增长率,因为预期股利只有在以下情况下才能增长:①公司倾向于将盈利投入未来的资本投资项目;②未来投资项目产生正回报($k>0$)。

数值示例 4.8

用公式(4.17)估计 A 公司的可持续增长率,先要估算 b 和 k。对于 b,假设 A 公司近十年的平均留存收益率为 62%;对于 k,假设同期 A 公司 ROE 的均值为 13.6%。因此,A 公司的可持续增长率估计为:
$$g = bk = 0.62 \times 0.136 = 0.084 = 8.4\%$$

(二) 可持续增长模型

根据股利增长模型给出的 g 表达式,可以为公司权益构造一个新的估值模型——可持续增长模型,由股利增长模型和可持续增长率发展而来,分以下两步:一是用 EPS 代替 DPS;二是将公式(4.17)中的 g 代入公式(4.14)。在替换相关变量后再除以 $(1-b)$,可得到可持续增长模型:

$$V_E = \frac{\text{EPS}}{r_E - \left(\dfrac{b}{1-b}\right)(k - r_E)} \tag{4.18}$$

请注意,在现实生活中,公司管理层应该只接受 $k>r_E$ 的项目,但这不属于模型(4.18)的要求。

数值示例 4.9

为了使用公式(4.18)对 2020 年年末 A 公司的股票进行估值,需要估计每股收益。这里的每股收益是指 A 公司 2021 年的每股收益。调整 A 公司 2020 年每股收益为 3.91 元,估计得到的可持续增长率为 8.4%,则 $E_1 = 3.91 \times 1.084 = 4.24$ 元。利用这个估计值和之前对其他参数的估计值,A 公司股票的估值为:

$$V_E = \frac{4.24}{0.096 - \left(\dfrac{0.62}{1-0.62}\right) \times (0.136 - 0.096)} = 137.95(\text{元})$$

(三) 关于可持续增长模型的相关问题

基于可持续增长模型,一个问题产生了:如果一家公司有可盈利投资机会($k-r_E>0$),那么管理层为什么要支付股利?基本的答案是,公司提供给可盈利投资项目的资源是有限的,公司管理层设定它为留存收益率,从而为所有此类投资项目提供资金。

考虑两个极端的例子。在第一种情况下,公司有足够的有利可图的投资机会,此时它应该完全不支付股利,那么 $b=1$,公式(4.18)右边表达式无意义。这是因为假设公司可以永远将所有的盈利投资于能够提供超过权益资本成本的预期回报的项目,那么公司的价值是无限的。

在第二种情况下,公司没有任何可盈利投资项目,此时它应该以股利的形式分配所有的盈利,那么 $b=0$,盈利将是永恒不变的,公式(4.18)简化为固定股利模型。

五、投资机会模型

投资机会模型试图将公司有利可图的投资机会的现值分离出来,即假设一家公司的权益价值可以分为两个部分。第一个组成部分是公司从现有资产(EPS/r_E)中产生的永续盈利的现值;第二个组成部分是公司盈利的未来投资机会的现值,表示为 PVPFIO。投资机会模型的表达式为:

$$V_E = \frac{EPS}{r_E} + PVPFIO \tag{4.19}$$

投资机会模型的一个重要应用是市场对公司 PVPFIO 的估值。这是通过设置 V_E 等于股票当前的市场价格来估算 EPS/r_E,并求解公式(4.19)的 PVPFIO 来实现的。

数值示例 4.10

采用投资机会模型估计 2020 年年末 A 公司股票的 PVPFIO。A 公司的股价在 2020 年年末是每股 35.36 元。A 公司 2020 年每股收益为 3.91 元,估计折现率 r_E 为 0.096,则 EPS/r_E 为 40.73 元,由此可以估计 A 公司的 PVPFIO 为 -5.37 元。这一结果表明,在 2020 年年末,市场并不认为 A 公司拥有可盈利的未来投资机会。

公式(4.19)也可以用来解释股票市盈率。将公式(4.19)除以每股收益(EPS),可以得到股票市盈率的计算公式:

$$\frac{V_E}{EPS} = \frac{1}{r_E} + \frac{PVPFIO}{EPS} \tag{4.20}$$

考虑两家拥有相同权益资本成本的公司,第一家公司有可盈利的未来投资机会,第二家公司则没有,那么根据公式(4.20),第一家公司的市盈率应该更高。

第六节 实物期权与研发的市场定价

一、实物期权

前文讨论的估值模型非常强调公司未来的可盈利投资项目,而在现实中,许多金融衍生品都可以被解释为看涨期权,也称实物期权,实物期权就是一个未来的投资机会。公司现在隐性地拥有它,如果到期表现为实值货币——实物期权有正的净现值,就可以通过资本支出被行使。

现有文献充斥着实物期权的例子,其中最著名和最普遍的也许是增长选项。当公司致力于开发一个特定的产品市场时,它就获得一个增长选择。例如,一旦公司发现有利可图就可能会选择扩大生产能力,或者在未来冒险进入相关的产品市场。

什么是实物期权?期权是一种权利而不是义务,是指在预定的时间内以预定的价格购买(或出售)一项资产。如果市场价格高于行权价格,那么看涨期权"入账";如果市场价格低于行权价格,那么看涨期权"出账"而不会被行权。期权价值也随着潜在因素的不确定性而增加。逻辑很简单,不确定性越大,期权以现金交割的概率越大,期权的价值也就越高。

目前已经提到影响期权价值的五个因素中的三个,期权价值随基础因素值及其不确定性的增大而增加,随行权价格的上升而减少。第四个因素是期权到期日,由于不确定性随时间的加长而增大,因此到期日越长,期权价值就越高。最后,期权价值随着货币的时间价值(即无风险利率)的上升而增加。这是因为,随着利率的上升,行使成本的现值会减小。

个人实物期权可以分为增长期权(扩大、转换或扩大项目范围)、延迟/学习期权和放弃期权(缩小、转换或缩小项目范围)。这几种基本实物期权也可以组合在一起,如复合期权。A公司投资一个研发项目,开发未来几代相关产品,可能同时购买将产品商业化的选择权和从事后续研发的选择权。后面的研发项目本身包含商业化和进一步研发的选项,导致一种被称为生长楼梯的复合选项。

实物期权也可能依赖于不止一个不确定性来源。商业化一个研发项目的价值,取决于至少两个不确定因素:技术的不确定性(科学家能成功发明新产品吗)和市场的不确定性(消费者对这种新产品的需求是什么)。依赖于多个不确定性来源的选项通常被称为彩虹选项。

二、研发能否创造有价值的实物期权

企业的研发支出表明了管理层开发有利可图的未来投资机会的能力和意愿。问题是,市场能否通过提高公司股票价格来认可研发支出的价值?Lev和Sougiannis(1996)从实证上解决了这个问题。他们估算大样本中上市公司的研发资本,并测试公司的研发资本与股票的市场价值或随后的股票回报是否相关,并发现股票市场价值和随后的股票回报都与估算的研发资本正相关。

你是否曾经参与一项资本投资决策,结果在净现值(NPV)为负的情况下管理团队还是决定继续进行?或者遇到一个净现值为正值的项目,但直觉警告你不要继续下去?通常来讲,错的不是你的直觉,而是久经考验的净现值决策工具。

管理者还可以使用另一种工具:实物期权价值(ROV)。当项目有很大的不确定性而管理者需要灵活应对时,ROV就可以发挥自己的作用。当你面临的决策不确定性较低或者获得新的信息后,你没有改变投资方向的余地,NPV就是有效的。当难以取得有关NPV的估值时,你可以考虑ROV。

下面将比较主要的决策工具,并说明为什么传统技术——NPV、经济利润(EP)和决策树——是不完整的,且常常存在误导性,有时甚至是完全错误的;同时,用简单的例子说明实物期权在实际情况下如何应用,而不是深入分析复杂的实物期权估值机制。

1973年,费希尔·布莱克(Fischer Black)、迈伦·斯科尔斯(Myron Scholes)和罗伯特·默顿(Robert Merton)设计了严格的"无套利"解决方案对实物期权进行估值,人们自此开始正确理解实物期权。尤其是在证券市场上,实物期权理论应用广泛,并通过与实际价格的对比得到非常好的验证。

(一) 实物期权很容易被忽视

学习如何运用实物期权的一个问题是,我们经常不知道如何在现实管理环境中识别它们。比如一家喷气发动机的制造商,在这个竞争激烈的行业,秘诀就是把引擎装到飞机的机翼上;这样做了,就相当于锁定了30年零配件供应的利润。制造商要做的就是购买飞机并将引擎装在机翼上,然后出租飞机。他们还延长了取消飞机租赁的期限,允许航空公司在飞机交付之前和之后一年的任何时候取消交付,只需支付少量的罚款。

分析显示,取消方案的平均价值相当于窄体飞机发动机价值的83%,或者宽体飞机发动机价值的19%。财务人员对实物期权的理解表明,取消期权对经历了高波动性需求的航空公司最有价值,由此不再向航空公司提供取消租赁的选择。大约一年后,整个行业的乘客收入里程急剧减少,上述财务政策的改变使航空公司节省了数千万美元。

(二) 实物期权体现灵活性的价值

实物期权以一种净现值分析无法做到的方式捕捉管理灵活性的价值。假设有50%的可能性投资2亿元建一家新工厂,之后多年,管理层将会获得丰厚的销售回报。收入超过成本,工厂产生的营业收入的现值为3亿元。同时,假设有50%的概率市场需求不理想,此时营业收入的现值只有5 000万元。

传统的NPV分析表明,工厂未来运营的预期现值为1.75亿元,不足以抵消2亿元的前期投资,即项目的净现值为-2 500万元。因此,这个项目几乎肯定会被取消。但与预先投资全部的2亿元相比,管理层选择购买扩张期权,只用2 000万元进行试点呢?

试点成功的概率为50%,作为回应,管理层像以前一样耗资2.2亿元建造了工厂,并获得了3亿元的利润。然而由于试点,工厂的建设支出和利润每年都会减少。以10%的利率折现,折现后得到投资2亿元和利润现值2.7亿元,也就是7 000万元的净收益。此外,试点失败的概率为50%,在这种情况下,管理部门会在没有进一步支出的情况下终止项目。此时项目的整体价值是1 500万元,平均每年7 000万元利润,减去前期投资的2 000万元,可以实现净收益。管理部门确实应该着手开展这项工作。

(三) 有的放矢的方案

在管理层能够灵活应对高不确定性新信息的情况下,实物期权估值是最重要的工具。没有灵活性的项目价值接近盈亏平衡。若NPV非常高,则项目将被全速推进,不太可能发挥灵活性;若NPV为负,则再高的灵活性也无济于事。在传统的NPV接近于零的情况下,可选性对艰难的决策而言具有最大的价值。

考虑两项投资:一家新建啤酒厂和一家制药研发公司的研发计划。酿酒厂是在一个相当稳定的环境中进行的一次性投资,在这个环境下需求的预测值是确定的。啤酒厂的营业利润率较高,净现值也相应较高。选择推迟投资是不太可能的,因为对于何时需要新的产能或营业利润率将是多少不存在不确定性。现金流量折现法在这种情况下能起到很好的作用,因为其隐含假设是有效的。

制药研发则是另一回事,各个阶段都需要投资,在基础研究、开发测试、临床试验和产品推出方面都要投入大量资金。在每个阶段,管理层可以选择放弃、推迟、按计划继续推进,或者花更多的钱来加速项目进行。这种项目的灵活性很强,但因为存在不确定性,没有灵活性的项目价值可以忽略不计。在这种情况下,现金流量折现法的大多数假设不成立,而实物期权估值法会得出更好的结果。

第七节 中国 A 股市场的经验证据

股票投资组合收益率由何种因素决定是经久不衰的研究话题,也是资产定价领域的重要研究议题。股票投资实践经验和交易数据分析能够丰富与完善资产定价理论,特定投资策略长期获得超额收益促使学者不断完善理论体系,修正定价模型,从而提升资本市场的定价效率并形成交易策略。价值投资策略注重对财务报表、盈利能力以及企业经营状况和管理能力的分析,在投资实践中获得长期超额收益而在全球备受推崇,基于公司价值和成长性的价值投资策略表现出的长期超额收益挑战着 FF 三因子模型的有效性。

一、Fama-French 五因子模型

Fama 和 French(1993,1996)结合此前的研究,在 CAPM 的基础上加入市值效应因子(SMB)和价值效应因子(HML)形成三因子模型。三因子模型的重要特点是,虽然 SMB、HML 代表了公司市值和公司账面市值比,但实际上两者代表的是不同资产组合的收益之差而非公司市值或账面市值比本身。这种因子构造方式成为后续研究构造因子的标准方式。随后 Fama 和 French(1996)将三因子模型扩展至全球视野,提出全球市场风险溢价、全球市场 SMB 和全球市场 HML,并与基于全球市场风险溢价的 CAPM 模型进行比较,发现三因子模型的解释能力更强。Griffin(2002)用日本、英国和加拿大的数据检验了三因子模型,发现模型能够有效解释股票组合收益的差异,而且基于本国市场的三因子模型比全球市场的三因子模型的解释能力更好。Cao 等(2005)使用我国的股票交易数据对比 CAPM 模型和 Fama-French 三因子模型,发现后者的解释能力更好。朱宝宪和何治国(2002)、吴世农和许年行(2004)验证了三因子模型在我国股票市场中的适用性。潘莉和徐建国(2011)发现对我国市场来说,用市盈率代替市净率的三因子模型具有更好的解释能力。

Fama 和 French(2015)在三因子模型的基础上增加了盈利能力因子(RMW)和投资因子(CMA),提出了五因子模型,并基于美国五十余年的市场数据证实了五因子模型的有效性,发现加入 RMW 和 CMA 之后 HML 成为冗余变量。这一结果引起学界广泛的关注和讨论。Fama 和 French 的解释是 RMW 和 CMA 包含了大部分的 HML 信息,这三个因子衡量公司价值和成长性的三个方面,是影响价值投资策略的重要因素。在三因子模型的基础上,Fama-French 五因子模型加入了代表公司盈利能力和投资的因素:

$$R_{it} - R_{Ft} = a_i + b_i(R_{Mt} - R_{Ft}) + s_i \text{SMB}_t + h_i \text{HML}_t + r_i \text{RMW}_t + c_i \text{CMA}_t + e_{it}$$
(4.21)

其中，RMW_t 表示 t 时期盈利能力强的公司组合与盈利能力差的公司组合的收益率之差，其中盈利能力用上一期的营业收入减去营业成本、销售费用、财务费用和管理费用后的营业利润与上一期的所有者权益账面价值之比衡量；CMA_t 表示 t 时期投资水平低的公司组合与投资水平高的公司组合的收益率之差，其中投资水平用 $t-1$ 时期总资产的增量除以 $t-2$ 时期总资产。

二、五因子模型是否更胜一筹

理论上，公司权益价值取决于未来股权现金流量的现值，从实践来看，盈利能力强的公司的股票收益率往往较高，而投资水平高的公司的股票收益率较低。许多学者从公司经营角度考虑资产定价问题，关于公司盈利能力和投资水平的研究成为资产定价模型的主要发展方向，但结合盈利能力因子和投资因子对新兴市场的研究尚不多见。赵胜民等（2016）基于五因子定价模型研究中国市场的 RMW 和 CMA 能否解释与预测股票收益率，以及因子定价模型的有效性是否会因市场而异，为我国的资产定价实践提供经验证据。

由于1993年之前我国上市公司数量较少，信息披露制度不健全，赵胜民等（2016）选取1993年1月至2014年12月沪深两市所有A股股票的月度收益率、收盘价数据，以及合并财务报表中总资产、所有者权益和营业利润数据；排除特别处理股票和已退市股票，为了构建平衡面板数据集，舍弃1995年之前的交易数据；以1995—2014年股票市场组合收益率和1年期国债利率为样本，其中1年期国债收益率按复利方式求几何平均数折算成月度收益率作为无风险利率。

表4-13报告了按不同维度划分的资产组合的平均月度超额收益，直观地反映了不同因子的解释能力差异。其中，Size 表示上年度财务报表披露的流通股股本总数乘以上年度最后一个交易日的收盘价计算得到的流通市值；B/M 表示上年度财务报表披露的所有者权益账面价值除以上年度最后一个交易日的股票流通市值得到的账面市值比；OP 表示上年度财务报表中营业利润与所有者权益之比；Inv 表示上年度财务报表中总资产的变动与两年前的总资产之比。

表4-13 投资组合平均月度超额收益

Size	低	2	3	4	高
	Size-B/M 组合				
小	1.37	1.38	1.66	2.05	1.97
2	0.85	1.22	1.34	1.77	1.63
3	0.63	0.98	1.33	1.40	1.49
4	0.65	0.75	1.02	1.25	1.29
大	0.26	0.46	1.01	0.60	1.16

（续表）

Size	低	2	3	4	高
Size-OP 组合					
小	1.85	1.73	1.81	1.14	1.35
2	1.04	1.27	1.61	1.50	1.32
3	1.22	1.04	1.32	1.53	1.27
4	0.96	0.94	1.01	1.27	1.19
大	0.44	0.39	0.79	0.81	0.96
Size-Inv 组合					
小	1.94	1.72	1.56	1.40	1.67
2	1.42	1.17	1.86	1.32	1.08
4	1.33	1.56	1.04	0.92	1.16
4	0.69	1.10	1.03	0.68	1.44
大	1.08	0.10	1.08	0.60	0.34

注：每个会计年度末，股票按两个维度进行划分，第一个维度是按股票流通市值从小到大平均分为5组，第二个维度是按账面市值比从小到大平均分为5组，构成25个资产组合，基于流通市值加权平均计算每个年度组合的收益率，再算出1995—2014年共20年的收益率几何平均数。其他组合的划分以此类推。

总体来看，我国股票收益率趋同现象比较明显，月均收益率高于美国股票市场，收益率波动的方差比美国股票市场要小得多。Morck等（2000）认为发展中国家新兴市场的股价走势往往趋同，其主要原因有两点：第一，发展中国家对私人财产权利的保护程度低，政治决策和传言会导致股票价格大幅波动，而且产权保护不足使得信息知情人的套利交易遭到噪声交易者的阻碍，风险上升而收益水平下降，市场无法通过套利交易提高公司的定价效率；第二，相对于公司内部人而言，监管机构对公众投资者保护不足，投资者处于信息劣势地位，无法充分判断公司价值，从而只能采取从众行为。

从投资组合收益率的变化规律来看，第一，我国股票市场市值效应非常明显，流通市值小的公司组合收益率高于流通市值大的公司组合收益率。第二，我国股票市场价值效应非常明显，价值股的收益水平高于成长股的收益水平。这与黄惠平和彭博（2010）的研究结论一致。第三，除了流通市值最小的20%公司组合，股票组合收益率随着公司盈利能力的提升而提高，尤其是流通市值较大的公司；对于流通市值最小的20%公司组合来说，股票组合收益率随着公司盈利能力的提升而下降，说明这类公司投资者不关注业绩，反而更关注小市值公司业绩不佳引发资产重组的可能性，投机性更强。第四，股票组合收益率随着公司投资规模的扩张而下降但不明显。

赵胜民等（2016）进一步对Fama-French三因子模型和五因子模型进行对比验证，实证结果表明对我国股票市场来说，市值效应因子和价值效应因子的影响更明显，盈利能力强的公司组合收益率要高于盈利能力差的公司组合收益率，投资水平低的公司组合收益率要高于投资水平高的公司组合收益率，但差异不明显。因子模型的解释能力因市场而异，

Fama 和 French(2015)对美国股市的实证分析结果表明,相较于 RMW 和 CMA,HML 是冗余变量。然而,我国正相反。首先,RMW 和 CMA 并不显著异于零;其次,GRS 检验显示三因子模型的 GRS 统计量系统性地小于五因子模型的,含 HML 因子模型的 GRS 统计量系统性地小于不含 HML 因子模型的 GRS 统计量;再次,CMA 和 RMW 并不含有 HML 包含的信息;最后,回归分析表明 CMA 和 RMW 的回归系数不显著——这两个因子无法解释我国股票投资组合收益率,而 HML 的回归系数显著。因此,我国市场与美国市场恰好相反,CMA 和 RMW 是冗余变量,而三因子模型的解释能力强于五因子模型,这也反映了两个市场投资者的投资理念和交易策略存在差异。成熟市场的投资者更看重公司的个体差异以及公司未来的发展前景和成长空间,其价值投资策略主要关注公司的发展前景和成长机会;我国股票市场的投资者更关注上市公司的估值水平,并不太看重公司的发展前景和成长空间。这说明与美国资本市场相比,我国投资者对资本市场的信息传递机制和投资者的投资理念存在一定差异,因子模型的解释能力和预测能力因市场而异,模型的构建还应考虑市场的实际状况。

案例解析
澜起科技财务报表分析、事件研究与估值[①]

核心概念　事件研究　公司估值

学习脉络　针对科创公司特征对其价值构成展开具体分析,并构建相应的价值评估模型;运用事件研究法,选择有代表性的上市公司进行案例分析。

学习要求

1. 请结合澜起科技的基本情况和财务数据,谈谈你对公司财务战略的看法。
2. 根据事件研究法,请计算澜起科技 2020 年 10 月 23 日的超额收益率。
3. 根据以上预测和估值,请你对澜起科技提出相关的投资建议。

1. 公司和行业概况

1.1　公司简介

澜起科技股份公司(简称"澜起科技")2004 年 5 月 27 日成立,主要从事云计算以及人工智能相关领域芯片的生产和销售,其产品系列以芯片及安全内存模组为主。随着业务的不断发展,公司已经成为全球内存接口芯片的主要供应商,对该领域的发展具有非常重要的影响。近年来,澜起科技在行业中多次取得重大技术突破。目前,公司已成为全球能够研发和批量生产 DDR4 内存接口芯片的三大供应商之一。作为科创板首批上市公司,澜起科技 2019 年 7 月登陆上海证券交易所,股票代码为 688008。

1.2　行业背景

未来几年,澜起科技所属的半导体芯片行业将成为国家重点支持产业。2016 年国务

[①] 南京师范大学的赵自强、费啸宇、纪苏源、徐勤勤改编自郝国良.科创板公司估值方法研究:以澜起科技为例[D].西安科技大学,2022.本案例只供课堂讨论之用,并无意暗示或说明某种管理行为是否有效。

院发布的"十三五"发展规划指出,半导体芯片行业的发展将会成为下一步的重点发展产业。同时,随着云计算、人工智能、5G 的兴起,服务器对高性能、大容量、低功耗、低时延的芯片需求将大幅增加,这将为国内半导体产业带来前所未有的发展契机。内存接口芯片是服务器存取内存数据非常重要的组成部分,市场前景较为明朗,主要来自内存出货量的提升以及服务器中所需内存数量的增长。根据 IDT 公司发布的相关数据,2018 年全球内存接口芯片市场总规模大约为 5.7 亿美元,在全球服务器市场中的占比为 0.81%。

澜起科技目前为全球内存接口芯片的主要供货商,而且在全球范围内的业务量越来越大。澜起科技与 IDT 公司的市场占有率基本相同,而 Rambus 公司的市场份额相对较小。澜起科技除了供应 DDR4 内存接口芯片,还针对产品研发投入大量的资金。在营业收入中,研发投入占比为 15%。在当前阶段,DDR5 内存接口芯片的研发工作正在开展,有望为内存接口芯片市场占有率的提升起到积极的作用。

除此之外,澜起科技与英特尔、清华大学共同合作的津逮服务器平台已经开始生产并试点运营。得益于国产软件替代的政策支持,津逮服务器平台预计在未来有较大的发展空间。上述两大业务板块将成为公司发展的重要方向,以及公司未来利润的增长点。

2. 公司财务报表分析

2.1 短期流动性

从表 1 可以看出,2019 年澜起科技的流动比率和速动比率都有极大幅度的提升,原因为当年澜起科技在科创板上市,募集到大量资金,货币资金期末余额由 2018 年的 36.8 亿元增至 2019 年的 72.6 亿元,导致流动资产和速动资产大幅增加,进而提高流动比率和速动比率。但是,公司的应收账款回收期较长,流动资产周转天数大幅增加,这源于公司为了开拓市场、提高销量,应收账款政策较为宽松。同样,2019 年公司上市发行股票融资,导致流动资产周转天数大幅增加,预计未来发展过程中随着收入的增长和经营管理制度的完善,公司各项资产运营效率有望得到提升。

表 1　澜起科技短期流动性

项目	2020 年	2019 年	2018 年	2017 年	2016 年
流动比率	28.17	27.45	9.70	5.32	4.90
速动比率	27.38	26.89	9.28	4.83	3.72
应收账款周转率(次)	16.63	9.31	9.75	13.79	14.37
存货周转率(次)	2.95	3.26	4.09	2.94	1.61
应收账款周转天数(天)	21.65	38.64	37.44	26.47	19.27
存货周转天数(天)	122.20	110.38	89.24	126.45	226.71
流动资产周转天数(天)	1 415.09	1 218.68	564.55	367.28	306.07

2.2 资本结构和偿债能力

从表 2 可以看出,澜起科技的负债额一直保持在较低水平,2020 年的所有者权益为 80.70 亿元,而负债总额仅为 3.49 亿元。这是因为在 2019 年上市过程中,公司吸收了巨额投资,能够满足经营需求。由于公司营运资本主要来自所有者权益,而且在负债总额中流动负债占比较大,因此澜起科技采用的是较为保守的资本结构。

表 2　澜起科技资本结构　　　　　　　　　　　　　　单位:亿元

项目	2020 年	2019 年	2018 年	2017 年	2016 年
流动负债	2.36	2.80	4.27	2.68	2.20
非流动负债	1.13	1.71	1.38	0.20	0.18
负债合计	3.49	4.51	5.65	2.88	2.38
所有者权益合计	80.70	73.30	36.16	11.87	8.83
负债与权益总计	84.19	77.81	41.81	14.75	11.21

表 3 列示了澜起科技的部分偿债能力指标。数据显示,澜起科技的资产负债率和产权比率较低,其财务杠杆处于较低的水平,而且利息保障倍数除 2017 年外均为负数。利息保障倍数是衡量企业负债利息支付能力的指标,等于利润总额与利息费用之和除以利息费用。澜起科技的利息保障倍数之所以为负数,是因为其财务费用为负,即利息收入大于利息费用。由此可以看出,澜起科技的长期偿债能力较强。

表 3　澜起科技偿债能力分析

项目	2020 年	2019 年	2018 年	2017 年	2016 年
资产负债率(%)	4.15	5.80	13.51	19.51	21.25
产权比率	0.04	0.06	0.16	0.24	0.27
利息保障倍数	−2 051.81	−864.74	−2 177.88	11 883.29	−575.61
权益乘数	1.04	1.06	1.16	1.24	1.27

2.3　资产使用效率

表 4 列示了澜起科技部分资产和总资产的周转率。从中可以发现,公司资产整体的周转率处于较低水平,尤其是流动资产周转率和总资产周转率。虽然部分原因是公司上市带来了大额资金流入,但是也反映出公司的资产使用效率低下,不能充分利用所拥有的资产给企业创造更多的利益。

表 4　澜起科技资产使用效率分析

项目	2020 年	2019 年	2018 年	2017 年	2016 年
应收账款周转率(次)	16.63	9.31	9.75	13.79	14.37
存货周转率(次)	2.95	3.26	4.09	2.94	1.61
固定资产周转率(次)	3.60	68.39	115.36	125.98	0.75
流动资产周转率(次)	0.25	0.30	0.64	0.98	78.35
总资产周转率(次)	0.23	0.29	0.62	0.95	—

2.4　经营业绩和盈利能力①

从表 5 可以看出,澜起科技的净资产回报率和资产回报率均处于较低水平,但权益回

---

① 计算回报率相关变量取面值,计算收益率相关变量取市值。

报率处于较高水平。这可能是由于公司在2019年上市时产生大量资本流入,使得净资产和资产大幅增加,从而导致资产回报率下降。如果忽略这方面因素造成的影响,那么澜起科技的投资回报率较高,且具有较好的盈利水平。

表5 澜起科技投资回报率分析 单位:%

项目	2020年	2019年	2018年	2017年	2016年
净资产(面值)回报率	14.28	13.14	20.95	30.46	13.94
权益回报率	102.00	85.23	—	—	—
资产回报率	13.69	12.38	18.12	24.52	10.98

表6显示了澜起科技的盈利能力指标。2016—2020年公司的毛利率和净利率持续增长,主要是因为公司内存接口芯片产品的市场占有率不断上升,销售规模不断扩大,且毛利率始终保持较高水平。净资产收益率在2017—2018年保持稳定,但在2019年大幅下降,这主要是受到公司上市的影响,因此澜起科技总体盈利能力较好。随着市场增长以及津逮系列服务器的建成投产,公司未来几年的盈利能力预计将大幅提升。

表6 澜起科技盈利能力分析 单位:%

项目	2020年	2019年	2018年	2017年	2016年
毛利率	72.27	73.96	70.54	53.49	51.20
净利率	60.52	53.68	41.92	28.26	10.98
净资产(市值)收益率	14.39	17.66	37.11	33.52	11.35

3. 事件研究

事件研究法计算公告窗口期内因某起事件发生而引起的超额收益,从而衡量事件对公司的影响。选择某一特定事件,可以是公司并购、债券发行或股利分配等,它能够引起市场上股票价格变动;然后研究事件发生后股票收益率的变化,从而解释事件对公司股票价格及收益率的影响。事件研究法的具体步骤为:

第一步,确定事件期、清洁期和窗口期。通常情况下,事件期以公告日为中心。确定事件期的目的是获取事件对股票价格的全部影响,不同的研究选取长短不同的事件期。

第二步,计算个股预期收益率。预期收益率是事件未发生时预计可以获得的收益,计算公式为:

$$R_{i,t} = \alpha_i + \beta_1 R_{m,t}$$

其中,$R_{i,t}$为股票i预期收益率,β_i衡量公司对市场的敏感性,α_i是指在整个事件期内无法由市场解释的平均收益率,$R_{m,t}$为市场平均收益率。把事件期内市场当日实际收益率代入市场模型,就得到股票i的预期收益率。

第三步,计算个股超额收益率。公司实际收益率减去预期收益率,得到的差额就是超额收益率(AR),其计算公式为:

$$AR = R_t - R_{i,t}$$

然后将整个事件期[−15,15]内每天的超常收益率相加,就可以得到累计超额收益率（CAR）。

$$CAR_{i,t} = \sum_{t=-15}^{t=15} AR_{i,t}$$

第四步,检验假设。检验假设就是检验计算出来的累计超常收益率与 0 的差异是否显著。若 CAR 大于 0 且具有统计学意义上的显著性,则表明事件为公司带来了正超常收益;若 CAR 小于 0 且具有统计学意义上的显著性,则表明事件给公司带来了负超常收益;若 CAR 等于 0,则表明公司财富没有受到事件的影响。

3.1 窗口期及清洁期的选择

在运用事件研究法分析公司公告的市场反应时,一般选取公告日为事件窗口,本文选取的事件为澜起科技 2020 年三季度财务报告的发布。因为事件窗口前后仍有投资者调研报告等公告,每次公告间隔时间较短,为尽可能减小单起事件之间的叠加影响,避免选择过长的事件窗口期导致其中包含的其他事件影响因素过多,这里选择的窗口期为[-15,15],即公告日前后各 15 天,共计 30 天时间的窗口期。经过多次分析与试验,最终将窗口期前 100 天确定为清洁期。

3.2 数据处理

为了更好地运用事件研究法,一般情况下要对原始数据进行相应的处理。对于个股预期收益率的计算,除了以上步骤,还要对数据进行处理。在个股回归模型中,这里用个股后一天收盘价减去个股前一天收盘价再除以个股前一天收盘价,得出的比率值为个股日收益率:

$$R_{i,t} = (p_t - p_{t-1})/p_{t-1}$$

同样,对于市场收益率的计算,这里使用深证成指数据。同样用深证成指后一天收盘指数减去前一天收盘指数再除以前一天收盘指数,得出的比率值为日市场收益率:

$$R_{m,t} = (I_{m,t} - I_{m,t-1})/I_{m,t-1}$$

使用 Stata 软件进行回归分析,可以得出以下公式:

$$R_{i,t} = -0.0042148 + 1.450256 R_{m,t}$$
$$R^2 = 0.3977$$

接下来,将事件窗口期内市场收益率代入方程,就可以得出事件期内假设事件未发生情况下的预期收益率。然后根据从数据库获取的数据计算日实际收益率,最后计算超额收益率和累计超额收益率。

4. 预测与估值

4.1 基于现有资产的评估

利用现金流折现法对澜起科技现有资产价值进行评估。评估基准日为 2019 年 12 月 31 日,评估过程包括两个阶段。第一阶段为详细预测期阶段,时间长度为 5 年,主要针对公司的实际经营状况以及行业发展特点展开分析,从而揭示公司的高速增长情况。第二个阶段为永续增长阶段,主要以第一阶段为基础,揭示公司在经历高速增长期阶段之后保持稳定的增长状态。

4.1.1 利润表预测

我们采用销售百分比法预测公司的利润表。该方法假定公司的资产、负债、成本费用与销售收入之间存在一定的比例关系。

(1) 营业收入的预测。营业收入预测是公司利润表预测的起点,对净利润预测的合理性与准确性有着重要的影响。在国家政策的支持下,半导体芯片行业未来几年的市场发展前景较为广阔。澜起科技作为内存接口芯片行业龙头,得益于行业的发展,预计会迎来新一轮的高速增长。由公司过去的经营业绩可知,2016—2020 年间,公司的营业收入平均增长率为 25%。随着半导体行业的继续发展,预计公司未来 5 年的营业收入依然保持高速增长状态。此外,公司在 2017 年还与英特尔和清华大学开展合作,且研发的津逮服务器已投入批量生产。在此基础上,我们对澜起科技 2020—2024 年的营业收入进行合理预测,如表 7 所示。

表 7　2020—2024 年营业收入预测

项目	2019 年	2020 年	2021 年	2022 年	2023 年	2024 年
增长率(%)		25	25	25	25	25
营业收入(元)	1 737 734 714.98	2 172 168 393.73	2 715 210 492.16	3 394 013 115.20	4 242 516 393.99	5 303 145 492.49

(2) 成本费用的预测。将公司 2016—2019 年利润表中的数据以营业收入百分比的形式表示,得到各项目在最近几年的成本费用、销售费用的占比。将历史数据加权来预测成本费用,由于近期的数据可靠性更强,相应的比例数值差异更小,因此将 2016—2019 年各项成本费用的权重确定为 10%、20%、30%、40%,然后对它们的占比情况进行预测,结果如表 8 所示。

表 8　成本费用占营业收入比例预测　　　　　　　　　　　　　　　　　单位:%

项目	营业成本	税金及附加	销售费用	财务费用	管理费用	资产减值损失	投资收益	营业外收入	营业外支出
占比	33.35	0.11	5.63	-3.08	5.50	3.78	2.06	0.60	0.02

(3) 利润表预测。根据营业收入预测的结果,以 2019 年的利润表作为基期数据,结合预测的成本费用占比,所得税费用按照实际有效税率加权计算为 5.5%,可以预测出公司 2020—2024 年的利润表,具体如表 9 所示。

表 9　2020—2024 年利润表预测　　　　　　　　　　　　　　　　　　单位:元

项目	2020 年	2021 年	2022 年	2023 年	2024 年
营业收入	2 172 168 393.73	2 715 210 492.16	3 394 013 115.20	4 242 516 393.99	5 303 145 492.49
营业成本	724 418 159.31	905 522 699.13	1 131 903 373.92	1 414 879 217.40	1 768 599 021.75
税金及附加	2 389 385.23	2 986 731.54	3 733 414.43	4 666 768.03	5 833 460.04
销售费用	122 293 080.57	152 866 350.71	191 082 938.39	238 853 672.98	298 567 091.23
财务费用	(66 902 786.53)	(83 628 483.16)	(104 535 603.95)	(130 669 504.94)	(163 336 881.17)
管理费用	119 469 261.65	149 336 577.07	186 670 721.34	233 338 401.67	291 673 002.09
资产减值损失	82 107 965.28	102 634 956.60	128 293 695.75	160 367 119.69	200 458 899.62

单位:元 (续表)

项目	2020 年	2021 年	2022 年	2023 年	2024 年
投资收益	44 746 668.91	55 933 336.14	69 916 670.17	87 395 837.72	109 244 797.15
营业利润	1 099 334 424.06	1 374 168 030.08	1 717 710 037.60	2 147 137 547.00	2 683 921 933.75
营业外收入	13 033 010.36	16 291 262.95	20 364 078.69	25 455 098.36	31 818 872.95
营业外支出	434 433.68	543 042.10	678 802.62	848 503.28	1 060 629.10
利润总额	1 111 933 000.75	1 389 916 250.93	1 737 395 313.67	2 171 744 142.09	2 714 680 177.61
所得税费用	61 156 315.04	76 445 393.80	95 556 742.25	119 445 927.81	149 307 409.77
净利润	1 050 776 685.71	1 313 470 857.13	1 641 838 571.42	2 052 298 214.27	2 565 372 767.84

4.1.2 自由现金流预测

(1) 经营活动现金流预测。基于历史数据可知,折旧摊销费用占营业收入比例的均值为2%,且没有有息负债,由此可预测公司2020—2024年的折旧摊销费用和利息费用,具体如表10所示。

表10 2020—2024年经营活动现金流量预测   单位:元

项目	2020 年	2021 年	2022 年	2023 年	2024 年
净利润	1 050 776 685.71	1 313 470 857.13	1 641 838 571.42	2 052 298 214.27	2 565 372 767.84
加:折旧摊销	43 443 367.87	54 304 209.84	67 880 262.30	84 850 327.88	106 062 909.85
资产减值损失	82 107 965.28	102 634 956.60	128 293 695.75	160 367 119.69	200 458 899.62
经营活动现金流量	1 176 328 018.86	1 470 410 023.58	1 838 012 529.48	2 297 515 661.84	2 871 894 577.30

(2) 营运资本预测。营运资本是指流动资产与流动负债之差。通过历史数据可知,2016—2019年营运成本分别占营业收入的102.51%、94.37%、208.21%、425.72%。2018年与2019年的数据有着较为明显的区别,2019年的货币资金期末余额较2018年期末余额增加65.7亿元,增幅达到954.94%,这主要是因为2019年公司发行股票募集了资金。在预测营运资本时,这里以2016—2017年营运资本占比作为预测基础,均值为98.44%。但是,随着公司营运资本管理效率的提高,预计公司未来的营运资本水平将会下降,最终稳定在50%左右的行业平均水平。为了更合理地反映营运资本,以2016—2017年营运资本占比的均值98.44%为基础,重新预估公司2019年的营运资本,进而得出2020—2024年预计的营运资本增加额。2020—2024年营运资本预测具体如表11所示。

表11 2020—2024年营运资本预测

项目	2020 年	2021 年	2022 年	2023 年	2024 年
营业收入(元)	2 172 168 393.73	2 715 210 492.16	3 394 013 115.20	4 242 516 393.99	5 303 145 492.49
营运资本占比	0.90	0.80	0.70	0.60	0.50
所需营运资本(元)	1 954 951 554.35	2 172 168 393.73	2 375 809 180.64	2 545 509 836.40	2 651 572 746.25
营运资本增加额(元)	244 325 500.93	217 216 839.37	203 640 786.91	169 700 655.76	106 062 909.85

（3）资本性支出预测。企业的资本性资产主要包括固定资产、无形资产及长期待摊费用等。资本性支出的计算公式为：

$$资本性支出_t = 资本性资产_t - 资本性资产_{t-1} + 折旧与摊销_t$$

根据历史数据可知，澜起科技2016—2019年资本性项目以及长期待摊费用摊销与营业收入的比率分别为2.5%、0.15%，将它们作为基础计算资本性支出并预测2020—2024年的数据，具体如表12所示。

表12　2020—2024年资本性支出预测　　　　　　　　　　　　　　　单位：元

项目	2019年	2020年	2021年	2022年	2023年	2024年
营业收入	1 737 734 714.98	2 172 168 393.73	2 715 210 492.16	3 394 013 115.20	4 242 516 393.99	5 303 145 492.49
资本性资产	43 891 700.00	54 304 209.84	67 880 262.30	84 850 327.88	106 062 909.85	132 578 637.31
累计摊销		43 443 367.87	54 304 209.84	67 880 262.30	84 850 327.88	106 062 909.85
长期待摊费用		3 258 252.59	4 072 815.74	5 091 019.67	6 363 774.59	7 954 718.24
资本性支出		13 670 762.43	7 195.54	8 994.13	11 242.67	14 056.33

（4）自由现金流量预测。根据前文的预测结果以及自由现金流量的计算公式，对澜起科技2020—2024年自由现金流量进行预测，具体如表13所示。

表13　2020—2024年自由现金流量预测　　　　　　　　　　　　　　单位：元

项目	2020年	2021年	2022年	2023年	2024年
经营活动净现金流量	1 176 328 018.86	1 470 410 023.58	1 838 012 529.48	2 297 515 661.84	2 871 894 577.30
资本增加额	244 325 500.93	217 216 839.37	203 640 786.91	169 700 655.76	106 062 909.85
资本性支出	13 670 762.43	7 195.54	8 994.13	11 242.67	14 056.33
自由现金流量	918 331 755.50	1 253 185 988.67	1 634 362 748.43	2 127 803 763.41	2 765 817 611.12

4.1.3　确定折现率

采用收益法对公司现有资产价值进行评估时需要计算未来自由现金流的折现率。按照收益额与折现率口径一致的原则，以公司的加权平均资本成本作为预期现金流的折现率。由于公司没有有息负债，因此债务成本为0。其他参数确定如下：

（1）无风险利率。通常情况下，中长期国债利率的变化幅度较小，与公司价值评估中的收益期限较为一致，可以选择中长期国债的利率作为中长期无风险利率的参考。这里选取的无风险利率主要参考2019年12月31日10年期国债到期收益率3.14%。

（2）β系数。β系数用于衡量个股相对于整个股票市场的价格波动情况，反映公司的系统性风险。通过查询设定澜起科技的同期β值为1.35。

（3）市场回报率。市场回报率是指风险充分分散的市场投资组合回报，反映整个股票市场的总体收益水平。查询资料可知，结合沪深300指数和中证500指数并考虑现金红利再投资的市场年回报率均值为9.77%。

（4）加权平均资本成本。通过公司的债务资本成本和权益资本成本加权，由前文确定的参数可以计算出公司的权益资本成本。

$$R_e = R_f + \beta(R_m - R_f) = 3.14\% + 1.35 \times (9.77\% - 3.14\%) = 12.05\%①$$

由于公司没有有息负债,债务成本为0,因此权益资本成本等于加权平均资本成本(WACC=12.05%)。由此,确定现金流的折现率为12.05%。

4.1.4 现有资产价值评估

资产价值的评估主要分为两个阶段。一是详细预测阶段,此阶段公司的发展处于不断增长的状态,可以通过自由现金流量折现获得预测期内资产的现值。二是永续增长阶段,此阶段是以第一阶段为基础发展之后逐渐处于稳定状态,即公司的经营一直处于稳定增长的状态。

半导体芯片产业是国家重点扶持的支柱产业,在5G、人工智能风潮持续的背景下,产业增长前景乐观,成为推动GDP增长的重要力量。澜起科技作为半导体细分产业的龙头企业,在永续增长阶段,公司增长情况与我国国民经济发展态势之间具有一致性,而且增长速度相对较高。我国2016—2020年GDP的平均增长率为5.74%,在预测过程中可以将永续期的增长率确定为7.5%,以此估算后续增长的现值。后续现值计算如下:

$$\frac{FCFF_{n+1}}{(WACC - g)(1 + WACC)^n} = \frac{2\ 765\ 817\ 611.12 \times 1.25}{(12.05\% - 7.5\%) \times 1.76664} = 43\ 016\ 304\ 520.85(元)$$

在预测未来自由现金流量和折现率的基础上,运用现金流折现模型对公司现有资产价值进行评估,具体结果如表14所示。

表14 现有资产价值评估　　　　　　　　　　　　　　　　　　单位:元

项目	2020年	2021年	2022年	2023年	2024年
自由现金流量	918 331 755.50	1 253 185 988.67	1 634 362 748.43	2 127 803 763.41	2 765 817 611.12
折现值	819 573 186.53	998 140 801.53	1 161 750 511.52	1 349 845 705.57	1 565 900 754.18
预测期资产现值			5 895 210 959.33		
后续资产现值			43 016 304 520.85		
现有资产总价值			48 911 515 480.18		
总股本			1 129 813 900.00		
每股价格			43.29		

通过预测可知,2019年澜起科技现有资产的总价值为48 911 515 480.18元,这是假设公司以现有资产规模为基础,合理预期未来获利能力和现金流量水平下可实现的价值。从2019年年报的数据来看,公司当年股份数量为112 981.39万股,因此计算得到每股价值为43.29元。

4.2 基于潜在价值的评估

首先识别澜起科技蕴含的实物期权,再确定模型中的各个参数,最后通过期权定价模型评估公司实物期权价值。由公司招股说明书可知,澜起科技首次公开发行不超过112 981.389万股,募集资金总额为230 019.06万元,相关投入如表15所示。

---

① 12.05%为约数,计算过程中有进位误差。

表 15　募集资金使用表　　　　　　　　　　　　　单位:元

项目	投资总额	第一年	第二年	第三年
新一代内存接口芯片	101 785.00	44 438.98	21 344.80	36 001.22
津逮服务器 CPU 及平台	74 520.16	22 315.54	27 356.77	24 847.85
人工智能芯片	53 713.90	24 584.55	11 625.25	17 504.1
合计	230 019.06	91 339.07	60 326.82	78 353.17

由于项目具有较大的不确定性,行业与市场的发展变化、公司的技术研发及生产经营对项目未来的运营情况都会产生明显影响,因此项目未来价值的波动较大。因此,公司投资项目类似买入一个增长期权。若项目建设顺利,项目达产在未来会为公司带来新的收益,则按计划投入资金,继续执行期权;若项目建设出现问题或市场预期发生重大变化,则可终止投入,放弃执行期权。所以,公司募投项目具有较大的潜在价值,体现在其蕴含的实物期权价值上,将据此进行价值评估。

4.2.1　期权定价模型参数确定

用布莱克-斯科尔斯期权定价模型评估澜起科技再融资募投项目的实物期权价值,其基本公式为:

$$C = S[N(d_1)] - Xe^{-rT}[N(d_2)]$$

$$d_1 = \frac{\ln\left(\frac{S}{X}\right) + T \cdot \left(r + \frac{\sigma^2}{2}\right)}{\sigma\sqrt{T}}$$

$$d_2 = \frac{\ln\left(\frac{S}{X}\right) + T \cdot \left(r - \frac{\sigma^2}{2}\right)}{\sigma\sqrt{T}} = d_1 - \sigma\sqrt{T}$$

其中,C 为期权价值,S 为标的资产现行价格,X 为期权执行价格,r 为连续复利的无风险利率,σ 为连续复利的标的资产年回报率标准差,T 为期权到期期限,$N(d)$ 为标准正态的累积概率分布函数。

(1)标的资产现行价格 S。公司再融资募投项目为实物期权的标的资产,其现行价格 S 由项目未来收益的现值来表示。根据项目相关投资测算,公司将在 2022 年实现新一代内存接口芯片的量产。参考以往的内存接口使用时间、市场行业发展速度。内存接口芯片的使用周期约为 5 年,2019 年的市场规模大约为 6 亿美元,年均增长率约为 30%,产品毛利率为 70%左右。因此,预计新一代内存接口芯片在 2022 年后给公司带来 5 年平均 50 亿元的年收入,产品毛利率预估为 70%。

目前国家正在大力推进中国制造 2025 以及政府、通信、交通、教育等行业的信息化建设,这对服务器产品市场的发展将会产生重要的影响。根据相关数据,2020 年中国 X86 服务器市场出货量将会出现 2.9%的增长幅度,2020—2024 年的年复合增长率将达到 9.1%。IDC(国际数据公司)预测国产津逮服务器市场规模在 2022 年约为 30 亿元,公司预期占有 5%的市场份额。因此,预计津逮服务器 CPU 及平台项目给公司带来 5 年平均每年 5 亿元的收入，产品毛利率预估为30%。

近年来，人工智能技术得到迅速发展与广泛应用，由此导致人工智能芯片的市场需求不断增长，未来我国人工智能芯片市场规模将不断扩大。2019年我国人工智能芯片市场总规模达到122亿元，根据过去几年平均40%的年增长速度，预测2024年市场规模将达到785亿元。受到多方面政策的影响，芯片国产化水平也将得到进一步提升，预计澜起科技未来在国内市场能够达到2%的占有率。因此，预计项目2022年完成之后将给公司带来5年平均每年15亿元的收入，产品毛利率预估为70%。

项目的现行价值主要来自项目建成之后的预期现金流量折现值。资本性支出按照收入的2.5%计算项目预期现金流量。募投项目与公司以往的经营业务基本相同，风险水平也基本相同。因此，将项目未来收益的折现率确定为12.05%，根据确定的折现率计算募投项目的收益，结果如表16所示。

表16 募投项目现值预测   单位：元

项目	年均收入	年均利润	项目现金流量	收益现值
新一代内存接口芯片	5 000 000 000.00	3 500 000 000.00	3 082 727 500.00	11 098 791 850.99
津逮服务器CPU及平台	500 000 000.00	150 000 000.00	308 272 750.00	1 109 879 185.10
人工智能芯片	1 500 000 000.00	1 050 000 000.00	924 818 250.00	3 329 637 555.30
合计	7 000 000 000.00	4 700 000 000.00	4 315 818 500.00	15 538 308 591.38

（2）期权执行价格X。澜起科技实物期权的执行价格是公司为确保项目未来收益在项目建设初期需要投入的金额。由公司招股说明书可知，三个项目的投资额为230 019.06万元。

（3）期权到期期限T。根据澜起科技招股说明书，公司募投项目的建设期预定为3年，由此预计在2022年项目达到预定可使用状态，即期权到期期限为3年。

（4）无风险利率r。募投项目的期权到期期限为3年，无风险利率期限也应一致。因此，项目期权定价所使用的无风险利率参考剩余到期期限为3年期国债收益率，其在2019年为2.75%。无风险利率应按连续复利的方法计算，即$r=\ln(1.0275)=2.71\%$。

（5）波动率σ。由于募投项目属于公司主营业务的范畴，因此项目风险也存在一定的相似性，项目价值波动率主要用股票收益率年化标准差来确定。查表可知，截至2019年12月31日澜起科技股价的年化标准差为66.47%，以此作为项目价值波动率。

4.2.2 期权价值的计算

通过以上步骤可以得到期权定价模型的相应参数分别为：$S=15\ 538\ 308\ 591.38$，$X=2\ 300\ 190\ 600.00$，$r=2.71\%$，$\sigma=66.47\%$，$T=3$。

将以上参数代入布莱克-斯科尔斯期权定价模型，计算出投资项目的期权价值为：

$$d_2 = d_1 - \sigma\sqrt{T} = 1.11$$

查询正态分布表得

$$N(d_1) = N(2.26) = 0.99$$
$$N(d_2) = N(1.11) = 0.87$$

$$C = S[N(d_1)] - Xe^{-rT}[N(d_2)] = 13\,516\,302\,883.38(元)$$

4.3 估值结果与分析

通过现金流折现法以及布莱克-斯科尔斯期权定价模型对澜起科技现有资产价值及其潜在获利能力的价值进行评估,具体如表 17 所示。

表 17 公司价值评估　　　　　　　　　　　　　　　　单位:元

项目	2020 年	2021 年	2022 年	2023 年	2024 年
自由现金流量	918 331 755.50	1 253 185 988.67	1 634 362 748.43	2 127 803 763.41	2 765 817 611.12
折现值	819 573 186.53	998 140 801.53	1 161 750 511.52	1 349 845 705.57	1 565 900 754.18
预测期资产现值			5 895 210 959.33		
后续资产现值			43 016 304 520.85		
现有资产总价值			48 911 515 480.18		
项目期权价值			13 516 302 883.38		
总价值			62 427 818 363.56		
总股本			1 129 813 900.00		
每股价格			55.25		

从估值结果可以看出,现有资产及其潜在获利能力的价值分别为 48 911 515 480.18 元、13 516 302 883.38 元,这说明在公司整体价值中,潜在获利能力的期权价值占一定比重。因此,在对公司价值进行评估时必须注重潜在获利能力的期权价值。从股票市场价格表现来看,2019 年 12 月 31 日股票收盘价为 71.31 元,上述估值低于市场价格。

2019 年 12 月 31 日股票收盘价为 71.31 元,而估值结果为 55.25 元,两者存在一定差异,说明市场价格相对于公司估值可能偏高,其原因如下:在注册制改革的大背景下,上市公司数量大幅增加,投资者倾向于选择优质公司以及各行业的龙头企业作为投资目标;而澜起科技作为内存接口半导体芯片行业的龙头企业以及首批上市的科创板公司受到广大投资者的青睐,由此造成股票市场价格偏高。

2019 年中国人民银行连续降准,维持宽松的货币政策。资金管控方面的宽松为股市的繁荣提供了充足的资金,使人们的市场情绪更为乐观,2019 年 A 股指数整体上涨 22.37%,半导体芯片行业指数上涨 79.13%。市场对行业整体的乐观态度给公司估值带来一定的溢价,预计未来随着行业成熟、芯片炒作浪潮退去,行业市盈率将向均值收敛,公司股票价格也会回归其内在价值。

本章小结

本章阐述了对上市公司管理层非常重要的三个概念。第一,有效市场假说(EMH)及其相关定义。EMH 的核心观点是:在任何时候,一家公司股权的市场价格等于其真实价值。研究者利用新信息对公司市场价值的影响进行事件研究,有效地运用了有效市场假说。本章事件研究结果集中于单家公司公告:资本支出计划、盈余、换股发行(资本结构变化)、股权再融资(增发股权)、股利、企业合并后的市场反应。第二,公司权益资本成本的决定性因素。CAPM 和 Fama-French 因子模型在估算公司权益成本方面似乎各有优点。然而,这些模型中没有直接考虑的其他因素也会影响公司权益资本成本,如交易和信息成本、委托-代理冲突和非流动性溢价等。第三,公司股权估值模型。这些估值模型的两个关键要求是:①公司当前的股利或盈利,②对股利或盈利增长的估计,③对公司未来有利可图投资项目的现值的估计,④折现率。

总而言之,本章提供了一些工具,管理层可以使用这些工具来提高自身辨别市场如何评估公司权益或股权价值的能力,从而在最大化股东财富的要求下取得成功。

思考题

1. 描述有效市场假说(EMH):ⓐ用文字描述;ⓑ用数学公式描述。
2. 解释市场效率的悖论,然后说明如何解决这个悖论。
3. 列出并简要定义市场效率的三种形式。
4. 详细描述事件研究法。
5. 总结并讨论本章给出的六个经典事件研究结果。

应用题

1. 两种广为人知的相互竞争的投资理念表明,投资者应该为自己的投资组合选择:ⓐ收益增长速度比其他公司快的公司股票(增长理念);ⓑ目前价格被低估的公司股票(价值理念)。在一个给定的时间段内,市场上所有的股票都按市盈率进行排序,坚持不同理念的人会选择哪些股票呢?关于公司未来投资的市场估值,每种理念的基本假设是什么?

2. 目前中国股票市场的股票定价过高、合理还是过低?请你用证据、分析和论证来支持自己的观点。

分析题

1. 找出一组公司样本,所有公司都在同一个交易日公布了最新季度盈余。对于每一家公司,收集有关该公司公布的每股收益(EPS)以及公告日公司股票回报数据。根据每股收益或其他合理的数据对这些公司进行升序排列,例如公司实际报告的每股收益与分析师在公告前对每股收益的一致预测的差值。绘制股票收益率与排序变量的关系图,并确定是否会出现预期的正相关关系。

2. 选择一家公司,用不同的方法估算其权益资本成本。

3. 使用以下模型估计所选公司股票的价值:ⓐ股利增长模型;ⓑ固定股利模型;ⓒ两阶段股利增长模型;ⓓ可持续增长模型;ⓔ投资机会模型。

4. 收集样本公司当前的每股价格(PPS)和每股收益(EPS)数据。将 PPS 与 EPS 进行回归,并解释截距和斜率的数值的经济含义。

第五章 公司债券：合同、发行、估值

本章聚焦于公司资金的另一个来源——债券。国家相关部门提出将专项债券作为稳定经济大盘的着力点，加强债券申发的筛选与监督，精细落实债券的资金管理，为国家经济的持续健康发展做好基础支持。因此，正确认识并了解公司债券很有必要。根据前面章节的介绍，债务是非金融公司长期外部融资的主要来源，大公司通常采取公开发行公司债券的方式，而小公司更有可能通过与银行或其他金融机构签订借款合同的方式融资。债务作为公司金融政策和战略的一个组成部分，管理层不仅需要决定公司资本结构中的债务比率，还必须决定债务组合和债务合同以及每份合同中的条款。这些关于债务不同方面的确定需要与公司对待风险的态度、执行的税收规则、处置委托-代理问题和信息不对称等方面的策略相契合。

顾名思义，公司债券就是私人公司或公众公司举债时使用的工具，是公司依照法定程序发行、约定在一定期限内还本付息的有价证券。它表明债券发行公司和债券投资者之间的债权债务关系，公司债券持有人是公司的债权人，而不是公司的所有者。与股票持有人最大的不同在于，债券持有人拥有按约定条件向公司索取利息和到期收回本金的权利，且取得利息优先于股东分红，公司破产清算时也优先于股东收回本金。然而，债券持有人一般不能参与公司的经营、管理等各项活动。

公司债券不仅是一种简单的固定收益证券，更是一种复杂的金融工具。它的价值和风险能反映经济与金融市场的状况、发行人的特征以及债券合同中的条款。鉴于公司债务合同的复杂性及其战略用途，我们将公司债务分析分为两章。本章主要介绍公开发行的公司债券的合同条款、发行过程和估值。

第一节　公司债券合同

本节主要介绍公司债券合同中常见的条款,包括基本条款和附加条款。其中,合同的基本条款在《中华人民共和国公司法》中主要表现在:①公司名称,②债券募集资金的用途,③债券总额和债券的票面金额,④债券利率的确定方式,⑤还本付息的期限和方式,⑥债券担保情况,⑦债券的发行价格、发行起止日期,⑧公司净资产额,⑨已发行但尚未到期的公司债券总额,⑩公司债券的承销机构。这些条款规定了债券的本金、未来息票利率、时间、债券的安全性和优先级、被指定保护债券持有人利益的受托人。附加条款包括限制性条款和附有赎回选择权条款。限制性条款是合同中限制借款公司活动的一种规范;附有赎回选择权条款则允许借款公司或债券持有人在特定条件下改变承诺本金支付的时间或形式。

一、债券合同的基本条款

(一) 承诺付款

债券合同中最基本的条款规定了债券发行人向投资者出售信用凭证获得资金,而借款公司向债券持有人承诺的未来现金支付的金额和时间。因此,发行人对投资者的承诺付款包括期限承诺和利息承诺。在传统的固定收益债券中,借款人承诺支付固定的利息(通常为半年)或票息,支付的利息按借款金额的特定利率计算,并在特定日期偿还本金。

除了上述固定利息,一些公司债券以可变利率或浮动利率提供息票利息。息票利率可能随以下三个条件浮动:①国债收益率,②银行同业拆借利率,③公司的信用评级。还有一些债券是纯贴现债券(零息债券)——不提供任何息票利息或递延利息——延期几年后才开始支付利息的债券。

(二) 受托人

在公开发行债券的情况下,借款公司与债权人之间的利益冲突更为严重,因为公共债券的所有权通常由许多债券持有人持有。出于这些原因,公开发行公司债券投资者的利益在一定程度上受到受托人(通常是银行)的保护,受托人负责监督公司遵守债券合同中的各项条款、约定的情况。如果公司未能及时支付所承诺的款项(通常允许30天的宽限期),受托人就会宣布公司违约,债券持有人有权迫使公司破产。若公司不遵守契约或条款则表明其违反了法律。

(三) 债券的担保和优先交易权

公司债券合同还规定了所发行债券的担保事项和优先地位(或优先级),这类条款在公司违约和债券持有人向破产法庭寻求救助的情况下尤为重要。这里重点介绍债权人的优先权结构,包括高级担保债务、高级无担保债务、高级次级债务和次级债务。

高级担保债务(senior secured debt)由发行人一般信用水平之外的某种形式的担保品支持或担保。不动产(使用抵押贷款)或个人财产都可以作为抵押品提供担保。抵押债券(mortgage bond)向债权人提供所抵押资产的留置权,债权人有权出售抵押资产以收回未偿还的欠款,比如以房地产(如建筑物或仓库)为担保的债券。抵押债券持有人不仅享有不动产作为抵押品的权利,而且在所有针对公司的债务债权中通常享有最高的优先权。

有些公司没有固定资产或其他不动产,也就无法设置抵押留置权为债券持有人提供担保。但是,这些公司可能拥有其他公司的证券,这种情况下的公司是控股公司,而其他公司是子公司。为了满足债券持有人对担保的需求,公司会用股票、票据、债券或者它们所拥有的任何其他类型的债务作质押。有资产担保的债券被称为担保信托债券(collateral trust bonds);无担保债券被称为信用债券(debenture bonds)。

高级无担保债务(senior unsecured debt)是指没有被特定财产抵押品担保的债务,但这并不意味着持有此类债务的债权人没有对发行人财产或利润的索偿权。这类债权人拥有对发行人未抵押用作其他债务担保品的所有资产的一般债务索偿权。此外,它们还拥有对抵押资产价值超过偿还欠高级担保债权人债务部分的索偿权。

次级债券是指明确具有最低优先权的债务,拥有**次级债务**(subordinated debt)的债权人对资产和利润的索偿权排在高级担保债权人和高级无担保债权人之后。次级债务中存在一些索偿权优先于其他次级债务持有人的债权人,这类在次级债务排序中拥有优先权的债务被称为**高级次级债务**(senior subordinated debt)。

但是,任何债务的法律地位都不能使债权人在发行人创造足够现金流偿还债务的能力严重受损时免遭财务损失。

(四)债券期限

债券反映的是债权债务关系,是一种"有借有还"的借贷行为,因此确定多长时间偿还债务也是债券合同的基本内容。学术界主要从契约成本理论、信息不对称理论、税收理论和期限匹配理论四个方面研究债券期限,目前接受度最高的是基于契约成本理论的债券期限结构。

契约成本理论认为现代企业是一组契约的联结,包括雇员、供应商、顾客、债权人、股东甚至政府。所有契约的签订都会产生成本,包括代理成本和交易成本。Jensen 和 Meckling(1976)题为《企业理论:管理行为、代理成本与所有权结构》一文指出,企业最优资本结构应该在由股东和管理层间冲突引起的股权融资代理成本与由债权人和股东间冲突引起的债务融资代理成本之间进行权衡。

基于契约成本理论,Myers(1977)提出投资不足问题:由于企业的融资结构由债务和股东权益组成,因此承担有盈利项目获得的收益将在债权人和股东之间分配。在某些情况下债权人分享了有盈利项目的大部分收益致使股东未能获得最低的正常收益,此时尽管项目净现值为正,但股东仍倾向于予以拒绝。因此,投资机会集中且拥有较多增长期权的企业应使用期限较短的债务。

过度投资问题由 Jensen(1986)首先提出,主要是指在投资项目净现值为负的情况下投资项目的决策者仍进行投资的一种现象。Jensen 认为,当企业拥有较多的自由现金流时,企业管理者易产生将自由现金投资于一些负净现值的新项目上的动机——过度投资动机。一方面,短期负债有利于经常性地削减企业的现金收益,从而经常性地减少自由现金流;另一方面,短期负债会增大企业发生财务危机的可能性,从而激励管理者做出更有效的投资决策,也就是更有效地使用资金。因此,根据 Jenson 的观点,易发生过度投资行为的企业应使用较多的短期债务。

资产替代问题由 Jensen 和 Meckling(1976)系统论证,是指有负债企业的股东因有限责任而在做投资决策时放弃低风险、低收益的投资项目,将负债资金转向高风险、高收益的投资项目的行为。由于短期债务相较于长期债务对企业资产价值的变化较不敏感且使企业时常面临偿付本息的压力,这就迫使股东必须约束自身偏好风险的动机。因此,短期债务可以缓解资产替代问题,易发生资产替代行为的企业应使用较多的短期债务。

Booth 和 Smith(1986)认为受管制行业中企业的管理者比非管制行业中企业的管理者对未来的投资决策拥有较少的自由支配权。企业管理者自由支配权的减少一定程度地防范了长期债务引发的不良动机产生的后果。因此,代理成本理论暗含受管制企业比非管制企业使用更多的长期债务,或者说行业是否受管制对企业的债务期限产生重要的影响。

Jalilvand 和 Harris(1984)认为大企业的信息不对称问题与代理问题相对较轻微,大企业拥有的有形资产也较多,因此大企业较容易接触长期债务市场。此外,大企业通常需要较多的剩余资金,其倾向于发行长期债券。

二、限制性条款

限制性条款旨在保护债券持有人的利益,由此提供了有关股东和债券持有人之间利益冲突的明确指示。

基于公司债券兼具债权与证券的双重属性,不同属性对风险的防范逻辑也各有所异。一方面,债券持有人拥有还本付息的请求权,即债权属性。发行人责任资产或公司信用决定了债券持有人还本付息请求权能否得以实现。当发行期届满时,若发行公司还款出现问题而无法按约定履行给付义务,则意味着发行公司出现信用风险,从而产生公司债券违约后果。因此,限制性条款从限制发行公司的行为能力着手,规范股东的治理行为,从而维持公司责任资产规模,约束与控制发行公司的信用,使发行公司在合理范围内规范运行,信用风险得到控制,从而达到防范违约的目的。另一方面,债券的证券属性本质上源于其投资性。债券在未清偿期内基于价格波动而具有流通性,由此产生市场风险,而债券价格的合理波动引发的市场风险一般遵循"买者自负",只有在发行公司的不当行为或其他因素导致债券价格不合理波动时,投资者才可以寻求救助。限制性条款通过限制发行人的公司治理行为,增加其信息披露义务,避免债券价格不合理波动,从而控制市场风险。

限制性条款限制发行公司的行为能力,以内部增信的方式弥补公司债券整体性与分散性所导致的弊端,对债券持有人的价值体现为遏制股东在有限责任下的机会主义行为以保护其利益,对债券发行主体而言可降低债券利率进而减少其融资成本。

限制性条款类型繁多,主要根据契约条款发挥约束作用的机理进行科学划分。Smith 和 Warner(1979)总结归纳了当时美国债券市场上使用广泛的常规限制性条款类别,分别为限制股利支付、限制融资、限制生产/投资政策以及其他相关条款等。Reisel(2014)在

Smith 和 Warner(1979)的基础上有了新的改进,除了已存在的分类方法,Reisel 还通过观察系数矩阵和聚类分析,对限制发行债券类进行了重新划分。在之前学者基于会计信息的限制性条款与非会计信息的限制性条款分类的基础上,Christensen 和 Nikolaev(2012)又将基于会计信息的限制性条款进一步划分为资本条款和绩效条款。冯果和阎维博(2017)根据利益平衡的不同实现方式,将限制性条款划分为支出类、融资类、投资和资产转让类以及事件类。李卓伦(2019)根据限制性条款的不同目的,将其划分为资本维持条款、利益维持条款、偿付安排计划中维持公司信用条款、行为限制条款与事件触发条款。

(一) 债券发行收入的使用

在许多公司债券合同中,债务人必须将大部分或全部收入用于合同中规定的一个或多个目的。比如假设一家公司声明,它希望使用债券发行收入来偿还一定数量的银行债务,投资者应在现有银行债务立即偿还的前提下对债券进行估值。如果公司未能偿还银行债务,债券的价值就可能会下降,因为公司的杠杆率高于债券投资者的预期;而且,银行债务优先级越高,这种损失越大。

(二) 对未来业务的限制

在发行债务之后,公司管理层为了股东的利益,有动机增加公司经营活动的风险,从债券持有人那里攫取财富。这可以通过投资于风险相对较高的项目、改变公司的生产方式或营销策略,以及出售某些关键资产(如厂房和设备)等方式实现。

如果有条款禁止上述手段,债券持有人的利益就可以得到保护,抵押就是一种常见的限制手段。在这种情况下,实体资产被抵押作为担保,只要债券尚未偿还,公司就不能出售抵押资产,并且债券持有人在公司破产清算时对抵押资产享有优先受偿权。

然而,限制一家公司的经营也存在问题,因为需要对公司可能从事的用资活动类型有所预见,这种限制还可能会干扰管理层决策。此外,债券持有人和受托人对强制执行监督的成本高昂。因此,债券合同是否包括明确禁止用资活动的约定,取决于这种限制为债券持有人提供的保护的价值与限制公司追求有利可图的投资机会和合规性监督的双重成本之间的权衡。

(三) 对未来债务融资的限制

管理层从债券持有人手中攫取财富的一种方式是发行额外债务。如果新债务与旧债务具有相同或更高的优先级,旧债券持有人所持有的公司债券价值就会被稀释。因此,一些债券合同限制公司发行额外债务。然而,这种限制一方面可能会抑制管理层追求需要债务融资的未来有利可图的投资机会,另一方面可能会约束管理层随着时间的推移调整公司资本结构的能力。因此,限制额外债务融资的代价可能很大。

还有一种限制更常见,它要求任何新债务必须从属于目前正在发行的债券。这种限制性条款允许公司在未来继续进入债务市场,同时也保护现有债券持有人的利益。事实上,发行次级债券可能会降低现有债券的价值,因为这导致现金流入公司,而这种现金流大概率会被用来赚取额外收入,进而损害原始债券持有人的优先求偿权。

（四）对红利的限制

管理层还可以通过增加股利从公司债券持有人手中攫取财富。在极端情况下，股利支付能使股东获得公司大部分的价值，让债券持有人只能对公司的空壳提出索赔。在极少数情况下，债券合同绝对禁止支付股利。在正常情况下，更常见的是股利支付受到一定程度的限制，只有在公司未能产生最低水平的盈利或保持最低净值时才被禁止。

三、附有赎回选择权条款

一些公司债券附有赎回条款，给予发行人在规定的到期日之前购回全部或部分债券的选择权。传统赎回条款规定了发行人是否拥有在到期日之前赎回全部未清偿债券的权利。债券发行人一般希望享有这种权利，因为在未来某个时刻，市场利率水平可能远远低于债券息票利率。如果是这样，那么债券发行人赎回全部未清偿债券并发行息票利率水平较低的新债券代替旧债券是更有吸引力的选择。这种权利对债券持有人不利。附有赎回选择权条款的债券规定，发行人必须定期按预先确定的金额赎回债券。本小节将介绍几种赎回选择权条款，并讨论这些条款对债券价值和风险的影响。

（一）提前赎回条款

长期公司债券通常包括提前赎回条款。提前赎回条款允许公司支付预先设定的赎回价格，在预定到期日之前回购部分或全部债券。一些债券可以按面值赎回；另一些需要建立一个看涨期权价格表，第一年按面值加上当年的票息（后者代表提前偿还溢价），并在接近到期日时线性下降到面值。大多数赎回条款还规定了一个初始递延期，在此期间公司不能赎回债券。限制性较轻的延期条款允许公司赎回债券，但这一行为的目的不能是以较低的利息成本偿还债务。

与传统赎回期权不同，这里没有再投资风险，而且提前赎回赔偿条款不必补偿接受赎回风险的投资者，对投资者有吸引力。由于提前赎回赔偿条款对投资者的吸引力更大，发行人执行期权的可能性低于传统赎回情况下执行期权的可能性。

提前赎回条款为借款公司提供了一个有价值的选择。管理层可以利用这点为股东谋求利益，但对债券持有人不利。债券持有人会因看涨期权而获得收益溢价补偿。

（二）偿债基金条款

偿债基金条款要求公司在规定的延期之后，每年收回一定比例的债券，这被称为偿债基金要求（sinking fund requirement）。这种公司债券的偿还条款可能规定在到期日之前清偿全部债券，或者在期末仅清偿部分债券。如果只清偿部分债券，剩余部分就被称为气球型期限（balloon maturity）债券。偿债基金条款降低了公司债券的有效收益率，从而降低了违约风险。

通常而言，债券发行人可能选择以下方式中的一种来满足偿债基金要求：一是赎回债券，由债券发行人向受托人支付要债券面值的现金，然后受托人通过抽签来决定要赎回的债券；二是债券发行人将在公开市场上购买的债券移交给受托人，所购买债券的面值总额等于要赎回债券的金额。如果采用第一种方法赎回债券,那么发行人将在赎回日停止支付利息。偿债基金通常要求每期的定期偿还额相等。一些债券可能允许定期偿还金额根据事先规定的条件而变化,有些公司债券包含如下条款:赋予发行人一项选择权,其债券赎回额可以高于偿债基金规定的赎回额。这种选择权被称为加速偿债基金条款(accelerated sinking fund provision)。

如果债券最初是平价发行,偿债基金的赎回价格就等于面值。如果债券最初是溢价发行,偿债基金的赎回价格就从发行价格开始,随着到期日的临近而逐渐降至面值。

当然,管理层会选择成本较低的方案。Kidwell 等(1989)的实证分析发现,如果债券的市场价格高于票面价值,公司就会选择通过抽签机制来认购所需数量的债券;如果市场价格低于票面价值,公司将在公开市场上购买必要数量的债券并交给受托人,以满足偿债基金的要求。这一选择权对债券持有人不利,因此债券投资者会要求相应的收益溢价。总而言之,偿债基金条款对债券收益的总体影响尚不明确。

(三) 提前回售条款

一些公司债券包括提前回售条款(看跌条款),为债券持有人提供看跌期权,也就是随时赎回债券的权利,通常按债券面值在 3—5 年之后赎回。债券持有人会利用看跌期权获利,因此纳入看跌条款会降低债券的必要收益率。

根据一般看跌条款,债券持有人可能会发现,如果债券价值低于卖出价格,那么他最好提前赎回债券。这种情况的出现,要么是因为自债券发行以来总体利率水平上升了,要么是公司的违约风险增加了。在后一种情况下,如果公司非常突然地进入破产境地,它就可能在债券可以赎回之前宣布破产,使得看跌期权变得毫无价值。

(四) 可转换条款

历史上在美国发行的长期公司债券中,约有 10% 的债券包含可转换条款。转换条款允许债券持有人以特定的转换比率将债券换成公司股票(转换比率以每份债券收到的股票数量表示)。从本质上讲,可转换债券是一种由等价的不可转换债券和公司股票看涨期权构成的投资组合。

在我国,按照 2006 年 5 月 6 日中国证券监督管理委员会颁布的《上市公司证券发行管理办法》,发行人在发行可转换债券时应当确定的条款内容包括票面利率、发行期限、转股期限、付息频率、回售条款、担保情况、赎回条款以及转股价格。

在规定的条款中,票面利率是指可转换债券未被转股时,可转换债券发行人支付给持有人的年债券利息除以面值的比率;可转换债券的发行期限就是可转换债券的存续期,我国规定以年为单位;转股期限是指事先设定的允许可转换债券投资者转股的时间限制;可转换债券的付息情况一般在可转换债券发行之时就公布;回售条款是指在一段时间之后,当标的股票价格下降到一定范围内时,可转换债券持有人有权将可转换债券回售给可转换债券发行公司;对于担保事项,我国规定可转换债券要有担保;赎回条款是指当标的股票价格上涨到一定范围时,可转换债券发行公司有权按一定的价格赎回可转换债券。赎回条款对可转换债券投资人来说是一种损失,为保持可转换债券的吸引力,发行人一般会设定赎回保护期,即发行人不可以设置赎回时间,并且在赎回条款触发后,发行人在实施赎回之前会事先发布公告,给予投资人一定的反应时间以决定是将可转换债券换成股票还是回售给发行人,之后发行人才开始执行可转换债券赎回程序。

转股价格是可转换债券投资者在转股期限内将可转换债券换为股票所要支付的价格,一般在可转换债券的募集说明书中就已经规定。在一定条件下,可转换债券发行公司需要对转股价格进行调整。按照调整原因的不同,转股价格修正可分为除权修正和特别向下修正。转股价格除权修正的原因是可转换债券发行公司发生了配股、送股及红利支付等事项,需要对转股价格进行调整,使得可转换债券投资者受红利保护;转股价格特别向下修正的原因是可转换债券标的股票的价格低于转股价格一定比例,并且未来回升的可能性很小,发行公司下调转股价格,以单位可转换债券换得更多的股票数量来弥补可转换债券投资者的损失。

第二节 公司债券发行

我国自 2015 年开始公司债券的发行工作,实行核准制,直到 2020 年 3 月 1 日新修订的《中华人民共和国证券法》(以下简称"新证券法")正式实施,全面推行包括公司债券在内的证券发行注册制(以下简称"全面推行注册制")。

一、公司债券发行流程

我国规定发行公司债券的实际操作流程主要分为六个阶段:

(1)作出决议或决定。股份有限公司、有限责任公司发行公司债券,需要由董事会制订公司债券发行方案,提交股东大会审议并作出决议。国有独资公司发行公司债券,由国家授权投资的机构或者国家授权的部门作出决议。

(2)提出申请。公司应当向国务院证券管理部门提出发行公司债券的申请。

(3)经主管部门批准。国务院证券管理部门对公司提交的发行公司债券的申请进行审查,符合公司法规定的予以批准,不符合规定的不予批准。

(4)与证券商签订承销协议。

(5)公告公司债券募集办法。公司债券募集办法应当载明下列主要事项:公司名称,债券发行总额和债券票面金额,债券利率,还本付息的期限和方式,债券发行的起止日期,公司净资产额,已发行但尚未到期的公司债券总额,公司债券的承销机构。发行公告上还应载明公司债券的发行价格和发行地点。

(6)认购公司债券。社会公众认购公司债券的行为称为应募,应募的方式可以是先填写应募书,然后履行按期交清价款的义务,也可以当场以现金支付购买。

上市公司经股东大会决议可以发行可转换为股票的公司债券,并在公司债券募集办法中规定具体的转换方式。

目前我国债券发行推行的注册制主要参照美国债券发行方式,在国外已有经验的基础上做出适应我国市场情况的变动。注册制在美国已发展多年,形式上更加完备、齐全,我们可以通过对美国公共债券市场发行公司债券步骤的介绍,认识债券发行的步骤流程与内在机理。参阅数字资源:延伸阅读之"美国公共债券市场发行公司债券的七个步骤"。

二、债券发行现状

我国债券发行在2020年之前实行与美国不同的核准制。单纯从证券发行环节和法律规定上看,证券发行是注册制还是核准制,在债券发行批准要求、监管侧重点以及各自适用的宏观经济条件等方面都存在较大差别,如表5-1所示。

表5-1 债券发行核准制与注册制的比较

项目	注册制	核准制
证券发行权	自然取得,政府无权干涉	由政府审核机构批准
信息披露	重视公开原则,提供真实、完整、准确信息	重视公开原则,提供真实、完整、准确信息
证券发行条件	形式审查,不进行实质判断	既进行形式审查,也进行实质审查
控制模式	强调事后控制	事前与事后控制并举
监管侧重点	市场自发调节	政府监管
适用环境	市场经济程度高的国家	市场经济程度较低的国家

资料来源:根据债券发行相关文件整理。

注册制虽然是市场化程度高的形式,更能体现公开、公平和公正的市场原则,但它会弱化政府的实质管理,不利于对投资者的保护,特别是对中小投资者的保护;核准制既能体现市场经济的公平竞争,又能贯彻政府的实质管理,在当前市场经济程度较低国家中的应用较普遍。

我国2020年正式实施的证券法调低了债券发行门槛,全面实行注册制,有助于企业实现公开市场债券融资。许艳和王海波(2020)认为,短期内公募债券发行量仍然难以大幅增加。具体来看,中高等级信用债和城投债发行量大概率会有所上升,而低资质信用债发行量难有明显起色。证券法对发行人和中介机构信息披露及投资者保护的规定更细致、更严格,有助于健全与完善债券市场制度。

三、关于1979—1999年美国公开发行公司债券的初步实证

Ogden等(2003)对1979—1999年美国公共债券市场上由美国非金融公司发行的12 751期公司债券的相关统计数据进行了两次实证分析,基于较大的数据量分析了公开市场公司债券的发行状况。

(一) 1979—1999年公司债券发行概况

如图5-1显示了1979—1999年每年发行的公司债券的以下问题:①发行数量;②总收入;③到期年数的中位数;④投机评级的债券占比;⑤浮动利率(与固定利率相反)债券占比;⑥可赎回债券占比;⑦偿债基金债券占比;⑧可转换债券占比。基于发行数量和总收入,美国公司债券市场1979—1999年大幅增长(1979年发行230期,总收入为1 660亿美元;1999年发行725期,总收入为15 390亿美元)。就总收入而言,1979—1999年新发行公司债券的总收入增长了827%。

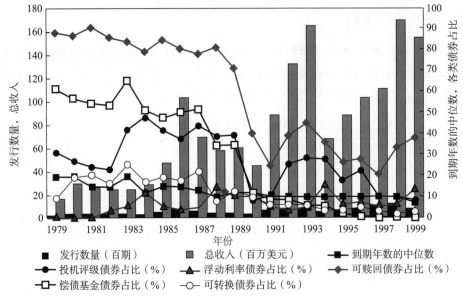

图 5-1 美国公开发行的有息票据和债券的综合统计

资料来源：安全数据实体新问题数据库。

（二）其他公开发行的公司债券

上面引用的数字实际上低估了美国非金融公司在此期间发行的公共债券的增长。之所以如此，是因为在此期间出现了两个额外的公司债券公开市场且未反映在数据中。第一个是欧洲债券市场，它发展于 20 世纪 60 年代，并在 80 年代成为美国公司债务资金的重要来源。欧洲债券市场的发行主体是来自不同国家的公司，该市场对美国公司很有吸引力，尤其是大公司，因为市场监管较少。

第二个是 144A 债券市场。为应对欧洲债券市场的竞争，美国证券交易委员会于 1990 年通过了 l44A 规则，允许美国公司在美国市场上发行债券，只要这些债券只卖给合格的投资者（如金融机构）就可以减少监管程序。因此，基于 144A 规则的债券可以在公开债券市场上出售和交易。

（三）投机级债券

20 世纪 70 年代末，迈克尔·米尔肯（Michael Milken）及其德雷克斯投资公司一手创建了新的投机债券的公开市场。这种债券也被称为高收益债券或垃圾债券，在此之前，仅有的投机评级的公司债券是"堕落天使"。债券最初获得投资评级，但后来发行人经历了财务困境，由此公司债券评级降至投机级别。

如图 5-1 显示，在整个 20 世纪 80 年代，新发行的公司债券中投机评级债券占比相当可观，1984 年达到 48% 的峰值。然而，高收益债券市场在 1990 年因一系列事件而崩溃。1990—1991 年的经济衰退导致许多之前发行的高收益债券违约，动摇了投资者的信心。此外，米尔肯因违反证券法规而被起诉，后来被定罪，公司也被迫停止经营。高收益债券市场在 90 年代复苏，但未能恢复至 80 年代的辉煌。

(四) 到期日的缩短

图 5-1 中凸显的一个重要现象是在所涵盖的时期内,公司债券的到期年数逐渐缩短。1979 年,到期年数的中位数是 20 年,1989 年是 12 年,到 1999 年只有 7 年。随着债券期限的缩短,可赎回债券和偿债基金债券的普及率也有所下降。1979 年可赎回债券和偿债基金债券的占比分别为 88.7% 和 62.7%;到 1989 年,相应的占比下降到 71.4% 和 34.8%;到 1999 年,占比分别为 37.8% 和 0。事实上,偿债基金债券可能已经过时,它在 1997—1999 年发行的任何公司债券中都没有出现。

导致公司债券到期期限缩短的一个主要因素是 20 世纪 70 年代末和 80 年代初出现的高利率与可变利率。在此之前,标准的公司债券为 30 年期的固定息票可赎回债券。

(五) 可转换债券

可转换债券在 1979—1999 年间变得相对不那么普及。在 80 年代,可转换债券稳定占所有新发行公司债券的 20% 左右;到 90 年代末,新发行公司债券中可转换债券占比只有不到 5%。

四、公司债券发行额外统计

表 5-2 提供了样本中关于公司债券的几个汇总统计数据。表 5-2 主要分为两个部分;一种是不可转换债券(也称直接债券);另一种是可转换债券。

(一) 承销及登记方式

对于 90.5% 的不可转换债券和所有的可转换债券,发行公司选择用协商承销方式(而非竞标)获取承销服务。大约 2/3(65.5%) 的不可转换债券发行人采用货架登记(相对于传统注册)方式,而只有 7.7% 的可转换债券发行人采用货架登记方式。

(二) 安全性和优先级

样本中债券的安全性和优先级状态。以不动产或设备质押为担保的发行被定义为有担保发行,其他债券被定义为非次级债券(如高级债券)或次级债券。在不可转换债券中,23.2% 是有担保的,66.4% 是非次级债券,10.4% 是次级债券;在可转换债券中,相应的比例分别为 0.3%、10.8% 和 88.9%。由此可见,可转换债券在安全性和优先级方面通常较弱。

(三) 收入的主要用途

根据发行人声明的收到资金的主要用途将债券分为五类:①持有或收购;②资本投资;③一般公司目的;④现有债务再融资;⑤其他目的或未声明目的。在不可转换和可转换两类债券中,都较少表明发行的主要目的是持有、收购或资本投资;相反,发行债券目的在一般公司目的、债务再融资和其他未声明目的之间的分布比较均衡。

这些结果可以用信息不对称理论来部分解释。当一家公司发行债券时,它很可能计划将收到的资金用于推进战略计划;然而,管理层可能难以准确说明资金用途。因此,很多公司选择较为模糊的发行目的阐述,甚至拒绝在公开文件中说明发行目的。此外,如果发行债券的主要目的是债务再融资,公司就不太可能透露战略计划。

表 5-2 1979—1999 年美国非金融公司公开发行的 12 751 期公司债券详情

债券分类	债券占比(%)	谈判招标占比(%)	货架登记占比(%)	安全性和优先级(%)				收入的主要用途(%)				债务成本措施	
				有担保	非次级债券	次级债券	持有或收购	资本投资	一般公司目的	债务再融资	其他	平均承销商价差(%)	平均收益率平价差(基点)
不可转换债券	期数为 11 562	90.5	65.5	23.2	66.4	10.4	3.6	0.5	28.2	35.4	32.4	1.17	158
投资级	81.5	88.4	75.7	26.2	73.1	0.7	1.4	0.5	30.8	30.9	36.5	0.75	104
到期期限≤10年	57.1	92.4	79.5	16.9	82.6	0.6	1.0	0.5	30.1	28.3	40.1	0.62	91
到期期限>10年	42.9	83.0	70.6	38.7	60.4	0.8	1.9	0.5	31.6	34.3	37.1	0.90	121
投机级	18.5	99.7	20.5	9.9	37.1	52.9	13.3	0.4	17.0	55.1	14.1	2.72	385
到期期限≤10年	69.8	99.7	21.3	9.9	42.7	47.4	12.3	0.5	17.8	59.0	10.4	2.64	392
到期期限>10年	30.2	99.7	18.7	10.1	24.1	65.8	15.6	0.3	15.0	46.3	22.8	2.88	369
可转换债券	期数为 1 189	100.00	7.7	0.3	10.8	88.9	3.2	0.2	29.5	29.8	37.3	3.10	-127
投资级	19.3	100.00	17.9	0.0	30.1	69.9	3.1	0.0	28.8	31.4	36.7	1.68	-220
到期期限≤10年	24.5	100.00	46.4	0.0	50.0	50.0	3.6	0.0	51.8	37.5	7.1	1.78	102
到期期限>10年	75.5	100.00	8.7	0.0	23.7	76.3	2.9	0.0	21.4	29.5	46.2	1.65	-241
投机级	80.7	100.00	5.3	0.3	6.3	93.4	3.2	0.2	29.7	29.4	37.5	3.43	-108
到期期限≤10年	26.8	100.00	11.3	0.0	5.8	94.2	3.5	0.8	42.4	36.2	17.1	4.14	122
到期期限>10年	73.2	100.00	3.1	0.4	6.4	93.2	3.1	0.0	25.0	26.9	45.0	3.17	-130

资料来源：安全数据实体新问题数据库。

(四) 债务成本计量

表 5-2 最后两列显示了两个债务成本指标的均值:平均承销商价差及其与国债的平均收益率价差。不可转换债券的平均承销商价差为 1.17%,可转换债券为 3.1%。这些结果表明可转换债券的承销成本更高,部分原因是发行此类债券需要更努力的尽职调查和更多的营销投入。

不可转换债券和可转换债券的平均收益率价差分别为 158 个基点和-127 个基点。对于不可转换债券,更合理的直接解释就是违约风险、可赎回性和到期日所要求的溢价;相比之下,可转换债券的收益率价差较难完整地给出解释,因为转换期权本质上允许公司付出较低的票面利率,收益率相应较低。

(五) 按评级等级划分的差异

将所有样本分为不可转换债券和可转换债券两个子样本,按评级等级将它们分为两组:投资级和投机级。绝大多数不可转换债券(81.5%)为投资评级,而绝大多数可转换债券(80.7%)为投机评级。对于不可转换债券,不同评级维度差异有:①投资级债券更有可能是有担保的,或者至少不是次级的,而大多数投机级债券是次级债券;②投机级债券发行人相对更有可能为现有债务再融资;③投机级债券的平均承销商价差和平均收益率价差比投资级债券高。

(六) 债券存续期的不同

根据债券存续期将先前定义的子样本分为两类:10 年或 10 年以下到期的债券和 10 年以上到期的债券。不同存续期之间的差异如下:首先,大多数不可转换债券属于短期类别,而大多数可转换债券的期限较长;其次,不可转换、有担保、投资级债券长期发行约占 38.7%,而短期发行约占 16.9%;最后,在不可转换投机级债券中,长期发行的次级债券(65.8%)比短期债券(47.4%)更常见。

五、承销商价差的决定性因素

在本小节的主要样本中,公司债券的承销商价差通常占持有债务资金总成本的很大一部分。如表 5-2 所示,承销商价差在不同发行情况下的差异很大。此外,承销商价差反映基本固定成本的论点在金融文献中已得到很好的证实(Booth 和 Smith,1986)。基本论点是,对于任何债券发行,承销商必须付出类似的努力进行尽职调查、向美国证券交易委员会提交必要的文件以及联系可能愿意购买债券的潜在投资者。根据这一论点,我们发现承销商价差与发行规模成反比,反映了发行过程中的规模经济。然而,承销商的努力也取决于发行人和债券的特征。

如前所述,债券样本被分为不可转换债券和可转换债券。将每一分类中的债券按评级等级和存续期限进一步细分为两组。最后,为了测试发行过程中的经济效益,可以根据发行规模将每组债券分类:①0—999 万美元,②1 000 万—4 999 万美元,③5 000 万—9 999 万美元,④1 亿—4.9 亿美元,⑤5 亿美元或更多。然后,计算每组的平均承销商价差,结果如表 5-3 所示。

对于所有不可转换债券,承销商价差与发行规模负相关,但差异并不明显,平均价差范围从1.01%(5 000万—9 999万美元组)到2.08%(规模最小组)。与此形成鲜明对比的是,对于所有可转换债券,承销商价差明显且实质上与发行规模成反比,平均承销商价差范围从2.04%(规模最大组)至7.53%(规模最小组)。

表5-3 1979—1999年美国非金融公司公开发行的12 751期公司债券价差:规模分类

债券分类	发行规模(百万美元)					
	所有债券	0—9.99	10—49.9	50—99.9	100—499.9	500+
不可转换债券	1.71	2.08	1.23	1.01	1.13	1.29
投资级	0.75	1.80	0.78	0.65	0.68	0.72
到期期限≤10年	0.62	1.43	0.60	0.55	0.55	0.56
到期期限>10年	0.90	2.57	1.01	0.75	0.81	0.91
投机级	2.72	5.16	3.33	2.74	2.48	2.42
到期期限≤10年	2.64	4.80	33.21	2.76	2.48	2.15
到期期限>10年	2.88	5.80	3.43	2.71	2.48	2.83
可转换债券	3.10	7.53	3.52	2.39	2.07	2.04
投资级	1.68	0.78	2.09	1.65	1.64	1.79
到期期限≤10年	1.78	0.78	n/a	1.61	1.92	1.59
到期期限>10年	1.65	n/a	2.09	1.66	1.54	2.16
投机级	3.43	7.69	3.59	2.54	2.36	2.62
到期期限≤10年	4.14	8.94	5.06	2.86	2.49	2.11
到期期限>10年	3.17	6.74	3.34	2.41	2.26	2.87

资料来源:安全数据实体新问题数据库。

综上,当对每类债券按评级等级划分时,结果会有一些不同。对于不可转换债券,在两个评级等级的债券中,承销商价差和发行规模之间存在明显的负相关关系。然而对于可转换债券,这种负相关关系只对投机级债券显著。

如果按到期期限对债券进行分类,发行过程中规模经济最明显的证据就出现了,承销价差和发行规模之间的负相关关系非常明显。总的来说,表5-3中的数据证明公司债券发行过程存在显著的规模经济。

第三节 债券风险

中国证监会2021年修订的《公司债券发行与交易管理办法》①进一步落实了公司债的公开发行注册制。注册制是提高债券发行效率、提升债券市场发展市场化程度的重要一步,在注册制背景下,债券发行效率提升,公司债规模进一步扩大,债券风险相关研究引起学者的广泛重视。深入分析影响债券风险的因素,可以从中找到防范及化解债券风险的路径。

---

① 2023年10月已废止。

一、债券风险分类

1. 利率风险

利率是影响债券价格的重要因素之一,当利率上升时,债券价格下降,此时存在利率风险。债券剩余期限越长,利率风险越大。

2. 流动性风险

流动性差的债券使得投资者在短期内无法以合理的价格卖掉债券,从而遭受降价损失或丧失新的投资机会。

3. 信用风险

信用风险是指债券发行公司不能按时支付债券利息或偿还本金而给债券投资者带来的损失。

4. 再投资风险

购买短期债券而没有购买长期债券,会有再投资风险。例如,长期债券利率为14%,短期债券利率为13%,投资者为减少利率风险而购买短期债券,但在短期债券到期收回现金时,如果市场利率降到10%,投资者就不容易找到回报率高于10%的投资机会,还不如初始投资于长期债券,这样仍可以获得14%的收益。归根到底,再投资风险还是指利率风险。

5. 回收性风险

有回收性条款的债券可能遭遇被强制收回的可能,而这种可能性又常常发生在市场利率下降、投资者按票面名义利率收取实际增额利息之时,如此投资者的预期收益就会遭受损失,这就是回收性风险。

6. 通货膨胀风险

通货膨胀风险是指由于发生通货膨胀而使货币购买力下降的风险。通货膨胀期间,投资者实际利率应该是票面利率扣除通货膨胀率。若债券利率为10%,通货膨胀率为8%,则实际收益率只有2%。通货膨胀风险是债券投资中最常见的一种风险。

二、债券风险的影响因素

(一) 到期日和杠杆效应

通过到期日和杠杆对公司债券风险的影响因素进行建模,我们能从中发现资产风险、杠杆率和到期日对债务风险的相对影响。首先,使用布莱克-斯科尔斯(Black-Scholes)期权定价模型(B-S模型)针对上述关系进行建模,有杠杆公司的股权可以被视为公司资产的看涨期权;同时,B-S模型可用于确定有杠杆公司(纯贴现)债务或(无股利支付)股权回报率的年度标准差。

公司债券收益率的年度标准差 σ_d 的计算公式为:

$$\sigma_d = \left[1 - N(d)\right]\left(\frac{V}{D}\right)\sigma \tag{5.1}$$

其中,$N(d)$是累积正态分布函数,V和D分别是公司资产和债务的价值,σ是公司资产回报率的年度标准差。

使用公式(5.1)计算σ_d的值来检验债务风险和到期日的关系,区间设置为1—30年的债务期限。但在此之前,我们还要解决债务风险也是公司杠杆率和资产风险(即公司风险)的函数这个问题,可以选择杠杆率和风险的几种组合,并根据每个组合的到期日计算债务风险。用公司杠杆率的两个替代值($D/V=30\%$和$D/V=60\%$)以及公司风险的三个替代值($\sigma=20\%$、$\sigma=40\%$和$\sigma=60\%$),对于到期日和σ的每一个值,杠杆率通过改变债务承诺的到期付款X保持不变。计算结果如图5-2所示,图中的每条曲线都被标记为杠杆率和公司风险的组合。

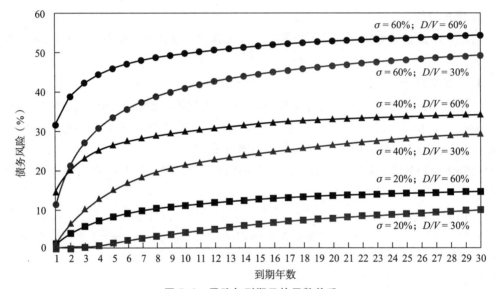

图5-2　风险与到期日的函数关系

资料来源:安全数据实体新问题数据库。

注:基于布莱克-斯科尔斯期权定价模型,公司风险(σ)和杠杆率(D/V)组合的净贴现债务的年度标准差(σ_d)的函数。

对于σ和D/V的所有组合,债务风险随着到期期限的加长而提升,在大多数情况下,债务风险随到期日的逐渐临近以递减的速度增长。此外,比较给定杠杆水平下的σ值,可以发现债务风险随着债务到期日的逐步临近而增加。同样,比较给定资产风险水平下的D/V值,可以发现债务风险随着每个到期日的逐步临近而增加。这些结果至少粗略地表明了公司风险、杠杆率和到期日对债务风险的相对影响。

郑振龙和林海(2003)对我国公司债券违约风险的影响因素做了分析,认为公司债券违约风险随着债券期限的加长而不断上升。

(二) 外部宏观环境

程文卫(2009)研究分析了宏观经济状况对债券信用风险的影响,结果表明宏观经济状况是债券是否发生违约的决定性因素。在实施去杠杆过程中流动性波动较剧烈,若不能保证流动性适度则可能引发流动性危机;债务违约风险易在货币持续紧缩过程中加速暴露。

有学者研究发现表征宏观经济一组变量的变化率,诸如实际 GDP、货币供应量、标准普尔指数等与公司债券信用价差存在负相关性,即在各个宏观经济指标显示经济状况较好的时期公司债券的信用风险较低。

Guha 和 Hiris L(2002)使用穆迪信用等级在 B++以上公司债券收益率的月度序列数据,探究公司债券信用利差和宏观经济周期的关系,发现公司债券信用利差与经济周期呈负向变化关系,即信用利差在经济衰退时期上升而在扩张时期降低。

Dbouk 和 Kryzanowski(2010)发现 GDP 的预期变化率和债券期限结构斜率的预期变化率是投资组合信用利差变化的主要影响因素,同时还发现违约风险、市场流动性和股票回报波动率也是投资组合信用利差变化的重要影响因素。

(三)所有权性质

孙铮等(2006)使用 1993—2004 年非金融上市公司经验数据,检验所有权性质对会计信息债务契约有用性的影响,对公有企业和私有企业会计信息质量与事后贷款违约率进行比较,发现没有证据表明公有企业贷款违约率高于私有企业,并指出公有企业较弱的会计信息债务契约有用性主要源于政府对公有企业贷款的优惠政策起到提供隐性担保的作用,并非政府直接干预起作用。

(四)公司价值

陆正飞等(2008)发现中国的银行不能识别企业盈余管理行为,但企业盈余管理行为是否导致更高的债务违约率仍没有定论。叶志锋等(2009)以 1999—2007 年中国上市公司为研究样本,运用单变量比较和多元回归分析,发现微利企业的债务违约率与负利润公司的债务违约率没有显著差异,但显著大于正利润公司,证明盈余管理企业的债务违约率相对更高。这表明中国的银行不能识别企业盈余操纵行为,进而导致银行资源的错配和不良债权的产生。

叶志锋和彭永梅(2009)以 1999—2007 年中国上市公司为研究样本,检验公司的现金流量操纵行为是否会导致更高的债务违约率,其研究结果表明现金流量操纵公司的债务违约率相对更高。

查道林等(2019)研究发现,以经营能力为中间变量,企业的成本黏性升高将导致企业债务违约风险上升;当企业的成本黏性下降时,其经营能力会得到提升,进一步降低企业债务违约风险;而且,这种现象在非国有企业中更显著。

王东静等(2009)研究发现,在资产风险水平、负债率等一定的情况下,短期债务比率与违约率呈 U 形关系,基于风险规避角度的最优债务期限结构存在,并且最优短期债务比率与资产风险水平正相关、与负债率负相关。他们根据理论预测和实证检验提出,短期债务比率越高,违约风险越高;随着资产收益波动水平的提高,违约风险会相应增加。

李埱爽和何瑛(2019)则发现,CFO 权力越大,越能通过缓解企业的融资约束和减小企业业绩的波动性来压制债务违约率。

李萌和王近(2020)实证研究发现,内部控制水平上升表明企业战略执行更有效,企业发生债务违约的可能性更低,这在民营企业中更为显著;随着信用状况的改善,企业内部控制降低债务违约风险的边际作用减弱。

任兆璋和李鹏(2006)实证分析发现,企业流动性危机发生概率的增大会导致债券信用风险增加。

Ericsson 等(2009)以发债企业的财务杠杆、无风险利率和股价波动率为解释变量,以信用风险溢价为被解释变量建立多元回归模型,实证检验结果表明财务杠杆率每提高1%,信用风险溢价会提高5—10个百分点。

Covitz 和 Downing(2007)利用美国非金融公司综合数据库对短期公司债券利差的影响因素进行研究,发现信用特征对公司债券利差的影响比流动性水平更大。

(五) 股票价格

股票价格会影响债券违约风险。一方面,张文兵和肖晓(2002)指出,当上市公司存在较大数量的股权质押时,若股价下降则质押资产不足,公司很可能发生债务违约。另一方面,张庆君和白文娟(2020)基于"沪港通"经验数据发现,股票流动性越高,企业发生债务违约的概率越低,且股票价格能够提前反映债务违约风险。

第四节 债券评级

公司债券评级是指专业的信用评级机构对债券发行公司还本付息能力和可信度的综合评价并给出的相应等级。公司债券评级关注的对象是债券本息偿还的可靠程度和风险程度,并用简单的符号表示出来。需要说明的是,公司债券评级并不是评价债券发行公司的整体实力,因为发行高信用级别债券的公司并不一定比发行较低信用级别债券的公司的实力更强;公司债券评级也不是向债券投资者推荐购买、销售或持有某只债券,因为它不是对债券市场价格或某种债券是否适合投资者进行评估。公司债券评级的目的是迅速、方便地为市场提供债券信用风险分析结果,以降低市场参与者的信用成本。

债券信用评级在资本市场起到两个作用:一是信息传递和估值的作用,是债券发行定价的重要参考;二是信息鉴证作用,监管部门根据评级信息识别出的风险特征设定发行要求、投资限制和资本要求。因此,建立健全的信用评级指标体系有利于充分揭示公司债券信用风险,提高债券市场流动性,积极促进公司债券市场的健康发展。

信用评级机构是缓解债券市场信息不对称的重要中介机构,其给出的信用评级结果是债券投资人衡量发债主体信用风险的重要参考依据。评级机构给出客观、及时、准确的评级,对债券市场的健康发展起着不可替代的作用。自2005年以来,中国债券市场规模不断扩大,但是债券市场信用评级的研究仍处于起步阶段。已有关于评级的文献仍然以欧美发达债券市场为主,主要围绕三大评级机构——标准普尔、穆迪、惠誉展开。

一、标准普尔的公司债券评级

美国最著名的两家信用评级机构是标准普尔和穆迪,它们对企业债券的评级旨在衡量(至少是有序衡量)发行公司违约的概率。在本小节,我们将讨论公司债券的标准普尔评级体系,并实证分析评级的决定性因素。

表 5-4 显示了标准普尔的公司债券评级,同时简要描述了获得给定评级的典型发行人财务状况。标准普尔评级分为两大类:投资级和投机级。

在投资级评级中。AAA 评级只给予那些具有极强的财务能力、能及时偿还利息和本金的公司。在美国,只有极少数公司的财务状况足够稳健,可以获得这样的评级。评级为 AA、A 和 BBB 的债券也包括在投资级类别中。

投机级债券是指评级为 BB、B、CCC、CC 或 C 的债券。其中,BB 评级债券的投机性最小,而 C 评级债券的投机性最大。这类债券的发行人目前具有一定的财务偿付能力,甚至可能盈利,但面临一个或多个主要风险因素(如承受竞争压力的能力、经济衰退或产品需求减少),由此公司杠杆率很高。对于 AA 至 CCC 评级,如果加上"+"或"-"后缀,则分别表示同等级内发行人相对较强或较弱。此外,标准普尔将违约公司的债券评为 D 级。

表 5-4 标准普尔对长期公司债券的评级

评级	描述
投资级	
AAA	评级为 AAA 的债务具有标准普尔指定的最高评级,债务人履行债务财务承诺的能力极强
AA	评级为 AA 的债务与评级最高的债务只有很小的不同,债务人履行债务财务承诺的能力非常强
A	评级为 A 的债务比评级较高的债务更容易受到环境和经济条件变化的不利影响,但债务人履行债务财务承诺的能力仍然很强
BBB	评级为 BBB 的偿债义务具备足够的保障;然而,不利的经济形势条件或变化有可能导致债务人履行债务财务承诺的能力减弱
投机级	
BB	评级为 BB 的债务与其他投机性问题相比不易被拒付;然而,它面临重大的不确定性或不利的商业、财务或经济条件,这可能导致债务人履行债务财务承诺的能力不足
B	评级为 B 的债务比评级为 BB 的债务更容易被拒付,但债务人目前有能力履行债务财务承诺;不利的商业、财务或经济条件可能会损害债务人履行债务财务承诺的能力或意愿
CCC	评级为 CCC 的债务目前易被拒付,且取决于债务人履行债务财务承诺的有利的商业、财务和经济条件;在不利的商业、财务或经济条件下,债务人不太可能有能力履行债务财务承诺
CC	评级为 CC 的债务目前极易被拒付
C	评级为 C 的次级债务或优先股债务目前极易被拒付。C 评级可用于涵盖已提交破产申请或采取类似行动但仍在继续支付债务的情况;C 也将被分配给拖欠股利或偿债基金款项的优先股发行,但目前仍在支付
D	评级为 D 的债务属于支付违约。即便适用的宽限期尚未到期,若债务的付款在到期日未支付则使用 D 评级类别,除非标准普尔认为此类付款将在宽限期内支付。在提交破产申请或采取类似行动时,债务付款受到影响也将使用 D 评级
+或-	从 AA 到 CCC 的评级可以通过添加"+"或"-"来修正,以显示其在主要评级类别中的相对地位

(续表)

评级	描述
r	此符号附在有重大非信用风险的工具评级上,强调信用评级中未提及的本金风险或预期回报波动性
N.R.	这表示没有要求进行评级,评级所依据的信息不足,或者标准普尔没有根据政策对特定债务进行评级

资料来源:标准普尔网站。

标准普尔用于公司债券评级的分析框架包括以下因素:①行业风险和潜力;②业务分析;③发行人的财务政策;④公司的资本结构和债券合同条款;⑤现金流分析;⑥财务灵活性分析;⑦现金净流量及其计量。标准普尔综合这些因素的方法具有很强的专有性,不过债券评级在很大程度上可以通过发行公司财务状况的可观测指标加以解释。

二、标准普尔评级决定性因素的实证分析

(一)标准普尔给定评级下典型的公司财务特征

对标准普尔评级进行的本次分析使用840家1999年年末被标准普尔评级的美国非金融公司样本。根据标准普尔评级,这些公司被分成几组,并计算出每组公司几个财务变量的均值。这些变量包括:

(1)市场价格与账面价值比(MEQ/BEQ);

(2)过去三年的固定费用覆盖率的中位数(FCC);

(3)公司截至1999年的5年资产回报率(ROA)的标准差[$\sigma(ROA)$],作为商业风险的衡量标准;

(4)账面债务比率(D/TA),作为杠杆的衡量标准;

(5)公司总资产的自然对数,作为公司规模的衡量标准[ln(TA)];

(6)资本集中度,作为土地、厂房和设备的衡量标准(PP&E/TA);

(7)公司权益贝塔系数β;

(8)公司当前的股利收益率。

结果如表5-5所示。正如预期的那样,评级较高公司的 MEQ/BEQ、FCC、ln(TA)和 PP&E/TA 均值较大,而$\sigma(ROA)$、D/TA 和β值相对较小。出乎意料的是,评级较高公司的股利收益率相对较高。当然,股利往往会增加违约风险,这一结果的一个可能解释是,财务状况更稳健的公司更有可能支付股利。也就是说,实力更强公司的债券合同可能包含的股利支付限制都不太可能有约束力。

表5-5 影响公司债券评级各变量的均值

评级级别	评级数值	公司数量	MEQ/BEQ	FCC	σ(ROA)	D/TA	ln(TA)	PP&E/TA	β	股利收益率(%)
AAA	2	6	8.4	17.9	0.6	26.4	10.9	35.6	0.81	1.6
AA+	4	1	4.0	13.7	0.3	24.0	9.5	23.2	0.68	2.3

（续表）

评级		公司数量	MEQ/BEQ	FCC	σ(ROA)	D/TA	ln(TA)	PP&E/TA	β	股利收益率(%)
级别	数值									
AA	5	13	8.7	8.6	1.1	31.7	9.2	48.9	0.62	2.9
AA−	6	20	7.7	9.0	1.4	28.5	8.9	42.7	0.63	3.0
A+	7	43	5.7	8.2	1.0	31.9	8.8	40.4	0.61	3.0
A	8	90	3.3	6.7	1.0	30.8	8.6	42.0	0.69	3.0
A−	9	57	3.5	5.9	1.5	34.1	8.4	47.9	0.80	2.5
BBB+	10	95	29.0	5.3	1.4	33.9	8.2	48.9	0.81	2.6
BBB	11	92	2.5	5.2	16.0	33.0	8.2	36.7	0.85	1.9
BBB−	12	72	18.0	4.4	1.4	34.5	8.0	38.6	0.90	1.5
BB+	13	56	29.0	3.2	2.3	41.8	7.7	40.9	0.87	1.2
BB	14	67	1.4	3.3	2.2	43.8	7.2	40.2	1.01	1.2
BB−	15	88	3.6	3.1	3.0	45.3	6.8	33.4	0.93	0.6
B+	16	79	1.7	2.5	3.1	49.3	6.5	36.7	0.99	0.5
B	17	40	1.3	0.9	5.3	57.8	6.4	29.4	1.27	0.0
B−	18	9	0.0	−0.5	5.1	70.1	63.0	30.6	1.39	0.0
CCC+	19	7	−1.5	0.7	7.1	59.0	5.9	53.9	0.71	0.0
CCC.	20	3	−0.2	1.8	3.6	50.6	7.4	23.6	0.37	1.0
CCC−	21	1	0.2	4.0	2.7	62.2	6.2	77.5	1.26	0.0
CC	23	1	−0.6	0.2	4.4	84.8	5.8	91.4	−0.17	0.0

资料来源：标准普尔研究洞察数据库。

（二）评级的回归分析

接下来检验多重回归下财务变量对评级变化的解释程度。回归中的被解释变量是标准普尔债券评级，转换成数值如表 5-5 所示，回归分析结果如表 5-6 所示。根据调整后 R^2（67.5%），解释变量共同解释了评级的大部分变化。此外，所有解释变量系数的符号都符合预期，并且高度显著。

表 5-6 公司债券评级的决定性因素

变量	可变系数	数值	可能性
截距项	19.729	35.9	<0.001
MEQ/BEQ	−0.069	−5.9	<0.001
FCC	−0.241	−13.1	<0.001
σ(ROA)(%)	0.134	4.6	<0.001
D/TA(%)	0.036	7.5	<0.001

(续表)

变量	可变系数	数值	可能性
ln(TA)	−1.016	−18.7	<0.001
PP&E/TA(%)	−0.014	−4.7	<0.001
β	0.816	5.2	<0.001
股利收益率(%)	−0.323	−9.5	<0.001
调整后R^2		67.5%	

资料来源：标准普尔研究洞察数据库。

(三) 测试评级的稳定性

这里侧重分析单家公司评级随时间变化的稳定性。抽样调查1996年年末被标准普尔评级的1 209家美国非金融公司,并按评级等级进行排序,计算:①在1999年年末有相同评级,②在1999年年末遭受评级下调,③在1999年年末经历评级上调,④在1999年年末没有评级。

结果如表5-7所示,大约有1/3家公司(405家公司)在1999年获得与1996年相同的评级,评级发生变化的公司中被降级的(238家)略多于被升级的(209家),357家公司在1999年年末没有评级。这些结果表明评级变化相当频繁,评级随时间而改变。

表5-7 标准普尔1996—1999年的评级变化

评级分布(1996年)		相同评级的公司数量	评级下调的公司数量	评级上调的公司数量	没有评级的公司数量
评级	公司数量				
2(AAA)	23	16	3	n/a	4
4(AA+)	11	3	6	1	1
5(AA)	27	17	9	1	0
6(AA−)	43	15	2	3	
7(A+)	61	26	20	5	
8(A)	111	59	23	9	20
9(A−)	82	26	29	12	15
10(BBB+)	91	40	22	16	13
11(BBB)	109	43	19	25	22
12(BBB−)	89	24	19	24	22
13(BB+)	62	14	8	21	19
14(BB)	95	10	27	30	
15(BB−)	125	27	22	14	62
16(B+)	155	39	21	27	
17(B)	76	17	8	12	39

（续表）

评级分布（1996年）		相同评级的公司数量	评级下调的公司数量	评级上调的公司数量	没有评级的公司数量
评级	公司数量				
18（B-）	32	1	3	9	19
19（CCC+）	11	0	1	3	7
20（CCC）	5	2	0	0	3
21（CCC-）	0	1	0		
合计	1 209	405	238	209	357

资料来源：标准普尔研究洞察数据库。

（四）评级变化和财务变量的变化

公司信用评级的变化是重要事件，反映了公司财务实力的实质性变化而导致公司评级改变，我们可以更仔细地分析1996—1999年间发生评级变化的公司来揭示公司信用评级变化的重要性。根据评级数值变化将它们归类，并计算1996—1999年每组公司的平均销售增长率、平均负债率和平均权益市场价值的变化，结果如表5-8所示。正如预期的那样，评级上调的公司通常经历了更高的销售增长率，负债率下降以及权益市场价值显著增加；相比之下，评级下调的公司通常呈现销售增长率较低、负债率上升、权益市场价值大幅下跌的状况。

表5-8 公司基本面评级和变化

标准普尔数值评级变化	公司数量	平均变化（%）		
		销售增长率	负债率	权益市场价值
<-3	12	119.3	-1.7	147.7
-3	12	163.0	-4.6	447.6
-2	47	83.7	-3.8	215.4
-1	138	71.8	2.3	125.5
0	405	110.8	2.3	65.6
+1	129	27.5	7.9	8.9
+2	46	43.9	9.7	5.9
+3	24	33.8	14.9	-13.4
>+3	39	15.3	19.2	-53.0

资料来源：标准普尔研究洞察数据库。

（五）宏观经济对公司债券平均评级的影响

我们计算1986—1999年评级数值的年度平均变化并与1985—1999年的国内生产总值（GDP）增长进行比较，检验宏观经济条件对公司评级的影响，结果如图5-3所示。正如预期，GDP增长与评级变化呈现强烈的反比关系，同期相关系数为-0.49。该数字最显著的特点是，在1990—1991年经济衰退期间，债券的平均评级数值大幅上升，之后大幅下降。

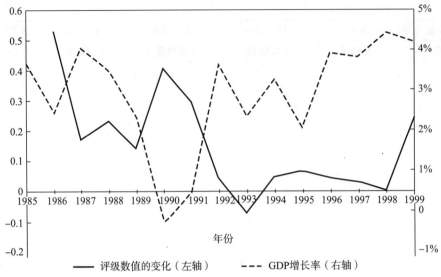

图 5-3 美国非金融机构标准普尔债券评级数值的平均变化

资料来源：标准普尔研究洞察数据库。

综合上面的实证分析，我们可以得出以下结论：(1) 宏观经济状况对公司债券平均评级具有显著的影响；(2) 单家公司的评级随时间变化的稳定性较差，评级存在很大的波动性；(3) 公司财务实力的实质性变化也会使公司评级发生变化，销售增长、负债率下降、权益市场价值显著增加的公司的评级会上升。

三、公司债券评级的内部影响因素

债券信用评级对阻止企业债务违约具有显著的作用，因此评级机构的作用日益凸显，但是 20 世纪以来亚洲金融危机、安然公司丑闻、2007 年美国次贷危机等事件层出不穷，人们对评级机构的质疑和批评也逐渐增加。

国外学者在研究债券信用评级的影响因素时，主要考虑了公司治理、企业风险及盈利能力等。有学者指出，公司治理水平与信用评级呈正向变化趋势，若治理水平提升，则企业信用评级将随之上升。也有学者讨论了企业风险与信用评级的关系，认为风险越小企业的偿债能力越强，因而将拥有较高评级。Gamba 和 Triantis(2008) 认为，财务灵活度较高及财务风险较低的企业更有能力抵抗金融危机，因而将拥有更高评级。Altamuro 等 (2014) 则指出，企业规模通过影响企业风险进而对其信用评级造成影响，当企业规模逐渐扩大时，其风险更加分散，因此在经济低迷时期有更佳的业绩表现。朱松等 (2013) 指出，财务指标以及股权结构等均会对企业信用评级产生影响。施燕平和刘娥平 (2018) 则认为，公司资本结构以及结构调整将对信用评级造成影响。林晚发等 (2020) 则探究公司股权性质给信用评级带来的影响，其研究表明相对于民营企业，国有企业显然有更高的信用评级。

方美芳 (2021) 选取 2009—2018 年的 511 只债券样本，运用多分类 Logistic 模型，探究公司是否上市、股权性质、债务是否有担保、是否由四大会计师事务所审计等 10 个因素对债券信用评级的影响,其实证结果表明:票面利率、债务是否有担保、资产负债率对公司债券信用评级产生显著的负向作用,发行总额、发行公司性质、公司总资产、是否由四大会计师事务所审计、资产收益率对公司债券信用评级产生显著正向作用。

四、公司债券评级的外部影响因素

在外部影响因素方面,朱松等(2013)认为,宏观环境和审计质量均会对债券信用评级产生影响,公司审计质量越好,其可信度越高,企业信用评级越高。钟辉勇等(2016)则认为,政府加强对信用评级机构的监管将使得信用评级的信息含量提高,且政府财政透明度的提升也将提高债券信用评级。

(一)评级选购和评级迎合

评级选购是指发债企业从多个评级机构中征求评级以寻求最佳评级。由于预评级环节是不透明的,发债企业不需要披露与评级机构的初步联系,因此"评级选购"过程往往被隐藏起来,发债企业可以选择将有利的评级和信息内容披露给投资者。当发债企业得到的评级结果较为"悲观"时,它可以减少这类信息的披露。因此,单评级债券发生"评级选购"的可能性较大,因其"悲观"评级信息可能从未进入市场。

评级选购也受债券复杂程度、债券支付模式的影响。当债券结构足够复杂时,不同评级机构出具的评级结果出现分歧,评级分歧刺激发债企业进行"评级选购"。现行的发行人付费模式也加剧了"评级选购"。在发行人付费模式下,评级机构的主要收入来自发行人而非投资者,这种固有的利益冲突助推了发债企业的"评级选购",评级机构为增加市场份额也会给发债企业出具更有利的评级(Skreta 和 Veldkamp,2009)。

评级迎合是评级机构的行为,是指评级机构为获得更多的业务而给予发债企业扭曲的向上评级(Flynn 和 Ghent,2018),是一种迎合行为(Griffin 等,2012)。

在信息不对称的情况下,评级选购和评级迎合都是评级市场上的不当行为,会造成评级膨胀、市场资源配置有效性减弱,并会影响评级机构的独立性和评级质量。

由于评级机构关注的是当前和未来的收入与市场份额,声誉机制可能难以约束其出具真实的评级,因此评级机构可能不会严格遵守评级标准,且具有通过虚增评级来吸引业务的强烈动机(Bolton 等,2012)。在此背景下,严格的评级机构会降低标准,以匹配标准宽松的竞争对手,最终导致"竞相降低"现象的发生。

(二)评级机构的市场竞争

公认的经济学观点是:充分竞争的市场可以促进产品质量的提升,评级产品也应当如此。然而有研究表明,竞争加剧会导致评级质量下降。在美国,长期以来标准普尔和穆迪垄断了评级市场,Becker 和 Milbourn(2011)发现,来自惠誉的市场竞争使得标准普尔和穆迪的评级质量下降。Bolton 等(2012)也发现,评级机构之间的竞争加剧了评级膨胀并降低了市场效率,特别是在经济繁荣时期和投资者对评级结果信任度较高时,竞争使得发债企业更易获得较高的信用评级。Mathis 等(2009)构建理论模型并发现,竞争机制在评级行业起负面作用,尤其是在发行人付费模式下,评级机构的竞争使得发债企业更容易进行评级选购,从而加剧了评级虚高、降低了评级质量。同样,Flynn 和 Ghent(2018)发现,新进评级机构与现有评级机构的竞争方式是给予发债企业更高的信用等级,随着时间的推移,现有评级机构出具的评级显著上调。新进评级机构会显著影响现有评级机构:一方面,新进评级机构扩大了评级选购的范围;另一方面,现有评级机构因新进评级机构而增加了评级迎合。这说明竞争不仅加剧了评级选购,也加剧了评级迎合。

也有研究表明,竞争加剧不仅不会降低评级质量,还有助于提高市场透明度。Xia(2014)提供的证据表明,评级机构之间竞争的加剧,实际上提高了现有评级机构的评级质量。Bonsall 等(2017)研究表明,竞争对评级质量的影响取决于现有评级机构的声誉。当新进评级机构和现有评级机构的声誉都较低时,评级市场竞争加剧,可以促使评级机构出具更准确的评级结果。由于评级市场的领导地位是可以争夺的,因此评级机构有动机去准确地评级,并在声誉和市场份额方面取得增量收益;尤其是当声誉约束成本很高时,评级机构为维护自己的声誉,会给出更准确的信用评级;相反,当声誉约束成本较低时,抢占市场效应占主导地位,声誉较低的评级机构会虚增评级以获得额外的市场份额,而且评级市场竞争加剧会使这一现象更为严重。

第五节 债券收益

一、违约风险对债券到期收益的影响

违约风险是指债券发行人未履行契约规定的支付债券本金和利息而给债券投资者带来损失的可能性。本节介绍违约风险影响公司债券到期收益率和到期收益的两个替代性模型。为简化起见,这里只以纯贴现债券(即零息债券)为研究对象。

(一) 确定债券的承诺到期收益率

纯贴现公司债券被定义为承诺在 T 年后支付 X 金额的债券。假定债券当前的市场价格为 P,债券的承诺收益率为 y,可以通过求解方程式(5.2)中的 y 或直接使用公式(5.3)来计算债券的承诺到期收益率。

$$P = \frac{X}{(1+y)^T} \tag{5.2}$$

$$y = \left(\frac{X}{P}\right)^{\frac{1}{T}} - 1 \tag{5.3}$$

对于含违约风险的公司债券,y 被定义为债券的承诺到期收益率。此外,以上公式的一个隐含假设是,默认发行人在未来一定会支付 X 金额。

数值示例 5.1

F 公司发行了本金为 250 万元、5 年期、不可赎回的零息债券。债券通过传统注册方式登记,标准普尔评级为 CCC+。公司获得了总计为 132.5 万元的收益,即每面值 100 万元

的债券可获利53万元。因此,债券的承诺到期收益率为13.54%[$(100/53)^{1/5}-1$],与发行日收益率(5年期国债利率为6.37%)的利差为717个基点。此外,承销商价差设定为7.1%。

(二)违约风险债券的承诺收益率与到期收益率的比较

当公司债券存在违约风险时,就必须区分债券的承诺收益率和到期收益率。承诺收益率只有在公司完全履行债券发行契约条款的情况下才能实现。因此,承诺收益率是到期收益率的最大可能值,若有违约的可能,则到期收益率小于承诺收益率。

假设F公司可能会对债券产生违约行为。那么,y将作为债券到期收益率r_D的向上偏差指标。相比于债券的承诺收益率,与债券持有人和公司更相关的是债券的到期收益率。对于债券持有人而言,r_D是债券的到期收益率;对于公司而言,r_D是真正的债务成本。假设T年期有违约风险的纯贴现债券的到期收益为$E(X)$。因为投资者在到期时不能收到超过承诺金额X的款项(在公司不违约的情况下),所以$E(X)<X$。若公司违约,则投资者收到的收益更少。

若$E(X)$一定,则可以利用公式(5.4)计算r_D:

$$r_D = \left(\frac{E(X)}{P}\right)^{\frac{1}{T}} - 1 \tag{5.4}$$

为方便起见,我们将有违约风险的纯贴现债券的收益模型设为二项式。假定公司在到期时支付X金额的概率为p,则违约概率为$1-p$,即只支付X'金额且$X'<X$。那么,债券的到期收益为:

$$E(X) = p \cdot X + (1-p) \cdot X'$$

假定概率$p=0.6$,债券到期时F公司将支付$X=100$万元,此时公司违约概率为$(1-p)=0.4$,即债券到期时公司将支付$X'=40$万元。那么,债券到期收益为:

$$E(X) = 0.6 \times 1\,000\,000 + 0.4 \times 400\,000 = 760\,000(元)$$

债券的到期收益率为:

$$r_D = \left(\frac{760\,000}{530\,000}\right)^{\frac{1}{5}} - 1 = 0.0748 = 7.48\%$$

注意,因为$E(X)<X$,所以$r_D<y$,即7.48%<13.54%。

(三)违约溢价存在的可能性

违约溢价指公司债券的承诺收益率与无违约风险国债收益率之差。在上述例子中,我们任意分配违约概率和违约状态下的付款金额来计算F公司债券的到期收益,然而在现实中,债券投资者无法得知市场对债券收益的预期。因此,即使承诺到期收益率超过无违约状态下的国债收益率,投资者也不能保证有风险债券的到期收益率会超过无风险债券的收益率,即承诺收益率包含违约溢价。

为了证实上述观点,将债券偿付款项的概率更改为$p=0.47$,则F公司债券的到期收益变为:

$$E(X) = 0.47 \times 1\,000\,000 + 0.53 \times 400\,000 = 682\,000(元)$$

债券的到期收益率为：

$$r_D = \left(\frac{682\ 000}{530\ 000}\right)^{\frac{1}{5}} - 1 = 0.0517 = 5.17\%$$

由于违约溢价的存在，债券的到期收益率小于对应的国债收益率，即5.17%<6.37%。

（四）基于布莱克-斯科尔斯期权定价模型计算公司债券收益率

布莱克-斯科尔斯期权定价模型（简称"B-S 模型"）的具体计算过程如下：

$$C = SN(d_1) - Xe - rT'N(d_2) \tag{5.5}$$

$$d_1 = \frac{\ln\left(\frac{S}{X}\right) + (r + 0.5\sigma^2)T'}{\sigma\sqrt{T'}}. \tag{5.6}$$

$$d_2 = \frac{\ln\left(\frac{S}{X}\right) + (r - 0.5\sigma^2)T'}{\sigma\sqrt{T'}} = d_1 - \sigma\sqrt{T'} \tag{5.7}$$

其中，C 为欧式看涨期权价值；S 为标的资产（债券或股票）价值；X 为行权价；r 为无风险利率；σ 为标的资产价格年波动率；T' 为期权有效期；$N(d)$ 为标准正态分布，可计算 d 值后查表获得。

基于 B-S 模型，杠杆公司在有违约风险债务下的即期年到期收益率 r_D 为：

$$r_D = r_f + \left\{[1 - N(d_1)]\left(\frac{V}{D}\right)\right\}(r_V - r_f) \tag{5.8}$$

其中，V 为公司的价值；D 为公司债务价值；r_V 为公司资产的到期收益率；r_f 为无风险利率。

数值示例 5.2

假设有一家资产价值 $V=100$ 万元的公司，管理层希望利用纯贴现债券为公司提供一半的资产，即 $D=50$ 万元。另外，公司资产的到期收益率和标准差分别为 $r_V=10\%$ 和 $\sigma=30\%$，年无风险利率为 $r_f=5\%$。管理层通过改变债券期限来获知其对承诺收益率和到期收益率的影响。

首先确定对价中的每一个到期日所需的承诺付款金额 X，使用 B-S 模型来计算，根据公式（5.6）和公式（5.7），构建 X 和 d_1 两个未知量，计算得出承诺付款金额 X。然后通过公式（5.3）计算每一个到期日下债券的承诺收益率，再通过公式（5.8）计算债券的即期年到期收益率。

计算公司 1—20 年债务期限下的承诺收益率和即期年到期收益率，如图 5-4 所示。其结果揭示了三个重要关系：①承诺收益率和即期年到期收益率增长趋势随到期日的临近而变缓；②即期年到期收益率总是低于承诺收益率；③承诺收益率和即期年到期收益率之间差额的增量随着到期日的临近而逐渐减小。

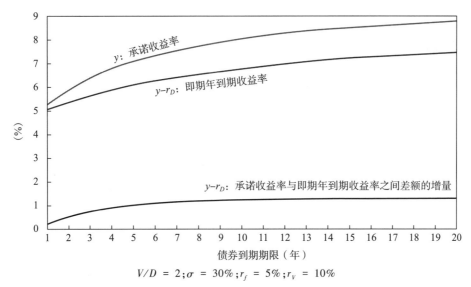

图 5-4 风险债券到期期限内的承诺收益率与即期年到期收益率对比

纯贴现公司债券的承诺收益率(y)和即期年到期收益率(r_D)都是债务到期期限的函数。

二、可赎回条款对债券到期收益率的影响

可赎回条款是发行人的看涨期权。对于临近赎回期的这类债券,当债券折价交易时,意味着债券的票息低于到期收益率(市场利率),此时发行人不会赎回债券,债券应以到期收益率估值;当债券溢价交易时,意味着债券的票息高于到期收益率(市场利率),此时理性的发行人会选择赎回债券再融资,以节约未来的利息支出,债券应以按赎回期限和现金流计算的赎回收益率来估值,且赎回收益率将低于到期收益率。也就是说,带赎回条款债券在临近到期时的合理估值收益率,总是等于到期收益率和赎回收益率中孰低者,也被称为最差收益率。

本小节通过一个简单的模型来说明可赎回条款对债券必要到期收益率的影响。债券必要收益率是指使债券的市价等于面值的票面利率。

由于可赎回条款本质上是发行公司持有的一种看涨期权,用于在未来以特定价格回购债券,因此可以假定发行公司管理层将在符合股东利益的情况下行使这一选择权。与任何看涨期权一样,看涨期权的价值是标的资产(本例中为未赎回债券)、到期期限和看涨期权价格(行权价格)的价值波动函数。

可赎回条款对发行人的价值及其对债券收益率的影响,最终取决于赎回权被行使的概率。反过来,这种可能性与债券的未来收益率在发行时降至足够低的水平以保证认购的概率有关。收益率下降的可能性很重要,因为任何债券的市场价格都与其收益率成反比,如果债券收益率下降,其市场价格就会上升,公司更有可能发现行使赎回权是最优选择。

赎回的概率与延期期限的持续时间成反比。随着延期期限接近债券到期日,赎回条款的价值趋近于零。看涨期权的行权概率也与赎回价格成反比,随着赎回价格的上涨,债

券的未赎回价值高于赎回价格的可能性降低。看涨期权的行权概率与债券收益率的波动性及债券价格的波动性直接相关;反过来,债券收益率的波动性是一般利率水平波动性和债券违约风险溢价波动性的函数。

King(2007)构建多元回归模型分析可赎回债券的看涨期权价值的决定因素,先对国债和公司债市场的可赎回债券定价进行分析,之后扩展到机构债券市场,发现当可赎回债券接近到期时,赎回价值随时间的推移呈下降趋势,债券的赎回价值与短期利率和收益率曲线斜率负相关、与票面利率和剩余期限正相关。Jameson 等(2020)实证研究管理层股权激励与可赎回条款的关系,发现管理层股权激励与可赎回条款的使用显著相关,认为可赎回条款可增强财务灵活性而股权激励可促进可赎回条款的使用。因此,管理层股权激励因可赎回条款的存在而使它在公司债务特征的应用和定价中发挥与财务灵活性类似的作用。

三、债券收益率分布矩阵

债券收益率作为揭示资本市场运行状况的重要指标,学者们使用不同模型对债券收益率进行研究并尝试寻找影响债券收益率的重要变量。Ingram 和 Hong(2012)运用广义谱分析法对企业债券收益率的可预测性进行研究,结果发现投资级债券与高收益债券之间存在显著的序列相关和交叉序列相关。Lin 等(2014)基于 1973—2010 年样本对企业债券超额收益率的可预测性进行研究,研究结果表明企业债券收益率比股票收益率更容易被预测,而且低信用等级债券和短期债券的可预测性更强。杨婉茜和成力为(2015)基于贝叶斯向量自回归(BVAR)模型对我国国债收益率进行预测,同时分析简单的随机游走(RW)模型、向量自回归(VAR)模型等对短期和长期国债收益率的预测能力。杨炳铎和汤教泉(2019)基于工具变量估计方法(IVX)对我国不同等级债券的收益率进行可预测性分析,实证结果显示一些宏观经济变量或宏观经济变量组合能够有效预测债券收益率。在短期单变量预测模型中,沪深 300 指数收益率能反向预测 AAA 级及 AA-级的企业债收益率;在长期单变量预测模型中,工业增加值同比变动率和人民币实际有效汇率变动率能够显著预测企业债长期收益率。Kim 等(2021)比较线性和非线性等九种不同的预测技术以及五种机器学习工具对收益率利差的预测作用,发现神经网络方法明显优于其他预测模型,并通过影响收益率利差的决定性因素发现股票波动性在决定收益率利差上起重要作用。

大量的文献表明对债券收益率的预测方法主要有两种:一种是直接预测法,另一种是间接预测法。直接预测法选取与债券收益率有关的变量,将数据与收益率进行回归估计出参数,再利用参数构造模型进行预测。大部分间接预测法利用债券市场利率期限结构的拟合进行预测,多用于研究利率期限结构和国债收益率的预测关系。少部分间接预测法将利差分解为相应的信用利差估计相关系数,再利用相关系数来构建信用利差模型,加上与之对应的无风险收益率进行预测。

确定公司债券的预期合理收益是一项复杂的工作。我们探讨的债券收益率的影响因素取决于利率的基本水平,以及债券的到期日、可赎回性和违约风险。本小节将介绍一种合理估算公司债券收益率:债券收益率分布矩阵法。这属于直接预测法,被专业债券分析师和交易员广泛使用。

假设需要确定一家公司即将发行的公司债券的到期收益率。所有债券的收益率在很大程度上取决于不同到期日的美国国债收益率所代表的一般利率水平。因此，一个合乎逻辑的起点是查看到期日（有时还包括票面利率）相似的美国国债的即期到期收益率。当然，我们讨论的债券的收益率可能高于对应的国债，但仅确定目标债券所要求收益率与对应国债收益率的利差，而不是对应的国债收益率。在大多数情况下，利差被定义为债券的风险价格，也就是投资者对所持债券的风险补偿要求。

目标债券的合理收益率利差部分取决于债券的违约风险，如果目标债券已被穆迪或标准普尔等信用评级机构评级，评估违约风险所影响的利差就变得更容易。在这种情况下，可以查看有相同评级的其他公司债券的收益率利差来估计目标债券整体收益率利差的违约风险成分。如果债券没有专业评级机构的评级，但有相关参数值，那么也可以使用表 5-5 的回归结果生成目标债券的伪评级。

如果目标债券是可赎回的，那么我们必须估计债券利差的可赎回部分。正如之前所讨论的，可赎回条款所要求的收益溢价取决于许多因素，可以尝试找到有可赎回条款的债券，查看这些债券的收益溢价。同时，选择有类似违约风险和到期日的债券也很重要。然而，可比债券的数量可能很少，估计结果可能会受到抽样误差的影响。

公司债券的许多特征呈现一种复杂的分布，我们很难从中估计出合理的收益率利差。尽管一些专业债券分析师可能会采用不同的方法，但债券收益率分布矩阵法可能会对某一特定债券的合理收益率利差给出更准确的估计。

债券收益率分布矩阵法根据债券的信用评级、到期日和可赎回性等特征将许多公司债券分为不同组，然后对给定组中所有债券的收益率利差进行平均，进而将平均收益率利差显示在矩阵式表格中。

表 5-9 是债券收益率分布矩阵。矩阵中数值基于 1979—1999 年间美国非金融公司新发行的 8 880 种不可转换债券的收益率利差，所选择的债券特征是标准普尔评级、到期期限（10 年或以下与 10 年以上）和是否有可赎回条款的债券。

表 5-9 债券收益率分布矩阵

类型	标准普尔评级							调整后 R^2
	AAA	AA	A	BBB	BB	B	CCC	
有评级的债券	76	79	94	133	279	447	534	73.8%
按到期期限排序：								75.2%
到期期限≤10 年	42	59	78	120	280	453	536	
到期期限>10 年	95	96	115	151	274	431	530	
按可赎回性排序：								76.1%
不可赎回	42	59	76	113	236	408	687	
可赎回	99	96	121	159	300	449	530	
按到期期限和可赎回性排序：								76.8%
到期期限≤10 年，不可赎回	34	52	69	107	236	415	687	
到期期限≤10 年，可赎回	58	72	102	150	304	456	530	

(续表)

类型	标准普尔评级							调整后 R^2
	AAA	AA	A	BBB	BB	B	CCC	
到期期限>10年,不可赎回	53	72	92	129	236	233	n/a	
到期期限>10年,可赎回	110	106	131	166	290	433	530	

资料来源:证券数据公司新股发行数据库。

注:收益率利差指以基点为单位且与到期日匹配的债券到期收益率与美国国债利率之差。

表5-9中收益率利差通常符合预期,具体说来:①债券收益率利差随着违约风险的提高而增加;②控制违约风险不变,债券收益率利差通常随着到期期限的加长而增加;③控制违约风险和到期期限不变,可赎回债券的收益率利差高于不可赎回债券。

衡量债券收益率分布矩阵准确性的一个好方法是将各组回归调整后 R^2 作为虚拟解释变量再进行回归。第一次回归仅包括标准普尔评级的虚拟变量,调整后 R^2 值为73.8%;对于第二次回归,每个评级和到期期限组合都包含虚拟变量,添加到期期限的结果导致调整后 R^2 略微提高至75.2%;当信用评级与可赎回性两个因素交互时,调整后 R^2 为76.1%;当使用虚拟变量来表示评级、到期期限和可赎回性的所有组合时,调整后 R^2 增至76.8%。

总而言之,三项重要债券特征(评级、到期期限和可赎回性)的简单虚拟变量可以解释新发行的不可赎回公司债券收益率分布的大部分变化,并且可以反向看出三项特征对债券收益率有较大的影响,但相比之下评级仍是最重要的影响因素。

第六节 可转换债券

本节描述了一种典型的可转换债券,并对可转换债券的定价进行了理论和实证分析。单独分析可转换债券是因为转换条款对债券的价值和风险有着重要的影响。

一、可转换债券的基本概念

（一）可转换债券介绍

可转换债券本质上不同于其他债券是因为转换条款的存在允许债券持有人将债券转换为公司股票,一般按特定的比例转换为上市公司普通股,以每份债券收到的股份数量表示。可转换债券本质上是一张债券加上一份由发行人给予持有人的股票看涨期权。若股票价格高于行权价格,则债券持有人可以执行期权,将债券转换为股票获利;若股票价格低于行权价格,则债券持有人不会转股,依然持有债券。因此,可转换债券是由等价的不可转换债券加上公司股票的看涨期权组成的投资组合。

在发行可转换债券时,转换权通常以期权的形式存在,即将股票价格和行权价格分别表示为 S 和 X,则 $S<X$。但是,转换期权的到期时间通常很长,因此期权在发行日的价值很大。如果发行可转换债券的票面利率使其初始市场价格等于票面价值,那么在有转换条款的情况下,债券的初始市场价格将高于票面价值;相反,可转换债券的票面利率低得多。对于新发行的可转换债券,在考虑转换期权的价值后,设定的票面利率刚好足以使债券的

初始市场价格等于票面价值。若票面利率固定,则可以通过更改转换期权的执行价格使债券价格等于票面价值。

(二) 可转换债券特点

可转换债券能得到市场的青睐,主要是因为其本身拥有多方面的优点(见表5-10)。对于上市公司而言,可转换债券提供了除股票、债券以外又一新的融资方式,而且相较于股票,可转换债券的发行程序简单、融资速度较快,到期不转股就不会稀释股权;对于债券而言,虽然可转换债券也要还本付息,但是公司可以选择在到期时下调转股价格以迫使债券持有人选择转股,这样就可以缓解甚至回避到期偿付本金的压力。公司在现金流压力较大时通常选择这样做,这实际上起到以股权换债权的作用。当股票价格高于转股价格时,可转换债券除了债券本身的价值,还额外获得转换溢价;当股票价格低于转股价格时,可转换债券仍具有债券本身的价值。另外,我国对可转换债券发行人的资质要求相当严格,总资产低于15亿元的发行人需要提供全额连带担保,而且发行人还可以通过下调转股价的方式来缓解到期偿付压力,因而可转换债券的违约风险很低。正是基于这些优点,可转换债券才能得到投融资双方的认可。

表5-10 可转换债券的优缺点

优点	缺点
低成本; ● 公司赋予普通股期望值越高,可转债利息越低; ● 发行价格高,通常溢价发行; ● 减少股本扩张对公司权益的稀释程度(相对于增发新股); ● 不必进行信用评级; ● 可在条件有利时强制转换; ● 为商业银行和不能购买股票的金融机构提供了一个分享股票增值的机会,即通过可转债获取股票升值的利益,而不必转换为股票; ● 属于次级信用债券。在清偿顺序上与普通公司债券、长期负债(银行贷款)等具有同等追索权,排在公司债券之后,但先于可转换优先股、优先股、普通股; ● 期限灵活性较强	● 转股后将失去利率低的好处; ● 若持有人不愿转股,则发行公司将承受偿债压力; ● 若可转换债券转股时股票市场价格高于转股价格,则发行人将遭受筹资损失; ● 回售条款的规定可能使发行人遭受损失; ● 牛市时,发行股票进行融资比发行可转换债券更为直接; ● 熊市时,若不能强迫转股,则发行公司的还债压力会很大

发行可转换债券也面临一定的风险。首先,可转换债券要转换为普通股就不存在低利率,公司将承担普通股的较高成本,因此其融资成本高于纯债券;其次,公司转股后还存在股价上涨风险,这时公司就会以较低的固定价格出售股票,从而导致融资额减少;最后,股价低迷时投资者如果不愿意按期转换成普通股,就会增加公司的偿债压力。

(三) 发行可转换债券的动因

基于可转换债券的优点和特点,关于可转换债券发行动因,理论界进行了大量研究并提出了很多假说或理论。

（1）**"后门"延迟融资理论**认为,可转换债券是由于信息不对称问题导致逆向选择成本太高使权益融资受阻而适用的一种间接权益融资工具。它存在的重要前提假设是:企业管理层与外部投资者之间存在严重的信息不对称。在信息不对称情况下投资者会推测,代表现有股东利益的管理层在发行股票时会利用信息优势来溢价发行证券。为了弥补信息弱势,投资者会压制公司所发行股票的价格,从而为发行公司带来逆向选择成本。因此,假如存在信息不对称,管理层就会放弃发行股票,从而导致投资不足。

在考虑了可转换债券的可赎回条款和财务困境成本对公司融资决策的影响的前提下,Stein(1992)认为当发行债券引发财务危机以及信息不对称导致传统的股票无吸引力时,公司可以利用可转换债券通过"后门"延迟获得权益资本。这样,可转换债券是一种实现股权融资的间接机制,降低了直接融资带来的逆向选择成本。何佳和夏晖(2005)在Stein"后门"延迟融资假说的基础上,基于公司控股股东的控制权考察了企业对普通债券、可转换债券、股票三种融资形式的选择路径。

（2）**风险评估理论**认为,可转换债券所拥有的债权价值和股权价值与风险的关系相反,这种双重性质使可转换债券对债券发行公司的潜在风险不敏感,经过适当设计的可转换债券会抵消双重性质对真实价值的干扰,从而使债券估值更有效,因而当公司的潜在风险具有极大的不确定时,可转换债券的价值很高。

Brennan 和 Schwartz(1988)发现,当投资者认为公司风险很难评估或者投资政策很难预测的时候,公司就可能发行可转换债券,因为高运营风险和财务风险的公司很可能面临发行标准证券的高额成本。徐耿彬和刘星河(2011)基于风险评估理论,对 5 年间发行过可转换债券的公司进行实证研究并发现,公司规模、盈利能力、经营风险、盈利能力的稳定性对公司是否选择发行可转换债券的影响较大;资本结构对公司融资方式选择的影响较小,成长性、收益质量、财务风险和现金流量状况对公司融资方式选择的影响不显著。

（3）**风险转移假说**也称资产替换假说,认为公司发行可转换债券的动机在于缓和股东与债权人的利益冲突,因为它可以减少股东掠夺债权人利益的诱因。股东与债权人潜在冲突的根源之一是投资的风险水平,股东有投资高风险项目的动机。假如投资成功,股东将获得大部分的收益;假如投资失败,债权人除利息收入不能得到保障以外,本金也可能遭受损失;甚至,假如权益损失低于从债权人处掠夺的利益,股东还可能投资净现值为负的项目。债权人面临的此类问题被称为"资产替代"或"风险转移"。

Jensen 和 Meckling(1976)认为在信息不透明的市场经济环境中,契约双方处于信息不对称状态,由于双方都追求效用最大化,当各方追求的利益无法达成一致时就会产生代理问题。Green(1984)在 Jensen 和 Meckling(1976)的代理理论基础上提出,当公司存在风险债务时,债权人和股东在做投融资决策时会产生利益冲突。许倩(2014)对我国国有上市公司的实证研究论证了 Green(1984)的风险转移假说,发现发行可转换债券能有效抑制企业的过度投资。

（4）**连续融资假说**又称阶段性融资假说,认为可转换债券的发行有利于节约发行成本和压制过度投资问题。之所以能起到这样的作用,原因在于当投资期权为实值时,转换权将会使资金留在企业,从而节约发行成本;当投资期权为虚值时,企业会将资金退给债权人,从而抑制过度投资行为。

Mayers(1998)认为公司发行可赎回、可转换债券是为了降低发行成本,可归因于与连续融资相关的过度投资激励因素。徐子尧(2007)在 Mayers(1998)连续融资假说的基础上,对我国可转换债券发行的连续融资假说进行了验证,发现发行公司的转股价格、发行成本和业务集中度与事件公告日前后的超额收益呈正相关关系。

(5) **税收抵减假说**认为债务融资能够很好地抵减税收,公司会利用一切机会发行债券,从而使公司减少所得税支付以获得最大利益。

Jalan 和 Barone-Adesi(1995)试图从另一角度解释公司发行可转换债券的动机。由于债券利息可以税前支付而股利税后支付,这对可转换债券持有人和股东都是有利的,因此二者就有合作的动机。这种合作能够使公司的留存收益增加,也就进一步增加股东与可转换债券持有人未来的预期收益。甘利群(2016)也认为,公司利用可转换债券融资的首要目的是抵减税费,从而获得税盾利益。

(6) 其他。学者们针对发行可转换债券的动机还有一些其他看法,进一步补充和丰富了可转换债券的动因研究。王贵兰等(2007)对我国2000—2004年间发行可转换债券的33家上市公司进行实证分析,结果表明现金流假说在一定程度上可以解释上市公司选择发行可转换债券的动因。闫华红等(2015)研究发现,我国高增长的创新型中小企业有着通过发行可转换债券融资来缓解融资难题的动机。张伟伟和赵思思(2017)、李妙娟(2017)及赵栓文等(2021)的研究结果都支持公司发行可转换债券是为了实现资本结构优化这一结论。赵晓琴和万迪昉(2017)对比股权融资、债务融资与可转换债券融资发现,使用可转换债券可以有效降低企业管理者的道德风险。刘广生和岳芳芳(2017)从企业特征的角度研究发现,倾向于使用可转换债券进行再融资的上市公司具备优秀的偿债能力和盈利能力,同时还注重避免控制权收益被稀释。Viva 和 Hefnawy(2020)引入现金流维度构建模型并证明,如果普通股的预期收益高于可转换债券的预期收益,公司将倾向于发行可转换债券。Batten 等(2020)发现,跨国公司通过发行较多的可转换债券来减少资产替代的代理成本。

二、可转换债券的变体

(一) 附认股权证的债券

附认股权证的债券是公司发行的一种附认购本公司股票权利的债券。债券购买者可以按预先设定的条件在公司发行股票时享有优先购买权。从理论上讲,这种证券组合可能有助于解决风险债务的委托-代理问题,因为债券持有人同时持有一种证券——认股权证,其价值随着公司股权价值的上升而增加,从而抵消债券持有人在管理层试图从自己手中剥夺财富时可能遭受的损失。

按附认股权和债券本身能否分离,这种债券一般包括两种类型:一种是非分离型,即认股权无法与公司债券分开,两者存续期限一致,同时流通转让,自发行至交易均合二为一,不得分开转让;另一种是可分离型,即债券与认股权可以分开,可独立转让,即可分离交易附认股权证公司债券。

可分离型可转换债券(简称"可分离债")推出后被视作一种创新金融产品,其特点有:

捆绑发行、分离交易,一次发行、两次融资,票面利率低、债券期限长,发行限制严、投资风险小。

2007年我国开放交易可分离可转换债券市场之后,国内众多学者开始研究可分离债。蔡燕沙(2007)从企业融资的角度出发,介绍对比可分离债与普通可转债的特点,认为现阶段是发行可分离债的绝佳时期,并总结出适合发行可分离可转债的企业特点。章卫东(2008)分析了可分离债的发行特点,认为上市公司利用可分离债融资存在一定的融资优势和融资风险,为上市公司发行可分离债提出几点注意事项,包括要选择资信良好的公司发行债券、合理评估风险、合理设置可分离债条款等内容。吴敬(2008)则运用部分定价法对可转换债券进行价值评估,从发行人、投资者两个方面分析可分离债存在的发行风险、利率风险、信用风险等,十分看好可分离债在我国的发展前景。

赵自强和张冉冉(2010)以青岛啤酒2008年发行可转债成功进行二次融资为例,认为发行可分离债的成本与发行公司债的成本低于增发普通股和向银行借入长期借款的成本,因而青岛啤酒选择发行可分离债进行融资;他们还分析了青岛啤酒二次融资成功的原因,包括啤酒行业发展前景良好、青岛啤酒成长性良好以及可转债行权价合理,由此给其他发行可分离债的公司提供了参考。

还有大量学者针对可分离债的定价问题进行定量研究。骆桦和沈红梅(2009)运用B-S定价模型研究可分离债定价问题,结合宝钢债券案例分析可分离债的稀释效应,从而给投资者提供决策依据。朱丹(2011)探讨了随机利率下可分离债的定价模型并试图推导其定价公式,发现了更精准的可转债定价公式。王伟和赵奇杰(2014)在B-S定价模型存在一定缺陷的基础上,使用马尔可夫调制的跳跃扩散模型,使模型更贴合实际,进而利用风险中性理论得出可分离债的定价模型。陈飞跃(2018)改进了之前学者提出的可分离债定价模型,结合金融实证数据建立了遵循分数布朗运动的可分离债定价公式,并进行了数值模拟,分析了相关参数对可分离债的影响。

(二)可交换债券

可交换债券全称为"可交换其他公司股票的债券",是指上市公司股份持有人通过抵押所持有的股票给托管机构进而发行的公司债券,债券持有人在将来的某个时期内能按债券发行时约定的条件以债券换取发债人抵押的上市公司股份,是一种内嵌期权的金融衍生品。可交换债券与可转换债券的区别在于,可交换债券可以兑换发行公司以外公司的股票。例如,A公司的债券可以交换目标公司B的股份,A公司在其中拥有所有者权益。Ghosh等(1990)认为,可交换债券发行"通过剥离目标公司的所有权股份,发行公司的资产构成可能发生变化"。这种发行可以使公司受益,因为它能够:①消除先前剥离的子公司中的少数股权;②改变公司业务的侧重点,使股权结构与长期战略的要求保持一致;③放弃在收购目标公司的失败尝试中获得的股份。Brad(1993)认为发行可交换债券能在一定程度上递延资本利得所得税,相比于股东在二级市场上减持股份,通过可交换债券减持股份使股价波动较小,因此可交换债券在资本市场上具有广阔的发展空间。Kazmierczak和Marszalek(2013)认为可交换债券在国有企业私有化改革过程中有着重大的应用前景,原因在于:可交换债券相比政府债券提供更高的息票率;可交换债券的换股时间有一段缓冲期以避免在极其不利的情况下转股;可交换债券可根据灵活设计的条款满足多方需求。我国可交换债券市场起步很晚。陈帅(2016)认为,可交换债券对拓宽融资渠道、盘活企业存量资产具有重要的作用,为推动国有企业混合混合所有制改革提供了新的途径。国有企业凭借国有资产可享受低成本融资,同时引入战略投资者以助力顺利完成国有企业混合所有制改革。潘爱玲等(2017)认为可交换债券在我国资本市场上还属于新鲜事物,提出上市公司并购过程中发行可交换债券需要注意可交换债券的潜在风险,避免公司股东进行套利操作等扰乱市场交易秩序的行为。张学平等(2020)运用事件研究法检验可交换债券发行公告窗口期内平均累计超常收益率,同时分析公司治理相关因素对发行公告股价效应所发挥的调节作用,发现可交换债券标的公司应对风险能力与事件发生窗口期的负面股价效应呈显著负相关关系,大股东的实际控制权、董事长和总经理两职分离削弱了标的上市公司应对风险能力与公告效应的负相关关系。

三、可转换债券附加条款

我国可转换债券从 2000 年开始步入成熟,在二十多年的发展进程中,可转换债券逐渐演化出自身的特色,这里主要介绍可转换债券附加条款。目前我国可转换债券附加条款有赎回条款、回售条款和向下修正条款三种。

(一) 赎回条款

可转换债券赎回条款一般为:当股票价格连续若干交易日高于特定水平时,发行人可以按赎回价格提前赎回可转换债券。例如,格力可转换债券赎回条款为:"在转股期内,当公司股票在任何连续 30 个交易日中至少 15 个交易日的收盘价格不低于当期转股价格的 130%时,公司有权决定按面值加上当期应计利息的价格赎回全部或部分未转股的可转债。"

如果公司的赎回权取代了债券持有人的转换权,那么当债券的未赎回价超过赎回价时,公司将倾向于行使赎回权;而在可转换债券的情况下,转换可能发生于转换期权有较高价值(即股票市场价格很高)的时候。这样的话,实现证券转换条款所要达到的价值将会受到严格限制。相反,如果公司试图赎回可转换债券,债券持有人拥有将债券转换为股票的优先权。尽管如此,可转换债券赎回条款对公司仍有价值,原因如下:①公司可以尝试赎回债券以强制转换价内可转换债券,若转换选择权未被行使,则债券可能更有价值;②在公司管理层认为有必要或可行的情况下,强制转换机制使公司可以灵活地改变资本结构,特别是降低杠杆率。

(二) 回售条款

可转换债券回售条款一般为:在一定时期内,当股票价格连续若干交易日低于某一水平时,债券持有人可以按回售价格将可转换债券回售给发行人。仍以格力可转换债券为例,其回售条款为:"自本次可转债第三个计息年度起,如果公司股票在任何连续 30 个交易日的收盘价格低于当期转股价格的 70%,可转债持有人有权将全部或部分持有的可转债按照 103 元的价格回售给公司。"

(三) 向下修正条款

可转换债券向下修正条款一般比较模糊,在满足条件后,需要董事会提交股东大会表决通过后才能实施。例如,格力可转换债券向下修正条款为:"在本次发行的可转债存续期间,当公司股票在任意20个连续交易日中至少10个交易日的收盘价格低于当期转股价格的90%时,公司董事会有权提出转股价格向下修正方案并提交公司股东大会表决。"由此可见,与赎回条款和回售条款相比,向下修正条款不具有强制性,公司可以根据实际情况,灵活确定是否调整转股价格。不过从格力的例子可以看出,可转换债券的附加条款对股票价格有很强的路径依赖,这也增加了对可转换债券定价的难度。

上交所和深交所披露的信息显示,截至2022年9月底,仍在流通的可转换债券数量有433只,其中两市共有192只可转换债券触发向下修正条款,占整体市场规模的44.3%。2017—2022年,我国共有134只可转换债券启动向下修正,其中2022年有45只可转换债券触发向下修正条款,这表明近年来可转换债券向下修正态势明显加速。

四、可转换债券的基本估值方法

目前关于可转换债券的估值有三种主流的方法:B-S期权定价模型的解析值法、二叉树法和蒙特卡罗模拟。

美国经济学家Black和Scholes(1973)共同提出了布莱克-斯科尔斯期权定价模型,也称无套利均衡定价模型,可用来计算欧式期权的价值,也为复杂金融衍生品定价提供了重要的参考模型。方林(2006)选取29家公司可转换债券作为案例,采用B-S期权定价模型计算各公司可转换债券的理论价值,考虑到内嵌条款的影响,在初始B-S模型中加入各项约束条件,对比分析两次计算结果,认为加入条款的计算结果更符合实际值。胡一帆(2016)基于B-S期权定价模型计算可转换债券的理论价值,并与市场交易价格进行对比,发现可转换债券的市场价格明显偏离理论价值,即市场并不认同理论上的可转换债券价格。

Sachs(1994)用二叉树模型计算可转换债券的价值,仅仅由公司股价变动影响可转换债券价值的变动,同时折现时考虑信用风险的影响。杨立洪和杨霞(2005)运用二叉树模型,选取特定年份我国市场上全部可转换债券进行研究分析,发现可转换债券价格估值结果明显低于市场实际价格。

Lau和Kwok(2004)认为可转换债券的价值不只是一种期权的价值,而是包含很多内嵌期权的价值,但期权之间的相互博弈等复杂关系致使可转换债券价值难以得到,需要运用蒙特卡罗模拟及有限差分方法,还要考虑可转换债券其他附加条款对定价模型的影响,由此对美国当时的可转换债券得出比较精准的估值。郑雪仪(2016)研究发现,使用蒙特卡罗模拟进行定价会低估可转换债券期权部分的价值,即实际价格高于理论价格;而使用B-S期权定价模型会高估期权价值,导致其实际价格低于理论价格,从而高估债券价值。

除此之外,在国外诸多文献中,影响比较大的是Tsiveriotis和Femandes(1998),他们提出可转换债券的价值不是一个整体,而是由债券部分价值和期权部分价值组成,其中期权部分不存在违约风险,债券部分要考虑违约风险,因此两者应使用不同的折现率进行折现。我国很多学者的研究都是基于此观点,但得出的定价结果和市场价格之间仍存在较大的偏差。陈盛业和王义克(2007)运用最小二乘法,以附有可转换债券条款作为普通边界条件的可转换债券为定价对象,并依据Tsiveriotis和Femandes(1998)的方法处理信用风险,比较中国市场上24种可转换债券的理论价格和市场价格,结果表明该定价方法误差的均值和标准差较小,定价结果更精确。王茵田和文志瑛(2018)采用Tsiveriotis和Femandes(1998)的可转换债券定价模型,严格引入可转换债券的各类内嵌条款,并着重分析向下修正条款是否触发对可转换债券定价误差的影响,结果表明引入向下修正条款后可转换债券定价误差显著减小,并发现较高的转换比率、价值状态和牛市股票波动率下的可转换债券定价准确度更高。

具体定价方法的研究文献综述如表5-11所示。

表5-11 可转换债券估值方法

方法	模型	代表文献	研究内容
整体定价法	解析值法：B-S期权定价模型	Black和Scholes(1973)	提出B-S期权定价模型,计算欧式期权价值,为复杂金融衍生品定价提供参考模型
		方林(2006)	认为加入内嵌条款的B-S估值模型的计算结果更符合实际值
		胡一帆(2016)	市场价格明显偏离基于B-S期权定价模型计算得出的可转换债券理论价值
	二叉树法	Sachs(1994)	提出运用二叉树模型计算可转换债券价值,认为公司股价的变动影响可转换债券价值的变动,折现时还应考虑信用风险的影响
		杨立洪和杨霞(2005)	基于二叉树模型,对我国特定年份市场上全部可转换债券进行研究,认为我国可转换债券价格估值结果明显低于市场实际价格
	蒙特卡罗模拟	Lau和Kowk(2004)	提出运用蒙特卡罗模拟及有限差分方法,考虑可转换债券的其他附加条款对定价模型的影响,进而得出比较精准的可转换债券估值
		郑雪仪(2016)	使用蒙特卡罗模拟进行定价会低估可转换债券期权部分的价值
成分定价法		Tsiveriotis和Femandes(1998)	可转换债券价值由债券部分价值和期权部分价值组成,两者用不同的折现率进行折现
		陈盛业和王义克(2007)	比较中国市场上24种可转换债券的理论价格和市场价格,认为该方法得到的可转换债券定价比较精确
		王茵田和文志瑛(2018)	将可转换债券的内嵌条款引入模型,发现向下修正条款使得可转换债券定价误差显著减小,认为较高的转换比率、价值状态和牛市股票波动率下的可转换债券定价准确度更高

综合来看,可转换债券的定价方法按定价思路大致可为成分定价法和整体定价法。成分定价法将可转换债券分解为债权和期权两个部分分别进行估值;而整体定价法并不区分债权和期权,而是将可转换债券视为一个整体。这里依据传统成分定价法对可转换债券的价值按成分估值,即可转换债券的价值等于投资组合的价值,而投资组合由其他等价的不可转换债券加上公司股票的看涨期权组成。将可转换债券、不可转换等价债券和转换期权的价值分别表示为 P^{cvb}、P^{ncvb} 和 P^{cvo},则

$$P^{cvb} = P^{ncvb} + P^{cvo} \tag{5.9}$$

由于可转换债券存在转换期权,使得可转换债券的价值对公司股票的价格特别敏感。此外,可转换债券的价值与期权到期时间和公司股票波动性直接相关,与由转换比率决定的转股价格成反比。

五、可转换债券与可赎回债券和不可赎回债券的风险

图 5-5 说明了可转换债券价值与发行公司价值的关系。为方便比较,图 5-5 还显示了不可转换可赎回债券和不可转换不可赎回债券的对应关系。可赎回债券对公司价值变化的敏感性最小,由此风险最低;可转换债券对公司价值变化的敏感性最大,由此风险最高。

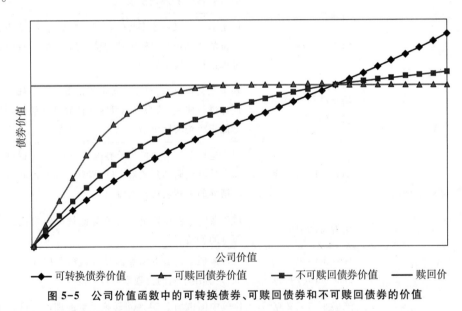

图 5-5 公司价值函数中的可转换债券、可赎回债券和不可赎回债券的价值

六、行权比率与可转换债券收益率之间的权衡

如前所述,可转换债券的票面利率和转换条款的内在价值(行权价与标的资产价值的比值)之间存在重要的权衡关系。这里计算行权比率(S/X)和票面利率的替代组合来探索权衡的性质,从而使假定的 25 年期可转换债券的价值等于票面价值。为了使模拟更加逼真,这里使用表 5-12 中显示的按信用等级划分的长期可赎回债券收益率分布数据。

表 5-12　可转换债券行权比率与收益率利差之间权衡的模拟实验

模拟债券评级	不可转换债券收益率利差（基点）	权益收益率的标准差（%）		行权比率＝股价与行权价之比（S/X）							
				0.70	0.73	0.76	0.79	0.82	0.85	0.88	0.91
AA	106	25.0	所需收益率利差（基点）	168	190	215	240	265	291	317	343
			转换期权的贡献率（%）	26.9	29.2	31.6	34.1	36.6	39.1	41.6	44.2
A	131	27.5	所需收益率利差（基点）	−164	−186	−211	−236	−264	−290	−316	−342
			转换期权的贡献率（%）	28.4	30.5	32.9	35.4	38.1	40.6	43.1	45.6
BBB	166	30.0	所需收益率利差（基点）	175	−200	225	256	281	310	341	370
			转换期权的贡献率（%）	29.9	32.1	34.3	37.1	39.3	41.8	44.5	47.1
BB	290	32.5	所需收益率利差（基点）	95	130	155	190	215	250	275	310
			转换期权的贡献率（%）	31.3	33.7	36.1	38.5	41.0	43.5	46.0	48.5
B	433	35.0	所需收益率利差（基点）	−12	−44	−77	−107	−145	−180	−212	−245
			转换期权的贡献率（%）	32.8	35.1	37.5	40.0	42.4	44.9	47.5	50.0
CCC	530	37.5	所需收益率利差（基点）	37	3	32	68	103	139	175	211
			转换期权的贡献率（%）	34.2	36.6	39.0	41.5	43.9	46.4	49.0	51.5

注：收益率利差是不可转换等价债券要求的收益率利差、公司权益收益率标准差、发行人股票价格与行权价格的比率的函数。表中还显示了可转换准备金价值对债券总价值的贡献率；所有债券的到期期限均为 25 年；假定在 8 年后到期的转换期权使用 B-S 期权定价模型进行估值。

第一步，建立评级分别为 AA、A、BBB、BB、B、CCC 的 6 只债券，并假设这些债券不可转换，收益率利差分别为 106、131、166、290、433、530 个基点。收益率利差加上 8% 的无风险利率为折现率，之后计算每只债券作为不可转换债券的价值（P^{ncvb}）。

第二步，计算每只债券的转换期权的价值。对于所有债券，假设转换期权在 8 年后到期。对于评级为 AA、A、BBB、BB、B 和 CCC 的债券,假设公司股票(权益)收益率的年波动率分别为 25.0%、27.5%、30.0%、32.5%、35.0% 和 37.5%。在给定 S/X 值之后,使用公式(5.5)中的 B-S 模型计算转换期权值(C 值),其中 d_1 和 d_2 可以分别用公式(5.6)和公式(5.7)计算得出。

在计算转换期权价值的公式中,S 为发行日股票价格;X 为转股价格;T' 为可转换债券上市至转换期终止的时间期限,以年为单位。

第三步,在确定 P^{cvo} 值后,再将可转换债券总价值 P^{cvb} 等于面值(100 万元),计算出不可转换等价债券的价值 P^{ncvb} 及其票面利率。

这些计算结果如表 5-12 所示。每只有模拟评级的债券均展示了收益率利差和 S/X 的各种组合,使可转换债券价值等于票面价值;同时,还显示了转换期权对每种组合的债券总价值的贡献率。

需要注意的是,除了 CCC 评级债券,其余债券所需的收益率利差皆为负值,证明了转换期权的重要价值。这些结果还揭示了以下关系:①对于任意给定的评级,收益率利差与 S/X 成反比;②转换期权对债券价值的贡献率与 S/X 直接相关;③对于给定的 S/X 值,所需的收益率利差与违约风险(评估的)成正比;④转换期权对债券价值的贡献率与违约风险直接相关。

七、可转换债券定价的实证分析

关于行权比率(S/X)与可转换债券收益率和期权价值之间关系的实证分析目前鲜有学者研究,因此针对上述关系,①和②的有关分析视角为我们提供了参考。针对上述关系④,不少学者在研究可转换债券定价时将违约风险与债券期权价值和债券价值结合在一起。王志仁和曾繁荣(2007)认为,违约风险始终存在于可转换债券的债权价值和期权价值中,并且将无风险利率与违约风险溢价之和作为可转换债券价值的折现因子来估计考虑违约风险的债券价值和期权价值,从而将违约风险加入可转换债券的债权价值和股权价值,结合 B-S 模型进行实证分析计算可转换债券的理论价值。

关于上述关系③的实证检验,可参阅数字资源:延伸阅读之"可转换债券收益率利差与债券违约风险间正相关关系的预测"。

案例解析
新劲刚饮得头啖汤,定向可转债助力新发展[①]

核心概念　定向可转债　并购重组　融资成本

学习脉络　从新劲刚董事会的角度出发,探讨新劲刚在并购重组中引入定向可转债进行支付的动因及效果,了解定向可转债的发行机制,揭示定向可转债的优缺点以及新劲

---

① 本案例由南京师范大学赵自强教授和助教张晓镕、纪苏源、刘明珠、费啸宇共同撰写,作者拥有著作权中的署名权、修改权、改编权。出于保密的要求,本案例对有关名称、数据等做了必要的掩饰性处理。本案例只供课堂讨论之用,并无意暗示或说明某种行为是否有效。

刚发行定向可转债的市场结果。

学习要求

1. 什么是定向可转债？普通可转债与定向可转债有什么不同？发行定向可转债有什么标准和要求？
2. 新劲刚为什么选择定向可转债进行并购重组？
3. 新劲刚定向可转债融资可以给公司带来什么战略性影响？
4. 应该如何规范定向可转债的发行？
5. 除了用于并购，定向可转债还可以用于其他哪些方面？

随着金融市场的不断开放，定向可转债逐渐进入人们的视野，而定向可转债的各类优势和综合可变性可以满足企业对风险的最低要求。新劲刚作为一个亟待改变的企业，也把创新和改变的方向瞄准了定向可转债。

广东新劲刚新材料科技股份有限公司(以下简称"新劲刚")就企业采用定向可转债并购重组方案组织了一次重要会议，董事长王刚先生和主要股东14人悉数到场。王刚先生提出本次会议主题："新劲刚自2017年上市以来，凭借自身的多方面优势，新劲刚所拥有的劲刚品牌已被认定为中国驰名商标。但生于忧患，死于安乐，我们更要看到公司现在发展的难点和创造更多未来发展的可能性。公司在过去一年的发展中增速有所放缓，正好最近有个并购重组方案，我们今天坐在这里就是讨论有没有必要进行定向可转债的并购重组以激发企业活力。"董事吴先生随后补充道："定向可转债由来已久而且好处不少，但是实践成功的在国内尚且不多，虽然值得一试，但是也要冒不小的风险啊!"与会众人均默默思索，这定向可转债到底是否值得一试……

1. 中道难行，乘风转舵

自21世纪以来，随着各行业的迅速发展，企业在进行并购重组和融资时，不仅可以选择现金融资、股权融资、债券融资等，更可以选择细分的定向可转债和对公可转债等。新劲刚作为一个前期发展强劲但目前发展乏力的典型企业，更想通过发行定向可转债使企业焕发新的活力，继续冲击下一波发展好时机。同时，多种形式混合的融资或者并购重组等，也是国家鼓励金融市场发展的方向之一。

1.1 公司概况

新劲刚创建于1998年，主要经营业务是向陶瓷、建筑、电力和军工等行业出售红外节能材料、电磁屏蔽材料、吸波材料、金属基复合材料及制品等。随后，新劲刚2017年在深圳证券交易所创业板上市;2010年成立了"广东省超硬与电磁功能材料工程技术研究开发中心"，创建了科研开发的平台。目前，新劲刚已在国内外建立了庞大的销售网络，远销越南、波兰等国家和地区。

1.1.1 公司组织架构

新劲刚组织架构如图1所示。

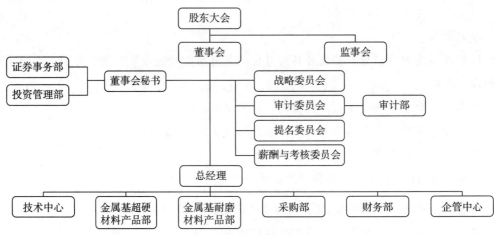

图 1　新劲刚组织架构

1.1.2　公司盈利能力

新劲刚往期盈利能力比较如表 1 所示。

表 1　新劲刚盈利能力

项目	2016/6/30	2017/6/30	2018/6/30	2019/6/30
营业总收入(元)	96 791 959.36	103 454 695.43	112 198 650.19	82 461 662.03
归属于母公司净利润(元)	7 322 785.52	7 367 347.49	7 667 734.17	−6 331 042.35
毛利率(%)	30.86	30.75	29.49	26.68
净利率(%)	7.57	7.12	6.83	−7.68

资料来源：2017—2019 年新劲刚季报。

从表 1 中可以看出，2019 年上半年公司营业总收入较同期减少了 29 736 988.16 元，同比下降 26.5%。而归属于母公司净利润由 2019 年 3 月底的 5.42 万元减至 6 月底的 −633.1 万元，转盈为亏，与同期相比下降 182.57%。由此看出，新劲刚 2018—2019 年的业绩严重下滑，经营状况恶化，盈利能力较差。

1.1.3　公司偿债能力

新劲刚往期偿债能力比较如表 2 所示。表 2 分别对新劲刚发行定向可转债前的短期偿债能力和长期偿债能力进行了分析。2019 年 6 月底公司相应的流动比率、速动比率、产权比率、资产负债率分别为 3.44、2.64、0.38 和 27.38%。由此可见近三年内，新劲刚的流动比率与速动比率呈上升趋势；相比之下，产权比率和资产负债率则有较小幅度的下降。这说明新劲刚的短期偿债能力与长期偿债能力基本保持稳定，财务杠杆风险相对较低。

表 2　新劲刚偿债能力

项目	2016/12/31	2017/12/31	2018/12/31	2019/6/30
流动比率	1.61	2.89	2.90	3.44
速动比率	1.35	2.44	2.15	2.64

(续表)

项目	2016/12/31	2017/12/31	2018/12/31	2019/6/30
产权比率	0.86	0.39	0.37	0.38
资产负债率(%)	46.11	27.88	26.78	27.38

资料来源：同花顺金融服务网（http://stockpage.10jqka.com.cn/300629/finance/）。

1.1.4 公司营运能力

新劲刚往期营运能力比较如表 3 所示。从营业周期来看，2019 年 6 月底新劲刚的存货周转天数为 220.62 天，较 2018 年年末增加 47.45%；应收账款周转天数为 371.29 天，也增加 38.34%，增幅较大。由此可以看出，从 2018 年开始，新劲刚受到下游建筑陶瓷行业整体不景气的影响，主要产品销量不断下降，导致存货周转速度大幅减慢，存货严重堆积；同时，由于主要客户的业绩持续不佳，回款周期有所延长，应收账款难以收回。综上所述，新劲刚的营运能力明显恶化，产品市场竞争力减弱，销售货款收回困难，企业的中长期融资能力受到较大限制。

表 3 新劲刚营运能力

项目	2016/12/31	2017/12/31	2018/12/31	2019/6/30
营业周期(天)	307.09	302.95	418.00	591.90
存货周转率(次)	3.48	3.89	2.41	0.82
存货周转天数(天)	103.58	92.49	149.62	220.62
应收账款周转天数(天)	203.50	210.46	268.38	371.29

资料来源：同花顺金融服务网（http://stockpage.10jqka.com.cn/300629/finance/）。

通过对新劲刚盈利能力、偿债能力及营运能力的分析，不难看出公司整体经营状况明显恶化，尤其是受到下游建筑陶瓷行业不景气的影响，业绩持续下滑且发展前景堪忧。因此，新劲刚需要采取恰当的措施来改善现状、增强企业竞争力、吸引高质量的投资以谋求更长远的发展。

1.2 定向可转债发行背景

1.2.1 定向可转债的定义与特征

可转债是指上市公司发行的、在一段时间内可以按约定比例转换成公司股份的债券，因具有股票和直接债券的某些特征而被归类为混合工具。可转债根据发行对象的不同，可以分为定向发行的可转债（定向可转债）和公开发行的可转债（公募可转债）。定向可转债与公募可转债的主要区别在于前者具有"定向性"且相对而言发行门槛较低，设计上更具灵活性。但是，定向可转债的私募性使它不可以用于交易，债券持有人无法进行套利活动。

依据《上市公司重大资产重组管理办法》及相关文件，定向可转债当前主要用于并购重组交易支付，既可以由并购方向被并购方发行以直接支付交易对价，又可以由并购方向第三方发行以间接支付交易对价。在实际执行的过程中，定向可转债通常只有在进行直接支付时才可以参与间接支付环节。

1.2.2 定向可转债和公募可转债的区别

可转换债券分为私募可转债(即定向可转债)和公募可转债。二者除发行对象不同,还有其他诸多区别(见表4)。

表 4　定向可转债与公募可转债的区别

项目	定向可转债	公募可转债
发行对象	合格投资者	公众投资者
审核方式	交易所预审,证券业协会备案	证监会审核
发行条件	● 无财务指标要求; ● 不受发行后债券累计金额不超过净资产的40%的限制; ● 必须满足负面清单指引的要求	● 最近三年加权平均资产收益率不低于6%; ● 最近三年平均年可分配利润不少于公司债券全年利息; ● 发行后债券累计金额不超过净资产的40%; ● 最近三年以现金或股票方式累计分配的利润不少于最近三年实现的年均可分配利润的20%
担保/评级要求	可以不评级,可以不担保(未有明确规定)	必须评级,必须担保(净资产不低于15亿元人民币的发行人除外)

1.2.3 定向可转债与其他并购支付方式的对比

目前我国市场上并购重组交易的主要支付方式有现金支付、股票支付和混合支付等,定向可转债支付属于混合支付。因此,我们将三种常见的并购重组支付方式的优缺点进行对比(见表5)。

表 5　定向可转债与其他并购支付方式的对比

	现金支付	股票支付	定向可转债支付
优点	● 操作简单,效率高; ● 并购方向市场传递出有充裕现金流的信息,目标公司股东不需要承担收益不确定的风险; ● 并购方的股东结构不会产生变化	● 股票支付可以减轻并购方即时支付现金的财务负担; ● 目标公司股东既可以借此延迟纳税,又可以分享新公司价值增加的好处; ● 股票支付可以不受并购方获现能力的限制,可以扩大并购交易规模	● 股票支付可以减轻并购方即时支付现金的财务负担; ● 并购方可以高于现行价格的价格出售股票; ● 并购方发行债券的利率较低,且无须中介、成本低廉效率高、程序简单; ● 目标公司股东既可以享有债券的安全性,又可以享有股票价格上涨的好处
缺点	● 现金支付对并购方而言是一项沉重的即时财务负担; ● 目标公司股东无法借此享受税收优惠政策,也不能获得新公司的股东权益	并购方原有股东的股东权益遭到稀释或公司的控制权由于股票支付的处理程序相对烦琐、耗时较长,可能会错过最佳并购时机	● 并购方原有股东的股东权益遭到稀释或公司的控制权受到威胁; ● 参与度较低,一般只针对风险偏好较高的投资者

资料来源:国信固定收益债券研究。

2. 定向可转债发行,目标何处

董事长王刚先生让秘书小刘将并购重组目标公司预案资料发给大家,匡董一边看文件一边发言:"大概翻看一下这个预案,能看出来按照普通股、定向可转债和长期贷款进行的并购重组要付出成本的差别还是挺大的,从成本的角度说我个人挺支持发行部分定向可转债进行并购重组。"与会其他人也纷纷赞同,但也有人提出不同的观点:"成本是低了,但风险可控吗?"

2.1 并购目标公司概况

在新劲刚本次并购重组案中,被并购公司为广东宽普科技股份有限公司(以下简称"宽普科技")。宽普科技成立于2001年,属于军工电子信息行业,注册资本为3 560万元。宽普科技的主要业务是研发、生产并销售高效、高可靠军用电子信息产品,在研发和规模生产军用射频微波功放产品方面的能力较强,填补了国内在射频微波功放领域的空白,成为国内该领域的领军企业。

公司2019年第一季度的报告显示,宽普科技的流动比率与速动比率分别为5.50和3.53,资产负债率为20.10%,在报告期内没有有息负债。由此可以看出被并购公司的综合偿债能力较强、财务风险较低。除此以外,宽普科技近三年的盈利状况较好,2018年的净利润为3 758.38万元,2019年第一季度的净利润为1 205.83万元,较往年同期均有大幅增长,说明公司盈利能力具有良好的增长态势。

截至并购重组预案签署之时,宽普科技的产权控制情况如图2所示,主要控制人为文俊和吴小伟,并且无任何子公司或分公司。

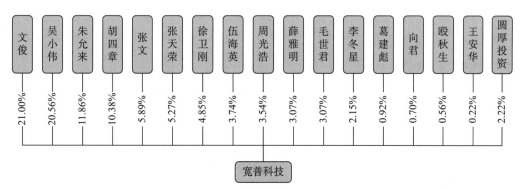

图 2 宽普科技产权控制情况

从以上对被并购公司的介绍中可以看出,宽普科技不仅实力强劲,具有强大的研发能力,而且财务状况良好,发展前景可观。通过并购宽普科技,新劲刚有望扩大产业范围,改善财务状况,提高公司的营运效率和盈利能力。

2.2 并购重组预案

新劲刚并购目标公司宽普科技的并购重组预案如下:交易标的物为宽普科技100%的股权,交易对象为宽普科技16位自然人股东及圆厚投资,交易价格为65 000万元。交易支付方案定为采用股份支付(50%)、定向可转债支付(10%)以及现金支付(40%)三种方式混合支付,并通过非公开发行可转债和普通股募集配套资金。本次交易向交易对象发行股票21 255 723股,对价为325 000 004.67元;发行定向可转债650 000张,对价为

65 000 000元。新劲刚预计发行的定向可转债的部分发行条款如表6所示。

表6 劲刚定转的部分发行条款

项目	基本内容
中文简称	劲刚定转
代码	124001
发行数量	65万张
发行规模	人民币6 500万元
发行费用	约为124.36万元
存续期	6年(2019年12月3日至2025年12月2日)
票面利率	第一年为0.30%、第二年为0.50%、第三年为1.00%、第四年为1.50%、第五年为1.80%、第六年为2.00%
付息方式	到期后五个交易日内向持有人偿还本金及利息,计息起始日为2019年12月3日
限售期	自2019年12月3日至36个月届满之日及业绩承诺补偿义务履行完毕之日前(以较晚者为准)不得转让
转股期	2020年12月3日至2025年12月2日
初始转股价格	15.29元/股
转股价格向下修正条款	在存续期内,若公司股票在任意连续30个交易日中至少有15个交易日的收盘价低于当期转股价格的90%,则公司董事会有权提出转股价格向下修正方案并提交公司股东大会审议表决,经出席会议的股东所持表决权的三分之二以上通过方可实施(股东大会进行表决时,持有本次发行的可转债的股东应当回避)。修正后的转股价格应不低于上市公司最近一期经审计的每股净资产值和股票面值,不低于前项规定的股东大会召开日前二十个交易日股票均价的90%或者前一个交易日公司股票均价的90%
转股价格向上修正条款	在存续期内,当持有人提交转股申请日前二十日新劲刚股票交易均价不低于当期转股价格的200%时,当次应按照当期转股价格的130%进行转股,且当次转股价格最高不超过初始转股价格的130%
担保与评级	不设担保、不安排评级

资料来源:新劲刚公告。

3. 定向可转债,有利必有弊

太阳底下无新事,定向可转债不是新鲜的概念,2002年青岛啤酒、2014年陕西杨凌本香(中小企业私募债特例)均有类似案例。在监管层面,2013年肖钢在上市公司协会的年会上也提及。但是,由于这几例都比较特殊且规模较小,市场并没有给予太多关注。

新劲刚董事会上的各位可看出了,若本公司成功发行定向可转债进行本次并购重组,完成发行定向可转债购买资产的登记工作,那可是行业内首单落地发行。刘董说:"这属于行业领先,只要保证能控制住风险,我们就算是打响发行定向可转债的第一枪!"

3.1 发行定向可转债之利

3.1.1 发行门槛较低,条款设置灵活

由于可转换债券在国内市场日趋成熟,国家已经出台有关发行可转换债券的规定。新劲刚2017年在深交所创业板A股上市,其证券发行应遵循《创业板上市公司证券发行管理暂行办法》(以下简称"暂行办法")的相关规定。虽然目前关于定向可转债仍未出台具体的发行规定,但是已有案例显示,相较于公募可转债,其发行门槛更低、条款设置更灵活。

首先,根据暂行办法的规定,发行可转债要求最近一期资产负债率高于45%。但是,新劲刚2018年年报显示,公司资产负债率为26.78%,远低于45%的要求,发行定向可转债在资产负债率的要求上更为宽松。

其次,暂行办法还指出可转债的初始转股价格不得低于公告日前20个交易日普通股交易均价和前一个交易日均价。但是,此次定向可转债发行公告上标明其初始转股价格依据增发普通股的价格确定,不低于定价基准日(第三届董事会第五次会议决议公告日)前60个交易日股票均价的90%,市场参考价为定价基准日前20个交易日、60个交易日或120个交易日的公司股票交易均价之一。不同区间的股票交易均价如表7所示。

表7 定价基准日前股票交易均价

股票交易均价计算区间	交易均价	交易均价的90%
前一个交易日	16.76元/股	15.08元/股
前20个交易日	17.08元/股	15.37元/股
前60个交易日	16.99元/股	15.29元/股
前120个交易日	18.02元/股	16.22元/股

资料来源:新劲刚公告。

若依据可转债发行要求,则初始转股价格不得低于17.08元/股,但依照本次公告规定的定向可转债初始转股价格不得低于15.29元/股,价格更低。相对而言,定向可转债的初始转股价格一般低于普通可转债,这样债券持有人选择转股的可能性更大。

接着,在新劲刚定向可转债的发行条款设置了限售期,即在此期间内,本次发行的定向可转债不得进行任何形式的转让、出售或质押。而公募可转债的发行规定并未对此做出要求。设置限售期在一定程度上能够保障并购方获得承诺业绩补偿权利,维护并购方的合法利益。

再次,暂行办法规定普通可转债募集说明书中可约定转股价格向下修正条款、回售条款及赎回条款。而新劲刚定向可转债的发行公告不仅针对未来可能的股价下跌设置了转股价格向下修正条款和回售条款,还针对未来可能的股价上涨设置了转股价格向上修正条款和有条件强制转股条款,更具灵活性,增加了交易谈判的弹性。

最后,暂行办法还要求发行可转债的公司应按要求进行评级和担保。而新劲刚定向可转债的发行公告中标明不设担保、不安排评级,从而降低了定向可转债的发行要求,给予了上市公司更大的发行空间。

综上所述,通过对部分发行规定进行对比,可以发现定向可转债相较于普通可转债,其发行门槛更低,条款设置更灵活,能够有效促进双方达成交易。

3.1.2 优化股权结构,完善公司治理

在本次交易之前,公司大股东只有三个:王刚(持股36.04%)、雷炳秀(持股8.52%)、王婧(持股2.08%),其中王刚与雷炳秀是母子,王婧是王刚胞妹,三人是公司的实际控制人。本次并购重组中通过发行定向可转债购买的资产总额为6 500万元,初始转股价格为15.29元/股,若按此价全部转股,则对应的转股数为4 251 135股。本次交易前后及转股前后的股权结构变化如表8所示。

表8 股权结构变化

股东姓名	本次交易前		本次交易后(转股前)		本次交易后(转股后)	
	持股数量(股)	持股比例(%)	持股数量(股)	持股比例(%)	持股数量(股)	持股比例(%)
王刚	36 035 454	36.04	36 035 454	29.72	36 035 454	28.71
雷炳秀	8 522 409	8.52	8 522 409	7.02	8 522 409	6.79
王婧	2 080 079	2.08	2 080 079	1.72	2 080 079	1.66
小计	46 637 942	46.64	46 637 942	38.46	46 637 942	37.16
文俊	0	0	4 463 406	3.68	5 356 087	4.27
吴小伟	0	0	4 370 008	3.60	5 244 010	4.18
朱允来	0	0	2 520 064	2.08	3 024 079	2.41
胡四章	0	0	2 205 556	1.82	2 646 667	2.11
张文	0	0	1 251 074	1.03	1 501 289	1.20
圆厚投资	0	0	471 878	0.39	566 246	0.45
其他11位宽普科技股东	0	0	5 973 737	4.93	7 168 480	5.70
小计		0	21 255 723	17.53	25 506 858	20.32
其他股东	53 362 108	53.36	53 362 108	44.01	53 362 108	42.52
合计	100 000 050	100.00	121 255 773	100.00	125 506 908	100.00

资料来源:新劲刚公告。

注:文俊为圆厚投资执行事务合伙人。以上合计数可能存在进位误差。

本次交易完成后,三位大股东的合计持股比例从46.64%降至38.46%,若定向可转债在未来全部转股,则持股比例会进一步降至37.16%。虽然三位原股东的合计持股比例仍然较高且公司实际控制人并未发生变化,但随着其持股比例的下降以及文俊与吴小伟的持股比例均超过4%,三位大股东的话语权会被削弱。

若定向可转债持有人选择转股,则可能会对原股东的利益和控制权产生威胁。但是换个角度来看,对原股东股权的稀释可以在一定程度上优化公司股权结构。若股权过于集中,则持股比例较高的大股东为了维护自身的利益会损害其他中小股东及投资者的利益。因此,随着三位大股东合计持股比例的下降以及中小股东人数的增加,相对分散的股

权结构可以削弱大股东对其他股东权益的侵害,优化公司治理结构。同时,由于定向可转债转股时间比较分散,转股后的普通股股数也可以提前预知,可以在一定程度上缓解对原股东股权的稀释,有利于上市公司稳健经营。

3.1.3 降低商誉减值风险

在本次并购重组交易中,支付的交易价格为 650 000 000 元,而宽普科技可辨认净资产的公允价值为 200 476 198.55 元,由此形成 449 523 801.45 元的商誉。根据会计准则的要求,每年末都要对商誉进行减值测试,由于并购重组形成的商誉一般较高且标的公司的未来经营状况具有较大的不确定性,因此商誉减值也是并购重组的主要风险之一。

目前,定向可转债的主要用途是作为并购重组支付方式,在此之前主要为现金支付、股票支付或者混合支付。这些支付方式都存在一定的风险:如果采用现金支付,卖家拿到全部现金以后,对标的公司的经营管理就不再那么用心,即使有业绩承诺,也只会努力达到承诺要求,而不会付出更多的努力;如果通过定向增发普通股支付,在价格较高的情况下,一次性过多的股份增加就会威胁到控股股东的控制地位,而且一旦新股东将所得股份质押出去,即便标的公司未来业绩不佳,原股东也难以获得业绩补偿。因此,在并购重组过程中,如果交易价格较高,那么并购方出于对未来商誉减值的担忧会不愿接受;如果交易价格较低,那么被并购方会拒绝交易,双方难以达成一致。

选用定向可转债支付可以缓解交易双方的矛盾。如果将来标的公司业绩不佳,并购方的股价也不会理想,卖家就不会选择转股,只能获得固定的债券利息;而且,由于在完成业绩补偿义务之前可转债不得转让,也有利于并购方索要业绩补偿。如果将来标的公司业绩良好,并购方的股价会有所上涨,卖家就可以通过转股获得丰厚收益。在能够同时保障交易双方利益的情况下,我们可以设定一个较低的、更接近标的公司实际价值的交易对价,同时被并购方为了获得更多的收益也会用心经营标的公司,从而降低未来商誉的减值风险。

3.2 发行定向可转债之弊

3.2.1 定向可转债的发行对象选择困难

定向可转债与公募可转债相比,独特之处就在于"定向"。由于是定向发行的,其发行对象有限,上市公司能够根据自己的实际需求选择特定的投资者。他们通常是经验丰富的机构投资者或者预期能给公司带来利益的企业,具备较高的投资和抗风险能力,能够对公司未来发展起到积极作用。上市公司向这些投资者定向发行可转换债券,不但可以筹集到大量资金,而且可以获得可靠的合作伙伴,实现优势互补与利益相关,从而在进一步合作的基础上实现双赢。

由于发行对象有限,上市公司能够在发行之前对目标投资者的投资目的进行调查。如果对方存在不良目的,如夺取公司控制权等,就不能选择此类投资者。在定向可转债之后,上市公司也能够实时监管持有人的债券持有情况,有助于对可能发生的转股、转让和回售等情况提前做好准备。

定向可转债的发行对象基本上是被并购方的原始权益人,而其他市场机构只能参与配融环节的定向可转债发行,但是定向可转债在配融环节的应用还未有具体的实施案例,具体的发行条款设置和发行要求、限制等也有待商议。

3.2.2 定向可转债流动性受到限制

其一,定向可转债的发行条款中有限售条件,除限售期外还要求完成承诺的业绩补偿义务,还设有转股期,在发行初期既不能转股也不能转让。其二,定向可转债转股后仍然受到限售期的制约,不同时满足解锁条件便不可出售,还会受到减持新规的影响,凡持股比例超过5%的特定股东都要依据规定进行调整。

4. 小心谨慎,敢吃"螃蟹"

最终,董事会表决结果为:同意发行定向可转债进行宽普科技的并购重组;同时,选择2019年12月3日为发行时间,交易支付方案定为采用股份支付(50%)、定向可转换债券支付(10%)及现金支付(40%)三种方式混合支付。

新劲刚12月3日晚间发布的公告称,公司向文俊、吴小伟、朱允来等16名自然人股东及圆厚投资以发行股份、可转换公司债券及支付现金的方式,购买其持有的宽普科技100%的股权;同时,拟向不超过5名投资者非公开发行可转换公司债券及普通股募集配套资金,募集配套资金总额不超过3亿元。

新劲刚此次发行股份、可转换公司债券以及支付现金购买资产交易金额为6.5亿元,其中拟以股份支付的比例为50%,以定向可转债支付的比例为10%,以现金支付的比例为40%。具体来看,新劲刚此次发行定向可转债的数量为65万张,定向可转债的票面金额为100元,定向可转债的存续期限为自发行之日起6年,即2019年12月3日至2025年12月2日。新劲刚定向发行的可转换公司债券票面利率第一年为0.30%、第二年为0.50%、第三年为1.00%、第四年为1.50%、第五年为1.80%、第六年为2.00%。

4.1 新劲刚发行定向可转债前后股价变动情况分析

2019年12月3日,新劲刚正式完成本次并购重组涉及的定向可转债的发行登记工作,下面对发行定向可转债前后新劲刚普通股股价的变动情况进行分析,判断市场对新劲刚发行定向可转债的反应。这里选取2019年12月3日($T=0$)前后各10个交易日新劲刚普通股的收盘价作为样本,并将新劲刚股价涨跌幅与深证综指涨跌幅进行比较,数据详见表9和图3。从表9中可以发现,新劲刚普通股股价在定向可转债登记发行日前后21个交易日内共有10天出现上涨,并且在发行后第7个交易日基本涨停,达到最高的17.62元/股。在完成发行登记后,股价波动幅度增大,表明市场对新劲刚发行定向可转债有所反应。可转债发行前10个交易日,新劲刚股价涨跌幅有7日低于深证综指涨跌幅,且与深证综指涨跌幅基本呈同一趋势;而后10日新劲刚涨跌幅仅有4日低于深证综指涨跌幅,且股价总体呈上涨趋势。由此可以看出,市场对新劲刚发行定向可转债行为的反应较为积极。

表9 新劲刚股价涨跌幅与深证综指涨跌幅对比

时间(T)	收盘价(元/股)	股价涨跌幅(%)	深证综指涨跌幅(%)
−10	16.54	1.78	1.83
−9	16.48	−0.36	−0.71
−8	16.52	0.24	−0.24

(续表)

时间（T）	收盘价（元/股）	股价涨跌幅（%）	深证综指涨跌幅（%）
-7	16.26	-1.57	-1.45
-6	16.16	-0.62	-0.44
-5	16.07	-0.56	0.32
-4	15.88	-1.18	-0.23
-3	15.90	0.13	-0.26
-2	15.81	-0.57	-0.30
-1	15.62	-1.20	0.22
0	15.27	-2.24	0.55
1	15.59	2.10	0.20
2	15.45	-0.90	1.15
3	15.59	0.91	0.82
4	15.62	0.19	0.01
5	15.74	0.77	0.38
6	16.02	1.78	-0.44
7	17.62	9.99	-0.19
8	17.18	-2.50	1.48
9	17.04	-0.81	1.56
10	17.16	0.70	1.33

资料来源：东方财富网。

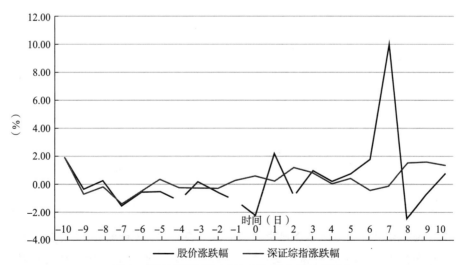

图3 新劲刚股价涨跌幅与深证综指涨跌幅对比

4.2 新劲刚发行定向可转债前后对资本结构的影响

新劲刚定向可转债于2019年12月3日正式发行，由于公司2019年年报尚未发布，暂时无法分析定向可转债的发行对公司造成的实际影响。因此,这里以2019年9月30日的财务数据为基准,估计本次发行定向可转债对公司资本结构的影响。

本次发行定向可转债的总额为65 000 000元,存续期为6年,年票面利率分别为0.30%、0.50%、1.00%、1.50%、1.80%、2.00%,到期一次还本付息。本次发行费用为1 243 600元,并参照市场上普通公司债券利率,假定市场利率为8%。在对定向可转债进行初始确认时,需要拆分发行价格,分别确认为负债和权益,则本次发行的负债部分公允价值为:

$$负债 = \frac{65\ 000\ 000 \times (0.3\% + 0.5\% + 1.0\% + 1.5\% + 1.8\% + 2.0\% + 1)}{(1 + 8.0\%)^6} = 43\ 869\ 258.58(元)$$

相应的权益部分公允价值为21 130 741.42元。在核算时,发行费用也要按比例进行分配,其中负债占比为67.49%、权益占比为32.51%,则负债部分的发行费用为839 320.15元,权益部分的发行费用为404 279.85元。[①] 因此,负债部分初始入账价值为43 029 938.42元,权益部分初始入账价值为20 726 461.58元,预计本次发行定向可转债对公司资本结构的影响如表10所示。从表10中可以看出,定向可转债发行前后负债总额减少了20 726 461.58元,净资产增加了20 726 461.58元,资产总额没有变动,资产负债率降低1.90个百分点。由此可以得出,本次发行定向可转债在一定程度上降低了公司的资产负债率,增加了所有者权益,增强了公司偿债能力,有利于公司未来的发展。

表10 定向可转债发行前后资本结构的变化

项目	发行前	发行后	变动(%)
负债总额(元)	435 292 387.56	414 565 925.98	-4.76
净资产(元)	655 666 641.92	676 393 103.50	3.16
总资产(元)	1 090 959 029.48	1 090 959 029.48	0.00
资产负债率(%)	39.90	38.00	-1.90

5. 结语

看着通过成功发行定向可转债获得了一波关注,不仅公司获得了一波好评,同时也带动了大家对定向可转债的关注,王董和吴董等人倍感欣慰,觉得自己推动定向可转债的应用进程也是为市场经济金融业的百花齐放贡献了微薄之力。老骥伏枥,志在千里,王董感叹:"未来金融市场还是需要大家大胆探索,小心实践呀!"

本章小结

本章讨论并分析了公司债券合同中包含的基本条款、协议和规定,还讨论了公司债券的发行过程和估值、债券的评级体系及风险,最后重点讨论了由公司债券合同中转换条款衍生的可转换债券的基本结构和估值情况。

---

① 忽略进位产生的误差。

 思考题

1. 列出并简要讨论公司债券合同中的基本条款。
2. 列出公司债券合同中经常包含的限制性条款,并简要说明为什么要包含这些条款。
3. 解释决定是否在债券合同中加入限制性条款涉及的权衡取舍。
4. 描述可赎回条款,并讨论它对债券价值和收益率的影响。
5. 描述偿债基金条款,并讨论它对债券价值和收益率的影响。
6. 描述看跌期权条款,并讨论它对债券价值和收益率的影响。
7. 描述转换条款,并讨论它对债券价值和收益率的影响。
8. 列出并简要讨论公司债券发行步骤。
9. 讨论新发行公司债券的承销商价差的决定性因素。
10. 讨论公司债券到期日与风险、收益率和预期收益之间的关系。
11. 列出下表两家公司债券的标准普尔评级等级,并描述每个评级的公司财务状况。

项目	F 公司	M 公司
市净率	2.53	1.86
固定费用覆盖率的中位数	2.23	3.08
资产收益率的标准差(%)	3.72	2.54
负债率(%)	54.63	24.56
资本集中度(%)	0.30	57.75
股东权益的 β 系数	1.99	0.82
股利收益率(%)	0	0

12. 6 年期纯贴现公司债券票面价值为 100 元,当前的市场价格为 44 元。发行人到期偿还 100 元本金的概率为 $p=0.8$,那么有 $(1-p)=0.2$ 的概率发行人将违约,此时债券持有人只能得到 30 元。国债收益率为 8.45%,请计算债券的:

(1) 到期收益率。

(2) 预期收益溢价。

13. XYZ 公司的资本结构由总市值为 1.45 亿元的不可赎回纯贴现债券和总市值为 1.56 亿元的股票组成。债券 5 年后到期,到期后承诺支付金额为 2.47 亿元,公司资产的到期收益率和标准差分别为 $r_V=15\%$ 和 $\sigma=44\%$,无风险利率为 5%。

(1) 计算债券的承诺收益率。

(2) 使用 B-S 模型计算债券在有违约债务风险下的到期收益率。

14. M 公司债券(4 年到期;标准普尔评级为 BBB+;不可赎回)相应的国债收益率为 6.96%。从表 5-9 所示的债券收益率分布矩阵中选取适当的利差值,估算债券的公允收益率利差。实际发行日收益率为 8.06%。请解释估计收益率与实际收益率的差异。

15. GQ 公司发行了信用评级为 AAA 的 6 年期可转换债券,票面价格为 100 元,发行当日标的股票价格为 20.37 元,初始转股价格为 21.99 元,可转换债券的到期收益率为 3.9057%,息票年利率分别为 0.20%、0.50%、1.00%、1.50%、1.50%、1.60%,无风险利率为

2.61%。

（1）估计 GQ 公司可转换债券中不可转换部分的价值。

（2）使用 B-S 模型估计 GQ 公司可转换债券期权部分的理论价值。假设：ⓐ可转换债券计划于 2020 年 1 月 22 日上市，转换期至 2026 年 1 月 21 日；ⓑ可转换债券的年波动率为 62.31%。

（3）计算可转换债券的公允价值。

 应用题

1. 当一家公司与承销商就是否在待定的公司债券合同中加入具体的限制性条款进行商议时，你认为是管理层偏好还是市场偏好在决策中更重要。答案取决于发行人的特征还是公司债券市场状况？

2. 鉴于标准普尔和穆迪拥有丰富的知识基础，为什么这两家主要评级机构没有更直接地参与公司债券承销？考虑到美林证券等承销商拥有丰富的知识基础，它们为什么不为公司债券评级？

3. 债券评级为金融市场提供了重要信息。然而为了更具决策有用性，评级机构必须更新评级以反映发行人当前的财务状况。在过去，标准普尔只是在条件允许的情况下宣布改变公司债券评级。当前，标准普尔开发了信用观察程序，事先宣布特定发行的债券评级视情况可能会升级或降级，随后再宣布现有评级已被确认或评级已被更改。为什么标准普尔要采用这种早期预警程序，而不是在有必要时简单地宣布评级更改？

 分析题

1. 收集对公司债券进行评级的公司样本。对于每家公司，收集你认为对公司债券评级产生重要影响的财务变量数据，再将评级转换为数值，根据你选择的决定性变量对评级数值进行回归，并解释结果。

2. 试分析债务到期期限对债券风险和预期收益的影响。

3. 使用互联网或华尔街日报指数等搜索工具，确定标准普尔或穆迪债券评级被上调和被下调的公司样本，收集金融媒体上引用的评级变化原因摘要，并将这些陈述的原因与宏观经济、行业的数据或公司特定的财务数据进行比较。

第六章　私募股权投资

大多数上市公司源自相对较小的、私人拥有的初创企业。在初创企业中,创业者同时为公司主要的股东、治理机构和管理团队,通过各种方式获取额外的扩张所需资金,并最终通过首次公开募股(IPO)向公众出售股票。

当企业试图进入新行业或新领域时,其发展前景往往具有高度的不确定性,并且由于管理经验和当期收益不足,企业尤其容易受到产品市场、金融市场或宏观经济状况短期恶化的影响。因此,一家企业想要成功,可能需要经历无数次的失败。创业者通常会发现:如果企业前景尚不清晰,那么很难公开进行股权性融资;如果企业尚未发展到关键阶段,那么也无法从银行获得债权性融资。因此,处于早期发展阶段的企业往往从私募股权投资市场上寻求资金支持。

私募股权投资市场是一个没有中介的私人股权融资市场,投资者包括拥有丰富投资经验和雄厚资本的个人投资者(例如成功的商人,高收入的会计师、律师、咨询师,大企业的高级主管等)或机构投资者(例如风险投资公司)。在私募股权投资市场,投资者以股权或类似股权的形式直接投资于新生的、高潜力的初创公司。

目前,我国私募证券基金行业高质量发展态势已初步形成。党的二十大也对资产管理行业的发展提出了新要求。私募证券基金要坚定服务于中国式现代化大局,坚持服务于投资者和实体经济的根本要求,为资金端和资产端提供高质量专业服务。

第一节 私募股权投资与风险投资

私募股权投资(private equity, PE)是指通过私募形式对私有企业(即非上市企业)进行的权益性投资。当前国内外对私募股权投资概念的界定不一,概括而言主要有狭义和广义之分。

一、私募股权投资

狭义的私募股权投资包括未上市企业非公开发行的普通股,未上市企业非公开发行的依法可转换为普通股的优先股,未上市企业非公开发行的依法可转换为普通股的可转换债券,等等。广义的私募股权投资指任何一种股权资产不能在股票市场自由交易的投资,即不仅包括狭义的私募股权投资,还包括已上市企业非公开交易的普通股。

参与私募股权投资运作链条的市场主体主要有被投资企业、基金管理公司、私募股权基金投资者及中介服务机构。其中,风险投资公司有时可以同时担任基金管理公司的中介服务机构。

根据被投资企业的发展阶段,私募股权投资主要分为风险资本(venture capital, VC)、成长资本(development capital, DC)、并购资本(buyout capital, BC)、夹层投资(mezzanine capital, MC)、IPO前投资(pre-IPO capital)、上市后私募投资(private investment in public equity, PIPE)。

(一) 风险资本

风险资本是由专业人士提供的资金,投资于年轻且有潜力迅速发展成为重要经济贡献来源的公司。风险资本主要投资于技术创新项目和科技型初创企业,从最初的一个想法到形成概念体系,再到产品成型,最后将产品推向市场,为初创企业提供资金支持和咨询服务,助推企业从创业理念到实现"产业化"。目前,风险资本投资已经从20世纪60年代和70年代初的小型投资池,发展成为主流资产类别,是机构和企业投资组合的重要组成部分。

(二) 成长资本

成长资本针对已经过了初创期发展至成长期的企业,其经营项目已从研发阶段过渡到市场推广阶段并产生一定的收益。成长期企业的商业模式已经得到验证,具有较大的发展潜力。成长资本也是中国私募股权投资中占比最大的部分,以2008年为例,成长资本占私募股权投资总资本的60%以上。

(三) 并购资本

并购资本主要专注于并购目标企业,通过收购目标企业股权,获得对目标企业的控制权,然后对它进行重组改造(必要时可能更换企业管理层)以提升企业价值,持有股份一定时期后再出售。并购资本中的相当大比例投资于相对成熟的企业,包括帮助新股东融资以收购某企业,帮助企业融资以扩大规模,或者帮助企业进行资本重组以改善运营灵活性,等等。

（四）夹层投资

夹层投资的标的主要是已经初步完成股权融资的企业。夹层投资是一种兼具债权投资和股权投资双重性质的投资方式，其实质是一种附权益认购权的无担保长期债券。投资人可以依据事先约定的期限或触发条件，以事先约定的价格购买被投资企业的股权或将债权转化为股权。夹层投资的风险和收益低于股权投资，但高于债权投资。在公司财务报表上，夹层投资位于股权资本和债权资本之间，因而被称为夹层。

与风险投资不同的是，夹层投资很少寻求控股，一般也不愿长期持有股份，更倾向于在达成目标后快速退出。在企业两轮融资之间或者在企业上市之前的最后冲刺阶段，夹层投资人往往会从天而降，带给企业最需要的资金，然后在企业进入新的发展阶段之后全身而退。这也是它被称为夹层投资的一个重要原因。

（五）pre-IPO 投资

pre-IPO 投资主要投资于企业上市前的准备阶段，或者预期近期上市的、企业规模与盈利能力已达到可上市水平的企业，退出方式一般为上市后在公开资本市场上出售股票。pre-IPO 投资具有风险小、回收快的优点，并且在公司股票受到投资者追捧的情况下可以获得较高的回报。

（六）PIPE 投资

PIPE 投资是指投资于已上市公司股份的私募股权投资，按市场价格的一定折价率购买上市公司股份以扩大公司资本的一种投资方式。PIPE 投资分为传统型和结构型两种形式：传统型 PIPE 由发行人按设定价格向 PIPE 投资人发行优先股或普通股；结构型 PIPE 则发行可转换为普通股或优先股的可转换债券。相对于二次发行等传统融资手段，PIPE 融资成本和融资效率相对较高，监管机构审查较少，而且不需要付出高昂的路演成本，这使得融资的成本和时间都大大减少。PIPE 投资比较适合一些不希望应付传统股权融资复杂程序且快速成长的上市公司。

二、风险投资

风险投资是一种由专业风险投资机构或个人向处于成长、扩张或重组阶段且蕴含巨大投资价值的未上市企业提供兼具资金支持与非金融类管理服务的股权投资。

（一）风险投资对象

风险投资的投资对象主要是有巨大发展潜力的未上市企业，尤其是技术创新型企业；在投资形式上强调以权益类投资为主；在投资功效上强调资金支持与管理服务相结合的辅助机制。

风险投资人可能会投资于处于生命周期各个阶段的企业，有些投资于起步阶段，有些投资于其他阶段。他们可以在企业拥有真正的产品之前或形成公司制组织形式之前（即种子阶段）进行投资，也可以在企业发展的初创阶段提供资本。此外，风险投资人或许在企业成长阶段提供必要的融资，帮助企业超越临界规模。一些资本专注于后期阶段的投资，即提供融资帮助企业发展到临界规模，之后发行股票吸引公众资本。风险投资人还可以通过为企业创始人提供流动性和退出途径,帮助企业吸引来自其他企业的合并或收购。另一些风险资本则专门致力于对有投资机会的上市公司和私人企业进行收购转型或资本重组。

风险投资人可能会投资于不同行业的企业,如半导体、软件、零售和餐馆以及其他可能只擅长单一技术的企业。以美国为例,尽管高科技领域的投资占据风险资本投资的大部分,风险投资行业也因高科技投资而获得广泛关注,但同时风险投资人还投资于建筑、工业产品、商业服务等传统行业的企业,还有一些风险投资人专注于投资零售公司,或者专注于投资承担社会责任的初创企业。

(二)风险投资人

风险投资人通常被描述为愿意为初创企业提供资金的富有投资人。人们认为,一个人想要完成一项全新的、改变世界的创造是需要大量资本的,如果他们不能从银行或自己的口袋里获得资金支持,就会寻求风险投资人的帮助。

然而,风险投资人可能会有几百个投资选择,最后只投资于几家有着巨大潜力的企业。风险投资人绝不仅仅是被动地投资,而是通过参与被投资企业的管理、战略营销和规划来促进企业的增长。风险投资人通常:为新成立、快速成长的企业提供融资;购买股权证券;协助开发新产品或服务;积极参与提升企业价值的活动;承担更高的风险,期望获得更高的回报;有长期的定位。在考虑投资选择时,风险投资人会仔细筛选拟投企业的技术水平和商业价值,然后以长远的眼光只投资于所审查企业中的一小部分。他们积极与企业管理层合作,贡献自身的经验与商业头脑,而这些经验和商业头脑是从帮助其他面临过类似成长困境的企业中获得的。

20世纪五六十年代的风险投资早期阶段,个人投资者是典型的风险投资人。如今,虽然个人投资者没有完全消失,但是现代的风险投资机构已成为主导的风险投资人。然而90年代,个人投资者再次成为创业企业早期阶段投资中强有力的部分。这些"天使投资人"指导一家企业并提供所需的资本和专业知识,帮助企业发展。天使投资人可能是拥有管理专业知识的富人,也可能是寻求第一手业务发展机会的退休商人。

风险投资人可能是普通投资者或专业投资者,这取决于他们的投资策略。如果是普通投资者,那么他们将投资于不同行业部门、不同地理位置或处于不同阶段的企业;如果是专业投资者,那么他们可能聚焦于一两个行业领域,也可能聚焦于一个局部地理区域。

(三)投资期限

风险投资人将帮助企业成长,但最终会在3—7年内寻求退出。早期投资可能需要7—10年才能成熟,而后期投资可能只需要三四年时间。因此,风险投资人对所投资企业生命周期阶段的选择,必须与其对流动性的需求一致。风险投资不是短期投资,也不是流动性投资,而是具备谨慎性和专业知识的投资。

结合风险投资的投资特点,我国风险投资领域专家成思危将风险投资定义为:一种将资金投入处于高风险领域的技术型部门,以期在未来投资项目成功后获取巨大投资收益的中长期股权投资行为。由于风险投资的目的是获取超额收益,风险投资人无论在进入还是退出一项风险投资都必须考虑的一个问题就是企业估值。在进入一项风险投资时,如果预期投资所实现的价值难以弥补所付出的成本,那么风险投资人必须慎重考虑。同样,在退出一项风险投资时,风险投资人也应当根据所持有的企业股权价值进行交易,实现套现离场。

第二节 企业估值

在创业者考虑创业以及潜在投资者做投资决策时,通常会涉及企业估值这一关键性问题。通过查阅公司过去实现的盈利或发放的股利,以及预测其未来将实现的盈利或将发放的股利,以一个合理的折现率,我们能够很容易地估计一家典型上市公司的价值。

企业价值评估的概念首次出现于 1906 年,欧文·费雪(Irving Fisher)在《资本与收入的性质》(*The Nature of Capital and Income*)一书中提出"企业价值评估"。《资本与收入的性质》论述了企业收入与资本的关系以及企业价值的源泉,奠定了价值评估理论的基础。经过一百多年的理论研究和实践探索,目前已形成四类主要的估值方法。

一、四类企业价值基本估值方法

（一）收益法

收益法又称现金流折现法,是目前理论基础最完善、发展最成熟的估值方法。任何资产的价值是指它在一定时期产生的利润,并通过一定的现金流的现值表现出来。在评估资产价值时,我们关心的是资产能够带来多少现金流、现金流产生的预期时间和现金流的稳定性等因素,而预期现金流量的现值之和就是资产价值。如果一家企业持续经营的时间为 n 期,预期第 i 期所能产生的现金流为 CF_i,反映预期现金流风险状况的不变折现率为 r,那么企业价值 V 可表示为:

$$V = \sum_{i=1}^{n} \frac{CF_i}{(1+r)^i} \quad (6.1)$$

依据对现金流的不同假定,我们可以得到不同类型企业价值评估的不同表达式,最常用的有稳定增长模型、两阶段增长模型和三阶段模型,以及作为多阶段模型的一种简化形式的 H 模型。

我们注意到,采用现金流(股利)折现法进行估值时,必须考虑企业自由现金流产生的基本因素及其影响、预期现金流产生的方式及其可能的变化。因此,我们在实践中要充分利用与目标企业相关的一切信息,并将这些信息所引起的变化反映在预期现金流及其增长中,尽量避免或减少分析者或估值者的主观判断,使估值结果更符合实际。

（二）市场法

市场法又称相对估值法,其核心在于合理选择已有市场交易数据的可比公司股票的集合,以确保被估公司的股票价值能被正确计量,避免价值被错误高估或低估。为了进行有效的正确估值,选择的可比公司股票应在统一标准衡量下具有相似的现金流模式、增长潜力和风险状况,并保证市场定价方式公平合理。因此,投资者在选择可比公司股票集合时应谨慎,以免产生重大的估计偏误。

在合理地选择可比公司股票集合后,我们需要一种标准化的价值衡量方法,以方便合理比较集合中各公司的状况,从而达到正确评估股票价值的目的。从目前企业价值评估的实践来看,较流行的方法有市盈率定价法、市净率定价法和重置成本定价法,利用市盈率、市净率和托宾Q等指标分别对公司所产生的盈余、销售收入和重置成本进行标准化,作为目标公司价值评估的参考。

(三) 期权法

相对估值法和现金流折现法是评估企业价值的两种标准方法。相对估值法涉及可比公司股票的选择及其价值,市场对可比公司股票定价的偏离会对公司定价产生重要的影响,同时可比公司股票集合数量也会对方法的应用形成限制;而现金流折现法要求被估公司具有可测的预期现金流,且要求被估公司具有正自由现金流,暂时没有现金流(如只拥有专利技术与产品的企业)的估值对象就难以使用此法。

在上述两种方法不能对被估目标企业价值进行有效估值时,欧式期权定价模型就提供了一种较为现实的估计方法。至少有三类企业价值可采用这种方法进行估计,它们是陷入困境的企业、自然资源类企业、价值大部分来自专利产品的企业。

Black 和 Scholes 提出一种适合无收益的欧式期权定价模型(B-S 模型),不考虑提前执行或支付的可能性对价值的影响,较适用于上述三类企业的价值估计。根据 B-S 模型,看涨期权价值可表示为:

$$V(S,t) = SN(d_1) - Ee^{-r(T-t)}N(d_2) \tag{6.2}$$

$$d_1 = \frac{\ln(S/E) + \left(r + \frac{1}{2}\delta^2\right) \cdot (T-t)}{\delta\sqrt{T-t}}$$

$$d_2 = d_1 - \delta\sqrt{T-t}$$

其中,$V(S,t)$ 为看涨期权价值;S 为标的资产当前价格;E 为标的资产执行价格;t 为期权的有效期;r 为期权有效期内的无风险利率;δ^2 为标的资产价值自然对数的方差。

如果陷入困境的企业成为重组或并购对象,由于这类企业的盈余大多为负并有许多未清偿债务,那么在估值过程中将企业资产视为标的资产,将企业股权视为期权,将未清偿债务期限视为期权期限,债务面值就是执行价格,把这些参数代入看涨期权定价公式就得到企业价值,从而判断股票是否值得投资。

自然资源类企业的大部分收入来自企业拥有的自然资源储备,并可以自由地决定资源的开发量,因此我们可以将企业拥有的自然资源储备量视为期权,期权价值由商品价格的方差决定,期限为未开发资源的有效使用时间,应投入的开发成本就是期权的执行价格。

拥有专利产品企业的大部分盈利来自专利产品,而专利技术只能在专利期限内才具有排他性,且只有在预期产品所带来的现金流超过开发成本时才有利可图,因此我们可将专利产品视为看涨期权,将专利剩余时间作为期权期限,将专利用于生产产品所需投资视为期权执行价格。这里最困难的是方差的确定,通常使用计算机模拟各种不同的市场状况和生产技术条件下产生的现金流来估计现值自然对数的方差。由于专利技术本身所具有的特点,采用这种方法评估其价值是一种较好的选择,但对方差的估计仍有许多的不确定性,实践中仍需谨慎。

（四）成本法

成本法又称资产基础法,主要包括有形账面价值法和重置成本法。有形账面价值法的评估范围包括被估企业所有可能确指的资产,但不包括不可确指的无形资产;重置成本法是从资产现时重置成本的角度衡量企业价值。成本法基于有形账面价值、拆分和清算价值对企业进行估值,无法反映各单项资产组合后形成的整合效应,且未将企业的成长性纳入考虑范畴,故不适用于成长性企业的估值。

二、初创企业的估值

想对一家初创企业进行估值十分困难,原因有二:第一,初创企业没有历史盈余,并且在很多情况下拟估值企业的产品或服务尚不存在市场,因此也很难预测其未来盈余;第二,当创业企业计划进入新行业或者较为年轻的行业时,该行业通常很少有可比企业,甚至可能根本没有可比企业,因此在对创业企业进行估值时很难找到合理的折现率。然而,我们必须通过某种合理的估值程序来估计初创企业的价值。

在私募股权市场中,潜在投资者在对初创企业进行股权投资时通常经过以下四个步骤：

（1）假设初创企业在未来某个基准日将达成长期业务目标,自基准日起将实现盈利且稳定。在此基础上,预测企业自基准日起的盈余与盈余增长状况。

（2）计算企业截至基准日的公允价值。计算公允价值时可以使用正常折现率、市净率或市盈率等。

（3）选择一个适合的经风险调整后折现率,并将前一步计算出的初创企业在基准日的公允价值折算到现时,计算出企业当前价值。经风险调整后折现率是指依据企业成功的概率、距基准日的时间跨度、当前利率以及市场风险溢价调整后的折现率。

（4）基于估算出的企业当前价值,在创业者和潜在投资者之间分配股权。

例如,一家公司需要 300 万元的股权融资进入下一个发展阶段,创业者正在与一家私人投资机构就这笔数额的股权融资进行协商。假设公司目标能够达成,那么 5 年后上市时公司的年收入预计将达到 1 500 万元。创业者期望用 10 倍市盈率来确定公司在基准日的市场价值。因此,公司在基准日的价值估计为 15 000 万元（10×1 500）。假设处于较早阶段企业的年折现率一般为 50%—60%,而处于较后阶段企业的年折现率一般为 30%—40%。根据该公司的风险,考虑以年折现率 50%确定公司当前价值,则当前价值 $V = 1\,975$ 万元 $[15\,000/(1.50^5)]$。最后,基于当前价值与从投资人处取得的必要投资 300 万元,计算得出投资人应获得公司股权的 15.2%（300 万元/1 975 万元）。

实际上,企业估值和初始股权融资问题要复杂得多。由于存在各种因素,特别是信息不对称和委托-代理冲突,创业家和投资者对参数的取值可能存在分歧。例如,①在当前发展阶段所需融资的数额；②多长时间会给企业带来收益；③若企业目标实现,则企业将获得的未来收益是多少;④在估值中使用的合理折现率是多少,特别是当折现率取决于企业成功概率时。

如果创业者和潜在投资人对企业当前价值存在分歧,那么他们在投资人应取得股权比例上也会产生矛盾。

第三节 企业发展阶段与融资来源

由于获得充足且持续的外部资本对初创企业至关重要,因此我们可以根据所采用的不同融资方式,将创业企业的发展进程分为六个阶段。

一、种子阶段

初创企业发展的种子阶段,是指企业正式成立之前的一段时间。在种子阶段,创业者在初始创业理念的基础上,对拟生产的产品或拟提供的服务及其市场潜力做出基本判断。

创业者花费大量的时间来探索创业理念的发展前景,而种子阶段需要的花费可能不会很多。如果创业理念涉及产品的开发,那么种子阶段可能需要建立一个微型的产品原型;如果创业理念涉及服务的开发,那么创业者可能需要对拟提供的服务进行详细描述。种子阶段的持续时间一般为6个月至1年。

种子阶段最常用的两种融资来源是自有资金和天使投资。

(一)自有资金融资

在自有资金融资下,创业者会动用可得的个人存款和个人贷款资金(例如信用卡和个人资产抵押借款),或许还会向家人、朋友或商业伙伴借钱。根据所开发的产品或服务的不同,自有资金融资还可能包括客户的预付款或延期支付供应商的货款。自有资金融资是一种广泛使用并非常有效的融资手段。

(二)天使投资

天使投资是权益资本投资的一种形式,是指拥有一定净财富的人士,对有着巨大发展潜力的高风险初创项目进行的早期直接投资。天使投资是一种风险投资,其投资者被称为"天使投资人",投资资本被称为"天使资本"。天使投资人喜欢投资有巨大增长潜力的小企业,并在企业种子阶段提供资金支持。天使投资属于自发且分散的民间投资方式,其人际联络通常是非正式的,在大多数情况下天使投资人通过业务接触或个人关系渠道发现值得投资的企业。

美国的天使投资源于纽约百老汇,首次出现于1978年,目前天使投资资金总量不亚于风险投资资金总量。统计资料显示,天使投资资金总量与风险投资资金总量几乎相等,但是天使投资的目标企业数量则是风险投资的目标企业数量的10倍以上。

我国的天使投资出现在20世纪90年代。北京民营科技实业家协会2007年发布的《中关村科技园区天使投资发展环境研究报告》指出,中国最早的天使投资起源于1986年开始实施的"863"计划,是由政府主导的投资种子期企业的天使投资计划。中国天使投资的快速发展是在 2008 年国际金融危机之后,2012 年则被称为中国天使投资元年。2015 年 8 月到 2016 年 8 月,中国有 2 293 起天使投资案例,投资金额达 109.22 亿元,平均单笔投资规模约为 476 万元,集中于软件、互联网、商业服务、医疗健康等相关领域。

二、创建阶段

如果创业者在种子阶段发现创业理念很有前景,创建阶段就随之而来。在创建阶段,创业者需要组建一支管理团队,并由团队制订更详细的商业计划。创建阶段需要进行产品或服务的开发、产品原型或服务原型的测试,并进行市场营销以测试市场潜力。如果产品原型的测试或服务原型的营销测试都显示出巨大的市场潜力,创业风险就会大大降低,创建阶段将实现从"创意"到"产业化",需要获得初始固定资产投资以确保产品按订单生产和发出、服务按要求提供给客户。

一般来说,企业的创建阶段非常耗费时间和财力,持续时间通常为 1—2 年,同时对资金的需求量也较大。创建阶段通常需要投入额外资本,当然可选的融资方案也会增加。那些在种子阶段就向企业提供资金的天使投资人可能愿意提供额外的资金,但他们也有可能希望在此阶段套现退出。此时,风险投资机构可能会介入并接替天使投资人的位置。企业在创建阶段已经取得初始固定资产,它们或许能够获得来自银行的融资。然而,企业在创建阶段结束时往往尚未开始盈利。

三、初步成长阶段

当处于产品生产扩张和技术推广的成长阶段时,企业主要致力于组建销售队伍、扩大生产能力和开拓国内外市场,通常会持续 2 年左右。在初步成长阶段,企业可能需要投入比之前阶段更多的额外融资,用于购买设备和增加存货库存以及增加营运资本。

从经营状况来看,企业在前期可能仍然处于亏损状态,因此无法将留存收益作为融资来源。企业将面临维持市场份额的市场竞争风险和企业规模扩张造成的加强内外部组织管理的风险,经营活动产生的现金流可能不足以支撑增加生产设施和营运资本所需的融资,需要注入更多外源资金以谋求发展。如果风险投资机构愿意,那么风险投资资金仍是重要的融资来源。如果企业能以固定资产或应收账款作为抵押担保,那么银行通常也愿意为企业提供贷款。因此,初步成长阶段企业可选的融资来源包括风险投资和银行贷款。

四、快速成长阶段

当企业在快速成长阶段前期获得成功时,它通常会经历大幅增长,销售毛利率及利润率均为正,从而消除阻碍企业发展的下行风险,留存收益成为一种融资来源。由于现金净流入已大量产生,从传统资本市场获得资金的机会大大增加,企业面临的筹资难度将大大降低。

快速成长阶段企业的经营相当稳定,风险也大大降低,通常不需要再进行大规模的股权融资。但如果要为企业的持续扩张提供资金,注资可能仍是必要的。同时,创业者和其他股权投资者在快速成长阶段都渴望避免股权被稀释,因此债务融资的可能性更大。在快速成长阶段,企业的融资来源通常是风险投资机构、银行、留存收益。

到了快速成长阶段,虽然投资者无法精确地算出"收获"的日期及形式,但已基本确定企业最终能够取得成功。

五、过渡阶段

过渡阶段本质上是成熟准备阶段,是企业"收获"前期创业投资成果的必要阶段。由于最终"收获"创业投资已经确定,因此企业在过渡阶段的策略通常针对成熟收获阶段量身定制。例如,如果企业正在考虑IPO,那么它可能需要调整盈余数据以提高市场的好感度,也可能在等待更有利的市场条件。

与此同时,为了实现进一步增长,为了融资重组,为了让前期投资者可以一定程度地套现,企业可能仍需要额外融资。创业者对股权稀释问题仍然很敏感,因此在过渡阶段通常会避免普通股融资,但可以发行次级债务、可转换债券或可转换优先股。

六、成熟阶段

成熟阶段是创业者和其他股权投资者"收获"前期创业投资的阶段,涉及所有短期投资者的套现和退出。成熟阶段三个主要的选择是:①保持私人化,以长期投资者取代短期投资者;②被收购;③上市。下面分别简要讨论这三种选择方案。

(一)保持私人化,以长期投资者取代短期投资者

想要选择保持私人化,创业者就必须以长期投资者取代短期投资者。企业可以向长期投资者发行更多的私人证券,并以部分或者全部收取的款项满足短期投资者套现退出的需求来实现资本重组。

保持私人化的另一种方法是管理层收购。在管理层收购中,管理层通过筹集资本(通常是债务资本)来买断公司大部分或全部股东的权益,用负债融资买断本公司股权使公司为私人所有,进而达到控制、重组公司的目的。管理层收购属于杠杆收购的范畴,但收购主体是管理层。

(二)被收购

一家刚创业的小企业,有时可能会被另一家更成熟、规模更大的企业收购。如果小企业同意被收购,那么所有投资者都可以将所持有的权益兑现。

(三)上市

一家私人企业要成为上市公司,其在IPO时通常需要获得承销商的帮助。通过IPO,短期投资者可以清算所持有的公司股票,即使不能清算全部,也可以清算部分。IPO主要内容包括公司发行新的普通股以筹集现金,筹资可用于包括偿还债务和增加固定资产等的多种目的。

第四节 风险投资公司

风险投资公司是由一群具备科技及财务相关知识与经验的人组成的专业投资机构,通过直接投资获取被投资公司股权,并向需要资金者(被投资公司)提供资金。风险投资公司会建立一个资金池,称为风险投资基金,据此为选定的企业融资。如果资金池建立完毕之后风险投资公司仍想扩大资金规模就必须提出正式申请,通常的做法是直接建立一个新资金池并吸纳新资金。

一、风险投资公司的组织形式

风险投资公司有多种类型,但主流形式是有限合伙制,并由风险投资公司作为普通合伙人。风险投资公司可以是商业银行、投资银行或保险公司的附属公司或子公司,并代表外部投资者或母公司客户进行投资,或者可能是非金融工业公司的子公司,代表母公司进行投资。最常见的类型是与任何金融机构都没有关联关系的独立的风险投资公司;此外,还可能包括政府的相关投资计划。例如,美国联邦政府在20世纪60年代成立了中小企业投资公司(Small Business Investment Company,SBIC)。在SBIC项目中,风险投资公司可以用联邦基金扩大自己的资金池,还可以对投资项目增加投资额。

图6-1说明了在风险投资或私募股权中,风险投资公司、风险投资基金、风险投资人及投资组合公司各个角色是如何相互关联的。

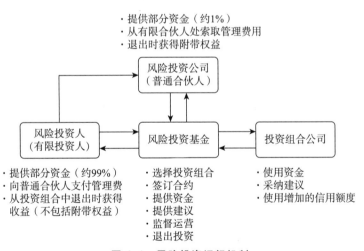

图6-1 风险投资运行机制

合伙企业由风险投资公司(普通合伙人)和风险投资人(有限合伙人)组成,并以集合基金的形式组织起来,基金通常有固定期限,如10年。每只基金都将有限合伙人承诺的资本作为资金,一旦合伙基金的资金额达到目标规模就会关闭,不再允许新投资者加入,也不允许现有投资者增加投资。这样,基金就有一个固定规模的资金池开展投资。

风险投资公司通常有不止一只基金。在第一只基金关闭之后,风险投资公司会在几年后新成立另一只基金筹集新资金,以便继续进行投资,并为现有投资者和新进投资者提供更多投资机会。一家比较成功的风险投资公司可以在10—15年连续筹集6—7只基金，每只基金都单独管理，并有自己的投资人（有限合伙人）和普通合伙人。同一家公司的基金的投资策略可能相同也可能不同，取决于风险投资公司本身的投资战略和重点。例如，公司可能有一只专注于某一重点领域的基金、一只关注不同领域的基金，或者一只拥有广泛多元化投资组合的基金。

风险投资公司的规模各异，从只能管理几百万美元的小型种子专家型公司，到全球投资超百亿美元的大型风险投资公司。尽管风险投资公司的规模不同、类型众多，但它们的共同点是：它们不是被动投资者，而是在指导和带领所投资公司中拥有切实既得利益的投资者。风险投资人利用投资数十家、上百家公司的经验，提升当前所投资公司的价值。一些风险投资公司通过在所投资公司之间创造协同效应来获得成功。例如，一家公司拥有优秀的软件产品但没有有效的分销策略，它可以与拥有更好的分销策略或更好的管理团队的另一家公司组成风险投资组合。

（一）风险投资公司可以很好地充当金融中介

与商业银行和金融公司一样，风险投资公司也是金融中介机构——发行证券并从投资者那里获得资金，再用资金购买企业发行的证券。风险投资公司与商业银行和金融公司的主要区别在于：①风险投资公司是指以私人形式发行股票来获得资金的合伙企业；相比之下，大多数商业银行和金融公司是公众公司，通过发行债券来获得资金，银行则通过吸收存款来获得资金。②风险投资公司专门为新成立的、高风险的企业融资，其中的大多数企业尚未实现盈利；相比之下，银行和金融公司通常为相对稳定的、已盈利的公司融资。③风险投资公司通常通过发行股权性证券而非债权性证券来获取资本。④风险投资公司更多地参与所投资公司的管理。⑤政府机构对风险投资公司的监管强度不如商业银行或金融公司。

（二）风险投资公司承担更高风险并要求更高回报

从风险投资的本质来看，风险投资享受高收益，同时承担高风险。例如苹果公司的天使投资人迈克·马克库拉（Mike Markkula），他不仅在1977年加入苹果公司，自己还投入9.2万美元。1980年12月12日苹果公司上市，每股发行价为14美元，当日收盘价为29美元，史蒂夫·乔布斯（Steve Jobs）当日身家达到2.17亿美元，迈克·马克库拉的身家则达到2.03亿美元，早期的天使投资增值了2 000多倍！然而，并不是所有的风险投资都能这么幸运。

风险投资的投资期较长，且投资期内投资的流动性非常差。风险投资事先在价值评估时选用极高的折现率，以弥补投资的高风险性和低流动性。如果风险投资的折现率估计是合理的，投资就应该转化为预期的高平均回报。Huntsman和Hoban（1980）分析了1960—1975年间由风险投资公司操作的110笔风险投资样本，样本投资规模为1 000—111万美元，平均持有期约为5年。他们发现，投资的平均年回报率为19.8%，而同期标准普尔500指数的平均年回报率为6.1%。正如预期的那样，样本回报率的变化很大：110笔总样本中，18笔投资（占总投资额17%）产生了全部损失；另一个极端是17笔投资的年回报率超过40%，其中一个项目的年回报率甚至达到318%。

二、风险投资公司的筹资机制:获取、管理承诺资本

风险投资公司从投资者那里获得承诺资本的过程通常被称为"融资"。虽然有时被投资方或投资组合公司从风险投资公司处取得资本也叫融资,但不要混淆这里的"融资"与前面章节的融资。

承诺资本是在基金形成期间向投资者筹集的。风险投资公司向潜在投资者发送招股说明书,可能需要几周到几个月的时间来筹集必要的资金。基金的承诺资本将从多方获得,包括机构投资者、捐赠基金、基金会以及偏好高风险、索取高回报的个人。由于风险投资存在风险高、投资期限长、流动性差、最低金额要求高等问题,普通人通常无法投资于风险投资基金。目前,风险投资超过50%的资本来自共同基金和养老基金,其余资本来自捐赠基金、基金会、保险公司、银行、信托基金和富人。典型的机构投资者将投资组合的2%—3%分配给包括风险投资在内的私募股权,作为整体资产配置的一部分。

近年来,为了推动高新技术产业的发展,我国政府积极实施政府引导基金政策,结合市场作用和政府作用,破解科技型初创企业融资难的问题。政府引导基金又称创业投资引导基金,是按"母基金"方式运作的政策性基金,本身不直接投资企业,而是作为有限合伙人出资参股创业投资机构管理的创业投资基金,从而引导创业投资机构投资于科技型初创企业。我国的政府引导基金以2002年中关村创业投资引导基金的成立为开端,并在之后的时间里迅猛发展。从2005年在国务院十部委联合发布的《创业投资企业管理暂行办法》中首次出现引导基金的概念,到2008年国家发展改革委联合财政部、商务部共同出台的《关于创业投资引导基金规范设立与运作的指导意见》,首次对引导基金的概念进行详细的定义,再到2010年财政部印发的《政府性基金管理暂行办法》以及2015年财政部颁布的《政府投资基金暂行管理办法》等,都对我国政府引导基金的发展进行了规范。截至2018年,我国政府引导基金累计出资860余亿元,引导并带动社会资金4 800余亿元。

一旦风险投资公司的基金获取到足够的承诺资本,就开始投资于投资组合。对投资组合公司进行投资,要求风险投资公司"调出"有限合伙人的承诺资本。风险投资公司将从有限合伙人那里一批一批地筹集或"调出"部分所需的投资资本,公司会在寿命期限年内分几次"调出"资金,因此目前风险投资公司已经同步其融资周期,根据投资的"调出"需要来筹集承诺资本。

三、风险投资公司的投资机制:风险投资决策

风险基金投资于被投资企业的行为被称为"投出"。

(一) 是否投资

风险投资人在做投资决策时可能会受到风险投资基金的特征的影响,如剩余资金水平和基金早期表现,或者基金投资组合的构成。风险投资公司投资一家企业也受到被投资企业创业者意愿的影响。Drover等(2014)分析了创业者和风险投资人合作的意愿与风险投资公司投资行为的关系,发现后者与合约条款相关。其他与投资组合中公司相关的

因素会影响这种可能性。例如企业慈善,企业慈善事业似乎对风险投资基金的投资决策产生负面影响(Jia 和 Zhang,2014)。由于申请风险投资的企业大多很年轻,有时企业价值难以评估,而专利等信号在风险投资基金决定是否投资于一家企业方面发挥着重要作用(Bertoni 和 Tykvová,2015;Conti 等,2013)。

近年来有关风险投资机构内部风险投资人和风险投资家之间的契约关系与声誉机制等方面的研究已经成为国外学术界的新热点。Bengtsson 和 Sensoy(2011)、Hartmann-Wendels 等(2011)将经验和声誉与风险投资人选择的证券类型进行相关性分析,发现这两个因素都会影响风险投资人的投资行为。

(二)风险投资或私募股权与被投资公司的匹配效应

一些研究从风险投资人和被投资公司的角度考察投融资决策,并分析了资金提供者与接受者的匹配过程和标准,为 Sorensen(2007)提出的理论奠定了基础。Sorensen(2007)开发了一个理论框架,指出了风险投资行业的匹配效应:更有经验的风险投资人与更优质的被投资公司相匹配。Krishnan 等(2011)也发现,与声誉较差的风险投资人相比,声誉良好的风险投资人会选择质量较好的公司,并更积极地参与管理,这反过来又积极地影响投资业绩。来自同种族而形成的社会邻近性(Bengtsson 和 Hsu,2015)或类似心态(Murnieks 等,2011),或当公司对应风险投资基金关注的特定地区或行业时,两者也会匹配。

(三)联合投资

风险投资公司可以选择独立投资,更多情况下会与其他风险投资公司联合投资一家被投资公司,这种联合为被投资公司提供了更多的资本来源。此外,许多风险投资合作伙伴会同时管理多只基金。

先前的研究发现,促使风险投资公司联合投资的动机,可能是风险投资人想要积累更多的资源(Hochberg 等,2015),或者想同时优化投资选择和提高企业估值(Das 等,2011),还可能是为了互惠,因为联合投资合作伙伴可能成为风险投资人新交易的来源。尤其是在风险投资产业的"圈子"文化背景下,风险投资机构强调与拥有不同资源禀赋的机构进行项目合作,以巩固和拓展人脉关系。黄可逸和徐虹(2020)将风险投资联合投资伙伴的选择过程分为资本聚集和技术聚集。

一些研究支持联合投资,认为联合投资通常会产生更好的投资结果。拥有异质性资源禀赋的风险投资公司在联合投资策略下,不同成员机构通过信息、声誉、网络、管理经验等资源的共享,在对目标企业的事前筛选、事后监督和培育功能方面具有更强大的实力。颜丹宣(2020)选取2007—2018年深交所中小板和创业板的上市公司为研究对象,发现联合风险投资显著提高了上市公司的会计稳健性。Milanov 和 Shepherd(2013)分析了联合投资行为如何影响风险投资人投资网络的形成和声誉,得出联合投资产生积极影响的结论;同时,投资者更好的声誉以及投资者之间的熟悉度也将提高联合投资的有效性。周丹(2020)发现,与独立投资方式相比,选用联合投资方式的风险投资机构的退出业绩更优;但是,联合投资方的数目越多,风险投资机构的退出业绩反而越差。

还有研究指出,联合投资也可能引致成本:组建和运营一个联合投资项目,可能会受到投资者之间信息不对称和错位激励所产生的问题的困扰。Gompers 等(2014)研究发现,具有相同种族、教育或职业背景的风险投资人更有可能相互联合、共同投资,但同时由具有相似个人背景的风险投资人组成的投资联盟在投资持有期间往往会做出糟糕的决定。Zhelyazkov 和 Gulati(2016)也发现,当风险投资人从一个联合投资中退出时,他们会遭受负面的声誉影响。

(四)投资方式

风险投资者通常能获得广泛的权利。大量的理论研究者探讨了如何优化权利结构的问题。权利结构可能会随着时间的推移而改变,并且不同风险投资人的权利结构也可能不同,这取决于两轮融资之间的表现以及风险投资人的经验。

一些学者认为,可转换优先股是最优的风险投资形式(Kaplan 和 Stromberg,2003)。21 世纪初的一项实证研究表明,风险投资人经常使用其他类型的证券,在许多国家可转换优先股并不是风险投资的主要形式。例如在德国,风险投资人使用各种融资工具,如直接股权、夹层融资和性质类似债务的证券。其中,夹层融资是指在风险和回报方面介于债务融资与股权融资之间的一种形式。风险投资选择哪种形式取决于投资者经验、市场情况和公司特点。Arcot(2014)分析了在风险投资合约中很常见的可转换优先股的一种变体,即参与可转换优先股(有参与权的可转换优先股),认为参与可转换优先股为管理层提供了激励并减轻了企业和投资者之间的信息不对称。然而,Jovanovic 和 Szentes(2015)建议采用简单的股权契约。

四、风险投资公司的参与机制:参与被投资公司的管理

风险投资公司将提供资本和管理专业知识,通常也会在公司董事会任职,以确保投资取得成功。一些研究调查了风险投资公司和投资组合公司的双边特征,如风险投资人和被投资公司之间的距离,如何与融资轮数、持续时间及投资额相关(Tian,2011),或者风险投资人和被投资公司之间的信任水平(Bottazzi 等,2016)如何影响风险投资公司的参与程度及参与阶段。

建立风险投资或私募股权融资与被投资公司绩效不同维度之间的因果联系,是风险投资研究的另一个热门话题。

(一)监督和公司治理

在充斥委托-代理风险的环境中,风险投资机构拥有的监督和公司治理方面的经验与知识非常有价值。有学者明确论述了风险投资公司使被投资公司增值的机制,其中大多数将价值创造与风险投资公司带来的更有效的公司治理联系起来,例如可能涉及独立的董事会结构或董事会席位。

风险投资公司在监督被投资公司、为被投资公司提供咨询方面发挥着积极作用,有助于提高被投资公司绩效。监督是减少委托-代理冲突及其相关成本的重要机制。康永博等(2019)的实证研究发现,风险投资机构可以通过一系列监督激励方式(如董事会参与)来缓解地理距离对被投资企业创新产出的"攫取"效应——由于距离引发的信息不对称和交易、沟通成本使得风险投资机构无法有效参与被投资公司的日常经营与管理活动,这在一定程度上使得上市公司初期的创新产出并不理想。

风险投资公司提供建议与支持也极其重要,这在 NBI(new business investment,新业务投资)的案例中得到证明。在该案例中,NBI 的主要投资者是风险投资公司 Burton McMurtry,作为 NBI 的合作伙伴之一,Tom Kavanagh 也强调风险投资公司提供的非货币性贡献非常重要。"你从谁那里得到钱,远比你得到多少钱或者为得到钱付出的成本要重要得多。"

(二)人力资本建设

Hellman 和 Puri(2000)对 170 家企业进行实证分析,以确定在一家接受风险投资的企业中,风险投资公司在人力资本建设方面起到的作用。他们的样本包括接受风险投资的企业和没有接受风险投资的企业,通过比较,得出风险投资对人力资本建设具有积极作用。Hellman 和 Puri(2000)从招聘过程、人力资源政策、股票期权计划的采用以及招聘一名市场营销副总裁等方面进行了研究,发现接受风险投资的企业开发人力资源的速度更快。两位学者还调查了风险投资公司是否会参与公司高层的任命,特别是首席执行官的任命。发现兼任首席执行官的企业创始人更有可能被外来者取代,而风险投资公司的存在会加速这种情况的发生。如果企业创始人被风险投资公司认可,那么风险投资公司将倾向于帮助整个组织发展人力资本;然而,如果风险投资公司与现任首席执行官有冲突,风险投资公司将倾向于更换首席执行官。

风险投资公司经常利用其在被投资企业董事会的成员来影响首席执行官的变更决策。Lerner(1995)记录的证据表明,当董事会的风险投资机构成员数量增加时,首席执行官更可能发生变更。

(三)提供资源

被投资企业还受益于风险投资公司拥有的人际网络,这能帮助企业更好地接触到潜在供应商、潜在客户、潜在战略合作伙伴等。同时,风险投资公司的支持更能提升被投资企业的可信度,有助于吸引新投资者或优秀人才。

典型的风险投资公司也会涉足被投资企业的治理。作为被投资企业董事会成员,风险投资公司可以在下列领域提供专业知识:为核心员工提供薪酬建议,并建立客户和供应商关系;协助拟定战术、战略发展计划和法律合同协议;为如何管理一家正在成长的企业提供可行的建议。一般来说,创业者拥有丰富的技术知识,但很少具备企业管理经验;风险投资公司可以为企业在行业内交流提供渠道;协助企业组建一支拥有恰当技能和经验的管理团队;协助企业筹集资金;不论企业是计划保持私人化、收购、被收购还是上市,风险投资公司都会在最终收获阶段给企业提供帮助。

很多研究关注投资结果并量化风险投资公司给被投资企业带来的价值增加。学者比较有风险投资公司支持的企业与没有这种支持的企业,或者考察企业一旦获得风险投资公司的支持其表现会如何变化。在量化方法的选择上,有些依赖于反映投资组合公司的增长指标(如就业或销售额的变化),有些则使用衡量公司经营业绩的指标,主要是 ROA。Bertoni 等(2011)的研究对象是就业和销售,而 Rubera 和 Tellis(2014)的研究对象是 ROA,他们均发现风险投资公司的支持能带来积极影响。

风险投资公司参与被投资企业治理,但其最终目标并不是获得控制权,而是在一定时期成功退出;同时,风险投资人对退出策略选择的期望,也会影响他们在投资期间的参与行为,例如对被投资企业专利创新活动的支持。

五、风险投资公司的退出机制

风险投资公司根据自身的投资重点和战略,有可能寻求在首次投资后的3—5年内退出。虽然早期研究通常将退出选择与被投资企业和风险投资人的特征或市场情况联系起来,但近期研究则进一步调查其他的相关决定性因素。这包括特定国家和特定行业的特征(Kraussl 和 Krause,2014),还包括投资的期限和规模(Guo 等,2015)、融资轮数以及初始和修正后的风险投资者预测(Bacon-Gerasymenko 等,2016)等投资特征。风险投资人把握市场时机,利用有利的市场条件助推被投资企业上市(Ball 等,2011)。

早期研究指出的两个最重要和最有利的退出渠道分别是交易出售(例如,将风险投资公司出售给同行公司)和公开上市(例如 IPO,包括被投资企业在证券交易所上市)。虽然首次公开募股对风险投资人和公司所有者来说可能是最辉煌的退出方式,但是风险投资最成功的退出则是被创始人或其他公司收购或合并。近年来,二次出售——将风险投资公司卖给另一个风险投资机构或私募股权投资者——的重要性有所增强。

(一) IPO

IPO 是风险投资最辉煌的退出方式之一。IPO 繁荣时期,高科技公司的 IPO 一直是人们关注的焦点。在公开募股时,风险投资公司被认定为内部人,将获得拟上市公司的股票,但在出售或清算股票方面受到监管和限制。这种股票通常在两年后可以自由交易,一旦股票可以自由交易,风险基金将把股票或现金分配给有限合伙人投资者,这些投资者既可以将其作为常规股票进行管理,也可以将它们清算。

(二) 合并和收购

并购是风险投资中常见的成功退出方式之一。对于合并或收购,风险投资公司将从被收购公司那里获得股票或现金,出售股票的收益将分配给有限合伙人。

很多研究考察了在 IPO 和交易出售之间选择的决定性因素,还有一些研究探讨了其他退出渠道。Kolb 和 Tykvová(2016)比较了通过传统的 IPO 和特殊目的收购工具(SPAC)收购进入公开市场的公司,发现由风险投资或私募股权投资者支持的公司更偏好 IPO 而非 SPAC 收购。

小知识 6-1

红杉资本

红杉资本(Sequoia Capital)1972 年在美国硅谷成立,作为首家机构投资者投资了诸如 Apple、Google、Cisco、Oracle、Yahoo、LinkedIn 等众多创新型企业。红杉资本在美国、中国、印度等设有本地化的基金机构。

红杉资本始终致力于帮助创业者成就基业长青的伟大公司,为成员企业带来丰富的全球资源和宝贵的历史经验。红杉资本投资了移动互联网、医疗健康、环保能源、教育、金融、文化娱乐、电子商务、汽车交通、体育运动、新材料、云计算等多个领域,提供包括融资、投资咨询、商务咨询、企业管理咨询、技术咨询等多项服务。

红杉资本中国基金2005年9月由沈南鹏与红杉资本共同创办。红杉资本中国基金作为"创业者背后的创业者",专注于科技/传媒、医疗健康、消费品/服务、工业科技四个方向的投资机遇。截至2022年,红杉资本中国基金投资了500余家企业,包括京东商城、阿里巴巴、蚂蚁金服、今日头条、饿了么、滴滴出行、爱奇艺、蔚来汽车、拼多多、中通快递、再鼎医药、药明生物等。

第五节 风险资本管理中的委托-代理冲突

本节主要讨论如何解决风险投资机构与被投资企业之间以及风险投资机构内部的委托-代理冲突。

一、风险投资机构与被投资企业之间的委托-代理冲突

(一) 委托-代理冲突中的主要问题

创业者和风险投资机构之间的谈判是一个微妙的问题。风险投资机构担心的是融资风险,而创业者担心的是所有权稀释。

从风险投资人的角度(即风险投资基金经理的角度)看,他们意识到自己支持的大多数企业会失败,但如果风险投资支持的投资组合中有一小部分企业成功并给予巨额回报,那么整体上风险投资能获得利润。在这种情况下,风险投资基金经理必须对看起来似乎前景不佳的企业进行筛选和评估,以最大化成功概率,并确保风险投资占有的股权份额能从成功企业中获得足够的利润来抵消失败企业所带来的损失。

风险投资的首要任务是选择那些真正有成功潜力的企业,至少是有潜力发展成为行业内的龙头企业。这要求风险投资基金经理深入了解企业所在行业的发展现状和未来前景,同时这也是为什么大多数风险投资基金只专注于一个行业或者具备共性(例如先进技术)的公司集群。

风险投资必须评价企业的创业者,风险投资基金经理必须解决的问题有:创业者是否具备深层次的知识、才能和毅力?创业者提交的商业计划书是否可行?创业者是否向企业投入大量的个人资金并抱有强烈的成功动力?创业者是否为自己制定了激励性强的薪酬合同?创业者是否准备好接受风险投资基金关于企业发展的建议?创业者在谈判中会很公平吗?对于最后一个问题,风险投资基金经理必须尝试在融资的每个阶段与被投资企业协商对风险投资人有利的条款。然而,这并不意味着风险投资基金经理可以任意设定不公平的条款。事实上,如果风险投资基金经理不公平地对待创业者,就会削弱创业者的动力,并且创业者将更有可能采取行动来损害风险投资人的财富。

风险投资基金通常接受以取得普通股的形式出资。在某些情况下,风险投资基金可能更喜欢可转换优先股。通过持有可转换优先股,若创业失败,则风险投资基金对资产享有优先要求权;若创业成功,则转换期权允许风险投资基金作为股东参与其中。风险投资

必须有批判的眼光,知道什么时候减亏、什么时候放弃即将失败的企业,而不是在被投资企业失败之后仍然加大投资。参阅数字资源:延伸阅读之"对赌协议的现实例子"。

从创业者的角度看,在不同阶段与风险投资基金谈判时会遇到三个主要问题。第一,创业者通常面临融资与所有权稀释的权衡问题,这对创业者来说通常是最难以决断的问题。第二,风险投资基金可能希望为它们购买的证券建立保护机制。例如,风险投资基金可能要求在可转换优先股下拥有一定的权利,其中包括一项"在破产和清算时优先于创业者的股权主张权利"的条款。第三,创业者经常会受到一些限制,包括风险投资基金强加的规定。风险投资基金要求定期获得信息以监督企业并对企业的发展产生影响,这些限制性因素让许多创业者担心自己会失去企业控制权。参阅数字资源:延伸阅读之"风险投资公司与创业者谈判案例"。

(二) 委托-代理冲突的解决方案

委托-代理冲突解决方案的基础是风险投资的监督治理理论。该理论认为,风险投资机构监督被投资企业,完善企业的经营管理机制,从而缓解企业内部控制人与外部投资者之间的委托-代理冲突。学者普遍认为风险投资人通过参与、影响或控制被投资企业董事会或管理层来影响企业决策,从而达到监督和管理企业的目的。一般情况下,风险投资人的管理介入程度取决于受资企业的运行状况。若受资企业发展顺利,则风险投资人只协助企业制订发展规划、策划产品开发和营销方案等,较少介入企业日常管理工作;若受资企业出现危机,则介入较多。风险投资人还通过以下方式约束和激励受资企业:分阶段投资策略、中断投资威胁、追加投资激励等。

风险投资人与受资企业有直接经济利益关系,企业的盈亏影响到风险投资人的利益,如果企业盈利状况不佳,风险投资人就无法获得资本增值,而且下一次可能很难募集到资金,甚至影响到风险投资人的行业声誉和地位。因此,风险投资人有充分的动力掌握企业真实情况,行使监督管理职责。

此外,风险投资在受资企业中的股权不是由分散的股东持有,而是由少数投资人和公司经营者持有。这很好地避免了分散股权所导致的所有权对经营权约束较弱的问题,也克服了企业经营者追求短期效益的可能倾向。

1. 风险资本的分阶段投入

由于企业中的投资者是委托人、管理者是代理人,因此企业融资中经常存在委托-代理冲突。如果管理者能够完全控制企业的发展,他们就可能会做出符合个人利益而非外部投资者利益的决策。冲突可能表现如下:第一,管理者可能会因个人的热情或希望获得来自公众或他人的认可而决定投资一个无利可图的项目。第二,外部投资者通常很富有,拥有多样化的投资组合;管理者可能将有限个人财富的很大一部分投入企业,因此管理者可能倾向于追求低风险、低收益而非高风险、高收益的目标,若项目涉及高风险则管理者可能不愿意深入发展。第三,管理者可能有强烈的个人动机来持续推进一个有可能失败的项目。管理者可能怀有一种非理性的心理来促使项目成功,或者只是愿意继续花钱来发展前景已经暗淡的企业;而外部投资者显然更愿意终止亏损的风险投资项目,而不是明知亏损也要再投资。

Gompers(1995)从委托-代理冲突的角度提供有关创业者财务契约问题的理论模型，认为降低代理成本的主要机制是内部投资者对管理者的定期监督。然而，监督是需要成本的，投资者和管理者双方都需要时间与资源来准备、审查相关的材料，必须在随着监督频率和强度的增加而增加的监督成本与随着监督频率和强度增加而降低的代理成本之间取得最佳平衡。Gompers(1995)认为，企业每个发展阶段的结束都是实施监督的时机。最佳监督频率或许等同于企业发展阶段的数目，取决于多个因素，而这些因素都与潜在的代理成本有关。随着企业资产可预估性的降低，期权价值增加，资产专用性增强，预期代理成本也会增加。资产专用性是指企业开发的实物资产只有在创业成功的情况下才有价值的程度。因为资产专用性会影响企业终止经营时的清算价值，由此成为需要考虑的问题。

风险投资公司通常每月对企业管理层进行审查。这类审查的主要目的是确定管理层的决策是否符合商业计划的要求以及投资者的利益，也为风险投资公司提供一个提出战略建议的机会。管理层必须在每个发展阶段结束时提供一份详细的尽职调查报告，这与企业需要的额外融资密切相关。为了使阶段划分有效，每个阶段初期的融资额应该刚好足以让企业进入下一个发展阶段。通过使资金消耗速度与企业发展阶段保持一致，仔细调整资本配置规模，风险投资公司可以迫使管理层谨慎使用现金。

2. 内部投资者与外部投资者并存

Admati 和 Pfleiderer(1994)着重分析风险投资对于解决企业融资中的信息不对称和委托-代理问题所发挥的作用。他们为企业发展融资的整个过程提供了基本想法，解释了风险投资公司作为内部人和资本投资者的重要角色。作为内部人，风险投资公司不仅了解企业管理层在发展的每个阶段所拥有的关于企业价值的内部信息，还与管理层密切合作，能够监督管理层的决策。

若仅从外部融资，则企业可能存在过度投资问题。企业管理者与外部投资者签订融资协议后，就会产生信息不对称——外部投资者对管理者所掌握的关于企业价值的内部信息并不知情。由此产生这样一个问题：满足下一阶段发展的资金是由外部投资者提供的，但决定企业继续发展或终止的是管理者。在这种情况下，即使以企业现在的状况看更应该终止，企业管理者也仍然有明显且强烈的动机选择继续经营。原因如下：第一，若企业继续经营，则营运资本可以为管理者提供工资；若企业终止经营，则管理者会失去工资。第二，通过延长企业的寿命，管理者可以在不用花费成本的情况下获得"企业未来价值能够带来收益"的选择权。换句话说，虽然以目前的状况看这一选择权可能没有收益，但如果企业继续发展，它就可能创造正价值；如果企业终止经营，这一选择权就会变得毫无价值。第三，企业毕竟是管理者（尤其是创业者）的心血，他们对企业可能存在深刻的心理依恋，从而影响其理性的商业判断。考虑到这些原因，与外部投资者签订的融资协议很可能会导致代价高昂的过度投资问题。

若仅从内部融资，则企业可能存在投资不足问题。管理者与内部投资者（即风险投资公司）签订协议后将获得所有资金，作为交换，风险投资公司将获得对公司未来收益的部分要求权（即占公司股权的一定比例）。然而，这种安排将导致 Myers(1984)提出的投资不足问题：如果风险投资公司提供所有资金却只能获得部分未来收益，那么任何一个理性的风险投资公司将倾向于投资不足。内部投资者除了提供资金,通常还以自身资源为被投资企业提供建议,如果对未来收益的要求权明显少于所提供资源应占的比例,内部投资者参与公司治理的积极性就会减弱。一些研究发现投资不足问题可以通过薪酬激励得以缓解。李云飞和周宗放(2011)针对逆向选择和道德风险问题,建立风险投资家报酬激励契约模型,研究发现让风险投资家在风险投资基金中投入一定比例的个人资本金,同时让风险投资家的监督效应得到增强,这对风险投资家选择高风险项目非常有帮助,而且能够激励风险投资家努力工作。朱顺泉(2012)构建了风险投资家报酬机制的合约优化模型,从报酬激励和风险承担的视角分析如何降低风险企业家的道德风险。

如果在每个阶段既从内部投资者也从外部投资者处获取资金,那么各方都将获得企业未来收益的部分要求权,管理者(如创业者)则保留余下部分。企业通过拥有内部投资者和外部投资者,平衡了过度投资和投资不足,管理层在发展的每个阶段都会做出合理决策,决定继续发展还是终止经营。内部投资者和外部投资者在早期阶段、扩张阶段和后期阶段投入必要的资金,且假设内部投资者的贡献是外部投资者的两倍,整个过程中各方对未来收益的要求权保持固定的比例,比如管理者占45%、风险投资公司占40%、外部投资者占15%。尽管风险投资公司在每个阶段贡献的资本只有外部投资者的两倍,但风险投资公司的要求权占比是外部投资者的两倍多,这或许是因为风险投资公司作为内部人这一关键角色能够增强其讨价还价能力。

3. 利用声誉机制

有研究证明声誉机制能够对风险投资关系产生积极影响。Hsu(2004)发现创业者更喜欢高声誉的风险投资家,尽管这些投资家对企业的估值低于声誉较差的同行。高声誉的风险投资家能够向包括收购者和战略合作伙伴在内的第三方证明被投资企业的质量。也有证据表明声誉可以限制被投资企业的机会主义行为(Atanasov 等,2012),且被投资企业较少存在盈余管理行为(Lee 和 Masulis,2011;Nam 等,2014)。

二、风险投资机构内部的委托-代理冲突

(一)冲突类型

为了更好地理清风险投资过程中的多重委托-代理关系,构建包括风险投资人、风险投资家以及风险企业家三方行为主体在内的风险投资流程。由图6-2可知,风险企业家向负责风险投资运作的风险投资家提交项目计划书(即融资需求),风险投资家收到项目计划书后会根据创业项目的具体创业团队品质、项目的可持续性和增长潜力等方面进行全方位的调查审核。如果风险投资家认可项目的投资价值,就会向一个或多个风险投资人提出融资申请。

图 6-2 风险投资流程

由于进行长期的投资决策需要投资者具备丰富的投资知识且需要花费大量的时间，而一些有限合伙人投资者可能既没有资源也不具备专业知识来管理和投资风险投资基金，因此他们会寻求将投资决策权委托给投资顾问或风险投资基金经理。在以有限合伙形式设立的风险投资机构中，风险投资人为有限合伙人，而风险投资家承担普通合伙人职责。

根据基金的目标规模，风险投资基金通常有几个到近百个有限合伙人。一笔投资可能需要几年的时间才能开始收获回报；在很多情况下，投资资本可能会被一个投资项目捆绑7—10年。因此有限合伙人在做投资决策时必须考虑到这种流动性不足。

风险投资家（普通合伙人）获得的收益分为两部分：一是管理费，一般为基金募资总额的1%—2%；二是附带收益，一般为基金增值部分的5%—30%，国际上的惯例为基金增值部分的20%。风险投资家作为投资基金经理，通常会收取管理费以弥补管理承诺资本的成本。管理费通常在基金的投资后期每季度支付，或者在基金的投资后期逐渐减少或削减，这通常是在基金形成时投资基金经理根据投资的条款和条件与投资者谈判确定。附带收益是指普通合伙人的利润分配，是他们承担基金管理责任的收费以及提供成功管理投资所需专业知识而获取的收益。这种利润分配因公司而异，通常考虑公司规模以及利润的计算与累积方式。Gompers 和 Lerner(1999)对美国风险投资合伙企业中的合同条款进行了广泛的实证分析，他们在合伙协议中记录了以下标准条款：①合伙人之间的初始合同约为10年；②支付基金资本或资产的一定百分比作为年管理费；③支付盈利的一定百分比作为已实现投资的回报；④为了保持有限责任状态，投资者必须避免直接参与基金的管理和投资活动。最后一项条款存在的一个现实问题是，风险投资合伙企业的投资者不能解雇、约束风险投资家，甚至不能密切监控风险投资机构的管理。

（二）解决方案

有关这类冲突的解决方案的基础为风险投资的逆向选择理论与道德风险理论。

逆向选择理论认为，相对于风险投资人，风险投资家对自己的能力（如专业知识、管理经验等）及职业道德素养更为了解，风险投资人希望选择具备专业管理能力和良好职业道德素养的风险投资家来运作基金资产，但个人能力及职业素养属于"内部信息"，投资者不可能直接获得并掌握，这就可能出现风险投资家片面夸大自己能力及素养的现象。如果投资者的选择只是基于风险投资家所提供的信息，那么最终的选择有可能是夸夸其谈的基金管理人，从而产生逆向选择。

道德风险理论认为，风险投资人选择风险投资家后，希望风险投资家真正为投资者的利益最大化而努力工作、履行勤勉职责，但是风险投资人不能直接观察到风险投资家的选择及其努力程度等，信息不对称使得风险投资家在投资策略的决策过程中充分体现自身利益，甚至以投资者的利益受损为代价使自己受益，导致"内部人控制"现象，无法实现帕累托最优交易。

不管是逆向选择还是道德风险都会降低市场运行效率、增加投资风险。逆向选择的发生使风险资本流向低能力的风险投资家，导致资金配置错位；而低能力的风险投资家在控制资金后更容易产生内部人控制，使得整个风险资本运作效率下降、风险放大。

1. 风险投资家契约模型

通过契约设计能够削弱风险投资人与风险投资家之间的委托-代理冲突。针对风险融资中存在的委托-代理冲突,Casamatta(2003)构建了风险投资主体、纯金融机构和创业企业家的三方委托模型,分析了多方投资合约设计问题。在此基础上,薛力和郭菊娥(2018)首次构建了包含风险投资人、风险投资家和风险企业家三方的双层委托-代理模型。而在此之前,研究多针对风险投资人与风险投资家或风险投资家与风险企业家之间的单层委托-代理关系。

2. 风险投资家激励机制

连续支付激励机制对风险投资家或许能起到积极作用。应瑞瑶和赵永清(2004)以风险投资人为出发点,针对风险投资的委托-代理关系进行探索,指出激励机制的适当性能够保障风险投资人的期望效用最大化。赵坤等(2006)研究发现,在连续支付模式下引入有效的激励机制,能够增强风险投资家的努力积极性,提高项目的投资效率和成功率。郑君君和刘恒(2005)研究指出,风险投资家激励监督机制在风险投资过程中非常重要,并构建风险投资家对风险投资项目注入一定资本金的显性连续支付激励机制模式。

李云飞和周宗放(2011)基于风险投资家角度建立了风险投资家激励契约模型,经过实证研究发现:工作能力强的风险投资家愿意选择签订激励程度较高的契约以传递自身信息,风险投资人也能够由此甄别有能力的风险投资家,而且风险投资家在签约以后愿意付出更大的努力,从而提高了风险投资人的期望收入水平。风险投资家激励契约模型有助于解决风险投资人和风险投资家之间严重的信息不对称带来的逆向选择和道德风险问题,并为风险投资人设计合理的风险投资家激励契约提供了理论依据。

然而,Gompers 和 Lerner(1999)发现,规模较小、较年轻的基金经理薪酬契约对基金表现不那么敏感,同时薪酬和绩效没有关联关系。他们认为,这是因为声誉问题已经充分地促使风险投资基金经理努力工作。

3. 风险投资家声誉效应

大量研究证明声誉效应对风险投资家行为具有一定的影响。胡石明和黄利红(2003)从风险投资家的角度探讨了声誉效应对风险投资中委托代-理关系的作用。马乐声等(2006)研究发现,市场声誉约束机制、风险投资家的行为约束机制以及设计合理的风险投资家的报酬机制能够有效防范风险投资人和风险投资家之间的委托-代理和信息不对称风险。

案例解析
腾格里对民丰种业的私募股权投资①

核心概念 私募股权 风险投资
学习脉络 以腾格里投资管理公司对民丰种业的投资为例,了解私募股权投资运用

---

① 本案例由内蒙古大学经济管理学院的姜涛、王晗、左学彬撰写,作者拥有著作权中的署名权、修改权、改编权。本案例授权中国管理案例共享中心使用,中国管理案例共享中心享有复制权、修改权、发表权、发行权、信息网络传播权、改编权、汇编权和翻译权。出于保密的要求,本案例对有关名称、数据等做了必要的掩饰性处理。本案例只供课堂讨论之用,并无意暗示或说明某种管理行为是否有效。

其独特的投资模式和专业的投资团队对被投资企业进行尽职调查、投资入股、参与投后管理的过程并探讨这一过程中的影响因素与重点问题。

学习要求

1. 私募股权投资选择投资项目时可能受到哪些因素的影响？腾格里决定投资民丰种业的原因有哪些？

2. 哪些因素决定了腾格里对民丰种业采取战略投资模式？采取战略投资或财务投资模式对被投资企业的后续发展和公司治理会产生哪些影响？

3. 腾格里投资团队在投资民丰种业的整个过程中起到哪些作用？团队以往的投资经验带来什么影响？如何构建专业有效的投资团队？

4. 腾格里对民丰种业的投资有哪些独特之处？在我国当前的制度背景下,私募股权投资可能面临哪些问题？

1. 组建团队,创立腾格里

2012年9月,刚刚从小肥羊公司离任的卢文兵,着手创建了内蒙古腾格里投资管理有限公司(以下简称"腾格里")。这是一家由专业投资人员及投资专家组成的投资管理机构,主要对农牧业产品、快速消费品、高科技行业、文化传媒行业及相关领域的创新企业进行投资,同时提供投融资顾问、收购兼并、海内外上市等服务。陪伴卢文兵的,还有一路跟随他披荆斩棘、由不同领域的专业人才组成的投资管理团队。

2002年起卢文兵担任内蒙古蒙牛乳业(集团)股份有限公司副总裁,主要负责投融资及股票上市工作,后又担任内蒙古小肥羊餐饮连锁有限公司常务副总裁和总裁,主持公司的经营管理工作。专业的教育经历和职场的相关工作经验以及在蒙牛和小肥羊的实业运作经验,使得卢文兵在投融资、公司治理方面具有独到的见解。而在此期间,卢文兵逐渐建立了一支投资管理团队,团队中部分成员来自蒙牛和小肥羊原管理层。对于这支团队,卢文兵在一次采访中曾说:"我们的团队是国际化的,人才结构比较丰富,既有实干家也有理论家,既有'土八路'也有'正规军'。但大家在一起十分团结,只要是对公司有利的事,即使有争论,大家也不往心里去,因为我们知道大家的目标是什么,并且会为了这个目标而共同努力。"

2. 初识民丰种业,萌生投资想法

一次偶然的机会,卢文兵认识了时任内蒙古民丰种业有限公司(以下简称"民丰种业")的张总。同为土生土长的乌兰察布人,两人一见如故。相谈甚欢之时,卢文兵发现张总似乎藏着什么心事,一番询问之下,张总才透露自己心中的忧虑。张总告诉卢文兵,自2008年一手创建民丰种业(曾用名"民丰薯业")后,他一直希望能够将民丰种业打造成内蒙古马铃薯种植相关产业的龙头企业。张总是种植专业出身,掌握马铃薯种植方面的理论知识,拥有几十年的田间种植经验。与他一起工作的员工无论是管理层还是基层人员,有很大比例是马铃薯种植的专业人员。凭借内蒙古乌兰察布的气候和地理优势,公司主要生产的脱毒马铃薯种薯"克新一号"质量优、产量高,在农户中享有很高的声誉。为了提高生产效率,公司还从美国引进了先进技术,提高了产量。但随着产量的提高,销售的难度也越来越大,公司每年都会积压许多马铃薯在仓库里。张总开始意识到,民丰种业的现实经营状况已经无法与其发展需求相匹配。

如何改变这种状况呢？公司高层反复商讨,张总决定寻求其他机构和个人的投资与支持,希望能够通过外界的帮助来改变民丰种业当时的状况。产生这个想法之后,张总开始积极行动起来。经过一段时间的接触,前后共有四只基金为民丰种业注入资金并占据一定比例的股份。虽然这些基金为民丰种业缓解了资金紧张问题,但对公司的经营决策没有提供太大的帮助。

在向卢文兵诉说公司处境后,张总提出:"我知道腾格里之前的投资结果都很不错,不知道卢总愿不愿意投资民丰种业,帮我们想想办法渡过这个难关?"

话音刚落,卢文兵立即回应:"您这一问,正好问到我的心里去了,其实自成立腾格里投资之后,我就一直在寻找好项目。腾格里成立后,我们主要关注的是内蒙古农牧产业方面的项目。我觉得凭借团队这些年的经验,可以将这种实业运作思维继续延伸下去。我还真想多了解了解民丰种业和马铃薯方面的事情。"

为了能够更好地了解内蒙古马铃薯产业和民丰种业的情况,卢文兵随张总参观民丰种业的生产基地、研发中心和办公区。张总介绍,民丰种业虽然拥有一大批在马铃薯种植方面非常优秀的技术人才,却缺乏专业化的管理团队,张总和其他中高层人员并不擅长管理企业,在这方面几乎没有经验。

很快,卢文兵把这些情况告诉腾格里投资管理团队几位成员。在详细介绍自己了解的情况后,卢文兵补充道:"民丰种业是农牧业企业,主营马铃薯种植、销售、加工相关业务,这刚好符合公司对农牧业的投资倾向。与现在流行的产业投资项目相比,我更看好农牧产业的发展前景。民丰种业是乌兰察布的支柱企业,也非常符合腾格里投资领军企业的理念;加上民丰种业已有的土地资源、厂房设备,基础很不错,所以我对民丰种业未来的发展势头很看好,下一个项目可以考虑投资民丰种业。"

经过几轮商讨,大家频频点头。卢文兵接着又说:"我建议先对民丰种业进行更深入的了解,也好探探实际情况。我想如果能够把我们的资金和知识经验引入民丰种业,帮助他们解决问题,不仅对民丰种业是好事,从长远看也是一种资源的优势互补,可以给腾格里带来可观的收益,对双方都大有裨益。"

3. 尽职调查,确定投资模式

按照腾格里内部制定的流程,首先由公司董事会和投委会对投资民丰种业进行内部讨论。经过商议,公司通过了立项内部审议,编写了《项目立项报告》,并组建了一支由财务管理、人力资源、市场营销和法律方面的专业人员组成的6人调研小组,与民丰种业协调具体的调研事项,对民丰种业展开了尽职调查。尽职调查是决定一个项目是否值得投资最关键的一环,要求调研小组全面而具体地落实每一项调研指标。腾格里组建的调研小组向民丰种业发送了尽职调查提纲,要求企业做好相应准备,之后尽职调研小组进驻民丰种业,历时4个多月,对企业的经营、人力资源、财务以及企业是否存在相关法律纠纷等方面进行了详细调查,最后对民丰种业的内部优劣势、发展机会、未来可能遇到的威胁进行分析总结,初步完成了《尽职调查报告》。

拿到《尽职调查报告》后,调研小组成员就报告内容进行了汇报。他们指出,民丰种业存在的第一个问题就是公司治理混乱。公司的董事长和总经理由张总一人担任,存在"一言堂"现象,民丰种业的大事小情都是张总说了算,从马铃薯种植到公司各类决策全部由他负责,董事会没有起到太大的作用。调研小组成员经过了解后发现,这并不是因为张总本人独断专行,而是因为民丰种业缺少专业的管理人才。老员工们都是技术骨干,对于怎么管理企业并不清楚。第二个问题是公司的战略制定存在偏误,对市场状况的认识不足。民丰种业创立之初,张总带领员工种植了几十个品种的马铃薯种薯,耗费了大量的人、财、物资源,但几乎没有调研过哪些品种市场接受度高、哪些品种适合深加工。

除了上述两个问题,调研小组还指出,民丰种业的人力资源状况不容乐观。除了经营管理方面人才匮乏,员工的年龄普遍偏大,基层技术人员的平均年龄超过50周岁,而企业又没有建立员工培训体系,很难实现后备梯队的适时跟进。此外,公司没有建立客户关系管理体系,对交易前、交易中及交易后各环节的管理均比较滞后。

听了调研小组的报告,大家发现民丰种业存在的问题比他们想象的还要多。但同时,《尽职调查报告》也提到马铃薯相关产业的市场前景非常广阔,其中种子市场的需求正处于高速成长阶段。民丰种业所在的乌兰察布是非常适合种薯种植的地域,改良或占据核心区域都可以给企业未来发展带来强大的竞争力。民丰种业的厂房设施齐全,也具备产业链配置的基础。

卢文兵认为,民丰种业有着较好的基础,而腾格里和其他投资机构最大的不同就在于多年的管理经验,将这些管理经验引入民丰种业,这种资源对接、优势互补的机会很难得,没有理由因民丰种业存在的这些问题而放弃这个非常有潜力的项目。一番话过后,大家也不再有所顾虑。

会议过后,《尽职调查报告》被编制成《投资建议书》。随后,卢文兵主持召开公司内部审查会议,分析《投资建议书》的内容,并补充其中未涉及的相关资料,经反复讨论,形成《项目投资报告》和《投委会决策表》。完成相关报告后,将其交予腾格里投委会进行项目投资决策。项目投资决策会议由投委会主席主持,对《项目投资报告》和《投委会决策表》进行评议,通过参会成员的投票表决,在律师、风控总监和行政部门的监督之下,腾格里决定投资民丰种业。

在确定投资民丰种业之后,接下来要决定私募股权投资(PE)具体方式。私募股权投资一般有三种组织形式:公司制、信托制和有限合伙制。腾格里一直采取合伙制的组织形式,即设立腾格里投资基金,以董事长卢文兵为核心,作为普通合伙人(GP)与有限合伙人(LP)共同出资,通过签订合约,确定双方的权利和责任(见图1)。投资基金总额的1%—5%由普通合伙人提供,对基金承担无限责任;有限合伙人出资基金总额的95%—99%,承担有限责任,这部分资金分阶段注入而非一次性实缴。GP的收益主要来自管理费和业绩分成两个方面,业绩分成又称"附带收益",即基金目标收益(利润)的一定比例。按照规定,GP收取基金总额的2%作为日常管理费用,业绩分成(收益)部分则为GP 20%、LP 80%。如果收益率超过约定目标值,GP获得的分红比例就可以相应提高。

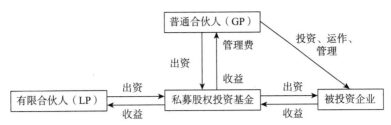

图1　腾格里投资基金的组织形式

一般的私募股权投资基金组织在对项目注资后,有些会根据被投资企业的具体需求提供相应的咨询管理服务,但很少主动参与被投资企业的内部管理和决策;少数私募股权投资基金组织甚至在投资之后就不再关注被投资企业的后续发展,成了"甩手掌柜",只等着到合约规定的时间获得分红。也就是说,一般的私募股权投资基金组织普遍采取财务投资模式。腾格里则决定对民丰种业采取战略投资模式,即卢文兵带领具备管理经验的人员介入民丰种业的管理层,担任公司职务,参与公司的日常经营管理。

在确定投资模式后,腾格里按照合约的要求作为GP出资,寻找愿意出资的LP跟投,提高对民丰种业的持股比例。随后,卢文兵个人对民丰种业注资,以自然人的身份成为民丰种业第二大股东。卢文兵这样做,一方面是因为自己对民丰种业发展前景看好;另一方面他希望以这样的方式获得对民丰种业更多的控制权,从而便于介入民丰种业的投后管理。卢文兵的这一举动也增强了腾格里和LP投资民丰种业的信心,后来还出现了社会资本对民丰种业进行一定比例的投资。

在整个过程中,民丰种业主动配合腾格里提出的要求,对达成的协议内容也表示支持。

4. 投后管理,全面介入民丰

卢文兵担任民丰种业董事长后,腾格里正式展开对民丰种业的投后管理工作。

4.1　调整股权结构

民丰种业成立伊始,张总的持股比例远高于其他股东,拥有对民丰种业的绝对控制权和经营决策权。企业在后续发展过程中曾引进外部投资,张总的持股比例有所下降,但仍然处于绝对控股地位。也就是说,在腾格里投资民丰种业之前,公司的股权结构高度集中。在腾格里和LP投资后,又有部分信赖腾格里的社会资本作为腾格里的一致行动人投资民丰种业,这就使得民丰种业的股权结构发生了改变。

在腾格里投资介入之前,民丰种业的股东人数为18人,介入后人数增加到47人,股权结构由原来的绝对集中趋向于相对集中(见表1)。

表1　腾格里投资民丰种业前后部分大股东的持股比例

投资前		投资后	
股东	持股比例(%)	股东	持股比例(%)
张*	40.569	张*	10.574
**投资有限公司	12.987	**投资有限公司	8.333
***成长投资中心(有限合伙)	9.870	***成长投资中心(有限合伙)	6.333

(续表)

投资前		投资后	
股东	持股比例(%)	股东	持股比例(%)
赵**	9.740	赵**	6.940
***(天津)股权投资基金合伙企业(有限合伙)	7.792	***(天津)股权投资基金合伙企业(有限合伙)	5.000
*** 投资中心(有限合伙)	3.377	*** 投资中心(有限合伙)	2.167
		内蒙古腾格里投资管理有限公司(有限合伙)	6.667
		卢文兵	8.676
		李**	6.750
		北京***投资中心(普通合伙)	5.833
		邓**	5.352
其余11位股东	15.665	其余36位股东	32.727

在腾格里介入民丰种业后,卢文兵与腾格里作为一致行动人,其股权占比已经超过民丰种业创始人张总,成为民丰种业第一大股东。此时,民丰种业的股权结构变得比之前更加分散,来自不同行业的投资者都可以参与民丰种业的决策,利用各自的专业背景为公司提供多渠道的信息和资源,实现资源共享。

腾格里和社会资本的进入,使民丰种业由原来只有一个绝对控股股东转变为拥有几个相对控股股东,这样的持股结构使股东间形成一种制衡机制,在避免绝对控股股东牟取私利的同时,也避免民丰种业因股权高度分散而出现无人监督和管理的现象。

4.2 调整董事会运作

董事会是公司治理的核心,在股东和管理层之间发挥着杠杆支点作用。过去的民丰种业,董事会运作的规章制度不健全,公司高管对董事会运作不太了解,之前的投资人对此也未予以关注;尤其是后来民丰种业遇到的问题越来越多,这方面的事情便很少有人过问。

腾格里介入民丰种业后,投资管理团队成员将民丰种业董事会的运作作为一个重要且紧急的问题提了出来。他们首先扩大董事会人员数量至9人,又制定相对规范的董事会议事规则。在吸引其他投资人对民丰种业进行投资后,其中三位成为公司董事。虽然他们是以非执行董事的身份进入董事会,但是外部董事的加入改变了民丰种业原有的董事会格局,对民丰种业的管理层起到了一定的监督作用。

除此之外,团队还建立了独立董事制度,从外部引进了三位有着丰富管理和财务方面经验的专业人士作为独立董事,邀请他们为企业的战略决策把关。新的管理团队进入民丰种业后,调整了公司董事会制度,扩大了董事会规模,邀请了不同身份背景的董事加入,目的在于提高民丰种业对企业外部环境的分析能力。由于引入的董事与企业管理者保持着一定的距离,他们的视野更加开阔,可以为企业战略的选择和执行提供更多的信息。不同身份背景的董事们拥有不同的技能和经验,关注各自擅长的领域和方向,便于帮助民丰种业扫除战略选择和执行过程中的障碍,筛选有用信息,提高公司对外部信息的解释能力。

4.3 改变管理层激励方式

在企业中,董事会负责战略决策的制定,管理层则承担具体的战略任务。管理层作为公司的关键人员,对其进行激励具有非常重要的意义,激励方式的优劣会直接影响到企业的发展。

腾格里介入前的民丰种业,管理层激励采用基本的年薪发放方式,但是腾格里团队通过调查发现,这种方式对管理人员的激励作用比较弱,高管的工作动力不足。为此,团队与高管人员沟通和访谈后,建立了新的绩效考核制度,对中高管理层的薪酬实行年薪制,年度薪资总额包括月工资总额与绩效工资总额两部分。具体来说,根据公司薪酬管理规定的年度薪资总额标准,按照工资结构比例,分别计算月工资与绩效工资的发放标准。针对不同的管理部门,腾格里还要求管理层人员根据公司战略和长期目标,结合自己部门的职能,确定部门整体预算和本部门本年度重点工作内容或关键指标并赋予权重,提出预期完成工作目标,据此制定相应的工作标准。

经过讨论,团队要求各部门管理层人员都要签订"管理责任状"。年终根据预期目标和实际完成情况进行评分,并给予相应的奖励。比如某管理人员负责人力资源工作,那么公司针对"架构调整、人员优化"这一重点工作内容给予 4 分的权重,预期目标是"7月底完成公司架构调整、人员优化工作方案",年底根据公司评分标准,"未开展此项工作不得分;每晚一天完成,扣 0.1 分",最终根据实际得分给予相应的期权奖励。

腾格里通过长期+短期的激励方式使管理层将公司利益和自身利益捆绑在一起,在进行管理和决策时尽可能减少机会主义行为。

4.4 调整战略定位

腾格里进入民丰种业之前,公司没有调研过哪些马铃薯品种更受市场欢迎。为了全面了解马铃薯产业的市场情况,卢文兵带着团队在田间地头进行了几个月的实地考察,向马铃薯种植专业人员请教学习。随后,他们参观了国内外大型马铃薯种植基地,走访了美国、荷兰等地区的大型马铃薯种植加工企业,并且咨询了科研机构的相关专家和学者。经过调研,卢文兵认为,民丰种业必须尽快转向生产符合市场需求的马铃薯品种,而不再重点生产政府推广的马铃薯品种。

团队制定了"两种"和"两个深加工"战略,即种植种薯和燕麦两种作物,对这两个产品进行深加工。在战略定位形成后,腾格里还为民丰种业树立了"打造世界一流的马铃薯、燕麦种业企业"的愿景。

4.5 培养专业人才,建立客户服务体系

紧接着,腾格里团队又开始对民丰种业的组织结构进行调整。调整后的组织结构为:总经理之下设置 7 个副总经理职位,分别负责食品薯及种薯销售、物流仓储、人力资源、财务审计、工业项目和总经理办公室等各项工作。这些改动使得民丰种业的组织结构更趋于扁平化和正规化。

在人力资源方面,腾格里为民丰种业的种植人员制定了"送出去、请进来"政策,即不仅对其进行内部技术培训,也送员工出去考察其他马铃薯企业,学习和借鉴先进的种植经

验。同时，民丰种业积极与农业类大学开展产学研合作，吸引大学生就业，并引进农牧业类专业人才加入公司管理层。

调整战略定位后，民丰种业的客户群体变得更加广泛，于是公司顺势建立了售后服务体系，为农户提供每年一次的免费种植培训，工作人员会定期回访客户，一旦遇到问题公司就会马上派专业人员到田地里进行指导。

5. 尾声

在腾格里投资后，现在民丰种业的主要业务涉及马铃薯及其他农作物种子的研发生产、分级加工、物流仓储、推广销售，注册资本达到1.2亿元，种植面积扩大至8万多亩，主要种植基地覆盖内蒙古6个盟市，产品销售范围覆盖全国各地。

在腾格里投资民丰种业的过程中，腾格里凭借独有的投资理念和投后管理模式，为民丰种业带来的不仅是资金上的支持，还有专业团队所拥有的管理实践经验。随着我国私募股权投资产业的逐步发展，在投资的各个环节渐渐暴露出许多问题。比较著名的雷士照明创始人与投资人控制权之争，从侧面反映出公司治理对被投资企业的重要性。而腾格里团队对民丰种业采取独特的投资模式，其介入民丰种业的公司治理，为民丰种业带来新的变化，此举或许能够为我国其他私募股权基金组织起到一定的借鉴和参考作用。对于腾格里来说，未来或许还会遇到很多机遇和挑战，要想在现有基础上帮助民丰种业获得长远的发展，还有很长一段路要走。

本章小结

本章详细讨论了初创企业如何发展。初创企业的发展一般分为六个阶段。第一阶段为种子阶段，是企业正式建立之前的一段时间，典型的融资来源包括自有资金融资和天使投资。后续阶段分别为创建阶段（第二阶段）、初步成长阶段（第三阶段）、快速成长阶段（第四阶段）、过渡阶段（第五阶段）、成熟阶段（第六阶段），融资方案扩大到包括风险投资、银行或投资基金提供的资本。

本章还讨论了风险投资公司作为资金提供者和战略指导者的重要作用，同时分析被投资企业的管理者、作为内部投资者的风险投资公司与外部投资者之间的谈判。这些谈判主要集中于双方对被投资企业的贡献，并讨论如何确定企业股权分配方式。

思考题

1. 列出企业发展和融资的六个阶段，并针对每个阶段
   ⓐ 讨论企业的发展；
   ⓑ 列出企业可获得的典型融资来源。
2. 讨论企业早期融资的两种形式：自有资金融资和天使融资。
3. 讨论创业者在与风险投资公司谈判时可能遇到的问题。
4. 讨论风险投资的历史发展，是什么因素导致风险投资家数量激增？
5. 未来生物公司是生物技术行业一家有前途的企业，公司正在与风险投资人谈判，争

取5 500万美元的融资用于扩张。风险投资人正在考虑投资,若投资则投资方将获得股权份额。然而风险投资人担心,如果要求的股权份额过高,未来生物公司管理层就可能没有太强的积极性,从而难以确保企业的成功。当风险投资人要求40%的股权份额时,未来生物公司价值1.6亿美元;当风险投资人要求60%的股权份额时,未来生物公司价值只有9 000万美元。他们应该要求哪一种股权份额?

6. 什么机制可以缓解私募股权投资市场中的委托-代理冲突和信息不对称问题?这些机制的效果如何?

7. 讨论企业发展中的过度投资问题和投资不足问题,以及如何从内部投资者(例如风险投资公司)和外部投资者那里获得融资以解决这两个问题。

8. 讨论划分企业发展阶段的理由。

应用题

1. 在向企业提供资本时,风险投资是否会与银行、金融公司或其他投资者形成竞争?

2. 风险投资机构进行投资后仍对被投资企业进行管理,哪些因素会影响投后管理方式的选择?数字化管理对投后管理有何影响?

分析题

1. 为创业者设计一本可用于创建企业的手册。

2. 为风险投资人制定一套标准,以决定是否投资一家企业。

3. 编制一套向创业者提交的风险投资标准合同条款。

第七章　首次公开募股

本章讨论首次公开募股(IPO)的有关内容。IPO是指一家企业首次向公众出售股份。通常,上市公司股份根据招股书或登记声明中约定的条款通过经纪人或做市商进行销售。一般来说,一旦首次公开募股程序完成,这家公司就可以申请在证券交易所或报价系统挂牌交易。

党的二十大报告明确了资本市场的使命,为中国特色资本市场发展指明了方向。因此,IPO作为中国特色资本市场的重要一环,探讨其现象及理论解释对深化认识中国特色资本市场运行规律具有重要意义。本章重点介绍和探讨IPO的流程、市场化改革和抑价现象。首先,在了解上市的优势和成本后,探究公司应该在什么阶段上市。其次,从准备阶段、审核阶段和注册发行三个阶段介绍中国IPO流程的细节,并简要介绍美国IPO流程。再次,基于中美两国上市对比以及美国资本市场的优势,介绍企业如何选择IPO上市地点。又次,基于我国历史上注册制改革的背景,从发行资格市场化改革、发行定价市场化改革和发行节奏市场化改革三个方面,详细讨论IPO市场化改革。最后,详细探讨IPO上市后的股票市场表现——普遍存在的IPO抑价现象,包括相应的理论解释和实证分析,以帮助投资者更好地理解IPO定价效率问题。

第一节　公司上市决策

本节简要讨论公司选择上市的优势和成本,并进一步讨论公司应该在什么阶段上市。

一、上市的优势

IPO 公司管理层可以通过向公众出售至少一部分所有权权益并利用所得收入投资其他证券,从降低个人投资组合的风险中获益,这是企业选择上市的第一个动机。如果证券市场充斥着流动性证券,那么这是特别有吸引力的机会。此外,公众投资者的多样化有助于降低目标公司的资本成本,从而提高未来资本投资项目的盈利能力。

企业选择上市的另一个动机是减少债务。有证据表明,上市公司通常会使用 IPO 收入的很大一部分来偿还债务。通过降低杠杆率,公司的初始所有者即使没有在 IPO 过程中出售股票,也能降低个人投资组合的风险。此外,通过 IPO 发行新股,公司的所有者和管理层可以稀释 IPO 前其他股东的投票权,从而削弱其影响力。

在公司股票上市成熟之后,公共股权的另外两个优势产生了。其一,公司可以为高管和其他员工拟定股票与股票期权计划;其二,公司可以更容易地通过发行股票而非支付现金为收购提供资金。

综上所述,上市的优势主要体现在以下 10 个方面:(1)获得固定的融资渠道;(2)得到更多的融资机会;(3)获得创业资本或持续发展资本;(4)募集资金,以解决发展资金短缺问题;(5)降低负债率;(6)在行业内扩张或跨行业发展;(7)提高知名度和优化品牌形象;(8)持股人出售股票;(9)管理层收购公司股权;(10)对员工进行期权激励。

二、上市的成本

公司的管理层和投资者必须权衡上市的优势与成本,包括以下内容:

(1) 抑价。正如稍后所展示的,IPO 存在定价过低的异常现象。

(2) 发行成本。IPO 的典型承销商价差为发行收益的 7%,其他成本包括管理层推动公司发行上市的准备时间等。

(3) 失去控制权。新股东可能会迫使公司改变原有的投资、融资或股利政策,也可能试图更换公司的管理团队,包括企业家。

(4) 管理层自由裁量权的代理成本。尽管可以通过监控和激励契约来减轻代理问题,但所有权与控制权的分离仍会引致相关成本。

(5) 信息不对称。信息披露要求可能会损害公司在行业中的战略地位。

(6) 业绩压力。管理层将面临来自投资者、财经媒体、证券分析师和债券评级机构的业绩压力。

(7) 分散精力和时间。管理层经常被耗时耗财的投资者关系工作分散注意力,例如采写新闻稿和来自主要股东的个人访问。

三、在什么阶段上市

Chemmanur 和 Ravid(1999)构建了一个公共决策理论模型,提出了一个问题:一家私人公司迄今为止通过风险投资机构融资,其应该在生命周期的哪个阶段上市?他们的模型侧重于两种成本的权衡:①风险投资机构能够比公众投资者更有效地(即更低的成本)生产信息;②风险投资机构对投资资本的风险溢价高于投资更多样化和竞争性更强的公众投资者。在开发的早期阶段,第一个成本因素占主导地位,公司最好保持私有性质。然而,随着公司进入发展阶段,信息生产总成本会下降,最终第二个成本因素占主导地位,此时公司的最优选择是上市。

Myers(2000)从产权的角度探讨了这个问题。他假设企业家贡献的无形资产价值(即企业背后的"想法")必须通过研发(R&D)支出来证实,而这些支出由有限数量的外部人资助;然而,一旦 R&D 价值得到证明,局外人就可以很容易地没收这些资产。这就产生一个激励问题:如果内部人事后无法控制这些资产,他们为什么要努力地确认资产的价值?这个问题的解决途径之一为:开办一家私有的、封闭的企业,然后将它公开上市以分散所有权,这样公共投资者事后行使控制权的成本就很高。上市会降低外部投资者的议价能力,进而保持对内部人的激励。

第二节 IPO 流 程

典型的 IPO 公司非常年轻,在新兴行业中经常采取高度投机的立场。IPO 是股市中风险最高的股票投资方式之一,IPO 公司通常只有短暂的盈利历史,没有公开估值历史。虽然向公众实际发售股票通常只有一天,但上市的整个过程会持续数周甚至更长,且选择不同的上市地点其流程也存在很多差异。本节将重点介绍中国历史上曾长期执行的 IPO 流程,同时为了帮助读者更好地理解国内外上市流程的差异,最后以美国作为国外资本市场的典型代表,介绍美国的 IPO 流程并附上美国 IPO 实际流程的一个案例。

一、中国 IPO 流程

企业 IPO 的基本流程如图 7-1 所示,基本分为准备阶段、审核阶段、注册阶段和发行阶段。

(一) IPO 准备阶段

企业 IPO 准备阶段主要包括以下三个阶段:

第一个阶段为改制设立阶段。有限责任公司召开"创立大会",将有限责任公司整体变更为股份公司。

第二个阶段为上市辅导阶段。根据证监会 2020 年版《证券发行上市保荐业务管理办法》,发行人在申请 IPO 之前,应当聘请保荐机构进行辅导,对发行人的董事、监事和高级管理人员以及持有 5% 以上股份的股东及实际控制人(或者其法定代表人)进行系统的法规知识、证券市场知识培训。

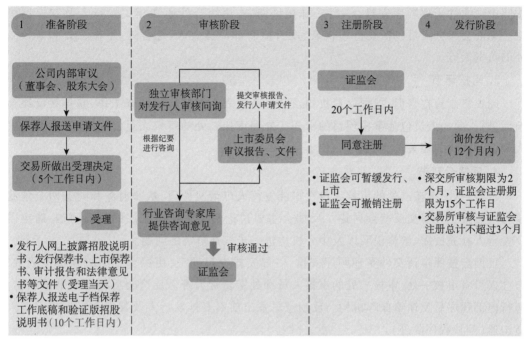

图 7-1 企业 IPO 基本流程

第三个阶段为材料申报阶段。申报企业及其聘请的中介机构依照证监会的要求制作申请文件,保荐机构进行内核并负责向证监会尽职推荐。证监会收到申请文件后,在 5 个工作日内做出是否受理的决定。证监会在正式受理申请文件后,会安排预先披露,对申请文件进行初审,同时征求发行人所在地省级人民政府和国家发展改革委意见(创业板无须经过征求意见环节),并向保荐机构反馈审核意见;保荐机构组织发行人和中介机构对反馈的审核意见进行回复或整改,最后提交股票发行审核委员会审核。

(二) IPO 审核阶段

企业要进行 IPO 就必须按照依法行政、公开透明、集体决策、分工制衡的要求,首次公开发行股票的审核工作流程分为材料受理、见面会、问核、反馈会、预先披露、初审会、发审会、封卷、会后事项、核准发行等主要环节,分别由不同处室负责,相互配合、相互制约。对每一个发行人的审核决定均通过会议以集体讨论的形式提出意见,避免个人决断。

1. 材料受理、分发环节

中国证监会受理部门工作人员根据《中国证券监督管理委员会行政许可实施程序规定》(证监会令第 66 号)和《首次公开发行股票并上市管理办法》(证监会令第 32 号)等规则的要求,依法受理 IPO 申请文件,并按程序转发行监管部。发行监管部综合处收到申请文件后将其分发审核一处、审核二处,同时送国家发展改革委征求意见。审核一处、审核二处根据发行人的行业、公务回避的有关要求以及审核人员的工作量等确定审核人员。

2. 见面会环节

见面会旨在建立发行人与发行监管部的初步沟通机制。会上由发行人简要介绍企业基本情况,发行监管部门负责人介绍发行审核的程序、标准、理念及纪律要求等。见面会按照申请文件受理顺序安排，一般安排在星期一，由综合处通知相关发行人及其保荐机构。见面会参会人员包括发行人代表、发行监管部门负责人、综合处、审核一处和审核二处的负责人等。

3. 问核环节

问核机制旨在督促、提醒保荐机构及其保荐代表人做好尽职调查工作，安排在反馈会前后进行，参加人员包括审核项目的审核一处和审核二处的审核人员、两名签字保荐代表人和保荐机构的相关负责人。

4. 反馈会环节

审核一处、审核二处的审核人员在审阅发行人申请文件后，从非财务和财务两个角度撰写审核报告并提交反馈会讨论。反馈会主要讨论初步审核中关注的主要问题，确定需要发行人补充披露、解释说明以及中介机构进一步核查落实的问题。

反馈会按照申请文件受理顺序安排，一般安排在星期三，由综合处组织并负责记录，参会人员有审核一处、审核二处的审核人员和处室负责人等。反馈会后将形成书面意见，履行内部程序后反馈给保荐机构。反馈意见发出前不安排发行人及其中介机构与审核人员沟通（问核程序除外）。

保荐机构收到反馈意见后，组织发行人及相关中介机构按照要求落实并给予回复。综合处收到反馈意见回复材料进行登记后转审核一处、审核二处，审核人员按要求对申请文件以及回复材料进行审核。

发行人及其中介机构收到反馈意见后，在准备回复材料过程中如有疑问可与审核人员沟通，如有必要也可与处室负责人、部门负责人沟通。

审核过程中如发生或发现应予披露的事项，发行人及其中介机构应及时报告发行监管部并补充、修改相关材料。初审工作结束后，将形成初审报告（初稿）提交初审会讨论。

5. 预先披露环节

反馈意见落实完毕、国家发展改革委等相关政府部门意见齐备、财务资料未过有效期的将安排预先披露，具备条件的项目由综合处通知保荐机构报送发审会材料与预先披露的招股说明书（申报稿）。发行监管部收到相关材料后安排预先披露，并按受理顺序安排初审会。

6. 初审会环节

初审会由审核人员汇报发行人的基本情况、初步审核中发现的主要问题及落实情况。初审会由综合处组织并负责记录，发行监管部门负责人、审核一处和审核二处的负责人、审核人员、综合处以及发审委委员（按小组）参加。初审会一般安排在星期二或星期四。根据初审会讨论情况，审核人员修改、完善初审报告。初审报告是发行监管部初审工作的总结，履行内部程序后转发审会审核。初审会讨论决定提交发审会审核的，发行监管部在初审会结束后出具初审报告，并书面告知保荐机构需要进一步说明的事项以及做好上发审会的准备工作。初审会讨论后认为发行人尚有需要进一步落实的重大问题、暂不提交发审会审核的，将再次发出书面反馈意见。

7. 发审会环节

发审委制度是指发行审核中的专家决策机制。发审委委员共25人，分3个组，发审委安排各组委员参加初审会和发审会，并建立相应的回避制度、承诺制度。发审委召开发审会进行审核工作，发审会以投票方式对IPO申请进行表决，提出审核意见。每次会议由7名委员参会，独立进行表决，同意票数达到5票为通过。发审委委员采用记名方式投票表决，会前有工作底稿，会上有录音。发审会由发审委工作处组织，按时间顺序安排，发行人代表、项目签字保荐代表人、发审委委员、审核一处、审核二处的审核人员、发审委工作处人员参加。

发审会召开5天前证监会发布会议公告，公布发审会审核的发行人名单、会议时间、参会发审委委员名单等。发审会先由委员发表审核意见，发行人聆询时间为45分钟，聆询结束后由委员投票表决。发审会认为发行人有需要进一步落实的问题的，将形成书面审核意见，履行内部程序后发给保荐机构。

8. 封卷环节

发行人的IPO申请通过发审会审核后，需要进行封卷工作，即将申请文件原件重新归类后存档备查。封卷工作在落实发审委意见后进行。如没有发审委意见需要落实，则在通过发审会审核后立即封卷。

9. 会后事项环节

会后事项是指发行人IPO申请通过发审会审核后、招股说明书刊登前发生的可能影响本次发行以及对投资者做出投资决策有重大影响的应予披露的事项。存在会后事项的，发行人及其中介机构应按规定向综合处提交相关说明。必须履行会后事项程序的，综合处接收相关材料后转审核一处、审核二处，审核人员按要求及时提出处理意见。按照会后事项相关规定需要重新提交发审会审核的，应履行内部工作程序。如申请文件没有封卷，则会后事项与封卷可同时进行。

10. 核准发行环节

封卷并履行内部程序后，将进行核准发行批文的下发工作。

（三）IPO的注册和发行阶段

1. 询价推介及发行

首次公开发行股票的，公开发行前应在证监会指定的信息披露媒体上公开刊登招股意向书摘要及询价推介公告，并在拟上市证券交易所的网站上公开披露证监会关于核准发行人首次公开发行股票的通知、招股意向书全文、审计报告、法律意见书、律师工作报告、发行保荐书等文件。

首次公开发行的股票，应以询价的方式确定发行价格。询价开始前，主承销商（保荐机构）的研究人员应撰写对拟公开发行股票的投资价值研究报告。投行人员应将投资价值研究报告（不得公开披露）提供给在证券业协会备案的询价对象，取得询价对象的报价（参与询价对象必须达到规定数量），并在询价的基础上确定发行价格。在中小企业板上市的股票，可一次询价确定发行价格；在主板上市的股票，应先初步询价确定发行价格区间，再累计投标询价确定发行价格。

2. 发行完成后申请在交易所上市

首次公开发行股票的未上市公司，通过交易所的交易系统发行股票，并将公司的所有股票（包括公开发行的股票及公开发行前原股东持有的股票）托管在登记结算公司。在发行完成后，发行人需申请在上海证券交易所（上交所）或深圳证券交易所（深交所）上市交易。上交所的《首次公开发行新股发行和上市指引》和深交所的《首次公开发行股票发行与上市指引》对发行与申请上市的相关事宜进行了规定。

依据上交所和深交所的上述规定，首次公开发行股票的发行人在证监会核准发行申请后，应向交易所上市公司部申请股票简称和代码；通过交易所的交易系统公开发行股票前，也应按照交易所的具体规定报送发行申请文件；发行完成并进行验资和股票托管后，保荐机构应按照指引的要求向交易所上市公司部报送上市申请文件；交易所的上市公司委员会将对发行人的上市申请进行审核，审核时间不超过7个交易日；交易所上市委员会审核通过后，发行人可与交易所签订股票上市协议，并公开披露上市公告书，随后股票在交易所上市交易。

二、美国 IPO 流程

(一) IPO 前准备：提供预测信息

在进行首次公开募股之前，公司必须提供其将在发行后展示的资产、运营、所有权、管理、治理和资本结构的预估或预测。

1. 资产和运营结构

IPO 公司的管理层必须向市场提供 IPO 后公司的资产结构和运营愿景。许多公司上市是为了筹集资金用于资本支出、收购或营运资金。作为监管法律问题，公司必须使市场了解资产和运营的一般参数，同时也要缓解信息不对称问题。IPO 公司通过提供反映公司计划支出和运营的预估资产负债表与利润表来满足这一要求。

2. 所有权、管理、治理和资本结构

首次公开募股通常会导致公司的所有权结构、管理结构、治理结构和资本结构发生重大变化。例如，一家 IPO 公司的内部人在发行前通常会主导公司股票的所有权。然而，一些内部人（指打算离职或退休的人）可能希望利用 IPO 提供的机会，兑现部分或全部股份。此外，IPO 公司发行股票的主要目的是筹集资本金，这增加了公司的股本基础，从而降低了杠杆率。如果发行股票的大部分融资用于偿还债务，杠杆率的下降幅度就会更大。

公司股权在 IPO 后分散也是一个需要注意的问题。一方面，纳斯达克和纽约证券交易所都规定了最少股东人数作为上市要求；另一方面，管理层和其他内部人保留大部分股份是反映公司价值的积极信号，也是减少管理层自由裁量权的代理成本的一种手段。内部人承诺继续持有所有权的一个重要体现是锁定条款，根据该条款，内部人同意在 IPO 后的一段时间（通常为 180 天）内持有股票。

同样重要的是要向市场保证，公司 IPO 后高级管理人员有能力并通过股权或薪酬合同得到适当的激励，按符合股东利益的原则行事。此时，公司与高级管理人员的薪酬合同

可能需要重新确定。此外，公司的治理结构，特别是公司董事会，通常需要进行重组以满足上市公司的信息披露和咨询需求。

承销商还可以建议公司利用发行证券的收入调整资本结构。公司作为私人实体发行的可转换优先股和高级或次级债务等证券可以通过现金支付或交换普通股的方式回收。无论如何，公司 IPO 后的资本结构应与公司的业务风险、财务计划和激励结构保持一致。

（二）承销 IPO 流程

选择上市的公司通常会聘请投资银行来承销发行。承销商协助公司完成所有法律程序，并与潜在的公众投资者就要约价格进行谈判。承销商通过构建交易（例如实施临时股份锁定）和推荐公司内部的某些财务结构（例如，通过高管激励薪酬、IPO 后所有权结构和杠杆率的调整来缓解委托-代理冲突）。此外，投资银行的中介作用可以有效缓解与首次公开募股相关的信息不对称问题，因为它充分了解发行人的运营和前景，并且在确定发行价格公允方面具备专业知识和声誉。

承销商提供以下部分或全部服务：

（1）提供上市程序和财务建议（例如，建议发行的主要股票和次要股票的数量）。

（2）协助完成并向美国证券交易委员会（SEC）提交初步招股说明书（红鲱鱼）和注册声明（S-1、SB-1 或 SB-2 文件）和公司注册。

（3）协助公司回答美国证券交易委员会、州监管机构和美国全国证券交易商协会（NASD）提出的问题。

（4）确保过户代理的安全。

（5）在有利的市场条件下（在可能的范围内）确定发行时机。

（6）为股票确定公允的价格。

（7）购买全部发行（转售给公众）或经纪出售的股份。

（8）在二级市场前期交易中提供售后支持。

在选择承销商时，IPO 公司应考虑许多因素，包括：

（1）规模。承销商对公司的最小规模或发行方面的考虑有所不同。

（2）声誉。机构投资者可能会主导购买性发行，他们对承销商过去的处理方式很敏感。

（3）专业化。承保人通常专注于特定行业（例如生物技术）。专业的承销商将更了解对公司股票感兴趣的投资者，并且可能掌握分析师关注的焦点行业公司的情况。

（4）售后支持。承销商为公司股票提供售后支持的意愿可能会有所不同。这既涉及是否充当做市商，也涉及让股票引起市场的关注。

（5）持续承诺。承销商愿意并能够持续向公司提供财务建议和服务，包括随着公司的发展承销更大规模的股份或债务发行。

（6）费用。承销商针对所提供的服务收取费用。在 IPO 下，费用标准一般是发行收入的 7%。承销商通常还要求提供超额配售（或绿鞋）选项，以便以后出售额外的股票；也可能要求提供有价值的认股权证，以便以后购买股票。

小知识

规划你的首次公开募股全路线[①]

美国公司在进行首次公开募股时应开展活动的细节有哪些?

虽然让公司上市可能不在你的近期计划中,但你可以尽早采取几个步骤以减少延迟上市的可能性,并降低未来首次公开募股的成本。关于 IPO 流程,你应该了解的最重要的事情是,时机就是一切。一般来说,IPO 流程完成得越快,成功的机会就越大。市场对 IPO 的接受度可能会迅速而剧烈地波动。考虑到当时的市场状况和公司的预期估值,承销商会提出公司股票上市的最佳时机。缺乏 IPO 准备可能会延迟上市进程,并导致窗口在注册声明宣布生效并开始出售股票之前关闭。因此,IPO 可能会被拖延或冻结,直到承销商觉得一个新的机会之窗打开了,这可能需要几个月的时间,更糟糕的是可能根本不会发生。

IPO 过程从第一次全体组织会议到第一次向公众出售股票,通常需要 2—4 个月的时间,具体取决于公司的复杂性和清理程度。在此期间,你将完全专注于注册声明的准备和提交,在路演中营销 IPO,回应美国证券交易委员会对注册声明的评判。为了完成这些艰巨的任务,并避免因缺乏仔细准备而可能产生的陷阱,管理团队和律师应该在关键时刻之前解决几乎所有重大问题。为了能够更好地可视化和规划问题,按 IPO 前时间顺序加以处理,理想情况下应该解决每个问题。

1. 首次公开招股前 12 个月或以上

1.1 留住专家

在选择外部法律顾问和会计师以协助 IPO 准备并向美国证券交易委员会提交公司注册声明时,包括将向公众发行的股票,请选择在公开发行和推荐上市代表方面有着丰富经验的公司。

1.2 采用股票期权计划和发行股票期权

有必要采用股票期权计划,并在首次公开募股前尽早发行期权。随着人们越来越确定一家公司将上市,其股票价值将急剧上升。因此,公司管理层最好在预期的 IPO 之前尽早采用股票期权计划,并向核心人员授予期权,以建立他们在公司的相对所有权权益。随着股票发行和股票期权计划的到位,你应避免通常因以低于公允市场价值(通常称为抑价股票)的行使价格授予股票期权而产生的问题。

1.3 审查公司的合同

与公司法律顾问一起审查与供应商和企业合作伙伴的所有争议,以确保 IPO 不会触发任何会终止此类合同的控制权变更条款。这里有必要修改或替换可能受到 IPO 损害的关键合同和协议。

1.4 查看投资者文件

分析股票购买协议和其他文件,这些文件可能规定在首次公开募股发生时转换优先

[①] Hllett B R. Charting Your Course to an Initial Public Offering[J]. Orange County Business Journal, 1996, 19(6).

股或债务,或加速认股权证的行使区间。如果不这样做,就可能会对承销商代售IPO股票的能力或公司股票价格产生负面影响。

1.5 查看财务报表

对上市公司施加的财务报表和会计要求可能比你在组织内实行的要求高得多。聘请在证券事务方面经验丰富的六大会计师事务所,以帮助建立管理信息系统,从而简化财务报表的编制和遵守上市公司报告披露要求。

1.6 审查贷款文件

某些贷款文件可能包含要求你在发行大量股票之前获得贷方同意的条款。为避免任何最后一分钟的阻碍,请与银行家商谈并获得必要的许可。

2. 首次公开招股前 6—12 个月

2.1 企业清理

随着IPO的临近,你应该开始关注技术问题,例如与律师一起审计公司会计记录以确保公司遵守所有适用法律(公司、证券、监管行业等)。你还可以考虑简化业务版的资本支出和公司结构,让投资者看到投资公司股票的潜在好处。

2.2 选择承销商

选择合适的承销商是IPO成功的关键。律师和会计师可以提供有用的见解,能引荐在相关业务领域拥有最丰富专业知识的特定投资银行和银行家。

2.3 分析注册权

如果公司已向投资者或贷款人授予与早期融资交易有关的注册权,你必须与各方进行公开讨论,以避免混淆可向公众出售的股票数量。

2.4 清理内幕交易

应审查和修改与内部人达成金额超过60 000美元的交易,以便可以在招股说明书中披露并报告为公允交易。

2.5 为上市公司选择管理层

上市对公司的行政和管理要求将大大提高,你可能需要增加一至多名具备经营上市公司能力和经验的新管理者。

3. 首次公开招股前 3—6 个月

3.1 避免跳枪

跳枪是指公司和承销商在提交注册声明之前试图公布公司上市计划。美国证券交易委员会有权推迟报价,直到它认为此类宣传的影响已得到充分缓解,让律师审查所有营销方案和新闻稿等,以便在预申请过程中传播。

3.2 准备第16条合规

《1934年证券交易法案》第16条规定了旨在防止内幕交易活动的严格监管框架。与律师讨论第16条合规计划和内幕交易政策。第16条对相关报告要求是强制性的,对违规行为的处罚可能很严厉。

3.3 查看选项问题

审查公司现有的所有权组合以确保股东满意,并为有资格获得期权的高管准备拨款。

期权问题的重要性再怎么强调也不过分。

3.4 做好尽职调查准备

一旦首次公开募股启动,承销商的律师就要展开尽职调查。他们将检查公司几乎所有的账簿、记录、协议、证券和通信等资料,以确保招股说明书中包含的所有披露信息都是真实的,并且不会遗漏招股说明书要求的任何重要信息。为了防止这一过程以任何方式阻碍IPO进程,你可能需要考虑汇集并组织承销商律师可能需要的文件。在最后一刻搜索缺失的文件并创建必要的文件可能会不必要地拖延IPO进程,并可能使公众对公司的组织能力和管理控制产生误解。

4. 首次公开招股前0—3个月

在注册声明预计生效日前3个月,你将开始与管理团队和律师一起起草注册声明。此后不久,你应举行第一次全体员工会议,以安排涉及公司上市的许多任务。在可能的情况下,预测并解决上述与IPO相关的重大问题是非常必要的。从那时起,管理团队和律师将完全专注于准备与提交注册声明及上市申请书。

Corwin和Harris(2001)研究了1991—1996年在纽约证券交易所或纳斯达克上市的公司,以确定公司选择上市市场的决定性因素。他们的样本仅包括符合纽约证券交易所上市要求的公司,即便它们可能已在纳斯达克上市。他们发现纳斯达克的直接发行成本(包括承销商价差和上市费用)低于纽约证券交易所,特别是对规模较小公司而言。相关证据表明,小公司的上市选择是由直接发行成本驱动的;科技公司、由风险投资机构支持的公司以及通过后续股票发行筹集资金的公司更有可能选择在纳斯达克上市,而规模较大且风险较低的公司更有可能选择在纽约证券交易所上市。

第三节 IPO上市地点选择

上一节介绍了中美两国的IPO流程,企业到底应该选择在哪里上市呢?近年来,纵观中国企业IPO,可以发现许多企业会选择赴美上市。为什么中国众多优质企业纷纷选择美国资本市场?本节将从中美上市的不同以及美国资本市场特点两方面进行介绍,分析企业IPO上市地点选择的影响因素。

一、中美上市的不同

(一)上市审批制度不同

有别于美国上市注册制,2023年以前我国除创业板与科创板实行注册制外,A股主板上市以核准制为主[①]。核准制要求申请企业必须符合相关法律及证券监管机构规定的必备条件,IPO过程为3—4年,若其中某一环节存在问题则可能导致IPO计划终止。美国实

---

① 根据中国证监会2023年2月17日颁布的《首次公开发行股票注册管理办法》(第205号令),在中华人民共和国境内首次公开发行并在上海证券交易所、深圳证券交易所上市的股票采用注册制。本小节仅适用于对核准制和注册制进行比较,而非当前中国IPO实践的具体描述。

行的注册制则要求企业在进行股票发行工作时,将公司各项资料完整、准确地向证券监管机构申报,其将对发行人申报文件的全面性、准确性、真实性进行相应审查,审核过程公开、透明且高效,通常符合条件的发行人自申报起 1—2 年可完成上市流程。

（二）股权机制不同

企业上市常常会使创始人面临因股权被稀释而失去实际控制权的风险。美国资本市场允许同股不同权的上市融资模式,即使创始人股权占比较小也依然拥有对公司的绝对控制权,这一点很大程度地解决了企业创始人对上市过程中股权被稀释的后顾之忧。

（三）禁售期不同

在国内市场,禁售期视股票持有时间及获取方式而定,通常 A 股上市公司原始大股东在公司上市之后的 36 个月内不得交易或者转让股份。而美股禁售期相对较短,一般为 180 天,禁售期后股东可以在二级市场上自由买卖股票,有利于资本流动与投资变现。

（四）投资偏好不同

不同市场存在的投资偏好差异对不同行业的估值也会有所不同。美股投资人偏好极具成长性与规模性的新经济业态,相关企业在美上市可获得较高估值,从而取得更多的融资金额。例如,中概股首发募集资金总额排名前十的企业中,科技类企业占五分之三的席位。

（五）行业接纳度不同

我国监管部门对企业上市设定了详尽的有关盈利能力、增长等硬性指标,对于诸如互联网等行业成立年限较短的企业而言,上市门槛较高。而美国市场未将盈利能力作为企业上市的硬性指标,更注重企业商业模式的未来发展潜力,即使企业当前处于亏损阶段也仍有机会在纳斯达克成功上市。

（六）后疫情时代货币流动性影响

在全球新冠疫情影响之下,美国政府出台的货币激励政策导致美国资本市场上资金更为充裕,投资者寻求保值增值标的的意愿更为迫切。从美国众多投资银行和机构重仓中概股的现象中不难看出,这是市场对中国企业信心增强的信号。

二、美国资本市场的优势

美国资本市场还拥有区别于其他国家市场的独特优势。

（一）美国证券市场稳定、资金雄厚

2020 年,全球主要交易所股票总市值为 102.91 万亿美元,较上年同期增长 13.08%。从各交易所数据来看,纽交所、纳斯达克、上交所的交易市值位居前三,规模分别为 26 万亿美元、19 万亿美元、6.9 万亿美元。

美国作为全球主要资本市场之一,汇集了世界各地的资金来源。雄厚的资金规模为企业融资提供了较大空间,多元化的融资渠道助力企业获得了更多的优质融资机会。如果公司经营业绩远超市场预期,其融资规模及融资次数就不会受限制;除此之外,企业还可以在美国上市的股票取代现金,作为收购其他公司的支付对价。

(二)美国拥有多层次、活跃的证券市场分层体系

按照上市标准,美国证券市场被划分为四个层次:第一层由纽交所以及纳斯达克的全球精选(NASDAQ GS)和全球市场(NASDAQ GM)构成;第二层是美交所(AMEX)和纳斯达克资本市场(NASDAQ CM);第三层是OTCBB市场;第四层是Pink(粉单)市场。各个板块间可以相互转化,优质证券通过上行获得更多融资机会,劣质证券通过下行绝处逢生。这样的转板机制既能促进多层次资本市场优势互补、错位发展,拓宽企业上市渠道,又能为不同发展阶段的企业提供差异化、便利化的融资服务,从而激发市场活力。

(三)美股证券市场管理更规范、更成熟、更安全

美国股市历史悠久,有着上百年的运作历史,在管理经验、融资水平及行业成熟度方面具有很大优势。对投资者来讲,资金安全是首要考虑的因素,成熟的资本市场有助于投资者获得更安全的回报。

(四)赴美上市能快速提升全球知名度

在赴美上市过程中,企业凭借路演及一定的媒体曝光可在资本市场上成功亮相并获取一定的关注度;在成功上市之后,伴随着美国资本市场众多机构的业绩跟踪以及关于企业前景的利好报告发布,在提升公司股价的同时扩大企业品牌影响力。因此,企业一旦成功赴美上市,将大幅提升它在国内外的知名度及行业市场地位,同时在技术、市场、管理及人才等方面获得更多的国际合作机会,从而增强企业在全球市场上的竞争力。

三、小结

综上所述,国内股市历经几十年的发展,在制度改革、流程优化方面取得了长足进步,股市的稳定性也得到了显著增强,但基于对上市的时间成本、融资空间、行业限制及企业自身需求等多种因素的考量,美国资本市场成为众多企业的优先之选,从而成就了中概股企业赴美上市的热潮。这不仅有助于企业拓宽融资渠道、完善公司资本结构,同时能够引导企业规范化运行,助力企业高质量发展。这种跨越式发展带来的机遇,与其他金融市场相比具有更明显的优势。对于企业来讲,只有具备全球化的竞争意识、融入国际舞台,才能为企业的转型升级打下坚实基础,助推自身成为享誉中外的优质企业。

第四节 IPO市场化改革

前文对IPO流程及上市地点选择做了详细介绍,接下来将从我国IPO历史变迁的角度介绍IPO市场化改革的历程。

众多学者对我国IPO市场化改革进行了研究。就当下IPO市场化改革的背景而言,赖黎等(2022)提出,中国资本市场历经三十多年快速发展取得瞩目成就,但核准制下优质企业上市难,同时"炒新""炒概念""炒壳"等异象频现。从审批制到核准制,我国政府仍

担负着企业上市的实质性判断重担,市场化定价体系尚不成熟,注册制改革势在必行。发达市场普遍实行注册制,政府部门推行宽进严出的"形式性审核",要求发行企业及时、充分、准确地披露信息,以供投资者客观地决策。相反,核准制遵循"实质管理原则",由证监会判断拟上市公司的质量,确定其是否符合发行要求。行政干预扭曲资源配置方式并导致市场定价效率不足,这是实务界亟待解决的问题,也是学术界关注的焦点。

为构建中国资本市场的优胜劣汰机制、提升市场竞争力,2018年11月5日,习近平在国际进口博览会宣布设立科创板并试点注册制,随后相关工作紧锣密鼓地推进。2019年3月2日,证监会、上交所联合发布科创板注册制制度规则和业务指引文件(以下简称"科创板正式稿")。2019年7月22日,科创板首批25家企业正式上市。同年12月28日,十三届全国人大常委会第十五次会议通过新修订的证券法,明确将全面推行注册制。由此可见,注册制改革无疑是中国资本市场最重要和最受瞩目的改革之一,其重要性不亚于股权分置改革,在一定程度上决定了中国资本市场的未来走向。

注册制改革是新股发行审核方式的转变,本质上是市场准入的市场化改革,但是发行定价的市场化改革要远早于市场准入改革,至今仍未完成,甚至出现倒退。新股市场化改革面临的阻碍是什么?是理念分歧还是利益博弈,抑或兼而有之?

有鉴于此,本节借鉴宋顺林(2021)的研究,介绍有关新股发行市场化改革过程中的共识和分歧,并提供相应的制度背景和文献解释。其研究发现,新股发行市场化改革虽然涉及很多方面,但可以概括为三大主线:一是准入(发行)资格方面的市场化,决定企业是否有资格上市;二是发行定价方面的市场化,决定企业以什么价格发行;三是发行节奏方面的市场化,决定企业什么时候可以上市。

一、发行资格市场化改革

(一)制度变迁

中国民营企业上市的积极性居世界之最,成功登陆A股是很多企业家的梦想,但"上市难"问题始终困扰着他们,首先面临的是发行资格管制这个"拦路虎"。从发行资格管制的制度变迁来看,中国的发行体制可分为三大阶段(见表7-1):2001年3月前的审批制、2001年3月至2023年2月的核准制以及2023年2月至今的注册制。

表7-1 发行资格管制改革

时间 发行制度	2001年3月前		2001年3月至2023年2月		2023年2月至今
	审批制		核准制		注册制
具体方法	1993年4月—1996年12月:额度管理	1997年1月—2001年2月:指标管理	2001年3月—2004年1月:通道制	2004年2月至今:保荐制	注册制
特征:谁决定上市资格	地方政府、中央主管部委	地方政府、中央主管部委	承销商、发行审核委员会	承销商、发行审核委员会	承销商、投资者

（续表）

时间	2001年3月前		2001年3月至2023年2月		2023年2月至今
发行制度	审批制		核准制		注册制
制度利弊：好处	有效控制股票发行规模	提高上市公司的规模和质量	减少行政干预、兼顾额度控制	促进竞争、加强保荐人责任	减少寻租和资源流失
制度利弊：弊端	上市公司规模较小、质量欠佳	捆绑上市、关联交易	券商竞争受限、不重视质量	寻租、资源流失	投资者不成熟

资料来源：宋顺林（2021）及作者整理。

审批制是指中国股票市场建立初期，为了平衡社会经济关系，采用行政计划办法分配股票发行额度或指标的方式。审批制下，地方政府或行业主管部门根据分配的额度或指标推荐企业发行股票，中央主管部委负责审批。额度管理有效地控制了股票发行规模，但会导致地方政府选择推荐小企业，以争取让更多的企业有机会上市。为解决"撒胡椒粉"式的上市问题，1997年后开始实施"控制额度，限报家数"的指标管理。但是，指标管理会产生新的问题，可能会导致捆绑上市，上市公司关联交易频繁。

2001年3月，证监会颁发《上市公司新股发行管理办法》，标志着新股发行实现从审批制到核准制的转变。核准制取消了额度和指标管理，限制了地方政府和中央主管部委对IPO过程的干预，加强了承销商和证监会的权力。核准制下，发行资格的决定权转移至承销商和证监会，承销商负责尽职调查并推荐发行人，证监会及其组织的发行审核委员会负责审核发行人信息披露的真实性，对拟上市公司质量进行实质审核并决定是否核准发行。核准制可划分为两个阶段：2004年2月1日前的通道制和2004年2月1日后的保荐制。通道制是指证监会给每家券商下达通道（一个通道代表能同时推荐一家企业），证券公司将拟推荐企业逐一排队，按序推荐，所推荐企业每核准一家才能再报一家。通道制下，券商重视通道资源的利用，但缺乏对上市公司质量的足够重视，并且券商之间缺乏竞争动力。保荐制与通道制类似，最大的差别在于引进了保荐制度，加强了保荐机构和保荐代表人的职责，促进了券商之间的竞争。

保荐制从实施至今二十多载，为注册制改革打下了坚实基础。保荐人制度源于英国，目前主要应用于英国、加拿大以及中国香港等地区的创业板市场。与英国等国家和地区不同的是，中国内地实际上执行的是"双保荐"制度，保荐中介的职责由保荐机构和保荐代表人（保代）个体共同承担。保荐制下，实际上相当于将之前的通道权交给保代，保代的权力很大，但由于考试制度限制了保代的供给，导致保代成为众多券商争夺的稀缺资源，保代在发行证券上市后离职的现象频繁发生。此外，保荐制也加大了保荐机构和保代的责任。据统计，2004—2014年，共24人次保荐机构和77人次保荐代表人受到证监会或重或轻的监管处罚，涉及25个保荐机构（其中12个保荐机构多次被罚），处罚的原因按频次从高到低依次为尽职调查、文件制作、利润下滑和定价内幕等。作为核准制的核心，保荐制将新股发行的市场化改革推进了一大步，也为注册制打下了坚实的基础。但是，保荐制没有完全起到保证新股质量的作用，实施二十多年先后出现绿大地、胜景山河和万福生科等多起造假案例。

从制度变迁历史看,中国实施的是一种渐进式市场化改革。过去十几年,通过限制地方政府对 IPO 资格筛选过程的干预,加强中介机构的权力和责任,将审核权力从证券管理部门转移到更为透明的发行审核委员会,新股发行制度实现了由政府到市场的逐渐过渡。毫无疑问,渐进式市场化改革已取得重要成果,但目前还未完成,发行资格审核权力最终要让渡给投资者才算真正的市场化。

当然,注册制并不是完美无缺的,也可能产生新的问题,例如虚假信息披露问题和投资者不成熟。劣质公司可以通过虚假信息披露伪装成优质公司,而即使有着完善的信息披露制度,也要求"聪明的投资者"能够识别公司的好坏。所以,注册制的核心是信息披露,基石是成熟的投资者。监管层和承销商的主要职责是对信息披露进行形式审核,而不是实质审核,不对公司做价值判断。此外,投资者不成熟并不能成为拖延实施注册制的借口,因为注册制是起点而不是终点。

(二) 文献回顾

基于文献回顾,下面讨论核准制的两大基石——发审委和承销商——在新股上市资格审核中的作用。

(1) 发审委制度的积极作用和消极作用。相对而言,现有文献对发审委制度的积极作用讨论较少。根据公共利益理论,政府进行管制的目的是弥补市场机制的不足,从而维护公共利益。具体到股票市场,公共利益观点认为,政府进行发行资格管制的目的是保护投资者利益,因为市场存在信息不对称,投资者没有能力鉴别公司的好坏。Stigler(1964)研究发现,与 1934 年美国证券交易委员会成立之前相比,成立之后的新股上市后的市场表现并没有明显更好。他推测,政府管制在排除特别差的公司的同时把特别好的公司也排除了,总体上并没有起到保护投资者利益的效果。不过,Cattaneo 等(2015)等基于意大利市场的证据认为,政府通过加强证券市场的管制,提高了 IPO 公司的生存率。祝继高和陆正飞(2012)研究表明,中国证监会虽然在权益融资方面会照顾国有企业,但是能够保证盈利能力强的企业更有可能被批准上市。冉茂盛和黄敬昌(2011)研究表明,发审委在审核中考虑了企业进行盈余管理的可能性,由此企业的盈余管理程度越高越难通过发审委的审核。但是,Allen 等(2018)发现,从盈利能力和股价表现来看,A 股公司不仅比境外上市的中国公司差,而且比未上市的中国公司差,表明证监会并没有选出最优秀的公司。他们认为,这是造成中国经济与 A 股市场表现相背离的重要原因。

(2) 现有发行制度的弊端。第一,优质资源流失问题。Stigler(1964)研究指出,虽然证券交易委员会可能排除了一些差公司进入股票市场,但也可能排除了很多好公司。最近十几年,一批优秀的互联网公司(包括阿里巴巴、腾讯、京东、百度、搜狐、新浪等)纷纷在美国上市。互联网公司境外上市有多种原因,比如国内交易所的规则对新兴科技公司不利,因为新兴科技公司往往存在低盈利水平、业务不够成熟以及无形资产比例高等。Güçbilmez(2014)发现,中国 A 股创业板开通后(2009 年),规模较大且有风险资本持股的公司更倾向于在美国上市。第二,上市公司盈余管理问题。证监会设立盈利水平门槛以及发审委看重盈利能力的直接后果是,上市公司为了获得稀缺的上市资格而进行盈余管理(乃至进行财务造假),个别情况下地方政府和中介机构甚至成为上市公司造假的帮凶,这方面的实证证据较多。Aharony 等(2000)很早就关注中国 IPO 市场的盈余管理问题,发现非保护行业的 IPO 公司在上市前通过应计项目进行财务包装,导致上市后业绩下滑;其证据进一步支持 IPO 公司存在盈余管理行为的推论,盈余操纵方式包括应计盈余管理和真实盈余管理。Piotroski 和 Zhang(2014)发现,政府官员有动机在即将离任前推动本地企业上市,这些企业上市后的市场表现更差。地方政府通过政府补贴、税收优惠等方式帮助本地企业粉饰业绩、支持本地企业上市较普遍。第三,寻租问题。大量研究表明,企业通过各种途径(如高管、承销商、审计师、私募股权等)取得的政治联系都可以提高 IPO 通过监管层审核的概率。由于会计师事务所在发审委名单中的占比较大,它在寻租中的作用较受关注。很多研究表明,会计师事务所被聘请为发审委成员有助于提升事务所的市场份额和审计收费,聘请有发审委成员的会计师事务所有助于提高民营企业 IPO 通过发审会核准的概率。第四,上市资格管制还会导致投资者炒作垃圾股,不利于推广价值投资理念、提升资本市场效率。Lee 等(2018)发现,对上市资格的管制导致壳资源价值飙升(30 亿—40 亿元),垃圾股炒作之风盛行。

除了发审委,还有学者研究了承销商在 IPO 中的作用。核准制下,保荐机构在上市资源筛选中担负重要职责。遗憾的是,关于保荐机构(如承销商)的职责定位问题,现有文献少有讨论,只有在保荐制度实施之初博得少许关注。国外的研究表明,承销商声誉机制是它发挥鉴证作用的基石。高声誉机构往往意味着更高的公司质量、更合理的发行价格和更好的长期市场表现。而在中国,IPO 公司财务造假和上市后业绩变脸现象层出不穷,表明承销商声誉机制的约束力有限。承销商往往更注重自己的短期利益而非长期声誉,原因可能是承销商的市场份额不完全取决于业务执行质量,其所有权背景、政治关系等发挥着重要且显著的作用;并且,由于承销商的主要工作不是销售股票,而是帮助企业通过发审委的审核,此时市场声誉显然不是最重要的。柳建华等(2017)发现,在投资者保护较差的地区,承销商声誉甚至与盈余管理程度正相关。在中国独特的发行制度下,承销商的职责定位以及如何强化承销商声誉机制的有效性仍然值得探讨。

综上所述,现有文献发现,发审委并不能保证筛选出最优秀的公司,还会激发优质资源流失、财务粉饰及权力寻租等诸多问题。此外,由于承销商声誉机制的有效性不足,承销商在中国资本市场中的鉴证作用有限。

二、发行定价市场化改革

(一)制度变迁

中国的发行定价制度可以分为两大阶段:询价制之前和询价制之后。询价制之前通常采用固定市盈率的定价方法,即上市公司的发行价格由固定的市盈率倍数(如 15 倍)乘以公司的每股收益确定。这种方法简单易行,其弊端是发行价格不能反映公司未来的前景,不符合"质优价高"的市场规律。询价制通过向机构投资者询价获取投资需求信息、确定发行价格,是一种市场化的定价机制。询价制的优势是提高新股定价效率,使得新股发行价更能反映公司的品质;弊端是可能出现发行价格过高的情况。在中国,询价制并不能完全等同于市场化定价,关键还是取决于监管层是否对新股定价进行管制。

如表7-2所示,根据是否实施定价管制,我们可以将发行定价制度的两大阶段细分为七个阶段:询价制之前的REG1—REG3阶段和询价制之后的REG4—REG7阶段。虽然某些阶段的定价管制并没有明文规定,但我们仍然可以通过箱形图清楚地展示定价管制的结果。如图7-2显示,REG1阶段,定价管制很严,发行市盈率可选的范围很窄;REG2阶段,明显放开定价管制,发行市盈率选择的范围放宽;REG3阶段,发行市盈率范围明显收窄;REG4阶段,询价制实施初期很明显没有完全放开市盈率管制;REG5阶段,定价市场化改革比较彻底,发行市盈率的范围放宽,很多公司的发行市盈率甚至超过50倍,最高达到150倍;REG6阶段和REG7阶段,发行市盈率范围重新收窄,实施发行价格窗口指导,尤其是REG7阶段重新回归到REG1阶段的严格定价管制模式。

表7-2 发行价格管制变迁

REG	询价制之前			询价制之后			
	1	2	3	4	5	6	7
定价方法	固定市盈率	累计投标定价	固定市盈率	询价制	询价制	询价制	询价制
定价管制	<15倍PE	无	<20倍PE	<30倍PE	无	<同行业PE	<23倍PE

资料来源:宋顺林(2021)。

注:REG表示定价管制所处的阶段。REG1指1999年2月11日之前;REG2指1999年2月11日—2001年11月6日;REG3指2001年11月7日—2004年12月31日;REC4指2005年1月1日—2009年6月11日;REG5指2009年6月12日—2012年4月28日;REG6指2012年4月29日—2014年3月21日;RECG7指2014年3月21日—2019年2月22日。

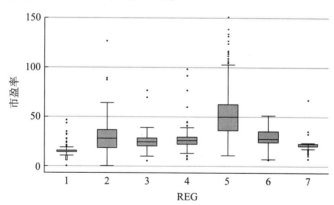

图7-2 不同定价管制阶段发行市盈率分布

资料来源:宋顺林(2021)。

询价制改革除了定价管制政策的变化,在询价对象资格、网上网下配售政策(包括回拨机制)、机构投资者锁定政策、询价信息披露等方面也进行了一系列小改革。值得一提的是,为了防范新股炒作,自2012年开始监管层对新股二级市场首日定价也进行了一系列管制,但真正对二级市场交易机制产生重要影响的是2013年12月的"新规"。"新规"要求"连续竞价阶段,有效申报价格不得高于发行价格的144%且不得低于发行价格的64%",导致很多新股价格的首日涨幅都在44%左右,上市后出现"连板"(连续涨停)现象。

从发行定价市场化的制度变迁来看,从固定市盈率到询价制,通过向投资者询价的方式决定新股的发行价,新股定价理论上实现了从政府到市场的过渡。询价制实施之初,监管层采用了渐进式的改革模式,暂时保留了对发行价格的窗口指导。遗憾的是,在实施彻底市场化的询价制改革受挫之后,监管层重新对新股定价进行严格管制,这时的询价制本质上相当于固定市盈率,询价制已名存实亡。历史上,印度、韩国、马来西亚等均实施过定价管制,但最终都走向市场化的定价方式。

(二) 文献回顾

过往文献评估了IPO市场化改革的成败,多从IPO定价效率的角度来分析,实证结果大多支持中国IPO市场化改革的有效性。周孝华等(2006)发现,相较于审批制,核准制大大提高了IPO定价效率,表现为新股发行价格更能反映公司未来的成长能力。王海峰等(2006)发现,在询价制定价方式下,IPO抑价率降低,抑价率的方差也随之变小。刘志远等(2011)、张峥和欧阳珊(2012)、田利辉等(2010)都发现,放松定价管制能够降低IPO抑价率、提高新股定价效率。张峥和欧阳珊(2012)还发现,定价管制放松后,新股发行价格与反映公司质量的财务特征变量的相关性增强。田利辉等(2013)以1993—2010年的上市公司为样本,系统地评估中国过去渐进式IPO市场化改革的成败,发现随着新股供给额度和定价管制的逐渐放松,IPO抑价率逐渐降低、新股定价效率显著提高。据此,他们认为中国政府主导的新股发行制度渐进式改革十分成功。

更多的研究关注IPO定价管制可能导致的问题。第一,定价效率降低问题。现有文献表明,定价管制降低了IPO定价效率,造成了中国居高不下的IPO首日回报率。第二,寻租问题。虽然监管层在大多数时期对新股发行设定了市盈率上限,但很多时候政府并没有明文规定市盈率管制标准而实行窗口指导,这就为寻租留下可操作的空间。Francis等(2009)、Li和Zhou(2015)的研究均发现,政治联系有助于民营企业提高发行价格。于富生和王成方(2012)研究定价管制对国有股权与IPO抑价关系的影响,结果显示随着政府定价管制程度的提高,国有股权比例与IPO抑价的正相关关系显著减弱,甚至转向负相关关系。原因是在定价管制下,国有股权比例较高的企业更可能通过政治联系突破定价管制的限制,以较高的价格发行股票。第三,高成长性公司流失问题。王冰辉(2013)研究发现,在定价管制下,成长性较高的公司将不愿意进行IPO,反而选择推迟上市,待成长目标实现、盈利水平更高时才上市。高成长性的公司可能选择境外上市,交叉上市的公司也大多选择先在境外上市,然后才回归A股市场。这些结果说明,中国特殊的IPO定价制度可能使得A股市场成为低成长性公司聚集地。第四,中介机构声誉机制失效问题。王兵和辛清泉(2009)、陈俊和陈汉文(2011)均发现,审计师声誉机制有助于降低IPO抑价率,提高新股定价效率;但是,当发行价格受到管制时,新股不需要通过聘请高质量审计机构传递公司质量的信号,审计师声誉机制作用的发挥受到限制。第五,盈余管理问题。上市的盈利指标要求导致上市公司为了满足盈利水平要求进行盈余管理,而发行价格的市盈率管制可能导致上市公司为募集更多的资金进行盈余管理。第六,投资者"炒新"问题。宋顺林和唐斯圆(2017)发现,新股发行定价管制会增大新股二级市场的价值不确定性,导致更高的二级市场IPO溢价(股价高估);投资者倾向于"炒作"发行上市前价值不确定性更大的新股,这些新股的二级市场IPO溢价更高。

还有一些文献研究了最新的询价制市场化改革引发的问题。第一,"三高"问题。新股定价市场化的直接后果是产生"三高"问题,即高发行价、高发行市盈率和高超募资金,其根源是发行价格过高。究其原因,俞红海等(2013)发现询价制改革后,由于制度安排不合理,使得参与询价的机构投资者之间过度竞争,导致IPO定价过高。虽然承销商也有动机防止发行价格过高,但总体上承销商更愿意发高价。在市场化定价机制下,承销商更愿意选择高发行价的原因是其面临的激励和约束机制不平衡。此外,在发行价格较高的情况下,承销商可以利用分析师报告托市,防止上市后股价跌破发行价格。第二,公平问题。刘志远等(2011)研究认为,询价制度第一次改革后(2009年新股发行制度改革),新股定价效率明显提高,更可能引发中小投资者的"赢者诅咒"现象;机构投资者由于拥有信息优势,更可能避免市场化定价导致的"赢者诅咒"问题。

关于新股首日交易价格管制的效果,市场关注不多,目前相关研究也很少。张卫东等(2018)的实证结果表明,新股首日涨停板制度导致更高的首日回报率。宋顺林和唐斯圆(2017)利用2014年的新股首日涨停板制度,研究发现新股首日交易价格管制不但不能抑制投资者"炒新",反而会助长新股投机行为,表现为新股上市后的IPO溢价、换手率和波动率都明显提高。

综上所述,现有文献发现,IPO市场化改革总体上是成功的,虽然新股定价市场化也会产生一些问题,但定价管制的问题更多,两害相权取其轻,总体上IPO定价管制弊大于利。

三、发行节奏市场化

(一)制度变迁

IPO停摆(或称暂停)是指证监会根据市场形势等,为了稳定市场而进行的一种行政管制行为。如表7-3所示,截至2015年,IPO历史上经历了9次暂停,暂停时间从3个月到14个月不等,暂停的主要原因是市场形势不佳、股票指数大幅下挫。监管层通常在市场形势不佳时适时推出重要的改革,如2004年的询价制改革、2005年的股权分置改革和2012年的新股财务大审查。从IPO暂停时间分布来看,有4次发生在2005—2015年,说明IPO暂停未来仍可能成为稳定市场的一种手段。

表7-3 历史上9次IPO暂停

暂停时间	空窗期	暂停原因
1994年7月21日—1994年12月7日	5个月	市场大跌
1995年1月19日—1996年6月9日	5个月	市场大跌
1995年7月5日—1996年1月3日	6个月	市场大跌
2001年7月31日—2001年11月2日	3个月	国有股减持、市场大跌
2004年8月26日—2005年1月23日	5个月	市场大跌,询价制改革
2005年5月25日—2006年6月2日	12个月	市场大跌,股权分置改革
2008年12月6日—2009年6月29日	8个月	金融危机,市场大跌
2012年11月3日—2014年1月16日	14个月	市场大跌,证监会财务大审查
2015年7月4日—2015年11月6日(宣布重启)	5个月	股灾,市场大跌

资料来源:宋顺林(2021)。

市场各方对于该不该实施 IPO 停摆制存在很大争议。支持方的主要观点是：过多过快地发行新股会对市场造成较大冲击，市场形势较差时应该暂停 IPO 业务。反对方的主要观点是：IPO 停摆是行政管制，破坏了新股发行的市场化改革。反对方的观点无疑是成立的，IPO 暂停的任意性违背了市场化原则，成熟的资本市场虽然也有救市行为，但从未选择以 IPO 暂停的方式。此外，在成熟资本市场，市场有自动调节功能，市场行情较差下 IPO 数量和 IPO 首日回报率都较低。关于支持方的观点，救市是否有助于改变市场的走势则难以评估。除了较为极端的 IPO 暂停，证监会也对 IPO 发行节奏进行管制。在现行发行体制下，企业不能完全自主地选择上市时机，政府控制了股票发行的节奏。从核准制的上市流程来看，企业递交上市申请后，需要通过发审委的核准并拿到批文。监管层可以通过控制发审会召开时间以及批文发放时间来掌控新股发行节奏。图 7-3 描绘了 IPO 月度发行数量与上证指数 1990—2017 年的趋势。从中可以看出，IPO 发行数量与市场形势有着非常明显的相关性，这种关系不是由企业择时导致的，而是因为证监会根据市场形势控制了新股发行节奏。从实践来看，虽然目前证监会使用 IPO 暂停越来越谨慎，但从未承诺未来不进行 IPO 暂停，对 IPO 发行节奏的控制也从未松动。

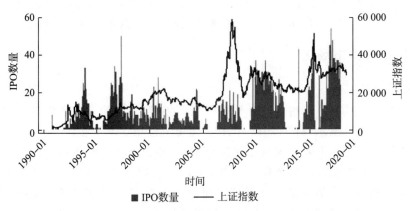

图 7-3 IPO 月度发行数量与上证指数（1990—2017）

资料来源：宋顺林（2021）。

（二）文献回顾

关于 IPO 暂停能否稳定市场价格，虽然业界人士争议很激烈，但严谨的实证研究很少。Shi 等（2017）研究发现，无论是发行当日还是上市当日，规模较大的 IPO 确实会导致市场价格短期下降，但 IPO 对市场价格的影响只是暂时的。Li 等（2018）研究发现，即将上市的预期（审核通过）也能影响已有上市公司短期的股价。宋顺林和辛清泉（2017）则探究 IPO 暂停对上市公司基本面的影响，发现 IPO 暂停可能会导致新股发行的隐性成本（财经公关、机会成本等）攀升，最终导致新股上市后大股东资金占用和股利发放水平显著更高而会计业绩与市场表现显著更差，表明 IPO 暂停会损害上市公司基本面。Cong 和 Howell（2018）认为，IPO 暂停导致已通过核准的公司推迟上市，公司不能及时融资及其不确定性增大，进一步导致公司创新活动（以专利数量和专利质量度量）大幅减少。

第五节　IPO 上市后市场异象：IPO 抑价

公司 IPO 上市后普遍存在抑价现象。IPO 抑价现象是指公司首次公开发行定价明显低于上市初始的市场价格。当抑价发生时，由于发行方以低于股票自身价值的价格出售股票，现有股东可能会遭受损失，而新进股东则能够从所购买的股份中获得更高的回报。大量研究记录了企业首次公开募股后的首日回报率定价异常的现象。本节提供公司 IPO 抑价的现实数据，并介绍相关的理论解释。

一、IPO 首日回报率：定价过低的异常现象

IPO 定价过低是文献里广泛记录的一种异常现象。本小节借鉴 Ogden(2002)的研究，提供 1991—2000 年间美国非金融公司的 IPO 样本证据。下一小节将回顾为 IPO 抑价异常现象提供解释的文献。

图 7-4 显示了非 VC(风险投资)支持和 VC 支持的 IPO 首日回报率分布。首日回报率的定义是二级市场交易首日股票的收盘价和发行价的之差与发行价的比值。

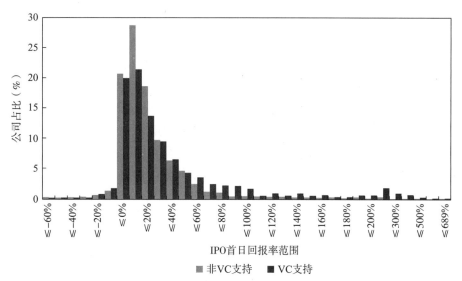

图 7-4　非 VC 支持和 VC 支持的 IPO 首日回报率分布

资料来源：Ogden 等(2002)。

两组公司的 IPO 首日回报率分布似乎非常相似，都表现出巨大的差异。VC 支持 IPO 股票的首日回报率为-27.8%—697.5%，非 VC 支持 IPO 股票的首日回报率为-67.5%—441.70%。这些最小值和最大值表明 IPO 股票的首日回报率高度右偏，即极端的正回报多于极端的负回报。

两组公司的均值、中位数和标准差的统计数据如表 7-4 所示。非 VC 支持 IPO 股票的平均首日回报率为 18.8%，而 VC 支持 IPO 股票的平均首日回报率为 37.9%，是前者的近两倍。

表 7-4　1991—2000 年美国非金融公司

是否有 VC 支持	样本数	均值(%)	中位数(%)	标准差
否	1 475	18.8	10.0	32.4
是	1 432	37.9	14.1	66.9

资料来源：Ogden 等(2002)。

综上所述，IPO 首日回报率高的证据已经得到充分记录和研究。从这些研究中得出的一般性结论是：IPO 定价在发行市场上被低估了，随着价格从低发行价格上升到上市后普遍更高的(均衡)市场价格，投资者可以从中获得巨额回报。

二、IPO 抑价的理论解释

事实上，长期以来国内外学者对 IPO 抑价的影响因素给出了各种解释。本小节梳理有关 IPO 抑价现象的理论解释，从市场制度、投资者情绪、信息不对称、公司控制权四个角度梳理与 IPO 抑价相关的研究和理论解释。

(一) 市场制度与 IPO 抑价

国外从市场制度角度探讨 IPO 抑价的主要理论和研究内容总体上可以归类为诉讼规避和价格支持两个方面。

(1) 关于诉讼规避。Tinic(1988)提出，证券公司应当对上市申请过程中隐瞒重要信息或披露虚假信息的行为承担法律责任，由于如此作为会影响证券公司在业界的口碑，因此其对外披露的信息是可靠的。证券承销商特别期望能规避这种风险，可是金融市场始终没有出现有效的规避方法，因此以低于合理价格来定价发行是保护证券承销商及发行人规避破发风险和潜在法律风险的最佳途径。1933 年，美国政府颁布了相关法律法规，加大了 IPO 发行相关主体潜在的法律责任。Tinic(1988)研究美国《1933 年证券法案》是否会对新股发行主体和发行价格产生影响，深入考察法律颁布前后 IPO 公司股票样本，其研究结果表明《1933 年证券法案》对股票发行主体行为和新股发行价格有着显著的影响。Lowry 和 Shu(2002)提出，上市公司进行 IPO 所承担法律风险的概率增大导致高程度的 IPO 抑价现象。Welch 和 Ritter(2003)提出，投资者在新股申购过程中同样面临各种各样的内外部市场风险，从而要求在上市首日得到应有的回报，但是晚入场的投资者也要求得到相匹配的回报，毕竟他们同样承担了各种各样的内外部风险。

(2) 关于价格支持。以往的信息不对称理论对新股抑价问题失去解释效力，由此 Ruud(1993)利用公司 IPO 首日交易价格的波动幅度研究 IPO 抑价现象，提出价格支持理论。Ruud(1993)认为，发行主体和证券承销商以低于合理价格发行新股，目的是让公司股票上市后的价格波动幅度尽可能小；但是，公司仍不可避免会面临股票破发风险。因此，当股票面临破发时，发行公司就会实施有效的价格支持措施，使公司股票价格达到稳定状态。因此，IPO 抑价现象就是源于发行主体的价格支持措施。

国内学者主要是在国外相对成熟理论的基础上，同时结合我国股票市场的现实情况，对 IPO 抑价现象进行深度研究。与市场制度相关的研究内容主要集中于新股发行制度、公开信息披露制度、市场有效性、"簿记"理论等方面。

(1) 关于新股发行制度。胡志强(2016)分析新股发行制度对 IPO 抑价是否有显著影响,结果显示新股发行制度是 IPO 抑价的影响因素之一且作用显著。王澍雨(2017)研究提出,新股发行制度市场化可以有效缓解我国 IPO 抑价率高的问题。李后建和张剑(2016)主要运用实证分析方法,研究我国股票市场新股发行制度对 IPO 发行定价效率的影响。其研究结果表明,新股发行制度对股票市场 IPO 发行价格的限制比之前更加严格,提高了上市公司与投资者之间的信息不对称程度,导致我国股票市场实行市场询价机制来缓解信息不对称的成效不是很理想。

(2) 关于公开信息披露制度。陈柳钦和曾庆久(2003)提出,我国股票市场出现新股一级市场和二级市场价差过高的现象是由制度不合理造成的,比如对外公开信息披露制度等。汪天都和孙谦(2014)研究了我国股票市场相关监管制度对股票价格震荡的影响,认为公开信息披露制度并没有缓解股票市场上的 IPO 抑价问题,只是对股票市场流动性产生一定的缓解作用。

(3) 关于市场有效性。周尘(2008)提出,新股发行价格是发行主体根据公司内在价值决定的,而首日交易价格是由二级市场供求关系决定的。他认为我国证券市场 IPO 高抑价水平是由于上市公司信息披露不完整,公司合理的内在价值不能被投资者获知。

(4) 关于"簿记"理论。王春峰和赵威(2006)提出,"簿记"对我国证券市场上 IPO 抑价的影响结果与发达证券市场的情况十分相似。由于我国证券市场制度比较独特,因此"簿记"理论对新股在一级市场与二级市场间价差巨大的影响程度有限。我国证券市场实行市场询价制,投资者可以得到的补偿方式受到诸多限制,上市公司只能通过低价发行的方式对投资者予以补偿,于是造成证券市场上较高的 IPO 抑价水平。

(二) 投资者情绪与 IPO 抑价

许多学者从投资者情绪角度对 IPO 抑价展开研究,其中主要的研究理论和研究观点来自信息叠加理论、投资者情绪理论和期望理论。

(1) 关于信息叠加理论。Welch(1992)提出信息叠加假说,他注意到证券市场上存在一种现象,即信息匮乏的投资者在申购新股之前会先去看看市场上投资者的申购意愿以规避中签亏损的风险。当市场上出现放弃申购的舆论时,这部分投资者也会考虑放弃申购公司新股,即负面信息叠加现象。Welch(1992)在研究本地股票市场时发现,当投资者之间存在信息不对称时就会发生这种情况。Amihud 等(2002)十分赞同 Welch(1992)提出的理论,他们在观察证券市场时同样发现一种独特现象:新股申购规模要么很大,要么几乎没有人去申购,几乎不存在适度认购的情况。

(2) 关于投资者情绪理论。投资者情绪理论由 Cornelli 等(2006)提出,假设股票市场上的投资者对上市公司盈利前景持积极看法,通过分析需求曲线发现,发行主体为了尽可能抬高公司股价以获取更多的利益,会倾向于最大限度地获取消费者剩余价值。因此,为了能够让公司顺利上市,机构投资者就会迎合发行主体的分销模式;但是,当他们之间的利益产生冲突时,发行主体会让出一部分利益补偿机构投资者。邹高峰等(2012)运用相关实证模型对 IPO 抑价的影响因素进行深入分析,发现 IPO 抑价不但与证券交易所一级市场发行价格不合理有很强联系,而且与证券交易所二级市场投资者情绪有很强联系。

魏志华等(2019)运用实证分析方法研究我国新股制度中发行日股价限制与投资者情绪的关系,认为发行日股价限制会刺激投资者买卖新股的行为,导致我国股票市场IPO抑价程度更加严重。宋顺林(2019)也提出相同的观点。张劲帆等(2020)运用其他方法对发行日股价限制与投资者情绪进行研究,认为正是一级市场的价格限制造成二级市场非理性的投资行为,导致投资者炒新情绪加剧,股票价格大幅拉升,由此产生比较严重的IPO抑价现象——弹簧效应。

(3)关于期望理论。Miller(1977)认为,如果发行公司上市不久购买公司股票的投资者就获得很高的回报,潜在投资者就会对公司股票的价值产生怀疑。Houge等(2006)提出,新股上市首日股票市场上投资者之间的不同期望与当天股票市场股票价格的震荡有着紧密联系。基于这个研究发现,Gouldey(2006)深入分析其中的逻辑关系,最终还是未能完全剖析清楚新股破发原因。

(三)信息不对称与IPO抑价

在20世纪八九十年代就有学者从信息不对称角度研究IPO抑价问题,其中最主要的理论和观点来自承销商理论、赢家诅咒假说、信号理论和研发投入效应。

(1)关于承销商理论。Baron和Holmstrom(1980)认为,由于上市公司及其聘请的中介服务机构之间存在信息不对称,相较于上市公司,中介服务机构更清楚新股发行定价机制以及股票的真实价值,证券承销商为了使自己承销的公司顺利上市进而在市场上建立良好声誉,就会利用自身的信息优势,在发行公司不知情的情况下有意将新股以较低的价格完成发行任务,这样就产生上市公司新股发行价格低于二级市场价格的现象。Baron和Holmstrom(1980)认为,上市公司和中介服务机构之间的信息不对称是引发这种现象的根本原因。基于上述理论,Beatty和Ritter(1986)、Carter和Manaster(1990)提出,头部声誉良好的证券承销商只愿意帮助项目安全且风险小的公司发行新股,声誉一般且实力一般的证券承销商只能选择项目风险大的公司,由此形成恶性循环,使得IPO抑价现象更加严重。经过几十年的研究发展,Piwowar和Strader(2004)发现,这种现象在20世纪90年代以后开始消失。李滔(2017)主要分析创业板市场中承销商声誉与IPO抑价的关系,认为承销商声誉与IPO抑价负相关,但是这种关系不是很明显。

(2)关于赢家诅咒假说。Rock(1986)发现,有时候证券市场上的投资者可能比发行公司获得更多的信息,但是投资者之间所拥有的信息量差别很大,由此推导出赢家诅咒假说。他假设证券市场上只存在无信息投资者和有信息投资者,他们之间几乎不进行信息互换,且都掌握新股发行定价的主动权。在Rock(1986)构建的模型中,外部投资者并不能确定企业真实的内在价值,但是他们可以通过付出信息收集成本来获取企业的有用信息。于是,有信息投资者会在证券市场上寻找新股发行价格低于股票真实价值的公司进行打新申购,无信息投资者会对所有即将上市的公司股票进行打新申购,最后产生新股发行价格高于其内在价值的情况,此时证券市场上只有无信息投资者会购买新股,而有信息投资者则会拒绝购买新股。于是在新股申购过程中,无信息投资者会因有信息投资者放弃申购而中签定价高于真实价值的新股,这就是所谓的赢家诅咒假说。Rock(1986)提出,发行主体为了使无信息投资者依然在一级市场上进行新股申购,会制定相应的抑价发行机制来补偿投资者面临的损失风险;否则,他们将拒绝再进行新股申购。张矢和卢月辉的(2014)对赢家诅咒假说进行了实证研究,认为该假说可以对中国主板市场上的 IPO 抑价现象进行合理解释。

(3) 关于信号理论。国外学者认为信号理论主要源于上市公司与投资者之间所获得的信息不同,一般来说上市公司比投资者更有信息优势。Grinblatt 和 Hwang(1989)、Allen 和 Faulhaber(1989)以及 Welch(1989)等率先提出信号理论。他们认为,为了让投资者关注新上市公司是否有盈利前景,具备良好盈利前景的公司会降低本公司股票的发行价格,在顺利上市之后再通过更高的价格增发本公司股票来弥补之前抑价发行的亏损。刘剑蕾和栗媛(2019)从信息不对称角度分析了中国市场化改革与 IPO 抑价的联系,认为事前不确定性假说合理解释了中国市场化改革对 IPO 抑价的负向影响。在实行市场询价制之后,中国市场化改革与 IPO 抑价的负相关关系更为显著,这表明中国市场化改革与 IPO 发行价格有着密切的联系。

(4) 关于研发投入效应。胡志颖等(2015)重点考察中小板等股票市场上市公司的研发投入是否会对 IPO 抑价产生影响,认为在我国股票市场制度不完善的特殊背景下,研发投入提升了上市公司与投资者之间的信息不对称程度,进而提高了 IPO 抑价水平。韩鹏和沈春亚(2017)选取 2009—2012 年创业板相关股票数据,实证分析后认为研发投入信息披露内容、研发市场定价不准确与 IPO 抑价的关系紧密,企业内在价值受研发投入信息披露的影响,从而导致 IPO 抑价现象更加严重。李振飞(2018)分析创业板上市公司在融资约束政策下公司研发投入对 IPO 抑价的影响,认为融资约束力度和研发投入呈负相关关系,在低融资约束政策下公司研发投入对 IPO 抑价的影响不显著。

(四) 公司控制权与 IPO 抑价

关于所有权与控制权分散理论。Brennan 和 Franks(1997)研究发现,公司上市时聚集大量投资者来申购股票,而 IPO 抑价发行恰恰可以吸引证券市场上的投资者来申购新股,然后发行主体按一定比例进行配售,最终不仅使公司股票具有较好的变现性,还使公司股权结构分散化。股权分散有两个好处:一是可以改善发行公司股票的流动性;二是可以将发行公司的股权结构分散化,阻止公司控制权发生意外变动,从而将野蛮人拒之门外。Booth 和 Chua(1996)也支持这种观点。Brennan 和 Franks(1997)为了深入研究公司所有权和控制权与 IPO 抑价的联系,建立了相应的实证分析模型,其研究表明了 IPO 抑价水平与企业高管持股比例呈负相关关系,与企业股权结构分散程度呈正相关关系。王澍雨(2017)基于认证监督效应角度,研究创业板上市公司风险投资机构持股情况对 IPO 抑价的影响,结果显示两者呈负相关关系。

国内学界关于所有权与控制权分散理论的主要研究内容是公司董事会构成、内部控制流程、内部信息披露制度、高管社会资本规模以及股权分置情况等方面。

李妍(2005)研究表明,独立董事在公司董事会的比例与 IPO 抑价水平呈负相关关系,独立董事声誉与 IPO 抑价水平呈正相关关系;一人兼任董事长和总经理职务的企业的 IPO 抑价水平会比较低;董事会人数越多,IPO 抑价水平越趋于合理。邱冬阳等(2010)表明,企业内部控制信息披露详细程度与 IPO 抑价水平呈正相关关系,但不是特别显著,主要是因为投资者不能了解发行主体内部管理经营的详细情况。孙芳和赵艳(2017)试图从一个全新的角度来分析 IPO 抑价现象,发现我国上市公司董事会与董事长拥有的社会资本规模与 IPO 抑价水平呈负相关关系,然而这两种社会资本之间是互相矛盾的负向协同。刘煌辉和熊鹏(2005)认为我国相关法律法规的改革是股票市场产生 IPO 抑价的最直接原因。蒋顺才等(2006)注意到我国主板市场新股上市首日获得的超额收益高于其他资本市场,同时 IPO 抑价正在趋于合理水平。我国股权分置问题与 IPO 抑价也有着十分密切的联系,如果处理好股权分置问题,IPO 抑价率就会回归正常水平。和楠和樊慧莉(2010)探究股权分置改革与 IPO 抑价的联系,发现两者关系十分密切且反向互为影响。

案例解析
蚂蚁集团暂停上市的原因分析①

核心概念　暂停上市　金融科技　金融监管

学习脉络　理解蚂蚁集团在 A+H 股上市的动机和定位,并从盈利模式判断其上市定位和 IPO 估值的合理性;探讨蚂蚁集团被暂停上市的深层次原因以及上市背后蕴含的风险,揭示金融监管、金融创新与金融风险之间的关系。

学习要求

1. 蚂蚁集团为什么进行 A+H 股上市?
2. 蚂蚁集团的盈利模式是怎样的?其上市定位和 IPO 估值是否合理?
3. 蚂蚁集团上市为何被叫停?其背后蕴含怎样的风险?
4. 金融监管越来越严,暂停上市后的蚂蚁集团应如何推进创新?

2020 年 11 月 3 日,史上最大规模的 IPO——蚂蚁集团上市被暂停,引起社会各界的广泛关注。蚂蚁集团为何被暂停上市,整件事情的来龙去脉到底是怎样的?从表象看是由于金融监管环境发生重大变化导致蚂蚁集团不符合发行上市条件和信息披露要求。那么,是否还有更深层次的原因呢?

2020 年已入深秋,而资本市场的天气却不似万里无云的天空。10 月 21 日,蚂蚁集团获准 IPO 上市的消息引发万众瞩目,万千投资者满怀热情、跃跃欲试,蚂蚁持股员工高呼"财富自由"。3 天后,蚂蚁集团实际控制人马云在上海外滩金融峰会发表演讲,语惊四座,发言"大胆"程度引发媒体疯狂转发。过了短短 10 天,蚂蚁集团再次登顶热搜:蚂蚁集团上市被叫停!一系列大事接踵而至,像电影故事一般的转折让资本市场舆论热闹非凡。很多人说是马云的发言惹怒了监管部门。事实果真如此吗?监管部门为何踩下紧急刹车?蚂蚁集团接下来该如何应对?这些问题都值得我们思考和探讨。

---

① 本案例由南京师范大学的赵自强、徐勤勤和薄汝青撰写,作者拥有著作权中的署名权、修改权、改编权。本案例授权中国管理案例共享中心使用,中国管理案例共享中心享有复制权、修改权、发表权、发行权、信息网络传播权、改编权、汇编权和翻译权。出于保密的要求,本案例对有关名称、数据等做了必要的掩饰性处理。本案例只供课堂讨论之用,并无意暗示或说明某种管理行为是否有效。

1. 金融科技异军突起，蚂蚁集团引领风骚

1.1　金融科技异军突起

近年来，以人工智能、大数据、云计算为代表的新兴科技的发展如火如荼，推动中国金融科技迈入发展快速路。中国第三方支付市场起步于2013年，在短短7年间规模由9万亿元飞速增长至250万亿元，在市场布局、企业发展、数字技术、融资规模、用户满意度等方面全球领先。金融科技企业势如破竹的发展，推动了资本市场制度的加速变革，国家也相应出台了相关政策文件以提供更规范、更广阔的发展空间。在社会层面，移动支付大大提升了线上交易的便捷性与安全性，不仅在国内风生水起，甚至作为中国"新四大发明"之一迈出国门。尤其在2020年新冠疫情期间，线上支付为隔离的民众提供了基本的生活所需，帮助国民渡过难关。

金融科技行业的特点是技术更迭快、行业标准持续发展、新产品和新服务不断涌现。相较于传统的银行、保险、证券等金融机构的竞争态势百花齐放，金融科技领域目前处于"双雄并立"局面，市场高度集中。

1.2　蚂蚁集团引领风骚

蚂蚁科技集团股份有限公司（以下简称"蚂蚁集团"）脱胎于2004年成立的支付宝。2013年3月，支付宝从母公司独立出来，正式成为一家小微金融服务集团——蚂蚁金服。2020年，蚂蚁金服更名为"蚂蚁科技集团"。蚂蚁集团拥有支付宝、余额宝、网商银行、蚂蚁花呗、芝麻信用、蚂蚁森林等子业务板块，很多金融服务应用深得用户喜爱。蚂蚁集团以大数据、云计算为基础，推动金融机构和合作伙伴加速进入"互联网+"时代，同时为小微企业和广大个人消费者提供普惠金融服务。

蚂蚁集团自成立以来发展迅猛，仅用16年时间就成为中国最大的线上消费信贷平台。根据艾瑞咨询的数据，截至2019年12月31日，支付宝的市场份额为48.44%。为了保持企业的竞争力，蚂蚁集团非常重视新产品的研发、科技人才的引进以及解决方案的创新性，每年在区块链、IoT技术、数据库、人工智能、安全科技等方面投入大量的研发资金，先进的技术也支撑蚂蚁旗下的多个产品在市场上取得广泛的用户基础与良好的口碑。对外，由于所处金融行业政策更新快，蚂蚁集团不断相应调整自身的业务模式，使公司的发展经营符合政策规定。

2. 高举研发创新大旗，小蚂蚁酝酿融资大战略

2.1　募集资金，兴科技战略

得益于科技创新方面的优势，自成立以来，蚂蚁集团业务模式不断更新拓宽。为了贴合自身"全球科技的领先公司"的定位，2020年，公司正式将名称由"浙江蚂蚁小微金融服务集团股份有限公司"变更为"蚂蚁科技集团股份有限公司"，实现了名称上的去金融化。在实际行动方面，蚂蚁集团也表达了对科技创新的重视。根据招股说明书，若蚂蚁集团成功上市，则近四成的募集资金直接或间接用于科技创新，足见蚂蚁集团对研发创新的重视。巨额的技术研发支出也给蚂蚁集团带来显著成效，当时蚂蚁集团已拥有2.6万项专利、26项自研核心技术、18项世界级科技奖。2019年微软、谷歌的研发强度分别为13.47%

和16.07%,2017年至2020年上半年,蚂蚁集团的研发强度一直保持在8%左右。因此,公司需要大量的资金持续填补研发创新的资金缺口,以保持在金融科技领域全球领先水平,实现蚂蚁集团全球化的野心。

除此之外,蚂蚁集团董事长井贤栋曾多次公开表示,前面几轮所融资金将重点用于支付宝的全球化拓展、自主科研活动、全球顶尖人才招募以及新市场本地科技人才的培养,从而提升支付宝向用户提供普惠金融服务的能力,带动市场所在地的数字化转型升级(见表1)。在2020外滩金融峰会上,蚂蚁集团实际控制人马云也反复强调创新的重要性。

表1 蚂蚁集团募集资金用途

序号	募集资金投资方向	拟投资金占比(%)
1	助力数字经济升级	30
2	加强全球合作并助力全球可持续发展	10
3	进一步支持创新、科技研发的投入	40
4	补充流动资金及一般企业用途	20
	合计	100

资料来源:蚂蚁集团招股说明书。

2.2 观历史数据,探蚂蚁融资路径

蚂蚁集团自成立以来,以互联网金融业务为主体,但由于轻资产产业发展不稳定、风险较大,难以从银行取得高额贷款,达不到发行债券的条件。此外,过高的负债率会抬高蚂蚁集团的财务杠杆率,因此蚂蚁集团不适合走举债经营的路线。近年来,蚂蚁集团的负债率逐年降低。2019年,蚂蚁集团的资产负债率为30%,远低于工农中建等大型金融机构(大于90%),与苹果、微软等互联网科技企业的同期负债率大致相同。根据公司的资产结构以及历史数据可以看出,蚂蚁集团的融资主要来自股权融资。

2015年7月,蚂蚁金服宣布完成A轮融资,共引入8家战略投资机构,其中全国社保基金首次直接投资民营企业,占股5%。2016年4月,蚂蚁金服顺利完成45亿元规模的B轮融资,有中投海外和建行下属公司等新股东加入。2018年6月,蚂蚁金服的C轮融资达到140亿美元,引入GIC、华平投资、凯雷投资等机构。经过三轮令人瞩目的大规模私募融资,蚂蚁金服的估值在不到3年时间内增长2.3倍,成为全球最高估值的独角兽企业之一。按这样的发展势头,蚂蚁集团在扩张的过程中需要更多的资金支持,因此蚂蚁集团计划IPO也是意料之中的事。

3. 金融企业还是科技企业?穿透蚂蚁看基因

3.1 由表及里,层层深挖核心盈利能力

蚂蚁集团的业务种类众多,总体可以分为表层业务和底层业务两大类,如图1所示。蚂蚁集团通过表层业务提供服务以吸引流量,然后在底层业务上变现以实现盈利。表层业务的作用是建立用户黏性、提高用户活跃度、扩大客户群体,从而达到引流服务的作用,主要包括购物娱乐(如购物、外卖、电影等服务平台)、便民生活(如社保、生活缴费、出行等服务平台)和教育公益(如网课、蚂蚁森林等服务平台)三大部分。

图 1　蚂蚁集团业务分类

资料来源:蚂蚁集团招股说明书。

底层业务是蚂蚁的核心盈利来源,业务板块大致可分为数字支付与商家服务、数字金融科技平台、创新业务及其他三个部分。三大业务板块的规模占比如图 2 所示,数字金融科技平台在主营业务收入中占比高达 63.39%,并且自 2017 年以来数字金融科技平台业务快速扩张,在 2019 年超过数字支付与商家服务成为蚂蚁集团的主要收入来源。

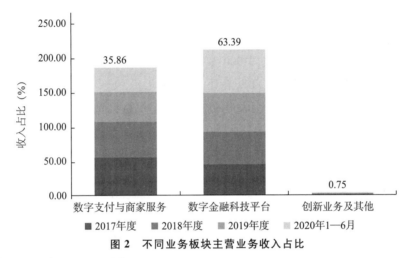

图 2　不同业务板块主营业务收入占比

资料来源:蚂蚁集团招股说明书。

数字金融科技平台包括微贷科技平台、理财科技平台和保险科技平台。微贷科技平台近年来在主营业务收入中的占比不断增大,从图 3 可以看出,就微贷科技平台这一单项而言,在 2020 年就已超过蚂蚁集团以往的核心业务——数字支付与商家服务,成为蚂蚁集团的主要利润来源。

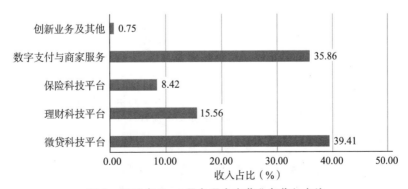

图 3　2020 年 1—6 月各平台主营业务收入占比

资料来源:蚂蚁集团招股说明书。

进一步细分微贷科技平台，包括消费信贷和小微经营信贷两种。其中，消费信贷的主要方式是支付宝里的花呗和借呗，花呗主要靠分期消费赚取利差收入，借呗则靠放贷利息赚取收入。花呗的年利率为 15%—17%，分期越久利率越高；借呗的年利率为 11%—18.5%，远高于银行同期贷款利率。另外，在对个人和小微企业的联合贷款中，蚂蚁小贷自己的出资比例为 1%—2%，这就意味着 98%的资金来自银行业。仅用约 360 亿元的表内贷款就实现了 1.8 万亿元的联合贷款，由此可见信贷业务为蚂蚁集团创造了巨大的利润。

3.2 信贷业务背后，资金哪里来

从上文的分析中可知，微贷科技平台是蚂蚁集团的主要利润来源，而其信贷业务主要由贷款融资、小部分自有资金、资产证券化和联合贷款等组成。其中，贷款融资和自有资金应在资产负债表中体现出来；资产证券化是指将流动性较低但未来有现金流入的信贷资产（如贷款）打包为流动性较强的证券在资本市场上发行，并出售给投资者。

蚂蚁集团旗下的借呗和花呗采用再循环交易的结构，在 3 年时间内利用 ABS 循环了 40 多次，把 30 多亿元的本金放大为 3 000 多亿元的贷款，形成了上百倍的高杠杆，如图 4 所示。2017 年，蚂蚁发行了 134 单 ABS，合计 3 120.4 亿元，受现金贷新政影响，借呗、花呗一度被禁止发行 ABS 产品。解禁之后，蚂蚁 ABS 的发行额度逐年减少，但杠杆率仍高达 50 多倍。

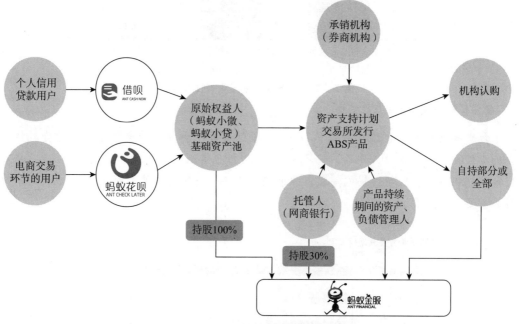

图 4 借呗、花呗 ABS 流程

资料来源：《财新周刊》。

金融强监管态势下融资难度不断增大，于是蚂蚁集团将目光转向助贷和联合贷款的新模式。在助贷模式下，蚂蚁集团把客户推荐给银行，按银行利息的一定比例收取技术服务费；在联合贷款模式下，蚂蚁参与联合贷款的全过程，获得技术服务费和利息的双重收入。

3.3 依靠数字化管理,控制风险与成本

蚂蚁集团的盈利来源及背后的资金运作都必须依靠蚂蚁集团极低的坏账率和强大的科技支持。2017年,蚂蚁集团公布了"BASIC"战略,分别代表蚂蚁未来技术布局的五个重点发展领域——区块链(B)、人工智能(A)、安全(S)、物联网(I)和云计算(C),在此基础上延伸出风控、信用和链接三大能力,保证蚂蚁集团各项业务的有序经营,尤其是信贷业务的顺利开展。蚂蚁集团背靠阿里巴巴,除了拥有阿里巴巴带来的庞大客户基础,依靠蚂蚁的智能商业决策系统、动态风险管理系统、人工智能、算法及分析以及云计算与蚂蚁链,将信贷坏账率控制在仅1%左右(见表2),从而为企业的持续经营提供了资金链保证,有效的风控也为企业降低了放贷成本,扩大了企业盈利空间。

表2 蚂蚁集团应收账款坏账准备 金额单位:百万元

项目	2020年6月30日			2019年12月31日			2018年12月31日			2017年12月31日		
	单项计提坏账准备	坏账准备金额	计提比例(%)	应收账款余额	坏账准备金额	计提比例(%)	应收账款余额	坏账准备金额	计提比例(%)	应收账款余额	坏账准备金额	计提比例(%)
单项计提坏账准备	13 856	14	0.10	12 700	16	0.12	7 352	4	0.05	3 452	0.27	0.01
按信用风险特征组合计提坏账准备	798	27	3.37	466	31	6.61	375	18	4.87	651	11	1.67
合计	14 654	41	0.28	13 167	47	0.35	7 727	22	0.29	4 102	11	0.27

资料来源:蚂蚁集团招股说明书。

综上所述,蚂蚁集团的主要盈利来源是信贷业务,其实质上属于科技金融企业,而且其信息披露也采用金融机构报表格式。但蚂蚁集团招股说明书显示,公司属于"信息传输、软件和信息技术服务业"大类下的"互联网和相关服务",说明蚂蚁集团将自己界定为科技企业。蚂蚁集团非常重视科技企业的概念也是不争的事实,甚至在2020年7月将蚂蚁金服改名为蚂蚁科技集团股份有限公司。这背后原因之一就在于IPO估值:所属类别不同将导致估值结果出现较大偏差。若按银行业估值,则蚂蚁集团市盈率一般不会超过10;若按科技企业估值,其市盈率能高达几十倍,由此在科创板上市后募得的资金也会更多。相较于主板,当时实行注册制的科创板审核效率更高、要求更宽松,在科创板上市对蚂蚁集团的限制更少。这很有可能是蚂蚁集团一直强调科技概念的原因之一。万物总要回归本质,蚂蚁集团是金融企业的事实不容争辩,应当归属金融系统监管,此次被暂停上市就是一个有力的证明。

4. 金融监管新政下,蚂蚁上市被叫停

4.1 监管寒冬突降

2020年下半年,蚂蚁集团持股员工体验了一把"心情过山车":7月20日蚂蚁集团宣

告拟 A+H 上市;8 月 25 日正式向证监会提交了 A+H 股 IPO 申请;10 月 21 日获准上市;24 日马云在外滩金融峰会上高调发言;11 月 2 日蚂蚁实际控制人被约谈;次日蚂蚁集团被暂停上市。接连曝出几大重磅消息后,他们只能眼睁睁地看着即将实现的"财富自由"泡了汤,煮熟的鸭子也飞走了。图 5 显示蚂蚁集团寻求 IPO 上市至暂停上市的全过程。11 月 3 日晚,上交所发布关于暂缓蚂蚁集团科创板上市的决定,原因为:该重大事项可能导致公司不符合发行上市条件或者信息披露要求。自此,当时世界金融史上最大规模的 IPO 被紧急刹车。

图 5　蚂蚁集团暂停上市全过程

资料来源:凤凰网财经。

证监会就蚂蚁集团暂缓上市答记者问。证监会发言人表示,此次暂缓上市是上交所依法做出的决定。金融监管部门的约谈与近期监管环境的变化可能会对蚂蚁集团组织架构、业务和盈利模式产生重大影响,这是上市前发生的重大事项,需要谨慎处理。上交所遵循保护投资者合法权益、维护市场公平公正、充分准确披露信息的原则,依据相关规定做出暂缓蚂蚁集团上市的决定。

在监管环境发生重大变化的情况下,为了避免蚂蚁集团此时仓促上市造成更大损失,蚂蚁集团暂缓上市是对投资者、市场与社会大众负责的做法,有利于资本市场的长期稳定发展,也体现出对市场与法治的敬畏。

4.2　风起于青苹之末

从上市获准到上市被紧急叫停用时不到短短半个月,事情进展跌宕起伏,引发无数投资者的猜想与全社会的热切关注。很多媒体人调侃,这是因为马云在外滩金融峰会上的大胆发言激怒了监管部门,才惹火上身导致上市被叫停。这种说法当然站不住脚。马云的发言不是一时兴起,监管部门的急刹车也绝非儿戏。事实上,马云等蚂蚁高层对即将到来的监管寒冬早已有所察觉,因而希望抓紧时间赶上 A+H 股末班车。

同样,从上交所公告和证监会表态中也可看出端倪。上交所和证监会关于此次暂停上市的声明中分别提到"重大事项"以及"监管环境发生重大变化",这表明导致此次事件的缘由并非一夜形成,而是早有征兆,其背后是逐步加强的金融监管,图 6 展示了 2020 年的重大金融监管动作。

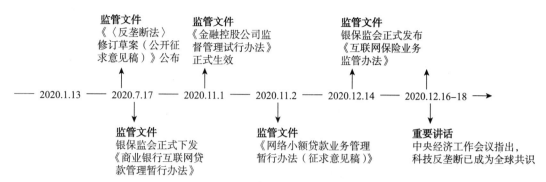

图 6　2020 年金融监管大事件

资料来源：财经网。

2020 年 1 月,时任国务院副总理刘鹤在国务院金融稳定发展委员会专题会议上表示,要加强监管,依法对金融活动进行全方位监管;7 月下发的《商业银行互联网贷款管理暂行办法》,从商业银行、贷款平台、借款人等多个维度对互联网贷款业务模式与操作进行明确规范,旨在提高从产品研发、风险控制到催收等环节的规范性;中国人民银行此前印发的《金融控股公司监督管理试行办法》于 11 月 1 日正式生效,旨在防范金融风险并规范金融控股公司发展;12 月 14 日,银保监会颁布《互联网保险业务监管办法》,对互联网保险业务本质、经营要求等进行明确规定;12 月 16 日至 18 日召开的中央经济工作会议明确指出,科技巨头垄断已成为不可忽视的全球现象,科技反垄断已成为全球共识。密集的监管发声显然传递出这样一个信号:金融监管的寒冬即将到来。

在众多的监管文件中,与此次蚂蚁集团暂缓上市有直接关系的是 2020 年 11 月 2 日由银保监会(原)和中国人民银行共同颁布的《网络小额贷款业务管理暂行办法(征求意见稿)》(以下简称《办法》)。《办法》明确了对网络小额贷款公司的注册、出资等要求,也明确了贷款人的贷款限额、杠杆率、异地业务的办理等要求。《办法》的出台将对蚂蚁集团的核心业务产生显著、直接的影响,尤其是蚂蚁集团开展网络小贷业务的花呗与借呗。显而易见,蚂蚁集团当下的管理和业务模式等方面已经不符合最新的经营规范,更满足不了上市条件,必须立刻进行相应的整改。

5. 大动荡余波不断,抬眼看路在何方

5.1　小贷新规影响大

如图 7 所示,蚂蚁集团暂停上市后,2020 年 12 月 15 日,董事长井贤栋在第四届中国互联网金融论坛上发言,表示蚂蚁服务着众多消费者和广大小微企业,更应当在防范金融风险、维护金融系统安全方面提升安全水准。此外,蚂蚁集团也配合监管要求提出一系列整改措施,如主动下架互联网存款产品。26 日,中国人民银行、银保监会(原)、证监会和国家外汇管理局联合对蚂蚁集团进行第二次监管约谈,意在监督指引蚂蚁集团本着合法化、市场化的原则,切实做到公平竞争、保护消费者合法权益、遵循监管制度等要求,规范金融业务的经营与发展。根据《办法》的规定,蚂蚁集团现有商业模式与小贷新规的众多条目规定存在不相符合的地方,具体对比情况如表 3 所示,因此蚂蚁集团应当根据《办法》规定,调整企业战略和业务模式以适应新的监管要求。

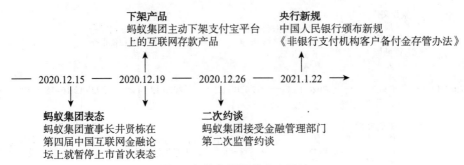

图 7 蚂蚁集团暂停上市后续

资料来源:财经网。

表 3 《办法》新规与蚂蚁集团情况对比

	小贷新规要求	蚂蚁集团情况
注册相关	平台运营主体与小贷公司的注册地应在同一省级行政区域	支付宝注册地:上海 蚂蚁小微、蚂蚁商城注册地:重庆
监管相关	跨省小贷公司注册资本一次性缴清且不低于50亿元 未经批准,不得跨省经营小贷业务	蚂蚁商城注册资本和实缴资本:40亿元 业务遍及全国,涉足海外
管理相关	跨省经营小贷公司的,同一投资主体作为主要股东的,不得超过2家;同一投资主体控股的,不得超过1家	蚂蚁小微和蚂蚁商城均由蚂蚁集团全资控股
业务相关	非标准化融资不超过净资产1倍;标准化债权类资产融资不超过净资产4倍;单笔联合贷款中,小贷公司出资比例不得低于30%	发放贷款和垫款占信贷余额的1.68%

资料来源:2020年中国人民银行、银保监会(原)颁布的《网络小额贷款业务管理暂行办法(征求意见稿)》。

5.2 蚂蚁未来何去何从

"十四五"规划主线下,科技创新驱动发展,给以金融科技为代表的新经济带来了更多政策红利。科技赋能、服务实体、稳健发展已成为新发展格局的应有之义。蚂蚁集团两次被金融监管部门约谈并被暂停上市,表明监管部门对金融创新与金融科技监管的高度重视。当下,大型科技公司垄断的现象不容忽视,这些巨头在市场中享有垄断地位,可以充当产品价格的制定者,从而操控价格以攫取巨额的不当利润,严重损害消费者的利益。因为垄断者有能力掌控市场,可以轻易以价格战等不当方式击退行业新进者,不利于形成行业内有序、良性竞争态势;同时,任由金融业的无限膨胀会占用大量资金,阻碍实体经济的发展。

中国经济发展需要的是真正的核心科技创新,而非无序的形式创新。对此,中国人民银行表示要推动金融科技的规范发展,坚决反垄断、反不正当竞争。银保监会(原)认为应当以审慎监管的前提为基础进行金融创新,对各类金融活动进行全方位监管,迈向更高水平的金融法治化阶段。因此,金融机构应稳妥创新,在金融科技的浩瀚蓝海中思变行稳,建立兼备外部趋势和自身特色的金融科技发展策略。

蚂蚁集团持有的牌照有第三方支付、小额贷款、保险、基金等,都处于监管范围内。面对大环境下监管部门不断的密集发声,蚂蚁集团也做出回应和表态——简单的十六字方针"稳妥创新,拥抱监管,服务实体,开放共赢",以及论坛上的公开发言和主动披露——拟将以全资子公司浙江融信为主体设立金融控股公司并积极接受监管。

今后的蚂蚁集团将如何实施十六字方针?整改之后的蚂蚁集团如何定位?被暂停上市的蚂蚁集团估值是否会缩水?未来能否重新上市?蚂蚁集团应如何平衡创新与风险的关系?关于这些问题,我们拭目以待。

6. 尾声

蚂蚁集团上市暂停风波之后,接踵而至的是金融严监管动作,比如国家市场监管总局对阿里巴巴等企业进行反垄断调查,金融管理部门再次约谈蚂蚁,证监会明确表态禁止主要从事金融业务企业在科创板上市,等等。金融严监管时代正在到来,这也意味着蚂蚁集团现阶段在科创板上市的美梦基本破灭。

接下来的蚂蚁集团将进行各方面的整改,如申请设立金融控股公司、申请设立第三家持牌个人征信公司和进一步压降余额宝规模等。

行者方致远,奋斗路更长。整改后的蚂蚁集团将如何服务社会,相信时间会给我们答案。

本章小结

以中国式现代化全面推进中华民族伟大复兴是新时代新征程党的中心任务,高质量发展是全面建设社会主义现代化国家的首要任务,我们在学习中应将党的二十大精神与深化对中国特色现代资本市场运行规律的认识结合起来。本章重点介绍和探讨IPO的流程、市场化改革和抑价现象。

IPO公司管理层可以通过向公众出售至少部分所有权权益并利用所获收入投资其他证券,从降低个人投资组合的风险中获利。管理层和投资者必须权衡公司上市的优势与成本,并最终选择在哪个阶段上市。然而,上市并不容易,有一系列规范的流程,通常要经历准备阶段、审核阶段和注册发行三个阶段。同时,不同上市地点也存在不同之处,中国IPO流程和发达国家资本市场的IPO流程就存在差异,本章以中美IPO流程为例进行了比较说明。

对于中国资本市场而言,注册制改革曾经是最重要的背景之一,了解其中的重要议题有助于加深我们对中国特色资本市场运行规律的理解。本章从发行资格市场化改革、发行定价市场化改革和发行节奏市场化改革详细讨论了IPO市场化改革。上市以后,中国资本市场又普遍存在IPO抑价现象,针对这一异常现象,本章提供相应的现象例证和理论解释,帮助读者理解IPO定价效率问题。

思考题

1. 讨论上市的优势和成本。
2. 讨论公司应该在生命周期的哪个阶段上市。

3. 公司IPO有几个阶段？不同阶段的工作内容分别是什么？
4. 为什么许多中国企业选择赴美上市？
5. 什么是IPO市场化改革？
6. IPO市场化改革包括哪些方面？
7. 什么是IPO抑价？
8. 为什么会出现IPO抑价现象？

 应用题

1. 为什么还有很多大型的有盈利公司仍然是私有的？
2. 批评关于IPO抑价的替代性解释：IPO公司所有者往往是公司的创业家及企业家，他们的大部分个人财富与公司的单一、非流动性投资有关，他们对公司股票的估值远低于市场价值。因此，他们只愿意接受公司股票相对较低的价格。

 分析题

1. 计算和分析近期IPO样本的首日回报率和长期回报率。
2. 撰写有关最近进行IPO的公司经验的详细报告。

第八章 股权再融资

党的二十大重点部署了未来五年的战略任务和重大举措,提出加快建设现代化经济体系,为资本市场长期平稳健康发展提供了重大机遇。

近年来,多层次资本市场不断健全,IPO注册制相继落地,北京证券交易所成功设立,大幅提升了资本市场对优质企业的吸引力,从而更有利于资本市场在促进科技进步、服务实体经济、参与国际竞争中发挥积极作用,股权再融资就是其中至关重要的一环。

为了深入理解股权再融资的内涵,本章将重点介绍股权再融资的方式、相关理论、动机和经济后果。首先,分别详细介绍了中美两国的股权再融资方式。其次,分别从资本结构、信息不对称、公司控制权和有效监管角度阐述了股权再融资的相关理论。再次,对上市公司股权再融资的偏好动机进行了探讨。最后,针对上市公司股权再融资的经济后果——SEO公告后市场反应——提供了相关理论解释。

第一节 股权再融资方式

股权再融资(SEO)是指上市公司发行额外的股票,它与未经交易的股权的首次公开募股(IPO)不同。中美两国不仅在 IPO 流程方面存在差异,在 SEO 方式及流程方面也存在差异。本节先介绍中国股权再融资的方式,并对不同方式进行比较分析;然后探讨美国的股权再融资方式及流程,并提供相关的实例分析。

一、中国股权再融资方式

中国股权再融资方式主要包括增发、配股和可转换债券。本小节将对它们进行详细介绍并进行对比分析,然后探究国内上市公司再融资方式的选择趋势。

(一) 增发

股票增发配售是指已上市公司通过指定投资者(如大股东或机构投资者)或全部投资者额外发行股份募集资金的融资方式,发行价格一般为发行前某一时段平均价的一定比例。股票增发程序如下:

(1) 由董事会做出决议。董事会就上市公司申请发行证券做出的决议应当包括下列事项:①本次增发股票的发行方案;②本次募集资金用途的可行性报告;③前次募集资金使用报告;④其他必须明确的事项。

(2) 提请股东大会批准。股东大会就发行股票做出的决议至少应当包括下列事项:①本次发行证券的种类和数量;②发行方式、发行对象以及向原股东配售的安排;③定价方式或价格区间;④募集资金用途;⑤决议的有效期;⑥对董事会办理本次发行具体事宜的授权;⑦其他必须明确的事项。股东大会就发行事项做出决议,必须经出席会议股东所持表决权的 2/3 以上通过。向公司特定的股东及其关联人发行的,股东大会就发行方案进行表决时,关联股东应当回避。上市公司就增发股票事项召开股东大会,应当提供网络或者其他方式为股东参加股东大会提供便利。

(3) 由保荐人保荐,并向中国证监会申报,保荐人应当按照证监会的有关规定编制和报送发行申请文件。

(4) 证监会依照有关程序审核,并决定核准或不核准增发股票的申请。证监会审核发行证券申请的程序为:①收到申请文件后,5 个工作日内决定是否受理;②受理后,对申请文件进行初审;③由发行审核委员会审核申请文件;④做出核准或者不予核准的决定。

(5) 上市公司发行股票。自证监会核准发行之日起,上市公司应在 6 个月内发行股票;超过 6 个月未发行的,核准文件失效,须重新经证监会核准后方可发行。证券发行申请未获核准的上市公司,自证监会做出不予核准的决定之日起 6 个月后,可再次提出证券发行申请。上市公司发行证券前发生重大事项的,应暂缓发行,并及时报告证监会。该事项对本次发行条件构成重大影响的,发行证券的申请应重新经过证监会核准。

(6) 上市公司发行股票,应当由证券公司承销,承销的有关规定参照首次发行股票并上市部分所述内容;非公开发行股票且发行对象均属于原前 10 名股东的,可以由上市公司自行销售。

（二）配股

配股是指上市公司根据公司发展需要，依照有关法律规定和相应的程序，向原股东按其持股比例、以低于市价的某一特定价格配售一定数量新发行股票的融资行为。

上市公司向原股东配股的，除了要符合公开发行股票的一般规定，还应当符合下列规定：①拟配售股份数量不超过本次配售股份前股本总额的30%；②控股股东应当在股东大会召开前公开承诺认配股份的数量；③采用证券法律规定的代销方式发行。

投资者在配股的股权登记日收市清算后仍持有该股票的，自动享有配股权利，无须办理登记手续。中国登记结算公司会自动登记应有的所有登记在册的股东的配股权限。

上市公司原股东享有配股优先权，可自由选择是否参与配股。若选择参与，则必须在上市公司发布配股公告中配股缴款期内参加配股；若过期不操作，则视为放弃配股权利，不能补缴配股款参与配股。

一般的配股缴款起止区间为5个交易日，具体以上市公司公告为准。配股缴款之后，根据上市公司公告会有一个具体的除权日以除权方式来平衡股东的股份资产总额以保证总股本的稳定。

小知识 8.1

中国银行（601988）配股流程：

T日（2010年11月2日）股权登记日正常交易；

T+1日至T+5日（2010年11月3日至2010年11月7日）配股缴款起止日期刊登配股提示性公告（5次）全天停牌；

T+6日（2010年11月8日）登记公司网上清算全天停牌；

T+7日（2010年11月9日）刊登发行结果公告发行成功的除权基准日或发行失败的恢复交易日及发行失败的退款日正常交易。

配股价格：2.36元/股，在2010年11月3日至2010年11月7日进行配股缴款。若客户A在11月3日执行配股委托1 000股，使用资金为2 360元，原账户余额为20 000元，则当天配股后可用和可取资金均会显示为17 640元（前提是客户A未执行其他交易操作或者银证转账），同样的前提下直至11月7日账户中的当日余额仍然显示为20 000元，可用和可取仍为17 640元，两者的差额即配股冻结资金，只有在11月8日晚上收市清算后数值才会相等。

配股的一大特点是新股价格按照发行公告发布时的股票市价做一定的折价处理来确定。折价处理是为了鼓励股东出资认购。当市场环境不稳定时，确定配股价是非常困难的。在正常情况下，新股发行价格按发行配股公告时股票市场价格折价10%—25%。理论上的除权价格是增股发行公告前股票与新股的加权平均价格。

（三）可转换债券

可转换债券是指债券持有人可按发行时约定的价格将债券转换成公司普通股票的债

券。若债券持有人不想转换,则可以继续持有债券,直到偿还期满时收取本金和利息,或者在流通市场出售变现。若持有人看好发债公司股票的增值潜力,则在宽限期之后可以行使转换权,按预定转股价格将债券转换成股票,发债公司不得拒绝。可转换债券利率一般低于普通公司债券利率,即企业发行可转换债券可以降低筹资成本。可转换债券持有人还享有在一定条件下将债券回售给发行人的权利,而发行人在一定条件下拥有强制赎回债券的权利。

可转换债券具有债权和股权的双重特性,具有以下特点:

(1) 债权性。与其他债券一样,可转换债券设定了利率和期限,投资者可以选择持有债券到期,收取本息。

(2) 股权性。可转换债券在转换成股票之前是纯粹的债券,但在转换成股票之后,原债券持有人就由债权人变成公司股东,可参与企业的经营决策和红利分配,这在一定程度上会影响公司股权结构。

(3) 可转换性。可转换性是可转换债券的重要标志,债券持有人可以按约定的条件将债券转换成股票。转股权是投资者享有的、一般债券所没有的选择权。可转换债券在发行时就明确约定,债券持有人可按发行时约定的价格将债券转换成公司普通股票。

可转换债券兼有债券和股票双重特性,对企业和投资者都具有吸引力。1996 年我国政府决定选择有条件的公司进行可转换债券的试点,1997 年国务院证券委颁布了《可转换公司债券管理暂行办法》(2006 年已废止),2001 年中国证监会颁布了《上市公司发行可转换公司债券实施办法》(2006 年已废止),极大地规范和促进了可转换债券的发展。

可转换债券具有双重选择权的特征。一方面,投资者可自行选择是否转股,并为此承担可转换债券利率较低的成本;另一方面,转债发行人可以选择赎回条款,并给出比没有赎回条款的可转换债券更高的利率。双重选择权是可转换债券最主要的金融特征,将投资者和发行人的风险、收益限定在一定的范围以内,并可以利用这一特点对股票进行套期保值以获得更加确定的收益。

可转换债券的若干要素决定了可转换债券的转换条件、转股价格、市场价格等总体特征。

(1) 有效期限和转换期限。可转换债券的有效期限与一般债券相同,指债券从发行之日起至偿清本息之日止的存续期。转换期限是指可转换债券转换为普通股票的起始日至结束日的期间。大多数情况下,发行人都规定一个特定的转换期限,期限内允许可转换债券持有人按转换比率或转股价格转换成发行人的股票。我国《上市公司证券发行管理办法》规定,可转换公司债券的期限最短为 1 年、最长为 6 年,自发行结束之日起 6 个月方可转换为公司股票。

(2) 利率或股利率。可转换公司债券的票面利率(或可转换优先股的股利率)是指可转换债券作为债券时的票面利率(或优先股股利率),发行人根据当前市场利率水平、公司债券资信等级和发行条款确定,一般低于相同条件下的不可转换债券利率(或不可转换优先股股利率)。可转换公司债券应半年或一年付息一次,到期后 5 个工作日内应偿还未转股债券的本金及最后一期利息。

(3) 转换比率或转股价格。转换比率是指一定面额可转换债券可转换成普通股票的

股数,用公式表示为:

$$转换比率 = 可转换债券面值 / 转股价格$$

转股价格是指可转换债券转换为普通股所支付的每股价格,用公式表示为:

$$转股价格 = 可转换债券面值 / 转换比率$$

(4) 赎回条款与回售条款。赎回是指发行人在发行债券一段时间后,可以提前赎回未到期的发行在外的可转换债券。

赎回条件一般是指当公司股票价格在一段时间内连续高于转股价格达到一定幅度时,公司可按事先约定的赎回价格回购发行在外尚未转股的可转换公司债券。

回售是指公司股票价格在一段时间内连续低于转股价格达到某一幅度时,可转换公司债券持有人可按事先约定的价格将所持可转换债券卖给发行人的行为。

赎回条款和回售条款是可转换债券在发行时规定的赎回行为与回售行为发生的具体市场条件。

(5) 转股价格修正条款。转股价格修正是指发行公司在发行可转换债券后,由于送股、配股、增发股票、分立、合并、拆分及其他原因导致发行人股份发生变动,引起公司股票名义价格下降而对转股价格所做的必要调整。

(四) 三种再融资方式的比较

目前,增发、配股和可转换债券是上市公司普遍使用的三种再融资方式。在核准制框架下,这三种融资方式都是由证券公司推荐,证监会审核,发行人和主承销商确定发行规模、发行方式和发行价格,证监会核准的证券发行制度,它们有相同的一面,又存在许多差异。

1. 融资条件的比较

(1) 对盈利能力的要求。增发要求公司最近三个会计年度扣除非经常损益后的净资产收益率平均不低于6%,若低于6%则发行当年加权净资产收益率应不低于发行前一年的水平。配股要求公司最近三个会计年度扣除非经常损益后的平均净资产收益率不低于6%。而发行可转换债券则要求公司近三年连续盈利,且最近三年平均净资产收益率在10%以上,属于能源、原材料、基础设施类公司可以略低,但不得低于7%。

(2) 对分红派息的要求。增发和配股均要求公司近三年有分红;而发行可转换债券则要求近三年特别是最近一年应有现金分红。

(3) 距前次发行的时间间隔。增发要求时间间隔为12个月;配股要求时间间隔为一个完整会计年度;而发行可转换债券则没有具体规定。

(4) 发行对象。增发的对象是原股东和新增投资者;配股的对象是原股东;而发行可转换债券的对象包括原股东和新增投资者。

(5) 发行价格。定向增发的发行价格不低于定价基准日前20个交易日公司股票均价的80%;配股的价格高于每股净资产而低于二级市场价格,原则上不低于二级市场价格的70%,并与主承销商协商确定;发行可转换债券的价格以公布募集说明书前30个交易日公司股票平均收盘价格为基础上浮一定幅度。

(6) 发行数量。增发的数量根据募集资金额和发行价格调整;配股的数量不超过原有股本的30%,在发起人现金足额认购的情况下可超过30%的上限,但不得超过100%;而发行可转换债券的数量应在1亿元以上,且不得超过发行人净资产额的40%。

(7)发行后的盈利要求。增发的盈利要求为发行完成当年加权平均净资产收益率不低于上年的水平;配股的要求为当年加权平均净资产收益率不低于银行同期存款利率;而发行可转换债券则要求发行当年企业可足额支付债券利息。

2. 融资成本的比较

增发和配股都是发行股票,由于配股面向原股东,操作程序相对简便,发行难度相对较小,两者的融资成本差距不大。在市场和股东的压力下,上市公司必须保持一定的分红水平,理论上股票融资成本和风险并不低。

比如银行贷款利率为6.2%,由于银行贷款的手续费等相关费用很低,若以0.1%计算则贷款融资成本为6.3%。可转换债券的利率一般为1%—2%,按均值1.5%计算,由于发行可转换债券需要支付承销费等(承销费为1.5%—3%,平均不超过2.5%),费用率估计为3.5%,因此可转换债券若不转换为股票则其综合成本约为2.2%(可转换债券按5年期计算),大大低于银行贷款融资成本(6.3%);同时,公司支付的利息可在公司所得税前列支,但如果可转换债券全部或者部分转换为股票,其成本还要考虑公司的分红水平等因素,不同公司的融资成本也有所差别且具有一定的不确定性。

3. 优缺点比较

(1)增发和配股的优缺点。配股不涉及新老股东之间利益的平衡,操作简单、审批快捷,是上市公司最为熟悉的融资方式之一。

增发是向包括原股东在内的全体社会公众发售股票。其优点在于限制条件较少,融资规模大。增发比配股更符合市场化原则,更能满足公司的筹资要求,但两者本质上没有太大的区别,都是股权融资,只是操作方式略有不同。

增发和配股的共同缺点是:融资后由于股本大大增加,而投资项目的效益短期内难以保持相应的增长速度,经营业绩指标往往因股权被稀释而下滑,可能出现融资后公司绩效反而不如融资前的现象,从而严重影响公司的形象和股价;并且,由于股权被稀释,还可能使得原股东的利益尤其是控股权受到不利影响。

(2)可转换债券的优缺点。可转换债券兼具股票和债券的特性,当股市低迷时,投资者可选择享受利息收益;当股市看好时,投资者可卖出债券获取价差或者转成股票,享受股价上涨收益。因而可转换债券可被视为一种"推迟的股权融资",而对上市公司来说发行可转换公司债券的优点十分明显。

首先是融资成本较低。按规定可转换债券的票面利率不得高于银行同期存款利率,若可转换债券未被转换,则相当于发行低利率的长期债券。其次是融资规模大。由于可转换债券的转股价格一般高于发行前一段时间的股票平均价格,可转换债券被转换相当于发行比市场价格更高的股票,与增发和配股相比,在同等股本扩张条件下可为发行人筹集更多的资金。最后是业绩压力较小。可转换债券至少半年之后方可转成股票,因此股本的增加至少有半年的缓冲期;即使在可转换期后,为避免股权稀释过快,上市公司还可以在发行公告中安排转股频率,分期按比例转股。股本扩张可以随着项目收益的逐渐体现而进行,不会很快摊薄股本,从而避免公司股本在短期内急剧扩张;并且,随着投资者的债转股,企业还债压力也会逐渐减轻,因而可转换债券比增发和配股更具技巧性与灵活性。

但是,像其他债券一样,可转换债券也有偿付风险。如果转股不成功,公司就会面临偿还本金的巨大风险,并有可能产生严峻的财务危机。这里还有一个恶性循环问题:转股未成功的原因必然是股价低迷,而股价低迷的原因很有可能是公司业绩滑坡,若此时必须偿还本金则公司财务状况会进一步恶化。

(五)上市公司再融资方式的选择趋势

长期以来,配股是我国上市公司再融资普遍采用的方式。在国际市场上,公司股权再融资以增发为主,配股较为少见,仅在公司陷入经营困境、无法吸引新投资者认购的情况下才使用配股融资。

我国的增发新股自1999年7月由上菱电器股份公司成功实施以来,在发行数量、规模上都取得了很大的发展。由于目前融资渠道已经大大拓宽,而上市公司的盈利和分红压力日益加大,股权融资成本也不再低廉,从长期看增发和配股等股权融资在市场中的地位将逐渐下降。

在国际资本市场上,发行可转换债券是最主要的融资方式之一,在我国证券市场上的应用前景也十分广阔。从国际发展趋势来看,今后上市公司在制订融资方案时,应根据环境特点和自身条件以及发展需要量体裁衣,在一次融资或期间融资中综合采用多种方式进行组合融资。由于有关规定对上市公司发行可转换债券的限制较严,满足发行条件的公司只是少数,理论上适合发行可转换债券的公司应该符合增发和配股的条件,可以把增发和配股作为备选方案,融资方式的选择余地较大。然而,符合增发或配股条件的公司不一定符合发行可转换债券的条件;而且,一些公司即使满足相关发行条件,也因受资产负债水平的限制而使得发行总额有限。因此,同时采用可转换债券、增发及银行贷款等方式进行组合融资对资金需求规模大的公司具有重要意义。通过精心设计组合融资方案,将长期融资和短期融资结合起来,运用超额配售选择权提高融资的灵活性,可以大大降低公司的融资风险和融资成本。企业进行融资决策的关键是确定合理的资本结构,使融资风险和融资成本相匹配,在控制融资风险、成本与谋求最大收益之间寻求一种均衡状态。上市公司融资的趋势可能是:从实际出发,更注重融资方式与手段的创新和优化,综合考虑各种情况,选择最优再融资方案,进而实现公司的长远发展目标和价值最大化。

二、美国股权再融资方式

美国上市公司可以使用以下几种方式中的任意一种进行股权再融资:①私募配售,②授予 ESOP 或 DRIP,③配股,④一般公开发行。

(一)私募配售

所谓证券私募配售是指企业通过非公开方式,面向少数机构投资者募集资金。分析师表示,私募发行可节约融资成本、监管成本,减少信息不对称现象,具有较强的灵活性、保密性,有助于提高融资效率。因此,私募配售呈加速发展之势,已成为全球资本市场的重要组成部分。

英国《金融时报》2007年发表文章称,私募配售已超过公开市场发行,成为美国企业最主要的融资方式之一。这种融资方式可规避美国监管机构的监管,融资成本也较公开上市低,为越来越多的企业所青睐。

数据显示,2006年,美国三大证券交易所——纽约证券交易所(NYSE)、纳斯达克(NASDAQ)和美国股票交易所(ASE)的IPO发行规模总计为1 540亿美元,而同期私募配售的募资金额高达1 620亿美元,这是美国证券市场上私募配售金额有史以来首度超过IPO。《金融时报》表示,投资者越来越倾向于通过私下途径持有企业股票,"这是一个重要转变"。

(二)授予员工持股计划(ESOP)或股利再投资计划(DRIP)

公司可采用其他几种机制私下发行股票:①向高管授予股票和股票期权,②员工持股计划(ESOP),③股利再投资计划(DRIP)。在这三种机制中,公司可以向购买者发行新股,或者重新发行先前回购而留存的股票。

1974年,美国国会通过立法,将ESOP作为退休计划。ESOP允许普通员工购买公司的股票,价格通常低于当前市场价格,并且使用公司的匹配资金。ESOP是员工退休计划的一部分,构成员工整体薪酬方案的一部分。

有关公司采用ESOP的动机的研究主要有三个方面:第一,与高管股票和股票期权计划相同,拥有公司股票的员工有更强烈的动机为公司利益而工作,因为这符合自身的利益。因此,采用ESOP应该会提高公司的生产率。第二,美国国会为ESOP提供其他养老金计划所没有的税收优惠(Shackelford,1991)。第三,特拉华州1988年颁布一项冻结法案,利用ESOP为更有效的收购辩护。

通过DRIP,现有股东可以指示公司将股利再投资于额外股份。大多数公司为此类购买支付佣金,一些公司实际上允许股东以市场价格一定折扣(5%—10%)的价格购买股票。大多数DRIP对单个参与者在任何季度的股利支付日可以购买的股票价值施加相当低的最高限额。出于这个原因,个人投资者对DRIP感兴趣,机构投资者则不感兴趣。事实上,一些DRIP不允许机构股东参与。这些限制表明,公司管理层可能会采用DRIP来吸引相对被动的小额个人投资者。

(三)配股

在配股中,现有股东将获得短期认股权证——优先认购权,按一定的比例购买新股。认股权证的行使价一般与股票现时市价相差甚远。这样做的目的是使持有人不行使权利的代价高得令人望而却步。而且,若现有股东不希望购买额外股份,则他还可以在二级市场上出售股份。

增发股份的方式为现有股东提供了一个机会,防止他们持有的公司股权比例减小;否则,当公司向公众提供额外股份时,他们的股权占比可能会减小。美国过去曾广泛采用增发股本的方式配股,但现在很少使用。第一种解释是交易成本条件。以承销方式发行股票的公司支付的承销费用较低,但在发行前的股价跌幅明显大于公开发行的公司。第二种解释是在经验丰富的股份配股要约中,备用承销合同类似于出售看跌期权。

(四) 一般公开发行

在股权再融资的公开发行中,上市公司向公众出售额外股票。公司会聘请投资银行承销额外股票。公开募股是美国非金融公司增发股份最常用的方式。

1. 通过谈判或竞标选择承销商

发行公司管理层可以通过谈判或竞争性招标选择承销商。当公司与单一承销商(例如,公司过去曾有业务往来的承销商)接洽并就合同和费用进行谈判时,协商的承销合同即成立;或者,公司可以发布存在未决风险问题的广告,并向许多竞争性投资银行征求投标。

乍一看,公司应该选择竞争性投标,因为这肯定会带来最低的承销成本。但是,承销过程可能存在问题,特别是若管理层拥有战略价值的相关私人信息,则必须在保密的基础上向承销商披露这些信息,以影响承销商的意愿定价。在这种情况下,公司可能会选择了解并信任的承销商,尽管发行成本有可能更高。

2. 承销商报酬

股权再融资的承销商报酬主要包括:①价差形式的现金补偿,②与逆向选择问题有关的隐性成本,③授予承销商的认股权证。

(1) 承销商价差。承销商对股权再融资的补偿一般含现金部分,金额以价差或发行收益的百分比来衡量,且 SEO 的承销商价差通常小于 IPO。

(2) 逆向选择成本。逆向选择存在的前提条件是信息不对称,如果发行公司管理层比市场拥有更充分的公司价值信息,市场将假设公司正在发行额外股票,那么分析师对公司真实价值的估值低于当前市场价格。因此,当一家公司宣布 SEO 时,市场的解释是管理层认为本公司股票定价过高,市场的反应表现为股票的市场价格下降。

(3) 认股权证。在一些 SEO 承销中,承销商的部分补偿是以认股权证的形式购买发行公司的额外股份。认股权证作为承销商对发行股票进行估值的有效信号,可以被视作承销商的声誉。认股权证允许持有人在指定期限内以规定价格购买标的证券。对持有人而言,认股权证的价值是持有人对相关证券的感知价值的递增函数,也就是发行公司的权益价值。一方面,若承销商认为股票价值相对较低,则认股权证的价值将处于相应的低水平(相对于当前股票市场价格和认股权证行权价),将接受较低水平的服务补偿,并且不太可能接受这种类型的补偿。另一方面,若承销商认为股票价值相对较高,则他乐于接受认股权证作为部分补偿。因此,权证补偿可以被视作有效的价值信号。

(4) 成本构成之间的权衡。承销成本的各组成部分之间存在权衡取舍。例如,在证明问题股票价值方面声誉较好的承销商应该得到更高的补偿,因为承销商在市场上的信誉将导致较低的逆向选择成本。再如,通过规模较小、可信度较低的承销商进行承销可能会导致更严重的过低定价,因此承销商应该获得较少的补偿。

3. 坚定承诺还是尽力而为

与 IPO 一样,SEO 可以通过两种方式中的任何一种出售。在坚定承诺下,承销商同意按固定价格购买所有拟发行股票,然后承担将股票转售给公众的风险。在尽力而为下,承销商对价格不作任何保证,只同意寻找感兴趣的买家。

与 IPO 一样，在 SEO 的两种销售方式中，合同都有助于减轻风险承担方承担的风险。在坚定承诺法中，承销商通常拥有超额配售（或绿鞋机制）选择权，若有利可图则允许其出售额外股票。通过在实值有价时行使此选项——承销商可增加 SEO 盈利，这些 SEO 被证明有利可图，从而抵消其他损失。在尽力而为法中，公司保留以下选择权：①若要约价格或承诺出售的股票价格低于指定水平，则撤回发行；②若发行价格高于指定水平，则扩大发行范围。

4. 传统注册还是货架注册

1982 年之前，美国证券交易委员会要求公司在发行证券前几个月内注册或登记，发行后注册到期。然而，1982 年美国证券交易委员会发布了第 415 条规则，允许合格的公司（通常是大公司）在两年内发行根据第 415 条规则注册的证券。该规则为发行公司在发行时机选择上提供了更大的灵活性。公司可以在两年窗口期内的任何特定时间整体出售拟发行证券，也可以在此期间以分批的方式出售部分拟发行证券。因此，第 415 条规则被称为货架注册制，因为在注册后，公司可以将证券放在货架上，然后随时将部分或全部证券从货架上取下以筹集股权资金。货架注册制提供的灵活性为公司带来了许多优势：

（1）股票可以在短时间内分批发行，以便所获资金可以与投资资本支出、收购或债务偿付的时间和金额一致。

（2）管理层可以在市场条件有利时发行股票。例如，如果管理层拥有有关公司前景的私人（内部）信息，当市场价格与本人对股票价值的评估相比较高时，他们就可能希望发行股票。公司的股权资本成本随时间而变化，因为投资者的风险规避随时间而变化。如果是这种情况，管理层就可以随时准确地评估公司的股权资本成本，从而在成本相对较低时发行股票。

（3）货架注册制增强了公司利用承销商之间竞争的能力。Kidwell 等（1984）的解释为：一旦按第 415 条规则向证券交易委员会提交注册，有关信息将成为公开信息，并且任何投资银行家都可以免费获得。公司可以直接联系承销商，并要求他们对货架注册的任何证券进行投标。投资银行家也可能会争先恐后地联系公司，并试图为货架上的证券安排交易。

为什么 SEO 公司更喜欢传统注册而非货架注册？主要原因有以下几点：①货架注册的灵活性特点；②货架注册有更严格的限制条件，近 2/3 的不可转换公共债券采用货架注册。货架注册证券的承销商往往执行较少的尽职调查，部分原因是报酬较低。因此，与使用非货架（传统）注册相比，宣布货架注册对发行公司股价的负面影响更大。在注册制之间做选择时，管理层会平衡额外成本（即市场负面反应）与货架注册较低的直接发行成本。证券真实价值不确定性更大的公司会发现非货架注册的成本较低。

5. 主要股份和次要股份的混合

SEO 可以由主要股份、次要股份或者主要股份和次要股份的组合构成。SEO 中的主要股份为公司本身提供资金，可用于资本投资、偿还公司债务等。SEO 中次要股份的卖家包括公司内部人和外部大股东。

公司内部人持有的通常是限制性股票。限制性股票被定义为：从公司获得的未注册的、私人销售(或授予)的任何股票。根据美国证券交易委员会的第 144A 条规则,内部人必须持有限制性股票至少一年,并且在出售股票之前向美国证券交易委员会通告。

小知识 8.2

Kemet 的 SEO

Kemet 是一家位于南卡罗来纳州格林维尔的纽约证券交易所上市公司(股票代码:KEM),是世界上最大的固体钽电容器制造商之一,也是全球第四大陶瓷电容器制造商。Kemet 电容器被用于各种电子产品,包括通信系统、数据处理设备、个人计算机和手机等。

1999 年 12 月 17 日,Kemet 向美国证券交易委员会提交一份传统的注册声明,以公开发行股票的方式出售 500 万股普通股。Kemet 于 2000 年 1 月 13 日以每股 46 美元的价格出售这些股票,总收入为 2.3 亿美元。Kemet 与美林证券和所罗门-史密斯-巴尼作为承销集团的联合经理人就此次发行的承销进行谈判。此次 SEO 是 Kemet 在 IPO(1992 年)7 年后启动的。承销商价差为 4.24%,Kemet 发行前的市净率为 10.3。根据 1998 年 3 月财政年度的要约价格和每股收益(0.63 美元),Kemet 的市盈率为 73.0。

拟发行股票占 Kemet 发行前在外流通股总数的 5.5%。其中,50% 的 SEO 是主要股份,所得款项将用于为资本性投资提供资金和减少债务;其余是花旗集团基金提供的二级股份,花旗集团基金从花旗集团风险投资有限公司(CVC)的捐赠转让中获得这 250 万股股票。

第二节 股权再融资基础理论

有关股权再融资的理论很丰富,典型代表有 M&M 假说、交易成本理论等,本节从资本结构、信息不对称、公司控制权和有效监管四个角度介绍股票再融资理论。

一、资本结构角度的股权再融资理论

Modigliani 和 Miller(1958)基于完美市场假设提出,在不考虑税收且公司经营风险相同的情况下,不同的资本结构不会对公司市场价值造成影响,即 M&M 假说。此后,两位学者进一步拓展 M&M 假说,在考虑税收的情况下,债务利息可起到税盾作用,债务杠杆率的提高会降低公司的经营成本,进而有利于增加公司价值。若再融资之前上市公司具有最佳资本结构,则再融资之后有可能改变原有的资本结构,为重新达到平衡,上市公司需要再次找到最佳资本结构,使公司价值随着资本结构的调整而提升。这一假说认为上市公司股权再融资的结果包括:一是使股东财富被债权人获得,也就是股权持有人的损失转换为债券持有人的收入;二是财务杠杆率下降,公司资本成本增加,致使公司价值减少。所以,资本结构变化假说表示,上市公司应尽量避免使用股权再融资这种融资方式,而应尽量使用债权融资等其他融资方式。

二、信息不对称角度的股权再融资理论

当经济主体相互联系时,并不是每个市场参与者都了解所有信息,这种信息只被部分人拥有的现象就是信息不对称。上市公司在再融资的过程中,信息不对称一般体现在管理者和股东之间,与公司股东相比,管理者掌握的内部信息更多。在外部投资者进行投资之前,公司管理者不公开对自己有利而对外部投资者不利的信息,致使外部投资者基于自己所掌握信息做出投资决策,从而产生事前信息不对称带来的逆向选择,与此相关的再融资理论包括啄食顺序理论和信号传递理论。在外部投资者进行投资后,公司管理者也不公开有损外部投资者利益而对自身有利的信息,从而产生事后信息不对称带来的道德风险,与此相关的再融资理论包括代理成本理论、公司契约理论和公司治理理论等。

三、公司控制权角度的股权再融资理论

公司管理层通过改变所持股票的比例,影响其股权收购能力,在其他因素不变的情况下,公司资本结构中债务或没有投票权的融资工具(如优先股和认股权证等)越多,管理层的控制权越大。根据控制权理论,股权融资和债务融资对盈利获取权与掌控权的影响呈现差异性(Aghion 和 Bolton, 1992)。还有一些学者将公司理解为一份不完全契约,并基于这一假设认为公司的剩余控制权与所有权相同。控制权对管理层而言显得尤为重要,因为剩余控制权拥有处理公司中不可预测状态和事件的决策权,而股权融资涉及剩余控制权分配问题。由于债权不具有投票权,因此债务融资不影响公司控制权。上市公司管理层在做再融资决策时,会充分考虑公司控制权竞争问题,以防止公司被收购而发生控制权转移(Grossman 和 Hart, 1986)。

四、有效监管角度的股权再融资理论

理论界对包括股权再融资在内的证券市场有效监管的分析角度是多元的。其中,较有代表性的分析主要基于交易成本、激励相容等理论。一是基于交易成本理论的有效监管分析。罗纳德·科斯(Ronald Coase)的交易成本理论在剖析制度时引入了边际分析方法,建立了边际交易成本概念,为制度经济学的研究发展开辟了新领域。道格拉斯·诺斯(Douglass North)在《制度、制度变迁与经济绩效》(*The Structure and Change in Economic History*)中认为,在交易成本概念下可以找到解释制度存在和制度变迁的方式,由此可以解释整个经济体制的变化。诺斯通过对制度供给和制度需求的分析,提出了成本降低是衡量制度变迁有效性的标准。二是基于激励相容理论的有效监管分析。激励相容理论认为,在市场经济中,每个理性经济人都有自利的一面,个人会按自利规则行动。如果一种制度安排使行为人追求个人利益正好与企业实现组织价值最大化的目标吻合,这就是激励相容机制。证券市场存在作为监管者的机构,以及作为被监管者的机构投资者和上市公司,在包括证券市场监管在内的金融监管领域,激励相容理论越来越受到重视。

第三节 股权再融资动机

一般而言,上市公司进行股权再融资源于对投资可获利项目的资金需求。在这种动机下,大股东不会放弃再融资参与权,同时其募集资金投向也不会发生改变,公司在再融资后的业绩往往好于其他动机驱动投资的公司。然而,已有研究表明,存在大量的公司并不是为投资可获利项目而进行股权再融资。倪敏和黄世忠(2013)基于数理模型的理论分析表明,进行股权再融资的公司存在时机性"圈钱"和无条件"圈钱"两种"圈钱"动机。

一方面,由于上市公司股权再融资有严格的条件限制,这些条件一般与经营业绩有关,面临未来业绩的不确定,上市公司出于预防性储备资金的目的在达到再融资条件但没有可获利项目的投资需求时依然会选择再融资,保留募集资金以备不时之需。另一方面,中国上市公司的股权相对集中,大股东与中小股东之间存在非常严重的委托-代理冲突,控股股东为了控制权利益,有可能将上市公司通过再融资募集到的资金挪作他用或无偿占有。

还有学者从上市公司再融资时的盈余管理、大股东参与定向增发与增发折价程度、大股东参与定向增发后的现金股利派发等方面验证上市公司通过股权再融资向大股东输送利益的动机。

一、SEO 与盈余管理

有证据表明,发行公司在 SEO 前表现出异常高的盈利水平,在发行后表现出异常低的盈利水平(Teoh 等,1998)。这一证据表明,计划进行 SEO 的公司倾向于提前夸大盈利水平,以炒作股票价格。

为了解释发行公司股票在发行前和发行后的表现,我们需要针对两方面提供证据:其一,公司管理层倾向于采取故意行动,在 SEO 之前暂时夸大盈利水平;其二,市场确实被发行前夸大的盈利水平愚弄。

Teoh 等(1998)为这两方面提供了证据。其一,在记录了发行公司在 SEO 之前具有高盈利水平和之后具有低盈利水平的基础证据之后,Teoh 等(1998)检查了这些公司利润的组成部分,并记录了公司管理层不同程度地操纵可自由支配的应计盈余(在一定程度上受管理层控制的应计项目)。也就是说,管理层在发行前暂时调整应计项目以报告更高的盈利水平,在发行后逆转这些调整,导致发行后盈利水平下降。其二,Teoh 等(1998)表明发行前的盈余操纵程度与发行后的股票回报之间存在很强的负相关关系,这表明市场确实被盈余操纵愚弄。Rangan(1998)提供的分析和证据与 Teoh 等(1998)的非常相似。Loughran 和 Ritter(1997)也提供了有关此现象的重要证据,在发行时观察到的发行公司股票超额收益表明市场并未预期盈利水平会恶化,再次表明投资者被盈余操纵控制。

Brous(1992)的研究结果更令人惊讶。Brous(1992)表明,分析师倾向于降低对宣告 SEO 公司的盈余预测,而下降程度与发行相关的公告期异常收益有关。

二、围绕 SEO 的交易和股价操纵

已有研究围绕 SEO 进行交易的各个方面,以获取有关知情交易者可能操纵交易活动

的线索。Safieddine和Wilhelm(1996)调查了围绕股份增发的卖空活动的性质和规模、卖空活动与发行折扣的关系、证券交易委员会采用第10b-21条规则的后果,以回应市场对操纵卖空行为的担忧。增发新股的特点是卖空和期权未平仓量异常高,这类活动的增加与新股发行的预期收益减少有关。在无法规避的情况下,第10b-21条规则似乎会抑制卖空活动并降低发行折扣。

张鸣和郭思永(2009)以2005—2007年成功进行定向增发的上市公司为样本,考察大股东控制下上市公司的定向增发折价及其价值效应,实证研究发现:①大股东的机会主义行为是上市公司进行定向增发的重要影响因素,上市公司定向增发的折价水平和大股东认购比例共同决定了大股东从上市公司转移财富的程度;②投资者对定向增发折价水平的市场反应受到多种因素的影响,当大股东通过定向增发从上市公司转移财富时,市场给予消极反应,从而提供了大股东借助定向增发从上市公司直接转移财富的证据。

第四节 股权再融资经济后果

一、SEO公告后的市场反应

大量事件研究提供的证据一致表明,平均而言,公司宣告发行股票的市场反应为负向。SEO公告的平均异常回报范围为-3.0%～-0.75%,具体取决于模型和研究样本。因此,股票发行向市场传递的通常是坏消息。

现有关于股权再融资经济后果的文献中,除少数研究认为股权再融资对公司有正面影响外,多数研究表明股权再融资对发行之后的股价表现会产生负面影响。Loughran和Ritter(1995)、Spiesst和Affleck-Grave(1995)都发现上市公司在股权再融资后出现市场业绩长期下滑的现象。罗琦等(2018)基于市场择时假说的研究表明,上市公司在股权再融资前的盈余管理导致再融资后公司业绩下滑。章卫东等(2019)以定向增发公司为样本,并将定向增发对象区分为关联股东和非关联股东、财务投资者与战略投资者,探讨股权再融资对公司治理的影响,结果表明向关联股东增发新股会降低公司治理水平,而向非关联股东定向增发会提升公司治理水平,向战略投资者定向增发新股后公司治理的改善效果好于向财务投资者定向增发新股。章卫东等(2019)发现,无论是定向增发新股还是公开增发新股,上市公司在股权再融资之后都出现明显的过度投资行为,并且公开增发新股融资之后的过度投资程度更加严重。刘超等(2019)基于定向增发样本的研究也表明,股权再融资后上市公司的非理性投资增加,融资需求程度提高,从而导致更加严重的融资约束。

上市公司股权再融资会对公司业绩表现、公司治理、投资效率等诸多方面产生负面影响。马键等(2014)实证研究了10个亚洲新兴市场国家与地区的公司在再融资后的长期业绩,结果表明亚洲新兴市场普遍存在再融资后公司业绩下滑现象,且业绩下滑通常在再融资6个月后开始显现,并持续至第30个月左右。

亚洲新兴市场存在一定的区域差异。在10个新兴市场国家与地区中,印度、新加坡、韩国、泰国以及中国台湾存在显著的业绩下滑,而中国大陆与马来西亚则不显著。在5个业绩下滑的市场中,韩国的再融资活动最为活跃,约占所有再融资的30%,但其业绩下滑程度也最严重。此外,再融资方式对业绩表现的影响无显著差异,公开发行股票与非公开发行股票后均存在业绩下滑现象,再融资年度、所在行业对股票发行后的公司业绩没有显著影响;再融资规模与股票发行后的公司业绩存在一定联系,大规模再融资后市场业绩较好。以上实证结果说明,再融资企业仍需提高对资金的使用效率。新兴市场投资者应当更多地关注上市公司的再融资行为,了解其融资目的与投资项目的可行性。监管机构则应当加强对再融资行为的监管,杜绝企业通过股权再融资"圈钱"。

二、SEO后负向反应的理论解释

本节回顾的文献为市场对SEO的负向反应提供了解释,主要基于信息不对称角度,包括啄食顺序假说和信号传递模型以及相关的代理理论。

(一)信息不对称角度:啄食顺序假说和信号传递模型

Myers和Majluf(1984)解释了市场对SEO的负向反应。他们基于信息不对称角度,解释市场对SEO做出的负向反应。他们认为市场对公司长期盈利潜力的了解较少,因此会检查管理层的决策以寻找有关公司盈利的线索。其次,他们根据Myers(1984)的啄食顺序假说,基于信息不对称设定管理反应标准,公司可以通过简单地规避发行证券来消除与信息不对称相关的成本。但是,如果公司需要外部融资,那么最好发行债务证券而非权益证券。之所以如此,是因为债务证券相比权益证券具有优先性,对公司价值不太敏感,较少受到定价过低问题的影响,即外部股权处于啄食顺序的底部,并且(大概)只有当公司内部人拥有私人信息时才会提供公司股票市场定价过高的信号。

Cooney和Kalay(1993)开发的模型揭示了市场对股票发行的反应始终是负向的。Myers和Majluf(1984)预测了对新发行股票公告的非正向价格反应,这是他们假设公司面临的所有潜在项目都具有正净现值的直接结果。考虑潜在项目具有负净现值的现实可能性来改进Myers-Majluf模型,会产生不同的预测结果。改进模型预测了市场对股价的积极反应和消极反应,这与新股发行对股价影响的经验证据基本一致。

在此基础上,Viswanath(1993)开发的理论模型扩展了啄食顺序假说,认为市场对股票发行的反应可能并不总是负向的。Viswanath(1993)模型的一个预测是:市场对SEO公告的价格反应与公司股价之前的上涨正相关。由于人们会随着市场信息的传播而了解到NPV>0项目的存在,股价上涨可以作为未来存在NPV>0项目的表征。

Miller和Rock(1985)开发的基于信息不对称模型揭示了市场对SEO公告反应将发挥作用。市场会估计一家公司的真实盈利状况,并相应地对公司进行估值;然而,市场无法直接观察公司盈利的真实水平。因此,市场必须从公司的投资行为、股利政策和融资决策中获取线索,以确定公司的盈利状况。一般而言,市场假设公司的盈利足以为有利可图的投资项目提供资金,即公司的内部净现金流为正。因此,SEO公告通常会显示发行公司的盈利水平低于市场预期,导致股票市场价格下跌。

(二)代理理论的解释

代理理论也可以解释市场对股票发行的负向反应。管理层出于自身利益而非股东利益的考虑,可能希望在公司资本结构中充分利用债务,但杠杆会增加公司破产风险和个人失业可能性。因此,发行股票可能表明管理层成功地实施了符合自身利益而非公司股东利益的行为。根据这一论点,如果公司打算用 SEO 所得来减少未偿债务,市场对 SEO 的反应就会是消极的。

Jensen(1986)的自由现金流假说认为,公司管理层有私人动机来保留现金流而非支付股利,因为这样可以使用现金进行(可疑的)投资,从而扩大其商业帝国规模。通过规模扩张,公司管理层可以进行 SEO 以筹集现金。因此,自由现金流假说预测市场对 SEO 的反应是负向的。

然而,市场反应取决于在 SEO 宣告前市场对公司有利可图的投资机会的预期,正如 Denis 等(1994)所解释的,Jensen(1986)依靠机构预测来说明投资机会在解释市场对股票发行的反应中的作用,管理层有动机增加自己控制的资产,即使这样做会导致公司价值减损。因此,市场对股票发行公告的反应将取决于它对所筹集资金投资于正净现值项目的可能性的评判。对于公告拥有宝贵投资机会的公司,市场反应将是积极的;对于投资机会不佳的公司,市场反应将是消极的。理论分析和实证经验再次表明,市场对 SEO 的反应与公司公告前市净率正相关。

案例解析
中国太保发行 GDR:机遇还是挑战①

核心概念　GDR(全球存托凭证)发行　公司价值

学习脉络　本案例从中国太保董事会成员的角度,基于中国太保董事会关于 GDR 发行必要性的争论和探讨,了解 GDR 的发行机制,总结华泰证券发行 GDR 后的股市反应,探讨中国太保如何合理定价 GDR 才能获得更好的市场反应。

学习要求

1. 什么是 GDR? GDR 有哪些特征?中国太保发行 GDR 的动机有哪些?对公司未来的发展会有怎样的影响?

2. 结合宏观因素,中国太保选择发行 GDR 的时机有何巧妙之处?

3. 作为国内首家登陆伦交所的企业,华泰证券选择折价发行 GDR,若中国太保也折价发行 GDR,则可能的原因有哪些?

4. 中国太保宣布发行 GDR 后,其股价发生了怎样的波动?分析波动产生的原因。结合股价波动原因,谈谈中国太保如何做才能保护投资者利益。

5. 作为第二家发行 GDR 的公司,中国太保此次发行对同行业其他公司有何影响?对其他实力雄厚的上市公司有何借鉴意义?

---

① 本案例由南京师范大学的赵自强、储文媛和张晨阳撰写,作者拥有著作权中的署名权、修改权、改编权。本案例授权中国管理案例共享中心使用,中国管理案例共享中心享有复制权、修改权、发表权、发行权、信息网络传播权、改编权、汇编权和翻译权。出于企业保密的要求,本案例对有关名称、数据等做了必要的掩饰性处理。本案例只供课堂讨论之用,并无意暗示或说明某种管理行为是否有效。

中国太平洋保险股份有限公司(以下简称"中国太保")就 GDR 发行的具体事宜组织了一次重要会议,董事悉数到场。众人坐定,董事老赵发言:"中国太保是国内保险业的领头羊,公司的发展也是蒸蒸日上,但是我们也要看到社会的发展,5G 通信、区块链等新技术和新理念带动各个行业蜕变,金融、保险也不例外。我们需要加大各个方面的投入,因此大家才会坐在这里讨论 GDR 发行问题。"财务总监老张随后发言:"存托凭证由来已久,从过去的各个案例来看,绝对值得一试。"与会众人都在心里默默思索着中国太保与 GDR 的契合程度。

1. 家财万贯,势在必行

我国自改革开放以来,保险需求迅速被释放,保险业进入迅速发展阶段,保险业内公司积累了大量财富,财力雄厚。随着互联网金融推动保险业的变革,中国保险业出现了新的业务增长点,进入了全新的转型阶段,获得了长足发展。中国太保是保险业内元老级企业,一直保持着稳定发展态势。作为国有企业,中国太保强大的国有背景让其在面临新挑战时有可能获得国家资本的支持,同时,中国太保也是中国保险企业的代表,发行 GDR 是顺应国家政策的举措,发行的行政阻力相对较小。

1.1 中国保险行业

中国保险行业相较于发达国家起步较晚,发展尚欠成熟,国家的经济体量与社会现状(包括老龄人口的不断增加以及保险知识的普及和完善)使得保险行业的潜在市场活力被不断激发,成为国内备受关注的关键行业之一。从中国寿险市场发展各阶段(见图1)可知,中国保险行业规模正在不断扩大。

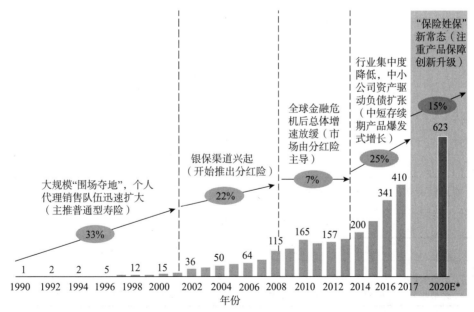

图 1　中国寿险市场的五大发展阶段

资料来源:各年度《中国金融年鉴》。

2018年年末,我国保险机构数量达235家,保费收入和总资产分别为3.8万亿元、18.33万亿元。从保险市场活力角度(包括保费数额、客户覆盖范围、保险产品创新等各个方面)看,中国保险市场越来越展现出领先世界的潜在优势和利好前景,在多领域不断实现对国外成熟保险市场的超越。

根据麦肯锡的调查研究,中国2020年富裕家庭的数量以7.8%的速度增长,在城市家庭户数中的占比提升至59%。一般来说,富裕家庭拥有更强的保险意愿和意识,他们对产品的保障性、多样性有更高的要求,支撑着对健康、意外、养老等产品的刚性需求,对资产的保障需求也会持续增加。同时,中国社会的老龄化进程正在加速,全国65岁以上人口占人口总数的比例达到11.4%。据麦肯锡预计,到2030年65岁以上人口占比将升至15%,这将是保险业的未来利好。

1.2 中国太保概况

中国太保是1991年5月13日经中国人民银行批准设立的全国性股份制商业保险公司,是国内保险行业的龙头企业之一,经过三十多年的经营,已经在多个保险业务领域拥有毋庸置疑的市场影响力以及高评价的客户服务质量。

中国太保的发展历史:1991年中国太平洋保险成立;1994年中国太平洋保险(香港)有限公司成立;2001年实施体制改革、寿产险分家,成立保险集团;2007年在A股上市;2009年在H股上市。

正如表1和表2所示,中国太保的营业收入和净利润近年来稳步增长,资产实力雄厚,各项财务指标在行业内名列前茅,是不折不扣的保险大户。

表1 中国太保主要财务数据   单位:亿元

项目	2018年	2017年	2016年
资产合计	13 360.00	11 710.00	10 210.00
负债合计	11 820.00	10 300.00	8 859.00
所有者权益合计	1 540.00	1 411.00	1 348.00
营业收入	3 544.00	3 198.00	2 670.00
营业利润	282.60	210.20	161.00
净利润	184.30	149.90	122.80

资料来源:中国太保2016—2018年财报。

表2 中国太保各项财务指标与行业比较

	总市值	净资产	净利润	市盈率	市净率	净利率	ROE
中国太保	3 210亿元	1 671亿元	161.8亿元	9.92	2.09	7.50%	10.10%
保险(行业平均)	4 879亿元	2 432亿元	298.0亿元	10.11	2.01	2.16%	8.11%

资料来源:东方财富网。

中国太保由财产保险公司、人寿保险公司、资产管理公司、长江养老保险公司、安信农保公司、健康险公司、基金管理公司等七个部分组成,如图2所示。

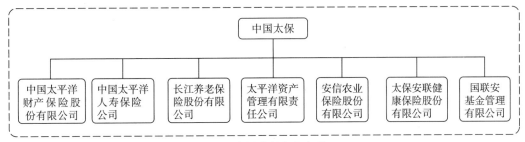

图 2　中国太保组织架构

资料来源：中国太保官网。

通过对表 3 中国太保十大股东的分析，可以看出中国太保的股份主要由国有机构持有，国有成分为中国太保的经营提供了有力的背书。

表 3　中国太保十大股东

股东	股份类型	持股数量（亿股）	持股比例（%）	股东性质
香港中央结算有限公司	H 股	27.73	30.60	香港特区政府持有
申能有限公司	A 股	13.27	14.64	国有
华宝投资有限公司	A 股	12.84	14.17	国有
上海国有资产经营有限公司	A 股	5.06	5.58	国有
上海海烟投资管理有限公司	A 股	4.69	5.17	国有
中国证券金融股份有限公司	A 股	2.71	2.99	国有
上海久事有限公司	A 股	2.51	2.77	国有
中央汇金资产管理有限责任公司	A 股	1.11	1.22	国有
香港中央结算有限公司	A 股	0.94	1.04	香港特区政府持有
云南合和股份有限公司	A 股	0.92	1.01	国有

1.3　GDR 发行背景

在中英两国监管部门的大力支持下，上交所与伦交所通力合作，完成互联互通可行性论证、业务方案和实施准备。为了能够让境内外投资者无须跨境投资，在境内也能完成对境外优质企业的投资，各项方案和计划都在加速实施，这也是对"沪港通"计划（必须到对方市场进行交易）的优化与创新。2018 年，中国证监会《关于上海证券交易所与伦敦证券交易所互联互通存托凭证业务的监管规定（试行）》及上交所配套规则的正式发布，为"沪伦通"的正式开通奠定了制度基础。伦敦时间 2018 年 6 月 17 日，资本市场迎来了历史性的一刻。"沪伦通"正式启动，包含西向和东向业务，各自有自己的运行规则，旨在建立高效、合理、稳定的资本流通渠道，让两边的优质资金能够更顺畅地流通起来。自此，上交所和伦交所建立起互联互通机制，首家上市的华泰证券报收 20.5 美元/GDR。

GDR 的简易发展史：1990 年 4 月，美国第 144A 条规则通过，由此萌生私募存托凭证；1989 年后，存托凭证迎来历史性的大发展；1990 年 12 月，花旗银行推出第一份 GDR。

GDR 的特点：在多个国家和地区向投资者发行，并能以任何可接受的可自由兑换货币计价；存托凭证持有人有权享受与股东权益一样比例的公司福利；全球存托凭证的价值来自标的股票价格和当前汇率;全球存托凭证由存托银行而非发行公司向投资者发行。

2. GDR 发行,意欲何为?

趁着与会人员思索之际,董事老赵让秘书小张把 GDR 发行的文件规章分发下去,主要包括"沪伦通"的具体条文。董事老王边看文件边发言:"正好大家先看看文件,也听我说一说。我们都清楚,GDR 对中国太保来说不仅涉及募资问题,还有更深层次的战略意义。当然,有更充足的资金也是一方面。发行益处很多,不发行则弊处很多,我个人支持发行。"大家浏览手中的文件,听罢老王的发言后纷纷点头,一时间,会议上基本形成赞同发行的趋势。

2.1 补充资金,谋求稳健发展

中国太保在代理人红利减少后,企业发展进入深水期。频繁的管理层调动让企业的经营状况受到外界的质疑。2017 年董事会换届,孔庆伟和贺青分别担任董事长和总裁,而 2019 年贺青调任至国泰君安,原董事长徐敬惠也到龄退休。在公司股东大会上,太保董事长孔庆伟提出"科技非常重要,下一步会在金融科技上下猛功夫,包括国际化,我们不会做糊涂事,我们会一年比一年好"。总体来看,中国太保的主要资金需求如下:

第一,保险行业当前仍处于创新发展的重要机遇期,除了向长期保障产品(如健康保险等)转型的行业大方向,互联网保险等新兴保险业态的兴起也为行业带来新的业务点。例如,中国太保响应国家乡村振兴的政策导向,将保险业务与农业结合,以信息技术为抓手,创新农业保险产品,促进农业保险在新时代的发展,其中最典型当属"太保 e 农险"。此外,在人民健康领域创新发展的健康保险也逐渐进入人们的视野,中国太保正在不断努力将保险业务与人们生活息息相关的各个方面联系起来,开发更多、更新的保险产品,一来为人们的现代生活增添一份保障,二来为企业未来的长足发展。

第二,中国太保在新领导班子的指挥下,仍在加大力度进行金融科技投入,运用科技赋能代理人、产品和服务。中国太保与一大批金融保险业的企业一样,致力于保险业人工智能、智能保险合约、保险机器人等前沿领域的探索和开发,致力于在信息数据的新时代以网络与计算机技术作为实际抓手,以更有效率地服务客户,让用户体验更好。例如已投入使用的"灵犀"智能机器人,还有利用云计算、大数据的"智能柜台",一方面给客户开通便捷快速的网络通道;另一方面利用企业业务优势收集市场的保险业务偏好,为企业业务发展探索更有前景的方向。

第三,中国太保的养老社区建设需要后续资金投入。国内养老服务业存在很大的市场空白,私立养老服务机构往往由于缺少专业团队和财务保障而产生建设不完善等问题。中国太保规划养老社区,加大资金投入正是为了在该行业做好充分准备,利用好现有的保险服务平台,为未来市场竞争做好战略部署。

第四,中国太保现有的保险业务仍需要再推广。中国太保专注创新以"太好赔""专享赔"为代表的、具有企业象征力的品牌专项服务。"太好赔"保险项目是紧跟社会发展步伐的新产品,在智能化、信息化工具的背书下,将移动端的服务纳入保险业务的发展渠道,目的在于让客户享受到更便利的保险服务。"专享赔"定位于非车险理赔服务,与"太好赔"一同推出,作为创新项目,意在让客户享受到更全面的保险服务,推动同期项目一起向着更高效、更全面、更创新的业务发展目标迈进。

2.2 国际化布局,成就战略性发展

2019年8月,上海自由贸易区临港片区正式揭牌,给小洋山岛、浦东机场等地区带来贸易发展新契机。中国太保作为上海乃至全国保险业的龙头企业,在展现国有企业风貌的同时,不忘紧跟国家、地区发展步伐,通过更名等方式支持自贸区临港片区的发展。中国太保相关负责人在采访中表示:"本次机构更名是中国太保产险上海分公司迅速响应临港新片区建设的重大战略部署,标志着中国太保在助力临港新片区国际化建设中迈出实质性的一步,同时也是在向世界打出中国太保的名片。"

为了让市场资本更有效率地流通,证监会公告即将取消基金公司外资持股比例的限制,旨在从制度上为企业引入优质资本作政策铺垫,同时A股指数被纳入明晟、富时罗素、道琼斯指数。在政策支持和国际环境的推动下,资本市场双向对外开放不断加速。业内人士表示:"无论是国际还是国内的政策倾向,都使得中国太保具备了资本国际化的环境条件,其国际化布局能够在一个更高效的体制下展开。"

官方文件公告以及有关责任人在采访中均表示,中国太保在境外发行存托凭证有助于公司稳步推进国际化布局,进一步提升全球影响力。发行GDR,公司可以获取部分外汇,有利于中国太保推动国际化战略、推进国际化布局。此前引入的国际资本带来先进的公司治理、业务合作等方面的经验与资源,借此次发行GDR的契机,中国太保意图再次引入新的战略合作伙伴,助其稳步开拓海外业务,优化投资端的战略配置,扩张跨境并购业务。

2.3 完善治理,提高自身价值

公司管理层在采访中表示,在国外发行GDR意味着更高程度的信息披露以及更高的法律标准,倒逼中国太保加强对内部的治理和监管,从而使公司符合在国外发行GDR的标准。同时,高标准减少了资本成本中的信息不对称成分,也减少了私人利益的消费,减少了被征用的现金流。董事长孔庆伟等主要公司领导在采访中表示:"中国太保可以通过国际资本市场融资来满足自身的资金需求,有助于公司在全球范围内引入优质投资者,改善董事会结构,丰富股东构成,持续完善公司治理。"

3. 太保发行,借鉴华泰

正当大家以为这个提案以全票通过告终,纷纷准备起身结束会议时,另一位德高望重的董事老马站了出来,"既是会议,就当各表意见。"他洪亮的声音顿时让大家的目光重新聚集在他身上,老赵面色一沉,却也什么都没说,等待着老马的下文。"我认为,发行GDR还是有很大风险的,我们不能只看到有利的一面。相信大家也都看到,外界市场刚一接触中国太保可能发行GDR的风声,太保的股价就立刻下跌,市场反应可不太好呀!"

3.1 中国太保拟发行GDR公告后的股票市场表现

如图3所示,2019年9月23日晚中国太保A股收盘36.45元,仅仅24日一天下跌至35.46元,到9月30日跌至34.87元,这是近两个月中国太保的最低股价。尽管之后股价有所上涨,但是一个月后(10月31日)的股价依然是更低的34.51元。

图 3 中国太保 A 股价格波动

资料来源：东方财富网。

中国太保近半年股价变动和交易情况的变化如表 4 所示。

表 4 中国太保 2019 年 9 月至 2020 年 2 月收盘价

	2019/9	2019/10	2019/11	2019/12	2020/1	2020/2
股票收盘价(元)	34.87	34.51	34.25	37.84	35.96	32.40

资料来源：东方财富网。

太保 A 股近半年交易量如表 5 所示。

表 5 中国太保 2019 年 9 月至 2020 年 2 月交易情况

	2019/9	2019/10	2019/11	2019/12	2020/1	2020/2
成交量(万股)	462.45	315.57	410.55	383.81	284.21	672.26

资料来源：东方财富网。

3.2 预计 GDR 发行对财务指标的影响

中国太保目前股本数为 90.62 亿，GDR 以新增发的 A 股股票作为基础证券，新增 A 股股票不超过 628 670 000 股（在财务指标的预测中按 6.28 亿股计算），不超过本次发行前公司 A 股股份的 10%。如表 6 所示，GDR 发行对中国太保财务指标的影响并不大。

表 6 预计 GDR 发行对财务指标的影响

指标	发行前	发行后
股本(亿股)	90.62	96.90
每股净资产(元)	18.785	18.052
每股收益(元)	2.97	2.78
资产负债率(%)	88.59	87.41
ROE(%)	14.20	14.21

资料来源：东方财富网。

3.3 华泰发行GDR后证券市场表现

"前不久华泰证券先我们一步发行GDR,带来的A股价格震荡可是不小。"老马不由得叹了口气,"各位同仁,我老马不是说不支持发行,发行固然有益,但关键在于我们要提前做好应对方案,这才是最重要的!"老赵站起身拍了拍老马的肩膀,两人共事多年,都是中国太保的元老,他理解老马心里的担忧。

自2019年6月20日发行到10月18日限制兑回期结束,华泰证券股价下跌逾20%,并且产生连续下跌趋势。自6月发行GDR以来,华泰证券A股的交易量大减(见表7),结合股价波动,投资者对华泰证券的投资热度有所减弱。

表7 华泰证券2019年6—10月A股交易量

	2019/6	2019/7	2019/8	2019/9	2019/10
成交量(万股)	181 738.4	145 955.7	125 980.47	145 707	149 478.3

资料来源:东方财富网。

即使发行GDR新增A股基础股票,增加了华泰证券的股本,其市值也从发行前一天的1 723.81亿元降至限制兑回期结束第二天的1 654.67亿元,据2019年11月22日数据,华泰证券的市值为1 533.95亿元,相较于发行前足足蒸发近200亿元市值。由此可见,华泰证券发行GDR不但没有提高公司市值,受到股价下跌的拖累,市值不升反降。

老赵接着这个话题,"老马说得好呀!我们一定要重视可能发生的问题,华泰证券发行GDR虽然使股价产生波动,但它的一系列举措已逐渐稳住A股价格,值得学习呀!"言已至此,风控部门、内审部门的同事也站起来,就可能存在的风险与华泰证券的一些举措展开讨论……

3.4 "绿鞋机制"稳定局面

为了稳定股价,华泰证券引入"绿鞋机制"。华泰证券聘请摩根大通作为稳定价格的操作人,在发行GDR(伦敦时间2019年6月14日)后30天内协助稳定股价。在此期间内,操作人通过行使超额配售权,要求额外发行约750万份GDR。稳定价格操作人于2019年6月27日(伦敦时间)向已同意延迟交付所认购GDR的投资者交付本次超额配售的7 501 364份GDR。在稳定价格期内,股价虽略有下降,但总体平稳。可惜的是,稳定价格期一结束,股价便开始下跌。从股价表现来看,"绿鞋机制"的效果在稳定价格期内比较显著(见图4)。

华泰证券聘请摩根大通和华泰金融控股(香港)有限公司担任此次发行的联席全球协调人及联席账簿管理人。摩根大通、瑞信及摩根士丹利都是在国际上拥有高声誉和知名度的证券机构与金融服务公司,这些机构与华泰证券的合作更像是为华泰证券的信誉作担保,国外投资者对这些机构的认可也会让它们"爱屋及乌"地增强接受华泰证券GDR的意愿,一定程度地保证了GDR的大卖。

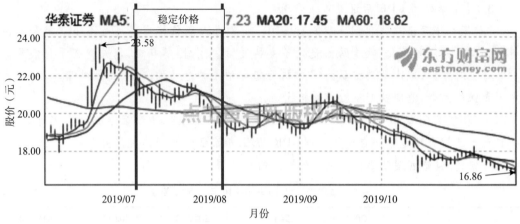

图 4　华泰证券稳定价格期内的股价波动

资料来源：东方财富网。

4. 小心谨慎，敢吃螃蟹

关于 GDR 定价问题，会上有主张溢价定价的，有力挺折价的，大家在表达观点后又纷纷看向老赵。曾是大学教授的老赵展现出自己的专业水平。"大家应当清楚，此次 GDR 发行不完全是为了募资，我们的目标还有吸引海外优秀的资本和战略投资者，高定价可能会让优质投资者望而却步，背离我们的初心，因此折价发行可能更适合。"财务总监老张也支持老赵的观点："虽然具体价格还没有决定，但是折价发行可能更适合太保目前的需求。"

4.1　定价问题关系重大

中国太保 2019 年 9 月 23 日晚公告中关于定价问题，"GDR 发行价格将由公司有关部门根据发行时的市场实际情况，同时考虑公司的资本运作、经营战略及相关风险，与专业团队商议讨论后谨慎决定。重点指出的是，GDR 发行价格不会低于标的 A 股的对应价格。"对于转换比率和发行时间也没有急于给出确定的数字，"对于发行时点，中国太保将根据具体的市场交易情况，结合公司战略与风险预计确定一个合适的发行时点。"无论是具体的发行时点还是明确的转换比率、转换方式都没有急于在正式公告中直接给出，而是提出"主要取决于发行前期具体的 A 股与海外市场的实际情况，在考虑这些价格的基础上，再考虑财务、风险等方面的因素，才能给出一个慎重且合理的方案"。

4.2　敢于走在市场开放的前列

2019 年 6 月 17 日，上交所和伦交所"沪伦通"项目得到两地政府的原则性支持，官方联合公告发布。同日，首只全球存托凭证（GDR）产品——华泰证券股份有限公司在伦交所挂牌交易。10 月 18 日"沪伦通"GDR 与 A 股开启跨境相互转换，在此之前，华泰证券、国投电力和中国太保相继于 6 月、8 月、9 月发布 GDR 发行公告，其中国投电力与中国太保是拟发行公告，华泰证券 GDR 已在伦交所上市交易。中国太保未来 GDR 的发行，意味着它会成为首家在三市完成交叉上市的保险企业，有助于持续吸引长期资金、优化资本结构，走在中国人寿、中国平安等同行业巨头的前面，占据市场开放、资金流动的"制高点"。

5. 利弊权衡，做出决定

风控部门同事的发言完毕后，大家也基本上明白了 GDR 发行中可能存在的风险与收益，各自在内心细细思量着。会议已持续良久，是时候得出结论了，大家纷纷将目光转向 C 位老赵。老赵缓缓站起身来，说道："大家的意见我都明白了，GDR 这件事情董事会已经考虑了很久，中国太保作为国家保险业的名片之一，需要到更广阔的市场上，让世界认识到中国保险公司的投资价值，同时促进中国太保自身的经营。于公于私，我都认为应当发行！"会议上响起了阵阵掌声，老王笑着说："很久没见老赵这么兴奋了，我看也没必要继续说了，日后大家在股东大会上投票表决吧，相信结果会让大家满意的。"2019 年 11 月 8 日，中国太保 2019 年第一次临时股东大会应期举行，就 GDR 发行问题进行了投票表决，表决同意比例达到 94.27%，具体如表 8 所示。

表 8　GDR 发行议案表决结果

股东类型	同意比例（%）	反对比例（%）	弃权比例（%）
A 股	98.12	1.04	0.04
H 股	81.95	11.58	6.48
普通股合计	94.27	3.93	1.80

资料来源：中国太保 2019 年第一次临时股东大会决议公告。

根据《关于中国太平洋保险（集团）股份有限公司发行 GDR 并在伦敦证券交易所上市方案的议案》，同意本次发行上市的具体方案如下：

5.1　发行证券的种类和面值

证券种类是以 A 股为基础证券的全球存托凭证，其面值由实际发行时对应价格的 A 股基础证券及实际转换比率决定。

5.2　发行时间

中国太保将根据近段时间国内外市场的实际情况与信息反馈，基于公司发展和有关风险的平衡选择一个合适的时间公开发行太保 GDR，以期高效率地完成 GDR 伦交所发行。

5.3　发行方式

本次发行方式为国际发行。

5.4　发行规模

在 2018 年度股东大会审议通过的发行新股一般性授权框架下，本次发行的 GDR 所代表的新增基础证券 A 股股票不超过 628 670 000 股（包括超额配股行为下的增发股票），不超过本次发行前公司 A 股股份的 10%。

5.5　GDR 在存续期内的规模

公司发行的 GDR 在存续期内的数量上限按发行前确定的 GDR 与基础证券 A 股股票的转换比率以及作为 GDR 基础证券的 A 股股票数量计算确定，前述 A 股股票数量不超过公司本次发行上市完成前 A 股股份的 10%，即 628 670 000 股。

5.6 GDR 与基础证券 A 股股票的转换比率

此次 GDR 与国内 A 股的转换比率,应根据国内外市场监管规则、两地的相关交易规章及政策等,由董事会及其授权人士结合市场预计交易情况决定。

5.7 定价方式

本次 GDR 发行价格应当谨慎,在综合考虑 A 股、H 股以及国外市场实际情况的基础上,再辅以企业发展、财务运作和相关风险等方面的考虑,以期能够以合适且稳定的方式顺利发行 GDR。本次 GDR 发行价格应结合实际的市场交易情况与预计的资金风险决定,但公告明确表示发行价格至少不低于每股净资产,并且将严格遵守 20 天平均定价的有关规定;同时,对此产生影响的具体发行日期由中国太保根据市场实际情况选择合适的发行时点。

5.8 发行对象

本次 GDR 发行对象为全球范围内的合格市场投资者以及其他符合相关条件的投资人或组织。

5.9 GDR 与基础证券 A 股股票的转换限制期

本次发行 GDR 必须在上市 120 天后才能与国内 A 股自由承兑转换。监管机构有其他规定的则从其要求。

5.10 承销方式

本次发行的 GDR 以承销团通过簿记建档后国际发售的方式进行承销。

本次 GDR 资金募集使用议案的主要内容是规定允许中国太保在取得 GDR 境外募集的资金后,将自有资本用于金融科技、保险产品创新、新市场开发、高质量项目完善等有利于公司治理和发展的各个方面。

该授权许可公告意义重大,通过股东大会法定程序认可有关领导层对 GDR 的发行工作进行实质领导,同意提请股东大会授权董事会及董事会授权人士在审议方案经讨论许可的项目范围内,根据国内法律规章以及境外上市的相关国内外规定,具体实施 GDR 发行的企业战略部署,包括发行时点、转换方式、标的资产、转换时间、限兑时限、转换比率、持有者依法享有的权利等;同时,在改善已有股权结构的基础上,探索能够帮助中国太保更好发展的资金使用计划、分红计划等方面。在这些相关的问题上,股东大会批准董事会及其授权人士全权负责。

6. 尾声

拿着表决通过的 GDR 发行提案,老赵、老马等人欣慰地笑了。GDR 发行已经在大家的心中酝酿了太久太久,一直没有等到合适的机会,这次终于等到"沪伦通"启动,资本市场不断加速开放,是时候轮到中国太保一展宏图了!

本章小结

党的二十大报告提出要健全资本市场功能,提高直接融资比重,为优化融资结构、增强金融服务实体经济能力进一步指明了方向。在经济迈向高质量发展的现阶段,产业结构调整优化、发展方式绿色转型等诸多任务齐驱并进,直接融资特别是股权融资风险共担、利益共享的特点,能够加快创新资本的形成,促进科技、资本和产业高水平循环。可以说,推动高质量发展对直接融资提出更高要求,而股权再融资(SEO)则是其中重要的组成部分。

股权再融资是上市公司发行的额外股票,与未经交易的股权的首次公开募股(IPO)不同。中国股权再融资方式主要包括增发、配股和可转换债券。美国上市公司可以使用以下几种方法中的任何一种进行股权再融资:①私募配售,②授予 ESOP 或 DRIP,③配股,④一般公开发行。在国际资本市场上,发行可转换债券是最主要的融资方式之一,它在我国证券市场中的应用前景也十分广阔。从国际发展趋势来看,今后上市公司在拟定融资方案时,应根据环境特点和自身条件以及发展需要量体裁衣,在一次融资或一定时期内的融资中综合采用多种融资方式进行组合融资。为了更深入地理解股权再融资的内涵,本章分别从资本结构、信息不对称、公司控制权和有效监管等角度阐述了股权再融资的基础理论,并从文献回顾和实证分析两方面探讨了上市公司股权再融资的动机及经济后果。

思考题

1. 描述公司股权再融资的不同方式。
2. 比较增发、配股和可转换债券三种再融资方式的异同。
3. 讨论上市公司再融资方式的选择趋势。
4. 美国股权再融资的方式有哪些?
5. 讨论股权再融资的有关理论。
6. 上市公司股权再融资的偏好动机有哪些?
7. 股权再融资是否与上市公司财富转移有关联?
8. 股权再融资的经济后果大多是正向的还是负向的?为什么?
9. 讨论股权再融资对企业业绩的影响。

应用题

1. 基金经理更关注的是股票的账面价值还是市场价值?为什么?
2. 市场对 SEO 的负向反应的证据如何影响以下方面:
   ⓐ 一家公司上市还是保持私有化的总体决定;
   ⓑ 公司决定通过私募股权、员工持股计划或其他方式进行股权再融资;
   ⓒ 公司的股权结构;
   ⓓ 公司的治理结构;
   ⓔ 公司的杠杆水平;
   ⓕ 公司的股利政策。

 **分析题**

确定近期股权再融资的样本,然后:
ⓐ 计算及检查发行人股票在公告前后的异常收益;
ⓑ 计算上市公司股票在上市前后的长期收益;
ⓒ 分析公司股权再融资的偏好动机。

第三篇

高级财务专题

第九章　股利政策
第十章　债务的战略性选择
第十一章　财务危机与财务重组
第十二章　债务重组、收购、破产、改组和清算
第十三章　财务结构与证券设计

第九章　股利政策

党的二十大以来，我国坚持以高质量发展为主题，推动经济实现质的有效提升和量的合理增长。然而，上市公司股利分配政策不规范现象时有发生，利用股权集中进行"掏空""套现"来输送利益，危害各市场主体的经济利益。基于此，正确认识并了解股利政策是很有必要的。

在理想市场上，股利支付的结果是公司股价下降，降幅为每股股利额。在股票回购中，公司使用现金清偿流通股，从选择出售股票的投资者手中回购股份。股票回购会减少公司的流通股和公司资产（现金），但对股票的市场价格没有影响。

长期以来，现金股利是投资者获取股票投资回报的重要组成部分。然而近年来，无论是从绝对值还是相对值来看，美国股票收益中的红利部分均稳步减少。1950—1982年，纽约证券交易所股票年均收益率中的股利和资本收益部分分别为4.2%和8.0%。也就是说，股利率是年均收益率的1/3左右。在随后的1983—1999年间，相应的数字分别为3.2%和12.8%，即股利占比不到20%。相比之下，股票分配和股票回购作为公司股利政策的组成部分，其重要性有所增强。1980—2000年，美国非金融公司的综合市场股价增长约1 100%，而每年股票回购的综合价值则增长2 700%。

尽管已有数十年的研究积淀，但金融经济学家、经理人和投资者对公司是否应该支付股利、股利的支付形式与数额以及股利对公司股票市场价值的影响仍存在分歧。这些问题在Miller和Modigliani(1961)的基础上已取得重大进展，研究者证明：在理想市场上，如果公司的资本投资固定，股利政策就无关紧要。然而，任何现实因素都可能对股利政策产生影响，放宽假设条件促成了众多的近代股利理论，包括税差理论、客户效应理论、信息传递理论等。

第一节 股利理论

股利理论研究股利支付、股价和公司价值之间是否存在关系,公司如何平衡股利支付和后续成长,如何确定最佳股利支付率以使公司价值最大,如何解释实践中的股利支付行为和政策。本章将股利理论分为传统股利理论和近代股利理论。

一、传统股利理论

(一)"在手之鸟"论

西方股利理论自20世纪中叶不断演进深化。最早由Williams(1938)、Gordon(1959)等提出"在手之鸟"(bird in hand)论,认为投资者一般是风险厌恶的,对他们而言股利收入要比由留存收益带来的资本利得更为可靠,由此更偏好现金股利。基于此可推导出:较高的股利支付率能够降低投资者风险,从而增强投资者对公司的信任并促使公司股价上升;反之,当公司降低股利支付率时,投资者出于风险考虑会要求较高的投资回报率,从而拉低公司股价。在此基础上,Williams(1938)、Walter(1956)等根据股利支付额构建了股票价值模型。Gordon(1963)进一步完善该模型,认为公司价值随着股利支付率的提高而增加。

"在手之鸟"论解释了股利支付的重要性,且与当时的现实状况相吻合;然而,其局限性在于无法解释投资者在获得现金股利之后又重新购买公司新发行的普通股这一现象。

(二)股利无关论

Miller和Modigliani(1961)提出股利无关论,也称M&M假说,他们基于完美资本市场假设、理性行为假设和完全确定假设,提出股利政策与企业价值无关的观点。其假设如下:

(1)完美资本市场假设:买卖双方都是价格接受者;参与者之间存在信息对称;不存在交易成本;公司股利和留存收益、股利所得和资本利得之间均不存在税收差异。

(2)理性行为假设:每个市场参与者都是理性行为人,关注自身财富额的增长,因此投资者对股利和资本利得无偏好。

(3)完全确定假设:投资者对每家公司有充分、详细的了解,在其他条件相同的情况下,股权融资和债务融资并无差异。

M&M假说认为,在完全资本市场中,如果公司的投资政策保持不变,股利政策将不会影响股东财富。高额股利将减少留存收益和资本利得,并不改变股东的总体财富,此时公司的市场价值仅取决于它的投资决策能力和盈利水平,与利润分配无关。

假设一家新公司的企业家有一个可盈利的单期投资项目,需要初始投资INV_0,项目的预期收益率为r^*大于适用于项目预期未来现金流的折现率r,则项目现值为:

$$PV = \frac{(1+r^*) \cdot INV_0}{1+r} \tag{9.1}$$

项目净现值为:

$$NPV = -INV_0 + PV > 0 \tag{9.2}$$

情境 1：无股利支付

假设最初因项目融资，企业家出售一些债务性证券和权益性证券的组合，分别表示为 $\Delta DEBT_0$ 和 $\Delta STOCK_0$：

$$INV_0 = \Delta DEBT_0 + \Delta STOCK_0 \tag{9.3}$$

在理想市场中，出售的债务性证券和权益性证券的价值将等于所能获得的收入，即出售净现值为零。在出售证券后，企业家保留价值等于项目净现值的股权。如果把企业家在公司股权中所占份额的价值表示为 $ENTEQ_0$，那么 $ENTEQ_0 = NPV$。由此可得公司市场价值与资本结构无关，无论是债务融资还是股权融资，也无论二者融资比例如何，公司的市场价值都是不变的。

情境 2：含股利支付

假设企业家出售债务性证券和权益性证券，不仅可以为项目提供资金，还可以获得现金股利，表示为 DIV_0：

$$INV_0 + DIV_0 = \Delta DEBT_0 + \Delta STOCK_0 \tag{9.4}$$

此情况下权益价值为

$$ENTEQ'_0 = PV - \Delta DEBT_0 - \Delta STOCK_0 - DIV_0 = NPV - DIV_0$$

企业家还将获得股利 DIV_0，故其股权价值与情境 1 相同，即 $ENTEQ'_0 + DIV_0 = ENTEQ_0$。对可出售证券总价值的限制是 $\Delta DEBT_0 + \Delta STOCK_0$ 不能超过项目预期收益的现值：

$$\Delta DEBT_0 + \Delta STOCK_0 \leq PV \tag{9.5}$$

股利应受到相应的限制：

$$DIV_0 \leq PV - INV_0 = NPV \tag{9.6}$$

上述的套利证明与 M&M 假说的证明类似，尽管发放股利可能影响公司的资本结构，但由于公司的市场价值与资本结构无关，发放股利不会影响公司的市场价值。

上述分析说明了 Miller 和 Modigliani 提出的两个主要观点：其一，股利支付率越高，公司从外部筹集的新资本越多，以维持理想的投资水平；其二，公司价值与股利政策无关。在理性和完美的经济环境中不存在金融假象，价值完全由"真实"的因素决定，即价值由公司的盈利能力和投资政策予以分配，而非盈利能力成果的"包装"。

M&M 假说强调通过套利机制，完全平衡股利支付与外部融资的收益和成本。然而，这一结论偏离现实，因为其假设过于苛刻。尽管完全理性的市场环境并不存在，但 M&M 假说仍开创了股利政策研究的先河。此后，学术界对股利政策的研究趋于弱化 M&M 假说的前提假设，逐渐形成近代股利理论。

二、近代股利理论

（一）税差理论和客户效应理论

股利无关论的一个重要假设是税收不存在差异，但现实情况无法满足这一假设。M&M 假说放宽了这一限制，试图探讨在税收存在差异的情况下股利政策是否与公司价值相关。考察现实中的所得税规定与 M&M 假说假设的区别主要有以下两方面：一是股利所得税与资本利得税存在差异，二是各投资者具有不同的边际税率。由此派生出税差（税率差异）理论和客户效应理论。

1. 税差理论

以 Farrar 和 Selwyn(1967)为代表的学者认为,由于现金股利通常征收高于资本利得的税率,且投资者可以通过持有股票来延迟资本利得的纳税时间,投资者为了获得较高的预期资本利得,愿意接受较低的普通股必要报酬率。Brennan(1970)利用资本资产定价模型,将其研究扩展到一般均衡情况,认为股票的预期必要报酬率会随股票收益率的提高而上升。这表明存在税收效应,公司最好的股利政策就是根本不发放股利。

为了说明税收和交易成本对公司股利政策的影响,现假设一家有 100 万股流通股的 ABC 公司。ABC 公司的所有股东都希望每年获得每股 5 元的定期现金收入用于消费。ABC 公司股票的市场价格为每股 100 元,由于股票价格近期有所上涨,股东若清盘股票则面临资本利得税。每个股东股利收入的税率 τ_p 为 40%、已实现资本收益的税率 τ_{pc} 为 30%,股票销售的交易成本 tc 为 5%。假设公司本年没有正净现值投资,且有闲置的现金支付股利。如果不支付股利,闲置现金就会用于零净现值的投资,如国库券。

在这种情况下,如果公司支付 5 元的股利,则股东将在税后获得 3 元[5×(1-0.4)]。如果不支付股利且股东清盘 5%的股份,则股本将获得每股 5 元的收益。在支付了 0.25 元 (5×5%)的交易成本和 1.5 元(5×30%)的资本收益税后,股东的净收益为 3.25 元。也就是公司不支付股利,股东将有更高的收益。当然,如果股东的股利收入和资本利得的税率或者出售股票的交易成本发生改变,股东对股利的偏好就可能会改变。

现在假设 ABC 公司本年有正净现值项目,必须使用股权资金。如果公司支付的股利总额为 500 万元,则必须出售新股来筹集这笔资金。假设新股的发行成本是收入的 10%,那么发行成本将是 50 万元。因此,发行前股票的市值将下降每股 0.5 元至 99.5 元,以反映发行新股这一决定。实际上,股东从股利支付中只能获得 2.5 元(3-0.5)的净收益,而之前计算的个人股票出售净收益为 3.25 元。在这种情况下,如果公司不支付股利,股东的情况就会好得多。这个案例也说明为什么有盈利投资机会的公司通常不支付股利。

然而,大量后续的实证研究并不支持上述论点。Black(1976)指出,这些理论模型并不支持当时众多公司持续高额派息的现实,"股利之谜"由此产生。Black 和 Scholes(1974)检验 Brennan(1970)的模型后发现,所得结果并不支持税差理论。但 Litzenberger 和 Ramaswamy(1979)扩展并修正 Brennan(1970)的模型后发现,股利支付率与股东期望报酬率显著正相关。Miller 和 Scholes(1982)则认为,尽管税法规定股利和资本利得的税收待遇不同,但税法存在的种种漏洞使得投资者可以利用寿险合同、退休金计划等方式隐瞒股利收入,由此推断 Brennan(1970)模型的假设并不正确。

2. 客户效应理论

客户效应理论是对税差理论的进一步扩展,由 Miller 和 Modigliani(1961)提出。他们认为,不同投资者的税率等级不同,故而偏好的股利支付水平不同,上市公司可以设置多样化的现金股利政策来吸引各类投资者。由此,个人税率等级、股东的流动性需求、交易成本(包括股东和公司)以及公司的投资机会都会影响投资者对股利的偏好。

一方面,一些个人投资者和养老基金可能面临低税率或无税的情况,他们会因自身收入状况而偏好股利。其他投资者则面临较低的实际税率,因为投资于可递延纳税的退休金计划,他们不需要股利作为当前收入(事实上,他们无法获得来自退休金计划的股利)。

另一方面,许多高收入的投资者处于高税率等级,偏好较长的投资期限,且不需要额外的现金收入。这样的投资者更愿意持有股利很少或无股利的股票,并会采取买入并持有策略以尽量减少资本利得税。其他投资者则可能处于低税率或高税率等级,但需要股利以获取现金收入。

这种对股利的不同偏好自然会产生股利客户群。股利客户群是指一群投资者根据自身的税级或流动性情况,为偏好股利政策的公司股票所吸引。这表明,如果某家公司采取的股利政策能够吸引当前市场其他公司无法满足其偏好的投资者,它的市场价值就可能会提高。

然而,如果现有公司集体满足了所有股利客户的需求,那么任何一家公司都不能通过采取特定的股利政策来影响股票的市场价值,这种情况被称为股利客户均衡。管理层应该追踪投资者对股利政策的欲望变化,因为可能会从中发现未被满足的客户群,从而采取他们想要的股利政策来提高股票的市场价值。

管理层必须知道公司的股利支付政策能否通过客户效应吸引特定的投资者。其一,公司的所有权结构对财务政策和战略的潜在重要性。根据客户效应,股利政策会影响公司的所有权结构,至少在吸引公司股票投资者类型方面如此。其二,股利政策会影响公司股票的均衡预期收益,从而影响其权益资本成本。

Elton 和 Gruber(1970)通过"除息日测试"验证这一观点,发现股利收益率和股利支付率与股东边际税率存在显著的相关关系。在理想市场上,公司股票价格在除息日应下降,降幅为每股股利,表示为 DPS。Elton 和 Gruber(1970)针对公司的 DPS 支付和公司除息日前后股价差异的关系提出一个表达式,记为 $(P_B - P_A)$。这一关系是股票边际投资者税率的函数,表示为:

$$\frac{P_B - P_A}{\text{DPS}} = \frac{1 - \tau_p}{1 - \tau_{pc}} \tag{9.7}$$

其中,股东面临的股利收入税率为 τ_p、资本利得税率为 τ_{pc}。如果边际投资者的 $\tau_{pc} < \tau_p$,那么价格变化率将小于 1。

假设 A 公司宣布派发 DPS=5 元的股利,持有股票的投资者的共同税率为 $\tau_p = 35\%$,$\tau_{pc} = 20\%$,那么除息日的价格变化应该为:

$$P_B - P_A = 5 \times \frac{1 - 0.35}{1 - 0.20} = 4.0625(元)$$

也就是说,价格应该下降每股股利的 81.25%。

Elton 和 Gruber(1970)还认为,相对于资本利得,面临高股利收入税率的投资者倾向于持有低股利收益率的股票,而低股利收入税率的投资者倾向于持有高股利收益率的股票。因此,除息日价格变化与股利之比应该与股利收益率成反比。

Pettit(1977)支持 Elton 和 Gruber(1970)的理论,认为年轻或收入水平较高的投资者往往处于较高的税率等级,即边际税率较高,通常选择成长性较好的公司以获得资本利得;而年纪较大或收入水平较低的投资者则偏好上市公司支付现金股利。

也有学者持反对意见。一方面,鉴于股票是以离散的价格进行交易的,而价格主要受买卖价格和最小基点的制约,Elton 和 Gruber(1970)观察到的结果至少部分是源于这样一个事实,即股票价格的下降幅度将小于纯粹由价格谨慎性效应造成的股利数额(Bali 和 Hite,1998)。另一方面,假设某只股票在除息日前后的边际交易者总是具有与股票股利收入一致的税收偏好,但这可能是不合理的,例如许多套利者对股利收入和资本利得没有任何偏好。Kalay(1982)、Eades 等(1985)、Boyd 和 Jagannathan(1994)、Lasfer(1995)、Bali 和 Hite(1998)、Koski 和 Scruggs(1998)及 Kalay 和 Michaely(2000)的证据表明,股票价格的除息日变动可能并非受税收因素的影响。

在我国,关于客户效应对股利政策影响的研究很少。Wang(2012)利用美国上市公司样本,研究客户-供应商关系对股东收益的影响,认为企业可能会因资产剥离引起的财务危机和大客户认证效应的影响而减少股利支付。除了专用资产引起的财务危机,公司与客户之间的交易更多地体现为经营风险。

许多研究探讨客户对公司业绩、公司财务状况、信息生成行为等的影响。良好的客户关系是宝贵的无形资产,可以提高公司的创新能力(Hsu 等,2015)、增强运营能力、提高公司生产率(Patatoukas,2012)、增强收入稳定性等。然而,强势客户可能会延迟付款并蚕食企业利润(Gosman,2004),重新谈判攫取公司创新租金(唐跃军,2009;张雯等,2013);客户集中度高可能会增加客户流失的风险,对公司产生风险溢出效应(Kolay 等,2016)。

(二)信息传递理论

股利无关论的另一个重要假设是市场中无信息不对称,但现实并非如此。相对于普通投资者,公司管理层因更了解公司未来的投资计划和盈利状况而具有信息优势,因此管理层可以通过股利政策向投资者传递有关公司发展前景的信息,以期增加投资者所拥有的信息量或者改变他们对公司的某种错误认知。

现金股利能够作为信号是股利信息传递理论成立的前提。信号传递模型基于:具有极高价值的公司不轻易向市场传递这类信息。一是因为这类信息通常具有战略性质,向公众传递这类信息就等于向公司的竞争对手泄露内部机密。二是因为很难设计出公司相对于其他较弱公司的可靠信号,因为较弱公司有动机模仿此类信号,高价值公司必须设计出一个可靠的、可负担的高估值信号,使得低价值公司因模仿成本太高而不可为。由于支付现金股利的高成本可以有效制止其他公司的模仿行为,且相较于利润等财务数据,股利能够更好地体现公司真实盈利水平。因此,股利是公司在信息不对称的市场上真实价值的有效信号,上市公司可以通过股利政策向外界展现出公司的盈利及未来发展前景等情况。

Fama(1969)研究了股票拆分对股价的影响,证明了股利政策具有信息传递功能。Bhattacharya(1979)、Miller 和 Rock(1985)建立模型,假定管理层会通过股利政策暗示公司发展状况与发展前景,当预期公司发展良好或盈利能力增长时,就会提高股利支付率。Pettit(1972)发现当公司宣布派发股利时,其股价会上升。Grullon 等(2002)发现,股利会引起股价的不对称反应,股利减少时股价的下降幅度远远大于股利增加时股价的上升幅度。Aggarwal 等(2012)认为,美国上市公司的信息不对称性较弱,不足以利用信号传递模型进行统计检验;他们基于美国存托凭证数据的统计检验结果表明,在信息不对称严重的国家,股利变动更具有信息传递功能,增加股利显示利润增长。Joliet 和 Muller(2015)以跨国公司为样本,发现新兴市场的公司管理层主要通过增加股利来传递盈利的信号,这一现象不同于北美、西欧地区,说明新兴市场的盈利信息不对称程度要高于发达市场。

也有学者从实证角度质疑股利支付可以传递上市公司发展前景这一论点。Watts(1973)、Penman(1983)的实证研究发现,股利和上市公司未来盈余之间存在极其微弱的正相关关系,并不能据此断定信号传递效应的存在。此外,信号传递理论仍存在一定缺陷。例如,该理论很难对不同行业、不同国家的股利支付水平差别进行有效的解释和预测;支付股利在信息传递手段高速发展的背景下是否可作为信号仍存疑;高速成长企业的股利支付率一般较低,这与信号传递理论给出的解释和预测相反。

目前,国内学界关于现金股利是否具有信号传递效应存在很大争议。陈晓等(1998)指出,首次发放纯现金股利引起的异常收益在考虑交易成本后几乎可以忽略,现金股利变化的信号假说不被支持。孔小文和于笑坤(2003)发现,我国的股利政策具有明显的信号传递效应,而且现金股利政策的信号传递作用随着股市的发展而增强。股利支付率越高,短期股票收益率越高(常亚波和沈志渔,2016),这种股价变化为管理层调整现金股利政策提供了一定的依据(周卉和谭跃,2020)。吴育辉等(2018)发现,上市公司现金股利的增加可能向外部客户发出信号,表明公司的违约风险很低,从而降低债券投资者要求的风险补偿。

(三) 代理成本理论

现代企业制度中的一个核心问题就是企业的经营权与所有权分离,且在很多情况下公司的股东、管理层及债权人等群体的利益不一致且存在冲突,委托人和代理人之间的利益不一致会产生代理成本。代理成本理论主要从信息不对称和委托-代理问题的角度研究上市公司的股利支付政策。

1. 股东-管理层代理冲突

股东和管理层之间的基本委托-代理问题之一是自由现金流(Jensen,1986),源于管理层在扩大公司规模上的私人动机。管理层产生这种动机的原因有:其一,高级管理人员的薪酬与公司规模密切相关,如果他们能够成功地使公司规模扩大(甚至可能以牺牲利润为代价),他们的薪酬水平就会更高;其二,如果在扩大规模的过程中公司业务变得非常复杂,现任管理层就更难被解雇或被新管理层取代,从而有利于现任管理层固化激励。

管理层建立庞大而复杂的商业帝国的方法之一是不派发股利,而是用多余的现金投资于无盈利项目或进行收购。这一问题对于可获利投资机会相对较少的高利润公司来说最为严重。管理层不支付股利来追求商业帝国建设将受到内外部治理机制的制约。在内部,如果公司的董事会有魄力,就可以强迫公司支付股利来约束管理层;在外部,拥有公司控制权的机构投资者迫使管理层至少支付最低限额的股利,以防止公司遭受外部干预(Zwiebel,1996;Persons 和 Warther,1997;Myers,2000)。因此,尽管股利可能产生不利的税收后果,公司仍有理由支付股利。

对于那些无利可图或可获利投资机会的必要支出等于或超过公司可得内部资金的公司来说,商业帝国建设问题没有那么严重,因为这两种情况下公司都没有自由现金流。基于管理层与股东之间的委托-代理冲突,这样的公司没有理由派发股利,考虑到股利的不利税收影响,少派发或不派发股利是最优选择。

最先将代理理论应用于股利政策研究的是 Rozeff(1982),他建立的模型如图 9-1 所示。该模型选择股利支付率以最小化代理成本和交易成本的总和。前者是内部人所有权比例的递减函数,后者是股利支付率的递增函数。模型显示,内部人持股比例的增加会使代理成本降低,从而导致最优股利支付率下降。

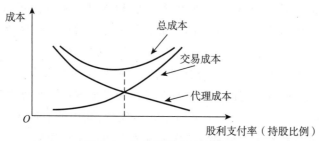

图 9-1　最优股利支付率模型

Rozeff(1982)认为,股利支付和内部人持股是控制代理成本的替代性机制。因此,内部人所有权比例高的公司可以支付较低水平的股利,但内部人所有权比例低的公司必须支付较高水平的股利。这些预测似乎与偶然观察到的现象一致,小公司往往有较高的内部人所有权比例和较低的(或没有)股利支付率,大公司则相反。

Schooley 和 Barney(1994)进一步发展了 Rozeff(1982)的模型。他们认为,内部人所有权和股利支付之间的替代性只适用于较低内部人所有权比例的公司。如果超过内部人所有权的临界比例,就会出现管理层的固化,这往往会增加管理层自由裁量权的代理成本。因此,股利支付率(或股利收益率)和内部人所有权比例呈非单调关系。在较低的内部人所有权水平下,股利支付率较低;在较高的内部人所有权水平下,股利必须再次增加以减少代理成本。

对 Rozeff(1982)替代性观点的概括,似乎可以同时解释 1980—2000 年美国公司的两个重大发展。一是出现一些新的机制来减少管理层自由裁量权的代理成本,包括经理人薪酬合同中激励机制的创新、董事会效率的提高、收购市场的出现、股权的制度化,这些都可能增强监督作用;二是公司支付股利的倾向明显减弱,也许新机制已经部分取代股利在缓解代理问题方面的作用。

Easterbrook(1984)认为,与股利有关的代理成本主要是监督成本和风险厌恶产生的成本。Brockman 和 Unlu(2011)发现,股利支付通过改变代理成本来间接影响公司价值。Khidmat 和 Rehman(2014)扩展这一研究,发现自由现金流与代理成本存在明显的正向关系,与公司价值存在明显的负向关系。Guizani(2018)则从公司治理角度分析股利支付对股东的影响,发现公司支付的现金股利越多,自由现金流水平越低。当内部资源不能满足公司的投资需求时,管理层不得不进入资本市场融资,此时保护股东利益的外部法规会强化管理层的治理作用。

国内研究者对现金分红中的代理问题也给予足够的重视,一些实证结果支持自由现金流假说(罗琦和吴哲栋,2016;马鹏飞和董竹,2020)。从公司治理的角度看,管理层和股东的权益受到公司现金股利支付趋势与强度的影响(Firth,2016;张春龙和张国梁,2017),低股利支付水平使公司保留了大量自由现金流,投资风险过大(于晓红等,2017);过高股利支付则有可能因失去内部人控制而错失可获利的投资机会(刘孟晖和高友才,2015)。

2. 股东-债权人代理冲突

当公司有未偿还的风险债务时,管理层为了股东的利益,有动机采取行动从公司债权人那里征用财富——财富转移,其中一个手段是增加股利。通过增加股利,公司可赔付给债权人(优先)的资产将更少,因此债权人可索赔的资产价值比公司不支付股利时要少。

当公司有杠杆时,Myers(1977)提出的投资不足问题就会显现出来。当公司既有未偿还的风险债务又有可获利的投资机会时,管理层从股东的利益考虑,如果这些投资对股东没有好处,管理层就可能会放弃可获利的投资项目,因为这也有利于债权人;反之,公司将支付股利。这些问题导致债权人要求订立合同契约,限制借款公司可支付的股利数额(Smith和Warner,1979;Kalay,1982)。这种限制既可以保护债权人,又可以缓解投资不足问题。

Easterbrook(1984)认为,股利可能有助于调节管理者与不同类别投资者的风险水平。假设管理者是风险厌恶者,公司有未偿债务,管理者出于自利的动机,将降低公司股权的风险,以减少公司破产和个人失业的风险。随着时间的推移,降低风险的一种方法是不支付股利(即便有多余的现金),因为随着公司股权的增加,杠杆率和公司破产风险都会下降,但这种行为是以牺牲股东利益为代价使债权人受益。因此,合理的股利可以维持公司的杠杆率,从而最大限度地减少股东对债权人利益的无意侵占。

Li(2013)发现,当股利支付状况变化较大时,债券价格与股票价格呈明显的反向趋势。Wei等(2020)也表明,债券价格与股利同向变动;然而,高风险债券更有可能对意外的股利增长做出负向反应,导致财富从债权人处转移到股东。此外,现金股利支付水平对债券投资者的利益有直接影响,低现金股利在债券市场上是一种积极信号,高现金股利则是消极信号。

3. 大股东-中小股东代理冲突

Schleifer(1986)发现美国市场存在股权集中的现象。同时,La Porta等(1999)发现大小股东的利益冲突在企业中普遍存在。自此,学者们开始关注大股东与中小股东之间的代理问题。

部分学者认为,现金股利来自所有权的共享收益,每个股东均能通过股利来分享公司盈利,从而避免控股股东利用自由现金流从事侵害中小股东利益的活动,因而控股股东并不愿意支付现金股利,反而更喜欢通过其他方式来达到转移利润的目的。

也有学者认为,股利政策是控股股东"掏空"上市公司的主要手段之一,控股股东更希望上市公司支付现金股利。由于大股东的利益诉求不同于其他利益相关者,在享受控制权的同时,大股东可能会设法进行利益输送,完成财富转移(叶康涛等,2007)。

就我国的情况而言,为了维护公有制的主体地位,国有企业改制通常会保留国有控股性质。因此,国有股股东对股利分配的要求是股利政策的重要影响因素,这会导致股权分置和股权集中。唐宗明等(2005)认为,与美国等发达国家相比,我国控股大股东侵害中小股东利益的现象更普遍、侵害程度更高。吕长江和周县华(2005)从公司治理的角度进行研究,发现代理成本假说和利益侵占假说分别在集团控股与政府控制的公司中不同程度地发挥作用。

4. 与股利政策有关的其他代理问题

当前理论研究的一个重要突破是从法律角度探讨股利分配的代理问题。La Porta 等(LLSV)(2000)在分析股利政策时将代理理论与股东权益保护结合起来,建立了两种股利代理模型——结果模型和替代模型。结果模型认为股利是有效的股东权益保护的结果,小股东可以利用自身的法律权利迫使公司支付现金股利,防止内部人为个人利益而挥霍公司利润。替代模型认为股利是保护股东权益的一种途径,公司进入资本市场以获取融资,必须建立良好的声誉才能取得有利条件,发放股利是其中一种途径。他们基于实证分析得出结论:股利支付水平因法律制度而异,但与代理理论提出的一种特定现象一致,即在少数股东权益得到更好保护的国家和地区,公司倾向于支付更高水平的股利。

三、行为股利理论

20 世纪 80 年代以来,以 Miller、Thaler、Shefrin 和 Statman 等为代表的学者将行为科学引进和应用于股利政策研究,着重从行为学的角度探讨股利政策,试图基于社会学、心理学解释微观个体行为以及行为产生的深层次社会动机,进而分析其对公司股利政策的影响。行为财务视角下,股利政策研究主要包括投资者行为和管理者行为两个维度。从投资者非理性视角探讨投资者心理预期和风险偏好差异对资源配置的影响,代表性观点有理性预期理论、自我控制说和后悔厌恶论,以及管理者针对投资者非理性心理的"股利迎合"行为;从管理者非理性视角探讨公司股利决策的影响以及投资者的市场反应,聚焦于不确定性下管理者的"过度自信"行为。参阅数字资源:延伸阅读之"行为股利理论"。

四、生命周期理论

企业生命周期理论起源于经济学领域,认为企业的发展会经历形成阶段、成长阶段、成熟阶段和衰亡阶段。Fama 和 French(2001)、Grullon 和 Michael(2002)基于企业生命周期解释上市公司的股利政策。公司利润在盈利保留和股利支付之间进行分配,管理者在决定股利政策时必须权衡保留盈利的收益和成本。当保留盈利的收益大于成本时,管理者倾向于保留。然而,保留盈利的收益和成本随着企业生命周期的变化而变化。成长阶段的公司自身盈利积累较少同时面临较多的投资机会,公司保留盈利能够为投资提供长期资金,因此公司倾向于不进行股利分配。当公司进入成熟阶段后,其自身盈利积累增加同时投资机会减少,此时公司拥有较为充裕的自由现金流,保留盈利的收益降低,反而会因大量自由现金流的存在而产生代理成本,因此公司倾向于支付现金股利。参阅数字资源:延伸阅读之"生命周期理论"。

第二节 现金股利政策

一、现金股利政策的种类

股利政策是公司管理层在不分配利润与发放现金股利之间进行权衡的决策结果,是公司筹资活动和投资活动的延续。实务中,公司主要采取以下几种股利政策:

一是剩余股利政策,指公司的净利润在扣除权益性投资部分后的剩余部分用于发放现金股利。剩余股利政策遵循投资优先原则,有利于企业提高经济效益,但往往会忽视有利于中小股东的投资机会。

二是稳定股利政策,指公司每年按固定金额发放股利。稳定股利政策有利于保持股价稳定性和股利支付的有序性,但股利支付与盈利脱节,可能会增加公司的财务风险。

三是固定股利率政策,指公司每年的现金股利政策所采用的现金股利支付率均相同,具有一定的灵活性,但易导致股利支付产生较大的波动。

四是低正常股利加额外股利政策。可以结合企业实际状况制定不同的股利政策,在财务管理上具有很大弹性,但稳定性不强且易给投资者公司盈利波动较大的错觉。

二、现金股利政策的影响因素

在股利理论和股利政策发展的同时,学界从相当广泛的角度对现金股利政策的影响因素进行实证研究。现有的现金股利政策影响因素的实证研究大致分为企业微观层面与环境宏观层面。

（一）企业微观层面

1. 股利政策与公司规模

Chang 和 Rhee(1990)研究发现,规模较大的公司意味着组织结构相对稳定,没有很强的扩张欲望,同时拥有较多的融资渠道,有能力支付高水平的现金股利,因此公司规模和现金股利支付水平呈正相关关系。

Mahmoud 等(1995)则从大公司需要降低代理成本的角度出发,论证大公司有更强的股利支付动机,小公司则没有这种动机。

于海泳和陈玉菁(2009)研究 2006 年度深交所 133 家公司现金股利分配情况,发现公司规模越小,分配的现金股利越多,同时保留的盈利也越多。小规模公司虽然股本少但成长性好,尤其在市场回暖时,公司容易实现业绩的大幅增长。中小企业出于规模扩张的考虑,有再融资的需要,更愿意选择分配较少的现金股利。

2. 股利政策与盈利能力

Lintner(1956)认为,盈余收入变化是公司现金股利政策的决定性因素,管理层倾向于平滑股利支付水平,避免股利支付率经常波动。他认为,股利政策体现管理层对公司未来前景的看法,公司盈利水平对股利发放的影响最大,且稳定的盈利水平能够保持股利发放的持续性。

Lintner(1956)建立模型并进行经验分析,其关于公司盈利和股利的动态模型为:

$$\mathrm{DIV}_t - \mathrm{DIV}_{t-1} \equiv \Delta \mathrm{DIV}_t = \rho(\pi \cdot \mathrm{EARN}_t - \mathrm{DIV}_{t-1}) \tag{9.8}$$

其中,π 是公司的长期目标派息率,ρ 是速度的调整系数。$\rho=1$,股利等于当前盈利中 π 的部分;$\rho<1$,公司只部分调整股利至当前盈利与盈利趋势之间的偏差。

模型(9.8)两边同除以上期股利,有

$$\frac{\mathrm{DIV}_t - \mathrm{DIV}_{t-1}}{\mathrm{DIV}_{t-1}} = -\rho + \rho \frac{\pi \cdot \mathrm{EARN}_t}{\mathrm{DIV}_{t-1}} \tag{9.9}$$

由模型(9.9)可知,公司股利的百分比变化取决于公司当前股利相对于上次股利的收益率、参数 ρ 和 π。如果公司目前没有盈利($\mathrm{EARN}_t = 0$),那么股利将以 $-\rho$ 的比率下降。一般来说,当 $\pi \cdot \mathrm{EARN}_t < \mathrm{DIV}_{t-1}$ 时,股利率将会下降;当 $\pi \cdot \mathrm{EARN}_t = \mathrm{DIV}_{t-1}$ 时,股利将保持不变;当 $\pi \cdot \mathrm{EARN}_t > \mathrm{DIV}_{t-1}$ 时,股利率将会上升。

模型(9.9)的优势还在于它采用回归方程的形式(没有误差项),被解释变量是公司股利率的变化,截距是 $-\rho$,解释变量是 $\mathrm{EARN}_t/\mathrm{DIV}_{t-1}$,斜率系数是 $\rho\pi$。

Higgins(1972)假设公司存在目标资本结构,发现不同时期的现金股利差异是源于盈利和投资需求的差异,高盈利与现金股利支付正相关。

Fama 和 French(2001)发现,新上市公司的利润率下降与本身的股利支付率下降有关,这可能是由于上市公司通常规模较小,但有更多、更好的投资机会,因此往往不支付股利。

邵军(2004)认为企业是否发放现金股利的决策主要受每股收益、资产收益率和现金股利支付稳定性的影响,企业主要根据当期盈利和现金股利支付稳定性进行决策。

马慧敏和叶静(2016)以 2011—2013 年创业板上市公司为样本,以每股现金股利衡量企业的股利支付水平,通过实证检验发现:代表企业盈利能力的净资产收益率与每股现金股利变动方向相同。当企业有较强的盈利能力、付现能力时,企业管理者就会设法向投资者发出企业经营良好的信号,从而增加现金股利的发放。

3. 股利政策与偿债能力

Kalay(1982)着重研究公司债务和现金股利的关系,他通过大样本随机测试发现,高负债水平公司倾向于施加严格的限制以保护债权人的利益,导致公司现金股利支付减少。

Kalay 和 Michaely(2000)分析公司债务对股利政策的影响,发现公司债务额与股利支付额成反比。

吕长江和王克敏(2002)构建因素之间的结构模型,探讨股利支付率、资本结构和管理资本之间的关系,发现资产负债率和股利支付率存在双向因果关系:债务越多,股利支付率越低;股利支付率越高,债务越少。

马慧敏和叶静(2016)发现,样本的资产负债率为 17%,说明创业板上市公司偿债能力较好,派发现金股利的能力也较强。但是,企业负债总额越多,偿债压力越大,财务风险也越高,为了降低财务风险、保证持续经营,企业更倾向于选择分配较少的现金股利。

4. 股利政策与成长能力

Schooley 和 Barney(1994)认为,高速发展的企业很可能需要更多的资金来开发市场和增加产量;为了降低外部融资成本,企业更有可能诉诸内部融资和更大比例的税后利润,所以快速增长的企业更有可能保留利润。

Jensen(1976)发现,当公司有更多的投资机会时,它需要更多的现金进行投资,用于其他目的的现金流较少。在这种情况下,上市公司不支付或少支付股利,即上市公司的增长机会与支付股利倾向负相关。

Rozeff(1982)认为,快速增长的公司宁愿不派发股利,将原本用于派发股利的资源分配给更有利可图的投资活动或增加产量,以最大化利润水平。

牟晓云和宋文庆(2016)基于沪市2009—2014年A股上市公司数据,发现当营业收入增长表现良好(即企业的成长能力较强)时,上市公司发放现金股利的意愿反而减弱,股利支付率降低。原因在于企业发展潜力良好,有较多的高回报投资机会,需要的内部资金更多,此时公司倾向于留存利润而非发放股利。

5. 股利政策与股权结构

Jensen和Meckling(1976)整合了代理理论、产权理论和财务理论,开发了公司股权结构理论,认为股东控制的公司倾向于发放高股利,管理层控制的公司倾向于发放低股利以供在职消费。

Mancinelli和Ozkan(2006)对上市公司股利支付率和股权集中度进行分析,结果显示高股权集中度会降低现金股利支付水平。

Jose等(2012)发现,现金股利分配与大股东的投资意愿存在显著的相关性,当股东倾向于投资或项目持续时间较长时,公司分配现金股利的可能性更小。

6. 股利政策与现金流量

Jensen和Meckling(1976)认为,管理层出于私利考虑,会将公司现金用于对自身有利的活动,即大量自由现金流可能导致过度投资。Easterbrook(1984)对此提出建议:股东应减少管理层可用现金,这样管理层就不能肆意挥霍。无条件支配的现金越少,管理层就越难投资于负净现值项目,而减少公司超额现金流的一种方法正是支付现金股利。

李思飞等(2014)以2003—2008年沪深A股为样本,发现现金流不确定性高的公司发放现金股利的倾向较弱,随着现金流不确定性增大,公司削减股利的可能性显著增大;若现金流的不确定性增大且现金流负向变化,则公司增加股利的可能性显著减小。

(二)环境宏观层面

已有文献从不同角度研究股利支付的宏观影响因素,主要包括法律环境(Hail,2014)、市场环境(Grullon和Michaely,2002;杨兴全,2014)、文化政治因素(Guedhami,2017)、地域因素(张玮婷和王志强,2015)等,它们分别从信息不对称或代理成本方面影响股利政策。

如市场环境,Grullon和Michaely(2002)从代理成本的角度,以1972—2001年2 747家公司为样本,发现竞争强度与股利支付率显著正相关,因为竞争性减少了过度支出的代理成本,修正了投资决策,防止公司浪费资源。然而,Hoberg(2014)认为激烈的竞争会产生运营风险,而在竞争程度更集中的行业,企业拥有更稳定的现金流,更有可能支付股利(Peress,2010)。

权小锋等(2010)研究行业因素对上市公司股利政策的影响,发现股利支付率与行业前期的现金股利水平正相关,与行业竞争程度和行业信心负相关,而行业股利偏好和行业生命周期对企业的股利政策无影响。曹裕(2014)研究表明,行业集中度越高的公司支付股利的意愿越弱、股利支付水平越低,因为低行业竞争会削弱可比非同业公司对公司治理的影响。

三、现金股利政策的影响结果

Fama 和 French(2001)研究股利支付对公司价值的影响,发现股利与公司价值显著正相关,因为股利包含公司未来前景的信息。但一些学者认为上述关系的导因是代理问题,即股利支付减少了自由现金流。Kim 等(2015)研究发现,股利支付与企业价值呈 J 形非单调关系,即支付较高股利的公司比其他公司的价值更高,而不支付股利公司的价格比支付较低股利公司的价值更高。

罗宏和黄文华(2008)探讨国企分红、在职消费与公司业绩的关系,发现国企高管在职消费与公司业绩负相关,而现金分红会显著降低在职消费水平。进一步的研究表明现金股利可以通过盈余管理(刘衡等,2013)、提高投资效率(王小泳等,2014)、降低代理成本(徐寿福和徐龙炳,2015)等方式影响公司价值。顾小龙等(2015)发现过度分红会增加股价崩溃风险;实际控制股东控制权与现金流权的分离程度会增强两者的相关性。刘孟晖和高友才(2015)进一步区分异常股利派现行为,认为只有正常派现才能增加公司价值。罗琦和李辉(2015)研究股利政策对投资效率的影响,发现成长型公司不分红有助于缓解投资不足,而成熟型公司分红有利于约束过度投资。

实证研究一致发现,平均而言,市场对增加股利公告的反应是积极的,而对削减股利公告的反应是消极的。最直接的解释是,股利变更向市场透露了管理层对公司长期盈利前景的评估的新信息。事实上,Lintner(1956)股利平滑模型背后的理念是,公司管理层只有在公司的永久性盈利增加时才会增加股利支付。但这并不意味着股利政策与盈利状况相关,正如 Miller 和 Modigliani(1961)所认为的,如果一家公司采取稳定的股利政策,并有一个长期设定的、被普遍接受的目标派息率,投资者就很可能(并有充分的理由)将股利率的变化解释为管理层对公司未来盈利前景看法的改变。换句话说,股利政策的变化为股票价格变动提供了机会,但不是导因,股票价格仍然是对公司未来盈利和增长机会的唯一反映。

代理理论至少可以从三个方面解释基本的实证结果。首先,股利增加表明公司的治理机制(如董事会)成功地遏制了管理层建立商业帝国的欲望,而股利减少则揭示相反的情况。其次,股利增加表明来自外部市场的对公司控制权的威胁已经说服管理层释放自由现金流,而股利减少则意味着相反的情况。最后,有杠杆公司增加股利构成对公司债权人财富的征用,减少股利则相反。

在某些情况下,增加股利是坏消息,减少股利反而是好消息。例如,一家公司可能决定削减股利,因为管理层正计划增加资本支出,以追求未知的可获利投资机会;相反,增加股利可能表明一家公司的可获利项目已消失。

第三节　股票分配政策

股票股利是另一种主要的股利分配形式,还有与股票股利类似的股票分割。而在我国,股票股利与公积金转增股本是常用的股利分配政策。尽管股票分割与转增股本都不属于股利分配,但它们对公司价值的影响和股票股利很相似,国内外理论界和实务界都将它们与股票股利放在同一范畴,本书统称为股票分配。

一、股票分配政策的种类

股票股利是指上市公司向普通股股东按其持有股份的一定比例赠予普通股,作为股东投资的报酬。资金仅在公司内部所有者权益之间进行转换,没有真正的现金流出,普通股股东持有股份所代表的所有者权益账面价值也不会变化。

股票分割是指成比例地降低股票面值而增加普通股数量。与股票股利相比,普通股股本、资本公积、留存收益都将保持不变,股东权益总额也不变;每股面值和每股收益则因普通股数量的增加而减小。股票合并是股票分割的反向操作。

股票转增又称公积金转增股本,是指上市公司将公积金向普通股股东赠予股份的股利分配方式。在中国资本市场上,股票转增的来源包括资本公积和盈余公积。由于这两者不属于上市公司的可分配利润,因此股票转增本质上并不是真正的股利分配方式,而是一种股本扩张方式。

二、股票分配的影响因素

现有研究多从股票股利的信号传递作用的角度考察信息不对称的影响。Graham 等 (2011)认为,当公司存在由信息不对称引起的代理问题时,会通过发放高额股利来消除代理问题。张玮婷和王志强(2015)认为,信息不对称会加大公司的融资风险,从而改变公司的财务决策。肖淑芳和彭云华(2014)认为,管理层可以通过送股转股来传递企业发展前景的信息。唐悦尧等(2014)实证研究发现,股利政策与信息不对称呈非线性 U 形关系。王丹和霍晓利(2008)认为,管理层在宣告股利分配的同时,要放弃不分配股利带来的投资机会收益,即信号传递成本。综上所述,信息不对称的存在可能会使企业增加股利发放,其中要考虑信号传递成本。

当前的研究还探讨企业研发投入对股票分配的影响。余雪岩(2020)发现,企业研发投入与企业股票股利支付率、是否支付股票股利之间均存在显著的正相关关系,并且企业信息不对称程度能够显著正向影响这种正相关关系。也就是说,企业在有研发投入时会采用发放股票股利的方式向外部投资者传递信号,且信息不对称程度越高,有研发投入企业诉诸股票股利传递信号的动机越强。

三、股票分配的影响结果

关于股票分割和股票股利的两个公认的理论是流动性假说与信号假说。流动性假说认为,公司增加股票数量是为了将股票价格重新调整到有利的交易范围(Lakonishok 和 Lei,1987)。这被认为是富裕的投资者和机构之间的一种权衡,如果证券价格较高,他们就会尽量减少经纪费用;如果价格较低,小投资者的覆盖面就会更大(Brennan 和 Copeland,1988)。股票拆分通过降低资本成本使公司受益,流动性较差的公司受益更大。信号假说强调大额股票股利的信号作用。Ikenberry 等(1996)提出,公司发放大额股票股利反映了管理层的信心,因为这样做有可能使公司股票价格面临跌出最佳范围的风险。Rankine

和 Stice(1997)指出以往文献忽略了股票分割和股票股利之间的会计差异,他们认为由于留存收益和资本盈余与现金分配和债务契约密切相关,进行大量的股票分红会不可避免地降低财务灵活性。因此,与纯粹的股票分割相比,大量的股票股利可能是一个更可信的信号,因为无有利信息传递的公司发现模仿成本太高。在区分不同的会计处理方法后,Rankine 和 Stice(1997)发现市场对大额股票股利的反应远远强于对纯股票分割的反应。

行为金融学文献将大额股票股利比作彩票,以满足不成熟投资者的赌博欲望(Kumar,2009)。另一个关于大额股票股利异常现象的观点是"低价幻觉"(Baker,2009),即一些投资者潜意识中持有不正确的信念,认为便宜的股票更容易上涨。

关于内部人利用大额股票股利实施机会主义行为的现象,国内外学者都投以密切关注。Devos 等(2015)发现,CEO 的期权授予时间设定在大额股票分红之时或之前,股票出售则设定在此之后。Han(2012)发现,实施管理层股票激励的公司更有可能发放大量股票股利以推高股价从而获得更多的补偿。当激励措施的目的是推高股价并获得更多补偿时,公司更有可能支付大量的股票股利;当激励措施更倾向于福利导向时,公司更有可能支付大量的股票股利。

无论是较为成熟的资本市场还是我国这种新兴市场,股票股利往往会引发较显著的异常收益,股票股利能够带来正向市场反应这一观点已基本形成共识。

俞乔和程滢(2001)以 1992—2000 年实施股利分配的所有 A 股上市公司为研究对象,将样本分为纯现金分红、纯股票股利和混合股利三组。其研究结果显示,股利公告日及公告日后一天股价均产生了明显的超额收益;对于不同类型的股利分配方式,市场对发放股票股利和混合股利的反应较为强烈,对现金股利的反应则平淡。朱元琪和刘善存(2011)发现,市场对股票股利持欢迎态度,而且股票股利发放比例越高,市场反应越强烈。吕长江和许静静(2010)另辟蹊径,选取 1993—2009 年股利发放发生变更的上市公司,以股利变更公告日为事件窗口,排除年报其他信息对结果的干扰,发现市场不欢迎现金股利而偏好股票股利。李欣(2016)使用描述性统计和多元线性回归法,以 2009—2014 年创业板上市公司为样本,实证检验股利政策与公司价值的关系。其研究结果表明,创业板上市公司支付股利有利于提高公司价值,而且股票股利支付水平与公司价值正相关。

四、股票分配与现金股利

Farrar 和 Selwyn(1967)提出的税差理论为企业选择现金股利还是股票股利提供了依据。现有文献对现金股利与股票股利间关系的研究聚焦于股权集中度、产权性质和公司成长性等方面。

在股权集中度方面,黄娟娟和沈艺峰(2007)发现股权越集中,公司的股利支付意愿越强烈。王茜和张鸣(2009)研究发现,第一大股东持股比例越高,公司支付股票股利的意愿越弱。廖珂等(2018)研究发现,控股股东进行股权质押会提高送转股比例,同时降低现金股利支付水平。何瑛和孟鑫(2016)认为,控股股东能够对 CEO 形成有效监督,从而影响股利政策,保护中小股东的利益。

在产权性质方面,夏宁等(2017)实证研究发现,相较于非国有企业,国有企业的现金股利支付意愿更强烈。吕长江和王克敏(1999)认为,国有股及法人股的控股比例越低,股票股利支付水平越高。孙刚等(2012)基于税差理论,发现民营企业股东对现金股利的税收成本更为敏感,尤其是自然人直接控股的上市公司更不偏好发放现金股利。支晓强等(2014)研究发现,股权分置改革前后股票股利政策均与中小股东利益密切相关。胡国柳等(2011)实证分析发现,股权分置改革后发放股票股利的公司数目增加,且机构投资者持股比例越高,公司越倾向于发放股票股利。

在公司成长性方面,Fama和French(2001)研究发现,规模小、盈利能力弱及成长性高的上市公司不倾向于发放现金股利。原红旗(2001)认为不同规模的公司选择股利形式不同,规模较小的公司倾向于选择股票股利,规模较大的公司则倾向于选择现金股利。易颜新等(2008)认为,公司成长性越好,扩张动机越强,则越不倾向于发放现金股利。胡国柳等(2011)认为,成长性好的公司倾向于发放股票股利,现金流量状况好的公司往往不派发股票股利。丁志国等(2014)研究发现,企业盈利能力越强,则越倾向于发放现金股利。

第四节 股票回购

一、股票回购概述

股票回购或股份回股,是指上市公司买回自己发行在外股票的行为。回购完成后,公司可以将买回的股票注销,也可以作为"库存股"保留,不分红,没有投票权,不参与每股收益的计算。

公司可以用三种方法回购流通股。第一种方法是执行一项公开市场股票回购计划,即公司在公开市场上购买本公司股票,这通常是循序渐进的。第二种和第三种方法是一次性回购股票,采用荷兰式拍卖法或固定价格要约收购法。

在荷兰式拍卖法中,公司确定一个可接受的报价范围,然后向股东征询并收集出售报价。股东在既定的价格范围内,以指定的价格提交出售指定数量的股份的要约。基于必要数量的股份,公司确定所有要约的(股份加权)平均价格,将该价格适用于所有投标的股票并执行购买。

在固定价格要约收购中,公司也向股东征询并收集要约报价。然而在这种情况下,公司事先指定并宣布回购股票价格和回购股票总数,其中报价考虑收到要约的时间顺序。关于回购股票价格,固定价格投标中的报价总是高于当前的市场价格;关于回购股票总数,在投标报价被超额认购的情况下,投标公司通常保留购买额外股份的选择权。

二、股票回购的影响因素

股票回购的影响因素同样分为内部和外部两大类。

就外部因素而言,当宏观经济环境不佳时,公司市值蒸发较快,公司可以利用闲置资金回购股票以减少股东的损失(王敏,2011)。

就内部因素而言,包括现金流、股权结构、资本结构等。现金流稳定是实施股票回购的必要条件之一,若缺乏充裕的现金流则无法回购股票,回购意向随公司资金流富余程度的变化而变化(干胜道和林敏,2010)。一般而言,现金富余公司回购股份的意向更强烈(Bonaimé,2012)。回购股份会消耗公司自有资金,减少现金流,在减少不理性投资的同时缓解代理问题、避免资金闲置,进而提高资金的综合使用价值(Jensen,1986),实现资源的有效配置。另外,回购前后的股票价格状况和回购股票的持续时间也会对回购时机的选择产生一定影响(黄虹和肖超顺,2016)。维持股权结构稳定(Bagwell,1991)、解决大股东资金占用问题是公司回购股票的另一动因(谭劲松和陈颖,2007)。有研究表明,资产负债水平较低的公司更倾向于回购股份(Dittmar,2000),利用回购股份调整财务杠杆(徐明圣和刘丽巍,2003)。基于财务灵活性假说和避税假说,现金流越稳定的公司拥有越多的闲置资金,也越倾向于回购股票,从而将资金效用发挥至最大(Dittmar,2000)。

三、股票回购的影响结果

通过回购自己的股票,公司减少了流通股数量。回购的股票成为库存股后可以转售(例如在高管执行股票期权时),或者在收购中作为补偿重新发行。

股票回购至少有六项潜在的实际效果:第一,公司的资产会减少,因为部分现金资产流出公司;第二,公司股本减少了;第三,如果公司有未偿还债务,杠杆率就会提高;第四,公司在市场上大量增加对本公司股票的需求,致使公司股票的市场价格上涨;第五,公司对二级市场的积极参与可能会提高公司股票的流动性,因为投资者如果想出售股票就有一个现成的买家;第六,回购可能会减少自由流通的股票数量,或者导致股票交易商的买卖价差拉大,因为他们面对的公司是一个知情交易者。

在股票回购对公司价值的影响方面,绝大多数学者从股票价格的角度研究股价变化、超额收益率、公司经营业绩和市场反应。Dann(1981)和Pan等(2003)的研究均显示,上市公司的股票回购行为对公司股票价格有显著的正向作用,会产生正超额累计收益。Lie(2005)认为,股票回购会显著提升公司价值,对公司经营业绩和盈利具有积极影响。Chahine等(2012)研究表明,从公司股份回购准备公告至股份回购完成期间,上市公司股票存在明显的超额收益,随着回购比例的提高,这种市场反应更加明显。股票回购行为对股价有明显的提升作用,会使不断下跌的股价重回正常水平,进而提升公司价值(Sung和Hae,2017)。干胜道和林敏(2010)认为,股票回购会通过改善公司股本构成、传递利好信号等途径影响公司价值。但是,上市公司在采取股票回购措施时支付的资金可能会加大公司所面临的财务风险和支付风险(汤小艳,2012)。向秀莉等(2018)研究发现,当上市公司管理者出现过度自信倾向时,会操控上市公司进行股票回购,并且此情况下的股票回购行为会显著降低公司价值。

四、股票回购与现金股利

本小节简要回顾几篇论文,比较作为公司派息政策替代手段的股票回购和现金股利。Bartov等(1998)确定并测试了三个因素以说明公司在向股东分配股利时增加现金股利和股票回购的选择。第一个因素是定价过低。股票回购是消除公司股票市场定价过低的有效手段。第二个因素是管理层薪酬。许多公司使用股票期权和股票增值权作为关键员工薪酬的一部分。股票回购对期权价值没有直接影响,而股利支付则会降低期权价值。

因此,拥有股票期权或股票增值权的经理人可能更倾向于通过公开市场回购股票。第三个因素是机构投资者的持股水平。一些著名的机构投资者表示倾向于股票回购而非现金股利。原因之一是应税投资者出售股票会带来更有利的税收后果。因此,在股东积极性领域占据重要地位的机构投资者向公司施压,要求公司考虑派息政策对股东所得税的影响。研究结果表明,股票被低估、广泛使用股票期权以及机构持股水平都是公司决定使用公开市场回购股票和增加股利支付的重要因素。

一些学者探讨了股利和股票回购作为信号工具的相对效用问题,比如 Asquith 和 Mullins(1986)、Ofer 和 Thakor(1987)、Williams(1988)。这里简要讨论 Ofer 和 Thakor(1987)的模型。他们认为现金股利和股票回购都是在一个综合框架中的信号,并确定定价错误的公司更倾向于选择何种机制的条件。现金股利和股票回购都是有成本的,因为它们可能需要进行外部融资。然而,股票回购对管理层来说成本更高,因为管理层预先承诺拥有一定数量的公司股票,相比之下回购股票使他们对公司股票的持有量和个人风险增加更多。

Chowdhry 和 Nanda(1994)建立一个理论模型,权衡现金股利和股票回购作为向股东分配红利的替代性手段。现金股利涉及更高的税收成本;然而股票回购的吸引力与股票的市场价格相对其真实价值成反比,信息不对称下内部人比市场更了解后者。他们的模型与经验证据的含义一致。第一,股利相对于盈余在一段时间内是平滑的,因为部分意外盈余被留存用于未来的现金股利和回购股票。第二,股票回购只有当公司股票价格在市场上被严重低估时才会发生。如前所述,回购溢价一般很可观,所以股价低估程度必须是实质性的才能证明报价的合理性。

Jagannathan 等(2000)提出与灵活性假说一致的证据:股票回购和现金股利在不同时间被不同类型的公司使用。股票回购具有很强的顺周期性,现金股利则随着时间的推移稳步增长。股利是永久的、由经营现金流较高的公司所使用的,股票回购是临时的、由营业外现金流较高的公司所使用的,股票回购公司的现金流和股利分配的波动性更大。此外,公司在股市表现不佳时回购股票,在股市表现良好时增加现金股利。Guay 和 Harford(2000)考察增加现金股利或回购股票的公司,重点关注现金流相应变化的性质。他们发现,增加现金股利公司的现金流增长更为持久,而回购股票公司的现金流增长更为短暂。他们还发现,市场对增加现金股利公告的价格反应比对股票回购计划公告的反应更强烈,这是合理的,因为前者意味着现金流的永久性增加。在代理框架下,Lie(2000)同时检验灵活性假说和自由现金流假说,通过增加定期季度股利、支付一次性特别股利、自我投标回购股票的公司样本,发现这三类公司在事件发生前都有相对较高的超额现金流水平。对于增加定期季度股利的公司来说,超额现金流往往是经常性的;但对于支付特别股利和回购股票的公司来说,超额现金流则是非经常性的。

Fenn 和 Liang(2000)利用代理理论解释公司财务发展中三个方面的主要议题:高管股票期权的激增、股利支付水平的相对下降和股票回购活动的增加。他们认为,尽管高管股票期权似乎很好地协调了经理人和股东的利益,但同时使经理人产生了减少股利发放的动机。这种激励机制的存在是因为高管股票期权的价值如同看涨期权,会受到股利价值泄露效应的负面影响。这种激励在一定程度上是失败的,如前所述,管理层已经有了减少股利的自利激励。股票回购则没有这种缺陷,因为它不会导致股票价格下跌;相反,股票回购会增加二级市场上公司股票的整体需求,它实际上可能会导致股票价格上升,这显然是持有股票期权的高管希望看到的结果。因此,股票回购可能会扼杀管理层的自利欲求,即尽量减少派息,如果管理层持有股票期权,这种欲求就会变得更加强烈。

Allen和Phillips(2000)建立了一个理论模型以解释为什么公司喜欢支付股利而非回购股票的问题。这令人费解,因为股票回购似乎正变得比支付现金股利更为重要,但从更长远的历史来看,现金股利显然是更重要的支付形式。他们的模型建立在两个关键的假设之上。其一,假设市场上存在两类投资者——面临投资收益征税的个人和免税机构。其二,假设免税机构比纳税个人有更强烈的投资动机,也更积极地了解公司的前景。这些假设的一个重要含义是,公司可以通过支付现金股利来吸引机构投资者。之所以会这样,是因为在考虑两类投资者的均衡下,派息股票的价格会更低,受股利的不利税收影响,影响均衡价格的纳税个人投资者对派息股票会要求更高的预期回报。在这些假设的条件下,他们认为可以形成分离均衡,即好公司支付股利,而差公司不支付股利。也就是说,好公司故意支付股利以吸引机构投资者,而差公司不支付股利以避免机构投资者的检查。他们还建立了一个代理模型,模型中股利的存在是为了吸引知情的机构,而机构的存在确保了公司保持良好的运行。在信号传递模式和代理模式中,公司必须可靠地支付股利以达到预期的效果——由此才有平滑股利的做法。

总的来说,大部分学者认为股票回购与现金股利之间存在替代关系。Grullon和Michaely(2002)研究表明,股票回购已经成为美国上市公司一种重要的分红形式,年轻公司和大型老牌公司的股票回购比例都在提高,更倾向于用股票回购替代现金股利。Jiang和Yang(2013)考虑了一个容易受干扰的新风险模型,认为上市公司的股票回购和现金股利之间存在负相关关系。王剑和黄锦春(2014)采用事件研究法,分别计算出股票回购和现金股利的超额收益率,认为两者都能产生积极的市场效应且具有一定的相似性。王帆和倪娟(2016)分别在融资约束条件和财务柔性条件下,发现股票回购和现金股利分别表现出负相关和正相关的关系。

当前的研究焦点有企业社会责任对股利政策选择的影响。例如,Hu和Chang(2022)基于空气污染重塑企业的股利政策;Nemiraja和Raveesh(2022)分析企业社会责任是否会降低股利对管理代理问题的恶化作用;等等。

案例解析
美的股利政策之选:回购股份意欲何为[①]

核心概念　股份回购　公司战略　公司并购　财务策略

学习脉络　分析、讨论美的集团股份回购典型案例,加深理解公司股份回购的意义和

---

① 本案例由南京师范大学的赵自强、朱婕、颜琪撰写,作者拥有著作权中的署名权、修改权、改编权。本案例授权中国金融专业学位案例中心使用,中国金融专业学位案例中心享有复制权、发表权、发行权、信息网络传播权、汇编权和翻译权。出于企业保密的要求,本案例对有关名称、数据等做了必要的掩饰性处理。本案例只供课堂讨论之用,并无意暗示或说明某种行为是否有效。

方法,透过现象揭示公司股份回购的本质动机,将公司战略、并购战略与财务策略融会贯通。

学习要求

1. 美的集团回购股份的动因有哪些?股份回购与其他股利政策的区别是什么?
2. 比较分析未采用股份回购方式与采用股份回购方式的合并成本,评价该财务策略是否合适。
3. 美的集团确定的换股价和异议请求权定价是否合理?
4. 美的集团回购股份对公司有哪些影响?

2018年7月26日,老王颓然瘫坐在办公桌前,错综复杂的股价走势线掩盖不住满屏预示暴跌的绿光,像极了他现在剪不断理还乱的心绪。自2018年新年之后他手里这几只股就止不住地下跌,且不说美的集团从2018年年初的56.38元/股直跌至40.3元/股,小天鹅A股更是从年初的67.04元/股缩水成了46.5元/股。老婆的埋怨、孩子的花销和父母的年迈在此刻猛然全涌上心头,老王恨不得将1年前那个鬼使神差地买家电股票的自己抽几个大嘴巴子。正沮丧间,没来得及关闭的财经网站推送了最新信息,"美的集团斥40亿元回购股份"几个大字闯入老王的视野。莫非事情还有转机?老王一下子又来了精神,紧盯着计算机荧幕希望能看出个究竟……

1. 家电行业,风起云涌

近年来,传统家电行业的竞争愈发激烈,在整体增速放缓的背景下,家电行业已经由增量竞争时代进入存量博弈时代和结构调整时代。存量博弈的明显特征就是此消彼长且赢者通吃,龙头垄断效应及精细化运营将成为企业的核心竞争力。

1.1 美的集团背景

美的集团(000333.SZ)是一家消费电器、暖通空调、机器人与自动化系统、智能供应链(物流)的科技集团公司,提供多元化的产品种类与服务,其具体的组织架构如图1所示。2013年9月,美的集团在深圳证券交易所上市。

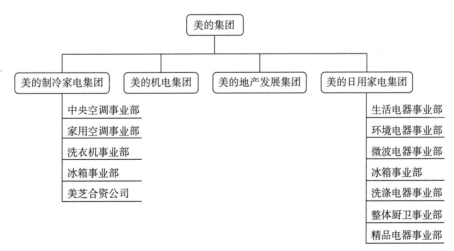

图1 美的集团组织架构

资料来源:美的集团官方网站。

1.2 小天鹅背景

无锡小天鹅股份有限公司(简称"小天鹅")是世界上少数能同时制造全自动波轮、滚筒、搅拌式全种类洗衣机的家电制造商。公司专注于洗衣机类产品的研发制造,其组织架构大致如图2所示。小天鹅分别于1996年和1997年在B股和A股上市。

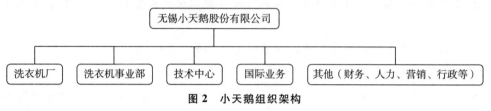

图 2　小天鹅组织架构

资料来源:小天鹅官方网站。

1.3 行业背景

中国家用电器研究院发布的《2018年中国家电行业年度报告》显示,2018年中国家电市场规模达到8 104亿元,同比增幅达1.9%。根据报告,2018年家电行业市场主要呈现以下三大特点:

一是"大美舒智健"成家电主流趋势。随着消费升级、产业升级成为行业发展引擎,市场整体和产品本身追求"大美舒智健",进一步改善用户的产品体验。

二是线上线下渠道深度融合。2017年中国家电行业线上市场零售额为2 553亿元,2018年增至2 945亿元,同比增长15.4%。从长远发展角度看,线上线下两种渠道业态深度融合是大势所趋。

三是中外品牌竞争加剧,国货势头强盛。无论是传统大家电市场,还是在以洗碗机、破壁机等为代表的新兴市场,以美的、苏泊尔等为代表的国产品牌市场份额都在迅速提升。

在国家出台家电消费新政,支持绿色、智能家电发展等有利因素的推动下,2019年家电市场消费升级、产业升级的大趋势不会改变,品质化、高效化、细分化将是家电产品发展的主旋律。

2. 回购股票,出手阔绰

2018年7月5日,美的集团抛出一份震惊市场的股份回购计划,宣布最高斥资40亿元回购公司A股股票。

2019年1月1日,美的集团披露公告称,截至2018年12月28日,回购方案实施完毕。公司累计回购总金额约40亿元,回购股份达到最高限额,同时也是当时A股有史以来规模最大的股份回购案。

下面梳理有关美的集团股份回购的决策背景、股份回购方案的制定、股份回购方案的实施过程,初步回顾美的集团股份回购事件。

2.1 回购决策

2018年7月26日,美的集团发布了《关于回购部分社会公众股份的报告书》,公司决定以自有资金回购公司股份。根据报告书可知,美的集团回购股份基于以下因素的考虑:

一是二级市场表现与公司价值不匹配,二是维护公司形象,三是公司未来发展战略需要。

首先,公司本身对未来发展前景充满信心,并且对公司价值高度认可。目前,美的集团下属机器人平台具备为自动化系统供应商提供设计标准、定制运动控制解决方案的能力,具备硬件伺服电机、控制器、编码器等系列产品。通过对驱动控制业务的整合,并投入挖掘语音识别、人工智能、视觉及传感技术,美的集团进一步拓展了机器人应用空间,让机器人及自动化面向智能制造、智慧物流、智慧家居、康复医疗等领域,从更高远的角度推动"人机新世代"在中国市场的演化。综上所述,美的集团未来将在智能领域大有作为,公司发展前景十分广阔,目前市值已达到3 018亿元。

然而,综合考虑回购股份之前美的集团股票在二级市场上的表现(公司股票价格一路走低,跌幅达33%),并不能反映美的集团目前的公司价值,回购股份有助于使股票价格与公司价值相吻合。美的集团回购股份之前的股价走势如图3所示。

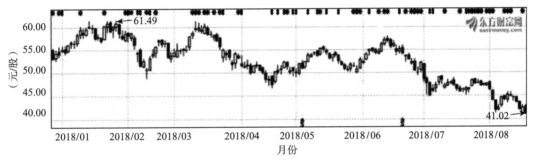

图3　美的集团股价走势

资料来源:东方财富网。

其次,本次股份回购是出于维护公司市场形象的考虑,可以增强投资者信心,维护投资者利益。通过对美的集团的分析,不论是从市值还是从其他盈利能力指标来看,美的集团均处于行业领先水平。因此,美的集团可以通过回购股份的方式来提高股价、回报投资者,从而维护公司行业领先者的形象。美的集团财务指标与行业水平的比较分析如表1所示。

表1　美的集团财务指标与行业水平的比较分析

	总市值	净资产	净利润	市盈率	市净率	ROE	净利率
美的集团	3 018亿元	920亿元	179亿元	12.64	3.64	22.65%	9.28%
家电行业平均水平	232亿元	90.5亿元	11.7亿元	33.19	2.86	7.22%	7.31%

资料来源:国泰安数据库。

最后,回购股份是为了促进公司未来发展战略的有效实施。美的集团2018年大力进行战略转型升级,旨在重构价值链和组织结构。美的集团需要通过回购股份的方式表明公司对新战略的信心和决心,从而助力公司战略转型的实现。

2.2　回购方案

2018年7月23日,美的集团召开2018年第一次临时股东大会,对回购部分社会公众股份的预案进行提案审议和表决。表决同意的比例在99.9%以上,如表2所示。

表 2　美的集团回购股份方案的表决结果

议案内容	类别	同意比例(%)
回购股份的方式和用途	整体	99.9750
	中小投资者	99.9105
回购股份的价格或价格区间、定价原则	整体	99.9611
	中小投资者	99.8607
回购股份的资金总额及资金来源	整体	99.8978
	中小投资者	99.6341
拟回购股份的种类、数量及其占总股本的比例	整体	99.9737
	中小投资者	99.9059
回购股份的期限	整体	99.9730
	中小投资者	99.9032

资料来源:《美的集团股份有限公司2018年第一次临时股东大会决议公告》。

根据美的集团公布的《关于回购部分社会公众股份的报告书》,本次回购股份方案具体如下:

(1) 回购股份的方式和用途。公司本次回购股份的方式为通过深圳证券交易所交易系统以集中竞价交易方式回购公司股份。回购的股份将予以注销,从而减少公司的注册资本。

(2) 回购股份的价格或价格区间、定价原则。结合公司目前的财务状况和经营情况,确定公司本次回购价格不超过每股50元,具体回购价格由股东大会授权公司董事会在回购实施期间,综合二级市场公司股票价格、公司财务状况和经营情况确定。

(3) 回购股份的资金总额及资金来源。结合公司目前的财务状况和经营情况,确定本次回购股份的资金总额不超过40亿元,资金来源为自有资金。

(4) 拟回购股份的种类、数量及其占总股本的比例。回购股份的种类为本公司发行的A股股票,在回购资金总额不超过人民币40亿元、回购股份价格不超过50元/股的条件下,按回购金额上限测算,预计可回购不少于8 000万股,占公司总股本的1.2%以上,具体以回购期满时实际回购的股份数量为准。

(5) 回购股份的期限。回购期限自股东大会审议通过回购股份方案起原则上不超过12个月,如果在此期限内回购资金使用金额达到最高限额40亿元,则回购方案实施完毕,回购期限自该日起提前届满。

2.3　回购过程

2018年7月23日,美的集团临时股东大会表决通过回购部分社会公众股份的预案,并于2018年7月24日发布《美的集团股份有限公司2018年第一次临时股东大会决议公告》。

2018年7月26日,美的集团公布了《关于回购部分社会公众股份的报告书》。假设此次回购资金40亿元全部使用完毕,按2017年12月31日经审计的财务数据测算,回购资金约占公司总资产的 1.61%、约占公司净资产的 5.43%。根据公司经营、财务及未来发展情况,美的集团认为 40 亿元的股份回购金额不会对公司的经营、财务和未来发展产生重大影响。股份回购过程如表 3 所示。

表 3 美的集团股份回购过程一览

截止日期	回购股份数量(股)	占公司总股本比重(%)	最高成交价(元/股)	最低成交价(元/股)	支付总金额(亿元,约数)
2018 年 7 月 31 日	16 717 667	0.2519	48.40	47.02	8
2018 年 8 月 31 日	39 332 706	0.5921	48.40	42.12	18
2018 年 9 月 30 日	39 332 706	0.5921	48.40	42.12	18
2018 年 10 月 31 日	39 332 706	0.5921	48.40	42.12	18
2018 年 11 月 30 日	63 984 766	0.9616	48.40	38.54	28
2018 年 12 月 28 日	95 105 015	1.4275	48.40	36.49	40

资料来源:美的集团股份有限公司《关于回购公司股份进展情况的公告》。

截至 2018 年 12 月 28 日,美的集团回购股份金额达到最高限额,回购方案实施完毕。

本次回购股份将予以注销,注销完成后,美的集团总股本将由 6 662 324 609 股(2018 年 12 月 27 日)减至 6 567 219 594 股(见表 4)。

表 4 股本变动情况

股份类别	注销前(2018 年 12 月 27 日)		回购股份注销后	
	股份数(股)	比例(%)	股份数(股)	比例(%)
有限售条件股份	147 174 760	2.21	147 174 760	2.24
无限售条件股份	6 515 149 849	97.79	6 420 044 834	97.76
股份总数	6 662 324 609	100.00	6 567 219 594	100.00

资料来源:美的集团股份有限公司《关于回购部分社会公众股份方案实施完成的公告》。

3. 项庄舞剑,意在沛公

2013 年 9 月,美的集团在深交所挂牌上市。上市后,美的集团成为 A 股最活跃的进行股份回购的上市公司之一。2014 年,美的集团推出"股份回购计划的长效机制",随后在 2014—2015 年间多次在二级市场回购股份。

那么,本次 40 亿元的天价股份回购是否也只是真实地为提高股价、提振投资者信心?表面上看,40 亿元回购与 144 亿元并购是美的集团发起的两起毫不相关的独立交易。但实际上,作为轰动资本市场的两件大事,两者是否存在千丝万缕的联系?本次回购股份与先前的回购股份行为是否大有不同?

3.1 战略并购,意欲何为?

2013 年,美的集团整体上市。2015 年,美的家电制造业务出现负增长,为突破增长瓶颈,2016 年美的集团开始频繁地并购,包括跨境收购德国知名机器人公司库卡,2017 年进一步收购东芝的白电业务。通过外延式扩张,美的集团增速再次达到高峰。不过,在家电行业整体增速下降、市场趋于饱和的背景下,2018年美的集团营业收入增速再次下滑,营业收入同比增速为14.60%。美的集团营业收入及其增长情况如图4所示。

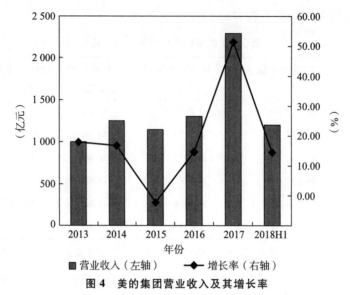

图4 美的集团营业收入及其增长率

资料来源:美的集团2013—2017年年报、2018年半年报。

于是,美的集团再次并购小天鹅,而追溯到2008年,当时美的集团还未上市就受让无锡国联持有的小天鹅24.01%的A股股票,直接及间接持有小天鹅52.67%的股份,成为小天鹅的控股股东。2018年9月9日,美的集团和小天鹅双双公告,由于美的集团正筹划与控股子公司小天鹅的资产重组,两只股票于9月10日停牌。10月23日,美的集团拟发行股份吸收合并小天鹅,之后小天鹅将退市,吸收合并的总交易金额预计为143.83亿元。2019年2月21日,美的集团吸收合并小天鹅获证监会无条件通过。

据前所述,美的集团已经在2008年取得对小天鹅的控制权,将小天鹅纳入美的集团的合并财务报表,10年之后美的集团却试图拥有小天鹅100%的股份。美的集团执意如此,并非多此一举,实则出于2018年集团公司战略的考量。2008年战略并购小天鹅是为了提高美的集团在洗涤业务领域的竞争力;2018年吸收合并小天鹅则是综合考虑集团战略转型的需要,应对家电市场增速放缓的困境,在存量博弈的当今抢占先机,将协同效应发挥至最大。

在家电行业整体增速放缓的环境下,家电行业已经由增量竞争时代进入存量博弈时代和结构调整时代。美的集团想要坐稳龙头老大的位置,就要更为精细化地运营,为"重构"战略提供支持。自2013年以来,小天鹅营业收入增速一直保持为20%—30%的较高区间,较为稳定;利润也稳定高速增长,现金流充裕,多次分红,是被众多投资者青睐的"白马股"。正如美的集团收购德国库卡以后,库卡与集团其他电器业务的布局形成协同一样,2018年美的集团来自机器人及自动化系统业务的营业收入占美的集团总营业收入的比重已近10%。多年以来,小天鹅的产品只有洗衣机,洗衣机产品营业收入占总收入的比重超过90%,依靠洗衣机这一单一品类,小天鹅的市值就高达300亿元。因此,全面吸纳小天鹅在洗涤业务方面的先进技术,可以为美的集团在细分市场增强竞争力提供坚实的保障。

3.2 并购战略,可有玄机?

结合美的集团吸收合并小天鹅的时间线可知,回购股份与换股合并的发生一前一后。2018年9月10日,美的集团突然宣布停牌,拟与小天鹅进行重大资产重组,此时距美的集团发布回购股份计划仅仅过去两个月。

2019年2月20日,证监会上市公司并购重组审核委员会召开2019年第4次工作会议,对美的集团本次发行A股股份换股吸收合并无锡小天鹅股份有限公司暨关联交易事项进行审核。根据会议审议结果,本次换股吸收合并事项获得无条件通过,距美的集团回购股份计划完成仅过去两个多月。时间完美地契合,这只是巧合吗?

股份回购显然会抬高公司股价,而回购刚好发生在美的集团拟对小天鹅进行换股吸收合并的前期,美的集团采取股份回购这样的财务策略,是否与换股吸收合并小天鹅紧密关联?

4. 明修栈道,暗度陈仓

凭借40亿元的天价股份回购和144亿元换股吸收合并小天鹅的并购大单,美的集团无疑惊艳了2018年的资本市场!除了天价数字,这两起交易中最为精彩的是美的集团出神入化的资本运作。

4.1 资本运作,保驾护航

2018年以来,美的集团和小天鹅的A股股价双双大幅下跌,且跌幅差异不大,通过换股吸收合并的方式,只要换股比例一致就可以保证不会产生严重的价值低估或高估的问题。

预案公布之后,2018年7月5日至9月10日,美的集团的股价从45.11元跌至40.30元,跌幅只有10.67%;而小天鹅A则从60.24元跌至46.50元,跌幅高达22.81%。

2018年10月23日美的集团发布交易方案,将通过换股吸收合并的方式彻底鲸吞其间接控股的小天鹅。根据《美的集团股份有限公司发行A股股份换股吸收合并无锡小天鹅股份有限公司暨关联交易报告书》以及2019年4月15日美的集团发布的关于无锡小天鹅股份有限公司实施中期利润分配方案后调整换股吸收合并的换股价格、换股比例等事项的提示性公告,美的集团将以143.8亿元的股票对价,溢价约10%收购小天鹅其他股东持有的约47.33%的股份。

本次合并中,小天鹅A股定价基准日前20个交易日的股票交易均价为46.28元/股。经综合考虑,小天鹅A股的换股价格以定价基准日前20个交易日的交易均价为基础给予10%的溢价率确定,并做相应调整后为46.91元/股。

本次合并中,小天鹅B股定价基准日前20个交易日的股票交易均价为37.24港元/股。经综合考虑,小天鹅B股的换股价格以定价基准日前20个交易日的交易均价为基础给予30%的溢价率确定,即48.41港元/股。采用B股停牌前一个交易日(即2018年9月7日)中国人民银行公布的人民币兑换港币的中间价(1港元=0.8690元人民币)进行折算,并做相应调整后折合人民币38.07元/股。

小天鹅A与美的集团的换股比例为1:1.11584206,即每1股小天鹅A股股票可以换得1.11584206股美的集团股票;小天鹅B与美的集团的换股比例为1:0.90556613,即每1股小天鹅B股股票可以换得0.90556613股美的集团股票。交易完成后,小天鹅也将由此完成私有化清盘退市,彻底并入美的集团。

此外,异议股东收购请求权/现金选择权价格折价10%,证监会反馈意见要求美的集团补充披露折价设置的合理性及其对两家上市公司中小股东权益的影响。根据美的集团的回复,小天鹅换股价格的设定已充分参照可比公司估值水平及上市公司吸收合并其他上市公司的可比交易。

自开始回购股票以来,美的集团和小天鹅的股价走势如图5、图6和图7所示。

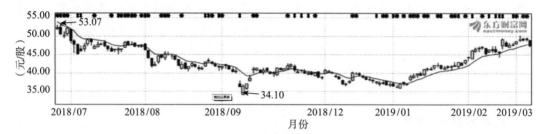

图 5　美的集团的股价走势

资料来源:东方财富网。

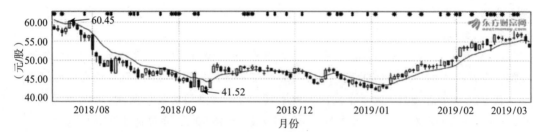

图 6　小天鹅 A 股的股价走势

资料来源:东方财富网。

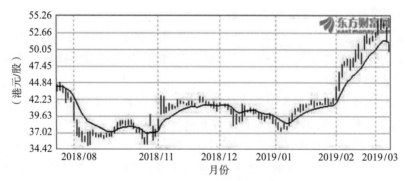

图 7　小天鹅 B 股的股价走势

资料来源:东方财富网。

4.2　兵以诈立,策无遗算

美的集团除以40亿元回购股份提振股价外,还推动小天鹅进行约25亿元现金分红,此举为美的集团成功合并小天鹅添加了一道保险。

2018年11月21日,小天鹅 A 发布公告称,公司收到控股股东美的集团发来的《关于本次换股吸收合并实施前分红安排的提议函》,提议小天鹅在本次换股吸收合并正式实施前进行一次现金分红。

根据美的集团的提议,每股现金分红4元,总金额约为25.3亿元,占2018年第三季度末小天鹅母公司未分配利润的85.08%。按照小天鹅当日收盘价46.55元/股计算,分红金额占股值的比例达8.59%。值得注意的是,在美的集团的分红提议函中有如下一段公告:"本公司提议如下:在本次换股吸收合并经中国证监会核准后正式实施前,小天鹅进行一次现金分红。"

美的集团作为小天鹅控股股东不能参与股东大会投票,如果小天鹅中小股东认为换股吸收合并方案对自己不利投反对票,就极有可能导致交易无法获得股东大会通过。美的集团提出25.3亿元现金分红的诱人条件,使换股吸收合并被证监会核准后小天鹅中小股东还能拿到一大笔分红,小股东支持交易方案的热情将得到大幅提振,为重组方案获股东大会批准提供更有力的保障,可谓是策无遗算。

5. 运筹帷幄,决胜千里

公司并购是十分复杂的过程,涉及多方利益博弈,方案的设计处处充满玄机。美的集团股份回购方案就是为其并购交易成功保驾护航的博弈结果。精妙的利益安排和股份回购方案的设计,使得换股吸收合并交易圆满达成,且对公司各项财务指标未产生明显的负面影响。2018年12月18日美的集团完成40亿元的股份回购,2019年2月美的集团完成对小天鹅的换股吸收合并,两者时间相隔仅两个月,下面梳理两项交易对公司股权结构、财务指标、股价的影响。

5.1 对股权结构的影响

截至2018年12月28日,美的集团回购股份已实施完毕,回购股份数量共计95 105 015股,截至报告书签署日,美的集团总股本为6 577 196 909股;小天鹅的A股股本为441 451 892股、B股股本为191 035 872股,除美的集团直接及间接持有的小天鹅股份外,参与本次换股的小天鹅A股为202 503 775股、B股为96 830 930股。参照本次换股比例计算,美的集团为本次换股吸收合并发行的股份数量合计为342 130 784股。

本次合并完成后,存续的美的集团的总股本增至691 932.77万股,其中何享健先生直接持有4 506.30万股,通过美的控股间接持有221 204.66万股,合计持有225 710.96万股(不考虑美的集团股东行使收购请求权及小天鹅股东行使现金选择权的情况),合并前后何享健先生直接及间接合计持股比例由34.32%降至32.62%(见表5)。

表5 美的集团股本结构变动

股东	吸收合并前		吸收合并后	
	持股数量(万股)	持股比例(%)	持股数量(万股)	持股比例(%)
何享健及美的控股	225 710.96	34.32	225 710.96	32.62
原美的集团A股公众股东	432 008.73	65.68	432 008.73	62.44
原小天鹅A股公众股东	—	—	24 523.21	3.54
原小天鹅B股公众股东	—	—	9 689.87	1.40
合计	657 719.69	100.00	691 932.77	100.00

资料来源:《美的集团股份有限公司发行A股股份换股吸收合并无锡小天鹅股份有限公司暨关联交易报告书》。

5.2 对财务指标的影响

本次吸收合并前,美的集团直接及间接持有小天鹅52.67%的股份,为小天鹅的控股股东。因此在本次吸收合并前,小天鹅已被纳入美的集团的合并报表范围。

本次吸收合并后,美的集团的资产、负债、收入、净利润等指标不会发生变化,但因为实现对小天鹅的100%控制,所以归属于母公司净利润会有所增加;但由于同时将新发行3.42亿股新股,导致合并后美的集团的每股收益会有所摊薄。美的集团表示,将通过双方业务协调、加强成本控制等方式,提升经营业绩。

此外,美的回购股份在一定程度上缓解了吸收合并对2018年业绩的摊薄,因此每股收益仅略有下调。本次吸收合并前后,美的集团主要会计数据和财务指标的比较如表6所示。

表6 美的集团吸收合并前后会计数据和财务指标

项目	2018年8月31日			2017年12月31日		
	吸收合并前	吸收合并后	变化率	吸收合并前	吸收合并后	变化率
资产总额(万元)	25 901 162.6	25 901 162.6	0.00%	24 810 685.8	24 810 685.8	0.00%
负债总额(万元)	16 921 118.2	16 921 118.2	0.00%	16 518 168.7	16 518 168.7	0.00%
归属于母公司所有者权益(万元)	8 086 491.5	8 437 012.3	4.33%	7 373 743.7	7 696 436.6	4.38%
资产负债率(%)	65.33	65.33	0.00	66.58	66.58	0.00
每股净资产(元/股)	12.17	12.08	-0.74%	11.24	11.15	-0.80%
扣除非经常损益后归属于母公司所有者的净利润(万元)	1 554 432.4	1 610 354.9	3.60%	11 561 410.3	1 629 127.6	4.34%
基本每股收益(元/股)	2.46	2.42	-1.63%	2.66	2.63	-1.24%
扣非后每股收益(元/股)	2.36	2.33	-1.27%	2.41	2.38	-1.24%
毛利率(%)	27.18	27.18	0.00	25.03	25.03	0.00
项目	2018年1—8月			2017年度		
	吸收合并前	吸收合并后	变化率	吸收合并前	吸收合并后	变化率
营业收入(万元)	18 587 646.8	18 587 646.8	0.00%	24 191 889.6	24 191 889.6	0.00%
营业成本(万元)	13 429 131.8	13 429 131.8	0.00%	18 046 055.2	18 046 055.2	0.00%
利润总额(万元)	2 057 329.5	2 057 329.5	0.00%	2 185 477.4	2 185 477.4	0.00%
归属于母公司所有者权益(万元)	1 619 116.6	1 675 659.8	3.49%	1 728 368.9	1 799 593.6	4.12%

资料来源:《美的集团股份有限公司发行A股股份换股吸收合并无锡小天鹅股份有限公司暨关联交易报告书》。

5.3 对股价的影响

在家电行业增速放缓的背景下,大多数家电公司的股价纷纷下跌,美的集团股价由

2018年年初的56.38/股跌至交易所预案公布前一日的40.30元/股,跌幅达28.52%。7月5日至9月10日,美的集团股价从45.11元/股跌至40.30元/股,下跌幅度只有10.67%,远低于小天鹅的下跌幅度。回购股份计划完成以后,美的集团股价迅速回升,从股价变动过程可以看出,此次股份回购确实达到提振股价的目的。

6. 尾声

"好呀,实在是好!"看到这上涨的红色,老王乐得合不拢嘴。如果说2018年整个下半年老王都因美的集团和小天鹅的股价下跌而愁容满面,那么现在的他已经完全安心了。没想到这次美的集团大笔回购股份真的挽回了股价,还成功并购了小天鹅,自己当年果然独具慧眼。

本章小结

本章对财务策略中的股利政策进行了系统性回顾,包括现金股利、股票分配与股份回购的相关机制,以及支持其作为财务政策和战略的相关理论与经验证据。首先简要概述了股利类型与股利支付程序。其次重点分析不同股利理论的内涵、发展与经验证据,尤其是Miller和Modigliani提出的理想资本市场上股利政策不相关的验证。最后由理论延伸到应用,分别对现金股利、股票分配和股份回购进行分析,包括当前主要的股利政策类型、影响因素与影响结果的实证检验,及其与现金股利政策之间的差异。

思考题

1. 描述股利无关论的内涵并理解其推导过程。
2. 简要说明由股利无关论而衍生的近代股利理论的依据。
3. 讨论不同股利理论的基本内涵。
4. 简要说明代理成本下各冲突的体现:
   ⓐ 股东和管理层的冲突;
   ⓑ 股东和债权人的冲突;
   ⓒ 大股东和中小股东的冲突。
5. 讨论现金股利政策的影响因素与影响结果。
6. 探讨现金股利政策与股份回购的关系。

应用题

1. 公司会宣告计划通过公开市场回购特定数量的股票;然而,大多数公司只回购指定的一小部分股票。这是一个故意的错误信号吗?
2. 你被聘为一家大公司董事会的外部顾问。公司上年利润减少,一位董事会成员指控说,近年来管理层利用自由现金流进行不良的资本性投资。你会检查哪些指标来验证董事会成员的指控,这些指标值将如何影响你对纠正问题的行动建议?

3. 作为一家大型的、高利润的电子行业制造企业的首席执行官,你一直认为公司股价被严重低估了。你想知道是否有一个信号可以提高股价,可以从增加股利或回购股份中选择。你会考察哪些因素从而做出选择?

 分析题

1. 分析一家特定公司若干年内的股利政策,就管理层开展相关利润分配活动的动机展开讨论。

2. 确定几家施行股份回购的公司。每家公司使用了什么方法?这些公司这样做的理由有哪些?

第十章　债务的战略性选择

　　党的二十大报告提出高质量发展是全面建设社会主义现代化国家的首要任务。报告还提出了营造有利于科技型中小微企业成长的良好环境,支持专精特新企业发展,释放了鼓励中小微企业自主创新的明确信号。因此,研究银行关系型借贷和中小微企业租赁交易是很有必要的。

　　有关公司债务的主要问题涉及债权人与合同条款的战略性选择。对于公司债务问题,现代金融理论最明确的应用主要集中于债务资金来源和合同,包括两大方面:银行关系型借贷和租赁选择。其一,银行关系型借贷,不仅可以解决中小企业严重的信息不对称问题,还可以缓解中小企业融资难窘境;其二,租赁选择,租赁动机是研究的热点问题,国外经典的税差理论和节税动因不能有效解释我国中小微企业的融资租赁交易,而存在融资约束的中小微企业更倾向于采用融资租赁方式融资。对于合同条款的选择,公司债务结构是重要一环,主要分为三个部分,分别是债务配置结构、债务优先级结构、债务期限结构。根据本公司债务结构的实际情况进行合同条款的战略性选择,有利于提高公司经济效益,更好地实现公司价值的最大化。

第一节 银行贷款和关系型借贷

本节重点讨论关系型借贷或关系型贷款(Relationship Lending)问题。由于中小企业存在比大企业更加严重的信息不对称,因此中小企业融资难一直是热门的研究议题。研究者发现关系型借贷是解决此难题的一个重要突破口,对中小企业来说非常重要。

一、关系型借贷的定义与基础理论

关系型借贷作为解决中小企业融资难问题的重要抓手,发挥着不可替代的重要作用。

(一)关系型借贷的定义

Berlin 和 Mester(1999)对关系型借贷的定义为:银行基于长期的、多渠道接触所积累的借款企业相关信息而进行的贷款行为。他们按贷款方式将银行贷款划分为市场交易型贷款和关系型贷款。市场交易型贷款的信贷需求一般不会重复,基本上是一次性交易。关系型贷款则不同,它以银企双方建立长期合作约定、银行保持重点关注与监督以及银企建立不完全契约可再次谈判为基础,以承诺贷款及额度贷款为主要形式。Berger 和 Udell(2002)对贷款技术进行了更明细的划分,主要包括财务报表型、抵押担保型、信用评分技术型、关系型四大类,并把除关系型贷款以外的三种贷款方式归并为交易型贷款(见表10-1)。与交易型贷款方式相比,关系型贷款不受限于企业的"硬信息",不只关注企业能提供的财务信息或是否有抵押品,而是主要依据银行通过长时间与企业的合作和多种信息渠道获得的关于借款企业的"软信息"。软信息不仅包括企业的实际经营状况及财务状况,还包括企业的发展方向、商业信誉、主要负责人个人品德等。

表 10-1 贷款技术分类

项目	硬信息			软信息
	财务报表型	抵押担保型	信用评分技术型	关系型
贷款依据	主要根据申请人提供的相关财务报表,包括资产负债表和利润表等	借款人能否提供质量相当的抵押品	主要依据现代信息技术及相关统计模型,收集记录客户的信用信息并分析客户信用行为	银行通过与企业长期合作和多种信息渠道获得借款企业的"软信息"
特征	重点关注及评估企业的财务状况	贷款后的监督功能很强	低成本、高效率,可以较大程度地缓解信息不对称	不局限于企业是否可以提供给银行抵押品及合规的财务信息
适用范围	适用于信息透明、经过正规严格审计的大企业或报表正规的小企业	主要适用于能够提供抵押品或担保的企业,中小企业中应用较多	拥有评分历史的小企业或小额贷款	缺乏抵押担保、财务报表不规范的中小企业

(二) 关系型借贷基础理论

参阅数字资源:延伸阅读之"关系型借贷相关理论"。

二、银企关系型借贷研究

我国学者对关系型借贷的研究起步较晚,而且主要是在国外研究的基础上进行的。由于西方学者的研究已证明关系型借贷的建立在一定程度上可以缓解中小企业融资困境,而我国特有国情下中小企业融资难问题又尤其突出,因此我国学者也开始关注这类借贷。

(一) 关系型借贷的理论研究

1. 国外相关研究

Petersen 和 Rajan(1995)认为,银企关系维系的时间加长,会增大企业获得贷款的可能性;同时,银行对企业的放贷利率和担保抵押要求会有所降低。在关系型融资的过程中,随着关系银行与借款人交易次数的增多,也可以使关系银行获得更多的寻租机会,反过来要求企业为它提供更多的内部信息和长期融资;从某种意义上说,相较于在公开市场上披露信息从而接受来自社会各方的监督以获取融资,借款人更加倾向于向关系银行透露内部信息,而关系银行为了保持信息的垄断性也乐于为它保密(Berger 等,2005)。Petersen 和 Rajan(1995)回顾了软硬信息相关研究,概述了软硬信息的特征以及各自的优势和劣势。Berger 和 Udell(1998)认为银企关系持续时间越长,越有可能降低抵押品要求和利率,提高信贷可得性。Cole(2004)的研究也表明,银企间广泛的客户关系会导致较高水平的信贷可得性。大银行可以利用来自抵押品或企业主个体的硬信息(Buckingham-Howes 等,2013)以及信用评分技术(Hu 和 Ansell,2006)向信息不透明的中小企业提供贷款。

2. 国内相关研究

林毅夫和孙希芳(2008)指出,当以劳动密集型为主的中小企业引领市场的发展时,中小银行与中小企业的关系型借贷的建立才更有效,规模大、资本力量雄厚的国有银行不适合为劳动密集型的中小企业融资。曾涛等(2008)以信息不对称和银企博弈为切入点,构造一个有双重信号属性的银企博弈模型,模型成立的条件就是银行与中小企业信贷关系的建立,而博弈发生的前提条件是银行与企业之间存在信息不对称。苏峻等(2010)认为,银行在对中小企业发放贷款时会参考企业的经营规模、企业自身的发展状况以及银行与企业的关系,并据此决定发放给企业的最大贷款额,中小企业与银行关系的密切程度也决定了可获得的贷款额。雷汉云和宋世芪(2011)发现,中小企业与大企业相比存在信用记录缺失、发展前景迷惘、创业时间短以及真实财务状况难以掌握等缺点,因此银企间的关系型借贷实质上是银行与企业共同建立的一种制度安排,其目的是解决金融市场失效问题。胡海峰和赵亚明(2012)研究指出,相对分散的银行业结构反而会对中小企业的专业化经营及稳定性产生积极影响,同时也更有利于关系型借贷关系的建立。他们总结美国等发达国家的关系型借贷发展经验,发现中小银行专业化发展是解决我国中小企业融资难问题的有效途径。马常娥等(2014)以关系型借贷为基础,采用动态多层博弈方法剖析我国中小企业融资难现状，认为关系型借贷有助于降低企业的道德风险，是银行与中小企业间信息效率的帕累托改进路径，对缓解中小企业融资难问题可提供一定的参考和借鉴。

（二）关系型借贷的实证研究

Peterson 和 Rajan(1995)利用美国中小企业管理局(SBA)的调查数据进行检验，发现企业与特定银行在长期借贷中建立起的关系对企业的信贷可得性产生作用。Kaplan 和 Strmberg(2003)使用中国信贷市场数据进行实证检验，结果与 Peterson 和 Rajan(1995)类似。曹敏等(2003)的研究也证实关系型贷款有助于降低贷款利率。Harhoff 和 Korting (1998)使用德国中小厂商的贷款数据进行检验，发现银企关系的持续时间与厂商贷款可得性正相关，与抵押品要求强制程度负相关。大量实证研究表明，涉及大银行的并购会显著减少小企业的信贷额(Berger 和 Udell，1998，2002)。何韧等(2010)借用 2003 年世界银行的企业调查数据，主要分析银行贷款定价对银企关系的影响，发现虽然随着关系银行数量的增多以及银行与企业间了解的加深，企业贷款利率在一定程度上有所下降，但是银企关系建立的时间对银行的企业贷款定价并没有显著影响。除此之外，企业财务状况、资产数量及公司治理制度都会对贷款定价产生影响。池仁勇和何九(2013)为了分析中小企业成长性与银企关系之间的相关性，对深交所 422 家中小企业进行实证分析，结果表明企业成长性与企业的关系银行数量呈负相关关系，与银企关系建立时间也呈负相关关系，与银行与企业间关系深度呈正相关关系。同时，关系型借贷对中小企业中规模相对较大企业的发展的推动作用更加明显，规模较小企业更容易与银行建立深层次的交流关系。莫亚琳等(2014)以关系型借贷为基础，构建计量经济模型，通过对银企合作时间、关系银行数量、银企关系满意度等方面的实证研究，分析中小企业关系型借贷与企业融资成本的关系。研究表明，除了企业销售额与银企关系满意度两个因素，其他因素对融资成本的影响均不显著。

综上所述，有关关系型借贷的文献多为实证研究，而探讨关系型借贷本质的理论研究较为分散且尚未形成较为统一、系统的体系。实证研究中，学者们主要从关系银行数量、关系长度、关系维度、关系强度等不同维度构造关系变量，进而检验分析银企关系。在相关的理论研究中，学者们主要从信息垄断租金、套牢与锁定、交易成本等多种角度出发，解释分析银行组织层级、市场竞争结构等因素对银企关系借贷的影响。

三、银企关系实证研究案例分析

本小节重点借鉴池仁勇和何九(2013)有关中小企业成长性与银企关系间关系的实证研究。他们以深圳中小板 422 家中小企业为样本，实证分析银企关系与中小企业成长性的相关性。其研究结果表明：企业成长性与企业维系关系的银行数量、银企关系维系时间长度负相关，但与银企关系深度正相关；关系型借贷在促进较大规模企业和非国有企业的成长方面作用明显；小规模企业在与银行建立深度关系方面更具优势。

（一）研究假设

本小节参考何韧和王维诚(2009)、纪晓君(2011)的研究，从银企关系规模、银企关系长度和银企关系深度三个方面衡量银企关系强度，并给出以下三个研究假设：

假设 1:银企关系规模与中小企业成长性负相关。
假设 2:银企关系长度与中小企业成长性正相关。
假设 3:银企关系深度与中小企业成长性正相关。

(二) 变量的选择

相关变量的定义如表 10-2 所示。

表 10-2 变量及其说明

变量名称	变量代码	预测符号	定义
销售增长率	GROWTH		样本企业 2009—2010 年的平均销售收入增长率
银企关系规模	SCOPE	−	直到 2010 年与企业建立借贷关系的银行数量
银企关系长度	LENGTH	−	企业与主要银行建立关系的维持时间
银企关系深度	DEPTH	+	银行为企业提供贷款的授信额度
总资产	TASSET	+	公司年末总资产账面价值的自然对数
销售利润率	PROFITR	+	2010 年企业销售利润总额和销售收入总额的比值
资产负债率	DEBTR	−	总负债/总资产

资料来源:池仁勇和何九(2013)。

(1) 被解释变量。企业成长性指标包括总资产增长率、固定资产增长率、销售收入增长率、主营利润增长率等。Niskanen 和 Niskanen(2007)认为销售增长率能有效地反映企业在一定时期内的经营发展状况。这里选择以 2009—2010 年的平均销售增长率(GROWTH)为被解释变量的模型,能较大程度地反映企业成长性。

(2) 解释变量。根据假设,这里用银企关系规模、银企关系长度、银企关系深度衡量银企关系强度并评价其对中小企业成长性的影响。以与企业建立借贷关系的银行数量作为银企关系规模变量(SCOPE);以企业与主要银行建立关系的维持时间作为银企关系长度变量(LENGTH);以银行为企业提供贷款的授信额度作为银企关系深度变量(DEPTH)。授信就是金融机构(主要指银行)授予客户的一种信用额度,额度内客户向银行借款可减少烦琐的贷款审查。授信一般是指银行向非金融机构客户直接提供的资金,或者对客户在有关经济活动中可能产生的赔偿、支付责任做出的保证,包括贷款、贸易融资、票据融资、透支、各项垫款等表内业务,以及票据承兑、开出信用证等表外业务。

(3) 控制变量。孙铮和李增泉(2006)、胡奕明和谢诗蕾(2005)的研究结果表明,资产负债率、销售利润率、所有权属性等在很大程度上影响企业的融资能力和成长性。为了使实证分析更加客观和准确,这里将它们设置为控制变量,并划分为财务风险变量和企业特征变量两类。

(三) 数据来源和样本选取

这里以 2010 年度我国深圳中小企业板上市公司为研究样本,数据来自公司上市时的招股说明书中的重要事项说明段以及各公司对外披露的年度财务报告。在确定最终样本时,先后剔除:①金融类公司,因非银行金融机构经营活动具有特殊性,故剔除金融业;②被解释变量、解释变量和控制变量出现缺省值的样本;③存在异常值的公司。经过上述处理,一共得到 422 家公司,使用 SPSS 17.0 进行回归分析。

(四)各变量相关性检验

采用两种方法进行相关性分析,分别得到 Spearman 秩相关系数(见表 10-3 左下)和 Pearson 相关系数(见表 10-3 右上),发现两组相关系数比较接近,并且大部分变量之间的相关系数分布在-0.3 和 0.3 之间。各变量之间的相关系数值较小,表明大多数解释变量的相关性较弱,从而说明所选取的解释变量比较适当,不存在共线性等问题。

表 10-3 相关系数

变量	TASSET	PROFITR	DEBTR	STATE	SCOPE	LENGTH	DEPTH	GROWTH
TASSET	1.000	0.027	0.293*	-0.028	-0.274*	0.062	-0.240*	0.256*
PROFITR	-0.060	1.000	-0.326*	0.308*	-0.066	-0.020	-0.169*	0.131
DEBTR	0.279*	-0.249	1.000	0.085	0.295*	-0.211*	0.091	0.241*
STATE	0.069	0.317	0.086	1.000	-0.020	-0.096	0.082	0.089
SCOPE	0.311*	0.010	0.321*	0.035	1.000	-0.010	0.290	0.084
LENGTH	0.112*	-0.067	-0.068	-0.029	-0.002	1.000	0.040	-0.204*
DEPTH	-0.078	-0.199	0.125*	0.082	0.015	0.166	1.000	0.061
GROWTH	0.197*	0.171	0.215*	0.101	0.089	-0.343*	-0.006	1.000

资料来源:池仁勇和何九(2013)。

注:*表示在 10% 的统计水平上显著。

(五)模型回归结果与分析

表 10-4 的回归结果表明:银企关系规模和中小企业成长性显著负相关,与假设 1 相符;银企关系长度和中小企业成长性显著负相关,与假设 2 不符;银企关系深度和中小企业成长性显著正相关,与假设 3 相符。

表 10-4 银企关系与中小企业成长性的回归结果

变量	全样本	企业Ⅰ	企业Ⅱ	国有企业	非国有企业
常数项	0.3859***	0.3026*	0.4823***	0.2216	0.4317***
	(2.87)	(1.82)	(3.28)	1.13	2.36
ln(1 + LENGTH)	-0.267*	-0.4126***	-0.1237	-0.1044	-0.3856*
	(-4.94)	(-2.37)	(-4.32)	(-0.78)	(-1.86)
ln(1 + SCOPE)	-0.1116*	-0.0423	-0.1871***	-0.0423	-0.1752*
	(-1.76)	(-0.26)	(-2.52)	(-0.59)	(-1.72)
DEPTH	0.0331***	0.0262	0.0458*	0.0635	0.0128*
	(2.16)	(1.08)	(1.86)	(1.02)	(1.79)

(续表)

变量	全样本	企业Ⅰ	企业Ⅱ	国有企业	非国有企业
ln(TASSET)	0.1672***	0.1817	0.1736	0.1935***	0.1208
	(2.21)	(0.96)	(1.35)	(2.30)	(1.08)
PROFITR	0.1562***	0.1685***	0.1443***	0.1324***	0.2078***
	(2.98)	(2.33)	(2.71)	(3.25)	(3.28)
STATE	−0.0468			−0.0685	−0.0823
	(−0.92)			(−1.06)	(−0.81)
DEBTR	−0.2183	−0.1971	−0.2232	−0.2084	−0.2358
	(−1.24)	(−1.25)	(1.36)	(−1.01)	(−1.17)
Adj. R^2	0.618	0.562	0.624	0.425	0.606
F	11.36***	9.86***	13.24***	7.86***	10.57***
样本量	422	104	318	72	350

资料来源:池仁勇和何九(2013)。

注:被解释变量为企业销售增长率;*、**、***分别表示在10%、5%、1%的统计水平上显著。

(六) 小结

关于银企借贷关系与中小企业成长性的研究得出以下结论:①企业维系关系的银行数量以及银企关系维系的时间长度对中小企业成长性有负面影响,但加强银企关系深度能有效促进中小企业成长;②关系型借贷在促进较大规模企业和非国有企业的成长方面作用明显,小规模企业在与银行建立深度关系方面更具优势。

重视和加强银企关系能有效促进企业发展,说明外部融资问题是制约中小企业发展的重要因素;关系型借贷能有效增大企业向银行成功贷款的可能性,是破除融资瓶颈的有效方法,对我国中小企业的发展意义重大。当前我国已经成立许多中小型银行,且大多为本地中小企业提供融资服务。

第二节 租 赁 信 贷

一、租赁的定义与基础理论

对于长期频繁使用租赁融资的企业而言,新租赁准则的颁布使得租赁在企业融资决策中的地位发生了巨大的改变。

(一) 租赁的定义

在典型的租赁中,承租人与出租人就一项资产(比如一台设备)签订长期租赁协议。承租人作为在一定期限内使用资产的交换,承诺定期支付租赁款项。在某些情况下,出租人是被租赁设备的制造商;在其他情况下,银行或金融公司是出租人。企业将财产出售给买方,并立即从买方手中取得租赁财产的双重合同被称为回售回租。

租赁分为资本租赁和经营租赁。根据美国财务会计准则委员会(FASB)的定义,租赁符合下列条件之一的即为资本租赁:

(1) 租赁合同在租赁期限结束时将资产所有权转让给承租人。

(2) 租约载有以低价购买租赁财产的选项。

(3) 租期等于或大于资产估计经济寿命的75%。

(4) 租赁款项的现值等于或超过租赁资产公允价值的90%(已扣减出租人保留的任何可抵免投资税)。

若租赁不符合上述任何条件,则为经营租赁。从会计角度看,资本租赁与其他资产一样,必须作为有相应负债的资产入账,而随时间推移折旧,每次付款的利息部分要支出。经营租赁的款项在发生时计入费用。

2016年1月,IFRS 16正式发布,并规定2019年1月1日起正式实行。为了与国际财务报告准则趋同,2018年12月7日我国财政部修订并发布《企业会计准则第21号——租赁》(简称"新租赁准则"),新租赁准则对企业的影响是巨大的。那么,新旧租赁准则之间的区别又是什么呢?

旧租赁准则之下,承租人采用双重会计模式对租赁进行会计处理;而在新租赁准则下,承租人只能采用单一会计模式,将租赁全部纳入资产负债表。这种会计模式与旧租赁准则下融资租赁的会计处理相似。因此,在新租赁准则下,是否将有关租赁纳入资产负债表,主要取决于它是否满足会计对租赁的定义。根据新租赁准则,租赁是指在一定期限内,一份合同通过让渡一项可识别资产的使用权和控制权来换取相应的对价。该合同可以被定义为一项租赁或者合同中包含一项租赁。

首先,只有在有关合同涉及可识别资产时,才进一步判断该项资产是否为租赁资产。判断某项资产是否属于可识别资产,需要观察该项资产是否在合同中被明确指出,或者该项资产是否通过其他方式被隐晦地指出。只有满足可识别资产的前提,才能进一步确定它是否满足租赁的定义。

其次,在某项资产成为可识别资产后,再判断该项可识别资产的使用权或控制权是否发生转移,即承租人是否获得该项资产的使用权和控制权。这需要对承租人企业预期能否在使用期限内使用该项可识别资产来获取经济利益。

最后,基于承租人预期可以从该项可识别资产中获取经济利益,进一步分析承租人能否在租赁期限内对该项可识别资产实施主导,获得它的控制权。判断是否拥有控制权,可以通过合同条款的明确规定以及其他途径进行甄别。若该项资产满足上述所有条件,则可以称合同中包含租赁。

(二) 相关理论

1. 租赁会计理论

租赁会计理论经历了三个发展阶段,分别为法定所有权模型、风险报酬转移模型和使用权模型,这种演变反映出租赁相关会计处理的变化过程。

第一阶段为法定所有权模型。该模型强调,只有拥有租赁物的法定所有权的一方,才能在财务报表中确认有关资产和负债。这需要通过承租人和出租人订立的租赁合同进行判定。一般而言,出租人拥有租赁资产的法定所有权,因此只有出租人必须在财务报表中披露已出租的资产。法定所有权模型的弊端在于,长期租赁不能体现其经济实质,使得财务报表不能反映承租人真实的财务状况。

第二阶段为风险报酬转移模型。这就是旧租赁准则采用的理论模型,强调租赁的经济实质而非法律形式,通过判断资产所有权是否发生转移来确定是否需要纳入资产负债表。风险报酬转移模型将满足经济实质上风险报酬已经发生转移的特定租赁业务(即融资租入的租赁资产)纳入报表,其他的划分为经营租赁。融资租赁下,承租人需要在资产负债表中反映租赁资产和租赁负债;经营租赁下,承租人和出租人的处理方式与前述"法定所有权"下的会计处理一致。

第三阶段为使用权模型,又称资产负债观。这就是新租赁准则的理论基础,强调通过控制权来判断是否需要纳入财务报表。根据新租赁准则对资产与负债的定义,判断承租人是否对租赁物实施控制,并且该项租赁资产预期带来经济利益的流入。若满足条件,则承租人需要将该项租赁资产以使用权资产形式纳入资产负债表,相应的租金形成租赁负债同样纳入资产负债表。因此,融资租赁和经营租赁的分类不复存在,两者的会计处理没有本质区别,而强调对有关资源的利用情况。使用权模型的创新为租赁会计准则的改革提供了思路和方向,进一步提高了财务报告的信息质量。

2. 经济后果理论

学者们根据会计报告对利益相关者经济活动的影响,提出经济后果的概念。会计报告所反映的财务信息帮助企业进行财务决策,决策产生的结果又将进一步影响利益相关者。在准则修订期间,美国的租赁行业曾反对租赁会计准则的修订,理由是会计准则的变化会严重降低租赁行业的利润水平,进而造成严重的失业问题。不仅如此,修订后的会计准则还要求如实披露相关企业的表外融资情况,这将给企业的进一步融资活动带来负面影响。这是租赁行业反对租赁会计准则修订和改革的重要原因。

3. 信息不对称理论

信息不对称与盈余管理动机密切相关。一般而言,信息不对称是指在当前的市场经济中,由于信息不是完全透明的,并且信息的获取也是有代价的,市场参与者对信息的掌握程度不一,掌握充分信息一方往往处于有利的地位,而信息贫乏一方则处于相对不利的地位。结合盈余管理的契约动机,目前公司最主要的两类契约是委托-代理契约和债务契约。会计信息和其他未披露信息是用来反映契约遵循情况必不可少的依据,但投资者和债权人因难以获得充足的信息而产生信息不对称问题,给企业进行盈余管理创造了动机。

会计准则国际趋同对会计信息的有用性具有积极影响,通过会计准则的不断修订与实施,可以加强对会计信息披露的规范,消除或减少市场参与者之间的信息不对称及其引起的相关经济问题,提供有助于决策的可靠会计信息,从而实现资源的有效配置。出于消除或减轻信息不对称的需要,引发会计准则的一系列改革和修订(林钟高和赵宏,2001)。张博等(2018)发现新会计准则的实施加快了资本结构的调整速度,并且在信息不对称程度越高的环境中越显著。

因此,会计准则的修订与信息不对称和盈余管理之间有着紧密的联系,会计准则的优化有助于减轻信息不对称,降低盈余管理程度。

4. 博弈论

博弈论是指博弈参与者根据所掌握的信息,采取一定的策略来实现自身利益最大化,是一种处理合作与竞争的决策方法。博弈论在企业中的应用十分广泛,管理层通过与竞争对手及利益相关者的博弈,优化相应的经营策略,理性人博弈的最终目标大多是使自己的收益最大化。

会计准则制定过程也存在博弈,研究表明会计准则的制定和完善就是一个多重的社会博弈过程(邱志珊,2019)。政府希望市场健康有序,企业谋求扩张和发展,而准则制定者期望会计信息质量得到提高,最终出台的会计准则就是各利益相关者相互妥协并达成一致意见的结果。在我国,由于缺乏强大的外部投资者,加上政府在制定准则和实施监管中的特殊角色,政府在会计准则制定过程中占绝对主导和优势地位。因此,我国会计准则的博弈还体现在会计准则的实施和监管过程中企业管理层与监管者之间的博弈,企业为实现自身利益而利用准则弹性进行盈余管理。

二、租赁动机研究

租赁似乎是涉及借贷和资产购置的双重交易的替代品。如果这是真的,那么在公司的借债能力有限的情况下,租赁在资本结构中具有消除债务的作用。然而,一个重要的区别是,租赁合同通常包括一个潜在的有价值的选择,由承租人持有,在合同到期时以特定价格买下资产,称为剩余。Ang 和 Peterson(1984)实证检验租赁债务替代假说,发现租约和债务并不是替代品——拥有租约公司的资本结构往往负债更多,而不是更少。

出租人和承租人之间的税率差异通过创造税收套利提供了租赁动机。Graham 等(1998)的解释为:与边际税率较高的公司相比,边际税率较低的公司使用相对更多的租赁资产。租赁预测背后的逻辑是,租赁允许税收保护从不能充分利用税收抵扣的公司(承租人)转移到可以抵扣的公司(出租人)。

Ang 和 Peterson(1984)采用税收套利的观点解释租赁和债务之间不存在替代效应。他们认为,租赁公司和非租赁公司的税率差异可能会导致前者不但从事租赁,而且拥有更多的债务,但实际上租赁公司和非租赁公司的税率没有差异。

Graham 等(1998)认为,许多关于税率、租赁和债务使用之间关系的研究都受到租金支付与利息支出可税前扣除这一事实的影响。他们开发了一个经验模型,衡量公司融资前的边际税率,并用这一模型测试企业对经营租赁和债务的使用。其实证结果表明,经营租赁水平和税率存在负相关关系,债务水平和税率存在正相关关系,这与公司价值最大化(税收最小化)行为一致。

Sharpe 和 Nguyen(1995)提出并检验了另一个假设,即融资成本可能会影响企业租赁动机。他们认为,面临高外部融资成本的企业可以通过租赁节约融资成本,融资租赁或经营租赁在年度固定资本成本总额中所占份额在评级较低、不分红、现金短缺的公司中要高得多,相应的风险更高。

随着融资租赁市场的快速发展,学者结合我国的制度背景探究了企业融资租赁交易的动因,取得了一定的研究成果。崔佳宁和史燕平(2014)基于上市公司的经验数据研究发现,融资租赁在我国信贷资源稀缺的背景下成为企业获取资金的重要途径。周凯和史燕平(2016)使用我国31个省份数据研究发现,融资租赁业的快速增长是由社会融资需求而非设备投资需求推动的。相比于租赁业发达国家,我国融资租赁市场的显著特征是以售后回租的形式为主,上市公司运用租赁融资的经验证据表明融资约束不能解释企业租赁融资行为,企业采用售后回租交易是为了提高财务灵活性。杨汀和史燕平(2019)深入且全面地分析上市公司利用售后回租融资的动机和后果,分别从规避去产能政策、缓解投融资期限错配、债务治理效应三个视角进行实证研究,将产能过剩、企业"短贷长投"、国有企业预算软约束等体现我国特色的实践问题纳入企业利用售后回租交易的理论解释。刘畅和张姗姗(2019)关注上市公司在旧租赁会计准则"两租"分离模式下构造经营租赁合同进行表外融资的动机,发现大型会计师事务所为争取客户而帮助客户企业构造经营租赁合同进行表外融资,并且当企业聘请的事务所由小型变更为大型后企业经营租赁比重显著提升,这体现了审计行业诉讼风险较低的现实背景下企业对租赁契约的选择倾向。

三、租赁动机的实证研究示例

实证研究的样本来自中国家庭金融调查与研究中心(西南财经大学)提供的中国小微企业调查(CMES)数据库。2015年中国家庭金融调查与研究中心针对全国有独立法人资格的小型企业、微型企业和家庭作坊式企业进行大型抽样调查,覆盖28个省(自治区、直辖市),样本规模为5 497家。调查问卷涉及企业基本信息、人力资源管理、研发与创新、融资与财务、税费缴纳等多个维度。

样本筛选处理如下:删除经营状态异常的企业样本;删除2015年刚成立的企业样本;由于金融业企业的经营特征有别于一般企业,予以删除;删除主要变量数据缺失的企业样本。经过上述筛选过程,最终得到2 245个初始样本观测值。

(一)研究假设

假设1a:在其他条件相同的情况下,发生亏损或实际承担税负较轻的小微企业更倾向于采用融资租赁方式融资。

假设1b:在其他条件相同的情况下,小微企业出于节税目的更倾向于采用融资租赁方式融资。

假设2:在其他条件相同的情况下,存在融资约束的小微企业更倾向于采用融资租赁方式融资。

(二)模型设计

1. 变量设计

主要依据小微企业调查问卷中的题项设置并定义相关变量,其中被解释变量为企业是否采用融资租赁方式融资(Lease),具体变量定义如表10-5所示。

表 10-5 研究变量

变量类别	变量名称	符号	变量定义
被解释变量	是否采用融资租赁	Lease	若企业有融资租赁固定资产取值为1,无则取值为0
解释变量	是否发生亏损结转	Taxloss	2014年若企业亏损取值为1,盈利或持平则取值为0
	税收负担程度	Taxburden	按照调查选项"1 非常轻、2 较轻、3 一般、4 较重、5 非常重"分别赋值1—5
	是否有合理避税需求	Taxavoid	若企业需要合理避税服务则取值为1,否则为0
	是否存在融资约束	Finconstrain	若企业需要从亲戚朋友、民间金融组织等非银行类渠道借款则取值为1,不需要则取值为0
控制变量	企业规模	Employees	企业员工数量的自然对数
	实际经营年限	Age	2015减去实际经营开始年份
	现金流量	Cashflow	(1+日均流动资金)取自然对数
	商业信用融资	Fintrade	若企业收到客户预付款则取值为1,没有则取值为0
	财务制度是否健全	Finregulation	若企业有成文的财务管理制度则取值为1,没有则取值为0
	组织形式虚拟变量	Organdummy	按各选项分别生成虚拟变量
	所有者性质虚拟变量	Onnerdummy	按各选项分别生成虚拟变量
	行业属性虚拟变量	Industrydummy	按各选项分别生成虚拟变量

资料来源:CMES 数据库。

2. 模型设定

由于被解释变量为二元离散变量,这里采用 Logit 模型进行回归;同时,为控制截面数据存在的异方差影响,在进行参数估计时采用异方差调整后的稳健标准误。在实证检验过程中,先将各个解释变量单独进行回归,再将所有解释变量统一纳入模型进行回归。

(三)实证结果

1. 实证回归结果

表 10-6 第(1)—(4)列的结果显示,反映税收因素的 Taxloss、Taxburden、Taxavoid 均未通过检验,而反映企业融资约束状况的 Finconstrain 在 1% 的统计水平上显著为正,这表明存在融资约束的小微企业更倾向于采用融资租赁方式融资;第(5)—(8)列的结果显示,在同时控制了税收因素的影响下,Finconstrain 均在 1% 的统计水平上显著为正,Taxloss 虽然在 10% 的统计水平上通过检验,但符号与税差理论的推论相反。由于 Logit 为非线性模型,其系数本身不具有线性回归系数的相同含义,因此这里进一步计算出第(8)列 Finconstrain 的平均边际效应为 0.04,即在其他条件相同的情况下,存在融资约束的企业(相比于不存在融资约束的企业)选择融资租赁的概率提高约 4%。在所有模型中,控制变量 Cashflow 均在 5% 的统计水平上显著为正,即现金流量越大企业采用融资租赁的概率越大。这反映了融资租赁的资产融资属性,相较于银行信贷风险控制的抵押担保等手段,融资租赁的风险评估和控制更侧重以资产创造的现金流为基础。

表 10-6 基本回归结果

变量	(1)	(2)	(3)	(4)	(5)	(6)	(7)	(8)
Taxloss	−0.530	—	—	—	−0.622	—	—	−0.625*
	(−1.52)	—	—	—	(−1.74)	—	—	(−1.75)
Taxburden	—	−0.007	—	—	—	−0.026	—	−0.036
	—	(−0.05)	—	—	—	(−0.21)	—	(−0.29)
Taxavoid	—	—	0.287	—	—	—	0.222	0.244
	—	—	(1.31)	—	—	—	(1.02)	(1.12)
Finconstrain	—	—	—	0.946***	1.012***	0.951***	0.905***	0.972***
	—	—	—	(3.04)	(3.22)	(3.04)	(2.93)	(3.11)
Employees	0.148	0.155	0.155	0.175	0.168	0.177	0.176	0.171
	(1.32)	(1.39)	(1.38)	(1.59)	(1.51)	(1.59)	(1.58)	(1.52)
Age	−0.029	−0.027	−0.026	−0.023	−0.026	−0.023	−0.023	−0.025
	(−1.47)	(−1.38)	(−1.35)	(−1.24)	(−1.34)	(−1.23)	(−1.23)	(−1.31)
Cashflow	0.121**	0.126**	0.123**	0.119**	0.114**	0.120**	0.117**	0.112**
	(2.07)	(2.16)	(2.11)	(2.09)	(2.00)	(2.10)	(2.05)	(1.97)
Fintrade	0.307	0.321	0.311	0.332	0.318	0.332	0.325	0.311
	(1.35)	(1.40)	(1.35)	(1.45)	(1.40)	(1.45)	(1.42)	(1.37)
Finregulation	−0.392	−0.396	−0.398	−0.392	−0.388	−0.387	−0.394	−0.387
	(−1.55)	(−1.58)	(−1.56)	(−1.53)	(−1.52)	(−1.53)	(−1.54)	(−1.53)
常数项	−4.987***	−5.116***	−5.232***	−5.294***	−5.149***	−5.228***	−5.358***	−5.131***
	(−4.42)	(−4.29)	(−4.64)	(−4.64)	(−4.53)	(−4.37)	(−4.70)	(−4.31)
组织形式	是	是	是	是	是	是	是	是
所有制性质	是	是	是	是	是	是	是	是
行业属性	是	是	是	是	是	是	是	是
Pseudo R^2	0.053	0.050	0.052	0.060	0.064	0.060	0.061	0.066
H-L 拟合优度检验(p 值)	0.537	0.697	0.524	0.124	0.996	0.049	0.887	0.532
样本量	2 125	2 125	2 125	2 125	2 125	2 125	2 125	2 125

资料来源：CMES 数据库。

注：括号内为经异方差稳健标准误估计的 t 统计值；***、**、* 分别表示参数估计值在 1%、5%、10% 的统计水平上显著；样本量相比 2 245 减少是因为在控制组织形式、所有制性质、行业属性等虚拟变量时，某些分类条件下被解释变量无变异而被当作缺失值。

2. 结论与启示

本小节利用中国小微企业调查数据考察了小微企业融资租赁交易的动因，实证结果表明税差理论和节税效应并不能有效解释我国小微企业的融资租赁动机,而存在融资约束的小微企业更倾向于采用融资租赁方式进行融资。

第三节 债务结构

一、公司债务结构的定义

企业想要长久健康地发展,必然逃避不了对债务问题的考虑。企业应该如何选择适合自己的债务?又应该如何权衡各种债务之间的比例关系,才能使企业价值最大化?

债务结构的含义有狭义和广义之分。狭义的债务结构是指企业长期债务资金的构成及其相互之间的比例关系;广义的债务结构是指企业债务的构成及其相互之间的比例关系。企业债务按不同标准有多种分类方式,构成复杂的债务结构,如债务配置结构、债务优先级结构、债务期限结构等不同类型。

二、债务配置结构

公司债务结构之一的债务配置结构主要从信息是否公开的角度,探讨公开债务融资和非公开债务融资之间的构成和比例关系以及它们对企业价值的影响。

(一) 债务配置结构定义

债务配置结构是指企业债务融资过程中按信息是否公开分为公开债务融资(主要包括公司普通债券、可转换债券、零息债券和浮动利率票据)与非公开债务融资(主要包括银行和金融机构贷款等)之间的构成和比例关系。

(二) 债务配置结构相关研究

Krishnaswami 等(1999)研究 1987—1993 年间 297 家可以进入公开或私人债务市场的上市公司,测量公司债务配置结构,主要是长期债务中私人债务部分(要么是银行债务,要么是在私人债务市场发行的债务),揭示了对公司债务配置结构的影响因素:①上市成本,②委托代理冲突,③监管,④信息不对称。

他们讨论了因素①、②和③,并将因素④解释为:受监管公司在资本市场上更频繁地筹集资金而生成关于公司资本成本的证据,这对公司设定利率是有用的。这种频繁使用资本市场的做法约束了管理层,限制了他们在投资和经营决策方面的自由裁量权。Smith 和 Watts(1992)还认为,与不受监管公司相比,受监管公司不太可能产生资产替代或者投资不足问题,因为国家监管机构会监督管理层的决策。因此,受监管公司对私人债务的需求有限,公开发行债务的较高比例。

公开债务发行中的浮选成本解释了债务配置结构的横向变化。大公司和平均发行规模较大的公司可获得公开债务发行的规模经济,发行私人债务的比例较低。在企业规模一定的条件下,由于投资不足和风险转移等道德风险问题而导致的契约成本较高的企业,其私人债务比例较高。与 Myers(1977)的观点一致,投资机会集中、拥有更多成长机会的公司从对私人债务相关的监控中获益更多。这表明对私人债务进行更严密的监管和制定更严格的契约有助于降低债券持有人与股东之间产生冲突的成本。有证据表明,受监管公司的私人债务比例较低,再次证实了上述结果。

支持私人债务会减少与逆向选择相关的契约成本这一观点的证据是有限的。尽管在信息不对称程度更高的情况下经营的公司更依赖私人债务,但没有证据表明拥有有利的关于自身价值的私有信息的公司——承担逆向选择成本的公司——会选择更大比例的私人债务;然而,这些公司还受到高度信息不对称的影响,从而尝试更多地依赖私人债务。

西方学者主要从发行成本、道德风险的契约成本、管制和逆向选择的契约成本等方面探究债务配置结构。根据 Diamond(1991)的声誉价值模型,信用等级居中的公司依赖银行贷款,当利率较高或未来收益率较低时,信用等级较高的公司也会选择银行贷款。Annalisa(1993)研究发现,小规模公司和发行额低于平均水平的公司发行公开债务的成本过高。Houston 和 James(1996)实证研究表明,仅有单一银行关系的公司的成长机会与银行债务融资选择负相关,存在多银行关系的公司的成长机会与银行债务融资选择正相关。Hadlock 和 James(1997)研究表明,如果银行比公开债务债权人更有信息优势,那么拥有公司价值利好的非公开信息的公司为规避公开债务中的逆向选择成本将选择向银行借款。Krishnaswami 等(1999)研究表明,经营时间较短的公司与信息不对称严重的公司发行较多的非公开债务,但没有证据支持非公开债务的信号传递效应。Denis 和 Mihov(2003)实证研究发现,企业的信用质量影响债务配置结构的选择,信用质量高的公司选择发行公开债务,信用质量居中的公司选择向银行借款,信用质量偏低的公司选择非公开债务;同时,与发行公开债务融资的企业相比,取得非公开债务融资的企业的管理层持股比例较高。Dhaliwal 等(2003)实证研究发现,当信息披露成本较高时,企业更偏好选择非公开债务融资,未到期的非公开债务随企业信息披露成本的上升而增加。

三、债务优先级结构

债务优先级结构主要从债务偿还优先次序的角度,探讨优先级债务融资和非优先级债务融资之间的构成与比例关系及其对企业价值的影响。

（一）债务优先级结构的定义

按照债务偿还优先次序,企业债务可依次分为质(抵)押借款、保证借款、信用借款与其他债务(韩德宗和向凯,2003)。本小节将质押、抵押及保证借款划分为优先级债务,其他类型债务则划分为非优先级债务,两类债务占总负债的比例构成债务优先级结构。

（二）债务优先级结构相关研究

Barclay 和 Smith(1995)研究了 1981—1991 年近 5 000 家公司的债务结构,研究目的是确定公司债务优先级结构的决定性因素。他们检验了三个相关假说:①契约成本假说,②信息不对称假说,③税收假说。其中,契约成本假说得到最强有力的支持。

契约成本假说包含 Myers(1977)的投资不足问题和资产替代(或风险转移)问题。当然,投资不足问题对拥有更多成长机会的公司来说更为严重,而缩短债务期限可以缓解这一问题。然而,如果公司保留以高优先级债务为新投资融资的权利,如担保债务或租赁(Stulz 和 Johnson,1985),这一问题就可以得到缓解。因此,拥有更多成长机会的公司通常会更频繁地选择资本租赁(在公司的长期负债中,资本租赁通常是优先级最高的)。

Welch(1997)开发了一个理论模型来解决银行债务优先级问题。他认为,在财务困境中发生的预期无谓的游说和诉讼费用,事先给予潜在实力更强的债权人(银行)更高的地位,企业的优惠待遇(优先权或附加奖励)可能会降低。也就是说,为了最大限度地发挥"威慑力",避免卷入寻租债权人之间的争斗,企业可以有效地承诺较强的竞争者享有优先权。

债务优先级结构是债务契约的重要组成部分,债权人可进行相应的调整以实现对企业管理层的有效监督(Fama,1990)。国外学者通过实证检验证明,债务优先级结构的调整可约束管理层的自利行为,影响管理层薪酬的确定,进而起到公司治理作用(Calcagno 和 Renneboog,2007;Armstrong 等,2010)。Smith 和 Warner(1979)研究发现,企业担保性负债的增加降低了资产收益率以及风险结构失衡风险,有效抑制了管理层进行高风险投资等自利行为。在有效监督者缺位的情况下,债权人权益受侵害的风险大大增加。杨兴全(2004)认为,为强化债权人监督企业经营者的动机,监督者必须由唯一的优先级债权人担任,同时优先级负债的规模以在企业清算中损失最小为最佳。

四、债务期限结构

债务期限结构主要从债务偿还时间的角度,探讨长期债务融资、中期债务融资和短期债务融资之间的期限搭配合理性,以更好地满足企业多方位、多层次发展的要求。

(一)债务期限结构的定义

债务一般分为短期债务、中期债务和长期债务。合理的债务期限结构就是要求各种期限的债务之间保持适当的比例,长期债务、中期债务、短期债务搭配合理,相互协调以满足经济发展多方位、多层次的需要。同时,在债务期限的分布上要求不同时间到期的负债数额要与企业在各个期限内的偿债能力相适应,尽量避免出现还本付息过分集中在特定时期的现象,避免形成偿债高峰。

(二)债务期限结构相关研究

关于债务期限结构影响因素的理论和实证研究,国内外学者主要集中在以下四个方面:

1. 公司特征

从公司层面来看,债务期限结构的影响因素主要包括公司规模、资产期限、税收、自由现金流量等。与大企业相比,中小企业存在较严重的信息不对称问题,具有较高的道德风险。Degryse 等(2009)研究表明,公司规模和资产期限对中小企业的债务期限选择具有重要影响,且公司规模和资产期限都与长期负债占比正相关。为了降低风险,银行在决定是否对中小企业授信时,主要关注的不是企业整体价值而是其抵押品的价值。因此,中小企业债务期限结构遵循资产匹配理论,拥有更多固定资产的企业使用更多的长期债务。与之类似,Scherr 和 Hulburt(2001)以小企业为研究对象,发现资产期限、资本结构和违约风险是影响企业债务期限选择的主要因素。González(2012)指出,规模小、拥有高成长机会的企业倾向于使用短期债务,低风险和高风险的中小企业使用更多的短期债务,风险居中的中小企业则倾向于使用更多的长期债务。

于鑫(2012)以2008—2010年210家中小型上市公司为样本并发现,公司规模越大,长期负债占比越高,但违约风险对债务期限结构的影响不显著;对中小企业而言,抵押物质量和公司规模对债务期限结构有着重要的影响。段彰乔和王丽娟(2010)以2008年中小型上市公司为样本,同样得出固定资产规模、公司规模与长期负债占比显著正相关,支持信息不对称理论,但未能支持税收理论。

2. 行业因素

中小企业规模较小,通常从事单一业务,因此行业因素对中小企业债务期限结构有着一定的影响。Degryse等(2009)发现,中小企业的某些公司特征与债务期限结构的关系随着行业的不同而呈现显著的差异,在制造业、建筑业等拥有大量固定资产的行业,固定资产规模对债务期限结构的影响较服务业等更加显著;同时,公司特征不能完全解释行业因素对企业债务期限结构的影响。行业内部的竞争关系等因素也会影响企业对债务期限结构的选择(Mackay和Phillips,2005)。肖作平(2005)对上市公司债务期限结构进行AVONA分析,发现行业间债务期限结构存在显著差异。

3. 宏观经济

从供给方来看,经济规模、经济结构和经济效率决定了金融机构的资金供给状况及金融市场的活跃程度;从需求方来看,宏观经济的增长或萎缩会影响企业的投资机会从而影响其价值,同时宏观经济的膨胀或收缩会影响债务的成本和收益,从而对企业的债务期限结构选择产生重要的影响。Fan等(2012)指出,税负和通货膨胀对企业资本结构具有明显影响,当分红课税增加时,企业负债率提高;当通货膨胀严重时,企业减少负债并倾向于短期债务。Julio等(2007)研究发现在经济衰退时期,只有优质公司才能在公开债务市场上筹集到资金,其债务期限也将缩短。Erel等(2012)表示,当经济下行时,公司倾向于发行短期债券和借入短期贷款;中小企业则面临更高的经营风险和违约风险,信息不对称加剧,企业获得长期债务资本的难度加大。

4. 生命周期

Berger和Udell(1998)认为,一般的金融理论不适用于所有企业,企业的生命周期才能真正决定企业的融资需求、金融资源的可获得性及融资成本。Kaplan和Strmberg(2003)进一步指出,一家公司的信息不对称程度随着所处生命周期的不同阶段而变化。从成立初期到成熟期,公司对不同融资方式的需求会因公司生成现金流量的能力、成长机会等而显著变化。目前关于生命周期对公司融资决策影响的实证研究还主要停留在公司资本结构层面。Macan和Lu-cey(2010)以229家爱尔兰中小企业为样本,按企业年龄划分其所处生命周期阶段,也发现类似的规律,同时强调固定资产等抵押物对于解决中小企业信息不对称问题、保证其获得债务融资的重要性。孙茂竹等(2008)以我国制造业上市公司为样本,发现公司的资本结构在其生命周期的各个阶段呈现不同的特征。赵旭(2012)运用熵理论来划分上市公司的生命周期阶段,发现69.9%的上市公司仍处在成长期,而且相对于成熟期公司,成长期公司的负债比例较高。

案例解析
未名医药折价回购债券①

核心概念　公司债券　折价回购　债券监管

学习脉络　分析、讨论未名医药回购债券典型案例,加深理解公司债券回购的意义、方法,透过现象揭示未名医药折价回购债券的影响,深化对公司债券回购可行性的认识,思考如何完善我国债券监管机制。

学习要求

1. 请结合相关理论与公司实际情况,分析未名医药回购债券的背景。
2. 未名医药两次折价回购债券给公司带来哪些影响?
3. 未名医药回购债券的方式有哪些?方法是否合理?
4. 结合未名医药回购债券过程,如何看待上市公司回购债券的行为?
5. 结合本案例分析,作为监管层应如何完善回购债券制度设计?

2019 年 8 月 27 日,董事会上的气氛一度剑拔弩张,董事长秘书小张不由得捏了把汗,这已经是董事会第四次会议了,有关公司回购债券的议案始终没有敲定下来。董事之间也各执一词,争论不休。"如果想对外投资,那么可以选择的投资对象很多,为什么一定要回购自家的'17 未名债'?这让投资者怎么想!" "是啊,上市公司自己购买自己的债券,这在 A 股市场上闻所未闻!"上了年纪的董事纷纷站出来反对。"目前我们的现金流充足,当时发行未名债也是为了筹资,现在有钱了回购债券有何不可?" "没错,而且回购债券也有利于改善公司的财务状况,我们公开投资购买债券的流程也合理合法。" "话是这么说,但是回购债券的方式有很多,为什么一定要选择公开购买,而且还是折价回购,这会直接造成债券价格波动啊。"整个会议又陷入僵局,小张看着董事长眉头紧锁、一言不发的样子,回想起未名医药一路走来的风风雨雨,也有过不少这样争执的场面,但这次是市场上首次的公开折价回购债券,董事对此事的态度也格外谨慎。一石激起千层浪,各种意见仍回荡在耳畔,小张看着手中的草案不禁握紧了拳⋯⋯

1. 医药革新,谁主沉浮

近些年,医药行业在医改政策的引导下发生了一系列变革,结构性调整和趋严监管使得行业增速进入低位,整体放缓,医药行业已经由原来的粗放型发展模式进入精细化、效率化发展阶段。与此同时,随着技术创新的不断突破和生物医药产品自主研发的陆续成功,一批医药公司凭借医改的东风快速成长起来,行业竞争愈演愈烈。医药行业格局的新一轮洗牌在即,创新与研发成为优质医药公司增强企业实力、顺应大局发展的主流方向。

1.1 未名医药背景

未名医药的前身为淄博万昌科技股份有限公司,成立于 2000 年 1 月 18 日,是一家集研发、生产、销售于一体的国家级高新技术企业。公司 2010 年 5 月 20 日在深交所上市,简

---

① 本案例由南京师范大学的赵自强、颜琪和屠颖撰写,作者拥有著作权中的署名权、修改权、改编权。本案例授权中国管理案例共享中心使用,中国管理案例共享中心享有复制权、修改权、发表权、发行权、信息网络传播权、改编权、汇编权和翻译权。本案例只供课堂讨论之用,并无意暗示或说明某种管理行为是否有效。

称万昌科技,股票代码为002581。公司主营生物技术研究、生物产品及相应的高技术产品,目前主要产品包括生物医药制品和医药中间体、农药中间体两大类。

1.2 医改之下转型升级

医药改革之于医药行业,犹如投放在池中的鲇鱼,在促进改革焕发行业活力的同时,行业内竞争异常激烈。行业龙头的医药公司不断通过海外并购、国内收购等方式延伸产业链、提高收益水平,与此同时,新兴医药公司不断崛起。表1为生物制药行业2019年上半年的总资产、营业收入和每股收益情况,从中可知,未名医药在生物制药行业与龙头企业的距离较远,总资产、营业收入与每股收益目前处于行业中下游,公司面临严峻挑战。

表1 生物制药行业2019年上半年的总资产、营业收入、每股收益情况

排名	公司简称	总资产(亿元)	排名	公司简称	营业收入(亿元)	排名	公司简称	每股收益(元)
14	未名医药	40.3	5	未名医药	2.996	29	未名医药	0.039
1	复星医药	785.7	1	复星医药	141.70	1	长春高新	4.270
2	辽宁成大	377.0	2	辽宁成大	89.47	2	康辰药业	0.930
3	上海莱士	118.1	3	智飞生物	50.39	3	智飞生物	0.717
33	四环生物	8.946	33	交大昂立	1.426	33	双成药业	-0.050
34	ST生物	3.438	34	ST生物	0.602	34	ST生物	-0.065
	行业中值	32.46		行业中值	7.975		行业中值	0.144

资料来源:同花顺的生物医药——生物制品Ⅱ板块。

深谙识时务者为俊杰的未名医药,在2017年明确主营业务后,顺应医改之大势,持续往生物科技领域发展。未名医药努力向行业龙头看齐,始终依靠高校背景提升生物技术研发能力,已经形成比较完善的生物药物研发体系,目前已建成多个生物药物研发平台。2018年,未名医药根据公司战略布局,决定投资建设CMO项目。所谓CMO,即合同生产组织(Contract Manufacture Organization),是指接受制药公司委托,提供产品生产所需的开发、生产制造及包装等服务。

响应国家制造强国战略的号召,未名医药致力于发展生物医药产业,构建生物药物制造、新药研发、产品配送三大系统,着重研发与技术支持,不断完善健康产品的供给体系,并希望能逐步解决中国家庭健康问题。在此基础上,未名医药也为自身发展定下了方向,规划了蓝图:2030年实现公司占全国医药市场总额的10%、占生物医药市场总额的50%;通过国际化的并购重组,成为世界上最大的医药企业集团之一。

1.3 未名医药财务状况

受到医药行业竞争的冲击,未名医药2017—2019年的财务状况也是跌宕起伏(见图1)。2017年,公司的营业收入为116 241.66万元,相比上年下降8.10%;营业利润为46 669.44万元,同比增长4.36%;归属于上市公司股东的净利润为38 841.16万元,同比下降7.01%。营业收入的下降并没有很大程度地影响到公司的营业利润,因为未名医药为克服市场竞争异常激烈、原材料及产品价格波动等不利条件所做出的开源节流策略,及时调整了公司的成本费用水平,提高了公司的运营效率。

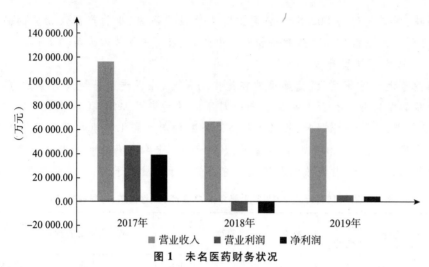

图 1　未名医药财务状况

资料来源:Wind 数据终端。

2018 年,未名医药遭到自上市以来的最大重创,旗下全资子公司未名天源受政策影响,原材料供应被迫中断,企业全面停产并面临搬迁,这也导致未名医药进行商誉减值测试并计提 1.61 亿元的减值准备。同时,公司的医药中间体业务收入锐减,主打产品神经生长因子也遭遇严峻的市场下行压力。为此,未名医药 2018 年亏损严重,营业收入腰斩为 66 459.38 万元,同比下降 42.83%;营业利润为 -8 140.80 万元,同比下降 117.44%;利润总额为 -8 317.54 万元,同比下降 117.86%;净利润为 -9 578.91 万元,同比下降 124.66%。

未名医药公布的 2019 年三季度报和 2019 年度业绩快报显示,未名医药在这一年内扭亏为盈,业绩开始回升,虽然公司在 2019 年实现营业收入 61 063.88 万元,同比下降 8.12%;但得益于成本的降低,营业利润为 5 370.97 万元,同比增长 165.98%。其中,由于债券回购,公司减少了财务费用,三季度合并为 -1 367.82 万元,同比减少 105.99%。

反观未名医药 2017—2019 年的货币资金情况(见图 2)可以发现,未名医药的货币资金充足,且主要以银行存款为主。未名医药 2017 年的货币资金较 2016 年增长 136.17%,主要来自发行总额 8 亿元的"17 未名债"。2018 年,未名医药遭遇行业重击,此前一直维持较平稳的经营活动现金流量因 2018 年经营业绩大幅下降而萎缩。2019 年年末未名医药的货币资金因偿还近 5 亿元的债务而进一步减少。

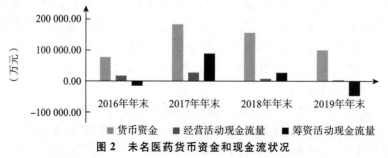

图 2　未名医药货币资金和现金流状况

资料来源:Wind 数据终端。

2. 回购债券剑走偏锋

2019 年 8 月 27 日,未名医药发布公告宣布将投资本公司债券,购买 100 万张"17 未名债",单份债券受让价格为80元。一时之间,议论之声四起,"中国债券史上首例上市公司折价购买自己债券"的新闻标题夺人眼球,引人想一探究竟。

2.1 回购背景

未名医药2017年9月21日发布《2017年面向合格投资者公开发行公司债券发行公告》,公司决定以发行债券方式募集资金用于补充流动资金。相关发行事项如下:

(1) 债券名称:山东未名生物医药股份有限公司2017年面向合格投资者公开发行公司债券

(2) 债券简称:17未名债

(3) 债券代码:112593

(4) 发行人:山东未名生物医药股份有限公司

(5) 发行规模:本次债券发行总规模不超过8亿元,一次发行完毕

(6) 票面金额:本次债券每张票面金额为人民币100元,按面值发行

(7) 债券期限:本次债券为5年期债券,第3年年末附发行人调整票面利率选择权及投资者回售选择权

(8) 债券利率及其确定方式:本次债券票面利率为6.70%,采用单利按年计息,不计复利

(9) 起息日:2017年9月25日

(10) 付息日:本次债券的付息日为2018年至2022年每年的9月25日

(11) 兑付日:本次债券的兑付日为2022年9月25日

(12) 信用级别及资信评级机构:经联合信用评级有限公司评定,发行人的主体信用等级为AA级,本次债券信用等级为AA级

(13) 债券担保情况:本次债券为无担保债券

作为未名医药"17未名债"的资信评级机构,联合信用评级有限公司定期对债券出具跟踪评级报告。直至2018年6月27日,联合评级对"17未名债"的评估仍然是主体长期信用等级为"AA",评级展望为"稳定",债券信用等级为"AA"。

2018年年末,由于未名医药控股股东未名集团持有的股份被冻结,且子公司未名天源处于停产搬迁状态,未名医药2018年业绩遭遇滑铁卢,由此联合信用评级有限公司将未名医药的主体长期信用等级及"17未名债"列入可能下调信用等级的评级观察名单。

2019年6月,由于未名医药主营业务盈利水平下降,未名天源仍未复产,未名医药与旗下子公司科兴生物的股东纠纷也尚未解决,而2017年12月到2019年6月由于未名集团占用未名医药全资子公司厦门未名及其子公司天津未名自有资金余额共计5.07亿元,控股股东未名集团所持股份继续被冻结,联合信用评级有限公司继续将未名医药主体信用及其债券列入评级观察名单。2019年10月30日,未名医药发布三季度报,公司营业收入同比下降11.86%,在剔除投资收益后,公司经营业绩仍处于亏损状态。2019年12月24日,联合信用评级有限公司发布公告,将未名医药及"17未名债"移出评级观察名单,确定未名医药主体长期信用评级为"AA",评级展望为"负面","17未名债"信用等级为AA。

2020年1月18日,证监会向未名医药发出问询函,指出控股股东未名集团因资金紧缺,自2017年12月开始非经营性违规占用未名医药资金共计9.22亿元,现已偿还4.15亿

元,资金占用余额为5.07亿元。针对上述事项,联合信用评级有限公司密切关注控股股东违规占用资金的清偿情况,以便评估事件对"17未名债"信用水平的影响。

2.2 回购方案

处于风口浪尖的未名医药,在经过深思熟虑之后,最终决定做A股市场上第一个吃螃蟹的人——折价回购债券的上市公司。

2019年8月27日,未名医药董事会审议通过《关于购买债券暨对外投资的议案》,随后第二天发布相关公告,决定以自有资金进行证券投资,投资标的是本公司发行的"17未名债"。债券投资内容包括单份债券受让价格不超过人民币80元,购买份额不超过100万张,总投资额度不超过1亿元,通过深交所综合协议平台(大宗交易)进行投资。

2019年12月26日,未名医药发布《第四届董事会第七次会议决议公告》,计划以闲置自有资金继续回购"17未名债",本次债券回购面向"17未名债"所有投资者,债券回购方式为现金购买,具体回购方案如表2所示。

表2 未名医药债券回购方案

回购条款	具体说明
1.债券回购的目的	为降低公司负债率及财务支出,促进公司的长期稳定发展,公司基于对自身价值的认可及未来发展的信心,结合当前实际经营及财务状况,计划以闲置自有资金进行债券回购
2.拟回购债券的名称	本次拟回购的债券为山东未名生物医药股份有限公司2017年面向合格投资人公开发行公司债券,债券简称"17未名债"(债券代码为112593)
3.拟回购资金总额和拟用于回购的资金来源	本次债券回购资金总额不超过人民币40 000万元(含),债券回购资金来源为公司闲置自有资金
4.债券回购价格、价格确定机制及其合理性	本次债券回购价格采用单一价格,为人民币81.256元/张(含息含税)。其定价机制是以董事会通过公司债券回购决议之日2019年12月23日前120个交易日"17未名债"交易均价79.604元/张,与自2019年9月25日至董事会通过公司债券回购决议之日2019年12月23日产生的利息1.652元/张之和。选择市场跨度较大的区间,有利于纳入更多的交易日,更好地反映债券价格的实际情况
5.债券回购的申报期限和申报办法	申报期限:2020年3月12日至2020年3月18日(仅限交易日及申报日)。申报办法:债券持有人在债券回购申报期限内进行申报,当日可以撤单,申报当日收市后相应的债券份额将被冻结交易
6.管理层关于本次回购公司债券对公司未来发展影响的分析	截至2019年9月30日,公司总资产为3 881 504 046.13元,归属于上市公司股东的净资产为2 811 423 523.09元,流动资产为1 872 389 439.9元。若回购资金总额上限约40 000万元全部使用完毕,按2019年9月30日的财务数据测算,回购资金约占公司总资产的10.31%,约占公司净资产的14.23%,约占流动资产的21.36%

(续表)

回购条款	具体说明
	根据公司经营及未来发展情况,公司认为本次回购使用约40 000万元的公司债券回购金额上限不会对公司的日常经营、财务状况、研发能力、债务履行能力及未来发展产生重大影响;同时,本次回购方案可降低负债率及减少财务费用支出,促进公司长期稳定发展。总而言之,本次回购本公司债券不会损害上市公司的债务履约能力和持续经营能力

资料来源:未名医药《第四届董事会第七次会议决议公告》。

2.3 回购过程

2019年8月27日,未名医药首先通过深交所协议平台(大宗交易)完成100万张债券的购买,成交价为80元/张(见表3)。此次交易是未名医药借债券投资之名义,以低于面值的价格回购"17未名债"发行总额的八分之一。

表3 未名医药大宗交易购买情况

交易日期	证券代码	证券简称	成交价格(元)	成交量(张)	买方营业部	卖方营业部
2019/08/27	112593	17未名债	80.00	500 000	招商证券股份有限公司北京上地农大南路证券营业部	机构专用
2019/08/27	112593	17未名债	80.00	500 000	招商证券股份有限公司北京上地农大南路证券营业部	机构专用

资料来源:深交所大宗交易数据。

截至2019年我国并未出台债券回购的相关政策与制度,同时债券交易管理办法也允许合规投资者进行债券交易,换言之,上市公司在二级市场上购买本公司债券的投资行为不违背管理办法,因此未名医药此次以投资为名的折价回购也符合债券管理办法与市场规定。但与此同时,未名医药的投资采取协议交易的方式,回购对象(即卖方)为机构专用席位。虽然未名医药在回购后发布了相关公告,并对本次回购进行了说明,但后续未公布机构方具体名单,实为"定向回购"。

2020年3月12日,未名医药以81.256元/张价格正式折价回购本公司债券。公司发布了《山东未名生物医药股份有限公司关于"17未名债"债券回购实施的第一次提示性公告》,提示债券持有人可在债券回购申报期内(2020年3月12日至2020年3月18日,仅限交易日)选择将所持有的全部或部分"17未名债"债券申报回购。随后在3月13日至3月17日,未名医药持续发布四次提示性公告,主要提示投资者回购事项及债券价格波动带来的风险。

图3反映了在债券回购申报期间,未名医药的债券收盘价格与回购价格的对比,可以看出此次债券回购对"17未名债"的债券价格起到显著的提振作用。本次"17未名债"债券最终回购数量为79.57万张,回购金额为6 465.54万元,剩余托管数量为7 204 300张。

若扣除此前未名医药自行购买的 100 万张债券,此次债券回购数量占剩余债券数量的比重为 12.82%,债券回购金额占总计划回购金额的 16.16%。

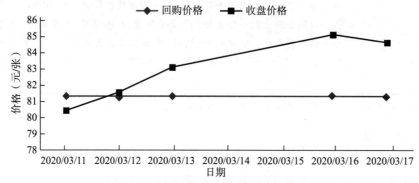

图 3　未名医药债券回购价格与收盘价格对比

资料来源:未名医药"17 未名债"债券回购实施的系列提示性公告。

注:截至 2020 年 4 月 1 日,此次未名医药回购的"17 未名债"将按相关规定予以注销,未名医药也已将回购债券的款项与中国证券登记结算有限责任公司结算完毕。

3. 顺水推舟以退为进

债券回购为未名医药带来了新的希望,这也是国内债券市场上第一家发行主体成功折价回购债券的公司。债券回购在一定程度上可以稳定债券价格,增强市场流动性,释放积极信号。同时,对债务的管理也有利于缓解公司偿债压力,调整财务杠杆。此次未名医药的债券折价回购方案成功化解了公司信用危机,并实现了负利率融资,且未出现明显的负面影响。

3.1　价格定位

未名医药的"17 未名债"受到 2018 年公司盈利水平大幅下降和评级观察的影响,其市场价格在 2019 年 3 月 22 日降至 79 元/张。而在公司宣布第一次回购债券前,"17 未名债"2019 年的算数平均价格为 75.23 元/张。

根据表 4 的深圳证券交易所大宗交易数据反映,在二板市场中"17 未名债"在 2019 年 3 月至 8 月共发生 21 笔交易,其中仅有 9 笔交易成交价高于 75 元/张,其余交易均处于 70—75 元的价格区间,大大低于债券面值。根据上海清算所给出的债券价格估值数据,"17 未名债"在 2019 年 4 月 8 日至 8 月 6 日间的价格走势所反映的估价平均值为 101.869 元,且估值始终高于 99 元,说明二板市场对公司债券价格的评估偏低,导致"17 未名债"的市场成交价格始终低于专业机构估值。

2019 年 8 月 27 日,未名医药以 80 元/张的交易价格在二级市场上购买本公司债券,对债券的定价并不存在偏离当时"17 未名债"的价格走势。而未名医药的第二次债券回购定价 81.256 元/张是董事会做出决议后的交易均价与所产生的利息之和。也就是说,从董事会通过公司债券回购决议之日(即 2019 年 12 月 23 日)的前 120 个交易均价 79.604 元/张,加上 2019 年 9 月 25 日至 12 月 23 日产生的利息 1.652 元/张。这一定价选择的市场跨度时间较长,纳入更多的交易日可以反映债券价格的实际情况。

表4 "17未名债"2019年3月至8月大宗交易概览

交易日期	证券代码	证券简称	成交价格(元)	成交量(张)
2019/08/01	112593	17未名债	95.85	400 000
2019/08/01	112593	17未名债	95.95	400 000
2019/07/09	112593	17未名债	90.00	20 200
2019/06/20	112593	17未名债	96.20	20 000
2019/04/12	112593	17未名债	72.00	55 000
2019/04/09	112593	17未名债	70.00	96 870
2019/04/09	112593	17未名债	70.00	100 000
2019/04/08	112593	17未名债	75.00	100 000
2019/03/28	112593	17未名债	97.50	500 000
2019/03/28	112593	17未名债	97.50	500 000
2019/03/27	112593	17未名债	71.00	100 000
2019/03/22	112593	17未名债	100.00	10 000
2019/03/20	112593	17未名债	71.00	100 000
2019/03/20	112593	17未名债	71.00	40 000
2019/03/20	112593	17未名债	71.00	40 000
2019/03/20	112593	17未名债	71.00	10 000
2019/03/19	112593	17未名债	71.00	50 000
2019/03/19	112593	17未名债	71.00	60 000
2019/03/19	112593	17未名债	71.00	200 000
2019/08/01	112593	17未名债	95.85	400 000
2019/08/01	112593	17未名债	95.95	400 000

资料来源:深交所大宗交易数据。

3.2 回购时机

实际上,未名医药不是唯一的出现债券折价的公司。当债券出现折价情况时,同行业其他上市公司的反应如何?是否也有企业意图折价回购?根据未名医药所在行业可知,同属生物医药制造业的85家上市公司中,有8家公司曾公开发行债券,其中3家公司的债券已到期停牌,另外5家公司的债券仍处于存续期(见表5)。

表5 生物医药制造业公司债券情况

公司简称与代码	债券简称与代码	是否存在债券折价现象
复星医药 600196	16复药01 136236	2016/12/16—2019/1/4 低于面值
	17复药01 143020	2018/9/28—2019/1/1 低于面值
	18复药01 143422	暂未出现
	18复药02 143422	暂未出现
	18复药03 143422	暂未出现

(续表)

公司简称与代码	债券简称与代码	是否存在债券折价现象
辽宁成大 600739	18成大01 143458	暂未出现
	19成大01 155288	暂未出现
	19成大02 155786	暂未出现
上海莱士 002252		存续期满已停牌
东宝生物 300239		存续期满已停牌
中牧股份 600195	16中牧01 136241	暂未出现
瀚叶股份 600226		存续期满已停牌
海王生物 000078	17海王01 112535	2018/4/17—2018/12/7 低于面值
瑞康医药 002589	17瑞康01 112596	2019/2/15—2019/9/26 低于面值
	18瑞康01 112676	2019/6/10—2019/11/25 低于面值

资料来源：Wind 数据库。

表 5 显示有 3 家公司、5 例债券存在折价的现象，且复星医药、海王生物、瑞康医药的债券发行目的均为补充流动资金。5 例折价债券中，17 瑞康 01、18 瑞康 01、17 海王 01 的折价程度较大；17 瑞康 01 债券最低收盘价低至 75 元，与面值相差较大；复星医药的债券价格在 95 元上下波动，折价程度相对较小。

图 4 和图 5 对债券折价公司的业绩进行追踪并发现，复星医药 2018 年与 2019 年净利润呈缓慢减少趋势，企业盈利水平有所下降；海王生物 2018 年报告期的营业收入不断增长，但 2018 年年末净利润与同期相比明显减少；瑞康医药 2019 年前三季度营业收入均小幅增长，但净利润同比减少 33.99%。债券折价后，三家公司并未采取回购债券的措施，其业绩则保持继续下滑的态势。

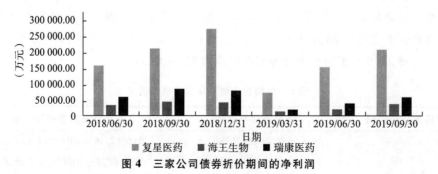

图 4 三家公司债券折价期间的净利润

资料来源：同花顺中复星医药、海王生物、瑞康医药的业绩报告。

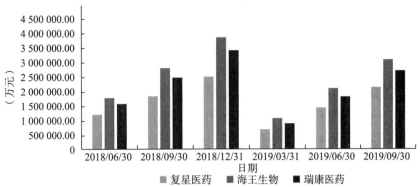

图 5　三家公司债券折价期间的营业收入

资料来源:同花顺中复星医药、海王生物、瑞康医药的业绩报告。

有了同行的前车之鉴,未名医药看着账上的资金和持续走低的债券价格,权衡利弊之后决定,与其坐以待毙,不如釜底抽薪。

3.3　财务影响

3.3.1　债券价格回升

未名医药两次回购"17 未名债",其债券价格都显著抬升。公司第一次发布回购公告之前,"17 未名债"2019 年的算术平均价格为 75.23 元/张。2019 年 4 月 8 日至 8 月 6 日,债券价格一直处于低谷。8 月 27 日回购公告发布后,债券价格出现短期的明显上升,收盘价在 8 月 30 日达到 90 元,之后稍有下降。但从长期看,回购后的未名债价格始终在 85 元上下浮动,多次出现小幅增长趋势,说明回购后债券市场价格较先前有了明显提升。图 6 反映了 2019 年 3 月至 12 月的月平均价格。未名医药在 2020 年 3 月 12 日正式提出回购债券的公告后,债券价格持续走高,2020 年 5 月的平均收盘价格达到 91.89 元/张,由此可见未名医药债券回购的组合拳对市场的刺激效果十分明显。

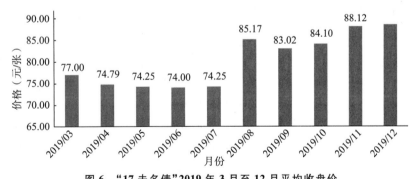

图 6　"17 未名债"2019 年 3 月至 12 月平均收盘价

资料来源:Wind 数据终端。

3.3.2　负利率融资

相较于其他上市公司,未名医药借投资之名折价回购债券可谓做了一笔合理且划算的投资。未名医药利用 80 元/张的价格,回购了 100 万张面值为 100 元的债券,并且免去了偿付当年利息,达到了负利率融资的财务规划目的。

以第一次回购为例,如果根据债券发行与回购的信息,用插值法计算,被回购的债在存续期间(即 2018 年)的现金流现值为 670 万元(80 000×6.7%/8)的利息费用,2019 年的现金流现值为支付对价 8 000 万元。令负利率为 t,最终可计算出实际利率为 -7.1445%。

$$\frac{670}{1+t} + \frac{8\,000}{(1+t)^2} = 10\,000$$

插值法代入得 $t = -7.1445\%$。

未名医药通过回购,将原本票面利率 6.7% 的发行总额为 1 亿元债券变成实际利率为 -7.1445% 的负利率融资工具,成功达到了借入大额资金与赚取价差收益的双重目标,并且节约了后三年的利息成本。

3.3.3 利润表影响不同

两次回购债券会对未名医药的财务状况产生不同程度的影响。在首次回购债券后,据 2019 年三季度报披露,企业当期财务费用发生额比上期大幅减少,主要是报告期内债券交易所致(见表 6)。债券回购收益可冲减财务费用,导致财务费用大量减少,公司的营业利润与净利润也有所上升。

表 6　2019 年三季度利润表部分数据　　　　　　　　　　　　　　　　单位:元

项目	本期发生额	上期发生额
营业收入	134 829 771.33	199 115 961.23
营业成本	141 123 675.06	181 489 168.79
其中:财务费用	**−13 678 174.88**	11 598 944.44
营业利润	25 664 835.47	17 837 394.05
净利润	26 006 095.60	8 113 025.03

资料来源:未名医药 2019 年三季度业绩公告。

资产负债表中与债券回购有关的项目均有所变化,货币资金、应付债券、应付利息余额均有所减少,由于应付债券面值的减少,企业负债总额也明显减少(见表 7)。

表 7　2019 年三季度资产负债表部分数据　　　　　　　　　　　　　　单位:元

项目	2019 年 9 月 30 日	2018 年 12 月 31 日
货币资金	**1 016 349 364.07**	1 545 695 278.42
资产总计	3 881 504 046.13	4 298 453 211.03
应付利息	**741 020.00**	14 244 383.56
应付债券	**694 972 426.42**	792 966 774.70
负债合计	996 934 266.17	1 471 423 356.40
负债和所有者权益总计	3 881 504 046.13	4 298 453 211.03

资料来源:未名医药 2019 年三季度业绩公告。

在第二次债券回购以后,未名医药的财务数据变化情况与第一次有所区别。如表 8 所示,债券回购并没有使财务费用大幅减少,反而从上期发生额的 316.52 万元飙升到 2020 年同期的 970.45 万元,说明未名医药有其他相关债务需要支付大额财务费用;同时,未名的医药营业利润和净利润也较上期大幅下滑。

表 8 2020 年一季度利润表部分数据   单位：元

项目	本期发生额	上期发生额
营业收入	101 885 863.74	126 174 347.60
营业成本	140 017 842.29	134 283 419.47
其中：财务费用	9 704 532.30	3 165 182.17
营业利润	-44 780 480.76	-7 290 227.64
净利润	-48 667 600.62	-9 779 289.94

资料来源：未名医药 2020 年一季度业绩公告。

资产负债表中未名医药的应付利息几乎是翻倍增长，从 2019 年的 1 268.47 万元增至 2020 年第一季度的 2 419.10 万元，应付债券随着债券回购的发生也有一定程度的减少。

表 9 2020 年一季度资产负债表部分数据   单位：元

项目	2020 年 3 月 31 日	2019 年 12 月 31 日
货币资金	901 055 670.57	1 120 980 307.54
资产总计	3 363 143 790.43	3 413 954 103.89
应付利息	24 191 020.00	12 684 671.38
应付债券	631 090 987.96	695 347 925.94
负债合计	963 563 389.12	1 025 141 605.59
负债和所有者权益总计	3 363 143 790.43	3 413 954 103.89

资料来源：未名医药 2020 年一季度业绩公告。

4. 暗流涌动所向何方

自上市以来，未名医药在变幻莫测的 A 股市场上已经走过十几个年头，曾直挂云帆，也曾风雨飘摇。这一次面临行业重大变革的未名医药，不愿再做一个岌岌无名的小辈。此番以投资为名购买"17 未名债"加折价回购债券的组合拳，无疑是向 A 股及固定收益证券市场投下了一颗巨石——新的交易方式由此产生，掀起了业内巨大的波澜，发行人回购债券边界的厘清和相关制度的完善都成为热议的话题。这到底是债务管理传递积极信号还是价格操纵打制度擦边球？回购"17 未名债"中的暗流涌动，各方利益相关者又是如何博弈的？

4.1 市场反应

观察未名医药两次回购前后的股票价格（见图 7）后可以发现，市场投资者持看好态度。2019 年 8 月 27 日未名医药宣布投资本公司债券后，短期来看未名医药在 28 日首次回购后股价的平均日涨幅为 1.03%，但 3 天后股价下跌，此后股价一直处于上下波动状态。回购后 2 个月股价依旧不断波动，但加权平均价格为 7.345 元，始终高于回购前 2 个月的平均收盘价 6.306 元。债券回购后，企业股价呈波动上升态势，总体比回购前的价格更高。2020 年 3 月 12 日，未名医药正式以债券回购名义发布公告，其间未名医药股票连续 2 个交易日的收盘价格涨幅累计超过 20%，随后股价持续走高。

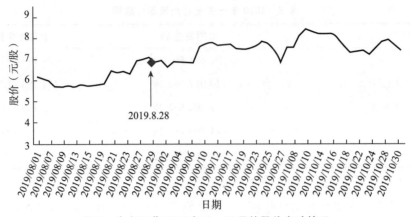

图7 未名医药2019年8—10月的股价变动情况

资料来源：国泰安数据库。

由此可见，此番折价回购债券实为未名医药扭转乾坤而蓄力。一直以来，未名医药有着强烈的并购意图，希望通过并购拓展业务，实现多元化经营战略。而通过折价回购债券进行债务管理，未名医药不仅改善了公司的财务状况，提振了债券价格，同时挽回了公司的信用危机，股价持续走高。这给未名医药在未来实施并购战略带来积极影响。此外，未名医药还面临巨大的市场竞争压力，因子公司股东纠纷、控股股东未名集团所持股份继续被冻结等问题而饱受关注，能否凭借债券回购带来的东风扶摇而上，对未名医药而言前方依然任重道远。

4.2 监管发力

在未名医药以投资名义实施第一次债券回购之后，上交所、深交所于2019年12月13日分别发布《公司债券发行人债券回购业务监管问答》和《深圳证券交易所公司债券发行人债券回购业务相关问题解答》，针对债券回购业务给出解答，明确《公司债券发行与交易管理办法》未禁止债券回购业务，但不得损害公司债券持有人的合法权益，不得利用债券回购业务从事内幕交易、操纵市场、输送利益和实施证券欺诈等违法违规活动；同时，针对发行人实施债券回购提出相关注意事项，发行人应当严格按照相关规定履行决策程序和信息披露义务。未履行合规公司决策程序的，发行人不得对外发布债券回购相关信息。

值得注意的是，此次交易所对债券回购的解答，明确了发行人债券回购信息披露的注意事项：

（1）发行人应当在债券回购开始的至少10个交易日前披露债券回购基本方案，包括但不限于本次债券回购的目的、债券回购资金总额、债券回购资金来源、债券回购价格、价格确定机制及其合理性、公司债券持有人申报方式、申报撤销条件、债券回购的申报期限（申报期限不得少于3个交易日）、申报金额高于资金总额时等比例分配方案、债券回购后债券处置安排等相关信息。

（2）发行人应当公平对待各期公司债券投资者，当回购指定债券时，原则上应当等比例要约回购（含回售等）在债券到期日之前的所有公司债券。

（3）发行人应当及时告知受托管理人回购债券事宜，受托管理人应当在发行人债券回购开始的至少10个交易日前披露受托管理事务临时报告，说明本次债券回购是否符合债券回购相关条件,并向公司债券持有人提示并关注风险。

(4) 发行人应当在完成债券回购或回购期限届满后 2 个交易日内披露回购结果,受托管理人应当同时披露受托管理事务临时报告。

在交易所发布相关解答的 10 天后,未名医药董事会通过公司债券回购决议,于 2019 年 12 月 26 日发布回购公告。相较于第一次债券回购,此次回购方案对债券的定价、申报方式等都有明确说明。

5. 尾声

秘书小张兴冲冲地拿着最新的"17 未名债"价格数据来到董事长办公室:"王总,新一季的数据出来了,我们的债券价格持续走高,债券回购方案起作用了!"王总看过数据后微微点头示意,在心中暗自忖度,看来当初决定在二级市场上回购债券这一步棋还是成功了。不过,未名医药也由此站在折价回购债券的最前面,此番对债券回购的试探,监管制度又将如何跟进,会给债券市场带来怎样的变革呢?

本章小结

中小微企业量大面广,是稳经济的重要基础、稳就业的主力支撑。支持中小微企业创新发展,事关经济社会发展全局和人民群众切身利益。

本章主要介绍与公司债务相关(包括债权人与合同条款)的战略性选择问题。首先介绍了有关银行贷款和关系型借贷的问题,系统分析了银行和企业之间的关系型借贷;其次介绍了租赁选择问题,重点分析了租赁动机;最后详细介绍了公司债务结构相关内容,逐一分析了公司三大债务结构,从不同角度对公司债务结构进行了拆解,期望为实现公司利益最大化的目标提供合理的债务选择参考。

思考题

1. 简要讨论以下关于公司的融资来源:
   ⓐ 银行贷款和关系型借贷
   ⓑ 租赁
2. 要成为融资租赁,租赁合同必须满足 FASB 设定的四个标准之一,否则属于经营性租赁,请列出这些标准。
3. 讨论租赁的动机。
4. 讨论影响债务期限结构的因素。
5. 为什么银行债务总是优先的?

应用题

1. 除了本章提到的原因,你还能想到近年来公司债务期限缩短的其他原因吗?
2. 如何缓解投资不足(或债务积压)问题?

 **分析题**

1. 选择一家有未偿公共债券的公司，检查债券合同中的契约和条款。如果债券是最近发行的，你可以从承销公司获得发行通告的副本。尝试确定合同中每条契约和条款存在的理由。

2. 向本地银行的信贷员索要一份标准的公司贷款合同或信贷协议的复印件，据此重点分析本章讨论的问题。你能改进合同吗？若可以，如何改进？

3. 查看最近发行的公司债券，并对最近几个月发行的所有公司债券的期限、评级、契约和条款进行分类。

第十一章　财务危机与财务重组

本章阐述有关公司财务危机的事件、影响和决策。在对造成财务危机的原因及其影响进行一般性讨论之后，本章将围绕财务危机相关决策的主要类别组织内容，包括削减成本和业务、资产出售与财务重组。

党的二十大提出要自信自强、守正创新、踔厉奋发、勇毅前行的精神。面对严重的财务危机，公司应该积极采取各项应对措施，包括削减成本或业务等。如果这还不够，那么公司可能需要出售资产或重组股权。如果这些措施都失败了，同时公司陷入了严重的困境，公司就可能需要重新协商拟订债务合同或者被收购、申请破产。根据破产申请类型的不同，破产公司要么重组，要么清算。

本章从两个不同的角度阐述理论：一是从事后的角度，讨论当一家公司陷入财务危机时，经营可能面临的事件、影响和决策；二是从事前的角度，通过更好地理解财务危机，反思公司应提前采取财务政策和战略以避免或减轻财务危机以及随之而来的损失。

第一节 财务危机的影响因素与影响后果

是什么导致公司陷入财务危机？财务危机的影响有哪些？在一开始解析清楚这些问题很重要，因为这会影响公司面对困境可能做出的决定，本节使用一种自上而下的方法来解析这些问题。首先，本节分析和讨论宏观经济增长、政府政策和法律法规对财务危机的影响。其次，本节探讨行业因素对财务危机的影响方式；最后，本节从企业层面探讨财务危机的导因和影响。

一、宏观层面：财务危机的影响因素

（一）流动性、财务危机和衰退

本·伯南克（Ben Bernanke）提出有关流动性、经济增长和财务危机之间关系的重要理论。他认为，对于企业和个人来说，破产风险在经济衰退的传播过程中发挥着作用，破产会带来净社会成本，因此所有利益相关者都希望避免企业破产。管理者和企业通过谨慎地保留足够的流动资产来满足固定开支的方式避免破产；银行和其他贷款人则通过选择借款人和限制贷款规模来避免破产。当经济衰退开始时，公司可用于偿付当前债务的收入会随之减少，而对未来流动资金需求的不确定性会增大，从而使整个运营系统都受到压力。所有利益相关者都试图确保公司的偿债能力，这导致对耐用消费品和工业品的需求减少，这反过来又可能导致收入进一步减少。

伯南克强调对企业和个人来说，流动性变化、财务危机和衰退之间的主要关系如下：

经济衰退拉大了现金流与债务偿还所需资金之间的差距，从而造成财务危机。考虑流动性约束，当期收入减少会造成企业的长期资产（如耐用品）支出减少。这有两个原因：其一，较少的当期收入增大了这样一种可能性，即短期内必须通过高成本的手段来满足流动性约束，例如贱卖资产、按不利条件借款、削减当前生活开支或者破产；其二，当期收入的减少一般会影响消费者对企业未来收入的估计，长期来看与偿债能力保持一致的非流动资产持有水平也会受到影响。这里出现一种信息不对称：由于长期资产是非流动的，从结果来看，修正过度购买行为比修正购买不足所需花费的成本更高。设想一下，如果新信息的出现将会消除由原来的收入减少所带来的不确定性（例如，这种收入减少是源于永久的需求变化还是源于暂时的周期性状况），那么即便一个中性风险偏好的消费者也有动机推迟购买非流动资产直到这种不确定性消除。

对公司来说也是一样，公司必须协调长期资本支出计划和拥有充足现金以满足短期偿债的必要性之间的平衡。非流动性资本支出和许多固定支出提升了财务危机的风险，至少提高了融资成本水平。

在经济衰退时期，由于销售减少、现金短缺和盈利能力衰退，公司陷入财务危机的可能性都会大幅提升。一国的宏观经济环境会通过通货膨胀率、利率、就业率和信贷可得性以及货币政策等因素影响企业的生存环境，相关研究建议在财务危机预测模型中考虑国家风险这一因素以提高模型预测的准确性。关于企业盈利能力的研究也支持这种做法，

因为有证据显示企业近一半的盈利和盈利变动可以由宏观经济变量予以解释。

(二) 货币政策

伯南克认为,货币政策在国家整体流动性中扮演重要角色。美国联邦储备委员会主要通过公开市场操作来影响总体流动性水平。这些操作包括美联储购买或出售国债,以达到缓解或收紧银行系统流动性的目的。购买票据是一种扩张性策略,它增加了银行业法定准备金率,银行可以利用准备金成倍地发放新贷款。出售票据则会产生相反或者收缩性的效果。当政府实行扩张性货币政策时,短期利率下降;当政府实行紧缩性货币政策时,短期利率上升。

政府的职责是保护本国货币的购买力(即将通货膨胀率降到最低),同时也推动经济增长可持续。政府相关机构是在通货膨胀与实际经济增长相关的假设下运作的。一方面,如果实际经济增长疲软,政府机构可以在不太担忧通货膨胀的情况下推行扩张性货币政策;另一方面,当经济过热(即经济一直以较高且很可能不可持续的增长率增长)时,政府机构最终会采取紧缩性货币政策干预经济,从而缓解通货膨胀。当然,紧缩性货币政策的一个后果是,短期贷款利率上升且资金流动性受到更严格的限制。这些事件加上经济增长本身的最终放缓,增大了所有公司的财务危机发生概率,特别是财务状况相对薄弱或高杠杆的公司。

综上所述,货币政策对企业财务危机具有非常重要的控制作用。当国家实行紧缩性货币政策时,市场上的货币供应量不足,市场消费能力有限,会导致企业产生财务危机;当政府实行扩张性货币政策时,市场上的货币供应量充足,市场消费能力大幅提升,企业产生财务危机的概率相对较低。参阅数字资源:延伸阅读之"信贷周期复仇"。

(三) 财富的逆转:从多元化到专业化

美国企业过去四十多年最重要的发展现象之一是20世纪六七十年代的多元化趋势的逆转,取而代之的是八九十年代专业化的崛起。Jensen(1993)认为,这种逆转是由七八十年代的经济、技术和监管变化带来的,而这些变化增强了外部资本市场相对于内部资本市场的优势。

这种逆转对财务危机发生概率的影响是多方面的。例如,如果大企业集团的经营效率相对低下,而由于多元化是普遍的(竞争对手也多元化)且可持续的,那么当企业经营焦点发生巨大变化时,低效率的大企业集团会面临更激烈的竞争,从而导致经营困难。

传统观点认为,规模经济在20世纪80年代发生了逆转。高管们现在被建议避免多元化,收窄经营范围。高管们更倾向于专注发展核心业务,他们可能会合理化合并和发展战略,进行业务剥离和财务重组以凸显专业化战略路径。这种看法标志着50年代以来多元化稳步推进的状况和关于多元化的论点的转变。相关论点包括:①管理规模经济;②生产和销售的规模经济;③财务协同效应,如盈利平滑和内部资本市场效益。Jensen(1988)认为多元化经营验证了这样的假说:拥有未使用贷款的能力和大量自由现金流的公司管理者更有可能进行低效益甚至有损价值的投资。作为多元化业务的组成部分,经营失败的企业可以很容易地获得交叉补贴。

学者们对这些问题的分析截然不同。第一,他们测试了多元化企业能否从所谓的多元化优势中获益。学者们考虑多元化：①是否允许更多地使用债务，因为不同债务的共同保险（即债权人的监督作用）能降低违约率；②是否允许用部门间的资金转移代替正常交易，因为内部资本市场的交易成本比外部资本市场的交易成本低；③收购的可能性是否增大，因为部门间的资金转移会造成自由现金流的浪费。学者们发现，债务不会随着多元化而系统地增加，多元化企业对外部资本市场交易的依赖性也不会减弱。有证据表明，多元化确实使企业更有可能成为收购目标。

第二，学者们还发现，在整个20世纪80年代，公司都倾向于提高专业化程度，而这会增加股权价值。研究结果显示，在80年代，公司倾向于稳定经营，聚焦于专业化战略。以美国为例，1988年55.7%的上市公司只有单一业务部门，而这一比例在1979年为38.1%。或许更重要的是，专业化战略的趋势与股东财富的增加有关。这种关系在经济规模下并不是微不足道的，以收入为基础的赫芬达尔指数（Herfindhal-Hirschman index）绝对值变动0.1，股票收益率变动约4%，增加或减少一个业务部门与约5%的股票收益率有关。

多元化经营对核心业务竞争力的影响可分为两种情形。情形一，如果企业进行多元化能够增强企业在上游和下游之间或者供应商和销售商之间的议价能力，有利于企业安排生产、进行投资，能够通过供应链整合提升产品质量与柔性、运输有效性、质量与研发三个管理会计维度，就可以强化核心业务竞争优势，此时即使副业的经济效益欠佳也不至于使企业陷入财务危机。情形二，如果企业进行多元化经营是盲目或毫无规划的，一味追求规模扩张会导致管理者的精力分散，弱化其对核心业务的管理和产品改进，那么最终可能使企业的主导产品失去市场份额或者核心业务丧失竞争优势，引发企业的财务危机。

专业化经营企业会将所有资源聚焦于主营业务，资源使用效率更高，且长期致力于专一领域使得企业积累大量发展经验，可以帮助企业获得持续竞争优势。但是，由于专业化战略过于强调投资专业化，会错失在新领域创造收益的机会。任何产业的市场容量都是有限的，而且产业或产品都具有生命周期，随着产业趋于成熟，其平均利润率逐渐下降，由此专业化经营企业投资的专业化会限制企业成长。学者们研究专业化战略对企业绩效的影响，也发现专业化经营企业受限于投资专业化，其盈利能力弱于多元化经营企业，因为多元化经营企业具有"东方不亮西方亮"和不同行业利润增益的优势。

由此可知，实施专业化经营战略的企业通常将资源集中投入特定领域，致力于在专一领域逐步形成垄断优势，呈现投资专业化倾向。基于企业投资行为视角，专业化经营战略对企业财务危机形成的影响有两种情况：第一，专业化经营战略促使企业投资专业化，有利于形成竞争优势，从而减小企业陷入财务危机的可能性。企业将所有资源聚焦于主营业务，可以发挥规模经济优势，降低生产成本，强化和持续发展核心竞争力。许多专业化经营企业都逐渐发展出核心业务、核心技术和著名品牌，形成强大的核心竞争力，在行业中处于领先地位，比如可口可乐、微软、百度、格力空调等。专业化经营战略将企业全部资源和能力聚焦于核心业务，可以帮助企业做细做强，持续发展。第二，专业化经营战略促使企业集中资源投入特定领域，可能会忽视新兴行业的投资机会，导致错失在新领域发展的契机。这不但会导致企业营业收入增长受到单一市场容量的限制，而且会降低企业盈利能力，从而增大企业陷入财务危机的可能性。

二、行业层面:财务危机的影响因素

行业层面的四个因素对公司财务危机发生概率有着重要影响。

(一) 行业竞争

波特的行业竞争五力模型有助于识别行业层面可能使企业陷入财务危机的因素。这五种力量包括:①进入/退出壁垒,②供应商的议价能力,③买家的议价能力,④替代产品的威胁,⑤竞争企业之间的较量。每个因素都与特定行业中单家公司的财务危机发生概率相关。这些因素可能会导致不同行业的公司表现出不同的竞争力,以及对宏观经济和行业条件随时间变化的不同盈利敏感性。波特认为决定企业盈利能力的根本因素是行业吸引力。企业在行业中的竞争地位决定了企业的盈利能力。竞争激烈行业如家用电器行业中的彩电企业由于缺乏核心竞争力,只能依靠打价格战维持生存,结果企业利润率不断下降,甚至造成部分企业严重亏损,进而陷入财务危机。

在一个行业中,小公司发生财务危机的可能性比大公司更大。理论表明,高杠杆公司聚焦于风险更大的项目和激进的产品市场战略,部分动机是阻止新竞争者进入,从而使公司面临的财务风险和经营风险增大。在行业竞争环境不断变化的情况下,如果企业组织存在固有的结构惰性而产生资源、战略滞后效应,组织对环境就处于一种不适应、不匹配的"非均衡"状态,从而引起企业生产经营活动波动、生产经营效率下降和财务状况恶化。随着国际经济一体化的不断发展,世界各国都面临产业结构的升级和转型,某些传统行业逐渐衰落,如果行业中企业不能适当应变、调整战略、实行产业升级和战略转移,其经营失败就不可避免。比如传统商业已进入成熟期,竞争异常激烈,且行业整体盈利能力不强,企业的生存风险由此增大。又如我国制造业不同程度地存在生产能力过度膨胀,大部分企业面临技术设备落后、竞争能力减弱和产品结构不适应市场需求变化等窘境,一些企业的业绩逐年滑坡,很多企业出现经营衰退甚至失败。处于不利行业中企业往往面临较大的行业风险和财务风险,随时会因宏观经济的不利波动与行业衰退而诱发经营困难和资金周转循环不畅,从而使企业陷入财务危机。

(二) 行业冲击

当一个行业的产品需求或成本遭遇负面冲击时,特别是这种冲击已持续一段时间,最终行业将被迫进入清洗状态,最弱的企业将被迫破产,或者被业内实力较强的企业收购。

Mitchell 和 Mulherin(1996)研究了 1982—1989 年间投标报价、合并、杠杆收购和其他重组活动的行业模式,验证了行业冲击有助于提升收购和重组活动频率的观点。冲击包括"放松管制、投入成本的变化、导致行业结构发生改变的融资技术革新"。

Lang 和 Stulz(1992)研究了一家公司宣布破产对行业内其他公司价值的影响。他们测试了两种相互矛盾的效应:一方面,公司宣布破产可能会产生传染效应。市场可能会降低行业内其他公司的价值,因为破产公告揭示了行业整体状况的新的负面信息。另一方面,市场可能会提高同行业内其他公司的价值,因为竞争对手退出了。

Park 和 Mezias(2005)以电子商务行业为对象,研究行业联盟和资源可得性的变化对公司股价的影响,发现资源匮乏时期股票市场对行业联盟事件的反应更积极,证实行业环境对公司财务健康的重要性。Dowell 和 Swaminathan(2006)以自行车行业为研究对象,观察企业选择进入行业的时机与其生存概率的关系,对比"尽早介入并建立强势地位"与"技术不确定性消除后介入"两种策略,发现虽然早期介入确立产品的市场地位可以维持较长的生存期,但仅限于在主导技术出现之前;一旦发生技术变革,生产惯性将导致早期介入的企业无法适应新技术而被淘汰。

不同影响之间的平衡取决于行业内企业的财务特征。平均而言,破产公告会使竞争对手的价值加权投资组合的价值减少1%,这种负向效应在高杠杆行业和非破产企业的无条件股票收益与破产企业的无条件股票收益高度相关的行业中显著增强;对于高集中度、低杠杆的行业,两者表现为显著的正向效应,表明这类行业中的竞争对手受益于破产公司所面临的困难。

(三)行业放松管制

随着行业经济结构的变化,行业放松管制可能会导致行业内许多企业发生财务危机。Chen 和 Merville(1986)研究 AT&T 公司因法院命令而被迫解体的情况,其解体从1984年1月1日起持续大约两年。他们关注的问题是,拆分是否导致 AT&T 公司财富在债权人和其他利益相关者之间转移?其研究结果表明,在解除管制的过程中发生重大的经济事件,导致财富从第三方(消费者和政府)转移到 AT&T 公司的股东和债权人手中;然而,在放松管制的过程中,并没有发现财富从债权人转移到股东手中。

Kole 和 Lehn(1999)探究《1978年放松航空管制法案》以及相关竞争加剧对航空公司治理结构的影响。他们基于代理理论,提出关于预期效应的假设:放松管制会提高股权集中度;放松管制既增强了管理作用的重要性,又增加了监控管理业绩的费用,最终增加了监控管理人员的费用。这种变化产生强化效应,导致股权更加集中。其一,外部股东只有在私人利益(与所持股份成比例)超过监控成本时才会参与监控。要使外部股东或股东集团变得理性,从而因放松管制而付出更高的监督成本,就必须提高股权集中度。其二,为了内部化与更高监控成本相关的代理问题,管理者可能持有更大比例的股份,从而承担与自身决策相关的更大比例的财富变动结果。

有学者还预测,航空公司高管的薪酬水平应该提高,而且薪酬形式应该有所改变。他们认为,在放松管制之前,高管薪酬对公司盈利的敏感度相对较高;在放松管制之后,高管薪酬对股价的敏感度应该更高。他们预测,放松管制后航空公司董事会的规模将缩小。这一预测部分基于 Jensen(1993)的论点和 Yermack(1996)的证据,即规模较小的董事会在监督职能方面更有效。

为了检验上述假设,学者们考察了几十年间航空公司治理结构的变化,记录了与预测一致的证据:放松管制后,公司股权更加集中、CEO 薪酬增加、授予 CEO 的股票期权增加,以及董事会规模缩小。

(四)行业不确定性

M&M 假说认为在完美市场中,投资机会的盈利能力是影响公司投资决策的唯一因素。但在现实中,代理问题和信息不对称使公司投资行为受到其他因素的影响而呈现过度投资的倾向。在这些因素中,环境不确定性对管理层投资决策的影响表现为:不确定性提升了企业信息不对称程度,加大了股东监督难度,管理层倾向过度投资的可能性增大。Jensen(1993)认为,控制更多资源可以使管理层获得私有收益,在信息不对称条件下管理层更有可能将企业自由现金流用于负净现值的项目以牟取私利,致使企业投资过度。企业过度投资——投资于负净现值的项目,使企业整体业绩下降,最终也会影响到管理层收益,甚至会导致企业陷入财务危机。当企业面临较高的不确定性时,管理层可以将投资失败归因于外部客观环境,而较高的环境不确定性也增大了股东对投资项目回报予以恰当评价以及预测和监督管理层行为的难度。因此,管理层通过无效率投资追求私有收益的机会增多,过度投资的可能性增大,同时财务风险以及陷入财务危机的可能性也随之增大。

关于财务危机的导因,申慧慧等(2012)认为在由投资失败导致的财务危机中,部分是由环境不确定性引起的。当环境不确定性提高时,企业更难以对项目进行合理评价,导致投资失败,进而使企业陷入财务危机。徐倩(2014)研究发现,由环境不确定性引致的低信息质量而极易使投资失败,而加强股权激励的方式能削弱这种影响。

在创新不足导致的财务危机中,环境不确定性也扮演了重要角色。陈志军等(2018)认为,当环境不确定性加剧时,企业如果没有足够的研发来维持强大的适应能力,就很可能遭遇财务危机。在企业经营战略选择错误导致的财务危机中,环境不确定性变化同样是一种诱因。

环境不确定性也会引发经济政策的不确定性。风险承担是宏观经济政策作用于企业投资决策的重要环节,也是经济政策不确定性的经济后果相关研究的独立板块,反映了企业在投资决策中对预期收益以及收益波动水平的选择。研究表明,经济层面的不确定性会显著影响微观经济体的风险偏好。经济政策不确定性不仅预示着可能亏损,也蕴含着发展机遇。刘志远等(2017)研究发现,经济政策不确定性的"机遇预期效应"在中国企业中发挥主导作用,尽管"风险承担代理问题"会产生一定程度的抑制作用,但经济政策不确定性显著提高了企业的风险承担水平,企业较少放弃高风险与高收益并存的投资机会。王菁华和茅宁(2019)得出相同结论,同时发现经济政策不确定性对企业风险承担的促进作用受到企业生命周期和产品市场竞争的调节。顾海峰和于家珺(2019)将研究样本聚焦于银行业,作为传统的风险规避型组织,经济政策不确定性上升减少了银行的主动风险承担,但增加了银行的被动风险承担并提高了破产风险。

三、公司层面:财务危机的影响因素

公司特有的因素也会大大增加其财务危机风险。这些因素包括公司的所有权和治理结构、经营风险及杠杆水平。例如,与管理决策权和债务相关的代理成本取决于它们未被契约减轻的程度,进而影响公司的运营效率、杠杆水平、盈利能力和风险。然而,一家公司被观察到陷入财务危机,即使危机的导因可以明确地归结为管理层的错误决策,也很难区分导致财务危机的决策是管理层的自利行为还是无能。

(一) 所有权和公司治理

Shleifer 和 Vishny(1997)认为公司治理可以为外部投资者提供保护机制,保护其利益

免受内部人侵占,但需要通过完善的机制来实现。若机制较为薄弱,则反而会为控股股东和管理者提供了以牺牲非控股股东利益为代价从公司获利的机会。公司治理对财务危机形成的影响很重要,甚至有学者认为其解释力强于宏观经济变量。因此,公司治理成为管理者、投资者和监管者共同关注的问题。从公司治理的角度研究财务危机一般会涉及董事会特征、持股结构和企业性质等。

董事会是公司治理的核心问题,低效或无效的董事会是公司内部控制系统失灵的表现,其结果是公司经营失败。董事会结构的很多特征(如规模、构成等)都被证明与财务危机有关,但实证研究结果存在相互矛盾的地方。Fich 和 Slezak(2008)发现董事会规模与公司破产发生概率存在正相关关系,但有研究并没有发现董事会规模与公司财务危机相关的证据。之所以会出现这样的结果,可能是因为研究者没能将董事会运行的具体机制纳入分析框架。虽然董事会规模与公司生存概率正相关,但较大规模导致管理效率低下的问题也不容忽视。独立董事占比也是董事会的重要特征之一,现有文献普遍认为独立董事的存在可以降低财务危机风险,原因在于其监督效率更高。邓晓岚和陈朝晖(2007)的实证结果显示,公司发生财务危机的可能性显著受到大股东持股比例、国有股比例及独立董事占比的负向影响,以及违规行为和管理者代理成本的正向影响。但也存在不同观点,认为独立董事占比与财务危机风险存在正相关关系,原因或许是独立董事缺乏管理经验,他们兼职服务于董事会并且身兼数职影响其工作精力。

持股结构与财务危机的关系也是研究者关注的领域之一。有研究认为存在大股东持股意味着股权集中度较高,大股东有动机、有能力约束管理层行为,如避免过度承担经营风险导致财务危机。还有研究基于大股东与管理层合谋最大化各自利益的观点,认为控股股东与财务危机发生概率正相关。郑海燕等(2009)针对制造行业的研究发现,第二大股东适度制衡第一大股东对上市公司走出财务困境具有有利影响,如果陷入财务困境公司的大股东持股较为稳定,则公司摆脱困境的可能性更大。

家族企业的所有制结构比较特殊,经营目标也比较独特,其商业活动通常掺杂着家族情感,希望能长久维系家族产业并代代相传,因而其投资决策往往侧重于长期生存而非短期盈利。Gavana 等(2017)研究发现,意大利家族企业陷入财务危机的概率低于非家族企业。家族企业拥有强大的社会关系网,与股东的关系非常密切,一旦企业陷入困境,股东就可以提供较为灵活的解决方案,但如果董事会中出现过多的家庭成员则会对家族企业的生存产生负面影响。

已有文献中关于机构持股对财务危机的影响存在不同的观点。一部分观点认为机构投资者在监督公司运营方面可以发挥重要的作用,尤其是在提升公司业绩和财务报告质量方面。另一部分观点(Parrino 等,2003)认为机构投资者在公司业绩不佳时抛售股票的行为会增大 CEO 被迫离职的可能性,并最终导致公司陷入困境。Megginson 等(2019)发现在 IPO 期间得到风险投资支持的公司在 IPO 后财务危机风险水平下降,原因可能是风险投资在介入时有更完备的目标筛选方案、资金更有保障,并且提供更多的增值服务。有趣的是,如果风险投资机构声誉较好,那么公司在 IPO 之后陷入财务危机的风险反而更大,原因是风险投资偏好高杠杆资本结构和长期非流动资产。

（二）关联交易经营风险

部分学者从理论层面探讨了关联交易和财务风险的关联性，主要包括关联交易引发的财务风险的产生、扩散和特征。有学者认为关联交易的发生伴随着隧道效应，既可以转移资金，也会加速风险的传播。Berkman等（2009）以关联担保为例，认为上市公司对子公司的关联担保行为是缓解集团融资约束的重要机制，但这类行为具有风险扩散效应，一方面导致上市公司的财务风险和经营风险提升；另一方面也是大股东侵占中小股东利益的具体表现。Houston和Johnson（2000）认为关联交易是大股东"掏空"公司的重要手段，其中较典型的是关联担保。Kohlbeck和Mayhew（2009）验证较弱的公司治理机制会导致大规模关联交易的发生，并指出与投资相关的关联交易有助于提高公司价值，而大股东、执行董事等参与的关联交易则会降低公司价值。有学者通过实证研究发现大股东利益侵占程度与公司负债水平正相关，认为关联交易成为"掏空"公司的一种手段而降低公司价值。李秉成等（2019）探讨企业集团内部的财务危机传染问题，指出企业成员之间的财务风险会通过关联交易这一内部路径和负债融资成本这一外部路径传播。王新红和曹帆（2021）研究发现，盈余管理和掏空会对企业财务风险产生显著影响，控股股东股权质押后引发的关联交易、资金占用等行为会增加上市公司的财务风险。娄淑珍等（2014）以民营企业为研究对象，指出关联交易和杠杆效应等是导致产融结合失败与财务风险增加的主要因素。整体上看，关联交易的财务风险特征包括可控性、复杂性和客观存在性。宋夏云和曾丹丹（2017）基于关联交易财务风险的典型特征，提出改进相关会计准则和法规、正确评价关联交易的内部控制措施。部分学者还选择有代表性的上市公司进行案例研究。何美玲等（2021）以地方金控集团为样本，研究关联资金借贷存在的过度投资风险；刘妍君和范玉（2018）分析紫鑫药业的关联交易，揭示其中存在的大股东掏空风险；王蓓琳（2013）以五粮液集团为例，分析关联交易的动机、具体表现及其引发的财务风险。

通过对现有文献的梳理可以发现，关联交易和财务风险一直是研究热点，总体上看，关联交易可能会给企业带来较大的潜在风险，最终导致企业陷入财务危机。

（三）杠杆率

Andrade和Kaplan（1998）对财务危机和经济困境进行了区分。当公司经营收入减少或为负时，就会陷入经济困境；无论公司是否有经营利润，只要它不能履行法律义务特别是无法偿付债务，就会产生财务危机。Andrade和Kaplan（1998）研究了31家在20世纪80年代从事高杠杆交易（收购和增加杠杆资本）的公司，它们后来都陷入了经济困境，而这些公司在经营初期往往创造了价值，营业收入高于行业平均水平。由此得出的结论是，高杠杆率是公司陷入经济困境的主要原因。

四、财务危机的影响后果

（一）成本增加

当公司陷入财务危机时，相关的成本就会增加，这里简要讨论财务危机如何影响这些成本。

1. 债务和折旧的税收优惠损失

如果一家杠杆公司不能长期盈利,就失去了由债务利息和折旧提供的税收优惠。根据公司的初始杠杆率和折旧基础,这些损失本身会使公司在竞争和战略上处于劣势。

2. 交易成本

对于陷入财务危机的公司来说,金融市场上的交易成本要高得多。在特定情况下,资本市场可能不会向一家陷入严重财务危机的公司开放,考虑到银行为使公司的股票或债券上市所付出的努力,它要求的承销商价差将高得令人望而却步。此外,交易成本,更准确的界定是重组成本,对于陷入财务困境试图重组债务的公司来说可能很高,这取决于公司是通过庭外还是破产法庭进行债务重组。

3. 代理成本

对于一家陷入财务危机的公司来说,管理层裁量权成本和债务代理成本都可能非常高。就前者而言,公司管理层可能只会做出保证自己薪酬安全的决定,而不是代表股东利益做出长期、战略性、价值创造和有风险的决定。更糟糕的是,高管和其他关键员工可能会辞职,或者至少会为寻找其他工作而分心。债务代理成本也可能非常严重,因为相对于大量的债务,公司的股权价值可能很低。

4. 负面流动性影响

一家公司股票市场价值的巨大损失可能会产生连锁的负面流动性影响。第一,公司可能会失去证券分析师的追踪,而分析师在支持股票信息流动性方面扮演至关重要的角色。第二,正常交易者(比如共同基金)对股票的兴趣会减弱,且股票买卖价差可能增大。第三,证券交易所可以强制公司退市,致使公司失去筹集股权资金的大部分能力,筹集债务资金也将更加困难。第四,如果不能有效获得外部资金,公司可能会被迫破产。公司层面有关流动性的讨论与宏观层面伯南克对流动性及其对财务危机和衰退的影响的分析相吻合。参阅数字资源:延伸阅读之"流动性影响"。

(二)绩效

关于财务危机公司的业绩,下面介绍两项研究。

Ofek(1993)测试了资本结构与企业对短期财务危机的反应之间的关系。在由 358 家全年表现不佳的企业组成的样本中,危机前较高的杠杆率增大了企业采取经营行动(指应对危机的特别行为)的可能性,特别是资产重组和员工裁员;危机前更高的杠杆率也增大了企业采取削减股利等金融行动的可能性。这些结果与 Jensen(1988)的观点一致,即在财务危机发生前,杠杆率越高,企业对不良业绩的反应速度越快。有趣的是,较高的管理层持股比例减小了企业采取经营行动的可能性,特别是那些不能产生现金的活动。

Opler 和 Titman(1994)发现,在行业低迷时期,高杠杆公司会失去大量的市场份额,而这些市场份额会被资金管理更保守的竞争对手抢占。具体来说,在衰退的行业中,杠杆率处于前 10% 公司的销售额下降 26%,降幅高于杠杆率处于后 10% 的公司。类似的下跌也发生在股权市场价值上。与拥有专业化产品的公司特别容易遭遇财务危机的观点一致,他们发现从事研发的高杠杆公司在经济困境时期遭受的损失最大。

（三）管理激励与公司治理

管理能力和决策能力是公司价值的决定性因素。管理者劳动力市场可以被视为企业竞争收购和保留高层管理人员的重要因素。实际上，一个运作良好的管理者劳动力市场以两种方式约束企业高管的行为。其一，股东通过董事会来雇用和解雇高层管理人员；其二，薪酬计划结构能有效奖励增加股东财富的决策，并惩罚减少股东财富的结果。当公司陷入财务危机时，两个重要的问题就出现了。第一，经理人是否对耗尽股东财富的公司业绩负责并受到适当惩罚？第二，该用什么方法来激励现任或新任管理层，以促进走出财务危机和恢复陷入困境公司的生机？

要回答这些问题，我们需要知道财务危机的导因是高层管理人员的表现和决策，还是由系统的经济或行业因素造成的。如果公司经营失败的主要原因是公司特有的，那么这是源于管理层的无能还是公司的激励机制和治理结构的糟糕设计呢？这种区分在实践中往往难以辨别，但对于人们理解在解决财务危机的过程中惩罚/激励管理层的最佳方法是至关重要的。如果是管理层无能导致财务危机，那么更换高管对于成功重组就很重要了。如果是设计不当的管理激励机制导致财务危机，那么仅靠管理层变更是不太可能解决公司问题的。

糟糕的经济条件和行业条件是导致个别公司财务业绩不佳的重要因素。然而，很难确认行业因素是造成公司层面财务危机的唯一因素。许多研究发现，公司特定问题在财务危机开始时发挥重要作用，财务危机公司的表现往往逊于行业平均水平。

人们常认为，现任管理层对公司业绩不佳和破产负有责任，因为破产公司高管通常会直接负责财务工作。然而，一项研究提供的证据表明，陷入财务危机公司的高管很可能是替罪羊而不是罪魁祸首。有证据表明，困境公司和非困境公司的决策是相似的，市场对决策公告的反应也是相似的，市场对两类公司的管理层变更的反应都是负面的。因此，在申请破产保护之前，股东并不认为陷入困境公司的管理层会做出降低价值的决定。由此得出的一则警示为：股票市场的反应不能排除陷入困境公司的管理层从事风险转移活动的可能性，而这些活动以债券持有人或其他利益相关者为代价使股东受益。

然而，原管理层参与重组过程与破产后企业业绩不佳是密切相关的。这可能表明，管理层最初是无能的，无法解救陷入困境的公司；或者当一家公司的财务状况恶化时，管理层激励也会恶化。股权投资的有限责任和与财务危机相关的经营管理工作安全带来的威胁，都会增强管理层承担风险的动机，从而损害整个公司或某些利益相关者的利益。由于破产对管理层来说是一种结局，在这种情况下，如何协调管理层利益与公司利益是一个挑战。一些法律和金融学者对当前的破产法律持批评态度，因为它允许现任管理层在破产重组期间保留对困境公司的控制权。

尽管关于现任管理层对财务危机的产生负有多大责任以及他们是否受到当前破产法律的过度支持存在争议，但有证据表明当公司陷入财务危机时，管理层确实承担了巨额的个人成本。在陷入财务危机的公司中，经常会观察到强制性的管理失误，随着时间的推移，高级债权人在解决财务危机方面的权力不断增加。Gilson（1989）提供的早期证据表明，财务危机是管理层变更的一个决定性因素。Gilson 和 Vetsuypens（1993）发现，在20世纪80年代的破产公司中,大约有1/3的首席执行官被取代。Gilson和Vetsuypens(1993)分析20世纪80年代77家破产公司高层管理人员的薪酬政策,发现保住工作的首席执行官通常会经历薪水、奖金和福利的大额削减,高层管理人员的财富也依据其持股比例受到股价表现的影响。这些发现表明,陷入困境公司的现任管理层确实因公司业绩不佳而受到惩罚。

除了惩罚不称职的管理层,一个更重要的问题是在解决财务危机的同时如何适当地激励现任管理层。Gilson和Vetsuypens(1993)提供的证据表明,薪酬政策往往是公司处理财务危机的总体战略的重要组成部分,可以改变管理层的激励措施/条款或者促进与债权人的谈判。73%的样本公司改变自身的管理薪酬政策来积极协调高级管理人员和股东的利益冲突,49%的样本公司减少管理层的现金补偿,20%的样本公司进行重组,17%的样本公司鼓励更高的管理连续性,10%的样本公司增强高级管理人员和债权人的财富联系。总的来说,这些变化的净效应是提高了CEO财富对公司股价表现的敏感性。当然,考虑到破产重组公司的高风险,管理者财富对公司业绩的敏感性也会给厌恶风险的管理层带来很高的负效用。

总的来说,无论是什么导致财务危机,公司的管理措施、激励机制、公司治理和控制结构的重大变化都是解决财务危机的关键。这表明管理层无能往往不是失败公司的唯一问题,有必要妥善解决不当的激励措施和对管理层的无效监督,如此才能促进陷入困境公司的恢复。

第二节 削减业务

面对巨大的经营损失和减少的产品需求,公司管理层可能会削减业务或劳动力(即裁员),至少暂时如此。对于一家制造企业来说,这可能包括削减成本、裁员,或者更极端的情况——直接关闭工厂。

一、裁员

Espahbodi等(2000)研究了118家在1989—1993年间裁员的公司业绩。不出所料,在宣布裁员之前,公司经营业绩大幅下滑。最关键的是,公司在宣布裁员后业绩有所改善,原因在于公司能够降低销售成本、劳动力成本、资本支出和研发支出成本。

Dial和Murphy(1995)对通用动力(General Dynamics,GD)公司在1991年的一个成功的收缩规模和创造价值案例进行了全面的分析,总结了GD公司的经验如下:首先,GD公司的案例表明,股票薪酬制在以产能过剩为特征的公司中是很重要的。GD公司淡化了以会计业绩为基础的奖金,专注于股票期权、限制性股票和其他与价值创造相关的薪酬计划。其次,GD公司的经验表明,当成功意味着收缩规模和裁员时,巨额的政治成本与成功概率相关,而这些成本可以通过避免现金支付而降低,转而依赖所有权获得收益。再次,适当的激励必须与合适的管理者相结合。最后,尽管产能过剩衰退行业的收入增长机会相对较少,但GD公司的经验表明,这些行业有可能提供巨大的潜在价值创造机会。

二、关闭工厂

Blackwell 等(1990)研究了工厂关闭事件的原因和影响。原因方面,关闭工厂是源于盈利能力下降还是被接管威胁?影响方面,公司宣告关闭工厂后的股票收益率低于市场或行业中位数,公司盈利状况略有改善,这表明股票市场对工厂关闭公告的反应是负面的。

Gombola 和 Tsetsekos(1992)也研究了工厂关闭事件并关注信息公告后果,发现工厂关闭公告引发股价的负向反应。他们还发现,工厂关闭后往往会有更多的负面消息,包括"盈利能力下降和裁员、资产收购和股利增长等",与工厂关闭公告相关的事件后果——异常收益的变化,在一定程度上可以由市场对事件的预期来解释。

第三节 资产出售

公司根据自身在财务危机下的经济、行业、经营和财务状况,可以选择剥离资产或部门来应对。资产出售是一种私人交易,公司向另一家公司出售特定资产或部门而获得现金。例如在 20 世纪 80 年代末,美国东方航空为生存而苦苦挣扎,开始销售飞机。施乐公司(Xerox Corporation)也在亏损和债务中苦苦挣扎,2001 年将它在富士施乐的一半股权出售给合作伙伴富士胶片公司。

一、资产出售的频率与决定性因素

Brown 等(1993)发现,在 62 家陷入困境的公司样本中,出售资产的公告收益微不足道。然而,使用资产出售收入偿还债务的卖家的公告收益明显低于用于其他目的的卖家,基于出售收入偿还债务的公司更有可能出售业绩不佳的资产。此外,公司短期银行债务比例越大,通过出售资产偿还债务的可能性就越大,这表明债权人可能会影响公司清算资产的决定。如果资产出售对债权人有利,债权人就可能会要求提前清算资产。资产出售也可以传递有关卖方财务状况的信息,当信用评级下调,公司剥离资产的公告收益低于没有下调评级的卖家。

财务危机公司出售资产的频率较高。Asquith 等(1994)、Brown 等(1993)和 Hotchkiss(1995)都表示,财务状况不佳的公司经常出售资产。Hotchkiss(1995)研究表明,许多成功摆脱财务危机的公司在破产期间出售了大部分资产。Asquith 等(1994)发现,出售大量资产是解决财务危机的一种重要手段,在 21 家出售超过 20% 资产的公司中只有 3 家(14%)随后申请破产,而在出售少量或不出售资产的公司中这一比例为 49%。出售大部分资产的公司更有可能成功地完成债务重组(62%),所获收入通常用于优先偿还私人债务。

二、资产是否存在贱卖

如果债权人向公司施加压力,要求公司无条件清算资产,公司价值就会下降。这不仅对股权和次级债务债权的价值有负面影响,公司还只能以低较的价格出售资产来筹集现金。如上所述,Shleifer 和 Vishny(1992)认为,陷入困境的公司很可能在资产潜在买家——

同行业公司也处于财务危机时出售资产,从而导致公司股票价格下跌。他们的模型预测,在行业低迷时期,困境卖家将遭遇更低的价格,更有可能将资产卖给行业外部人;此外,资产专业化越强,资产贱卖的折扣越大。

然而,一项实证研究分析指出,无法确认低价是因为行业需求少,还是因为行业内部流动性有限而无法支付全部估值。如果行业需求减少了,较低的价格就代表了对资产的更新和有效的市场估值。如果存在需求但缺乏流动性,潜在买家无法积极出价,低价就是与强制资产出售相关的真实成本。大多数研究构建模型来测量资产的基本价值,并以贱卖折价作为模型价格与实际价格的差额。显然,任何关于低价出售资产的证据都受到基本估值质量的影响。Pulvino(1999)指出,在销售受约束的航空业,相对于模型估价,财务受约束的航空公司可取得的价格低于不受约束的竞争对手;破产航空公司从二手飞机上获得的有限制条件的价格通常低于陷入困境但未破产公司获得的价格。因此,不但卖家的财务危机会影响所出售资产的价格,使买家更容易获得有条件的低价,而且卖家的破产状况似乎会进一步影响这一结果。此外,当航空业处于低迷状态时,资产价格普遍更低,与不受约束的航空公司相比,受约束的航空公司更有可能向行业外部人(如金融机构)出售资产。

Mitchell 和 Pulvino(2001)调查加利福尼亚州航空航天工厂关闭后的设备销售情况,发现实际的交易价格低于估计的重置成本。对于航空航天工业设备,当买家是行业外部人时,这种折价更大。Kim(1998)调查了钻井行业的资产流动性,衡量了交易量和买方市场的深度。她指出,当行业处于原油价格较低和活跃(指运行中)钻台很少的时期,非流动性资产的营业收入就会下降。此外,非流动性资产的卖家比流动性资产的卖家和买家更受财务约束,这表明公司会避免出售特定资产

Andrade 和 Kaplan(1998)研究发现,以公司市值的变化来衡量的财务危机成本,与行业股票的表现无关。由于市场价值包括与资产出售相关的成本,他们提供的证据不能证明陷入困境的行业会以更大的折扣出售资产。

总体而言,资产出售似乎是企业应对财务危机的重要方式,通常与公司债务重组同时进行。虽然资产出售可能代价高昂,但这种方法的使用非常普遍,可以想象出售资产仍然是一种成本相对低、有助于解决财务危机的机制。

第四节 财务重组

除了削减业务和出售资产,企业还可以通过财务重组来应对债务危机。本节讨论通过财务重组方式来应对财务危机,涉及削减股利、双重资本重组、发行目标股票、股份分拆或剥离。

一、削减股利

随着时间的推移,公司将股利相对于盈利进行平滑处理。然而,有着巨额或长期亏损的公司通常会迅速且大幅削减股利。

DeAngelo(1990)研究了 1980—1985 年间经历长期财务危机的 80 家公司,这些公司在

纽约证券交易所上市且都进行了股利调整。需要注意的是,这个时期美国经历了一场经济衰退,随后是一场不稳定的经济复苏。到1985年年末,80家公司中有77家支付的股利少于1979年。

尽管不良的盈利状况似乎是削减股利的决定性因素,但还有其他因素促成这一决定。

第一,样本中超过一半的公司显然面临约束性债务契约,这迫使它们削减股利。

第二,缺乏约束性契约下股利被削减的频率比被忽略的频率高,这表明管理层不愿意忽略股利。拥有长期股利支付历史的公司的高管们显然认为不支付股利会丧失市场吸引力。

第三,许多公司的高管减少股利是考虑到经营战略的需要,例如提高公司与工会的讨价还价能力,或加强公司在美国国会的游说地位。面对财务危机下财务决策的复杂性,内外部利益相关者会影响困境中公司的财务决策。

DeAngelo 等(1996)研究了145家纽交所上市公司股利决策的信号效应,这些股票的年收益率在公司长期盈利增长后出现下降。有证据显示:股利往往不是可靠的信号,因为当增长前景黯淡时,行为偏差(过度乐观)会导致管理者高估未来盈利;并且管理者在增加股利分红时只做出适度的现金承诺,从而削弱股利信号的可靠性。

第四,Jensen 和 Johnson(1995)研究了盈余变化和股利变化的动态关系并发现,减少股利支付的公司通常会经历减息公告的负异常收益、减息前的盈余减少以及减息后的盈余增加。他们还揭示了削减股利公司表现出的趋势:在股利支付水平下降之后,公司倾向于减少资产支出、外部融资活动、员工薪资和研发支出。总体而言,股利支付水平下降标志着公司财务状况变化的结束和公司重组的开始。

二、双重资本重组

在双重资本重组(或称双层资本重组)中,公司会创造出第二类普通股——投票权有限的股票,通常对公司现金流具有优先索取权。这是通过将替代性股票分配给现有股东,这些股票被指定为A类股票。内部人保留有优先投票权的股份,即B类股票。双层资本重组的一般目的是将投票权集中在公司内部人手中,并以对剩余现金流有更优先索取权的形式向外部人提供补偿。

在美国,大约10%的大型上市公司拥有双层股权结构,如福特汽车(Ford Motor)公司、特许通信(Charter Communications)公司、泰森食品(Tyson Foods)公司和道琼斯(Dow Jones)公司。人们对双层股权结构是有争议的。例如2000年,加利福尼亚州公务员退休系统(California Public Employees' Retirement System)向泰森食品公司股东提出一项提案,要求取消双层股权结构,称这是不公平的。然而,股东投票否决了这一提议。

Moyer 等(1992)为双重资本重组提供了两种可能的解释。一方面,通过控制投票权,公司内部人可以更好地巩固自己的地位或逃避责任,即资本重组将外部股东的财富转移给内部人。另一方面,双重资本重组可以为所有股东创造价值,这要求监督和控制机构(如公司董事会)可以有效弥补外部人的投票权损失,或者管理层追求长期价值增值,以及内部人能够获得更高的收购溢价。

三、发行目标股票

目标股票也称追踪股票,是一种与特定业务单位或部门业绩相关的多元化公司的普通股。通用汽车(General Motors)创造了第一份目标股票。1984年收购电子数据系统(EDS)公司后,通用汽车发行了目标股票,将股利与EDS公司的盈利挂钩。然而,目标股票的发行仍然是一起相当罕见的事件。

D'Souza和Jacob(2000)详细描述了目标股票的特征:

(1)目标股票并不代表对目标公司的直接所有权利益,而代表对整个公司的所有权利益。目标股票持有人通常拥有对与整个公司有关事项的投票权。目标股东获得的投票权数量可以在目标股票发行时确定,也可以根据不同目标股票的市值浮动确定。

(2)目标股票的发行不涉及公司的法务部门。目标股票所代表的公司仍是合并后实体的一部分,并拥有共同的董事会。尽管公司的资产和负债在财务报告中归属于各目标业务,但资产和负债的法律所有权仍属于合并实体。

(3)每个目标公司分别编制符合GAAP(美国公认会计原则)的财务报表。公司某一部门的目标股票持有人除了收到本部门的财务报表,还会收到作为一个整体的公司财务报表。每个目标群体的每股收益和股利也分别计算。目标公司报告的收入是股利支付的基础。

公司试图通过发行目标股票来摆脱财务危机,原因在于发行目标股票有如下优点:

(1)市场反应积极。Logue等(1996)记录了市场对目标股票发行公告具有积极反应的证据(对发行公司股票的积极反应平均为2.9%),认为这可能是由于在一个广泛多元化的公司中,特定业务部门的透明度更高以及公司对部门经理特定贡献的激励能力更强。D'Souza和Jacob(2000)调查了市场对公司宣告发行目标股票的反应和可能的动机。他们发现在定向股票发行公告前后3天窗口期内有3.61%的显著异常收益,这可能是源于目标股票分部的更多信息以及优化的监控和激励机制。

(2)降低信息不对称程度。Clayton和Qian(2004)认为金融分析师一般只擅长于对某个行业的分析,难以准确评估多元化经营的公司。因而目标股票的创建会增加跟踪分析师的数量,提高评估的质量,使投资者得到更好的信息服务,使市场真实地反映目标股票公司的价值,进而增加对母子公司股票的需求。此外,公司管理层拥有的子公司信息比母公司信息越少,创建目标股票就越有可能降低管理层与投资者之间的信息不对称程度,从而增加公司的市场价值。

(3)改进公司治理。Billett和Mauer(2000)发现,目标股票使公司保留内部资本市场、保持协同效应、分享部分固定资产和资源。在发行目标股票后,母公司可以继续在各部门之间分配资源,保持各部门之间的经营协同和财务协同,还可以继续获得多元化经营收益。此外,目标股票还具有期权的作用,使管理层薪酬直接与子公司的绩效挂钩,使得用股权激励子公司管理层成为可能。

(4)合理避税。尽管按照GAAP的规定,发行目标股票的公司必须编制两套资产负债表,即合并资产负债表和目标股票子公司资产负债表,每个目标股票子公司单独计算每股收益和股利,但发行目标股票的公司作为一个联合体缴纳公司税,一家目标股票子公司的经营损失可以由另一家目标股票子公司的应税所得来弥补,从而可以少缴税。由于目标股票交易被认为是母公司资产的分配,且直接与母公司的风险挂钩,因此它仅仅是优先股的分配,其收益不纳税。

应当指出的是,目标股票的优点虽然很突出,但也有明显的缺点——具有潜在风险,比如股票资产的法律保护不足。当母公司发行目标股票时,子公司在法律上并不脱离母公司,母公司仍然保留对子公司的控制权。当子公司经营状况恶化时,目标股票还能转换为母公司的普通股票。但是,对母公司和目标股票子公司来说,一套资产、两套股票、一个董事会,由此目标股票子公司的管理层与董事会之间必然会产生潜在的利益冲突。

四、股份分拆

在股份分拆中,拥有多家子公司的母公司通过公开募股为特定的子公司发行股权,尽管母公司仍保留子公司的多数股份。例如,2001 年卡夫食品(Kraft Foods)公司剥离菲利普-莫里斯(Philip-Morris)公司,为母公司净赚约 720 亿元人民币(折合)。图 11-1 显示了 1980—2020 年美国非金融公司的股份分拆交易数量、总规模(母公司从分拆中获得的收入之和)以及每次分拆的平均收入。显然,近年来分拆经营变得越来越重要。

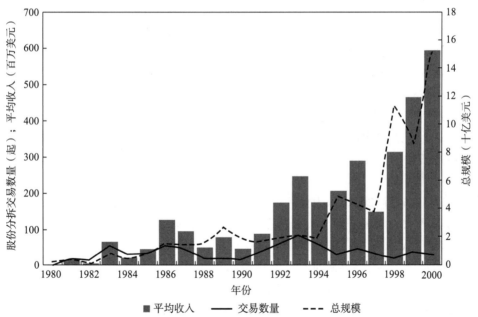

图 11-1 股份分拆:总规模、交易数量和平均收入

资料来源:证券数据公司。

Schipper 和 Smith(1986)对股份分拆公告进行了案例研究。Nanda(1991)基于 Myers 和 Majluf(1984)的信息不对称框架开发理论模型来解释市场对股份分拆的积极反应,这与股票发行公告的消极市场反应正相反。在均衡状态下,选择股份分拆的公司通常是价值被市场低估的公司。

公司试图通过股份分拆来摆脱财务危机,原因在于股份分拆有如下优点:

(1)公司业务更加集中。Vijh(1999)关注公司分拆上市后的长期绩效表现,分析

1981—1995年间的628个分拆样本,发现分拆后3年内子公司的业绩并不低于相应的基准盈利水平;进一步分析影响分拆上市公司股票价格的因素,发现当解释变量为分拆上市子公司资产与非分拆上市子公司资产的比值时,公告期的超额收益仅为1.19%。这一结果在一定程度上解释了未分拆资产、分拆资产之间的比例关系与资本市场对分拆事件的反应程度存在相关性,它与非对称信息假说不符,却与分拆收益假说一致。Hogan 和 Olson(2004)比较了证券市场正常期和泡沫期分拆上市的收益率差别,发现在1990—1998年证券市场正常期分拆上市子公司的上市首日平均收益率为8.75%,而在1999—2000年证券市场泡沫期分拆上市子公司的上市首日平均收益率为47.76%,这表明证券市场波动性对分拆上市收益率有重要影响。Hulburt 等(2002)发现分拆后1年母子公司的经营业绩相对于同行企业有所提高。而 Parrino 等(2003)发现分拆后子公司的经营业绩有所下降。

(2) 为子公司成长融资。Myers 和 Majluf(1984)认为,公司和外部投资者的信息不对称增加了资本筹资成本。分拆前,外部投资者可以获得母公司的财务信息,但不易获得各部门的信息,从而增加了部门的筹资成本,而子公司公开上市使投资者获得的财务信息质量提高。Schipper 和 Smith(1986)认为,分拆给高成长性子公司提供了资金,即分拆动机就是为子公司的未来发展提供资金,且子公司通常比母公司具有更高的市盈率,也预示着更高的成长性。

(3) 子公司价值被高估。Nanda(1991)提出信息不对称假说,认为由于公司管理者与投资者之间存在信息不对称,导致市场估值与公司真实价值不一致,母公司的管理者只有在公司整体价值被市场低估而子公司价值被高估时才会进行分拆,因此分拆会产生正公告收益。Slovin 等(1995)检验了分拆公司所处行业的竞争对手,假定市场的错误估值对整个行业都适用,则分拆子公司行业竞争者的公告收益为负,同时母公司行业竞争者的公告收益不显著。但是,Hulburt 等(2002)发现母公司竞争者的公告收益为负,不支持分拆母公司价值被低估的假设。总之,分拆旨在出售价值被高估子公司的论点尚未得到一致证实。

不过,Hulburt 等(2002)认为分拆只是资产剥离的第一阶段,当后续发生资产出售时,母公司的公告收益为正,而且被分拆子公司成为收购目标的可能性更大。Perotti 和 Rossetto(2007)认为,分拆只是作为母公司获得市场对子公司估值的一种方式(尽管成本较高),因为部分一体化会导致集权式管理激励机制的作用变弱,从而降低公司的整体利润水平。也就是说,母公司以降低整体组织的效益为代价从市场上获得关于子公司所有权优化配置的信息。因而,分拆是为了行使出售或再收购的选择权,是一种暂时性选择。

分拆上市过程也存在代理问题。Allen 和 McConnell(1998)认为管理层不愿剥离资产是因为其薪酬依赖所管理的资产,当投资需要资金而必须出售资产时,他们更倾向于出售子公司的部分股权而使资产仍被自己控制。Allen 和 McConnell(1998)以188个分拆上市样本为研究对象,发现分拆前母公司的经营业绩相对较差。母公司和行业竞争者相比,利息保障倍数更低、负债更高、盈利能力更弱、资产收益率更低。总之,母公司的业绩较差且受到资金约束。

五、剥离

剥离是指将子公司的新股权按比例分配给母公司股东。Michaely 和 Shaw(1995)解释了剥离和股份分拆的三个本质区别:第一,剥离的股份分配给现有股东,而股份分拆会产生新股东;第二,通过剥离发行的股票为公司带来正的现金流,而分拆不会立即产生现金流;第三,通过剥离进行解体的公司会产生更多的自付费用并受制于美国证券交易委员会更严格的信息披露要求。

(一) 分两步走:发行跟踪股票或进行股份分拆,再进行剥离

在剥离业务单元之前,多元化的公司必须为剥离的业务建立一个股票二级流动市场,从而发行跟踪股票或进行股份分拆。例如,通用汽车在 1996 年分拆之前就有一个长期建立的 EDS 跟踪股票二级市场。AT&T 曾于 2000 年首次公开发行跟踪股,并于 2001 年进行分拆,尽管 AT&T 保留了 82.5%的本公司股份,此次 IPO 仍然使公司净收入达到约 878 亿元人民币(折合),这是美国历史上规模最大的 IPO。2001 年年中,AT&T 最初通过股份交换出售了 4.38 亿美元 AT&T 股票,然后再将 10 亿股 AT&T 普通股发放给股东。2001 年 12 月,AT&T 在公开市场上出售 AT&T 剩余的 9 100 万股股票。

股份分拆不仅可以让母公司通过 IPO 筹集所需资金,还可以让母公司在稍后通过股份分拆分配剩余股份(这些股份存在一个成熟的二级市场)之前保留对子公司的控制权。例如 2001 年 5 月,信实能源公司进行了子公司(信实资源公司)的股份分拆 IPO。信实能源公司保留了大约 80%的已发行股票,但宣告在 IPO 后 12 个月内完成剥离,将子公司剩余股份分配给股东。

(二) 关于剥离决策的理论与证据

相关研究表明,市场对公司剥离公告反应普遍良好。

Hite 和 Owers(1983)、Miles 和 Rosenfeld(1983)、Schipper 和 Smith(1983)的研究发现,分拆宣告前后的股票平均异常收益率为 2.4%—4.3%,且取决于样本的不同。Cusatis 等(1993)还记录了剥离所涉及公司的长期正异常收益的证据。

为什么剥离会引起市场的积极反应?第一,剥离意味着将母公司债券持有人的财富转移给母公司股东,因为债券持有人失去了对分拆资产的索取权;第二,Schipper 和 Smith(1983)认为剥离可能会缓解监管限制;第三,剥离可能会允许重组管理激励合同;第四,Hite 和 Owers(1983)、Schipper 和 Smith(1983)、Daley 等(1997)、Desai 和 Jain(1999)认为分拆通常与提高业务集中度和消除母公司和(实体)子公司之间的负协同效应有关;第五,Mauer 和 Lewellen(1990)、Schipper 和 Smith(1983)认为剥离可以创造税收优惠。

Krishnaswami 和 Subramaniam(1999)对 Nanda 和 Narayanan(1999)模型的解释如下:假设市场能够观察到公司的总现金流而非单个部门的现金流,这导致对公司证券的错误估值。一家价值被低估的公司如果需要外部资金来抓住发展机会就会通过资产剥离或在剥离资产后筹集资金,而一家价值被高估的公司则会在不分拆部门或业务的情况下通过发行股票来筹集资金。由于剥离不会给公司带来现金流入,需要资金的价值被低估的公司会选择先进行剥离使股价回归公允的市场价值,然后发行股本来筹集资金。

实证分析表明,通过剥离将公司的部门分离成独立交易业务单元有助于降低信息不对称程度,从而提高公司价值。与这一假设一致的是,从事剥离的企业相比同行业和规模匹配的企业具有更高的信息不对称水平,但在分拆后信息不对称问题显著得到缓解。分拆收益与信息不对称程度正相关,且在部门间负协同效应较弱的企业中,这种关系更加显著。

最后,拥有较多成长机会和需要外部资金的公司表现出较强的剥离倾向,而且在剥离后会筹集更多的资金。这与这些公司在进入资本市场募集资金之前信息不对称得到减轻的观点是一致的。

(三) 剥离的影响

1. 公司业务集中化

典型的资产剥离是剥离公司非核心业务的资产,使得剩余业务更集中。John 和 Ofek(1995)研究出售非核心业务资产对企业业绩的影响,发现剥离后企业剩余资产的盈利能力确实得到提高。他们还提出归核化假说,指出公司通过出售与自身核心业务不相关的资产来提高营运集中度,公司能更有效地经营剩余资产并发挥潜能,使公司价值得到提升。Kaiser 和 Stouraitis(2001)发现,Thorn EMI 公司通过出售非相关资产而成功筹得资金,并将所得收入再投资于核心业务。Schlingemann 等(2002)发现,规模相对较小且非核心的业务部门更易被剥离。

2. 消除负协同效应

如果说企业并购的目的是追求"1+1>2"的协同效应,那么资产剥离旨在追求"2-1>1"甚至"2-1>2"的经济效果。如果被剥离资产和其他资产具有负协同效应,通过剥离来着力消除负协同效应就可以创造价值。

Kaplan 和 Weisback(1992)以 1971—1982 年间 271 家公司收购为样本,检验资产剥离是否源于收购失败,结果显示 44% 的被收购公司在 1989 年年末被卖掉。他们得出以下结论:收购者出售的是已经得到改善的或者曾经有协同作用但现在不再有协同作用的资产。Fluck 和 Lynch(1999)认为,多元化收购是为了给获利微薄的项目融资,一旦这些项目有盈利且可自筹资金便将收购的企业剥离。Dittmar 和 Shivdasani(2003)检验剥离公司的投资效率,发现剥离投资效益差的企业或者减少对被剥离企业高昂的补贴能够创造价值。

3. 缓解代理问题

Tehranian 等(1987)认为向高层管理人员提供长期激励计划的企业的剥离公告收益更显著。Hirschey 和 Zaima(1989)发现股权集中度和公司剥离公告收益成正比。Hirschey 等(1990)证明有银行负债公司的公告收益更高。资产剥离可能会使股东财富最大化,但一些现任管理者出于自利动机会逆向选择。Berger 和 Ofek(1999)发现剥离公告发出之前通常会出现公司控制权和激励机制发生改变等现象,包括管理层变更、管理层增加薪酬、投资方向改变、外部股东"用脚投票"等。Hanson 和 Song(2000)的研究表明,外部董事比例和管理层持股比例高的公司的剥离收益水平会提高。总之,对管理层实行有效监督、剥离不良资产能创造更多价值。

4. 缓解财务危机

财务困难公司更偏好剥离而非分拆,因为分拆并不产生现金收入。还有一些研究表明,财务困难公司通过出售资产来筹得资金,即剥离公告前一段时间其股价收益为负、经营业绩较差。此外,高负债公司更倾向于出售资产。Officer(2007)的研究表明,出售资产公司的现金余额通常较少、现金流转不畅、债券评级低,这些都说明公司受到流动性约束。然而,Eckbo 和 Thorburn(2008)研究在瑞典拍卖的破产公司,发现大甩卖假说并不成立,因为没有证据表明公司因持续经营问题而打折甩卖。

六、比较股份分拆、剥离和资产出售

Slovin 等(1995)比较了通过股份分拆、剥离和资产出售(资产抛售)传递给行业竞争对手的信息,研究与被分拆(子公司股权的首次公开发行)、剥离和资产出售的实体处于同行业的公司估值受到的影响。对于股份分拆,竞争对手的股价反应是负向的;相比之下,竞争对手的股票收益率在剥离、资产出售和不需要公开发行股票的重组中均为正值。研究结果表明当外部投资者对新股的定价很可能高于管理层的感知价值时,公司应当进行股份分拆。

七、重组的影响、何时重组以及如何重组

(一) 影响

1. 为股东创造价值

选择重组的公司通常只有一个目标:为股东创造价值。以市盈率(P/E)和股东总回报(TRS)形式表达的经验证据表明,平均而言,每种重组形式都能创造价值。

股票价格的上涨源于四个方面的变化。第一,分析师对特定领域的关注有所增加。这似乎支持投资银行家的说法,即公司此前未公开上市流通的股份可以让经营业绩更加透明,并通过揭示隐性价值来提高股东回报。然而,这种透明度并不是来自公司提供的大量信息——它可以提供更多业务部门的信息而无须重组所有权,而是来自分析师报告质量的提高。第二,重组后的子公司吸引了新投资者。事实上,重组后母公司的投资者和子公司的投资者之间几乎没有重叠。第三,股权重组通常通过新的管理层激励手段来提高子公司的经营业绩。第四,重组可以改善公司治理状况,提高战略灵活性。

2. 提高分析师关注度

大公司内部的部门或子公司可能会发现其成长前景没有得到证券分析师的充分重视。比如,一位专攻化工行业的分析师可能会跟踪多达 30 家公司,这使得分析师几乎没有时间去了解一家小型制药子公司的业务复杂性,其估值可能由此受到影响。增长预期的微小差异可能会极大地改变分析师对子公司的估值。当公司开始发行跟踪股票、进行股份分拆或剥离时,它们会得到分析师更多的关注。对于这三种重组方案,合并后的母公司和子公司将在交易后的两年内获得 25% 以上的分析师关注。相比之下,20 世纪 90 年代美国证券分析师的总人数每年仅增长 2%。分析师关注的增加主要体现在专攻特定行业的分析师针对公司发出的新报告。1996 年从 AT&T 剥离出来后,朗讯(Lucent)从 24 名电

信行业分析师那里获得了关注;在此之前,只有2名分析师关注朗讯。获得来自分析师的更多分析报告是许多高科技公司进行剥离的动因之一。例如,舒肤佳证实,公司实施的几项剥离计划引发了分析师的新兴趣。

3. 吸引新的投资者

理论上,分析每一项独立业务的增长前景,并使用预测现金流来确定股票价格,即公司各项业务估值的总和,从而得到市场对一家公司的估值。实践中,市场由许多投资者组成,他们有自己的投资标准。问题在于,认为公司某一特定部门有吸引力的投资者可能会拒绝母公司的股票,原因之一是该部门的业务竞争力较弱或增长前景较差。

4. 经营业绩

如果考察新上市子公司在发行后两年内的经营业绩就不难发现,平均而言,跟踪股票和剥离的投资资本回报率(ROIC)大幅提升,而股份分拆的投资资本回报率则略有下降;而在开始交易后的两年内,"股份分拆"公司的营业收入会有很高的增长,平均年增长32%。总之,股份分拆通过增长而非成本效率来释放价值。

Maksimovic和Phillips(1998)分析了债务重组成功公司的资产构成变化,通过跟踪单个经营分部门的生产率,这些经营分部无论是否被出售或关闭都能避免幸存者偏差的影响,因为即使资产的原始拥有者被清算或债务重组成功,他们也能观察到资产的使用状况。与被卖掉的资产相比,破产公司保留的资产具有较低的生产率,这表明破产公司保留了盈利能力最低的资产。因此,公司业绩变化可能部分源于资产出售,而不是资产使用效率的变化。

Kalay等(2007)研究了20世纪90年代重组成功的113家公司的经营业绩变化。其中曾陷入财务危机的公司在破产期间,无论是绝对值还是与行业竞争对手相比,其盈利能力均明显提升,这表明重组可能为陷入财务危机的公司提供了净收益。债务结构复杂的公司的经营业绩改善不明显,债务重组前债务比率较高公司的业绩提升较大,这可能是因为自动终止债务支付对公司特别有利。

重组后公司的运营能力和盈利能力也可能与股价表现密切相关。然而,相关研究主要关注证券的定价效率,而不是重组决策的效率。例如,Hotchkiss(1995)研究的新兴公司中,只有60%破产后在纽交所、美交所或纳斯达克重新上市。

迄今为止,对破产后股价表现最全面的研究是Eberhart等(1999)。他们考察了131家破产公司的股票表现,在不同的基准下报告了破产后200个交易日内的正超额股票收益。与按行业和规模匹配的非破产公司投资组合收益率相比,破产公司平均累计异常收益率(ACAR)为25%(中位数为6%);使用市场模型下同期重组公司的ACAR为139%(中位数为5%—7%)。总之,新公司在破产后第一年表现出正的异常股票收益。

5. 增强战略灵活性

所有权重组允许公司将管理责任推进到组织的更深层次。对于一家新进入市场的子公司来说,投资者和分析师的严格审查创造了"第二董事会",管理层必须对此做出回应,其结果是经营业绩普遍提高。跟踪股票和股份分拆都能促进并购,从而增强战略灵活性。通过允许子公司与不希望竞争性信息流向母公司的公司建立关系,剥离可以增强公司战略的灵活性。

(二) 常见问题

尽管重组工具具有明显的优势,但因为担心新实体的稳定性或成本增加和复杂性提升,公司一般不予使用。

1. 稳定性

在跟踪股票和股份分拆的情况下,一些公司表示子公司有可能被竞争对手接管,或分析师可能施加压力,要求将子公司完全剥离。在剥离的情况下,母公司可能会怀疑被剥离部门是否具备独立生存的能力。

2. 成本增加和复杂性提升

考虑采用跟踪股票或股份分拆的公司高级管理人员必须考虑到新发行股票带来的更高复杂性。第一,董事会将不得不对不止一组股东做出回应;第二,创设股票以吸引不同类型的投资者,给高级管理人员带来一种负担——与每个群体进行有效和一致的沟通。

在跟踪股票或股份分拆中共享资源的需求增加了另一层复杂性。例如,研发成本可能需要在母公司和子公司的利润表之间分配。所有权重组还可能造成两个实体之间的利益冲突。例如,一家母公司和一家子公司可能会发现自己在监管问题上处于对立的立场。与母公司垂直整合的子公司可能希望与母公司的竞争对手开展业务。例如,SABRE 集团不仅为母公司(美国航空)提供机票预订系统,也为美国航空的竞争对手提供机票预订系统。

公司也会产生交易费用和间接费用。在市场上用股份分拆方式筹集新资本的直接交易成本为交易总价值的 2%—5%;对于剥离或跟踪股票的公司,这一数字约为 2%。分拆占比更大可能反映了这样一个事实:新股份经常会以首次公开募股而非股份分拆的形式进入市场。除了交易成本,重组公司还必须考虑到双重治理结构的成本以及额外的报告要求。对于这些直接计入管理费用的支出,管理层必须将之与所有权重组给公司及其股东带来的实质性利益进行权衡。

3. 拒付

在公共债券重组中,成功的重组通常会改善公司的财务状况,由此也会提高未参与投标的剩余债券的价值。投标要约和交换要约给予债权人参与的权利(但不是义务),一些债券持有人可能会选择忍耐,因为现有债权要约后的价值将超过参与交换的价值。由于所有的债券持有人都可能有类似的动机,因此重组方案可能会失败。如果发行人通过充分提高交换中提供的债权价值来诱导债权人参与,这个问题就可以得到解决。然而,以这种方式解决拒付问题的成本可能会很高,从而抵销债务重组成功带来的经济利益。

在实践中,公司可能依靠胁迫手段来减轻潜在的拒付问题,增大交换要约成功的概率。胁迫性技术威胁是指如果债券持有人拒绝要约,他们的情况就会变得更糟。当然,正确的威胁是,如果非正式的解决方案失败,所有的利益相关者都必须经历漫长而代价高昂的正式破产程序。强制性手段还包括提供比现有债务更优先或更短期限的新债权。现有的债券持有人可能愿意参与这样的交换要约,因为他们担心坚持到底会使所持债权的价值低于新债权。然而,公司发行优先级更高或期限更短的新债权的能力可能受到现有债务合同中契约条款的限制。

另一种常用的方法是征求退出者的同意,以取消限制性债券契约。根据信托契约法规,可以通过多数支持票来改变或放弃契约。一家陷入困境的公司公布了交换要约,但要约条件是债券持有人投票改变或取消发行契约。发行人也将接受交换的债务作为条件,由多数人批准同意。选择保留初始债务契约要求的债券持有人的价值损失通常超过选择不参与的好处。因此,陷入财务危机的公司可以设计财务重组方案,同时剥离现有债券契约的保护,并胁迫债权人参与投标或交换要约。

还有一种可行的方法是在公司进行初始资本结构决策时内生化相关限制要求,可以通过简单的、创新的债券契约来消除抵制的可能性。可做以下规定:①授予债券受托人代表所有债券持有人接受或拒绝投标和交换要约的权利;②一旦大多数债券持有人投标,投标要约对同类别中的所有持有人就具有约束力;③写入"连续"赎回条款,允许公司以最近一次交易中登记的价格赎回债券。这些建议强调了这样一个事实:成功的债务重组的潜在障碍往往是假设公司债务融资是外生的。然而,证券设计和公司资本结构决策可以内生化,从而解决破产过程中可能出现的问题。

4. 信息不对称

信息不对称存在于任何交易中,即交易一方比另一方更了解资产的真实价值。公司金融理论通常假设管理层拥有关于公司真实价值的私人信息。在陷入财务危机的公司中,内部人和外部投资者可能只是对公司真实价值持有不同的看法,因为他们拥有的信息不同。内部人可能有动机故意歪曲公司的价值,以说服债券持有人同意将债权换成价值较低的证券。

信息不对称问题表明,困境企业的交换要约中有不少证券应该包含或有支付功能,原因是或有支付证券的未来价值将更容易适应有关公司真实价值的信息披露。当然,不同类型和类别的金融证券具有不同程度与形式的或有支付事项——普通股、认股权、或有价值权和赎回条款。因此,信息不对称问题的解决涉及证券设计。

然而,各种法律、法规和制度限制了债券持有人以能够或愿意接受的证券类型换取债券。如果最优证券不符合这些要求,这些限制可能会阻碍交换要约的达成。结果为两者之一:①在限制条件不变的情况下,公司只能要求现有索赔人接受一个次优的新担保;②为了分配适当的担保物,必须以某种方式放松适用的限制条件。不幸的是,虽然后一种结果似乎更可取,但前一种结果更有可能发生。

Giammarino(1989)表明,在存在信息不对称的情况下,困境公司可能会放弃非正式的债务重组,并通过正式的重组程序来解决财务危机,从而产生巨额的破产成本。信息不对称的存在可能导致债券持有人宁愿选择正式破产程序的不确定分配结果,也不愿意相信非正式重组中股权持有人/管理层的担保。换句话说,正式破产程序中的司法裁量权可能有助于减弱信息不对称在解决财务危机中的影响力。因此,Giammarino(1989)的分析表明,在某些条件下,即使破产程序会产生重组成本,正式重组也可能是首选。

Brown 等(1993)研究了在债务重组中如何选择证券以解决信息不对称问题。他们预测,在公共债券持有人和公司内部人之间存在信息不对称的情况下,拥有不利私人信息的公司会向债券持有人提供高或有债权(如股权),而拥有有利私人信息的公司会提供尽可能少的或有债权(如高级或有担保债务)。在存在信息不对称的情况下,市场会高估拥有负面信息公司(B型公司)的股权价值、低估拥有正面信息公司(G型公司)的股权价值。因此,B型公司有动机披露负面信息,以诱导债券持有人接受较低的回报率并提出股权报价;G型公司由于股权价值被低估,不会模仿该要约,从而出现分离均衡。相反,向私人担保贷款人(如银行)提供股权相当于向公共债券持有人传递有利的私人信息。这是因为私人担保贷款人只有在公司前景足够好的情况下才会同意接受次级债权。总之,交换要约中的证券选择可以在一定程度上缓解信息不对称问题,并导致更有效的债务重组。

信息不对称的存在为知情者提供了一个信号。Berlin等(1996)分析了知情的银行贷款人持有的困境企业股权对外部非股权利益相关者(如供应商和客户)的影响,他们的让步可能是困境企业实现盈利的必要条件。研究结果表明,银行在借款企业中的最优股权持有量接近0或接近100%,而且在正常情况下银行应该持有借款企业的股权。这样的股权持有向外部利益相关者发出信号:银行不会与内部人勾结,不会侵害不知情外部人的利益。

5. 利益冲突

不同的重组计划——无论是正式的还是非正式的——都会在管理层、不同类别的债权人和股东之间进行财富分配。因此,重组计划如何影响财富在不同债权人之间的分配与重组计划如何影响公司资产价值同等重要。

在摆脱困境的过程中,对公司持续经营价值的估计被用来确定对每类索赔人的回报。因此,关于公司价值评估的争论往往反映了不同的信息,也反映了不同类别索赔人的利益冲突。每类索赔人都有动机根据索赔的优先次序提出有偏见的公司估值。初级索赔人对公司价值倾向于向上倾斜的估值,因为这可以提升他们获得的公司价值的比例;相反,高级索赔人对公司价值倾向于向下倾斜的估值,因为如果公司后续表现良好就可以使他们保留更多的公司份额。

管理层也有自己的偏见。管理层有动机使公司估值高于清算价值以保住工作,但又低于真实价值以便在困境解决后提供"异常"良好的股权价值表现。1989年美国东方航空公司的破产便是一个众所周知的例子,说明债权人和股权持有人之间的利益冲突会严重扭曲困境解决过程。

在最终的重组计划下,不同索赔人之间的财富分配在很大程度上是一个讨价还价的结果。有关利益冲突、联盟形成和财务危机解决之间联系的研究表明,利益冲突会降低整体经济效率,因为索赔人结成联盟可以从其他不结盟的索赔人那里获得好处——财富转移。

Brown等(1993)研究了索赔人之间如何抑制利益冲突并通过非正式重组方式来解决财务危机。这些冲突可能是索赔人群体间的,也可能是索赔人群体内的。集团间冲突的产生是因为在任何特定的重组计划下,增加一个索赔人群体的配额总是以牺牲另一个索赔人群体的利益为代价。当重组计划允许索赔人决定是否参与时,集团内冲突就会出现。如果成功的重组会提高现有债权的价值,就会产生拒不参与或搭便车动机。各类债权人的激励因素相互冲突,使重组变得困难;特别是私下的非结构化讨价还价游戏一般会导致潜在均衡和公司资产价值耗散。

Bernardo 和 Talley(1996)认为,股东和债券持有人之间的利益冲突使得在债务交换要约中出现无效率的投资决策。代表股东执行战略行动的管理层可能会选择低收益的投资项目,以提高他们对债权人的谈判地位。在投资项目增值潜力不变的情况下,管理层更倾向于在破产状态下有较低回报率的项目,因为它诱使个别债券持有人接受较差的债务交换条件,从而在偿付能力强的状态下为股东带来更大的剩余收益。

(三) 何时重组

高管们应当决定何时通过发行新股的方式进行分拆以及选择哪种方案。对以下大部分问题回答"是"的公司,应该认真考虑股权重组方案:

(1) 母公司和子公司是否在不同的行业运营?
(2) 子公司的增长比母公司快还是慢?
(3) 分析师很少提及子公司未来的成长和盈利前景吗?
(4) 高效率的管理人员或关键技术人员是否正流失到规模较小的竞争对手那里,或者是否存在这种风险?

(四) 如何重组

一旦公司决定重组,就必须从特定选项中做出选择。

如果符合以下条件,"分拆"可能是最有意义的:

(1) 母公司不再处于通过技术、系统或协同效应从业务中创造最大价值的最佳位置。换句话说,它已经不再是企业的自然所有者。1996 年 EDS 从通用汽车分拆出来的一个原因是,希望从阻止 EDS 进行特定交易的限制中解放出来。

(2) 母公司与子公司冲突的战略利益。1995 年,当美国西部广播(US West)公司为其媒体集团发行跟踪股票时,预计电信服务和有线电视业务将趋同,但当预期的协同作用未能实现时,母公司和子公司发现自己在行业监管上分属对立的阵营(Anslinger 等,1999)。

"多数股份分拆"在以下情况中是最合适的选择:

(1) 母公司或子公司需要更好的融资渠道。一般来说,采取股份分拆公司的杠杆率高于行业水平,业绩也更差,因此它们更有可能受到资本约束。分拆允许公司以公允价格筹集资金,并为可能压低收益的项目提供资金。

(2) 决策权必须下放给最了解组织的人。例如,在实行集中资本预算的企业中,部门经理有夸大投资需求的动机,并浪费时间为争取更大份额的预算而游说。相比之下,独立的企业可以直接进入资本市场——这对快速成长的企业是关键优势,否则企业可能难以获得资金。

(3) 子公司可以很容易地分拆而不存在价格转让问题。两家公司的董事会都必须审查合同协议,包括那些确定转让价格的协议,还包括研发、销售、制造和市场营销等资源共享问题。如果环境不太复杂,股份分拆是一个有吸引力的选择。

(4) 预计股东会反对发行跟踪股票,股份分拆也可能比跟踪股票更可取。在所有重组选项中,分拆总收入互换(TRS)的表现最为强劲,而它们对市盈率的影响与其他可能选项的影响大致相当。

（五）价值创造

股份分拆或发行跟踪股票在以下情况下可以创造价值：

1. 以股权收购

由于需要以股权作为收购货币，尤其是收购目标对母公司股票不感兴趣，通用汽车1984年收购EDS时发行跟踪股票。EDS开始交易的预期市盈率为38倍，而通用汽车为5倍。1995年，美国西部广播公司发行跟踪股票的市盈率为76倍，而其母公司的市盈率为17倍。

2. 子公司可利用母公司的资本结构以更低的成本借款

当子公司可以利用母公司的资本结构以更低的成本借款时，股份分拆或发行跟踪股票可以创造价值。例如，USX和Circuit City都选择发行跟踪股票，部分原因是在合并公司解体时保持被拆分实体的借款能力。

3. 子公司利润增长与同行持平或比同行更好

子公司的利润增长与同行持平或比同行更好但经营业绩落后于行业平均水平，那么股份分拆或发行跟踪股票可能不会创造价值，甚至有可能摧毁子公司。相比之下，公司可能会选择剥离表现不佳的子公司以改善业绩。

所有权重组的公司通常可以通过将业务部门暴露于市场来吸引更专注的分析师群体和新投资者，进而改善业务部门的业绩。更重要的是，这些公司可以通过激励管理层和增强战略灵活性来提高经营绩效。若使用得当，则剥离、股份分拆、发行跟踪股票都是帮助公司管理层创造价值的重要工具。参阅数字资源：延伸阅读之"IBM的重组"。

案例解析
友好集团终止经营　解决财务危机[①]

核心概念　商业租赁型零售企业　终止经营　战略转型

学习脉络　了解友好集团选择终止经营战略的全过程，讨论促进友好集团终止经营的因素，以及终止经营对公司绩效的短期、长期影响，预测友好集团的未来走势，思考公司战略选择问题。

学习要求

1. 请结合友好集团发展历史及行业背景分析企业做出终止经营决策的动因。
2. 什么是终止经营？终止经营与资产剥离有何异同？
3. 如果实施终止经营，那么选择终止经营对象的标准是什么？
4. 实施终止经营对企业在短期和长期内各产生怎样的影响？

---

① 本案例由南京师范大学的赵自强、沈怡君、凌思凡撰写，作者拥有著作权中的署名权、修改权、改编权。本案例授权中国管理案例共享中心使用，中国管理案例共享中心享有复制权、修改权、发表权、发行权、信息网络传播权、改编权、汇编权和翻译权。出于企业保密的要求，本案例对有关名称、数据等做了必要的掩饰性处理。本案例只供课堂讨论之用，并无意暗示或说明某种管理行为是否有效。

2019年1月1日,天山脚下的北疆正沉浸在过节的喜庆气氛之中。橱窗内商品琳琅满目,红色飘带四处摇曳,盛大的烟火惊艳了夜空,冰天雪地也掩盖不住人们对新年的美好憧憬。然而此时,新疆友好集团董事长聂如旋却如同掉入冰窖一般痛苦,2016年和2017年连续两年的亏损已经把友好集团牢牢钉在ST的耻辱柱上,频繁发布的退市风险公告和铺天盖地的诉讼纠纷也让他疲惫不堪,即将披露的2018年度财报数据若还不能实现盈利,友好集团就会面临退市的结局。想到此聂如旋又痛苦地按了按太阳穴,当初公司转变战略决策——终止经营究竟是对是错?这一场豪赌能否让公司起死回生?

1. 夜深忽梦少年事,细说从前

每每午夜梦回,聂如旋总是忆起当年友好集团的鼎盛时期,算来也是2010—2013年的事情了。那是震惊了南疆人民的阿克苏天百国际购物中心,是入选中国企业500强的风光无限,是五城八店覆盖全疆的商业宏图……可叹可叹,终究还是一场梦呵!

1.1 友好集团鼎盛时期

新疆友好(集团)有限公司(简称"友好集团")1996年在上海证券交易所挂牌上市,是一家有着悠久历史的老牌国有商业租赁型零售企业,超过50%的门店在租赁其他公司房产的基础上营业。公司的主营业务为商业零售,经营业态包括百货商场、购物中心、大型综合超市、标准超市、超市便利店等。除了基本的百货、电器、超市等零售业务,公司的商业版图还一度延伸到房地产、物流、旅游、广告、生物制药等领域,且很早就开始跨行业经营。公司2015年进行了国企改革,公司控股股东由乌鲁木齐国有资产经营(集团)有限公司转变为大商集团有限公司。大商集团有限公司位列2016年中国零售百强企业排行榜第十五名,因此友好集团有望借助大商集团的资源优势实现协同效应,实现线上线下的进一步发展。

新疆友好集团2011—2013年借子公司汇友房地产有限公司出售的商品房大部分达到收入确认条件的东风,实现营业收入的爆发式增长。与此同时,借助资本的积累,企业开始实施多业态扩张战略,门店数量快速增长(见表1)。几年间友好集团将店面开遍新疆地区,借助西部开发的政策优惠,实现迅猛发展并于2013年入选中国企业500强。

表1 2011—2013年友好集团新增门店统计

年度	新增门店数量	购物中心	超市
2011	8家	伊犁天百国际购物中心、新大科技园电器卖场	嘉和园友好超市、新民路友好超市、钱塘江路友好超市、阳光嘉苑友好超市、林清园友好超市、库尔勒亿家汇好超市
2012	11家	奎屯友好时尚购物中心、长春路友好时尚购物中心、"社区百货"友好中环百货、友金盛百货、伊犁天百二期项目部分区域	石河子超市、库尔勒彼此满意超市、库尔勒亿家汇好超市,以及乌鲁木齐市的三家便利店
2013	1家	阿克苏天百购物中心	

1.2 行业背景

友好集团的主营业务为商业零售。零售业高度依赖区域经济发展水平以及消费者的收入水平、信心指数、消费倾向等,而这些因素与宏观经济变化紧密相关。

近年来我国经济增长结构正在发生变化,消费行业整体需求回暖,居民可支配收入增长远高于GDP增长速度。随着经济逐步进入高质量发展阶段,居民消费也进入需求多元化、规模持续扩大、结构优化升级的发展新阶段,正处于由生存型消费向发展型消费、由商品消费向服务消费、由传统型消费向创新型消费转变的时期。

在当前市场环境下,零售行业内部竞争激烈,国内老牌零售企业不仅要面对蓬勃发展的电子商务的冲击,还要应对国外零售企业(如沃尔玛、家乐福等)挤占国内市场份额所带来的威胁。中国百货商业协会发布的《2016—2017年中国百货行业发展报告》显示,从零售市场竞争环境来看,电子商务冲击对百货店的蚕食仍未停止;购物中心的分流越来越重,对百货店的人气"截流"仍在延续。此前,购物中心主要涌现于一、二线城市,百货店关店也主要发生在一、二线城市,在"渠道下沉"策略之下,三、四线城市逐渐成为购物中心主场,而三、四线城市的市场承载力更小,百货店抗冲击能力不强,同样面临客流量和销量减少的困境,闭店潮仍在延续。国家发展改革委曾对国内零售业表态:"尽管网上商品零售、快递等新兴业态创造了部分新的就业岗位,但也必须注意到网店对实体店产生的冲击和显著的替代效应。"在实体零售店的倒闭潮中,网上零售确实与之呈现强烈反差。国家统计局的数据显示,2017年1—7月,全国网上零售额同比增长33.7%,增速比上半年略有提高。其中,全国实物商品网上零售额同比增长28.9%,增速比上半年提高0.3个百分点,高于同期社会消费品零售总额增速18.5个百分点;占社会消费品零售总额的比重为13.8%,比上年同期提高2.2个百分点。由此可见,新零售模式显现增速迅猛的态势。

2. 危急存亡求转型,终止经营

聂如旋兀自感伤了一番这些年的商海沉浮,彼时自己着实有些心急了,急速扩张给公司留下了许多弊病。电商与消费转型的巨大冲击使得市场实在是不景气,外来竞争者又始终虎视眈眈,2015年友好集团不得不寻求终止经营转型。

2.1 业绩下滑

伴随中国经济进入新常态,经济增速放缓,加之电子商务崛起带来的冲击,国内百货零售业整体销售规模及利润增速同比持续下降。新的市场环境下顾客消费日趋理性,传统百货的营销模式已无法满足消费者多元化的需求,市场环境整体恶化。与此同时,友好集团前期快速扩张带给企业的负面影响也在不断显现,最主要的就是企业成本快速增加,而在2015年企业房地产业务的助力作用已明显减弱。在创收日渐艰难、经营负担日渐加重之时,企业业绩不断下滑,2015年出现营业亏损。在这种背景下,友好集团开始考虑战略转型,终止经营部分门店,以期给企业经营带来转机。友好集团2012—2015年主要财务指标下滑情况如图1所示。

2.2 战略转变

从2014年开始,友好集团控股子公司新疆汇友房地产开发有限责任公司预售的商品房达到收入确认条件的营业收入逐年减少,截至2014年,该公司已实现收入的建筑面积占开发商品房总面积的90.4%。剔除房地产行业状况对企业业绩的影响,2014年公司亏损7 360.73万元。这减少了其对友好集团营业利润的支持作用,导致友好集团2014年的营业利润较上年减少60.08%。

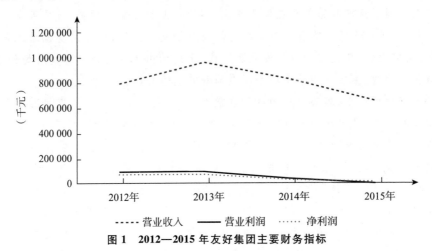

图1 2012—2015年友好集团主要财务指标

友好集团2010—2015年实行积极的多业态扩张战略,在此过程中,其线下门店数量快速增长,以平均每年新开设6.5家门店的速度扩张。但是,伴随着"开源"带来的收入增长,友好集团并没有做到"节流",门店的扩张导致营业成本也快速增长,2012年的营业成本较2011年增长89.21%,经营负担加重。同时,新拓门店成本、费用的大量增加也影响到友好集团2013年的业绩,剔除房地产业对于公司业绩造成的影响后,友好集团2013年净亏损10 850.29万元。

除了房地产和前期扩张的因素,友好集团的外部环境也不容乐观。一方面,电子商务的快速发展对实体零售业造成了严重的打击,实体商业零售业的利润增速大幅下降;另一方面,随着新疆地区的经济发展,越来越多的零售企业开始涉足百货零售业务,这进一步加大了友好集团的竞争压力。

友好集团2015年的营业收入下降21%,更是出现1 049.3万元的营业亏损。针对营业收入和营业利润逐年下降的态势,友好集团管理层从2015年开始进行积极的战略调整。2015年公司将原本"多业态扩张"的战略调整为"稳中求进",提出全面围绕"降本增效"的战略目标开展经营管理工作,并在2016年度财报中披露2016—2020年发展战略规划,提出全过程压缩企业经营成本的目标。整个过程的战略转变如图2所示。

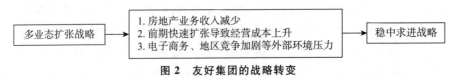

图2 友好集团的战略转变

友好集团计划一方面提高新拓门店的盈利能力,另一方面关闭一些持续亏损的门店以减轻企业的经营压力,提升企业主业的盈利能力。对于友好集团之类的商业租赁型零售企业来说,大部分门店不属于自有资产,而是租赁其他企业的房产。因此,在处置门店方式的选择上,资产剥离手段并不适用,终止经营成为友好集团处置门店的唯一手段。

2.3 终止经营业务

从2015年开始友好集团相继提前终止与8家企业签订的租赁合同,并且关停5家门店,2015—2017年关闭门店业务的情况如表2所示。

表2 2015—2017年友好集团终止经营业务统计

公告发布日	终止经营公告
2015.01.28	与新疆大学科技园有限责任公司提前终止《房产租赁合同》的公告
2015.03.05	与新疆佳雨房地产开发有限公司提前终止《房产租赁合同》的公告
2016.06.17	控股子公司库尔勒天百商贸公司提前终止经营友好超市库尔勒巴音西路店的提示性公告
2016.08.12	与关联方新资源地产投资公司就"怡和大厦"项目剩余地下一层签订提前终止租赁协议的关联交易公告
2016.12.15	与新疆天德立房地产开发有限公司终止双方签订的《房产租赁合同》的公告
2017.04.26	与乌鲁木齐元广市场开发有限公司提前终止《租赁合同》的公告
2017.05.27	与奎屯宏源时代物业服务有限公司提前终止《租赁合同》的公告
2017.06.03	拟提前终止经营五家渠友好时尚购物中心
2017.09.29	与乌苏宏源时代房地产开发有限公司提前终止租赁协议的公告
2017.10.14	提前终止经营库车友好时尚购物中心

资料来源:友好集团年度报告。

3. 亏损诉讼将退市,成长阵痛

终止经营战略当然不是一剂立竿见影的灵药,聂如旋有些苦涩地想,如果非要拿什么作比的话,"刮骨疗伤"显然更为贴切。在终止经营战略逐步实施的过程中,短期内出现许多"成长的阵痛"。

3.1 业绩亏损

对于友好集团的业绩,各大财务分析师更喜欢用"不友好"来形容。友好集团在2016年和2017年连续两年亏损,除了市场和宏观经济因素的影响,终止经营战略对公司业绩亏损也产生巨大影响。此期间友好集团亏损情况如表3所示。

表3 2016—2017年友好集团利润情况

主要会计指标	2017年(元)	2016年(元)	同期增减(%)
营业收入	5 879 400 451.48	6 111 495 996.20	-3.80
归属于上市公司股东的净利润	-485 830 599.78	-399 718 888.91	不适用
归属于上市公司股东的扣除非经常性损益的净利润	-248 649 517.82	-419 119 276.37	不适用
经营活动产生的现金流量净额	741 271 284.75	161 157 822.98	359.97

资料来源:友好集团年度报告。

计提辞退福利对业绩变动影响较大。为降低人工成本、提高工作效能、突出精简高效原则,友好集团公司对部分直属部门及分公司、子公司的组织架构和人力配置进行结构性调整与优化,调整工作人员年龄结构,安排部分达到内退年龄的职工提前退出工作岗位。

友好集团2016年计提辞退福利5 647.17万元,由此减少2016年度归属于上市公司股东的净利润4 925.72万元,相应减少2016年年末所有者权益4 925.72万元;2017年计提辞退福利4 581.18万元,由此减少2017年度归属于上市公司股东的净利润3 935.48万元,相应减少2017年年末所有者权益3 935.48万元。

非经营性损益对友好集团业绩变动的影响较大。友好集团2017年提前终止渠友好时尚购物中心、库车友好时尚购物中心、友好超市奎屯二店等5个项目的经营,由此产生关店损失约25 565.06万元,包含因未决诉讼计提的预计负债6 517.92万元。

3.2 诉讼缠身

自落实终止经营计划起,友好集团就身陷各种诉讼纠纷。终止经营需要关闭门店,由此引发房产租赁合同纠纷。一方面,官司审理冻结公司账户大笔资金,败诉要赔偿高额的违约金和诉讼费用;另一方面,诉讼缠身对公司形象造成负面影响,导致股价动荡,对此友好集团可以说是苦不堪言。

2016年7月,友好集团控股子公司库尔勒天百商贸公司收到传票,被新疆彼此满意商业投资有限公司以租赁合同纠纷为由起诉。经历三次审理后,自治区高院于2017年10月出具《民事裁定书》。友好集团控股子公司库尔勒天百商贸公司须支付涉及诉讼的租赁场所友好超市库尔勒巴音西路店2016年4月1日至2016年8月31日的租金184.44万元、违约金88.00万元以及承担案件受理费4.09万元,合计276.53万元,将减少库尔勒天百商贸公司2017年度股东净利润276.53万元,由此减少友好集团2017年度归属于母公司所有者的净利润141.03万元。2017年年末,友好集团公司已依据巴州中院二审出具的《民事判决书》中的涉案金额537.75万元全额计提预计负债。

2017年5月友好集团收到法院传票,被新疆君豪商业广场有限公司以5家渠友好时尚购物中心项目租赁合同纠纷为由起诉,最终于2017年7月15日达成《民事调解书》。调解书要求友好集团承担5家渠友好时尚购物中心项目2014年5月1日至2017年7月30日的房屋租金4 000万元,扣除友好集团前期已支付的1 944万元,尚需支付2 056万元,将影响友好集团2017年度归属于上市公司股东的净利润约2 056万元。

2017年9月友好集团收到法院传票,被新疆德丰房地产开发有限公司因房屋租赁合同纠纷起诉。涉及诉讼的租赁场所库车友好时尚购物中心自开业以来经营情况始终未达预期,友好集团决定提前终止与德丰房地产原定2029年4月30日终止的租赁合同。历经两次审理后,友好集团须向德丰房地产支付租金1 396.05万元、逾期付款违约金90.51万元、承担一审案件受理费31.36万元、二审案件受理费53.14万元,合计1 571.06万元,扣除计提的未决诉讼预计负债,将减少公司2018年度归属于上市公司股东的净利润53.14万元。

3.3 退市风险

因友好集团公司2016年度、2017年度经审计的归属于上市公司股东的净利润均为负值,公司股票已于2018年4月26日被实施退市风险警示。根据《上海证券交易所股票上市规则》第14.1.1条第(一)项的规定,若公司2018年度经审计的净利润继续为负值,则交易所可能暂停公司股票上市。友好集团已于2019年1月30日和2019年2月28日公布了两次股票可能被暂停上市的风险提示公告。

4. 绝处逢生迎转机,再现曙光

4.1 "开源节流"转型成功

在经历了2016年和2017年大量的辞退员工及诉讼费用支出后,终止经营的收尾工作基本结束,友好集团终于成功完成终止经营的战略转型,于2018年充分享有终止经营带来的"节流"好处。

从图3中不难看出,友好集团的各项费用在2018年均实现了有效减少,由于关闭门店减少的人员工资和物业费有效地削减了销售费用,终止经营带来的职工薪酬和租赁费的减少有效地削减了管理费用,而及时归还的公司借款和债券有效地减少了公司的财务费用。其中,管理费用较2017年下降30.78%,为企业成功转型有效削减了开支。

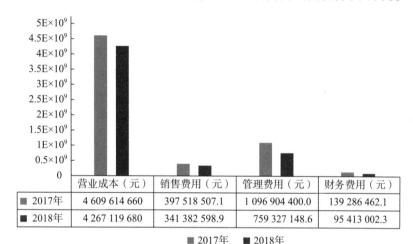

图3 友好集团费用情况

友好集团加大了联营的品牌效果,经营结构从联营转型为租赁型,有效增加了业务量和毛收入;增加了"友好易购"的线上平台,将网络电商因素加入传统的租赁型商品销售。总体来说,企业实现了开源节流,成功转型,业绩向好。

4.2 业绩扭亏为盈

聂如旋一人在办公室久久沉思着,心中的酸涩几乎溢出眼眶。拖着这样一个亏损、诉讼不断的公司几乎把这些年积攒的家底全部掏空,退休员工的抱怨、房地产公司的咄咄逼人以及股民的冷嘲热讽都使得友好集团岌岌可危。聂如旋正胡思乱想,总会计师兰建新敲开了办公室的门:"聂总!聂总!你猜怎么着,咱们公司2018年度业绩可算扭亏为盈啦!"

"真的?"聂如旋有些不可置信,急忙打开兰建新刚打印好的文件,"公司2018年度业绩与上年同期相比将实现扭亏为盈,实现归属于上市公司股东的净利润为4 300万元左右,实现归属于上市公司股东扣除非经常性损益后的净利润为7 300万元左右。"寥寥几句间友好集团的转型生机尽显。

"好,实在是好,咱们公司这下可不必退市了!"聂如旋长舒一口气,指腹依依不舍地摩挲着温热的纸张。虽然这只是个简单的业绩预告而非正式的年度报告,但终止经营的效力已经逐渐显现,聂如旋望向窗外,这次公司若能真的翻身,那可得多亏终止经营战略呵!"及时止损,及时止损,古人说的话总归是没错的。"

本章小结

本章探讨了与处于财务危机不同阶段的公司相关的事件、影响和决策。在对财务危机的导因和影响进行一般性讨论之后，围绕与严重财务危机相关决策的主要类别进行讨论：削减业务、资产出售和财务重组。导致公司陷入财务危机的因素包括：①宏观层面，包括GDP增长速度的下降或金融市场的变化；②行业层面，包括竞争、行业冲击和放松管制；③公司层面，包括公司的所有权和治理结构、经营风险、盈利能力和杠杆率。财务危机会对债务和折旧的税收优惠的价值、与重组或发行证券相关的交易成本、代理成本以及公司股权的流动性产生不利影响。

综合应对财务危机的主要措施包括：①削减业务，包括收缩业务规模、裁员或关闭工厂，采取这些措施后，公司的盈利能力通常会提高；②资产出售，通过提供急需的现金来缓解财务危机，然而资产可能不得不以跳楼价出售；③财务重组，包括削减股利、双重资产重组、针对子公司发行目标股票、对子公司进行股份分拆、剥离子公司或部门或业务。

 思考题

1. 在宏观经济层面讨论财务危机的导因。
2. 在行业层面讨论财务危机的导因。
3. 在公司层面讨论财务危机的导因。
4. 列出并讨论财务危机带来的不利影响。
5. 讨论公司应对财务危机的以下方式：
   ⓐ 裁员　　　　　　ⓑ 关闭工厂
6. 讨论出售资产来应对财务危机的以下方面：
   ⓐ 资产出售的频率以及决定性因素为何？
   ⓑ 资产是否存在贱卖？
7. 定义并简要讨论以下各项财务重组方式：
   ⓐ 双重资本重组　　ⓑ 目标股票　　ⓒ 股份分拆　　ⓓ 剥离
8. 讨论重组带来的影响、何时重组以及如何重组。

 应用题

为什么不同行业的公司受到经济增长变化的影响会不同？

 分析题

分析目前处于财务危机的一家公司。ⓐ什么原因导致财务危机？ⓑ到目前为止，公司对此有什么回应？ⓒ这些回应是否受到市场的欢迎？ⓓ公司应该考虑其他替代方案吗？

第十二章　债务重组、收购、破产、改组和清算

本章重点探究陷入严重财务困境的公司。这些公司不得不面临的一个问题是无法偿还债务。此时，可供公司选择的方案一般有：①与债务人协商，针对债务合同进行重组；②被收购并由收购方承担债务；③违约并申请破产。

党的二十大明确将"统筹发展和安全"作为全面建设社会主义现代化国家过程中需牢牢把握的重大原则，同时提出要"强化金融稳定保障体系，依法将各类金融活动全部纳入监管，守住不发生系统性风险底线"。帮扶企业解决实际困难、度过困境期、建设健康企业是当前工作的重中之重。许多企业出现资产负债率高、流动资金萎缩的状况，不断有企业违约的事件曝光，加上通货膨胀的影响，"债务危机"成为影响企业运营的重要因素。基于此，深入了解企业财务困境的导因及其脱困路径是必要的。

本章主要围绕企业破产法中债务重组、被收购、破产、改组和清算，分析国内外学者对相关问题的研究。首先，界定财务困境概念，深入理解财务困境的内涵及其对企业的影响，从实证数据入手，引入讨论重点。其次，讨论困境企业将面临的几种选择和企业的结局。再次，讨论私人债务重组，重点研究困境企业在实施庭外重组时或将面临的现实问题。又次，讨论合并、兼并及收购交易作为应对财务困境的策略。最后，讨论破产保护程序的设置，分析破产、重组过程、破产后的紧急情况，以及困境企业的最后一种选择——破产清算程序。

第一节 财务困境

本节将对企业财务困境的概念进行界定,同时回顾美国20世纪陷入财务困境的上市公司的实际情况。

一、财务困境的概念界定

企业陷入财务困境的标准界定一直是学术界争论的焦点。企业陷入财务困境是一个逐渐的、连续的过程,没有一个明确的界限可以将企业判定为正常经营和陷入财务困境,因此国内外对此也尚未形成一个权威的界定标准。

(一) Altman 的观点

Altman(1968)根据美国破产法律的规定,将企业进入法定破产程序界定为陷入财务困境。Altman 建立了著名的 Z-Score 模型来预测企业发生财务困境的潜在可能性,选取美国 1946—1965 年间提出破产申请的 33 家破产企业作为研究样本,根据实证分析结果,从最初的 22 个财务比率中选择 5 个指标进行多元判定分析。在 Z-Score 模型中,Z 值越小,企业发生财务失败或破产的可能性越大,反之则说明财务状况良好,Altman 提出判定企业财务失败或破产的 Z 临界值为 2.765。虽然 Z-Score 模型的预测准确性随着时间的加长而大幅下降,但对于企业财务困境的研究意义深远。

Altman(1984)又将企业财务困境分为三种情形,分别是失败阶段、无偿付借债能力阶段、破产阶段。其中,进入无偿付借债能力阶段表明企业陷入财务困境,此时企业无法偿还全部流动债务。

(二) Beaver 和 Deakin 的观点

Beaver(1966)将发生"破产、债券违约、银行账户透支或者没有支付优先股股利"情形的企业认定为财务失败;Deakin(1972)认定已经破产、无力偿债或清算的公司为陷入财务困境的企业。两种表述虽然有差异,但可以总结为:企业一旦经营失败就被认定为陷入财务困境。

在企业财务困境预测方面,Beaver(1966)选取了 1954—1964 年 79 家失败企业和 79 家非失败企业,其分析结果为:失败企业和非失败企业在现金流量/负债总额、净利润/总资产、资产负债率、营运资本/总资产、现值率(折现率)5 个财务指标上存在明显的差异。

(三) Morris 的观点

Morris(1998)列出了企业陷入财务困境的 12 条标志,其严重程度逐次递减:①债权人申请破产清算,企业自愿申请破产清算或者被指定接收者完全接收;②公司股票在交易所被停止交易;③针对持续经营,会计师出具保留意见;④与债权人发生债务重组;⑤债权人寻求资产保全;⑥违反债券契约,公司债券评级或信用评级下降或发生针对公司财产或董事的诉讼;⑦公司进行重组;⑧重新指定董事,或者公司聘请咨询师对企业进行诊断;⑨被接管(当然不是所有被接管都预示企业陷入财务困境);⑩公司关闭或出售部分业务;⑪减少或未能分配股利,或者对外报告损失;⑫公司股票市场价格下降。

（四）Ross 和 Westerfield 的观点

Ross 和 Westerfield(2011)认为可以从四个方面定义企业的财务困境：企业失败，即企业清算后仍无力支付债权人的债务；法定破产，即企业和债权人向法院申请破产；技术破产，即企业无法按期履行债务合同；会计破产，即企业的账面资产为负，资不抵债。

（五）吕长江、王伦刚等人的观点

吕长江等(2004)认为企业陷入财务困境是一个动态持续的过程，他们在 Ross 和 Westerfield(2011)的基础上，结合中国上市公司的实际情况，提出对财务困境的新定义：流动比率小于1，同时流动资产少于流动负债应该是一个持续的状态，这种状态在1—3年甚至更长时间内不能逆转。

一方面，流动比率是衡量企业短期偿债能力的指标，当流动比率小于1时，企业的短期偿债能力很可能已经出现严重的问题，说明流动资产变现无法偿还流动负债，需要变现长期资产或者借新债还旧债。另一方面，要求财务困境状态至少在1—3年内不能逆转，是因为当初次出现流动比率小于1时，企业可以动用自己的信用来借新债还旧债；但是，如果流动比率持续小于1，企业持续利用自己的信用来借新债还旧债就是一件很困难的事情。

吕长江等(2004)还明确指出"财务困境"的概念不等同于"财务破产"。财务困境是大部分企业进入破产前所处的财务阶段，并非所有进入财务困境的企业都会破产，企业往往可以选择通过重组等手段走出财务困境。刘殷君(2018)和王伦刚(2020)分别论述了财务困境与财务破产的区别，企业陷入财务困境后，可以通过内部优化、结构调整等方式走出困境，而进入财务破产的企业则离消亡不远了。

（六）鲜文铎、向锐等人的观点

我国的资本市场比较特殊，鲜有公司破产，即便陷入财务困境，企业凭借上市公司的身份也可以通过重组的方式得到保护。所以，很少有学者以公司破产来界定财务困境，大多数研究认为被特殊处理(ST)是上市公司陷入财务困境的标志之一。

鲜文铎和向锐(2007)在研究企业财务困境预测模型时，以我国 A 股上市公司为样本，以财务状况异常而被 ST 作为公司发生财务困境的标志。王瑞芳(2019)聚焦于企业财务困境预测模型研究，更倾向于将"财务困境"概念界定为"被 ST 的上市公司"。

从上述多位学者的观点可以看出，对财务困境的概念界定尚不明确，更被大众接受的观点是财务困境是一个长期的、动态的、持续的过程。我国学者倾向于以上市公司被 ST 作为公司陷入财务困境的标志；国外学者则倾向于从公司经营的多方面来判定公司是否处于财务困境阶段。

二、美国上市公司的财务困境状况

（一）严重的财务困境状况

Altrnan 和 Hotchkiss(2005)研究了截至1995年上市的5 069家美国非金融公司的财务困境处置情况。首先，他们将这些公司分为五大类：①在2000年年末仍公开交易的公司；②截至2000年年末被收购的公司；③进行债务重组的公司；④进行清算的公司；⑤在

2000年年末不再公开交易的所有其他公司,包括被证券交易所除名的公司。其次,他们将每组公司进一步分类:观察期内累计收益为正的公司和累计收益为负的公司。最后,针对每个分组中的公司,计算1995—2000年(或到股票退市)的权益市场价值(MEQ)中值(即中位数)的变动百分比。权益市场价值(MEQ)即未来股利的现值,权益市场价值=净利润/权益资本成本,权益资本成本就是折现率。表12-1显示了计算结果。在1995年年末的5 069家公司中,有3 945家(77.8%)在2000年年末仍公开交易的1 671家(33%)公司处于财务困境,这表明财务困境是常见的。这些公司MEQ中值的变动百分比为-54%,而累计收益为正公司的MEQ中值的变动百分比为33%。

表12-1 公开交易的5 069家美国非金融公司的交易情况

项目	公司数量(家)	占1995年年末所有公司的百分比	MEQ中值的变动百分比
截至1995年上市的公司总数	5 069	100.0%	
2000年年末仍公开交易的公司	3 945	77.8%	
累计收益为正的公司	2 274	44.9%	33%
累计收益为负的公司	1 671	33.0%	-54%
2000年年末被收购的公司	848	16.7%	
累计收益为正的公司	558	11.0%	72%
累计收益为负的公司	290	5.7%	-3%
进行债务重组的公司	95	1.9%	
累计收益为正的公司	3	0.1%	-100%
累计收益为负的公司	92	1.8%	-100%
进行清算的公司	12	0.2%	
累计收益为正的公司	1	0.0%	-87%
累计收益为负的公司	11	0.2%	-94%
退市等的公司	169	3.3%	
累计收益为正的公司	23	0.5%	-12%
累计收益为负的公司	146	2.9%	-97%

共有848家公司(占1995年年末所有公司的16.7%)被收购,其中近2/3(558家)公司的累计收益为正值,另1/3(290家)公司的累计收益为负,而MEQ中值的变动百分比分别为72%和-3%。这些结果表明,大约1/3的被收购公司陷入财务困境。

共有95家公司进行了债务重组,除3家公司外,其他公司的累计收益均为负值,并且这些公司的MEQ中值变动百分比为-100%。

共有12家公司进行清算,其中11家公司的累计收益为负值。对于累计收益为正的1家公司,MEQ中值的变动百分比为-87%;而对于累计收益为负的11家公司,MEQ中值的变动百分比为-94%。

到2000年年末,共有169家未被收购或破产的公司不再公开交易。其中,146家公司的累计收益为负值，MEQ 中值的变动百分比为-97%；其余 23 家公司的累计收益为正值，但 MEQ 中值的变动百分比为-12%。

表 12-1 的结果表明，大多数陷入财务困境的公司至少在很长时间内仍保持公开交易。那些有财务困难且没有公开上市的公司，大多数（16.7%）被收购了，1.9% 和 0.2% 的公司分别经历了债务重组和破产清算，3.3% 的公司退市或私有化。

（二）财务困境企业脱困路径

图 12-1 显示了美国陷入严重财务困境的上市公司，共计 381 家。分析这些公司的综合统计数据，其中有 49% 的公司（179 家）既没有债务违约也没有债务重组，其余 51% 的公司（202 家）选择违约或者债务重组。在这 202 家公司中，有 47% 的公司通过私人方式解决违约或重组债务，但其余的大多数公司选择根据美国破产法律申请破产保护。在申请破产保护的 162 家公司中，60% 根据重组计划提出，7% 与其他公司合并，15% 根据破产法律进行清算，剩余 17% 方式未知。

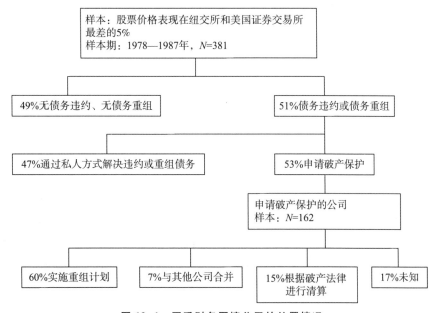

图 12-1 严重财务困境公司的处置情况

图 12-2 显示了 1980—2000 年间申请破产的 662 家公开交易的美国非金融公司在破产申请日前 12 个月内权益市场价值（MEQ）中值的变动百分比统计数据。从 MEQ 中值可见，破产公司从第 1—12 个月 MEQ 中值每月下降约 6 个百分点，在申请月份损失 32% 的价值。不同公司价值损失的进程差异很大。如图 12-2 所示，市值处于中等水平的破产公司在第 1—6 个月损失大约 33% 的 MEQ，而市值较高的破产企业在第 6—12 月没有损失 MEQ，同时市值较低的破产企业损失 57% 的 MEQ，状况较为良好的破产企业在第 1—12 个月至少保留了 77% 的 MEQ。这个结果表明，相当一部分企业的破产申请是对市场冲击的一种自我保护手段。

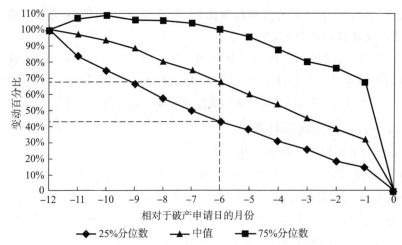

图 12-2 破产公司在破产申请日前 12 个月的 MEQ 中值的变动百分比

第二节 债务重组

债务重组是企业纾解财务困境的基本策略,也是债务人解决企业债务危机的有效手段之一。本节将讨论困境企业的债务重组,以及实施债务重组过程中面临的主要问题。

一、债务重组的概念

债务重组是指当企业陷入债务危机时,债务人与债权人通过协商、谈判或者根据法院的裁决,由债权人就债务偿还条件做出让步,具体方法有以现金或非现金资产清偿债务、将债务转为资本、修改偿债条件等。由此可以看出,债务重组实质上就是改变原有的债权债务条款,以缓解企业所面临的偿债压力和资金压力。

债务重组场景多样,不必然发生于企业深陷偿付危机的场景。它既适用于生产运营正常的企业,比如仅单纯改善企业的长短期负债结构、调整企业债券与银行贷款的比例关系、提高企业的核心竞争力的情况,也适用于以拯救为主要目标的债务危机状况。除按照经营状况分类外,困境企业还可以结合自身的实际情况,依据最基本的庭外重组或庭内重组的分类,制定符合自身情况的重组策略。

(1) 庭外重组涉及在困境时改变资产和债务的构成,完全避免司法干预,促进效率,恢复增长,在债务人财务困难时最大限度地减少相关成本等内容,包含财务重组和业务重组。

(2) 庭内重组是指在法院的监督和指导下,通过破产清算、破产重整及公司清算等司法程序,对困境企业的业务和财务进行整体处置,运用法律手段统筹规划处理利益相关人的权利和义务,并辅以经营性的转型或升级,恢复企业的持续运营能力和盈利能力。在此过程中,债务重组的核心是快速恢复企业现金的流动性。

对于陷入财务困境的企业而言,债务重组并不只是简单地调整债权债务结构,更是企业内部组织系统的更新。从产权角度看,债务重组实际上是将企业所有权由股东向债权人转移的过程。从法律角度看,债务重组则是变更财务困境企业的债权债务,通过变更、转让、免除等多种形式重新安排债权债务关系,以最大限度地保护债权人的利益。

二、困境企业债务重组的意义

破产重组的概念最初起源于英国,之后美国通过立法加以明确并推广,《1978年破产改革法案》明确破产重组制度旨在防止困境企业进入破产清算程序,以实现企业复兴。破产重组制度在我国受到重视的标志是2007年6月1日起施行的《中华人民共和国企业破产法》,引入了以市场化为导向的破产制度,科学地设置了破产重组制度。

在传统破产法律中,破产清算占据绝对的主导地位。破产程序主要解决的问题是如何将债务人企业的资产公平地向全部债权人清偿并消除其主体资格。随着市场经济的不断发展,大量困境企业的破产不仅损害了债权人的利益,对社会公众利益也是一种损害。特别是大型企业的破产会使所属行业、所属经济区域等的经济发展产生一定程度的动荡。部分企业陷入财务困境源于自身经营问题,例如治理结构未得到及时有效调整、资源配置存在缺陷及代理问题等,如果这些企业在其他方面仍有着长期生存能力,那么现代破产法律更倾向于债务人与债权人协商进行债务重组,避免有持续经营价值的企业走向破产结局,实现债务人资源的高效优化配置。

对于债务人企业而言,债务重组能够帮助自己度过财务困境阶段,解决财务危机,实现可持续经营;对于债权人企业而言,成功的债务重组能够使债权人企业获得比债务人企业破产清算更高的清偿率,保护自身的利益,同时加强自身与债务人企业的合作关系。

三、债务重组的方式

目前,企业进行债务重组主要采用四类方式。

(一) 资产清偿

当企业面临财务危机时,债务人不能以现金有效偿还全部借款,只能采用转让自身资产的方式偿还债务。如果是用现金进行还款,就意味着相关债权人同意债务人支付少于总借款金额进行还款,整体还款实施难度较小、流程少,对双方都有利,债务人可以以低于账面价值的资金清偿债务,而债权人能收到资金以投入其他项目。采用非现金资产清偿债务,主要是由于企业没有充足资金,只能通过存货、固定资产等非现金资产偿还,企业一般会选择与主营业务无关的非现金资产,在偿还债务的同时也积极处置闲置资产。

(二) 债务转为资本

应付款项构成债务人企业的债务资本,在债权人和债务人双方沟通达成一致意见以后,将债务转换为资本,从而偿还借款。这种还款方式对债务人来说自身的实收资本有所增加,同时债权人的投资收益也有所增加。

(三) 债务条件修改

债权人和债务人在沟通达成一致意见以后,适当调整还款条件,如减免利息、减少本金、降低利率等,这也是一种有效的债务重组方式。修改债务条件方式的最大特点就是延期清偿,也就是说在约定付款日债务人不需要立即偿还所有债款,双方重新协商并修改相关债务条件。

(四) 混合重组

以混合重组方式来清偿债务,是指采用上述三种方式中的任意两种或三种同时清偿债务的债务重组方式。例如,债务人可以用资产清偿部分债务,再将剩余部分债务转换为股本;或者将部分债务转换为资本清偿部分债务,再将剩余部分债务延期偿还;等等。

四、谈判钳制、聚合问题、公共债务、交换要约和强制手段

债务重组依据司法介入的程度分为庭外重组和庭内重组,而庭外重组因为可以避免法庭的过多介入而具有更高的主动性和灵活性,更容易被困境企业接纳。达成庭外重组协议不仅意味着企业在陷入债务危机时,在没有启动破产程序等司法程序的情况下债务人企业与债权人积极主动联系、沟通和协商,通过修改清偿条件等方式,最大限度地提高债权清偿率,制定庭外重组协议并获得全体或大部分债权人的同意;还包括困境企业进入破产程序后,债务人企业和全体债权人就债务清偿问题达成私下和解协议并经法院认可。

在庭外重组中,债权人与债务人企业达成"和解"主要依靠自主意志,不受司法程序的直接控制。因此,债务重组中最困难的是解决"钉子户问题"。重组谈判钳制成本过高是庭外重组局限性之一。所谓"谈判钳制"是指在一些交易中,一方当事人利用优势地位为自己争取有利条件而以其他债权人利益为代价,通过采取某些策略或行为,使得谈判无法继续的情形。庭外重组协议要求全体债权人一致同意才能通过。即使庭外重组协议能够满足大多数债权人的利益,但是一旦有极少数债权人提出异议,协议就不能通过。如果每一个债权人都为了自己在债务重组中获得更优渥的清偿条件而拒不让步,债权人之间的钳制就会阻碍重组协议的达成,这不仅会增加庭外重组的机会成本和时间成本,还会挫伤债权人参与重组的信心和积极性,阻碍重组取得成效。

进行庭外重组面临的现实问题之一是聚合问题,债权人的成本和诉求越多,聚合问题越严重,达成一致意见的成本和失败概率就会越高。而随着市场的发展,愈加多元化的复杂环境加剧了聚合问题,各类债权人的实质利益与经济诉求差异过大,甚至同类债权人也会产生严重冲突。

当债务人企业拟实施债务重组程序时,若尚有未偿还的公共债务,则达成重组协议的难度进一步加大。所谓公共债务,有时也称政府债务,代表一个国家中央政府的未偿债务(债券和其他证券)总额。公债可以在外部和内部筹集,其中外债是指欠国外贷方的债务,内债是指政府对国内贷方的义务。

John 和 John(1993)解释了债务重组问题以及强制执行的解决办法:在正式的破产程序之外达成债权人之间的协议取决于重组的债务类型,如私人债务或公共债务。公共债务的重组受信托契约法规的制约,要求每个债券持有人一致同意改变债券契约中的到期日、本金或息票利率。这种严格的投票规则杜绝了试图改变核心条款的公共债务的债务重组。因此,几乎所有的公共债务重组都采取交换要约的形式。

在交换要约中,债券持有人可以选择用旧债券交换一揽子新证券(通常包括某种形式的股份),即将现有的"硬"合同更换为"软"组合。当然,赋予债务人更长的偿债时间并给

予低利率支持虽然意味着债权人会遭受亏损,但这种损失远远低于直接违约所带来的损失。

是否参与债转股是可选择的,个别债券持有人可能仍然会选择"坚持抵制",期望他们的债券会比新的证券组合更有价值。假设他们没有串通,所有的债券持有人都有类似的动机,那么置换提议很可能会失败。新证券组合的条款往往被设定为强制参与。债券置换往往伴随着通过被称为同意要约或退出契约的技术修改原始债券的契约。在这些情况下,债券持有人还会被要求投票改变或取消现有的债务契约。

Mooradian 和 Ryan(2005)研究了投资银行参与公共债务交换要约的问题。公司可以选择在没有投资银行参与的情况下进行公共债务交换要约,虽然成本很高,但61%的困境样本公司在交换要约中聘请投资银行作为中介。

五、财务困难企业在债务重组下的投资动机

当企业资本结构中存在债务时,财务危机可能会加剧投资动机的扭曲程度。

Bergman 和 Callen(1991)建立了管理层和债权人在债务重新谈判中的战略行为模型。在债务到期而公司的价值不足以偿还承诺金额的情况下,管理层将最有效地利用其对公司投资决策的自由裁量权,通过次优投资政策威胁将减损公司价值,从而迫使债权人让步。即使公司有偿付能力,这种机会主义行为也会成为最优选择,股东也会因此而遭受损失。只要潜在损失"足够小",威胁就会被传导,债权人就会同意这看似合理的要求。在许多情况下,这种类型的交换是所有者和债权人重新进行债务谈判的基础。

Mooradian(1994)认为,信息不对称和利益冲突结合在一起将迫使陷入困境但有效率的公司(即应该继续生存的公司)进行清算,而陷入困境但无效率的公司(即应该被清算的无活力的公司)继续生存。如果低效率企业在债务重组中可以模仿高效率企业,从而在混合均衡中高效率企业和低效率企业继续存在或清算的可能性相同,这种情况就会发生。由此两种投资效率低下的情况之一出现了:低效率企业在应该清算时继续存在,或者高效率企业在应该继续存在时被清算。Mooradian(1994)认为美国破产法律设置的重组程序是有用的机制,可以将低效率企业从债务重新谈判中筛选出来。低效率企业会自愿选择法定债务重组程序,因为此种方式下谈判通常会使股东保留一些价值。"这种分离促使无效率企业自愿申请破产,从而使有效率企业在本来会被清算的情况下继续存在。"尽管无效率企业在破产重组中继续存在(投资无效率问题并没有得到解决),但至少高效率企业通过私人债务重新谈判避免被清算。

Bernardo 和 Talley(1996)分析了常见的退出债券置换问题。在这种交换中,债权人有可能收到以下几种产品:①一揽子新证券(包括债务、股权或现金)以换取先前的债务;②面值较低但优先权较高的新债务。退出债券置换的一个问题是,每个债权人必须同时决定是否同意重组债权以及接受公司提供的新债务或债务组合。他们认为,管理层和股东为了自身利益,可能会战略性地选择低效率的投资项目,以提高他们与债权人谈判中的地位,例如股东可能会选择扭曲债券置换条款的项目。Bernardo 和 Talley(1996)还认识到,一些交易摩擦可能会阻碍有效的重组,包括"债券持有人众多,以至于他们之间协调谈

判策略的成本过高"的情况。集体行动问题可能会迫使这种信贷结构中的单个债券持有人采取对立的策略。例如,当面临"债换债"的退出交换提议时,典型的债券持有人可能会将债务交换为面值更低的优先级债务,这样做的目的是争取比其他债券持有人更高的优先权。

邓晓岚(2011)发现,债务重组上市公司中大部分群体为 ST 和 *ST 的上市公司。因此,许多公司会选择在每年 5 月、6 月和 11 月及 12 月启动债务重组,此时恰好是企业中报或者年报编制的前夕,这也表明企业利用债务重组进行盈余管理的事实。张亦春等(2015)认为,当下我国并未形成规范、可行的破产机制,为打破资不抵债的现状,很多企业会以资产重组或争取注资的方式剥离债务,而不是任由企业倒闭。这可以理解为在实践中,债务很难对企业发挥理想的约束作用,并不是任何时候债权人的利益都得到充分保障。

六、秃鹫投资者

美国庭外重组的主要特点是依赖主要债权人做出让步,通过和解协议约束双方当事人的行为。同时,以破产清算这一最坏结果"恐吓"异议债权人,以促进重组谈判一致结果的达成。作为美国资本市场中一类独特的投资者,"秃鹫投资者"在美国庭外重组的过程中有着不可轻视的影响力。他们在 20 世纪 80 年代开始崭露头角,通过购买不良企业的大量股权或债务,意图影响管理层,甚至谋取目标公司的控制权。他们预期购买的债务会在法庭保护下进行重组或者进入破产程序,不然就会将公司推入破产程序,因为他们相信公司清算后所得的支付将远远超过原始成本。

Hotchkiss 和 Mooradian(1997)研究了 1980—1993 年 288 家发生公共债务违约的公司,发现秃鹫投资者参与了 172 个案例,占比为 60%。其中,秃鹫投资者在约 50% 的样本公司中成为大股东(拥有重组后公司 5% 以上的股权)。在大多数情况下,秃鹫投资者购买的债务债权涉及公司未偿债务的三分之一以上,这足以让他们拥有影响力。一些秃鹫投资者利用这种投资策略获得破产公司的控制权,能够在目标公司的治理、重组或改组中发挥关键作用。有证据表明,当秃鹫投资者成为首席执行官或董事长且获得目标公司的控制权时,重组后企业的经营业绩相对于违约前水平提升得更大;在宣告秃鹫投资者购买公共债务或股权的两天内,目标公司的普通股和债券有正的异常收益。秃鹫投资者通过约束陷入困境公司的管理层来增加价值,并以此获得良好的声誉。

关于秃鹫投资者的研究大多从道德伦理的层面质疑他们的行为,认定他们为掠夺性投资者,因为"秃鹫们"往往通过牺牲股东和其他债权人的利益为代价来获取利益,其行为背离公众利益。Rosenberg 在 1992 年采访了知名而富有的秃鹫投资者 M. J. Whitman,Whitman 认为投资于陷入困境的公司不仅仅是一种赚钱的行为,还为社会发挥着有意义的作用——通过提供新资本或重组企业的财务结构使它们再次强大起来。金田(1999)表示,正是秃鹫投资者的存在维持了美国金融市场的繁荣,他们更偏好投资高新技术产业。齐忠恒(2010)从对美国秃鹫投资者的专访中得知,陷入财务困境的公司更容易吸引秃鹫投资者的关注,与中国投资者不同的是,他们更关注市场带来的周期性投资机会而非成长性投资机会。

七、以股本替换债务

(一) 债转股方式

将债务转化为股本,是企业债务重组的独特方式,也称"债转股",实质上是将债务融资转变为股权融资,将刚性的债务本金和利息支出转化为柔性的股利支出。现有的债转股方式有以下四种:

(1) 购债入股,指实施机构收购债权人的债权而"解绑"债权人,债转股实施机构转而再将受让的债权作为对目标企业的出资。主要做法是实施机构以市场为导向选择目标企业,并通过自有资金、发行金融债券或引入战略投资人成立私募股权基金等方式募集转股所需资金;然后,实施机构与目标企业通过协商、谈判来确定转换比率或价格,并制订债转股方案;最后,目标企业正常经营管理,或者实施债转股后续退出方案。

(2) 售股还债,指先由实施机构通过股权投资的方式向财务困境企业增资扩股,企业利用股权投资额偿还债权人债务。

售股还债是中国企业债转股中较为常用的模式。该模式下"售股"存在多种方式,其中比较有代表性的是并购基金模式,主要做法是:由银行债权人、实施机构、目标企业等组成普通合伙人(GP),吸引银行理财产品资金、社会资金、目标企业下属实体等作为有限合伙人(LP),共同设立债转股专项基金,将募得资金注入目标企业用于偿债。

这种模式的便利之处有两点:一是通过发行股票的方式筹集资金用于偿债,可以有效解决债务与股权置换时定价困难而导致债转股方案难以推进的问题。这不仅降低了债转股的操作风险,有效提高了债转股的成功率,也最大限度地缓解了各方之间的利益博弈,维护了各方推进债转股工作的积极性。二是创设债转股专项基金模式有利于扩大融资渠道,为企业债务重组提供充足的现金支持,同时也可以针对不同类型的投资者设置不同类别的风险和回报水平,以增强投资的积极性与安全性。但这种模式的主要问题在于募集来的资金该如何使用,尤其是在债务人欠缺监管和制约的情况下极易诱发挪用资金、转移公司财产的违法行为,因此实施机构通常会与目标企业就股权融资资金用途进行约定,并制定一系列监管措施,以防债务人滥用职权侵吞资产情况的发生。

(3) 以债转股,指直接将债权人的债权转换为股权的模式。主要做法是:债务人企业以资本公积金转增股本或发行新股,将股票定向发行给债权人企业以清偿债务。

(4) 债转优先股,是一种债转股的创新形式。2018年国家发展改革委等部门颁布的《关于市场化银行债权转股权实施中有关具体政策问题的通知》(发改财金〔2018〕152号)提出,允许以试点方式开展非上市非公众股份公司银行债权转为优先股。债转优先股模式是指实施机构将债务转换为目标企业的优先股。优先股指的是当企业处于清偿阶段时,持有优先股股东享有对企业剩余财产和利润优先于普通股股东分配的权利,但优先股股东参与企业经营管理权利受到限制的一种股权。债转优先股在发达国家的资本市场中是一种十分受欢迎的混合型权益融资工具。

(二) 文献研究

Houston 和 James(1996)研究了 1981—1990 年间 102 个债务重组案例。在 31% 的案

例中,银行以股权换取债务。James(1995)还分析了银行获得股权的条件,认为银行在债务重组中的作用取决于公司的财务状况,公司资本结构中是否存在公共债务以及公共债务被重组的可能性。

James(1996)认为,银行参与重组在解决阻碍公共债务交换的信息和抵制问题方面可以发挥重要作用。特别是由于有担保的银行贷款人不太可能做出让步——除非债权受到损害,银行只有在企业处于严重的财务困境时才会做出让步。因此,即使不存在信息不对称和抵制问题,银行的让步也可能与公共债券持有人的让步同时发生。为了验证其论点,James(1996)研究了1980—1990年间涉及财务困境企业的68个债券置换案例,发现债券置换的结构和要约成功的可能性与银行是否参与重组行动有很大关系,结果表明公司的公共和私人的债权结构对公司在财务困境中修正资本结构的能力有很大影响。

Lie等(2001)研究了1980—1994年的126个债务减免债券置换公告,发现公告期的平均异常收益率为-2.2%。他们提出了两个问题:为什么公司要进行债务减免债券置换?这种要约传递的信息含量是什么?结果表明,债务减免债券置换是由财务状况不佳的公司实施的,目的是避免更严重的财务困境,从而为股东保留价值。债券置换公告显然包含两方面的信息:①公司的财务状况比其他公开信息显示的更差;②管理层正试图为股东保留价值。

Brown等(1993)建立了一个基于信息不对称的模型,说明陷入困境公司在重组交易中应提供的最佳证券。他们假设私人(或内部)贷款人对公司前景非常了解,而公共(或外部)贷款人及股东则处于信息劣势。模型预测:在公共债务债券置换中,拥有不利私人信息的公司会出售股权或债权,以说服债券持有人相信公司前景不佳;与此相反,向信息灵通的私人贷款人出售股权会向外界传递有利信息。他们通过分析困境重组中市场对债置换的反应发现,在向私人贷款人出售股权而向公共债券持有人出售债务的重组中,公告期平均异常收益为正;而当私人贷款人购买债务而公共贷款人购买股权时,公告期平均异常收益为负。

关于债转股的绩效,大部分国外研究支持债转股能够给参与企业带来积极效应的观点。Covas和Hann(2011)研究表明,虽然企业实施债转股的确能够减少企业的负债量,但是在企业公告债转股信息后,公司股价可能会有所下降。Respatia(2018)认为通过实施债转股,企业可以将负债从一种类型更改为另一种类型,因而能在资本重组中建立更合理的资本结构,从而创造一种更优化的债转股或股转债。

国内研究也肯定了债转股的积极效应,但这种效应可能是短暂的。周天勇(2000)分析了债转股的流程机理与运行风险。债转股的范围是企业所欠银行债务中的边缘性不良资产。债转股的第一阶段为封闭式流程,但要真正使银行消除债权风险并由社会分摊,重组要与其他投资者或者资本市场连接,进入债转股第二阶段的开放式流程。债转股过程中,银行、金融资产管理公司和国家相关部门一方面临与以各类企业及其地方和部门为另一方的分别博弈,其中由谁操作、利益差别、信息不充分、信息失真给债转股造成的不确定性和风险很大。

唐娟(2022)认为,由于国情差距,我国债转股绩效与国外成功经验存在差异,债转股能够精准地减少债务量,避免资金乱用而导致双方的不信任,减少公司的财务支出,真正降低资产负债率,缓解公司的财务困境,改善公司的经营状况;但后期效果减弱,说明债转股长期内对公司绩效的积极作用会减弱。

八、私人债务重组谈判取得成功的决定性因素

在什么情形下,陷入困境的公司在私人债务重组中会取得成功?

Gilson 等(1990)调查了陷入财务困境的公司选择私下重组债务而非正式破产程序的动机。在 169 家陷入财务困境的公司样本中,大约一半的公司在正式重组程序之外成功重组债务。更有可能私下重组债务的公司拥有更多的无形资产、欠银行的负债额更多、欠贷款人的负债额更少。对股票收益率的分析表明,市场也能事先区分私下重组与正式重组两组公司,并且当债务被私下重组时,股票持有人会得到更多的系统性好处。

Asquith 等(1994)研究了 102 家公司的重组决策,样本由陷入困境的垃圾债券发行人组成,这些发行人试图通过公共和私人的债务重组、资产出售、合并或资本支出削减来避免破产。他们发现,公司的债务结构会影响陷入财务困境公司的重组方式,有担保的私人债务和公共债务问题似乎阻碍了庭外重组,增大了申请破产保护的可能性。

第三节 合并、兼并及收购

本节简要介绍合并、兼并及收购作为处置财务困境公司的手段的作用。

一、合并、兼并及收购会创造公司价值

Shrieves 和 Stevens(1979)、Clark 和 Ofek(1994)均表明,目标公司陷入财务困境是很大一部分并购案发生的主要导因。被同行业中实力较强的公司合并可以为陷入困境公司的股东创造价值。第一,合并可能会带来规模经济。第二,合并可能会增强产品的市场竞争力。第三,合并方公司可能会通过先进的管理技术来加强对陷入困境公司的运营管理。第四,合并方公司可以为陷入困境公司提供急需的资本。Neelam 等(2015)选取了 300 多个并购事件为样本,发现并购活动可以显著改善企业的盈利状况。Fatemi 等(2017)分析 2000—2014 年日本企业收购事件,发现收购对目标企业有正向影响,其股东获得显著的正收益,而收购方股东没有获得相应收益。谢玲芳(2019)认为,国有企业并购民营企业可以促进国有企业提高经营管理水平、加快技术水平的进步、降低成本以及拓宽市场领域,同时可以获得民营企业的一些稀缺资源(如品牌影响力、专利等无形资产),从而弥补自身的不足。

恶意收购也常常是由财务困境引发的。在收购之前,目标公司的业绩通常大大低于同行业其他公司,而收购往往是为了修正管理失败。Martin 和 McConnell(1991)研究了一个收购样本,以检验这样一个假设:收购有助于约束经营不善目标公司的管理层。他们记录的证据与假设一致:①在被收购之前,目标公司的业绩往往低于同行业其他公司;②在收购完成后,目标公司管理层的离职率会提高。另外,业绩不佳、价值下降的多元化企业往往是破产收购的目标(Mitchell 和 Lehn 1990;Berger 和 Ofek 1996)。林冬元和时秀梅(2010)从被收购方的内部治理结构入手,发现目标公司的内部治理大多存在缺陷,公司管

理层为了自身利益而不断侵占股东利益,而恶意收购可以替换公司原有的管理层,改善公司内部治理结构,起到外部治理的作用。邓路和周宁(2015)发现,当目标公司经营状况不佳、管理效率低下时,股价的市场表现往往不佳,从而造成股票市场价值不能与企业实际价值实现统一,市场价值往往被低估,这样的企业更容易发生恶意收购。

二、杠杆收购重组和财务困境

杠杆收购(LBO)是公司通过加大财务杠杆来达到收购目标公司目标的一种举债收购方式。其主要特征为:收购公司提供较少的自有资金,其余收购资金通过借款、发行债券等方式从外部市场融入,并购后以目标公司的盈利或资产出售来偿还债务。在杠杆收购的财务结构中,股权投资通常占10%—20%、负债占80%—90%。大多数杠杆收购公司并不为相应的债务融资提供担保,而完全以目标公司的资产和未来现金流为融资担保。

Opler和Titman(1993)发现,财务困境预期成本高的公司(如研发支出高的公司)不太可能进行杠杆收购。杠杆收购起源于20世纪80年代的美国金融市场,王苏生和邓运盛(2005)回顾美国杠杆收购变迁历史,发现1988年使用垃圾债务的杠杆收购比例达到10.8%。一方面,杠杆收购能够在短时间内改善目标公司的经营状况;另一方面,很多1985年、1987年、1988年的杠杆收购公司陷入财务困境,到1991年8月,超过25%的交易一方出现财务困境,财务困境发生概率随时间推移而明显增大,公司使用垃圾债券融资而陷入财务困境、违约、申请破产的概率分别提高21个百分点、10个百分点、11个百分点。郭旭东(2009)认为,杠杆收购能够促进困境企业财务和管理的复兴及公司治理的革命,杠杆收购的法律和制度结构代表一种新的公司形式,能够最大限度地解决公司治理中的代理冲突问题。杠杆收购通过债务约束、管理层持股和董事会监督,显著完善了公司治理机制,也改变了企业处置债务、实施治理和创造价值的方式。

第四节 破产、改组和破产后的幸存

破产一词来源于意大利语banca rotta,意思是"破碎的长椅"。在古罗马,当一个商人无法偿还债务时,人们习惯于毁坏他的交易台。美国的破产法律规定了两种类型的公司破产申请。第一种是根据破产法律的重组申请。在重组申请中,法院和有关各方的目标是确定公司能否以及如何重组业务和财务结构,并重新成为一家可持续经营的企业。

第二种是根据破产法律的清算申请。在清算申请中,法院监督企业资产的清算,并将收入分配给索赔人,之后企业就不存在了。在大部分情况下,最终选择清算的企业最初是申请重组的。

一、破产保护程序的设计

陷入困境的公司可自愿提出破产申请,寻求对其债权人的保护;债权人也可以提出申请,迫使公司进入非自愿破产状态。无论是哪种情形,申请破产保护的最终目的是确定陷入困境的公司能否以及如何作为一家可持续经营的企业重新出现。在特定情形下,最终结果是公司通过拍卖进行清算。这可以通过破产重组程序完成,也可以通过将破产重组转变为破产清算来完成。

（1）维护企业价值。一般来说，维护目标公司的价值在整个诉讼过程中是很重要的，首先要解决的一个问题是，诉讼期间由谁来经营公司？尽管有限制性条款，但公司目前的管理层被允许在诉讼期间经营公司，这种安排被称为债务人占有。在特殊情况下，法庭会指定一个受托人来监督公司的资产管理和业务运营。

重组谈判主要围绕以下决策进行：①公司从重组程序中重新出现后的资产和业务结构；②重组后如何确定公司的债务和股权结构。关于第①点，目标是为公司的资产和业务确定可行的结构——能使公司在可盈利基础上运营的结构，通常涉及出售公司的一些资产；关于第②点，目标是重新配置公司的债务和股权债权，使之既能保障债权的优先地位，又能形成可行的资本结构。

（2）绝对优先权规则。关于资本结构问题，绝对优先权规则（APR）是一个管理性因素。具有较高优先权的索赔人必须在其他索赔人获得支付之前得到全额偿付。优先顺序是行政债权→法定优先债权（如税收债权、租金债权、消费者押金、未付工资和福利）→有担保债权人的债权→无担保债权人的债权股权债权。

在实践中，这种优先权结构经常被打破。在某些情形下，尽管债权人享有绝对优先权来取得债权清偿，但他们没有得到全额偿付，而是接受折中的债务合同或现金来代替原有的债权，但股东还是有股权要求的。在另一些情形下，债权人接受股权要约，并可能成为主要的股东。在其他情形下，公司原来的股权证券被撤销，取而代之的是由其他各方（包括以前的债权人）持有的新的股权证券。

二、破产保护程序的效力：理论和证据

（一）关于破产法律效率的理论

Berkovitch 等（1998）建立了一个最佳破产程序的理论模型，侧重于讨价还价过程，认为法律是一种承诺以确保行动在事前是最佳的。他们的研究表明，法院有两种机制，都是以限制性形式实现最佳的破产结果。这两种机制是：①直接限制索赔人之间的讨价还价游戏；②使用"限制性拍卖"。在这两种情况下，限制都是为了防止未陷入财务困境的公司战略性地使用破产，为信息的真实披露提供条件，使困境引发的事后资源得到有效分配，并在重组中纠正管理层的偏见，提供正确的事前决策激励。

Easterbrook（1990）认为，正式的破产程序有两个功能：①在企业无法支付债务时，通过强制包装来惩罚失败；②减少企业破产的社会成本。他不同意 Baird（1986）和 Jackson（1986）的观点——最佳的破产法律只涉及清算拍卖，因为拍卖机制将公司的资源配置到产生最高价值的用途，并避免可能的管理操纵行为。法官确定一个价值，并在假设这个价值正确的情况下分配利益。这个过程中不可避免的错误将导致许多人认为破产程序是低效的，但 Easterbrook（1990）认为法官估值错误的成本可能低于拍卖成本。法律规则之所以持续存在，是因为它们是有效的。

Gertner 和 Scharfstein（1991）对重组法律的有效性提出了质疑，建立了一个有未偿银行债务和公共债务的财务困境公司模型。重组过程中的公共债务持有人之间的协调问题带

来了投资的低效率。在大多数情况下,投资低效率并没有因公司用现金和其他证券回购公共债务而得到缓解。他们从理论上表明,重组会增加投资行为,但这种增加能否提高公司运营效率取决于困境公司的财务结构。

(二) 偏离绝对优先权规则的证据

一些实证研究提供的证据表明,违反 APR 的情况很普遍。Eberhart 等(1990)分析了破产公司证券的定价,并调查了定价偏离 APR 的情况。他们关注《1978 年破产改革法案》颁布之后的公司,对根据《1978 年破产改革法案》申请破产保护的 30 家公司股东最终获得的索赔进行研究,发现破产公司支付给股东的金额超过债权人根据 APR 可获得的金额,这一金额占获得索赔总额的 7.6%。有证据表明,普通股的价值反映了在违反 APR 的情况下最终获得价值的很大一部分,即股票市场预期会出现偏离 APR 的情况。

Weiss(1990)研究 1979—1986 年间纽交所和美交所的 37 家申请破产公司的直接破产成本和违反 APR 的情况,发现直接成本平均为债务账面价值和股权市场价值的 3.1%,其中有 29 个案例出现违反 APR 的情况。

Eberhart 和 Sweeney(1992)的实证分析侧重于违反 APR 对持有公共债务的次级债券持有人的回报的影响。他们发现平均而言,债券持有人能从违反 APR 中获益。

Eberhart 和 Senbet(1993)的理论分析表明,偏离 APR 可以有效地控制财务危机公司的风险转移动机。当传统方法处于无效状态时,违反 APR 是有效的;随着公司财务状况的恶化,偏离 APR 成为转移风险的主导力量。因此,APR 的违反补充了传统的风险控制激励方法,在公司陷入财务危机时可为其失败保险。

Baird(2006)从美国破产重组实践中发现,背离 APR 的情况普遍存在,高级债权人在未获得全额清偿的情况下,通常也允许清偿顺序落后于自己的初级债权人和股东参与公司重组。

李响玲和方俊(2011)从破产涉及的多方利益平衡角度出发,认为 APR 能够实现上市公司破产重组的利益平衡。他认为,绝对优先权在美国市场和我国市场的适用背景有很大的差异,由于我国上市公司的退市和清算机制不够健全,上市公司长期存在退市难的问题,导致公司股权没有办法顺利交易。

同时,我国破产法规在赋予法院强制批准重组计划的权力方面,仅要求出资人的权益调整要公平、公正,而规定普通债权所获清偿比例不低于清算下的比例,并没有明确出资人和债权人在重组下公司价值分配优先权的关系。这一情况导致我国法院在使用重组计划"强制批准权"上存在诸多顾虑。

(三) 管理层的自利行为是否会在严重的财务困境中表现出来

根据委托-代理理论,由于股东和管理层之间存在一定的利益冲突,管理层可能会牺牲股东的利益来谋求自身利益。上市公司管理层的自利行为表现在很多方面,比如利用手中的职权增加个人的在职消费,为获得更高的货币薪酬或控制更多的公司资源而过度投资,当公司面临破产或收购威胁时为保护自身利益而妥协,等等。

Loderer 和 Sheehan(1989)使用 1971—1985 年的数据,研究破产公司中的内部人持股水平和变化,并与未破产公司进行对比。他们发现没有证据表明破产公司内部人在破产前"保释"公司股票,尽管其财富遭受巨额且长期的损失。这可能是因为破产公司内部人不愿意根据私人信息进行交易,或者是因为他们无法比市场更准确地预测公司价值的变化。

Cotter 和 Zenner(1994)研究发现,管理者通过抵制外部有利于增加股东利益的收购和兼并来增加自身的利益,影响管理者自利行为的最主要因素是管理层薪酬业绩敏感性。

郭旭东(2009)研究发现,管理者的自利行为可能隐藏在股权激励中,而较少体现在企业摆脱财务困境的过程中。

邓晓岚等(2011)研究表明,当政府干预较弱时,财务困境上市公司管理层自利程度减弱;随着政府干预的加强,财务困境上市公司管理层自利程度减弱的倾向趋缓。在非国有控股的上市公司中,管理层自利程度在财务困境期间对金融机构的信贷政策不是十分敏感,这说明政府干预的减弱可以降低财务困境上市公司管理层自利程度。在国有控股的上市公司中,当政府干预对金融机构信贷政策的影响较弱时,管理层自利程度在财务困境期间会降低;当政府干预对金融机构信贷政策的影响较强时,管理层自利程度会提高。

(四)财务危机对组织效率的影响

Wruck(1990)描述了与财务困境和破产有关的几个问题,重点是财务困境对组织结构和组织效率的影响,并发现不完善的信息和公司债权人之间的利益冲突会影响财务困境引发的后果。

Wruck(1990)阐述了财务困境的成本和收益。成本是指在追求自己的利益时,索赔者有动机将有偏见和不准确的数据作为无偏见和准确的数据来呈现;股东有动机在保持流动性的基础上声称公司破产,因为这增大了他们保留股权的可能性,从而维护了索赔的期权价值;管理者有动机站在不太可能解雇他们的一方。解决这些冲突会消耗资源,极端情况下会极大地损毁公司价值。

收益是指当清算或重组是公司最大化价值的选择时,违约通过提供一个触发变化的事件来创造价值。财务困境使债权人有权要求重组,因为他们与公司的债务合同已经违约,所以杠杆可以通过触发清算来实现价值最大。

(五)破产中的"大甩卖"

出售资产是企业处置财务困境的重要手段。资产出售通常与公司的债务合同重组一起进行。虽然资产出售可能是代价高昂的,但这类交易活动具有普遍性,常常会形成相对低成本的机制来帮助企业解决财务困境。

Shleifer 和 Vishny(1992)认为,陷入财务困境的公司很可能在资产的潜在买家也陷入财务困境时出售资产,从而导致资产出售价格低迷。其模型预测,困境中的卖家会得到较低的价格,并且更有可能在行业陷入困境时将资产卖给行业外人士。此外,资产越是专业化,资产出售折扣就越大。

Pulvino(1998)探讨了破产中的资产是否以超低价出售的问题。他把重点放在商业飞机的出售上,以确定法定破产重组收益是否大于法定破产清算收益,以及根据这两种破产程序取得的出售价格是否不同于非困境航空公司在可比销售中的价格,结果表明两种破产制度下取得的价格都大大低于非困境航空公司的可比销售定价。

Ramey 和 Shapiro(2001)研究加利福尼亚州航空航天业三家工厂破产关闭后的设备出售情况,发现实际交易价格是估计重置成本的折扣价,并且当设备在航空航天业专业化程度更高或买方是行业外人士时,折扣力度更大。

(六) 预包装破产

在 20 世纪 80 年代末和 90 年代初,破产案件数量急剧增加,导致预包装破产的产生。预包装破产现在已经取代一些庭外重组,特别是有公共债务公司的庭外重组。在预包装破产中,债权人已经确定重组的条款,基本上只是为了使协议正式生效而提出破产申请。理想情况下,预包装破产避免了正式破产程序中的钳制或阻挠问题,也缩短了走美国破产法律程序所花费的时间。进行预包装破产的公司在申请破产前会寻求与债权人就财务重组条款达成协议。预包装破产通常允许企业在几个月内退出破产程序,由此预计其直接成本会比冗长的正式破产程序低。

Betker(1997)发现预包装破产的直接成本平均为破产前总资产的 2.8%,这个成本估计囊括非正式债券持有人委员会和银行的所有破产前费用。

Tashjian 等(1996)研究了预包装破产的结果,提供了 49 家通过预包装破产方式进行重组的财务困境公司重组过程的属性和结果数据,补充了之前关于庭外重组和传统的破产申请的研究。

黄晓岚和房桃峻(2006)总结预包装破产重组和正式破产重组的相似之处在于:两者都要在法院的支持下进行,所有债权人都要参与债务合同的转换。预包装破产重组与私下破产重组的相似之处在于:债权人与债务人都是私下通过自愿协商来商讨重组计划。预包装破产重组在成本、协商时间、债权人的债权恢复率等方面都具有独特的优势。

(七) 庭外重组、美国破产法律的选择

许多困境公司首先试图通过私下协商或交换报价来解决财务困境。与正式破产程序相比,重组陷入财务困境公司的私人机制预计成本会更低。成本节约得越多,索赔人对私下和解的积极性就越高。然而,现实存在很多阻碍私人重组的因素,包括信息不对称、索赔人之间的利益冲突和拒不合作问题等。

Gilson 等(1990)研究了企业在正式破产和庭外重组之间选择的决定性因素。他们发现,公司资产中无形资产占比越大,选择庭外重组的概率就越高。无形资产的价值更有可能在破产中贬值,破产对拥有更多无形资产的公司来说成本相对更高,因此这些公司有更大的动力通过庭外重组来保存价值。

Franks 和 Torous(1994)研究了 1983—1988 年间通过破产保护法律进入破产程序(37 家公司)或非正式地完成公开交易债务的不良交换(45 家公司)的 82 家公司。按美国破产法律重组所需时间的中位数为 27 个月,而通过交易所完成重组时间的中位数为 17 个月。

Gilson(1997)提供的证据表明,选择破产而非私下解决,严重困境公司的重组成本通常要低得多,这些公司仍然保持着高杠杆,三分之一的公司随后经历了财务困境。

Altman 和 Stonberg(2006)跟踪了违约的公共债券和私人债务的市场规模,发现大约 60%的债券违约与破产申请同时发生,更多的违约债券随后进入破产保护程序。这表明私人解决对陷入困境的公司来说变得不那么普遍;另一种解释是与法律规定的后续债权处理裁决相关,这些裁决不鼓励相对于正式破产程序的庭外重组。

Chatterjee 等(1996)研究选择通过和解、法定破产程序或预包装破产来解决破产问题的公司样本,分析了重组决策。其证据表明,重组决策取决于公司杠杆率、流动性危机严重程度、债权人协调程度以及财务困境规模。经济困难的公司申请破产保护,经济上可行的公司则倾向于私人解决。此外,预包装破产被经济上可行但面临即时流动性问题的公司采纳。

（八）通过拍卖解决破产问题

Bhattacharyya 和 Singh(1999)研究了通过拍卖解决破产问题的案例,涉及为整个公司或特定未偿付债权征集(通常是现金)竞标。拍卖方法的支持者认为,这可以将重组和清算的决定与解决未清偿的索赔问题分离。如果索赔者面对的是一堆现金而不是一个价值有争议的公司,后一个问题就更容易解决。拍卖的另一个吸引力就是将公司的资产分配到最有价值的用途上——估计是在出价最高者手中。

Ogden 等(2000)认为,采用拍卖但不详细说明程序并不能消除高级债权人和初级债权人之间的激励冲突;相反,在重组环境下出现的一些激励冲突体现在拍卖程序选择本身。高级索赔人和初级索赔人对拍卖程序的偏好存在冲突。因此,设计拍卖程序的权利本身的价值高于索取拍卖产生的现金流的权利。

参阅数字资源:延伸阅读之"其他破产案件"。

三、破产保护程序后公司的结构和业绩

（一）破产后的结构变化

Alderson 和 Betker(1995)研究了破产公司的清算成本与其破产后资本结构之间的关系,发现清算成本高的公司从破产重组中脱离后负债率相对较低,清算成本高的资产会导致公司选择陷入财务危机发生可能性更小的资本结构。

Gilson 等(1990)研究了破产对公司利益相关者的影响,发现在 1979—1985 年间申请破产或私下重组债务的 111 家上市公司中,只有 46% 的现任董事在破产或债务重组结束后留任,普通股所有权更集中于大股东而较少集中于公司内部人。总的来说,债务违约导致公司剩余债权的所有权和管理公司资源的权利分配发生了重大变化。

（二）破产后的业绩变化

Hotchkiss(1995)研究了 1979—1988 年间 197 家经历破产重组的上市公司破产后的业绩,发现超过 40% 的样本公司在破产后三年内继续经营亏损,32% 的样本公司重新破产或私下重组债务。破产前管理层参与重组过程与破产后公司业绩不佳密切相关。

Indro 等(1999)审查了 1980—1991 年间 171 起经历破产重组的案例,试图取得股东通过破产决议获取利益的证据。他们发现赢家往往是规模相对较小的公司,这些公司可转换债务比例较高、倾向于战略性申请破产、股权集中度较低且在申请前股价下跌幅度相对较大。

Hotchkiss 和 Mooradian(2004)也发现了类似的结果,超过 2/3 的样本公司在破产后长达 5 年的时间里业绩表现不佳,超过 18% 的样本公司在破产后 1 年的营业收入为负。

Kalay 等(2006)研究了 20 世纪 90 年代破产重组的 113 家公司的经营业绩变化。失败的公司在破产期间,无论是绝对值还是与行业对手相比,其盈利能力明显改善,这表明重组为困境公司提供了净收益。

四、破产清算方案

在破产债务重组、破产和解等情形中,企业并未消失而是继续存在,持续经营并创造利润增长点。当企业不再具有持续存续价值、符合破产清算条件时,就必须及时启动破产清算程序,促使企业快速、有效地退出市场。

破产清算也称清盘,是指在公司不能清偿到期债务的情况下,由法院主导,依照破产法律的规定对企业资产进行清算。在破产清算中,公司的资产被出售,收入被用来偿还债务,而剩余的现金则作为清算股本金分配给股东。清算可以是自愿的,也可以是非自愿的。在某些情况下,清算可能是价值最大化的替代方案。

Houston(1997)认为,为了抗衡清算人在公司清算中控制权,必须赋予债权人对等的权力,债权人可以通过集体的名义对清算人的行为进行复核和提出意见。Keay(2000)认为,法院应当在限制清算人权力、保护债权人合法权益方面发挥更大的作用以体现法律的公正性。

梁静韵(2009)认为,由于破产重组公司中治理问题的特殊性和复杂性,法庭必须重新依据各参与主体的利益和地位合理分配权责利,将破产重组中的三大核心权力——最终控制权、经营控制权和重组监督权——配置到相关机构,从而形成一种相互制衡、运作有效的制度安排。

郑学仲(2017)分析破产清算的程序效益,认为破产清算程序能够最大限度地节约有限的司法资源,是破产清算程序效益价值的核心所在。同时,在防止债务人无限期、无意义地拖延并牺牲部分债权人受偿权益的前提下,一旦债务人不能清偿到期债务就全面展开债务清偿处置工作,从而最大限度地缩短重组时间。

Titman(1984)认为,公司的清算可能会给客户、员工和供应商带来成本。这些个体与公司之间存在代理关系,因为公司(作为代理人)控制的清算决定会影响其他个体(作为委托人的客户、员工和供应商),而资本结构可以作为一种预先设定安排或约束机制来控制代理关系引发的激励/冲突问题。

张世君(2010)调查发现,企业破产重组耗力费时,时间上的拖延会导致成本的不断累积,从而损害企业价值,最终导致债权人利益受损。因此,企业的重组规划必须合理、科学且运作有效,防止遗留漏洞而成为债务人、管理人或其他人牟取私利、逃避债务、规避法律的工具。栾甫贵和李曼(2010)研究发现,破产重组期间公司治理机制的失效,使进入重组企业重组失败,转入破产清算程序。

Kim 和 Schatzberg(1987)研究了公司清算的可能动机和后果,分析了自愿清算和其他控制权变更之间的程序与税收差异。其实证研究表明,清算公告降低了清算股票的风险,股东从成功清算中获得了实质性收益,收购方股东的平均收益与零没有显著差异。

Skantz 和 Marchesini(1987)检验完全剥离或自愿清算对股东财富的影响。对于 37 家公司样本,正式宣布清算意向会产生显著的正向风险调整股东收益,公告月平均超额收益率为21.4%。

学者们提出了许多解释来说明公司资产剥离背后的动机。在完全自愿清算的情形下,公司各部分的价值总和往往比整体价值更高,也就是公司作为清算企业的价值高于作为持续经营企业的价值。产生这种情形的原因如下:第一,在更有能力的管理者手中,各部分资产(或部门)可能更有价值;第二,任何与分散化经营相关的低效益都可以通过分批出售和清算来消除;第三,针对清算的特殊税收待遇提供一种价值来源,超过公司作为持续经营企业的价值。

Skantz和Marchesini(1987)针对清算中的特殊税收待遇认为,最常见的清算原因与有利的税收待遇有关。除折旧外,公司可规避对出售资产(包括出售给单一买家的存货)的会计收益缴税。尽管如此,由于买方拥有的资产价格等于公允市场价值(购买价格),因此卖方能够在不产生不良税收后果的情况下获得税盾收益。

Mehran等(1998)为了揭示CEO清算公司的动机,研究了1975—1986年间内部人所有权和股票期权补偿对30家制造业公司自愿清算决策的影响。他们发现,清算决策受到CEO激励计划和股东价值增加的影响,有更多的外部董事会成员、更小的市盈率以及外部人试图获取控制权的公司更有可能被清算。尽管少有清算公司的高层管理人员后来从事类似的工作,但至少有41%收缩规模企业的CEO通过清算获得更好的个人发展机遇。

案例解析
泰禾陷囹圄,债务重组困难重重[①]

核心概念 公司战略 债务危机 债务重组

学习脉络 了解泰禾集团囿于主业销售疲软、现金周转不及时并最终陷入严重债务危机的过程,查找泰禾陷入危机的原因,了解其经营状况,探讨泰禾债务重组的可行方案和启示。

学习要求

1. 什么是快速扩张型财务战略?结合泰禾的财务战略谈谈泰禾出现如此严重债务危机的原因。
2. 结合泰禾的发展史谈谈为何泰禾采取如此激进的财务战略。
3. 适合泰禾的债务重组方式有哪些?谈谈泰禾应该如何进行债务重组。
4. 为何泰禾要引入战略投资者万科?万科的出现对债务重组将产生怎样的影响?
5. 如果债务重组成功,那么泰禾应该采取什么样的经营战略?

2019年在我国进一步深化结构性改革的背景下,GDP增速放缓,全国经济面临下行压力,在"房住不炒"政策的指导下,房地产融资监管力度加强,商品房销售数量和价格的增速放缓,2020年新冠疫情爆发导致销售回款急剧减少,令高杠杆经营的房地产行业压力倍增。黄其森怎么也没有想到,当初夸口的2 000亿元会给公司带来几乎灭顶的灾难⋯⋯

---

① 本案例由南京师范大学的赵自强、屠颖和陈紫莹撰写,作者拥有著作权中的署名权、修改权、改编权。本案例只供课堂讨论之用,并无意暗示或说明某种管理行为是否有效。

2020年7月5日深夜,黄其森辗转难眠,他反复思考,泰禾怎么会走到如此地步。泰禾曾创造过近千亿元的年销售额,是中国精装修别墅院落的领航人,在地产、酒店、金融、文化、健康、教育等领域全面开花,本应成为房地产业的一颗明星企业,可如今……他思绪万千,一阵又一阵的悲恸压得他几乎喘不过气,终是一夜无眠。

2020年7月6日,泰禾集团宣布,"17泰禾MTN001"中票未能按时兑付本息,中票本息合计16.125亿元。当日,泰禾股价由7元/股涨至7.21元/股,涨幅为3%,但随着债务违约信息的发酵,2020年7月7日仅半日,泰禾股价收跌4.57%,看着电脑上泰禾的股票价格,黄其森眉头紧锁,陷入深思……

1. 半路出家做房产,战略转移入京城

1996年,当时还在银行工作的黄其森做了一个改变自己人生的决定——放弃在银行的工作,下海转战房地产。这一年,他31岁,创建了泰禾集团有限公司。当时各大房地产集团争抢建立高楼大厦,黄其森没有选择随波逐流,而是另辟蹊径,选择精细化发展。他将集团要建造的楼房定义为中国特色的庭院式建筑,原因是这种楼房是当时房地产市场少有的类型,不但能够吸引人眼球,而且价格高。

泰禾在福建发展得不错,在福州、厦门、泉州等城市以及长乐、闽侯等县市都有楼盘,但黄其森并不满足于此,2002年,黄其森决定将主战场移至北京,2003年黄其森带领核心团队毅然转战北京。

黄其森先是在北京买下通州堡辛村的一块建设用地,这块地当时位于北京城乡结合部通州的边缘,沿着高速路段。黄其森找到北京市建委,提出一个让人意想不到的要求——降低容积率,这个令人想不通的要求的背后是他的深思熟虑,这块地离城市很远,不适合建高层公寓,反而适合建别墅。

事实证明,黄其森的想法是正确的,"运河岸上的院子"一亮相就惊艳了众人,价格从几百万元每套直接飙升至1亿元每套,成为北京顶级别墅的标志性产品。

2. 激进拿地势破竹,大象翩翩芭蕾舞

上市后的泰禾,一改往日作风,如果说泰禾曾经的标签是情怀、耐心和偏执,黄其森是慢蜗牛、黄院长、黄布斯,那么泰禾此时便是唯规模论的犬儒主义者。黄其森认为"大象也可以起舞芭蕾"。

2013年泰禾开启了疯狂拿地之旅。泰禾2013年年报显示,存货期末账面价值为233.73亿元,比期初数81.40亿元增加152.33亿元,同比增长187.14%。泰禾2013年新增项目包括宁德红树林项目、泰禾红门、泰禾长乐红峪、华大泰禾广场、长乐红峪二期项目、泰禾红悦、永泰红峪项目、东二环新地块、北京长阳项目、台湖2项目、泰禾一号街区、石景山项目、泰禾北京院子、闸北项目、宝山项目、敔山湖畔的院子、厦门院子、石狮泰禾广场等。这些项目让泰禾的开发成本从2012年的69.16亿元暴增至2013年的216.58亿元。

在2013年首季报中,泰禾宣布了未来的发展战略,从北京、福建两点向全国铺开,重点开拓以福建、北京为中心的环渤海地区、以上海为中心的长三角地区以及珠三角地区。

为了实现泰禾的战略布局,泰禾大量借入外债,公司2013年短期借款期末余额为62.26亿元,比2012年的4.06亿元增加58.20亿元,同比上涨1 433.5%;长期借款2013年余额为 135.26 亿元,主要借款途径为银行抵押保证和信托借款,2013 年信托借款期末余额为 114.42 亿元,比上年增加 88.24 亿元,同比增长 337%。

图 1 显示,泰禾的长期借款 2014—2017 年不断上涨。2014 年短期借款同比上涨 28.28%,长期借款上涨 72.72%;2015 年短期借款下降 31.31%,长期借款上涨 7.71%,开始出现应付债券 79.5 亿元;2016 年短期借款暴增 160.84%,长期借款上涨 56.07%,应付债券暴增 119.05%;2017 年三项指标持续增长,分别为 52.46%、79.57%、25.72%。

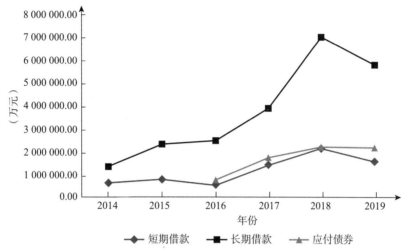

图 1　泰禾 2014—2019 年负债变动情况

资料来源:泰禾历年年报。

2017 年是泰禾猛加杠杆的一年,其中银行贷款(短期借款)为 269.82 亿元,占比为 19.91%,贷款成本为 7.14%;非银行贷款(长期借款)为 829.74 亿元,占比为 61.24%,贷款成本为 8.67%;公司债(应付债券)为 255.38 亿元,占比为 18.85%,贷款成本为 7.27%。公司总负债为 1 354.94 亿元,资产负债率达到 87.83%。

泰禾严重依赖高成本的非银行贷款。2016—2019 年公司非银行贷款占比分别高达 35.74%、61.24%、61.27%、61.43%,融资成本一路攀升,从 2016 年的 7.62%、2017 年的 8.1%、2018 年的 8.52% 一直到 2019 年的 9.94%(见表 1)。

表 1　泰禾 2016—2019 年融资结构

项目	2019 年		2018 年		2017 年		2016 年	
	金额(亿元)	占比(%)	金额(亿元)	占比(%)	金额(亿元)	占比(%)	金额(亿元)	占比(%)
银行贷款	169.54	17.48	247.49	18.00	269.82	19.91	309.61	41.06
非银行贷款	595.86	61.43	842.49	61.27	829.74	61.24	269.51	35.74
公司债	204.59	21.09	285.09	20.73	255.38	18.85	175.00	23.21
总计	969.99	100.00	1 375.07	100.00	1 354.94	100.00	754.12	100.00

资料来源:泰禾历年年报。

从图 2 可以看出,泰禾的土地使用权在 2018 年上涨势头迅猛,2013—2015 年,泰禾的土地使用权维持在 6 000 万—6 600 万元,但 2016 年泰禾的土地使用权同比上涨 104.67%,2017 年又下降 48.76%,但到 2018 年泰禾的土地使用权从 6 361 万元暴增至 13.94 亿元,上涨幅度达到惊人的 2 091.93%。

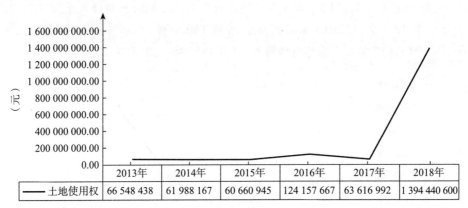

图 2　泰禾 2013—2018 年土地使用权变动情况

资料来源:泰禾历年年报。

黄其森给泰禾提出"四高"策略,即高杠杆、高周转、高品质、高溢价,其中最关键的当然是高周转。据黄其森所言,泰禾在拿地前做足了功课,公司在拿到地时基本上已经完成设计,泰禾 90% 以上的项目都可以做到拿地 7—8 个月就开盘销售。2017 年泰禾集团销售规模为 1 007 亿元,同比增长 152%,成功进入房企千亿俱乐部。

3. 惊天债务引热议,明星房企何处去

2017 年 12 月 22 日,黄其森在接受媒体采访时表示:"泰禾集团 2018 年销售目标是再翻一番至 2 000 亿元,争取资产负债率降至 75%。"消息一经报道,立马引发股市震荡。2017 年 12 月 25 日,泰禾股票跃升龙虎榜,单日涨幅 10.28%,同时深交所向泰禾发出问询函;12 月 26 日,泰禾宣布股票临时停牌并将发布相关公告;12 月 27 日,泰禾集团发表声明称,黄其森所称的 2 000 亿元销售目标仅为其对公司发展的目标和愿景,不构成公司的财务承诺。

2018 年泰禾集团年报并未提及 2018 年销售额数据。2019 年 6 月 14 日,黄其森在回答媒体采访时称,虽然 2018 年回款金额为 700 亿—800 亿元,但实际销售额达到 1 300 亿元,到此为止,距离 2 000 亿元的销售目标泰禾还差 700 亿元。

2018 年泰禾集团流动比率为 1.59,较 2017 年下降 0.44;速动比率为 0.24,较 2017 年下降 0.17;资产负债率为 86.88%,看上去比 2017 年的 87.83% 有所下降,但流动负债占比大幅上升,从 2017 年的 47.93% 跃升到 2018 年的 61.04%。种种迹象表明泰禾集团资金严重短缺,为了解决资金链问题,泰禾 2019 年 7 月 1 日发行 4 亿美元债券,期限 3 年,年利率 15%;9 月 1 日泰禾发行 1 亿美元债券,期限 1 年,年利率 11.25%。截至 2019 年 9 月 30 日,泰禾集团累计对外担保余额为 795.21 亿元,为了迅速回笼资金,2019 年以来泰禾集团已转让杭州、佛山、福州、南昌等地多个项目公司股权。

然而,这一系列的急救措施并未能给泰禾注入强心剂,从图 3 可以看出,泰禾房产主业利润率从2013年开始一路走低,从2013年的峰值36.10%降至2020年的12.23%,在泰禾跨入千亿房企的2017年,它的利润率为28.55%。

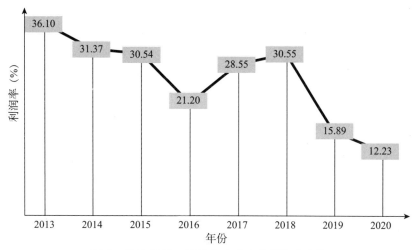

图3　泰禾2013—2020年房产主业利润率变化

资料来源:泰禾历年年报。

泰禾的资产周转情况也并不像黄其森预料的那样处在高效率周转状态。泰禾聚焦高端住宅和商业地产,主营地产开发项目,主要业态为院系、府系、园系、大院系等,这些业态的一个共同点就是价格高于普通住宅,这也直接导致销售进度相对较慢,以衡量企业资产投资规模与销售水平之间配比情况的指标(总资产周转率)测算,2015—2019年泰禾的资产周转率分别为0.1878、0.2213、0.1534、0.1373、0.1232,同期万科的资产周转率分别为0.4029、0.4063、0.3005、0.2760、0.2848,泰禾的资产周转率仅为万科的约1/2(见图4)。

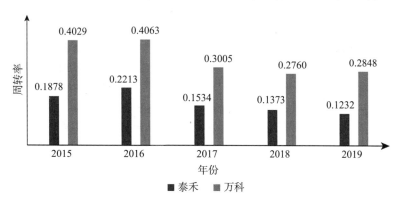

图4　2015—2019年泰禾、万科的资产周转率对比

资料来源:新浪财经。

2020年新冠疫情爆发,疫情防控期间国内大部分地区的土地交易暂停,假期延长和防疫措施也影响了房地产项目的复工,在建项目开发期变长,新开工项目被迫中断。

销售方面,全国多个城市暂停房地产交易,售楼处、中介门店暂停营业,全国楼盘售楼处销售活动中止,房产成交量大幅下降。成交量的下降直接导致销售回款减少,房企资金链受到严重冲击,再加上"三道红线"政策调控,房企融资愈发困难。国内房企大多高杠杆经营,如果不能快速回笼资金,就很可能造成资金链断裂,引发债务危机。

2020年4月29日,泰禾集团宣布2019年净利润下滑超67%。30日中午,泰禾集团收到深交所下发的关注函,要求公司提供业绩下滑事项的相关信息,是否与年审会计师存在重大意见分歧,说明货币资金情况,核查是否存在其他债务逾期或违约记录及金额。5月13日,泰禾集团宣布正在筹划引入战略投资者事宜,黄其森或放弃第一大股东身份。此时,距离泰禾宣布债务违约还剩54天;7月6日,泰禾集团宣布,公司不能按时兑付"17泰禾MTN001"中票。

4. 资金受困引战投,白衣天使露真容

究竟谁会向泰禾伸出援手,一时间众说纷纭,华润、中国金茂、厦门国贸、建发股份接连发声明,称没有接盘泰禾的计划。让泰禾和股民翘首以盼的白衣天使是谁,一时间谁也无法下论断。2020年7月7日,有传闻称万科将入主泰禾,但万科方面回应称目前未收到相关消息。一方面战略投资者迟迟未决,另一方面由于多笔债务违约,东方金城将泰禾集团信用等级由BB下调至C。7月8日,针对引入战略投资者事项的具体进展、控股股东所持股份质押情况等,泰禾回复称,本次引入战略投资者计划仍处于筹划阶段,尚未落地实施,计划能否成功尚存在不确定性。7月11日,有消息传出,泰禾和万科已在深圳、北京两地进行多轮磋商,谈判进展总体顺利,对泰禾项目层面的盘点也已进行多轮,但两家公司均未对此做出回应。截至7月7日,泰禾债务违约金额达到270.65亿元,预计2020年总违约债务金额将达到555.11亿元。

2020年7月15日,有消息称,万科与泰禾有望在近期签署协议,但万科的占股比例目前尚不能确定,未必会成为泰禾第一大股东。7月31日,泰禾集团宣布泰禾与海南万益已经签署《股份转让框架协议》,协议规定,若相关条件满足,万科旗下子公司海南万益将接手泰禾19.9%的股份,转让价格为每股人民币4.9元。但公报显示,该交易包含两项极其严苛的前提条件,如图5所示。

(1) 目标公司制定债务重组方案并与债权人达成一致,债务重组方案能支持目标公司恢复正常经营,能支持目标公司可持续经营,并且该债务重组方案的上述作用能得到甲乙双方的一致认可;

(2) 乙方对甲方及目标公司完成法律、财务、业务等尽职调查,且各方已经就尽职调查中所发现的问题的解决方案及拟议交易的方案达成了一致,不存在影响拟议交易的重大问题;甲方及目标公司的资产、债务及业务等不存在影响甲方及/或目标公司持续经营的重大问题或重大不利变化;

图5 万科与泰禾的《股份转让框架协议》部分内容

至此,泰禾的白衣天使身份终于揭晓!万科表示,万科愿意积极援助底子不错的同行伙伴,一方面帮助其恢复正常经营秩序,另一方面也是为了维护行业稳定,防止产生大范围的负面影响。

海南万益是万科在2020年5月投资成立的全资子公司,万科通过海南万益对泰禾进行战略投资和管理支持。9月29日,泰禾与海南万益一致确认未满足《股份转让框架协议》中约定的条件,但海南万益尚未表示要单方面终止协议。泰禾表示,虽然海南万益目前无意单方面终止协议,但本次股份转让最终能否达成仍取决于协议相关先决条件是否满足,存在不确定性。

5. 多方助力迎转机,债务压力有望解

5.1 政府助力显乡情

2020年5月13日泰禾宣布引入战略投资者,9月17日福建省政府牵头组织会议,邀请省厅相关职能部门、金融机构共同商议泰禾债务问题。东方资产、兴业银行、信达出席,并表示不抽贷、不断贷,在网签、贷款、预售证等方面给予泰禾便利,协助泰禾走出债务危机。

5.2 资管妥协化危机

2020年11月25日,泰禾集团参股公司顺德中维表示与厦门国际信托有限责任公司继续合作,对相关债务进行展期,泰禾集团作为股东提供担保。

12月19日,泰禾全资子公司珠海启航与民生深圳分行达成借款展期协议,将借款展期至2022年6月10日,泰禾集团为该笔借款提供连带责任保证担保。

12月22日,泰禾集团全资子公司深圳泰禾、深圳中维菁山与长城资管签订《债务重组协议》,长城资管同意泰禾债务展期至2023年12月18日,由泰禾集团为该笔债务提供连带责任保证担保。

2021年2月10日,泰禾集团在对深圳证券交易所关注函的回复中称,公司正在积极与债权人进行沟通,通过融资置换、债务展期、延期、分批还款等方式推动债务重组,协商稳妥的解决方案,缓解债务偿还压力。

5.3 央企合作扩经营

2020年2月6日,泰禾宣布将与中国能建葛洲坝集团在施工、融资等领域展开深度合作。葛洲坝集团具备强大的融资能力、工程建设能力,可以和泰禾形成优势互补。

6. 保留意见受质询,泰禾真容云雾中

2021年5月31日,深交所对泰禾主审会计师事务所(中兴华)的保留意见进行强烈的质询,共提出12个问题,涉及利息资本化、减值事项、未归还的债务明细、涉及诉讼案件、预付金额或比例是否合理、存货跌价准备计提、股权投资及合作项目等。

中兴华作为主审会计师事务所在对泰禾的财务审计中没有对泰禾项目开发成本中的利息资本化、借款合同、施工进度进行记录,反而表示证据不足,事实是泰禾全国项目都已非正常停工。

那么,泰禾究竟还有多少家产呢?

通过前几年的激进拿地,泰禾拥有相当丰厚的土地储备,但从2019年开始,泰禾便不再对外公布每一项目的土地储备情况,表2显示,泰禾集团在财务报表中公布2020年度公司累计土地总储备面积为1 290.78万平方米。但其中包含一些已经完工的项目,这些项目总土地面积为206万平方米;还包含完工比例在60%以上的项目,这些项目已经进入中后期,也不应计入泰禾的土地储备,这部分的土地面积为327.4万平方米。排除这些项目以后,泰禾真正剩余的土地储备面积为757.38万平方米,其中还包括已经被朗诗确定收购的津海院子项目,被华发收购的太仓院子项目,基本已经全部预售结束的杭州大城小院项目,市场供大于求的漳州项目,这些都不存在再次出售的价值,而泰禾却将它们纳入土地储备。

表 2　泰禾 2020 年土地储备情况

项目/区域名称	总占地面积 （万平方米）	总建筑面积 （万平方米）	剩余可开发 建筑面积（万平方米）
京津冀	232.46	668.19	120.26
福建区域	594.57	1 360.47	286.75
长三角	276.06	652.96	322.85
珠三角	131.87	482.73	180.32
华中区域	55.82	75.56	13.69
总计	1 290.78	3 239.91	923.87

资料来源：泰禾 2020 年年报。

本章小结

当一家公司无力偿还债务时，它就陷入了严重的困境，只能就债务合同的私人重组进行谈判，设法清偿债务或由收购者承担，或者违约并申请破产。在破产选择下，公司要么被重组，要么被清算。

本章界定了企业财务困境的概念，从统计学的角度对严重的财务困境进行了分析，之后讨论了私人债务重组，也就是庭外债务重组。在进行债务重组谈判之前、期间和之后，严重的财务困境可能会破坏公司的投资激励机制。"秃鹫投资者"专门投资于陷入困境公司的债务或股权，他们在公司中担任主要职务，能够影响公司的治理、重组或重组。本章还简要讨论了并购、兼并和收购交易以应对严重的财务困境以及公司在破产、改组和破产后的幸存，并探讨清算作为重组的替代性方案。清算可以是自愿的，也可以是非自愿的。清算相当罕见，但有时它们可能是陷入困境公司实现价值最大化的替代性方案。清算给陷入困境公司的利益相关者带来了巨大的成本，但清算会产生税收优惠效应。

思考题

1. 解释严重财务困境的界定。
2. 钳制问题如何通过股权交换和强制转换来解决。
3. 解释财务困境公司的投资决策如何影响债务重组谈判。
4. "秃鹫投资者"如何运作庭外重组？
5. 讨论决定庭外重组谈判能否成功的因素。
6. 讨论庭外重组与庭内重组的特点。
7. 列出收购能够为困境公司股东创造价值的四个原因。
8. 定义绝对优先权规则（APR）。为什么会偏离 APR？
9. 讨论重组后影响破产公司财务结构和业绩的证据。

 应用题

1. 经验证据表明,在严重财务危机下,管理层对可选择方案有着不同的偏好,包括试图在没有违约或重组的情况下作为一家上市公司生存下来、协商私下解决方案、被收购或买断、根据破产法律改组、依据破产法律清算等。你认为这样的偏好次序存在吗?这样的层次结构是正确的顺序吗?

2. 美国的破产程序是否有效?阅读 Roe(1983)、Baird(1986)、Jackson(1986)、Easterbrook(1990)、Gertner 和 Scharfstein(1992)、Hart 和 Moore(1992)、Berkovitch 等(1998)、Eberhart 和 Weiss(1998)等文献后形成意见。

 分析题

选择最近进行债务重组的公司进行研究,讨论公司重组后的状况和业绩。

第十三章　财务结构与证券设计

　　本章主要阐述公司的财务结构与证券设计,先引入证券设计的概念并进行详细说明。因为管理层在设计有效的财务结构时会涉及证券设计进行风险管理,证券设计与财务结构的关联性很强,本章还将介绍优化证券设计的相关内容,包括但不限于利用衍生品对冲风险的风险管理、减轻合同问题复杂性的证券设计优化。

　　当前中国经济压力仍然较大,未来要扎实推进中国式现代化,加快构建新发展格局,着力推动高质量发展,为全面建设社会主义现代化国家开好局起好步。而在资本市场上,随着时间的推移,公司内外部环境迅速变化,传统的公司变得更加复杂,管理人员应当自觉用党的二十大精神统一思想和行动,坚定不动摇,朝向全面建设社会主义现代化国家光明道路共同发展与前进。管理人员还应当谨慎地确保公司商业结构和财务结构的组成具有一致性与兼容性,通过衍生品对冲等创新型金融工具应对日益增加的环境复杂性。

　　参阅数字资源:延伸阅读之"商业结构"。

第一节 财务结构

对于公司管理层来说,公司财务结构的重要性不言而喻。例如,第一章讨论了抵押假设,即公司的债务融资能力受到可抵押资产价值的限制;第二章讨论了杠杆在公司竞争战略中的作用。假设公司需要某种设备作为自身资源的组成部分,那么,公司会使用内部资金还是发行债券或股票,抑或通过签订租赁合同来获得设备的使用权?如本章将要讨论的那样,研究表明公司对衍生品的使用取决于公司组织结构外的其他要素,如税收、投资机会、杠杆和高管薪酬。由此看来,采用综合方法构建公司财务结构,并将它与公司环境、运营、治理等其他要素融合在一起是十分重要的。公司典型的财务结构包括四个组成部分:股权、负债、其他利益相关者的相关合同、衍生品及其相关合约。

一、股权

公司财务结构的第一个组成部分是股权,本节将它分为三个要素:IPO 决策、所有权结构和股利政策。

(一) IPO 决策

公开发行股票上市会面临更严格的监管,对企业经营管理将产生重要影响,股权结构也会逐渐变得分散。一方面,股东可以通过分散公司间的股权投资来降低个人投资组合的风险,而且随着二级市场的发展也会提高股权的流动性。另一方面,分散所有权可能会导致特定公司的股东没有足够比例的股权来保证自身能管控公司,甚至监督管理人员做出的决策。因此,除非减弱管理人员追求自利的动机,例如建立集权制和避免高收益、高风险的项目,否则公司将产生与管理层自由裁量权有关的代理成本。

决定是否上市也可能取决于信息不对称。例如,如果公司价值的很大一部分取决于内部人员需要保密的战略信息,那么公开发行股权很可能会损害公司价值。内部人拥有所有权可能会缓解这一问题,但代价是分散所有权的股东多样化和减少股票的流动性收益。关于所有权和控制权分离涉及的基本权衡,以及保持公司私有制和紧密控股与上市和允许所有权分散涉及的具体权衡等问题是十分值得研究的。

(二) 所有权结构

所有权结构是公司产权安排的基础,决定着公司产权的具体分配方式和分配比例,以及所有者行使相关权利的方式。现代企业规模较大,投资者人数众多,所有权结构一直是公司财务研究的热点。管理层持有股份对于缓解与股东—管理层的委托-代理问题和降低信息不对称成本具有重要作用,大股东(个人或机构投资者)作为公司管理层的监督者在一定程度上会影响公司所有权结构。公司所有权可以在一次交易中易手的方式包括合并、收购、接管或并购等。公司双层股权结构、股权分割、分拆和杠杆重组如何解决与财务困境相关问题的作用也是值得探讨的话题。

(三) 股利政策

第一,股利收入要缴纳所得税(即利得税),而且股利支付不是可扣除费用。因此,支付股利的政策可能会增加公司的股本成本并吸引更偏好股利的投资者。第二，公司管理层有保留自由现金流而非作为股利支付的私人动机。在这种情况下，公司董事会有责任强制释放自由现金。第三，杠杆公司管理层为股东的利益行事，有增加股利的动机并以此作为从公司债权人手中掠夺财富的一种手段。第四，投资不足问题表明，如果项目的大部分收益归属公司债权人，杠杆公司就可能会支付股利而非追求更有利可图的投资项目。

20世纪90年代，公开交易的美国非金融公司股票回购行为急剧增加，以至于在1997—2000年的每一年，股票回购总量都超过公司股利总额。公司回购股票的动机包括公司股票价值被低估、回购使自由现金流返还、减少公司的流通股本可能导致债权人财富被剥夺以及回购可以作为收购防御。

二、负债

（一）债务

Jensen(1986)提出了著名的"债务治理"概念，即企业可以利用负债调整或通过债务合同中的限制性条款来约束和监督管理层，阻止其自利行为，以减小逆向选择风险和道德风险，从而降低代理成本。同时，偿债压力可能导致企业可支配现金流减少，从而缓解或抑制管理层的无效率投资（投资过度或投资不足）。债务治理的有效性已经得到国内外学者的普遍认同与接受。如果一家公司存在最优杠杆率，那么这个最优杠杆率取决于公司的行业、资产和运营的多个方面。传统的权衡理论假设每家公司都有一个特定的最优债务股本比，这取决于对债务的税收优惠（利息节税效应）与财务困境和破产的预期成本现值的权衡，两者都随着杠杆率的提高而增加，但幅度不同。杠杆可以通过约束公司管理层来增加股东价值，迫使公司放弃可能被用于低效率投资的现金。但代理理论认为管理层为股东利益行事，有动机采取行动从债券持有人手中掠夺财富，比如做出发行额外债务、出售资产等增加公司风险的决策。在信息不对称的情况下，融资优序理论认为外部融资成本高于内部融资成本，外部股权融资成本高于外部债务融资成本，企业应保持足够的财务松弛度以避免外部融资。如果公司需要外部融资，债务融资成本会低于股权融资成本。杠杆也可以用作行业竞争手段，企业可能会采取包括高杠杆在内的激进竞争战略，或者可能会保持低杠杆以便在行业利润水平下降时能够比高杠杆的竞争对手存续得更长久。

公司关于债务融资来源的决定，尤其是选择银行、金融公司等私人来源还是选择公开发行债券，部分取决于公司受委托-代理冲突和信息不对称问题困扰的程度。本节回顾支持银行在解决与债务融资相关的委托-代理冲突和信息不对称问题方面发挥重要作用的理论。银行、金融公司在以下方面优于公共债务市场：接收和保存机密战略信息，监控公司管理层，从而缓解股东-管理层代理问题。事实上，银行经常兼任商业顾问，因此银行被称为内部贷方，而不是信贷市场上的贷方，后者被称为外部贷方。银行的监控可能有助于增强公司发行公共债务的能力。一方面，银行的贷款承诺可以保护借款人免受竞争对手的影响，否则公司在财务上可能会受到压制；另一方面，大公司的委托-代理冲突和信息不对称问题并不严重，与公共债务市场相关的规模经济通常占主导地位，因此它们通常公开发行债务证券。

公司债务合同包含的条款,尤其是公开发行的票据和债券,可以缓解委托-代理冲突和信息不对称问题。为此,研究者们建立或调整了传统条款(包括债务到期日)、限制管理层活动的契约、替代性退休条款,如可兑换、可赎回或偿债基金。

随着债务市场的蓬勃发展,我国学者也越来越重视企业债务研究。黄乾富和沈红波(2009)发现债务融资能显著控制企业过度投资、提升投资效率。王满四与徐朝辉(2020)发现企业债务不仅能显著缓解代理成本,改善治理结构,甚至会对管理层滥用现金的在职消费或贪腐等败德行为产生抑制作用。然而,有研究发现,债权人对企业的监督与约束受到很大程度的限制,债务水平较低的监督效率会削弱债权人的市场监控作用、降低企业未来业绩,而且企业债务对代理成本的缓解效应可能并不明显。虽然目前国内学者对于企业债务的治理效应仍存争议,但是债务对企业的财务结构变化存在不可忽视的影响。

(二) 租赁

租赁是仅次于银行贷款的重要融资方式。作为一种特殊的债务融资方式,租赁有着较复杂的交易结构与业务形式,如根据租赁交易形式和期限的不同区分为直接租赁、售后回租与其他租赁,以及长期租赁和短期租赁等。租赁还是缓解中小企业"融资难"、促进实体经济稳健发展的重要工具。租赁作为一类特殊的债务合约,在区分融资租赁和经营租赁"两租分离"模式的租赁会计准则下,融资租赁业务的表外会计核算为企业调整资产负债结构、优化财务报表提供了可能。国内研究表明,企业采用金融租赁进行融资会促进企业全要素生产率的提高,融资租赁债务合约的特性具有降低调整成本的作用。徐金球(2022)实证研究我国上市公司通过租赁业务进行融资的债务治理效应,结果表明不同交易形式与期限结构的租赁融资的债务治理有效性表现不一致。具体而言,直接租赁融资能显著控制企业代理成本并抑制企业投资无效问题;售后回租融资尽管能缓解企业代理问题,但不能明显提升企业的投资效率;其他租赁融资的债务治理效果不明显;短期租赁融资的债务治理效果显著,长期租赁融资则不明显。

关于企业融资租赁动因的早期研究基于公司金融领域的企业资本预算,最经典的问题是企业进行设备投资时"租赁抑或购买"的财务决策。早期资本市场框架下的完美市场假定与现实条件严重不符、实证研究发现融资租赁和银行贷款的成本差异等,使得国内外学者开始关注市场摩擦因素对企业融资租赁的解释,包括税收、信息不对称、交易成本、经营环境不确定性等方面。其中,经营环境不确定性还反映了企业选择融资租赁的资产使用动机,出租人在设备维修、保养、残值处置等方面的优势使得融资租赁合同能够赋予承租人在退租选择和设备运营方面的灵活性,降低承租人因技术进步产生的设备残值风险和设备处置成本。近十年来,研究视角已经开始转向企业的经营特征和运营需求,主要包括融资约束、会计信息质量、公司治理等。

美国非金融公司广泛使用租赁作为融资购置设备的替代方式。通过租赁,边际税率低的公司将与租赁设备相关的税盾转移给边际税率高的出租人。然而,租赁的可用性和整体优势取决于设备的性质,特别是设备在二级市场上的流动性。2007年以来,政府各种专项扶持政策与配套措施相继出台,我国融资租赁市场和业务迎来了蓬勃发展,截至2021年,租赁融资合同余额高达6.8万亿元,租赁资金投放近2万亿元,从事租赁服务的机构超过1.2万家。中国租赁融资市场已经成为全球第二大市场,租赁融资也成为仅次于银行信贷的第二重要融资方式。在"双碳"目标的指引下,我国相关政策将陆续出台,还将进一步激发绿色租赁的市场需求与发展潜力。

三、其他利益相关者的相关合同

只有综合考虑企业诸多的利益相关者,包括管理层、员工、供应商和客户等,才能有效设计公司的整体组织结构。

(一)管理层

之前章节主要讨论董事会成员的合同任期限制和董事会成员选举的问题,公司为董事会成员提供类似于高管的薪酬激励合同可能很重要。高管薪酬合同通常写明各种激励措施,原本是为降低管理层自由裁量权的代理成本而设计的。比如,公司总经理的薪酬通常包含但不限于基本工资、基于盈利的奖金、长期激励薪酬以及授予股票或股票期权。当高管的大部分财富与薪酬挂钩时,高管的个人投资组合并没有得到很好的多元化,厌恶风险的高管就有动机降低公司的经营风险,次优选择是降低运营杠杆而仅接受低风险、低收益项目,或者将公司杠杆率降至最佳水平以下。我国学者将高管的经营管理行为区分为偏重短期业绩与偏重长期价值两类,论证了合理的薪酬制度应在长期激励、短期激励之间建立适宜的比例。

管理层薪酬的有效性需要考虑管理者权力、高管心理特质、企业绩效、董事会治理结构、行业薪酬基准、政府、法律等因素。当高管追求自身利益最大化时,可能会因薪酬与会计利润的高度相关性而实施盈余操纵行为,从而极大地损害公司和股东的利益。王克敏和王志超(2007)研究发现,盈余管理对管理层薪酬业绩敏感性有显著的正向影响,当管理层薪酬契约基于会计业绩时,管理层有动机为增加报酬而使用盈余管理手段调增会计利润。李延喜等(2007)发现,高管持股比例与可操控性利润显著正相关,激励机制的不健全与不完善在一定程度上会诱发高管进行盈余操纵,因此引入结合会计业绩和市场业绩的薪酬计划是十分必要的。

目前,上市公司普遍采用双指标体系的薪酬机制。高管薪酬结构中不仅有与会计业绩相关的奖金,还会被授予与公司长期价值关联的股票期权,这样就将短期利益和长期利益有效地捆绑起来以约束高管的自利行为。公司的资本结构和资本成本都会影响公司的长短期价值,所以高管会基于自身的薪酬激励计划,对公司的融资、投资、风险管理等政策做出相应的选择。国内研究还发现实行股票增值权计划公司的投资额大于采取其他激励模式公司的投资额,当高管拥有公司的股票期权时,就有足够的动机去努力实现公司的长期价值,从而兑现自己的股票期权。

(二)员工

近年来,越来越多的美国公司为基层管理人员甚至普通员工设置激励计划,例如利润分享奖金或股票期权。员工持股计划是公司与普通员工签订的一种薪酬合同,在20世纪80年代开始流行,可以为雇主和员工提供实质性的税收优惠,还可以为员工提供强大的激励,让他们努力工作以实现公司利润目标或提高公司股价。利润分享计划和员工持股计划的产生与应用,表明管理层认为员工是公司重要的利益相关者。西方国家普遍采用的利润分享计划与员工持股计划可以在一定程度上激励员工,提高企业生产效率。

利润分享制是指企业在支付基本工资外,根据当年的盈利状况提取一定比例的剩余利润由员工共享的一种制度。郭黎(2015)发现,企业尤其是科技密集型企业,产品的知识含量高,人力资本替代物质资本成为首要要素,如果员工仅仅得到劳动力的补偿性薪酬,其积极性与创新动力就会逐渐减弱。对于高层级员工来说,其贡献与所得严重脱节;而利润分享计划赋予员工分享剩余利润的权利,使得企业的效益与个人收入息息相关,从而提高员工的劳动积极性。

随着市场环境的成熟,我国企业开始引入和推广利润分享计划与员工持股计划,2014年修订的《企业会计准则第9号——职工薪酬》中增加了利润分享计划的会计处理方法,同年国内企业还重启了员工持股计划。员工持股计划是一种以鼓励员工持有本公司股票的方式而实施的激励计划。张望军等(2016)认为,员工持股计划的授予对象越广泛,越有利于建立员工与企业的利益共享机制,实现对员工的"利益绑定"功能,从而激励更多员工主动参与企业的创新活动。Hochberg 和 Lindsey(2010)发现广泛授予非高管员工股票期权能够加强员工之间的相互监督,从而提高企业绩效;王砾等(2017)发现员工持股计划的短期公告效应显著为正,长期内逐渐减弱;沈红波等(2011)发现实施员工持股计划对公司治理有明显的改善效果,如降低代理成本、提高投资效率、减少超额员工等。众所周知,企业创新是一个复杂的多阶段过程,每个阶段都需要企业各部门员工的共同努力和配合。设计合理的人力资本激励机制,激发创新各环节中各部门、各层次员工的工作积极性,决定着企业的创新成效。需要注意的是,利润分享计划和员工持股计划还要求员工承担更多的公司风险。此外,员工持股计划还有可能通过将更多的公司股份集中于相对被动(或亲近管理层)的股东,从而为高级管理者的私人利益服务。员工的"搭便车"倾向会削弱员工持股计划的正向激励作用。刘丽辉等(2021)研究表明,员工持股计划能够促进企业创新产出,但具有一定的滞后性和持续性,降低代理成本是员工持股计划促进企业创新的路径之一。利润分享计划和员工持股计划这两种针对企业不同创新主体的长期激励计划还有待深入探索。

(三) 供应商和客户

供应商-客户关系是公司的重要经济资源,通过明确的合同安排,客户与供应商互为对方创造显著的经济收益。供应商和客户签订合同可以降低公司风险或者将风险转移给外部各方,并可通过适当使用贸易信贷来增强偿债能力。

供应链网络作为企业所处社会网络的重要组成部分,会对企业的生产经营及战略决策产生重要影响,因此供应链安全是维持国民经济稳定、构建新发展格局的重要保障。企业建立与供应商之间的友好关系,可以形成自身的成本优势、商业信用优势等来提高竞争实力,企业与供应商的研发合作还会提升企业利润水平,甚至企业与供应商的连带关联和关系强度对企业战略及经营决策具有差异性影响。于明洋等(2022)研究发现,处于供应链网络中心位置的上市公司的竞争地位更高,供应链网络位置中心性可以帮助企业获取更多的信息、技术资源,并提高企业投资水平与投资效率、增强创新能力、降低交易成本,从而提升企业的竞争地位。在供应链网络中,企业与客户之间的商业信用谈判还受到供应商的影响。其中,民营企业拥有国有供应商可以增强自身的谈判能力,客户为了利用中间企业建立与国有供应商的联系,会减少对企业的商业信用侵占;并且当供应商和客户处于差异化行业时,优质供应商作为一项资源对提升企业谈判能力的作用更大,进而促进供应链联盟的形成。

供应链上的客户和企业是"一荣俱荣、一损俱损"的利益共同体,客户稳定性对企业的生存与发展至关重要,不但可以节约采购成本,而且可以向供应商传递企业有能力维持商业信誉等方面的信息。稳定的供应链关系不仅有利于企业的生存与发展,还能促进社会经济和谐发展。企业管理层需要注意客户风险在供应链上的传染效应,避免由此使企业陷入经营困境。比如,Fabbri 和 Klapper(2016)发现,客户产品市场份额下降会直接导致其原材料采购量的萎缩和企业销售收入的下滑,激烈的客户产品市场竞争也会加剧客户销售和原材料需求的波动,提高企业收入的不确定性;财务风险较高的强势客户在产品价格、存货水平和付款条件等方面会对企业施加压力,导致企业资金周转率下降、经营风险增大;当客户进入破产程序时,企业不仅要遭受巨额的坏账损失,还会面临更换大客户的风险,持续经营能力受到严重的威胁。

四、衍生品及其相关合约

过去四十多年,衍生品工具在资本市场上的地位越来越重要,市场规模越来越庞大,期货、期权等衍生产品在世界各地的交易市场中都十分活跃。衍生品及其相关合约可以作为微调工具来优化公司整体架构。公司初期将衍生品、保险合同和担保整合到财务结构的设计中会产生更好的效果,因为有关公司商业或财务结构的各个要素的决策可能会受到公司能否使用衍生工具来对冲特定风险的影响。本小节主要讨论公司使用衍生品进行套期保值、购买保险以及提供担保的动机,并介绍基本的衍生品合约,包括远期合约、期货合约、互换和期权,再回顾公司对冲风险的相关文献,最后讨论保险合同和担保在公司中的使用。

(一)衍生工具的基本类别及其在套期保值中的应用

1. 远期合约和期货合约

远期合约是两方之间量身定制的双边协议,常见于外币、黄金和石油等商品,可以用来对冲外汇风险。远期合约是指其中一方同意按设定的未来日期和价格购买约定数量的指定资产,而另一方同意出售约定单位的指定资产。一般来说,远期合约的价格为公允价格,即买卖双方根据自身的特殊需求自愿做出承诺,合约中的资产在活跃的现货市场或期货市场上交易,比较容易确定公允价格。

期货合约与远期合约类似,都涉及按设定的未来日期和价格向另一方买卖资产的承诺。但是,期货作为交易所的标准化合约进行交易,交易所为每笔交易提供充分的中介服务,对于场内两方商定的特定交易,交易所对一方的多头头寸采取空头头寸、对另一方的空头头寸采取多头头寸,从而消除双方对对手方违约的顾虑。期货交易具有每日现金结算和盯市结算的特点。每个交易日结束时,交易所公布一个正式的结算价(类似于股票的收盘价),每份合约的价格都以新价格为准;同时,根据新的结算价是否高于或低于前一交易日的结算价,空头方必须向多头方支付与当日价格变化成正比的现金金额,反之亦然。

2. 互换

互换是一种双边协议,用于在指定的时间段内交换周期性现金流量,远期合约可以被视作一种标准互换。以利率互换示例,交易对手 A 同意在未来 10 年的每年末向交易对手 B 支付 50 000 美元。作为交换,交易对手 B 将同时向交易对手 A 支付 100 万美元乘以 1 年期美国国债当年利率的乘积。当国债利率为 5% 时,交易所是中性的,因为交易对手 B 也将支付 50 000 美元(100 万美元×0.05)。但是,当 1 年期国债利率大于 5% 时,净现金将从交易对手 B 流向交易对手 A;当国债利率低于 5% 时,情况正好相反。互换合约本质上是远期合约的投资组合。从货币互换中可以更清楚地理解。在货币互换中,交易对手 A 与交易对手 B 签订合同,在几年内定期交换现金流量(通常是共同债务的利息和本金支付),交换的现金是两种不同的货币,汇率是预先确定的。

3. 期权

期权产品一般分为:看涨期权持有者有权在将来特定时间以特定价格买入某种资产;看跌期权持有者有权在将来特定时间以特定价格卖出某种资产。期权在公司合同中十分常见。例如,杠杆公司的股权可以看作对公司资产的看涨期权;债券合约中的看涨期权和转换条款本质上也属于看涨期权;在股票或债券发行时包含的认股权证是看涨期权;高管通常被授予股票期权作为其薪酬的一部分,这也是看涨期权。看涨期权的应用可以减轻代理成本或信息不对称等问题,看跌期权也有助于缓解这些问题,作为对冲风险的工具特别有用。

接下来主要说明如何使用看跌期权以及远期合约或期货合约来对冲金矿公司的收入风险,随后将讨论企业保险(保险合同本质上是被保险资产的看跌期权)。参阅数字资源:延伸阅读之"衍生品套期保值"。

(二)套期保值

学术界认为公司利用衍生品工具对冲风险是源于自身对风险的厌恶,通过期权、期货及其他衍生品缓解收入的剧烈波动。随着 Sharp(1964)、Lintner(1965)和 Mossin(1966)对资本资产定价模型的发展以及研究者的深入探索,学术界逐渐认识到风险厌恶并不适用于所有企业,股权分散的大公司的股东或债权人能够通过投资组合多样化来有效地分散非系统性风险,而对于系统性风险,公司付出的代价应当是一致的。M&M 假说基于理想条件下的完美市场认为,资本结构并不会影响公司价值,公司没有理由进行套期保值或保险。这显然是不现实的,套期保值是公司在金融衍生品市场上进行交易的根本动机。随着衍生品市场交易与企业自身的深入发展,套期保值已从传统的单纯风险转移概念演化为一种更全面、动态的风险管理与控制概念。在之后的几十年中,关于企业套期保值动机的替代性理论不断涌现。

1. 衡量和对冲汇率风险

如何确定一家公司是否面临汇率风险?公司的汇率风险是否与国外的相对商业风险有关?公司使用货币衍生品的倾向是否与汇率风险有关?Jorian(1990)的研究解决了前

两个问题。使用修正市场模型度量公司汇率风险：

$$R_{i,t} = \beta_{0,i} + \beta_{1,i} R_{s,t} + \beta_{2,i} R_{M,t} + \varepsilon_{i,t} \tag{13.1}$$

其中，$R_{i,t}$ 是公司 i 的月股票收益率，$R_{s,t}$ 是给定汇率下同期股票收益率的变化，$R_{M,t}$ 是市场投资组合收益率，系数 $\beta_{1,i}$ 衡量公司汇率风险。建立横截面回归模型来确定公司的汇率风险是否与国外商业风险有关：

$$\widehat{\beta}_{1,i} = \gamma_0 + \gamma_1 \frac{FS}{TS_i} + u_i \tag{13.2}$$

其中，FS/TS_i 是公司 i 的国外销售额与总销售额的比值。Jorian(1990)使用 1981—1987 年间 287 家美国公开上市公司的数据估算公式(13.1)和公式(13.2)，这些公司的相对国外销售额(FS/TS_i)发生了变化(横截面)，使用由国际货币基金组织(IMF)的多边汇率模型得出的(美元价值)加权贸易度量汇率风险。Jorian(1990)的实证结果表明，跨国公司股票收益率和汇率之间的关系存在系统性差异，股票收益率和(美元价值)贸易占比之间的关联程序与美国跨国公司的海外商业份额正相关。

Allayannis 和 Mozumdar(2000)解决了第三个问题。他们研究了标准普尔 500 非金融公司的外币衍生品的使用情况，检查了 1995 年的标准普尔 500 非金融公司是否有海外销售业务以及是否使用货币衍生品。他们发现，1993—1995 年 71%的公司有海外销售业务，其中 75%的公司使用货币衍生品。他们还发现，套期保值者通过套期保值工具削弱了净现金流的波动性，同时也削弱了投资对内部现金流的敏感性。

2. 对冲的税收动机

考虑到税率的凸性与套期保值对公司预期税收性负债的影响，Smith 和 Stulz(1985)认为累进或凸税率结构的公司有动机进行套期保值，因为这样做可以削减公司的预期纳税义务。Nance(1993)比较了 104 家使用套期保值工具(远期、期货、互换或期权)的公司与 65 家不使用套期工具的公司的特征，检验了套期保值的税收效应。Graham 和 Rogers(2002)以税率和所得税抵免为解释变量检验风险管理的税收动因，结果表明套期保值增强了公司负债能力和增加了利息税收扣减额，并详细分析了税收激励作用。周兰(2015)用 A 股上市公司进行实证检验，发现公司实际税率与衍生品套期保值显著正相关。在税收规避与企业价值的研究方面，Desai 等(2007)发现管理层利用税收规避活动的不透明性对企业财富进行了大规模的转移和掏空。当公司存在税收规避倾向时，管理层通常采用不透明的金融衍生品交易开展经营活动以规避税务机关的检查，信息不对称程度提升，使得股东难以有效发挥监督作用。不仅如此，当企业存在降低有效税率动机时，它在使用衍生品过程中往往会模糊经济实质，从而损害公司价值。

3. 对冲与投资决策问题

Bessembinder(1991)认为套期保值有助于解决投资不足问题，远期合约的风险套期保值通过缓解投资不足问题来增加价值，因为套期保值会削弱优先债权价值对增量投资的敏感性，允许股权持有人从新投资中获得更多的增量收益。Gay 和 Nam(1998)实证检验衍生品交易是否可以减少投资不足问题，发现衍生品使用与公司成长机会存在正相关关系，当增大公司现金股票占比的投资机会相对较少时，衍生品使用更频繁；投资支出与内部现金流正相关的公司往往拥有较小的衍生品头寸,这表明存在潜在的自然对冲。他们的研究结果支持衍生品的使用可能部分是出于避免潜在投资不足问题的需要这一论点。贾炜莹和陈宝峰(2009)使用上市公司财务数据,发现固定资产比例与公司衍生金融品持有存在显著的正向关系,也证实套期保值可以减少投资不足问题。Morellec 和 Smith(2002)同时考虑对冲在控制投资不足与过度投资两个方面发挥的作用,尝试将投资不足与过度投资纳入同一个分析框架。他们模型中的最优杠杆率反映了公司在上述两个方面的权衡,而对冲通过控制投资不足与过度投资的成本影响财务杠杆,并最终增加公司价值。

从避免外部融资和增强借债能力的角度,Froot 等(1993)发现如果一家公司想要对冲某些风险,它就不得不降低进行高成本外部融资的可能性,从这个意义上看套期保值通过节约显性成本和隐性成本来创造价值。Stulz(1996)和 Leland(1998)认为,通过平滑公司现金流波动性,使用衍生品进行套期保值可以增强公司的债务融资能力。Haushalter(2000)研究了1992—1994年美国100家石油和天然气生产商,发现这些公司的风险对冲程度与融资成本有关,财务杠杆较高的公司更广泛地管理价格风险,套期保值与套期成本的规模经济和套期工具的基差风险有关。

4. 对冲与财务困境成本

当公司无法履行对债权人的承诺或履行承诺有困难时,就会陷入财务困境,结果往往导致公司破产。财务困境假说认为,公司可以通过套期保值来减少破产成本,降低公司陷入财务困境的可能性,从而稳定预期收入。Smith 和 Stulz(1985)认为,公司陷入财务困境的主要原因是现金流量不足,降低现金流的波动率可以一定程度地减小公司发生财务困境的概率。衍生品套期保值通过在现货与期货之间、即期与远期之间建立一种对冲机制,大大减小风险暴露对公司的影响,极大地平滑现金流的波动进而降低公司发生财务困境的概率。Nance(1993)以杠杆率作为财务困境成本的代理变量,实证检验证明财务杠杆率和公司套期保值发生概率正相关,表明公司套期保值交易可以避免财务困境的发生。Tufano(1996)发现高财务杠杆率的公司会更多地使用金融衍生工具来管理风险。Bartram 等(2009)也实证证实套期保值可以减少财务困境成本。贾炜莹和陈宝峰(2009)研究发现我国上市公司的资产负债率与金融衍生品对冲显著正相关。罗斯琦(2014)验证了财务困境成本越高的公司,越倾向于进行套期保值。

5. 对冲与企业管理层

Smith 和 Stulz(1985)认为管理与规避风险是对冲的动机,更倾向于风险规避的管理层有私人动机去选择投资风险较低的项目,尽管可能存在高收益但高风险项目。Tufano(1996)研究金矿公司在1990—1993年间对冲黄金价格风险的倾向和动机,发现业内超过85%的公司会管理黄金价格风险。随着衍生工具的广泛使用,衍生工具对企业价值与风险管理的影响成为公司金融和公司治理领域的热点及难点。衍生工具能够通过影响现金流波动性进而影响利润波动性,这是由其本身的风险管理属性所致,同时受到会计处理、金融衍生市场流动性等的影响。衍生工具的经济复杂性增加了其公允价值计量的不确定性,同时管理层可操控的空间也会扩大,所以衍生工具经济复杂性越高,利润平滑效果越好。郭飞等(2017)选取衍生工具披露情况较良好的国有上市公司为研究对象,检验衍生工具经济复杂性对利润波动性的影响,结果证实了这一点。

(三) 保险

保险合同本质上是一种看跌期权,由被保险人从保险公司购买以保护资产的价值。保险是公司尝试管理风险的一个明显且常用的工具。使用衍生品进行套期保值与购买保险密切相关,公司可以通过购买看跌期权来对冲风险。Smith 和 Stulz(1985)指出套期保值(远期合约或期货合约)和购买保险之间的关键区别:保险需求的决定性因素与对冲保单的决定性因素有着很大的不同。对于公司而言,由于保险公司具备专业的评估知识,为购买保险提供真实的服务,而远期或未来合同不提供明显的实际服务。保险公司的中介角色很重要,既可以监控被保险资产,也可以缓解信息不对称问题。

Mayers 和 Smith(1982)从现代公司财务管理的角度,发现公司购买保险是为了降低代理成本。公司提供了有效的对冲,股东可以通过多样化的投资工具来消除可保风险。因此,公司以不公平的价格购买保险将代表负净现值项目,进而减少股东财富。

Hoyt 和 Khang(2000)认为小企业的厂房、设备等较为集中化,分散风险能力较弱,相对于大企业其购买保险的需求更旺盛,更愿意利用保险公司在损失控制和理赔服务方面的专业优势。然而,杨月芬等(2010)针对我国非上市企业的保险需求,发现企业规模越小,保险需求越少,企业保险供给与保险需求间存在"规模错配"。Sharfman 和 Fernando(2008)认为,高成长性企业更愿意购买保险,因为它们担心意外事故会使企业承受高昂的损失,失去有利的投资机会。但是,高成长的中国企业会更看重项目投资带来的较为确定的现金流入,保险购买意愿不强。杨宝华和黄虹(2014)以 2010—2013 年间 A 股制造业上市公司为研究样本,结果表明企业风险水平越高,公司购买保险的可能性越大,但与之关联的高成本制约了企业的保险购买数量。我国制造业上市公司中低风险企业数目远多于高风险企业,同时受高保费制约,因此制造业上市公司总体投保率不高。任辉(2020)对广州 274 家高新技术企业关于购买保险的调查问卷数据进行回归分析,试图揭示当前高新技术企业科技保险参保率低的原因。研究结果表明:国有企业、注册资本较多的企业以及信用程度较高的企业具有更强烈的科技保险购买意愿;企业所处行业竞争越激烈、政府支持力度越大,其购买科技保险的意愿越强烈。

(四) 担保

制造商和零售商通常会为产品提供担保,母公司可以为子公司发行的债券提供担保。从功能上讲,担保相当于一种看跌期权——买方至少实现了产品、资产或证券的最低价值,或者可以将其退回以换取现金。

担保是银行应对信用风险的重要手段。Berger 和 Udell(1990)、Jimenez 和 Saurina(2004)为担保可以降低贷款违约率损失提供了实证证据,且担保有助于解决贷款企业的逆向选择问题。银行与企业之间存在信息不对称,高质量的贷款企业可以通过担保来传递质量较高的私有信息,低质量的贷款企业发生违约的概率较高,提供担保的代价较高,更不情愿提供担保。Bodie 等(1992)广泛探讨财务担保的使用,但侧重于母公司对子公司义务的担保。他们认为在某些情况下,供应商或客户怀疑母公司是否会履行对子公司的承诺,他们甚至可能不愿意与子公司开展商业。在管理子公司的担保时,母公司可能会发现虽然所使用的管理方法是有效的,但对外部担保人来说是不可行的。与外部人不同,母公司的管理层可以在不损害子公司竞争地位的情况下访问几乎所有可用的专有商业信息,从而大大缓解担保人和被担保人之间的信息不对称问题。因此,这里的道德风险和其他委托-代理问题可能没有外部担保人那么严重。如果发生违约,有担保的企业将蒙受更大的损失,所以担保能够降低贷款企业的道德风险。沈红波等(2011)研究发现,金融发展水平可以显著降低民营企业的担保贷款比例,说明我国金融发展在降低银企之间的信息不对称、减少融资成本等方面起到积极作用,但对不同规模企业担保贷款的影响存在差异。金融发展水平对小规模企业贷款担保的影响更大,主要是因为相对于大型企业,中小企业的信息透明度不高、信用评级低、抵押担保不足等问题较突出,导致中小企业融资成本过高,同时也使银行为中小企业提供贷款面临过高的逆向选择和道德风险。近年来,学术界开始注重探讨中小企业融资难问题,从很多发达国家政府建立中小企业信用担保计划的成功经验来看,成立中小企业信用担保机构的确有助于缓解中小企业贷款难问题。

第二节 证券设计

20世纪60年代,通货膨胀导致美国当时的货币政策目标和监管目标相互冲突,银行的竞争力大大减弱。商业银行为了弥补流动性和提高竞争力,大力开展资产证券化等信贷衍生工具业务,从而为金融衍生工具的进一步创新打开了通道。70年代以来,证券创新让公司债券出现了许多新特征,比如可转换。金融发展史上任何时期恐怕也没有这段时间的金融创新多。随着互联网与信息技术的发展,逐渐衍生出区块链的首次代币发行(ICO)和证券代币发行(STO);人们对绿色环保的需求使得绿色债券成为绿色金融领域大力发展的债务融资工具,国际绿色债券发展迅速。

一、证券设计的优化:理论与发展

(一)证券设计的理论起源

证券设计理论起源于资本结构理论,Modigliani和Miller(1963)的广义M&M假说认为全债务是最优资本结构,在完全竞争和信息完全对称的资本市场上,企业融资方式的选择以及由此构成的资本结构与企业价值无关,股利政策与企业价值无关,投资决策与融资方式无关。但现实世界并非如此,M&M假说忽视了普遍存在的公司所得税、破产成本、交易成本、委托-代理和逆向选择等关键问题。随后,税差学派和破产成本学派的观点融合,认为最佳资本结构取决于债务所带来的税收利益与破产成本之间的权衡,从而形成税收利益-破产成本权衡理论。但Miller(1977)研究认为负债在公司所得税方面的税盾效应会被个人所得税抵消,随后的实证研究也表明负债的税收利益小到基本上可以忽略不计,权衡理论也逐渐淡出主流的资本结构理论。委托-代理理论真正引发了资本结构理论的变革,是现代资本理论的起点,同时也催生了证券设计理论。代理成本会影响融资效率和公司价值,事前设计良好的融资契约能够减少代理成本,从而引起探究融资契约与融资效率关系的研究热潮。Allen 和 Gale(1988)将证券设计理论分为两类:第一类强调对债券和股票达到最优化的条件进行研究;第二类主要研究最优证券的特征,跳出股—债二分框架,进而更广泛地研究最优证券。Allen 和 Gale(1994)研究基本公司证券(债券和股票)作为分散风险工具的作用,认为金融市场在整体经济中扮演分散风险分配者的角色,随着金融市场的不断发展,也逐渐提供越来越复杂的方法。Allen 和 Winton(1995)认为证券设计是对证券结构的基本决定性因素进行研究,从而设计出最优的金融契约,以克服代理人之间的各种摩擦。他们较为全面地介绍了证券设计理论的各个方面,从代理问题、逆向选择(信号传递)、所有权和控制权的配置、风险配置、信息获得五个视角对证券设计进行分析,相关研究至今仍影响相关文献的研究方向。广义的证券设计理论主要来自委托-代理理论、信息经济学和金融契约理论。狭义的证券设计理论则主要集中在委托-代理理论和金融契约理论,因为信息经济学理论主要研究外部的市场反应且置于金融契约的外生框架中,而基于委托-代理和金融契约视角的证券设计理论则以契约内生为基础,并主要探讨如何调整融资各方的内部关系。相应地,狭义证券设计理论的研究中心落在如何设计出或者找到符合最优现金流配置和控制权配置的金融契约,且不限于股权或债务契约。

Allen 和 Gale(1988)指出,上市公司证券设计的总目标应该是发行人收益最大化,交易成本对最优证券设计而言至关重要。Harris 和 Raviv(1989)模型的重点是(优先与剩余)现金流和投票权的分配,后者涉及公司控制权问题。他们假设控制权竞争者和外部投资者之间存在利益冲突。冲突的产生是因为私人利益使竞争者有动机争夺控制权,尽管这会降低公司价值,而证券设计是解决这些冲突和最大化公司价值的工具。与 Allen 和 Gale(1988)一样,Zender(1991)关注现金流和控制权的分配问题,重点是信息不对称条件下的投资激励问题。假设只有一方可以做出投资决策,这种情况下最优证券是有控制权的股权和无控制权的债务,债务人的现金流固定以便为股东提供有效的投资激励,最优金融工具能够完全解决由信息不对称引起的激励问题,并允许代理人在合作成为必要时最大限度地从生产中截取盈余。Boot 和 Thakor(1993)也强调证券设计作为缓解信息不对称问题的一种手段的重要性,解释为什么发行人可能希望通过出售总资产中现金流的多项金融债权而非单一债权来筹集外部资金。在信息不对称的环境中,发行人的预期收入因现金流分配而得到增加,因为它使知情交易更有利可图。他们将证券分成两个组成部分——信息不敏感和比复合证券更信息敏感,使知情交易更有利可图。原因是财富禀赋受限的知情交易者通过将财富分配给对信息敏感的证券来获得更高的投资回报。知情交易的后续刺激使内在价值更高的证券的均衡价格更接近其基本价值,并增加估值更高发行人的总预期收入。

(二)证券设计的新发展

1. 供应商视角中的证券设计

许多研究从发行人或资本供应者的角度考虑最优证券设计,将与代理问题相关的成本降至最低,包括信息不对称以及金融危机、监管和税收。Myers 和 Majluf(1984)认为,人们在竞争状态下会直觉认为债务是信息敏感程度最低的安全保障,从而最小化逆向选择的不利后果,在垄断的状态下债务也是一种有效的工具以对抗流动性供应商的市场力量。

Biais 和 Mariotti(2005)研究了流动性供应商的市场力量对交易、证券设计和交易收益的影响,以及如何设计证券和发行机制以减轻市场不完善对流动性的不利影响。在他们的模型中,流动性供应商可以是竞争性的或战略性的,资产所有者寻求通过出售基于私人观察到的未来现金流债权来获得流动性。在与任意给定证券相关的最优交易机制中,现金流水平较低的发行方会出售所持有的全部证券,而现金流水平较高的发行方通常会被排除在交易之外,可以通过优化证券设计来避免被排除在外;当逆向选择严重时,最优证券是债务,因为债务具有较低的信息敏感性,可以缓解逆向选择问题;通过汇集所有高现金流水平发行方,债务还可以降低垄断的流动性供应商将发行方排除在交易之外的能力,从而更好地从现金流水平较低的发行方那里收取租金。Baker(2009)找到了供应商偏好是公司财务决策的决定性因素的证据,并将供应商驱动的证券设计作为未来公司财务研究的重要课题。Grundy 和 Verwijmeren(2018)调查了供应商驱动的证券设计的重要性,通过可转换看涨期权条款的变更检验了证券设计中供应商和发行人偏好的相互作用,与 Baker(2009)的预测一致,他们确认了资本供应商偏好对融资工具设计的重要性。

DeMarzo(2005)认为买方通过向卖方提供未来收益的一部分来竞标投资项目的权利,而证券的选择决定了议价博弈的均衡。Tsur(2021)认为当融资收益依赖议价能力时,即使在完全信息和无风险的情况下,证券设计对融资也具有多种影响,其中债务融资的效果取决于买家的数量。

2. 不同交易市场中的证券设计

Zambelli(2018)重点关注风险投资应采用的最优证券设计结构,如债务、股权或可转换证券。与大多数文献一致,预测可转换证券,特别是可转换优先股代表风险融资的最佳形式,可以最小化代理成本并更好地使企业家的利益与风险投资人的利益保持一致。德国、意大利和发展中国家的相关文献指出,风险投资倾向于采用广泛且异构的证券,如直接股权、直接债务、优先股、可转换优先股等。尽管非美国的风险投资交易可能使用带有附加特征的普通股,使它与可转换优先股类似,但普通股仍是最常用的金融形式。大量的学术研究围绕可转换证券是否代表了最优的融资形式,基于不同的经验证据提供了不同的解释,凸显了影响风险投资证券设计的各种可能因素,例如制度和法律设置、证券监管、税收偏见、风险投资者和被投资者的特点和经验、市场条件、财务结构和预期代理成本等。目前,关于哪些因素会对风险投资者的融资行为产生显著影响,可转换证券用于风险投资的决定性因素的争论还远未结束。为了解决上述难题,需要进行更多的理论和实证研究,尤其是在美国和加拿大以外的国家,进一步探究投资者、合同复杂性、文化和信任差异、法律环境、与某些类型证券相关的税收优惠等方面的影响。

可转换证券与其他融资形式相比,正在不断经历重大演变。设计创新为公司发行可转换证券的动机提供了实践检验机会,替代性证券设计致力于降低与债务和股权相关的外部融资成本,缓解资产替代、财务困境、信息不对称、风险不确定及过度投资等问题。这些不同理论解释的一个共同特征是,预测信息和代理等问题限制发行人有效地筹集资金以及为有利可图的投资机会提供资金的能力。可转换证券发行人有望选择不同的证券设计来缓解这些问题。可转换证券的合同特征构成了转换特征,包括转换比率、到期日、赎回期和首次赎回时间,综合起来决定了可转换证券与债务或股票的相似程度。Lewis 等(1999)考虑了实际的证券设计是否符合可转换证券是替代债务或股权的理论解释,发现当公司面临逆向选择问题时,类债券发行可以替代直接债务,从而降低与债务相关的代理成本,而类股权设计可以替代普通股。Hillion 和 Vermaelen(2004)研究了浮动定价可转换证券——20世纪90年代后期的一项金融创新,发现可转换证券发行人在发行后一年内有很高的负回报。Marquardt 和 Wiedman(2005)研究或有可转换证券,认为盈余管理是这一创新的重要驱动力。Chemmanur 等(2004)对1991—2001年间的可转换债券进行研究,发现发行强制性转换债券公司的信息不对称程度较低,但财务困境发生概率较大。Lewis 和 Verwijmeren(2011)以2000—2007年814家发行人为样本,剖析可转换证券的设计,利用嵌套的 Logit 模型考察公司如何选择固定收益证券的索赔和支付方法。他们发现,选择固定收益债权可以降低企业所得税税率,最小化再融资成本,并有助于降低管理层自由裁量权成本;企业对债务融资的需求具有强制性转换特征,对于可转换优先股的发行人,信用评级接近投资级/投机级界限的公司更有可能选择强制转换来提高信用评级。人们对盈余管理和信用评级的担忧似乎推动了可转换证券设计的创新。Graham 和 Harvey(2001)调查392名首席财务官,发现在发行股票时,每股收益稀释是最重要的考察因素,而信用评级是决定适当债务数额的第二大重要因素。盈余管理和信用评级问题是可转换证券设计创新中越来越受欢迎的话题。

对于场外交易,Subrahmanyam(1991)、Boot 和 Thakor(1993)、Gorton 和 Pennacchi(1993)强调了当证券在竞争性/集中化市场上出售但受到信息不对称问题的影响时,资产集中化具有多种益处。Axelson(2007)研究一个不知情发行人在统一价格拍卖中与私人知情买家进行(集中)交易的证券设计。当资产数量较大时,集中化资产和基于这些资产发行债券是最优的;否则,当信号分布离散且竞争强度足够大时,单独出售资产可能是最优的。Glode 等(2022)对场外交易市场的证券设计进行了研究,当证券发行方对流动性稀缺且拥有此类流动性的买方具有市场影响力时,资产集中化是最优的。根据分析预测,在其他条件不变的情况下,发行人的资产集中化(相对于单独出售资产)的倾向与买家的市场力量负相关,这种效应特别适用于交易量较大的情况。他们还提供了有关场外交易市场证券发行的经验预测和政策影响,强调银行监管可能会影响场外市场证券的发行和交易。由于更严格的流动性要求或其他资产负债表约束等监管措施减少了意愿购买新发行证券的潜在买家数量,可能会导致需求端的市场力量增加,并导致发行方在是否资产集中化上举棋不定。然而,集中化资产的减少可能是私人和社会对买方新兴市场力量的最优反应,因此限制流动性集中于少数市场参与者的政策可能会恢复由多样化资金池支持的证券发行。

3. 信用评级与证券设计

Arora 等(2011)、Carlin 等(2013)提出,证券设计复杂度的提高可能会导致投资者更强烈地依赖信用评级。在制定相关监管要求时,政策制定者对证券设计的复杂性所起的作用仍不清楚,不能完全区分结构性金融证券的复杂性,而复杂的产品使投资者更依赖信用评级,从而容易受到信用评级风险的影响。Vink 等(2021)研究2008年国际金融危机前后证券设计的复杂性对抵押贷款债券(CLO)市场信用评级购买和评级迎合相关假设的影响,发现 CLO 设计的复杂性是市场参与者表现出与评级购买行为一致的一个重要因素。他们分析了 1996—2013 年发起和出售并由穆迪/标准普尔评级的 CLO 批次,实证分析结果表明考虑到证券设计的复杂性,监管环境可能更适合有效和高效的证券市场;对于 CLO 而言,只有复杂的交易才需要在监管规则下取得双重评级。他们建议信用评级机构应详细报告证券复杂性特征,帮助投资者更好地理解结构化金融证券的复杂性,帮助政策制定者考虑不同监管政策的有效性和效率,针对证券设计特征的复杂程度进行多重评级,改善 CLO 市场中对信用评级使用的监管要求,从而缓解市场对金融危机的担忧。

4. 信息生产、信息获取与证券设计

Fulghieri 和 Lukin(2001)研究在信息不对称情况下公司通过发行证券为项目融资的问题,发现当外部投资者能够生产关于公司质量的(噪声)信息时,均衡的信息不对称就是内生的,并取决于所发行证券的信息敏感性。因此,与等级排序理论的预测相反,对私人信息的低敏感性证券(如债务)并不能主导信息敏感性高的证券(如股权)。企业对股权而非债务的偏好取决于信息生产成本、信息生产技术精度及信息不对称程度。他们还发现最优证券设计取决于信息生产技术的成本和精度,风险债务或凸收益的复合证券会成为最优证券。

传统的初创企业和成熟的私营企业严重依赖来自亲戚、朋友和传统银行等投资者的普通债务融资;相比之下,当项目事前市场前景不明朗时,最优证券设计是诱使投资者获取信息的债务和股权组合。这一预测与经验证据一致,即债务和股权组合已被初创企业频繁使用,以便为创新和不透明的项目融资。Yang 和 Zeng(2019)提出一个创造性的证券设计理论,假设投资者在做出融资决策之前能够获得项目的信息,企业实际生产依赖于信息获取,但企业家在证券设计过程中的议价能力会阻止投资者内化从信息获取和融资中获得的利益。当企业家具备一定的议价能力时,最优证券既有助于激励有效的信息获取,又有助于激励有效的融资。当信息对生产没有价值时,债务是最优的;当信息对生产有价值时,债务和股权组合是最优的。然而,当投资者具备足够强的议价能力或只能在融资决策后获得信息时,由潜在项目的所有现金流支持的股权融资是最优的,可以有效缓解经济摩擦。

二、证券设计示例

随着经济与技术的发展,设计证券以适应环境的过程被称为金融工程,主要涉及创造新的金融证券、市场或策略以帮助发行人、投资者降低成本、管理风险或追求可盈利机会。本小节简要介绍一些新的公司债券特征以及其他合同创新。

(一)分离交易可转换债券

分离交易可转换债券诞生于 20 世纪 70 年代的美国,目前是西方发达国家使用比较成熟的一种衍生金融产品。在我国金融市场上,分离交易可转换债券还是一种较新的金融工具。普通可转换债券和分离交易可转换债券通常被归为同一门类,但对发行人而言,它们是两种明显不同的融资工具。分离交易可转换债券是一种附认股权证的公司债,可分离为纯债和认股权证两部分,赋予上市公司一次发行、两次融资的机会。分离交易可转换债券与普通可转换债券的本质区别在于债券与期权可分离交易,分离交易可转换债券的投资者在执行认股权证后,依然拥有债权,仍然可持有债券到期收回本金并获得利息。分离交易可转换债券不设置重设转股价格和赎回条款,有利于发挥发行人通过业绩增长来促成转股的正面作用,避免普通可转换债券发行人不是通过提高公司经营业绩而是以不断向下修正转股价或强制回售方式促成转股而损害投资人利益进而恶化发行人的财务状况。

当宏观经济形势上行时,发行人倾向于选择分离交易可转换债券,因为出售债券且送权证,分离交易可转换债券票面利率比普通可转换债券票面利率低,发行人能从分离交易可转换债券的发行中获取更多的好处;而且发行人的规模越大,选择分离交易可转换债券融资的可能性越大,所以我国市场上分离交易可转换债券发行人大多是优质大公司。然而,由于分离交易可转换债券的权证存在行权风险,发行规模越大,发行人选择分离交易可转换债券的可能性越小。

（二）绿色债券

随着人们对气候变化、绿色环保的关注度不断提高,绿色债券成为国际证券市场的亮点。不同国家、机构对绿色债券的定义不同,2014年国际上13家主流商业银行和投资银行在伦敦联合发布了绿色债券指导原则,为市场参与者提供相关的信息披露标准。绿色债券指导原则将绿色债券定义为一种债券工具,其全部或者部分收入专门用于新的或在建的绿色项目融资或者再融资。国家发展改革委发布的《绿色债券发行指引》(2015)将绿色债券定义为:募集资金主要用于支持节能减排技术改造、绿色城镇化、能源清洁高效利用、新能源开发利用、循环经济发展、水资源节约和非常规水资源开发利用、污染防治、生态农林业、节能环保产业、低碳产业、生态文明先行示范试验、低碳试点示范等绿色循环低碳发展项目的企业债券。金佳宇与韩立岩(2016)对2007—2015年国际上发行的272只绿色债券进行归纳,分析不同经济体、不同行业绿色债券的发展趋势与特点,发现绿色债券具有绿色投资项目的支撑和公共品属性,主要有流动性风险、违约风险、项目风险和政治风险,基本上没有环境风险。绿色债券兴起于发达国家,大多数绿色债券在欧洲和美国发行,近年来绿色债券在新兴经济体发展迅速,全球绿色债券市场已经形成良好发展态势,新兴经济体的投资者对绿色债券的需求不断增长。中国正面临经济转型过程中环境和资源的挑战以及应对气候变化的责任,绿色投资领域的巨大空间促进绿色债券发行量快速增长。

（三）ICO与STO

基于区块链的首次代币发行(ICO)和证券代币发行(STO)为早期的创新创业或基于区块链的项目提供了新的融资选择。ICO的产生可追溯到2013年,2016—2019年的筹资额超过300亿美元。在典型的ICO中,创业者预售公用事业代币来筹集资金,赋予代币所有者使用公司产品或服务的权利。网络效应和效率收益是区块链通证融资附带的好处。在创业融资方面,Catalini和Gans(2018)探索企业家如何使用ICO来资助创业公司,并表明ICO机制允许企业家为代币促成买家竞争。Howell等(2020)将ICO视为一种创业融资新机制,与首次公开募股、风险投资和预售众筹类似。ICO是唯一能够使初创企业净现值最大化的融资形式,一些项目除非能够通过ICO获得融资,否则根本无法开展。ICO市场泡沫破灭后,金融科技公司开始使用 STO 为项目融资。区块链资产于 2017 年开始在区块链上出售股权代币,美国公司 tZERO 以 1.34 亿美元完成当时规模最大的 STO。在 STO 中,公司出售代币化的传统金融工具(如股权),代币持有者获得公司未来利润的权利。证券型通证在证券法规的管辖范围内允许投资由数字表示的证券。证券型代币市场仍处于萌芽阶段,在创业融资领域已凸显前景。其他的证券设计示例可参考表 13-1。

表 13-1　其他的证券设计示例

名称	主要内容
浮动利率票据	浮动利率票据提供的票面利率随特定的短期利率而变化,浮动利率票据的开发主要是为了应对投资者在利率波动时期对长期固定息票债券价格风险的担忧。浮动利率债券基本上支付当前的短期利率,在利率变动方面,它的价格比固定息票债券的价格要稳定得多。公司选择固定息票率还是浮动息票率部分取决于公司盈利能力与通货膨胀率的相关性(通货膨胀率反过来又会影响短期利率)。对于息税前利润率与通货膨胀率高度正相关的公司,浮动利率债务往往会降低盈利波动率。然而,如果公司的息税前利润率与通货膨胀率负相关,浮动利率债务往往会提高盈利波动率,甚至可能会增大违约发生概率
低息债券、零息债券和延期息票债券等	百事公司在 1982 年发行了首只零息债券。零息债券在 20 世纪 80 年代开始流行,并衍生出诸如贴现债券等变种,其票面利率低于必要收益率,因此在发行时折价出售。延期息票债券在若干年内不支付票面利息,之后才支付票面利息。实物支付债券,实际上以额外债券而非现金的形式支付票面利息,虽然在债券市场已经不流行,但它们在特殊情况下仍很有用。例如,低息债券的一个优点是发行公司在到期前只有极少(或没有)现金流,这样的债券对于预计未来几年内不会从投资中获得可观回报的公司是有用的。此外,税法允许发行公司在债券有效期内摊销利息费用,因此公司每年享有债务的税收优惠,实际现金支付则推迟到遥远的未来
高收益(垃圾)债券	高收益债券市场(即垃圾债券市场)是指投机级评级公司债券市场。高收益债券的新发行市场是 Michael Milken 和德雷克斯公司(已解散)的创意。20 世纪 70 年代后期,该公司开始承销信用评级属于投机级类别中规模较小、财务状况较差公司发行的债券。在此之前,此类公司被禁止进入公共债务市场并被迫发行私募债券。随着时间的推移,许多公司最初发行投资级债券,后来遭遇财务困境,债券评级降至投机级类别,德雷克斯公司发起新的投机级债券公募。德雷克斯公司的成功在很大程度上是因为迄今为止小型高风险公司债务融资的唯一来源是商业银行和保险公司,而且受到严重的限制并被迫承受高利率。这些公司急于找到新型、约束更少和成本更低的债务资金来源
重置票据和评级敏感票据	两种票据都提供可变票面利率。对于重置票据,票面利率会定期重置(通常每年一次),这样在原始承销商的估计中,新的票面利率将足以使票据的市场价格等于票面价值。因此,如果发行人后续财务状况恶化,票据的票面利率就会上升;如果发行人的财务状况改善,票面利率就会下降。如果公司的信用评级(由标准普尔或穆迪评级)根据预先设定的时间表发生变化,评级敏感票据的票面利率就会发生变化。这些票据显然是为了降低与高收益公司票据相关的价格风险而设计的。从理论上讲,息票利率调整功能也有助于减少债务的无谓代理成本,因为公司显然没有动机采取行动来降低票据的价值

(续表)

名称	主要内容
强制性可转换债券	强制性可转换债券是与股票挂钩的证券,在若干年内支付高于普通股股利的利息,然后在预定日期转换为普通股,升值潜力有限。强制性可转换债券自20世纪80年代末问世以来非常成功。Arzac(1996)报告强制性可转换债券占当时200亿美元可转换债券市场的近1/4,认为它们有助于缓解信息不对称问题。对于那些寻求股权资本但希望避免不必要的较大股权稀释且通常是高杠杆或财务困难的公司,强制性可转换债券发挥类似的作用
剥离融资	剥离融资被定义为投资者同时持有公司的债务证券和股权证券的情况。剥离融资可以是部分融资(在这种情况下只有部分投资者同时拥有债务和股权),也可以是完全融资(所有投资者都持有债务和股权)。Opler(1993)认为通过调整债券持有人和股东的激励,完全式剥离融资基本上消除了在财务困境中重组金融债权的需要。即便是部分融资,剥离融资也能够降低重新谈判成本,因为谈判各方之间的利益更加融合
以黄金计价的存托股票	Chidambaran等(2001)研究了1993年和1994年自由港麦克莫兰铜金公司(股票代码为FCX)在位于印度尼西亚某金铜矿在扩建融资上面临的巨大挑战。FCX需要大额投资以扩大采矿产能并实现规模经济从而提高竞争力。尽管债务负担沉重且股票价格低于资产账面价值,但FCX通过优先股支持的两个系列黄金挂钩存托股票,仍以优惠的融资成本成功筹集到3.59亿美元。这些债权的信用质量得到了提高,与黄金价格的联系降低了违约风险
资产支持商业票据	资产支持商业票据是由特殊目的实体发行的商业票据,由多家公司的应收账款支持,这些公司融资额为发行收入减去支付给特殊目的实体的费用。资产支持商业票据可以让风险较高的公司间接进入低成本商业票据市场。资产支持商业票据计划可以被视为"合成"循环银行信贷工具,使用专门为应收账款池再融资而构建的工具,提供与循环信贷相似的资金流。资产支持商业票据相对于银行信贷额度的好处可能表现为较低的利率、较少的限制性金融契约
杠杆贷款银团	随着杠杆贷款银团市场的发展,银行贷款也间接上市。银行贷款市场的运作变得更像资本市场,其中一个或多个承销商对投资者群体提供的银团贷款进行结构化定价。这种由市场驱动的演变在杠杆贷款领域最为显著,超额利润吸引了越来越多的承销商、中介机构和投资者
看跌期权的战略性使用	债券合约中的看跌期权条款允许债券持有人在债券规定的到期日之前收回本金。公司添加此条款至少有两个原因:其一,看跌期权条款对债券持有人有价值,债券的利息成本低于其他情况;其二,发行公司可能添加一种特殊类型的看跌期权条款,称为事件触发看跌期权条款,当发行公司受到收购威胁时,债券持有人可以行使该条款。因此,事件触发的看跌期权条款可以作为管理层的一种反收购手段。然而,假设在发行可赎回债券后,公司转向高风险的经营领域或执行营销策略导致取得巨大成功或彻底破产,看跌期权条款就会变得没有价值

(续表)

名称	主要内容
回购条款(或股权赎回条款)	高收益公共债券市场的创新之一是回购债券。回购条款也称股权赎回条款,它使发行人可以选择在指定期限(通常为三年)内以预定价格(通常等于或略高于面值)赎回指定部分的债券(通常约为三分之一),但只能使用后续股票发行的资金。回购债券与新成立的私人公开发行债券有关。对于回购债券的私人发行人,回购债券可以使用公司首次公开募股的资金来行使权利,因此这些债券也被称为 IPO 回购债券
全额赎回条款	20 世纪 90 年代初,公司债券合同中出现一种新型的赎回条款,称为全额赎回条款。到 90 年代末,约 2/3 的美国非金融公司发行的可赎回债券包括全额赎回条款。全额赎回条款允许公司在债券到期前将其赎回。但是,全额赎回要求公司设定赎回价格,该价格足以为债券持有人提供债券到期日为止的收益,等于他们从不可赎回国债中获得的收益,而国债的原始期限与被赎回债券大致相同
项目融资	项目融资已成为大型基础设施建设项目私人部门融资的重要手段。纵观世界工业化历史,修建道路和运河等大型公共工程的大部分资金来自私人部门融资。直到 19 世纪末,大型基础设施建设项目才开始由公共部门融资主导,并在 20 世纪的大部分时间里一直持续。但自 20 世纪 80 年代初以来,大型基础设施建设投资的私人部门融资经历了戏剧性的复苏。近年来,这种私人部门融资越来越多地成为项目融资的主要形式。项目融资的结构和合同特征是缓解项目中各利益相关者之间委托-代理冲突的手段。项目融资中涉及的多边合同安排中重要的共同方面是每份合同旨在将特定的主要风险分配给最有能力评估和控制风险的一方

案例解析
青岛啤酒:发行分离交易可转债融资①

核心概念　分离交易可转债　融资方式

学习脉络　了解 2008 年青岛啤酒发行分离交易可转债过程,考察其相关财务决策分析,并探究青岛啤酒二次融资成功的原因;洞悉公司自身特质与发行分离交易可转债的关系,并分析如何确定合理的行权价。

学习要求

1. 从本案例中,你可以总结出分离交易可转债哪些优势?
2. 青岛啤酒为何采用分离交易可转债这种新型融资工具?
3. 公司在发行分离交易可转债进行二次融资时,需要考虑哪些因素?
4. 你对发行分离交易可转债有什么想法?

---

① 根据赵自强、张冉冉 2010 年发表在《财务与会计》的文章《发行分离交易可转债融资成功范例:青岛啤酒》改写。本案例只供课堂讨论之用,并无意暗示或说明某种管理行为是否有效。

2006年,中国证监会首次将分离交易可转债作为一种新型可转债列为上市公司再融资品种。随后,分离交易可转债备受资本市场的青睐,许多上市公司纷纷开始发行,但发行失败的案例并不少见。

青岛啤酒股份有限公司(以下简称"青岛啤酒")成立于1903年,是中国历史悠久的啤酒制造厂商,并于1993年分别在上交所、港交所上市。经过大规模的扩张与高质量的发展,青岛啤酒已经确立行业龙头地位。2008年3月31日,青岛啤酒为扩大生产规模,发布《认股权与债券分离交易的可转换公司债券募集说明书》,拟发行15亿元分离交易可转债,每张公司债券面值为100元,按面值发行,共计1 500万张;债券存续期为6年,利率为0.8%,利息每年支付一次,计息起始日为2008年4月2日。同时,投资者凭1张公司债券可无偿获配公司派发的7份认股权证,认股权证共计发行10 500万份;认股权证的存续期为自认股权证上市之日起18个月,持有人有权在权证存续期的最后5个交易日内行权。截至2009年10月19日行权日到期,青岛啤酒发行的分离交易可转债附赠的权证共8 552.9792万份得到行使,行权价为27.82元,债权人行权后,公司实际二次融资11.90亿元。青岛啤酒为何会采用分离交易可转债进行融资?二次融资又为何会成功?

1. 青岛啤酒发行分离交易可转债的财务决策分析

1.1 负债结构分析

从表1可以看出,2003—2006年青岛啤酒的整体债务规模与资产负债率呈逐年下降的趋势,偿债压力减小,公司可以提高财务杠杆使用效率,利用负债融资促进经营业绩的提升;同时,公司负债以流动负债为主,且与行业中其他公司对待长期负债的态度相比(见表2),青岛啤酒在利用长期负债方面非常谨慎,存在利用长期负债进行融资的空间以达到满足公司融资需求、优化财务结构的目的。

表1 青岛啤酒的负债结构

项目	2003年	2004年	2005年	2006年	2007年
流动负债(元)	3 719 512 398	4 272 949 434	3 854 397 390	3 632 572 562	5 326 316 189
非流动负债(元)	1 116 987 502	1 422 767 991	161 479 212	193 872 308	230 583 007
总负债(元)	4 836 499 900	5 695 717 425	4 015 876 602	4 015 876 602	5 556 899 196
流动负债/总负债(%)	76.91	75.02	95.98	90.46	95.85
非流动负债/总负债(%)	23.09	24.98	4.02	4.83	4.15
资产负债率(%)	53.72	57.66	41.87	39.90	48.13

资料来源:公司年报。

表2 青岛啤酒长期负债状况与行业比较

指标	2003年		2004年		2005年		2006年		2007年	
	青岛啤酒	行业	青岛啤酒	行业	青岛啤酒	行业	青岛啤酒	行业	青岛啤酒	行业
长期负债/总资产(%)	0.5975	4.5379	0.6712	5.5354	0.2272	7.3969	0.5554	6.4751	0.7869	5.7125

资料来源:公司历年年报。

1.2 偿债能力分析

在短期偿债能力方面,2003—2007 年青岛啤酒的流动比率始终低于行业水平,说明它存在一定的短期偿债能力风险(见表3)。在长期偿债能力方面,青岛啤酒的资产负债率虽仅在 2005 年、2006 年低于行业水平,但公司 2003—2007 年的利息保障倍数均大于 1,能够维持基本的债务偿还,并且从 2004 年开始呈上升趋势且始终高于行业平均水平。

表 3 青岛啤酒的偿债能力

指标	2003 年		2004 年		2005 年		2006 年		2007 年	
	青岛啤酒	行业	青岛啤酒	行业	青岛啤酒	行业	青岛啤酒	行业	青岛啤酒	行业
流动比率	0.8003	1.4757	0.8120	1.3665	0.8286	1.2993	0.9492	1.3414	0.8881	1.4419
利息保障倍数	4.7722	7.2091	7.7445	3.8556	8.6208	4.4741	16.5754	5.2683	26.4681	6.9493
资产负债率	0.5372	0.4604	0.5766	0.5031	0.4187	0.4994	0.3990	0.5015	0.4813	0.4804

资料来源:公司历年年报。

1.3 负债可行性的分析

负债缺乏灵活性,必须满足到期还本付息的硬性要求,公司经营状况较差反而会加重财务危机成本。衡量一家公司财务危机发生可能性的指标有很多,这里采用目前最常用的 Mackie-Mason(1990)提出的模型来衡量公司出现财务危机的可能性,计算公式为 $Z=(3.3×息税前利润+销售收入+留存收益+运营资本)/总资产$,$Z$ 值越大,公司发生财务危机的可能性越小;Z 值越小,公司发生财务危机的可能性越大。表 4 很清晰地显示,2003—2007 年青岛啤酒的 Z 值呈上升趋势,公司发生财务危机的可能性逐年减小。

表 4 青岛啤酒发行分离交易可转债前 5 年的 Z 值

	2003 年	2004 年	2005 年	2006 年	2007 年
Z 值	1.0193	1.0414	1.2513	1.5213	1.5364

资料来源:公司历年年报。

1.4 实际增长率与可持续增长率的比较分析

可持续增长的财务思想是指公司的实际增长必须与自身资源相协调。增长过快,会使公司资源紧张,进而招致财务危机或破产;增长过慢,会使公司资源得不到有效使用,同样会引发生存危机。美国财务管理专家罗伯特·希金斯(Robert Higgins)和詹姆斯·范霍恩(James Van Home)分别用可持续增长模型将可持续增长财务思想予以定量描述,模型确定的可持续增长率是公司资源所能支持的最大增长率理论值。如果公司的实际增长率超过可持续增长率,则说明增长过快,公司对资源的需求增加;反之,公司的内部资源较充裕,没有得到有效使用。表 5 显示,2003—2007 年青岛啤酒的实际增长率一直呈现稳定的上升趋势,并始终高于公司的可持续增长率。这说明公司自身增长过快,面临资金紧缺的局面,此时公司会倾向于增加负债。

表 5　青岛啤酒的实际增长率与可持续增长率

指标	2003年	2004年	2005年	2006年	2007年
实际增长率	0.0825	0.1496	0.1628	0.1638	0.1710
可持续增长率	0.0152	0.0115	0.0138	0.0299	0.0478

资料来源：公司历年年报。

基于以上的分析可知，从青岛啤酒的融资需求、偿债能力及负债可行性角度来看，青岛啤酒的债务结构以流动负债为主，短期内面临偿还流动负债的压力较大；同时，公司的长期偿债能力较强，债券安全级别很高；此外，青岛啤酒的实际增长率超过可持续增长率，公司应当增加负债。

1.5　发行分离交易可转债与其他融资方式的比较

首先，增发普通股的融资成本。增发股票成本以 CAPM 模型计算 $R_e = R_f + \beta(R_m - R_f)$。其中，市场收益率 R_m 选用上证指数 2000—2008 年的指数年收益率加权平均后的 13.64%，无风险收益率 R_f 选用 2008 年 9 月 22 日发行上市的 5 年期记账式国债利率 3.69%，风险因子 β 选用持有期流通市值月收益风险因子的均值 0.9124，由此计算出 R_e 为 12.77%。增发股票 6 年的成本 = 1 500 000 000×12.77%×6+1 190 000 000×12.77%×4.5 = 1 833 133 500（元）。

其次，借入长期借款的融资成本。根据 2007 年 12 月 21 日公布的金融机构贷款利率，金融机构 5 年期以上基准贷款利率为 7.83%，3—5 年期的基准贷款利率为 7.74%。若向银行借入长期借款 15 亿元，则 6 年的利息成本 = 1 500 000 000×7.83%×6×(1-25%) + 1 190 000 000×7.74%×4.5×(1-25%) = 839 382 750（元）。

再次，发行公司债的融资成本。青岛啤酒发行的分离交易可转债的评级为 AA+。鉴于此，假定青岛啤酒发行公司债的评级也为 AA+，根据 2008 年在上交所发行的期限 5—7 年、评级 AA+ 的债券利率的加权平均值，设定青岛啤酒发行公司债的利率为 6.6974%。若发行公司债，则支付给债权人 6 年的利息成本 = 1 500 000 000×6.6974%×6×(1-25%) + 1 190 000 000×6.6974%×4.5×(1-25%) = 721 058 827.5（元）。

最后，发行分离交易可转债的融资成本。由于附赠的权证在被行权后与增发普通股的效果相同，即使股本得到增加，因此将二次融资获得的 11.90 亿元视作增发新股，产生的成本与增发新股成本相同，则发行分离交易可转债 6 年的成本 = 1 500 000 000×0.8%×6×(1-25%) + 1 190 000 000×12.77%×4.5 = 737 833 500（元）。

通过比较可以看出，青岛啤酒发行分离交易可转债的融资成本与发行公司债的成本低于增发普通股和向银行借入长期借款的成本。虽然发行公司债的成本略低于分离交易可转债，然而公司债的利息每年都要支付，而分离交易可转债中附赠的权证被行权后，普通股所产生的股权融资成本只是理论上的潜在成本，公司在未来可以选择暂时不支付股利，从而减轻公司现金支付股利的直接压力。因此，青岛啤酒选择新型融资工具——分离交易可转债作为融资手段是明智之举。

2. 青岛啤酒二次融资成功的原因

2.1　啤酒行业有着良好的发展前景

2007 年我国啤酒产量达到 3 931 万千升，占亚洲啤酒总产量的 70.76%，并且连续 5 年成为世界最大的啤酒生产国和消费国以及发展最快的市场之一。这与我国经济的快速发展以及庞大的人口数量有着很大的关系,也为我国未来的啤酒发展提供了强有力的后盾支持。虽然2008年的国际金融危机使外国投资者的积极性减弱,但我国三大啤酒集团却进行着大规模的扩张,可以看出企业对未来中国啤酒工业乃至中国经济的信心。

2.2 青岛啤酒有着良好的成长性

从表6可以看出,2003—2007年,青岛啤酒的营业收入呈稳定增长趋势,也一直保持着较高的营业利润增长率,虽然2006年营业利润增长率为负值,但2007年的增长率非常高。青岛啤酒的净利润也呈逐年加速增长趋势,说明投资于青岛啤酒还是有一定的收益保障的。事实也证明了这一判断,排除啤酒行业季节性变化因素的影响,青岛啤酒在发行分离交易可转债后,2009年二季度和三季度的营业状况明显好于上年同期(见表7)。

表6 青岛啤酒的盈利增长趋势

项目	2003年	2004年	2005年	2006年	2007年
营业收入(元)	7 115 844 625	8 115 822 058	9 426 727 263	11 322 866 188	12 803 052 818
营业收入增长率(%)	—	14.05	16.15	20.11	13.07
营业利润(元)	423 424 834	493 446 757	593 838 355	516 883 148	885 950 347
营业利润增长率(%)	—	16.54	20.34	-12.96	71.40
净利润(元)	290 625 049	301 653 992	339 462 990	437 231 546	598 000 523
净利润增长率(%)	—	3.79	12.53	28.80	36.77

资料来源:公司历年年报。

表7 青岛啤酒发行分离交易可转债后的经营状况

项目	2008年二季度	2008年三季度	2008年四季度	2009年一季度	2009年二季度	2009年三季度
营业收入(元)	4 321 422 135	5 169 575 045	2 949 555 404	3 813 182 094	5 291 807 819	5 629 557 859
营业利润(元)	316 293 332	425 291 144	20 373 214	261 972 714	519 766 639	778 861 996
净利润(元)	271 160 781	338 331 591	-10 114 202	205 330 517	461 005 838	636 372 675

资料来源:公司历年年报。

2.3 行权定价合理

按照现金流量估值法,青岛啤酒在发行分离交易可转债前股票的理论价格为31.92元,而其实际股价一直处于20元和30元之间。由此可见,青岛啤酒发行分离交易可转债时的股价被低估了,由此投资者看好青岛啤酒未来的股价涨势并愿意持有青岛啤酒的认股权证。相反,2008年1月7日上市交易的上海汽车分离交易可转债在2009年12月31日行权日到期时,虽连续放出利好消息,但仍陷入二次融资失败的尴尬境地。其主要原因是上海汽车在发行分离交易可转债时大盘正处于6 000点高位,用现金流量估值法计算出上海汽车当时股票的理论价格为18.56元,低于发行分离交易可转债之前一段时间的市价(23—29元),可见上海汽车的股价被高估了,投资者持有上海汽车认股权证有较大的转换风险,由此投资者在行权日才会临阵倒戈,导致公司二次融资失败。

3. 启示

3.1 发行分离交易可转债可以为资本市场创造多赢

公司发行分离交易可转债进行融资，既可以很好地享有低成本负债融资和债务利息抵税的优势，又可以防止增发新股带来的股权稀释，规避每股净资产和每股收益摊薄对股价形成的短期冲击。同时，在发行认股权证之后，由于股价与公司业绩相关，认股权证能激励管理层努力提升业绩，将股价提升到相应的高度从而促使投资者行使权证，完成二次甚至多次融资。另外，一旦认股权被行使，发行公司的权益就会增加，权益的增加会进一步降低公司的资产负债率，降低财务风险，由此形成公司内部财务结构的良性循环，增强公司的竞争力和抗风险能力。投资者投资分离交易可转债的固定收益有更强的价值保护，杠杆效应能为投资者提供全新的风险管理和套期保值工具。同时，根据《上市公司证券发行管理办法》，当上市公司改变公告募集资金用途时，分离交易可转债持有人被赋予一次回售的权利，可以极大地保护投资者的利益。此外，分离交易可转债两次融资的特点还可避免资金一次性到位，在一定程度上防止资金被挪作其他用途，可以增强投资者资金的安全性。

3.2 根据自身特质考虑是否适合发行分离交易可转债，并确定合理的行权价

从本案例中我们可以看出，那些需要优化资本结构、长期偿债能力较强且未来成长性良好的大公司可以选择发行分离交易可转债进行融资。由于发行分离交易可转债所附赠的权证定价为发行募集说明书公告前20个交易日公司A股均价、前1个交易日A股均价、前20个交易日公司H股均价和前1个交易日H股均价孰高者，且不低于公司最近一期经境内审计机构审计确定的每股净资产值，因此选择良好的发行时机是非常重要的，这就要求公司在确定股票期权行权价时考虑市场泡沫，防止设定的行权价不符合实际，致使公司二次融资失败。

本章小结

"逆环境"公司的财务结构具有十分重要的现实意义，摒弃急功近利，才能实现高质量、可持续发展。

公司财务结构包含许多组成部分，每个组成部分都包含多个要素。我们应认清每个组成部分和要素的重要性以及它们必须与整体架构中的其他组成部分和要素协调工作这一事实，构建有效的财务结构。

公司财务结构的组成部分之一——衍生品及其相关合约构成本章的主题：使用衍生品（包括远期合约、期货合约、互换和期权）来对冲各类风险（如利率风险、货币风险和商品价格风险），以及类似衍生品的合同（包括保险和担保）来管理风险。本章还拓展讨论证券设计的相关主题。公司设计、发行的证券应以使股东财富最大化为出发点，将证券出售给出价最高的投资者群体，但不可否认的是，股权（包括控制权和对公司现金流的剩余索取权）和债务（不包括控制权但对现金流有优先索取权）仍是最优的通用证券之一。

 **思考题**

1. 列出并简要讨论公司财务结构的以下四个组成部分中的每个组成部分：
   ⓐ 股权 ⓑ 负债
   ⓒ 与其他利益相关者的合同 ⓓ 衍生品及相关合约
2. 定义以下每一种衍生工具，并简要说明它们如何用于对冲风险：
   ⓐ 远期合约 ⓑ 期货合约
   ⓒ 互换 ⓓ 期权（看跌或看涨）
3. 简要解释对冲如何缓解与以下内容相关的现实问题：
   ⓐ 税收 ⓑ 外部融资成本
   ⓒ 借债能力限制 ⓓ 管理层风险规避的负面影响
   ⓔ 投资不足
4. 企业为什么要购买保险？
5. 公司在什么情况下会进行自我保险？
6. 为什么母公司会为子公司的产品或债务提供担保？
7. 在公司财务结构的背景下讨论证券设计的重要性。
8. 描述并简要讨论以下证券设计中的每项创新：
   ⓐ 分离交易可转换债券 ⓑ 绿色债券
   ⓒ ICO ⓓ STO

 应用题

1. 除了本章列举的财务结构，你能想到应该添加到公司财务结构中的其他组成部分或因素吗？
2. 财务结构会影响公司的资产和运营吗？请发表你的意见。

 分析题

选择任意行业的两家公司（例如，大规模与小规模），并勾勒每家公司的财务结构。
   ⓐ 它们有何相似之处？
   ⓑ 它们有何不同之处？

教辅申请说明

北京大学出版社本着"教材优先、学术为本"的出版宗旨,竭诚为广大高等院校师生服务。为更有针对性地提供服务,请您按照以下步骤通过**微信**提交教辅申请,我们会在1~2个工作日内将配套教辅资料发送到您的邮箱。

◎ 扫描下方二维码,或直接微信搜索公众号"北京大学经管书苑",进行关注;

◎ 点击菜单栏"在线申请"—"教辅申请",出现如右下界面:

◎ 将表格上的信息填写准确、完整后,点击提交;

◎ 信息核对无误后,教辅资源会及时发送给您;如果填写有问题,工作人员会同您联系。

温馨提示: 如果您不使用微信,则可以通过以下联系方式(任选其一),将您的姓名、院校、邮箱及教材使用信息反馈给我们,工作人员会同您进一步联系。

联系方式:

北京大学出版社经济与管理图书事业部

通信地址:北京市海淀区成府路 205 号,100871

电子邮箱:em@ pup.cn

电　　话:010-62767312

微　　信:北京大学经管书苑(pupembook)

网　　址:www.pup.cn